ELEANOR MARX: UMA VIDA

Rachel Holmes

ELEANOR MARX: UMA VIDA

Tradução: Letícia Bergamini Souto,
Lia Urbini e Cecilia Farias

1ª edição
EXPRESSÃO POPULAR
São Paulo – 2021

Traduzido de: Eleanor Marx: a life. London: Bloomsbury, 2014.

Tradução: Letícia Bergamini Souto, Lia Urbini e Cecilia Farias
Revisão: Aline Piva, Miguel Yoshida e Dulcineia Pavan
Projeto gráfico e diagramação: Gustavo Motta
Capa: Thereza Nardelli
Impressão e acabamento: Paym

Dados Internacionais de Catalogação-na-Publicação (CIP)

H75e

Holmes, Rachel
Eleanor Marx: uma vida / Rachel Holmes ; tradução: Letícia Bergamini Souto, Lia Urbini e Cecília Farias. – 1.ed.– São Paulo : Expressão Popular, 2021.
576 p.

ISBN 978-65-5891-029-9

1. Aveling, Eleanor Marx, 1855-1898 - Biografia. II. Título.

CDU 396(092)

Catalogação na Publicação: Eliane M. S. Jovanovich CRB 9/1250

1ª edição: julho de 2021

EDITORA EXPRESSÃO POPULAR LTDA.
Rua Abolição, 201 – Bela Vista
CEP 01319-010 – São Paulo – SP
Tel: (11) 3112-0941 / 3105-9500
livraria@expressaopopular.com.br
www.expressaopopular.com.br
ed.expressaopopular
editoraexpressaopopular

SUMÁRIO

NOTA EDITORIAL

Às vésperas de comemorar 40 anos, em fevereiro de 2021, o ANDES-SN (Sindicato Nacional dos Docentes das Instituições de Ensino Superior) estabelece uma parceria com a Editora Expressão Popular para fortalecer a perspectiva da produção clássica e crítica do pensamento social.

O movimento docente das instituições de Ensino Superior no Brasil teve início em um ambiente hostil para a liberdade de expressão e associação do(a)s trabalhadore(a)s, pois era o período de enfrentamento à ditadura civil-militar (1964-1985). Foi nesse período que a Associação Nacional dos Docentes de Ensino Superior, a ANDES, nasceu. Um processo de criação calcado em uma firme organização na base, a partir das Associações Docentes (AD), que surgiram em várias universidades brasileiras a partir de 1976. Após a Constituição Federal de 1988, com a conquista do direito à organização sindical do funcionalismo público, a ANDES é transformada em o ANDES-SN, sindicato nacional. Toda a sua história é marcada pela luta em defesa da educação e dos direitos do conjunto da classe trabalhadora, contra os autoritarismos e os diversos e diferentes ataques à educação e à ciência e tecnologia públicas. Também é marca indelével de sua história a defesa da carreira dos/as professores/as e de condições de trabalho dignas para garantir o tripé ensino-pesquisa-extensão.

A luta da ANDES e, posteriormente do ANDES-SN, sempre foi marcada por uma leitura materialista e dialética da realidade. As análises de conjuntura que sistematicamente guiaram as ações tanto da associação quanto do sindicato sempre assumiram como base os grandes clássicos da crítica à Economia Política. Valorizá-los neste momento não é olhar o passado, muito ao contrário, significa fortalecer as bases que nos permitem fazer prospecções sobre a conjuntura e preparar-nos para a ação vindoura.

Em tempos de obscurantismo e de ascensão da extrema-direita, de perseguição à educação pública e aos/às educadores/as, de mercantilização da educação e da ciência e tecnologia, de desvalorização do pensamento crítico, de tentativa de homogeneização da ciência e de criminalização dos que lutam, ousamos resistir, ousamos lutar, nas ruas e também na disputa de corações e mentes. Por isso, ao celebrar os 40 anos de luta do ANDES-SN, a realização dessa parceria, que divulga e revigora a contribuição de pensadores/as clássicos/as, fortalece nossa perspectiva crítica e potencializa nossas lutas.

Reafirmar nosso compromisso com a defesa intransigente da educação pública, gratuita, laica, de qualidade, socialmente referenciada, antipatriarcal, antirracista, anticapacitista, antimachista, antilgbtfóbica é uma das tarefas centrais do atual tempo histórico. Não há melhor forma de reafirmar nosso compromisso do que lançar luz às questões centrais do capitalismo dependente, dar visibilidade à luta de classes e à necessária construção de um projeto de educação emancipatório.

***

Eleanor Marx: uma vida é a primeira biografia da filha caçula da família Marx a ser publicada no Brasil. Foi traduzido com o principal objetivo de trazer à luz a trajetória desta mulher que ainda em vida foi uma grande referência para a classe trabalhadora, mas que segue relativamente desconhecida em nosso país.

Última filha de uma família incomum – a família de Karl e Jenny Marx –, concentra em sua trajetória o legado das lutas socialistas que a precederam e investigações próprias acerca do que chamou de feminismo sob perspectiva socialista. Além disso, foi um exemplo de militante internacionalista.

Como resume a biógrafa Rachel Holmes: "Eleanor era uma escritora revolucionária; uma mulher revolucionária: uma revolucionária. Era uma pessoa de palavras e ação". E esta é sua história.

Diretoria Nacional do ANDES-SN
(Gestão 2018-2020)
Expressão Popular
Brasília / São Paulo, 2021.

NOTA DAS TRADUTORAS

Traduzir uma biografia como esta partiu de um desejo compartilhado por conhecer mais o dia a dia de uma personalidade incrível, uma mulher combativa e apaixonante, mas pouco conhecida no Brasil: Eleanor Marx. Lia Urbini havia lido o livro em inglês e traduzira informalmente alguns excertos como parte das pesquisas sobre a família Marx que Douglas Estevam encabeçava ainda em 2019. As descobertas contagiaram a ponto de batizar a turma do curso "Introdução Sistemática à Obra de Karl Marx" (ENFF, 2018-2019) de Turma Eleanor Marx, e o interesse dos companheiros do curso foi fundamental para motivar a continuidade da tradução. Cecilia Farias se interessou pela tarefa e somou esforços na tradução de mais capítulos. Uma amiga em comum, Carol Waideman, nos alertou sobre uma amiga dela que estava coincidentemente traduzindo o livro, também de maneira informal, por querer "espalhar a palavra" da Eleanor: era Letícia Bergamini. Ainda não havia pandemia, então marcamos um encontro para nos conhecermos e lá oficializamos a parceria, o trio de tradução. Na sequência, a Editora Expressão Popular acolheu a possibilidade de edição!

Para nós três, tradutoras, é um grande momento. Existem outras biografias, nenhuma em português, mas escolhemos a de Rachel Holmes por ser a mais recente – incorporando documentos e informações que não estavam disponíveis à época das outras pesquisas –, por ser bastante detalhada e, ao mesmo tempo, acessível em termos de linguagem e extensão, e também por não tomar como certa a hipótese de suicídio.

Com uma escrita fluida e cativante, o livro nos apresenta a vibrante trajetória de uma militante que fez pontes fundamentais entre o socialismo e o feminismo em seus panfletos, aulas, trabalhos de base, atividades artísticas, formativas e em sua própria vida pessoal. Pesquisadora, tradutora e teatrófila, Eleanor Marx teve um engajamento exemplar e original em relação à preservação e continuidade do legado de Karl Marx e Friedrich Engels.

É digno de nota como o conjunto familiar que se formou em torno dos Marx foi robusto e solidário. Engels foi como um segundo pai para Eleanor, além de amigo fiel, apoiador, professor e parceiro intelectual. Os dez primeiros anos de Tussy – seu apelido de infância – coincidem com os dez anos de escrita do primeiro livro d'*O capital*, e a filha caçula acabou aproveitando o momento de razoável estabilidade financeira e residencial da família, já estabelecida em Londres, para desfrutar da Escola Marx-Engels, sendo educada em casa e depois de tentativas consideravelmente frustrantes em instituições formais de instrução. Paul Lafargue, companheiro da irmã do meio, Laura, trazia livros para a pequena cunhada; seus pais, Karl e Jenny, e suas irmãs criaram um ambiente familiar de extraordinária fraternidade aos exilados políticos, a ponto de estabelecerem atividades regulares em casa, garantindo muitos encontros, conversas, estudos e leituras dramáticas que favoreciam a socialização entre os recém-chegados e os camaradas ingleses que, de uma forma ou de outra, compartilhavam as atividades da Associação Internacional dos Trabalhadores e da Federação Social-Democrata [FSD]. A funcionária e amiga Helen e as irmãs Mary e Lizzy, companheiras de Engels, completavam a família expandida, contando posteriormente com Espoleta, a sobrinha de Lizzy, e Freddy, filho de Helen.

Como muitas famílias, obviamente esse grupo também reproduziu parte das estruturas machistas e moralistas daquela sociedade; não o idealizemos. Mas o interessante nesta biografia é observar como, proporcionalmente, questões como a do filho não reconhecido de Marx ou a sobrecarga de trabalho advinda da lida com a desigualdade na divisão do trabalho reprodutivo – no caso das mulheres da família – aparecem como incontornáveis, mas, ao mesmo tempo, não apequenam, vitimizam ou demonizam os envolvidos. Elas estão ali, com um bocado de outras experiências extraordinárias e inovadoras.

E, para que não se cometa a injustiça de conhecer Eleanor apenas como a filha de Marx, é preciso entender que, embora determinante para a formação moral, política e afetiva de Eleanor, as referências do ambiente familiar devem ser complementadas com muitas outras informações. Ela foi a única das filhas que recusou a sina do casamento e, quando depois de alguns relacionamentos resolveu morar junto de Edward Aveling, procurou – na medida do possível e remando contra todos os obstáculos que o "companheiro" lhe trazia – vivenciar uma relação mais arejada do que o padrão conjugal da época. A escolha se deu fundamentalmente para que sua vida como militante política pudesse acontecer sem o progressivo estiolamento doméstico que mesmo os casais mais revolucionários acabavam enfrentando ao se deparar com os limites práticos à igualdade que a sociabilidade heterossexual patriarcal estabelecia da porta para dentro.

As detalhadas descrições sobre as centenas de atividades políticas e artísticas às quais ela se dedicava – incluindo o estudo contínuo que a fez multilíngue e versada em uma gama de assuntos que vão da estatística até a crítica literária, passando pelo iídiche, pelo russo e pela complexidade da crítica da Economia Política de seu pai – ilustram a impressionante trajetória que Eleanor percorreu. Isso a habilitou a fazer acuradas análises de conjuntura sobre questões como as incursões imperialistas britânicas, as lutas anticoloniais, a particularidade da questão da mulher sob a perspectiva de classe, a integração dos imigrantes e a necessidade do estabelecimento de frentes de esquerda – e os dilemas que a construção dessas frentes impunha – para a conquista do que hoje consideramos os mais fundamentais direitos trabalhistas.

Nos capítulos dedicados à sua juventude e maturidade é possível perceber como suas habilidades em tradução, comunicação popular e estratégia política a permitiram circular e atuar em grupos tão diversos quanto os sindicatos dos descascadores de cebola, dos trabalhadores do gás, dos engenheiros, dos *cowboys*,* a Federação Socialista, a Liga Socialista.

Isso tudo com o "adicional de insalubridade" pago com seu próprio desgaste vital decorrente dos constantes empecilhos que ela, por ser mulher, teve que enfrentar para poder estar em espaços que "naturalmente" eram apenas ocupados por homens.

São alguns exemplos o fato de não receber crédito por muitos de seus trabalhos, ter que se valer de uma vinculação masculina para ser autorizada a existir publicamente ou até mesmo pagar as contas de sua viagem aos EUA, enquanto o marido, financiado pelo partido (Partido Trabalhista Socialista da América), não só deixava de fazer sua parte no circuito de palestras como dava trabalho, despesas e vexames.

Conhecer e verter ao português todos esses elementos nos ajudou imensamente a atravessar um ano inteiro de pandemia, isolamento e inseguranças. Tentamos ser concisas nas notas de tradução – são elas todas as notas que aparecem no rodapé –, mas alguns episódios históricos ou expressões pediram um espaço maior. Uma observação técnica em relação à tradução: optamos por usar como convenção a tradução dos termos "rua", "alameda", "parque", "salão", "teatro" e afins sempre que isso nos pareceu colaborar com a leitura; a referência do termo original aparecerá entre colchetes, sempre na primeira ocorrência, para quem desejar pesquisar mais sobre alguma localidade ou espaço. A mesma coisa com relação a alguns apelidos, como "Espoleta", "Anjo" ou "Trapaceiros", os nomes dos diversos periódicos mencionados e as palavras estrangeiras.

Encaminhando-nos para o final do processo, contatamos Maria Teresa Mhereb, companheira em outras traduções e formações políticas, que aceitou prontamente e com grande generosidade nosso convite para escrever a orelha do livro.

Outro feliz encontro foi com Thereza Nardelli. Conhecida por um desenho que se tornou símbolo da resistência antibolsonarista e antimachista

---

* Peão ou vaqueiro, em português, seriam traduções possíveis. No entanto, optamos por deixar o termo no original por ele trazer a marca do contexto estadunidense no Brasil, ainda que mistificado pela mediação da indústria cultural. Os arranjos brasileiros entre os trabalhadores rurais por empreitada não parecem corresponder exatamente aos estadunidenses, e por isso vale o estranhamento histórico em relação a essa função.

("Ninguém solta a mão de ninguém"), a tatuadora e ilustradora se responsabilizou pela capa da biografia. Imediatamente curiosa em relação à vida da Eleanor, Thereza conseguiu vibrar em consonância com a energia que já nos contagiava e traduziu em imagens potentes e delicadamente precisas o que considerávamos os elementos essenciais: uma mulher que abriu caminho para que outras pudessem estar em lugares antes restritos; uma mulher que conciliou as raízes e os pés no chão com o desejo do "ir adiante", do ir para onde quiser.

Agradecemos, portanto, a todas as pessoas que estiveram conosco neste tempo prolongado de gestação da tradução e que fizeram possível este livro. E o dedicamos a todas as pessoas que não soltam as mãos, e que dão continuidade a essa corrente que atravessa séculos e corpos para assegurar que "sim, se pôde; sim, se pode; sim, se poderá".

Letícia Bergamini Souto
Lia Urbini
Cecilia Farias

Para minha mãe, Karin Anne Pibernik, nascida Silén,
e Roselaine de Mello Amaral, minha amiga.

"E, primeiro, uma ideia geral que tem a ver com todas as mulheres. A vida da mulher não coincide com a do homem. Suas vidas não se cruzam, em muitos casos nem sequer se tocam. Portanto, a vida da raça é tolhida".

Eleanor Marx e Edward Aveling,
A questão da mulher, 1886

"Não é surpreendente que quando encaramos as coisas de frente, quão raramente parecemos praticar todas as coisas que pregamos – para os outros?"

Eleanor Marx para sua irmã Laura Lafargue,
26 de novembro de 1892.

"Vá em frente!"

Lema preferido de Eleanor

PREFÁCIO

Eleanor Marx mudou o mundo. No processo, ela se revolucionou. Esta é a história de como ela fez isso.

Ela parece um assunto fora de moda. Além disso, há seu pai. No entanto, sua figura pública representa uma das grandes heroínas da história britânica.

Na vida privada, ela era a filha favorita de uma família incomum. Foi apelidada de Tussy, para rimar, disseram seus pais, com *pussy* [gatinha], e não *fussy* [frescurenta]. Os gatos, ela adorava; mas não era frescurenta. Amava Shakespeare, Ibsen, os Shelley, boa poesia e trocadilhos duvidosos. Branco era sua cor favorita, e champanhe, sua ideia de felicidade.

A vida de Eleanor Marx foi um dos eventos mais significativos e interessantes na evolução da social-democracia na Grã-Bretanha vitoriana. Desde Mary Wollstonecraft, nenhuma mulher realizara uma contribuição tão profunda e progressista ao pensamento e ação política inglesa. Ela deixou um legado colossal, embora não reconhecido, para as gerações futuras.

Eleanor era uma escritora revolucionária; uma mulher revolucionária: uma revolucionária. Era uma pessoa de palavras e ação.

A social-democracia e o pensamento radical eram o negócio da família. Não pelo lucro, mas pela progressiva transformação da vida das pessoas para melhor. Os pais de Eleanor, e o homem que ela chamou de "segundo pai", Friedrich Engels, eram filhos do capitalismo industrial. Eles se tornaram adultos na Europa revolucionária da década de 1840, mas suas ideias maduras foram forjadas nas cinzas daquela faísca socialista utópica e idealista. O triunfo global do capitalismo foi declarado nas décadas após 1848. A filha deles, Eleanor, nascida em 1855, herdou suas ideias em uma era moderna e diferente.

Ela veio ao mundo para colocar em prática e testar o que havia aprendido com Marx e Engels no seio da família. Sua busca por seguir em frente, viver o que aprendera, logo a levou a novos mundos: o renascimento de Shakespeare, os reinos culturais do teatro radical moderno, o romance contemporâneo e os círculos artísticos do início da boemia em Bloomsbury. Ela adorava trens a vapor e desde cedo adotou com entusiasmo as novas tecnologias, principalmente a máquina de escrever. Eleanor Marx foi pioneira do ibsenismo na Grã-Bretanha. Foi a primeira a traduzir *Madame Bovary*, de Flaubert, para o inglês. Ela mesma subiu ao palco – com resultados às vezes desajeitados e hilários. Nunca traçou limites entre o pessoal e o político, mesmo quando eles a derrubavam ou a impulsionavam.

Tussy tinha um talento extraordinário para a amizade. Nada convencional, contudo, ela atraía e compelia outros sem esforços. As pessoas se sentiam bem ao seu redor. Seu relacionamento carinhoso e duradouro com Friedrich Engels e suas longas amizades com George Bernard Shaw, Will Thorne, Wilhelm Liebknecht e Henry Havelock Ellis são apenas alguns exemplos de sua facilidade em se relacionar com homens. O relacionamento íntimo e afetuoso entre Eleanor Marx e Olive Schreiner é exemplo de uma das maiores amizades entre mulheres da história, não apenas literária e política, mas da vida e do coração.

"O que nós, socialistas, desejamos?" perguntava Eleanor Marx; e passou a vida procurando respostas.

Desde a infância de Eleanor – na década de 1860 –, o socialismo era o conjunto de ideias associado principalmente à nova luta democrática contra o capitalismo. Não há uma história clara das origens e ascensão do socialismo *enquanto* socialismo na Grã-Bretanha, pois era por caráter e intenção uma aliança ampla e diversificada de pensamento e ação radicais generalizados. A vida de Tussy é um dos elementos significativos primários na composição da história do socialismo britânico.

Como observou o brilhante e já falecido Eric Hobsbawm, nas décadas de 1860 e 1870, os socialistas nativos da Grã-Bretanha caberiam confortavelmente em um pequeno salão. Eleanor – a única dos Marx que era socialista inglesa nativa – e seus amigos ocupariam mais da metade desse salão.[1] "Certamente", disse Eleanor, "o socialismo neste país é atualmente pouco mais que um movimento literário".[2] Ela levou esse movimento literário de suas páginas visionárias para as ruas e para a cena política. Ela o viveu e o testou.

Eleanor tornou-se adulta na era do coletivismo. Mais reconhecido no movimento sindical, o coletivismo foi uma resposta organizada ao capitalismo irrestrito e à distribuição terrivelmente desigual da prosperidade por ele gerada. Os trabalhadores pobres produziam a mais-valia em benefício dos poucos felizardos que os exploravam. A Grã-Bretanha ainda não era uma democracia eleitoral. O direito ao voto era baseado na propriedade e na religião. Homens da classe trabalhadora eram proibidos de votar. Mulheres de todas as classes eram proibidas de votar. Os pobres eram proibidos de votar.

O governo britânico, a representação política e o Parlamento eram uma loja fechada: a entrada era restrita a homens proprietários de terras, pertencentes a determinadas seitas religiosas. Os sindicatos foram, portanto, os primeiros parlamentos do povo. A Grã-Bretanha tinha uma das tradições mais fortes de organização da classe trabalhadora no mundo, apesar do colapso do cartismo e, na década de 1850, da Liga dos Comunistas.

Na década de 1860, o proletariado organizado se reagrupou, renovando a tentativa de lidar com as consequências do capitalismo. Um novo sindicalismo surgiu na década de 1870, dos quais cresceram os primeiros partidos políticos democráticos da Grã-Bretanha: mais significativamente, o Partido Trabalhista Independente e o Partido Trabalhista Escocês. Eleanor Marx foi uma das primeiras e mais proeminentes líderes do novo sindicalismo. E ela trouxe o feminismo ao coração do movimento sindical, tanto na Grã-Bretanha quanto na Europa.

Eleanor costumava dizer: "O que herdei de meu pai foi o nariz (eu dizia que poderia processá-lo por danos morais, pois seu nariz claramente me causara um dano) – e não sua genialidade."[3] Friedrich Engels, George

Bernard Shaw, Olive Schreiner, Henry Havelock Ellis, William Morris e sua filha, May, Elizabeth Garrett Anderson, Sylvia Pankhurst, Amy Levy, Israel Zangwill – entre muitos outros – teriam corrigido o erro dessa autoavaliação. Sim, Eleanor herdou a genialidade de seu pai. O dano não fora causado pelo nariz, mas pelo sexo.

Eleanor Marx nasceu em uma Grã-Bretanha vitoriana, onde ela não teve direito à educação, sendo impedida de entrar na universidade, de votar nas eleições, de atuar na representação parlamentar e na maioria das profissões, além de não ter controle sobre seus direitos reprodutivos e psicológicos. As condições históricas nas quais ela nasceu a fizeram entender, a partir da própria experiência, como era e o que significava ser membra de uma classe oprimida.

Ela passou a vida lutando pelo princípio da igualdade. Para uma geração cínica, isso pode fazê-la parecer entediante. Para as pessoas ao redor do mundo que estão se descobrindo nas novas revoluções sociais de hoje, sua luta pode parecer mais familiar.

Eleanor Marx foi a precursora do feminismo socialista. Ao contrário dos atuais equívocos populares, o feminismo começou na década de 1870, não na década de 1970. Como todas as ideias que se transformam em movimentos, o feminismo tem uma história empírica e uma concepção constatável. Ele não chegou à Grã-Bretanha entregue por uma cegonha ou deixado sob um arbusto de groselha.

Na Grã-Bretanha vitoriana e em suas crescentes colônias, o problema da opressão sexual era geralmente descrito como "a questão da mulher". Para Eleanor Marx, essa questão era imprecisa. Então ela deu um passo adiante para o "debate das mulheres trabalhadoras",[4] apoiando e admirando a luta pelo sufrágio feminino. Algumas de suas melhores amigas eram sufragistas. Mas a reforma do sufrágio para as mulheres de classe média naquela sociedade capitalista não abordou "o debate sobre a atitude da social-democracia em relação às mulheres trabalhadoras".[5] Eleanor resumiu sua posição com lucidez em uma carta aberta ao líder socialista inglês Ernest Belfort Bax, em novembro de 1895:

> Sou, é claro, socialista e não uma representante dos 'direitos da mulher'. É a questão do sexo e sua base econômica que propus discutir

> com você. A assim chamada questão dos 'direitos da mulher' (que parece ser a única que você entende) é uma ideia burguesa. Propus tratar da questão do sexo do ponto de vista da classe trabalhadora e da luta de classes.[6]

O sufrágio feminino carecia de uma análise mais abrangente da base econômica da divisão do trabalho, da produção e reprodução. Compreender o papel da economia na sociedade humana era essencial para a felicidade humana e, portanto, para a emancipação de mulheres e homens – igualmente oprimidos pelo patriarcado. Felicidade – o que constituía felicidade?, ela se perguntava. Acreditava que o elemento mais importante era o trabalho.

Eleanor Marx radicalizou "a questão da mulher", trazendo o feminismo moderno para a Grã-Bretanha em 1886.

Criou a filosofia política do socialismo-feminismo, resumida em seu tratado *A questão da mulher: de um ponto de vista socialista* [*The Woman Question: From a Socialist Point of View*], escrito em conjunto com Edward Aveling, seu marido. No mesmo ano, Eleanor Marx e a política socialista alemã Clara Zetkin colocaram o feminismo no topo da agenda do movimento socialista internacional, no primeiro congresso da Segunda Internacional, realizado em Londres. Mais tarde, inspirada por essa intervenção, Zetkin fundou, com Luise Zietz, o Dia Internacional da Mulher.

A questão da mulher: de um ponto de vista socialista figura ao lado de *Reivindicação dos direitos da mulher* (de Mary Wollfstonecraft), *A origem da família, da propriedade privada e do Estado* (de Engels) e *Um teto todo seu* (de Virginia Woolf) por sua importância como texto revolucionário.

Eleanor Marx foi a primeira biógrafa de seu pai. Todas as biografias subsequentes de Karl Marx, e a maioria das de Engels, se baseiam em seu trabalho como fontes primárias da história da família, muitas vezes sem o saber.

Nesse sentido, este livro é uma biografia de uma biógrafa.

A primeira memória de infância de Tussy foi de passear nos ombros de seu pai e de repente ser atingida por uma visão diferente. Eu pude ver muito mais longe apoiando-me nos dois biógrafos inovadores de Eleanor Marx do século XX. Chushichi Tsuzuki publicou a primeira avaliação biográfica completa de sua vida em 1967. Yvonne Kapp seguiu, logo depois, com seu poderoso estudo de dois volumes publicado em 1972 e 1976. Ambos se mantêm excelentes fontes e inestimáveis guias.

Eleanor começou a escrever a primeira biografia completa de seu pai na década de 1880. Ela escreveu para Karl Kautsky, refletindo sobre o projeto: "Seu trabalho deve permanecer como está, e todos devemos tentar aprender com ele. Nós podemos 'seguir suas enormes pegadas' – e nos encontrar em túmulos honrosos".[7]

Filhas são bem posicionadas para seguir os passos paternos e, podendo, seguir através e para além deles. E elas nascem do ventre da mãe. "*Cherchez la femme*" [procure pela mulher]*, Eleanor costumava dizer quando as pessoas procuravam explicações para o comportamento dos outros. Este é um bom conselho a seguir na busca de entender sua vida e psicologia.

Eleanor Marx era a filha física e espiritual de um grupo de mulheres que a definiu tão poderosamente quanto seu pai: em especial, sua mãe Jenny Marx, sua "segunda mãe," Helen Demuth, e a parceira de Engels, a tia Lizzy Burns. Na idade adulta, suas amizades com mulheres a sustentaram e a desenvolveram. Essa irmandade é tão importante quanto seus familiares e amantes do sexo masculino para entender as forças que constituíram Eleanor.

Ela nunca terminou a biografia de seu pai. Enquanto escrevia, descobriu um segredo chocante e inacreditável no coração de sua família. Ela agonizou com as consequências de sua divulgação. E pensou profundamente sobre o dever dividido das filhas. Por um lado, o dever para com os patriarcas e matriarcas que as fizeram; por outro, o dever da verdade com a história. Antes que tivesse tempo para chegar a uma conclusão, Eleanor Marx sucumbiu a uma morte dolorosa e violenta. Alguns dizem que foi assassinato, outros, que ela foi sobrepujada pelo segredo da família.

Ao final de sua vida, Eleanor escreveu para sua irmã Laura sobre o conflito que enfrentava ao escrever a biografia de seu pai: "Afinal, Marx – '*Poliker*' [polítoco] e '*Denker*' [pensador] – pode se arriscar, enquanto Marx – o homem – tem menos chances de se sair bem".[8] Eleanor foi confrontada

* Frase sexista popular a partir de um romance de Alexandre Dumas, *Os moicanos de Paris*, escrito em 1854. Tanto no romance quanto no seu posterior emprego em outros contextos, a ideia base é que atrás de um problema sempre haveria uma mulher como responsável. Ao que tudo indica, Eleanor Marx subverteu o uso da expressão para que ela jogasse a favor das mulheres, e não contra.

com o desafio de toda biografia: aprofundar na vida pessoal correndo o risco de perder a contribuição histórica. Os indivíduos, e nossas próprias vidas, são cheias de contradições. Não nos adaptamos a ideologias abstratas ou a teorias determinísticas. É isso que nos torna humanos, a mulheres e a homens.

A vida de Eleanor Marx é tão variada e cheia de contradições quanto a dialética materialista em que ela foi, literalmente, concebida. Seu pai, o filósofo mais famoso do mundo, escreveu:

> A família moderna contém no seu embrião não apenas a escravidão (*servitus*), mas também a servidão [...]. Contém em si mesma, em miniatura, todos os antagonismos que mais tarde se desenvolvem em larga escala na sociedade e no seu estado.[9]

A vida de Eleanor foi uma dramatização desses antagonismos. Se Karl Marx era a teoria, Eleanor Marx era a prática. Esta é a história da vida pública e privada de Eleanor Marx. Em *A questão da mulher*, ela escreveu que para as feministas o público e o privado eram áreas indivisíveis.

Seus colegas – aliados e adversários – a consideravam uma das maiores reformistas radicais e líderes de sua época. Will Thorne – primeiro secretário do Congresso do Sindicato dos Comerciantes [Traders Union Congress], o sindicato central nacional do Reino Unido – disse em seu funeral que a Grã-Bretanha havia perdido sua principal economista política. Os elogios, a admiração e estima irrestritas rendidas a ela preencheriam livros. De fato, o volume de adulação de Eleanor é suficiente para tomar o coração de um biógrafo. "Parece impossível encontrar referências desfavoráveis a ela",[10] escreveu seu amigo Henry Havelock Ellis.

Felizmente, isso não é verdade. Eleanor Marx era muito humana.

Ela teve muitas limitações, frustrações e derrotas espetaculares. Sua vida era uma massa de contradições. É impossível reduzi-la a sua vida pública ou privada. Por isso precisamos conhecer os dois lados da história.

Afinal, Eleanor, a política e pensadora, pode se arriscar. Se Marx, a mulher, pode se sair bem, apenas sua história é capaz de dizer.

CIDADÃ DO MUNDO

Eleanor Marx vem prematura ao mundo em Londres, pouco antes do amanhecer, em uma terça-feira, 16 de janeiro de 1855. Soprando com ansiedade um charuto no canto da sala superlotada no número 28 da rua Dean, no bairro de Soho, está o maior cientista político da Europa. Karl e Jenny Marx ganham mais uma filha.

Eles torciam para que fosse um menino. É uma menina.

Exausta, Jenny toma um gole de láudano levado aos lábios pela atenciosa Helen Demuth. Lenchen, como é conhecida por toda a família, esteve presente no nascimento de todas as filhas de Marx. É o sexto parto domiciliar de Jenny, apenas um ano depois do nascimento de sua última bebê, Franziska, que morreu neste mesmo quarto, de broncopneumonia. Jenny agora tem 41 anos, uma gravidez tardia de acordo com o médico da família, o Dr. Allen, que foi às pressas para os arredores da Praça Soho.

Adoçado com mel, alcaçuz e anis, o láudano púrpura tempera a atmosfera quente com um aroma de caramelo. O cheiro revigorante do café alemão se mistura com sangue, cânfora, fumaça de tabaco e poeira de carvão. Elegante e caro, o *Kaffeekanne* [bule de café], presente de casamento da mãe de Jenny, destoa do ambiente maltratado, em meio a louças rachadas e móveis surrados.

Lenchen corta o cordão umbilical, dá uma palmada e limpa a bebê. Entregando-a nos braços abertos do pai, ela a declara fraca, mas intacta, com grandes chances de vingar. Minúscula, a recém-nascida dos Marx anuncia sua chegada com um grito caloroso de indignação, fazendo seu primeiro protesto ante o choque da existência com o raiar da vida urbana de Soho pela janela do segundo andar.

Botas de trabalhadores londrinos, cascos de cavalo e rodas de carroças mastigam a neve fresca da manhã. Boêmios muito alcoolizados costuram o vento, cambaleando rumo às suas casas ou à próxima taverna, berrando com entusiasmo e insensíveis ao frio e aos narizes congelados. Prostitutas melancólicas buscam abrigo no portal do Teatro Real Miss Kelly's,* na diagonal oposta ao número 28 da rua Dean, fitando os bêbados e calculando seu possível valor.

Do pequeno quarto dos fundos, Marx ouve, angustiado, a tosse monótona de Edgar, de 6 anos de idade. Seu único filho luta contra a tuberculose.

O Dr. Allen chega com o alvorecer para uma "grande consulta".[1] Marx não pagou sua conta atrasada; apesar disso, o doutor – um socialista, admirador de Karl Marx em particular e simpático aos ativistas e imigrantes pobres em geral – não deixa de comparecer. Jenny não está bem para amamentar, ele alerta, e aconselha uma ama de leite imediatamente.

Ele pede desculpas por não poder fazer mais nada pelos pulmões infectados de Edgar. Corado, febril e de olhos brilhantes, o herdeiro de Marx, outrora enérgico, já parece estar em outro mundo, pendendo por um fio de vida, enquanto sua irmãzinha emerge nela com um vigor clamoroso.

Os amigos de longa data de Jenny e Karl, Wilhelm e Ernestine Liebknecht, que vivem na esquina da rua Old Compton, ligam para parabenizá-los. Eles brindam a chegada da garotinha. "Uma cidadã do mundo – *Weltbürgerin* – nasceu",[2] anuncia o pai com uma ênfase teutônica adequada à ocasião.

Para combinar com ele, Wilhelm Liebknecht, apelidado pelos Marx de Biblioteca, puxa uma referência dos provérbios, recebendo a menina como uma "coisinha alegre, redonda como uma bola feita de sangue e leite".[3] O entusiasmo dele em "Milch" [leite] e "Blunt" [sangue] traz um tom elementar ao brinde.

---

* A partir de 1861, passou a ser conhecido como Novo Teatro da Realeza.

Essa criança nasceu para a luta.

Na noite seguinte, Marx escreve uma nota reflexiva para seu melhor amigo, Friedrich Engels, em Manchester, para lhe contar sobre a nova chegada. A bebê é o motivo de ele ter perdido o prazo de entrega de um artigo sobre os erros dos militares britânicos na Guerra da Crimeia para o *New York Daily Tribune* [*Tribuna Diária de Nova York*].[4]

> É claro que não consegui escrever para o *Tribune* ontem, assim como hoje e por mais algum tempo, pois ontem minha esposa deu à luz a uma *bona fide* [genuína] aventureira – infelizmente do sexo *par excellence* [por excelência]... Se fosse um menino, a questão teria sido mais aceitável.[5]

Mais aceitável para quem?

A ênfase de Marx na legitimidade e na chegada do bebê como um ato de boa fé conjugal nessa nota a seu melhor amigo é muito estranha. Outra vez pai, ele não diz *a quem* teria sido mais aceitável se a criança recém-nascida fosse um menino. Mas ele sabe que Engels entenderá *quem* preferiria um filho.

Pais de duas outras filhas – Jenny, de 11 anos, e Laura, de 10 –, Karl e Möhme, como Jenny Marx era chamada por sua família, estão agora sobrecarregados com outra menina. Edgar não está se recuperando e o Dr. Allen lhes disse para esperar pelo pior. Eles já perderam um filho, o pequeno Fawkes – Heinrich Guido –, nascido em 5 de novembro de 1849, que morreu de meningite duas semanas antes de seu primeiro aniversário.

Agora, aos 37 anos, Karl está angustiado com a criação das meninas. É um fato desta época que as filhas, em geral, trazem mais problemas econômicos, sociais e sexuais do que os filhos. Este materialista histórico de cabeça dura mal pode se iludir com a esperança de que suas filhas possam transcender por completo as circunstâncias de pertencerem a uma classe universal inferior no século XIX, momento em que nasceram. Ainda assim, desde jovem, Marx reconheceu e amou as mulheres como iguais – por vezes, ele até desconfiava que elas fossem mais evoluídas que os homens. Em seu primeiro *agitprop*, o *Manifesto Comunista* de 1848, Marx e Engels enfatizaram a necessidade fundamental de "acabar com o *status* da mulher como mero instrumento de produção" e argumentaram que "o casamento burguês é, na realidade, um sistema de esposas em comum [...] isto é, de prostituição pública e privada".[6] Marx ainda espera que a educação e o tratamento igualitário possam fortalecer o lugar da mulher e suas possibilidades no mundo. Mas como todo patriarca vitoriano, ele quer um filho, e não foi dessa vez.

A genuína aventureira se chama Jenny Julia Eleanor em homenagem à mãe – como todas as filhas dos Marx. Jenny ganhou seu nome de sua bisavó Jeanie Wishart, filha de um ministro de Edimburgo, que aprendeu e falava alemão com um amável[7] sotaque escocês após se casar com Rhinelander Philipp von Westphalen em 1765 e viver na Alemanha pelo resto da vida. A mãe de Eleanor, Jenny von Westphalen, herdou a ascendência das Terras Altas de sua avó – a pele clara e delicada, o cabelo castanho-avermelhado de tons de loiro e os olhos de esmeralda –, mas não seu sotaque.

A origem do nome Eleanor é desconhecida. A afirmação de que deriva de seus ancestrais escoceses parece popularmente aceita, mas sem fundamento. Há muitas Helens na genealogia dos Wisharts of Pittarow, de quem Jeanie descendeu, mas quando Eleanor nasceu, eles estavam há três séculos de distância. Não há Ellens ou Elaines ou Helens ou Eleanors em nenhum dos ramos da árvore genealógica de Jenny e Karl, nem mesmo amigas próximas e colegas que servissem de inspiração. A única pessoa próxima da família com um nome parecido é a empregada de longa data Helen Demuth, Lenchen.

Qualquer que tenha sido a razão para ter sido escolhido, Eleanor é um nome promissor. Em árabe, hebraico, grego e latim, ele carrega a mesma raiz de significado "raio de luz" e "luz brilhante". Eleanor carrega a promessa de uma criança radiante com caráter brilhante.

Doze semanas após o nascimento de Eleanor, Edgar morre nos braços de Marx. "Eu já tive minha cota de azar", lamenta a Engels, "mas somente agora eu sei o que é tristeza verdadeira".[8] Desolado, ele se volta à recém-nascida e a ela transfere todo seu amor e esperança por seu filho perdido.

Com cerca de nove meses de idade, a não batizada Jenny Julia Eleanor Marx já era conhecida por todos como Tussy,[9] T-oo-ssy, para rimar, como seus pais a explicaram, com *pussy* (gatinha), e não *fussy* (frescurenta). A explicação deles para a pronúncia se mostrou acertada: frescurenta ela não era, mas adorava gatos e filhotes desde cedo. Tussy, e sua adorável variante Tusschen, era um apelido de diversas origens possíveis. Talvez a bebê Tussy tivesse espirrado muito enquanto seus pulmões se aclimatavam à poluição londrina – poeira de carvão misturada à fumaça do charuto de seu pai dentro de casa, em contraste com o ar congelante de fora. *Tousser* é tossir em francês, a primeira língua que suas irmãs falaram em casa com os pais. Em holandês, *Tusschen* é a forma arcaica de *tussen*, palavra para "entre". Daí o antigo ditado holandês "*tusschen en tussen*" [nem um nem outro]. A maioria dos parentes diretos de Tussy era holandesa e vivia na Holanda, onde Marx sempre ia para visitá-los. *Tuzzy* é a palavra em inglês antigo para "grinalda" ou "buquê de flores". Na década de 1850, *tussie-mussies* eram moda entre os vitorianos: ramalhetes ou buquês de flores cuidadosamente selecionados e arrumados para transmitir mensagens secretas entre amantes e intimidades entre amigos – como poesia de amor nas flores. *Tussy* também era um termo coloquial para "vagina".[10]

As várias possíveis fontes para o apelido de Tussy nos dizem algo sobre a natureza do lar multilíngue dos Marx. As irmãs de Tussy, nascidas em Paris e Bruxelas, falavam francês entre si, intercalavam francês e alemão com a mãe, e falavam principalmente em alemão com o pai, Lenchen e Engels. Francês, alemão e inglês eram falados com a família e amigos.

De toda a família, Möhme era a maior influência multilíngue. Seu pai liberal e progressista, Ludwig von Westphalen, cuidara para que ela começasse a aprender francês e inglês ainda criança. Marx começou seu maior trabalho de Economia Política – *O capital* – pouco antes de Tussy nascer, e Jenny era sua escriba incansável. Ela copiou e editou todo o manuscrito do marido, não apenas por ser a única além de Engels a conseguir decifrar seu garrancho, mas também por seu alemão ser, após o dele, o melhor da família.

Desde o ventre, Tussy nadou em um fluído polifônico de alemão, francês e inglês, com frases em holandês e expressões em iídiche soltas nessa rica mistura.

Uma influência intrigante do apelido da bebê Eleanor veio da China. O lar dos Marx era obcecado pelo país e eles seguiam avidamente a política da Imperatriz Viúva da China, Tseu-Hi (também conhecida por TsuTsi ou Cixi). Jenny, irmã de Tussy, foi apelidada de Imperatriz da China, mas Tussy tomou seu lugar e se tornou a Sucessora da Imperatriz da China. A dica de pronúncia de Tzu-Hi era "Sue Z" – ou Tussy, como em "*pussy, not fussy*".

As três irmãs tinham muitos apelidos pontuais, adoráveis ou engraçados durante a infância. Por um tempo, Laura era Kakadou, e depois se tornou Hottentot,[11] igualmente exótico, por conta de seu visual sombrio – uma referência tanto ao seu semblante mal-humorado e bem conhecido pela família quanto ao sombrio e belo visual africano que compartilhava com o pai. O apelido acompanhou Laura até a idade adulta, assim como Jennychen ficou para Jenny.

Tussy foi cuidada na infância principalmente por Lenchen e assistida por uma ama de leite, suas irmãs mais velhas, seus pais e os Liebknecht. "A alma da casa",[12] Helen Demuth, nascida de uma família camponesa da Renânia, conhecia Jenny desde que começou a trabalhar na casa dos von Westphalen, em 1835, quando tinha apenas 15 anos.

Desde então, Jenny e Helen não se separaram por mais de algumas semanas, exceto pela longa visita de Jenny a sua mãe, em 1850, quando Lenchen ficou para cuidar da família. As filhas de Marx tinham Lenchen como uma segunda mãe. Como Gandhi, Churchill e muitas outras figuras históricas, a relação de Eleanor com sua babá, que substituiu o papel de mãe e provedora, teve uma profunda influência em sua infância. Lenchen acompanhara Jenny e Karl em suas viagens pela Europa praticamente desde o início do casamento, e compartilhara seus muitos exílios. Um dos genros de Karl descreveu Lenchen como

> empregada doméstica e governanta, ao mesmo tempo. Ela comandava toda a casa. As crianças a amavam como mãe e o sentimento maternal por ela lhe deu a autoridade de uma. A Sra. Marx a considerava uma amiga íntima e Marx nutriu uma amizade com ela; eles jogavam xadrez, e ele geralmente perdia.[13]

Como provam os jogos de xadrez com Marx, os momentos de lazer de Lenchen também eram com a família. Biblioteca definiu a relação da seguinte forma: "Lenchen tinha a ditadura da casa, a Sra. Marx, a supremacia".[14] Nenhum homem, Biblioteca observou, é bom aos olhos de seu empregado, "e Marx certamente não o era aos olhos de Lenchen".[15] Ela daria a vida centenas de vezes por ele e pela família, "mas Marx não podia se impor a ela". Ela sabia de todos os seus caprichos e suas fraquezas, e ele "estava na palma de sua mão". Quando Marx se irritava e explodia, ela era a única pessoa capaz de domar a fera. "Se ele rosnasse para ela, ouviria um sermão que transformaria o leão em cordeiro".[16]

O luto pela morte de Edgar foi intensificado pela miséria. Havia, como sempre, crises nas finanças domésticas. Möhme visitou a "pop-house",* como ela chamava as casas de penhor, tantas vezes que apelidou de Tio o amável penhorista do Soho. *Pop Goes the Weasel,*** a canção de ninar sobre o sapateiro que penhorava suas ferramentas, foi logo uma das favoritas de Tussy. Não que ela tivesse um lugar para ninar: o espaço para dormir e brincar se resumia aos dois cômodos da quitinete compartilhados entre os três adultos e suas irmãs mais velhas, que cresciam rapidamente. Dando como garantia de empréstimo seus melhores lençóis, a prataria do casamento e as roupas da família, Möhme manteve em dia as finanças domésticas enquanto seu marido se mantinha ocupado com os encontros inaugurais da Associação Internacional dos Trabalhadores*** e trabalhando até tarde para terminar seus artigos atrasados. Möhme e Lenchen acabaram ficando permanentemente sem louças, copos e comida na quantidade suficiente para o fluxo de amigos e convidados, constantes como a maré.

Apesar de a época ter sido lembrada pelo resto da família como a mais miserável de suas vidas, Tussy nunca se lembrou de fato dos anos de aperto no Soho. O número 28 da rua Dean, sem encanamento, iluminação e privacidade, foi sublocado para os Marx por um ranzinza linguista irlandês por £22 ao ano. A família se mudou em 1851, pouco depois da morte do segundo filho, o pequeno Fawkes. Embora Tussy não soubesse, o abrangente serviço de inteligência de um agente secreto prussiano enviado diretamente pelo Ministro do Interior fornece um retrato memorável da vida familiar de Marx na quitinete do Soho onde ela nasceu.

Tussy chegou em uma família politicamente radical sob constante vigilância do Estado. Em 1850, um editor de um jornal alemão, se apresentando como Schmidt, chegou em Londres, supostamente para visitar a Grande

---

* Maneira informal e popular à época de se referir à casa de penhor.

** Cantiga de roda inglesa que tem como base a imagem da máquina de costura. Weasel era o nome dado à máquina de costura, que emitia um estalido a cada mil jardas trabalhadas. Daí o verso "Pop! goes the weasel." Fonte: https://pt.wikipedia.org/wiki/Pop!_Goes_the_Weasel.

*** No original, International Working Men's Association seria literalmente traduzido como Associação dos Homens Trabalhadores Operários.

Exposição.* Na verdade, Schmidt era o agente Wilhelm Stieber, cumprindo ordens do Ministro do Interior da Prússia para espionar Marx e seus associados. Stieber se infiltrou em reuniões comunistas na Alemanha e nas casas de pessoas ligadas ao movimento operário e democrático, observando em detalhes o ambiente de seu principal líder:

> Marx vive em um dos piores e, portanto, mais baratos bairros de Londres. Ele tem dois cômodos: aquele com vista para rua é a sala de estar, e, atrás dela, o quarto. Não há sequer uma peça de mobília boa e inteira em todo o apartamento. Tudo está quebrado, rasgado e esfarrapado, com poeira grossa por todo lugar, e tudo na maior desordem. Uma mesa grande e antiga, coberta com um encerado, fica no meio da sala de estar, onde ficam manuscritos, livros, jornais, os brinquedos das crianças, coisas da caixa de costura de sua esposa, e perto disso, algumas xícaras com asas quebradas, colheres sujas, facas, garfos, castiçais, tinteiros, óculos, cachimbos de cerâmica holandeses, cinzas de tabaco; resumindo, todo tipo de lixo, e tudo sobre uma só mesa; um vendedor de sucata ficaria envergonhado. Quando se entra no apartamento de Marx, sua visão é ofuscada por fumaça de carvão e tabaco, de modo que você precisa tatear ao redor, como se estivesse em uma caverna, até que seus olhos se acostumem com a fumaça [...] Tudo é sujo, tudo é coberto por poeira. É perigoso se sentar. Há uma cadeira com apenas três pernas; as crianças brincam de comidinha em uma outra cadeira que, por acaso, está inteira; verdade seja dita – ela é oferecida à visita, mas a obra das crianças não é retirada dali. Se você sentar, estará arriscando suas calças. Mas nada disso envergonha minimamente Marx ou sua esposa; você é recebido da maneira mais amigável, oferecem-lhe cordialmente um cachimbo, charuto e o que mais tiver; uma conversa animada compensa as falhas domésticas e no final você se reconcilia devido à companhia, e vê aquilo como algo interessante, até mesmo original. Esse é o fiel retrato da vida familiar do líder comunista Marx.[17]

---

* Referência à Exposição Universal de Londres, inaugurada em 1o de maio de 1851 e chamada oficialmente de "A grande exposição das obras da indústria de todas as nações". Visitada por mais de 6 milhões de pessoas, deu origem a uma série de outras Exposições Universais que buscavam reunir as principais inovações tecnológicas, científicas e artísticas. Foi um marco nas relações internacionais da época, e uma demonstração de poder das potências econômicas.

Stieber, o agente alemão, claramente julgou a sra. Marx e Lenchen como fracassos totais enquanto *hausfraus* [donas de casa]; em sua opinião, uma falha provavelmente pior do que ser comunista. A inteligência de Stieber levou à prisão vários membros do partido de Marx na Alemanha e por fim ao infame Julgamento dos Comunistas de Colônia de outubro de 1852. O governo prussiano acusou 11 membros da Liga Comunista por conspiração na Revolução de 1848. O processo envolvia falso testemunho e evidência forjada. Furioso, Engels mais tarde denunciou Stieber como um dos "mais desprezíveis canalhas policiais do século".[18] No entanto, até mesmo esse bisbilhoteiro que se tornou chefe do serviço secreto de Bismarck se sentiu fascinado pelo acolhimento amigável e a hospitalidade da decrépita casa de Marx.

O ministro do Interior prussiano ficou satisfeito com o relato do agente Stieber ao recebê-lo em sua mesa, pois pôde confirmar a antiga suspeita da degeneração de seu cunhado, Karl Marx. Ferdinand von Westphalen, o ministro do Interior prussiano, era meio-irmão de Jenny. Ele ficou furioso desde o momento em que ouviu o boato, em 1836, de que sua meia-irmã estava comprometida em segredo com o agitador revolucionário. Ferdinand espionou a família de Tussy ao longo de toda sua infância.

Tussy vingou com a dieta de leite do Dr. Allen e não estava mais "prestes a morrer a qualquer dia".[19] Ela passou seu primeiro verão naquilo que sua família chamava de "o interior", o subúrbio pastoral de Camberwell, em um chalé emprestado a eles por um amigo próximo, o socialista Peter Imandt. Em setembro, ela começava a engatinhar e pular, como sua irmã mais velha escreveu em uma carta ao pai, que visitava Engels em Manchester. Parecia que ela também se iniciaria cedo no romance. Jenny relatou que Tussy ficava "em êxtase quando o pequeno e esfarrapado verdureiro a chama... Acho que esse homem é seu primeiro amor".[20] Marx talvez esperasse que o verdureiro não estivesse chamando para cobrar suas contas.

Möhme e Lenchen compravam fiado, devido à expectativa de uma herança inesperada que havia sido prometida a Möhme pela morte de seu tio George e de um de seus parentes escoceses. Os Marx gastaram o dinheiro por diversas vezes antes de que este finalmente chegasse. Marx insistiu para que Jenny pensasse sobre encontrar um novo lar. A agitação de Eleanor tornava o sótão do Soho ainda mais apertado. "As meninas mais velhas", escreveu a mãe a uma amiga, "cuidam dela e a mimam quase como se fossem mães. É verdade, não há criança mais amável, tão linda, simples e de boa índole".[21]

A disposição sociável de Eleanor aqueceu a frente fria da angústia de Möhme pela perda da "melhor e mais verdadeira das mães",[22] Caroline von Westphalen, em julho de 1856. A primeira viagem de Tussy para fora da Inglaterra ocorreu aos 17 meses de idade, quando Möhme levou as três garotas para Tréveris, na Renânia. Aos 81 anos, Caroline deu a bênção a Jenny e suas netas e fechou os olhos pela última vez. Sua herança modesta de algumas centenas de tálers foi dividida entre Jenny e seu irmão, Edgar.

Pouco depois de seu retorno de Tréveris em setembro, Möhme encontrou uma pequena casa no distrito de Kentish Town. A família de Tussy se mudou para o Terraço Grafton, 9,[23] no final do mês, quando ela estava com 21 meses. "É um lugar luxuoso comparado aos buracos onde costumávamos viver", escreveu Möhme, animada, para uma amiga, "e apesar de não custar mais do que £40 para mobiliá-lo inteiro (sucatas de segunda mão ajudaram muito), me senti magnífica em nossa sala aconchegante".[24] Havia outras formas de aconchego: os pais de Tussy a colocaram em um quarto separado e sua mãe imediatamente engravidou, sofrendo um aborto espontâneo na sequência.

O "lugar luxuoso" que abrigou o surgimento da autoconsciência de Tussy era uma pequena casa suburbana de tijolos, com oito cômodos modestos espalhados pelo porão, andar térreo e outros dois andares. Dentro estavam novos luxos: iluminação a gás e uma cozinha com água corrente. O pequeno jardim se abria para campos abertos e, no monte Haverstock, ao final do terraço, um aterro de lixo industrial proveniente do desenvolvimento imobiliário, ferrovias e esgoto. Pela primeira vez em Londres, a família tinha sua própria porta da frente para a rua, em uma fachada decorada. O Terraço Grafton era uma fila de casas recém-construídas classificadas como "casas de terceira classe", no meio de um conjunto habitacional incompleto começado na década de 1840, quando a introdução de trens deu a Kentish Town o acesso ao centro de Londres.

Quando os Marx chegaram, a rua não tinha nem pavimento nem iluminação, e a casa custava uma bagatela graças a seus entornos inacabados. Marx reclamava do exílio de sua vida social no Soho, dos clubes socialistas e de seus *pubs* favoritos, mas apesar da remoção dessas agradáveis distrações do trabalho em seu livro sobre as leis científicas da Economia Política, havia muitas vantagens nessa recém-descoberta reclusão suburbana. O pai de Tussy agora tinha seu próprio escritório e uma lareira à parte. Toda a família estava encantada com a nova proximidade a Hampstead Heath: seu ar fresco e o panorama silvestre eram quase como uma fuga mágica de uma década do Soho.

Möhme estava deprimida pela dupla dor da morte de sua mãe e do aborto espontâneo. Marx confidenciou a Engels: "Eu não a culpo, sob seus atuais auspícios, embora isso me irrite".[25] Quando o Museu Britânico inaugurou a Sala de Leitura, em 1857, Marx pôde escapar, pegando o trem de Kentish Town até Bloomsbury, onde ele almoçava no Museum Tavern, na rua Great Russel, também frequentado por Conan Doyle e outros escritores famosos. Os lençóis, guardanapos escoceses antigos "e outros resquícios de um passado grandioso"[26] voltaram à casa de penhora do Tio quando o crédito acabou, e isso provocou mais ansiedade em Möhme.

Laura e Jenny haviam acabado de começar a frequentar a Escola para Moças South Hampstead. Administrado pelas senhoritas Boynell e Rentsch, a escola era bem-intencionada mas medíocre, como todas as outras instituições que ofereciam ensino privado não regulamentado em um país que não fornecia educação formal para garotas. Antes disso, Jenny e Laura haviam frequentado alguns semestres em uma escola no Soho e receberam uma tutoria precária de William Pieper, o incompetente secretário assim nomeado de Marx, cujo apelido dado pela família era Fridolin. A caligrafia de Fridolin era tão ruim quanto a de Marx, e ele era um administrador inútil. Não fez muito além de cuidar de ressacas regulares e distrair Marx de seu trabalho para discutir literatura e filosofia. Möhme usou a oportunidade da recessão global para demiti-lo. Com o barulho de Jenny e Laura ao fundo, arriscando escalas no piano miserável que o pai comprara para elas, Möhme organizou a administração do marido e retomou com alegria seu antigo papel de "copiar seus artigos ilegíveis".[27]

Enquanto Jenny e Laura aprendiam notação musical, Tussy começava a formular palavras. Seu pai estava absorto pelo desenvolvimento de seu prodígio emergente. "A bebê", ele admirava, "é uma companheira admiravelmente inteligente e parece que tem dois cérebros".[28] A companheira inteligente passou a rabiscar os cantos das cartas de Marx enquanto ficava em seu colo no escritório. Como toda a família e amigos, Tussy chamava o pai pelo apelido, Mouro – Mohr, em alemão –, que ganhou na universidade graças à sua barba e bigode cheios e escuros feito carvão. O anúncio sobre os dois cérebros coincide com a época da primeira memória consciente de Tussy:

> Minha primeira memória [...] é de quando eu tinha em torno de três anos e Mouro... estava me carregando nos ombros pelo nosso pequeno jardim no Terraço Grafton, colocando florzinhas em meus cachos castanhos. Mouro era, devo admitir, um cavalo esplêndido.[29]

Colocar arreios em Marx era uma tradição de família. Tussy "ouviu dizer" que na rua Dean, Jenny, Laura e seu falecido irmão, Edgar, amarravam Mouro a cadeiras nas quais as três montavam como uma carruagem, e o faziam puxar. Sendo a mais nova e chegando mais tarde, Tussy teve sua própria montaria e a atenção dedicada do pai:

> Pessoalmente – talvez porque não tive irmãs da minha idade –, eu preferia Mouro como um cavalo de sela. Sentada em seus ombros e segurando firme em sua grande crina de cabelo, naquele então preta, mas com pinceladas de cinza, eu dei excelentes passeios pelo nosso pequeno jardim além dos campos [...] que cercavam nossa casa no Terraço Grafton.[30]

Uma coqueluche, no inverno de 1858, deu a Tussy a oportunidade de assumir o domínio da casa: "A família se transformou em meus dedicados escravos, e eu ouvi dizer que, assim como frequentemente ocorre na escravidão, houve desmoralização geral".[31] O ano começou mal, sem carvão ou dinheiro para pagar os aluguéis atrasados. Enquanto Tussy aproveitava sua enfermidade e insistia em abrir a casa para toda criança de rua na vizinhança para lhe fazer companhia, seu pai enviou a Engels uma lista detalhada de suas dívidas, lamentando sua inabilidade em pagá-las, "mesmo se eu reduzisse minhas despesas ao máximo, por exemplo, tirando as crianças da escola, indo viver em um bairro estritamente operário, demitindo os criados e vivendo só de batatas".[32]

Os vizinhos de porta de Marx, um respeitável confeiteiro pequeno-burguês e um pedreiro, eram mais estáveis financeiramente do que o notório filósofo local. Suas finanças eram tão ruins que, por volta de 1859, recebeu uma convocação do tribunal na porta de sua casa, e tentava impedir a companhia de água e gás de cortar o fornecimento devido às contas atrasadas.

Alheia a todas as adversidades da vida adulta, Tussy se animava, bárbara suburbana, brincando com suas pernas cada vez mais seguras e robustas na lama, no entulho e nos restos de construção inacabada do conjunto habitacional. Inicialmente, ela gostava de brincadeiras agitadas com as crianças da vizinhança, descalça na terra vermelha da rua sem asfalto. Por volta dos 4 anos de idade, os campos ao redor do Terraço Grafton foram cobertos por construções e as ruas onde ela brincava com os sete filhos do confeiteiro e do pedreiro foram pavimentadas. Naturalmente sociável, Tussy formou um círculo de amizades com seus pequenos companheiros, apresentando sua família aos vizinhos – comerciantes habilidosos, lojistas, artesãos: trabalhadores.

Tussy era a líder de seus amigos, guiando sua tropa de crianças pela casa e fazendo chá da tarde com leite, pão e biscoitos oferecidos pela indulgente Lenchen. As outras crianças aceitavam o comando e o espírito de liderança de Tussy pois ela era legal e sincera. Engraçada, corajosa, sempre risonha, ela não excluía ninguém das brincadeiras do grupo. Devido à sua popularidade, os Marx ficaram conhecidos em todo o bairro como simplesmente "os Tussys".

Mas o primeiro amigo e colega de brincadeiras de Tussy foi Marx. Se ele era um ótimo cavalo, ela, quando adulta, lembra que o pai "tinha uma qualidade ainda maior. Ele era um contador de histórias único e incomparável".[33] Laura e Jenny falavam à Tussy sobre como Mouro lhes contava histórias intermináveis durante seus longos passeios vespertinos. "Conte outra em mais um passeio",[34] era o pedido das duas garotas. Antes muito pequena, a companheirinha inteligente de dois cérebros agora tinha pernas fortes o suficiente para acompanhar os passeios. Era a vez de Eleanor embarcar em novas aventuras da imaginação com seu querido papai.

Dez anos mais nova que as irmãs e educada em casa pelo pai, Tussy era tão cercada de adultos quanto de seus colegas. Entre 5 e 6 anos de idade, os livros e as histórias se tornaram seus melhores amigos. Tão real quanto "beijar os novos carpetes"[35] e brincar com o cachorrinho no tapete da lareira, os mundos encantados se transformaram magicamente em livros nas prateleiras de segunda mão presentes em cada cômodo no Terraço Grafton, mesclados à realidade da vida cotidiana. As estantes até podiam ser medida em pés, mas as histórias ali dentro, como Tussy as descreve de maneira memorável, poderiam ser "medidas em milhas".[36]

Na companhia de seu pai, as histórias deixavam a casa e seguiam para as montanhas próximas de Hampstead Heath durante os passeios em família. Levada nos ombros de Mouro, ou de mãos dadas, Tussy absorvia novos mundos em palavras; personagens e suas aventuras tomando a forma das folhas dos bosques e da vasta natureza. Depois da moradia no Soho, um monturo que cheirava a fezes, resíduos e fuligem, as montanhas de Hampstead eram a brisa dos Campos Elísios. Era perfeitamente sensato imaginar tal terra verdejante de fadas como sendo o feliz *habitat* de caça de seres sobrenaturais e reinos paralelos.

As histórias dos irmãos Grimm, as obras selecionadas de Shakespeare e Aristóteles, *Robinson Crusoé*, *Canção dos Nibelungos* e o recém-publicado *As mil e uma noites* se amontoavam entre os clássicos na biblioteca da família Marx. Havia pilhas de ficção e romances populares de Balzac, Dickens, Gaskell e Wilkie Collins pela casa, e volumes de poesia de Goethe, Shelley, Blake e do amigo da família, Tio Heine. Coleções enormes de história, ciência e filosofia – incluindo as obras de Hegel, Rousseau, Fourier e o mais novo livro de Darwin, *A origem das espécies* – continham a promessa de um terreno misterioso a ser descoberto em explorações futuras. O *Talmude* em hebraico e holandês, a Bíblia de Lutero em alemão e a Bíblia do Rei Jaime em inglês se misturavam às obras sobre economia e ciências naturais.

Todos na casa eram literatos. Tudo para encorajar o desenvolvimento da mente de Tussy era colocado ao seu alcance. Nenhuma história, livro, ideia ou pergunta estava fora do alcance. Revistas, periódicos, relatórios, artigos, cartazes, folhetins, convites para reuniões, relatórios da corte, tratados jurídicos, cartões de visita, cartões de aniversário, de Natal, diários, bilhetes, cadernos, partituras, livros de exercício com encadernação marmorizada, mata-borrão, sobras de papel de carta eram residentes permanentes da casa da família de Tussy. As crianças podiam pegar, ler e tocar quaisquer palavras impressas.

Durante a infância, a casa sofria com a falta de muitas coisas, mas livros, papel, lápis, tinta, bicos de pena, agulhas, pincéis, cola, linha de costura e pontas de carvão sempre abundavam. Independente de outras dívidas, deficiências e escassez, livros, papéis e materiais para escrita eram tão abundantes quanto os ricos depósitos nos grandes poços de carvão industrial da Grã-Bretanha e o ouro recém-descoberto da Califórnia.

Möhme imediatamente percebeu o amor de sua bebê pelas histórias e palavras. "O que mais me surpreende nela", escreveu Jenny para uma amiga na Alemanha, "é o seu amor por falar e contar histórias".

> Ela pegou isso dos Irmãos Grimm, de quem ela não se separa um minuto. Lemos todas as fábulas até nos cansarmos, mas ai de nós se deixarmos de fora uma única sílaba sobre o Anão Saltador, o Rei Bico-de-Tordo ou a Branca de Neve. Foi através dessas histórias que ela aprendeu alemão, além do inglês que aqui ela respira.[37]

As crianças britânicas geralmente encontravam as histórias divertidas e instrutivas de terror dos Irmãos Grimm na edição em inglês publicada em 1823, traduzida pelo advogado londrino Edgar Taylor e espirituosamente ilustrada por George Cruikshank. Eleanor, a filha de pais imersos no romantismo da Europa Central, entrou no mundo de Grimm no sonoro alemão original.

Nas suas primeiras histórias favoritas, diabinhos, duendes, anões, gigantes, gnomos e fadinhas voltavam do passado antigo para encantá-la. Crianças-fadas sobrenaturais trocavam de lugar com bebês humanos saudáveis para aumentar seu físico insignificante; animais de todos os tipos conversavam, cantavam e saíam em aventuras arrepiantes; duendes e fadas pulavam nos raios de sol. Sapos repulsivos, raposas astutas e mendigos se transformavam em príncipes jovens, virtuosos, bonitos e cobiçados, ou no velho e núbil Rei Bico-de-Tordo disfarçado.[38] Tussy se divertia com o relato das irmãs-princesas que saíam para dançar secretamente toda noite até seus sapatos furarem. Havia histórias de donzelas congeladas nas eternidades do tempo, enganadas pelas madrastas perversas, por espelhos falantes, que comiam maçãs envenenadas, eram espionadas, enganadas, encantadas e caíam nas profundezas do sono apenas para serem despertadas pelo beijo de belos estranhos. Princesa ou camponesa, as meninas podiam ser transformadas, por fadas, em rouxinóis enjaulados, ou oferecidas como janta a um leão em troca de uma rosa do jardim.

Os contos de Grimm são muitas vezes gratificantemente violentos e sexuais: pombas arrancam os olhos de irmãs malvadas, primos de primeiro grau podem se casar, enteados indesejados são decapitados, bruxas assassinam suas próprias filhas, dançam até a morte em chinelos de ferro em brasa ou acabam assadas vivas em um forno. Tussy foi absorvida por mundos em que brotavam essas maravilhas.

Como observa sua mãe, foi pelos irmãos Grimm que Tussy aprendeu seu primeiro alemão vernacular. Do mesmo modo, foi por meio da bíblia da casa que ela teve seu primeiro encontro com a poesia inglesa. Essa bíblia eram as obras completas de Shakespeare, por meio das quais seu pai imigrante estudou e aprimorou seu conhecimento da língua materna da terra que o hospedou em exílio. Quando chegou à Inglaterra, Marx tinha uma compreensão muito limitada do inglês. Durante os primeiros anos de sua vida em Londres, ele pesquisou e classificou sistematicamente todas as expressões originais de Shakespeare à mão e depois as memorizou para melhorar seu conhecimento da língua. As pequenas Laura e Jenny, cujas línguas maternas eram o francês e o alemão, melhoraram seu inglês interpretando e lendo Shakespeare em voz alta. Tussy chegou em uma família que conhecia a maior parte das obras de Shakespeare de cor. O autor era recitado, encenado, citado e debatido na lareira e no pequeno jardim. A irmã de Tussy, Jenny, ficou particularmente apaixonada pelo bardo e fez um santuário para ele em seu quarto, descrito por sua mãe como "uma espécie de museu de Shakespeare".[39] Ávidos espectadores, os Marx seguiram todos os aspectos da vida teatral de Londres, gastando dinheiro com ingressos baratos em vez de comida e gás, discutindo sobre o talento dos atores Sarah Siddons, Ellen Terry e John Kemble, e revisando as resenhas de Möhme sobre as peças para a imprensa.

Ésquilo e Shakespeare, Marx explicou à pequena Tussy, eram "os maiores gênios dramáticos que a humanidade já deu à luz".[40] Estudante sagaz, com ouvidos aguçados e boa memória, Tussy aprendeu rapidamente: "Aos seis anos, eu já sabia cenas e cenas de Shakespeare de cor".[41] Ela lembrou que suas cenas favoritas "eram o solilóquio de Ricardo III ('Eu posso sorrir, sorrir e ser um vilão', que *sei* que amei porque precisava ter uma faca na mão para dizê-lo!) e a cena de Hamlet e sua mãe!" Möhme interpretava a rainha e Tussy declamava: "Mãe, você ofende muito meu pai", olhando para o pai "com muita atenção"[42] enquanto falava, e depois caía em gargalhadas.

Tussy herdou de Marx o amor incondicional por Shakespeare. A fonte da paixão da família Marx por Shakespeare era o avô materno de Tussy. Mais tarde, ela descobriria que foi Ludwig von Westphalen quem apresentou seu pai a Homero, Dante e Shakespeare quando ele era um jovem estudante na Renânia.

Quanto a essa outra bíblia, o cristianismo, explicou Marx a Tussy, figura como uma importante parte da história; trata-se de um grande ciclo de histórias ao lado de todos os outros grandes textos clássicos. Tussy recordava vividamente do pai contando a história de Cristo: "o carpinteiro a quem os homens ricos mataram".[43] Marx batizou a imaginação de sua filha com palavras que brilhavam e se mantinham acesas por muito tempo depois do relato: "Acho que nunca havia sido dito antes".[44] Ela também se lembrou dos comentários dele, recordando sua observação de que: "Afinal, podemos perdoar muito o cristianismo, porque ele nos ensinou a adorar as crianças".[45] Sua mãe, protestante, foi batizada ao nascer. Seu pai, judeu, foi batizado como protestante luterano aos 6 anos, mas Tussy – como suas irmãs e irmãos nascidos já ateus – nunca foi batizada.

O respeito pelas crianças e seus direitos era uma coisa, a adesão religiosa a uma fé abraâmica monoteísta era outra. Tussy conseguia recitar os trágicos solilóquios de Shakespeare sobre o poder do Estado e o regicídio muito antes de colocar os pés em uma igreja. Uma viagem em família a uma igreja católica para ouvir um concerto gratuito de música "bonita", quando ela tinha 6 anos, lhe trouxe "hesitações religiosas" sem precedentes. Revelando o fato a seu pai quando chegaram em casa, ela se sentou em seu colo enquanto ele explicava, pacientemente, que o chamado que ela ouvira era a música bonita, e não a voz de Deus; "ele silenciosamente deixou tudo claro e direto, para que a partir dali nenhuma dúvida pudesse voltar à minha mente".[46] Tussy estava interessada nas histórias exemplares e cheias de ação de Jesus e dos profetas, mas não demonstrou mais curiosidade infantil sobre as questões da Trindade Cristã ou a existência desse Deus em particular. Seu Pai ideal já estava em casa. Ela não precisava de outro.

É fácil subestimar o quão incomum e radical foi criar uma criança tão pouco religiosa em meados do século XIX. Tussy nunca foi obrigada a orar, louvar a Deus ou ir à igreja.

Marx lia em voz alta para suas filhas: "Assim como para minhas irmãs mais velhas antes de mim, ele leu para mim tudo de Homero, a *Canção dos Nibelungos* na íntegra, *Gudrun*, *Dom Quixote*, *As mil e uma noites* etc."[47] Durante muito tempo, Getwerg Albericht, o heroico superanão da *Canção dos Nibelungos*, deu a Tussy seu apelido em casa.[48] O temível Albericht, "fiel tesoureiro" do herói popular alemão Siegfried, guarda o tesouro de Nibelungo trancado nas profundezas do coração da montanha. "Anão Albericht" era um apelido divertido para Tussy, zombando de seu espírito questionador e combativo, e reconhecendo seu fiel *status* na casa dos Marx como a tenente mais devota de seu pai, embora fosse a menor integrante. Albericht é o leal homenzinho de Siegfried: "Tudo o que Siegfried queria, o anão estava pronto para fazer".[49] Mas Albericht, o corajoso, não é um seguidor servil – ele testa seu mestre, e sua lealdade deve ser conquistada.

Sabemos por sua parcialidade em relação a *Ricardo III* que Tussy gostava de andar com espadas e punhais, e, como Getwerg Albericht, ela mantinha todo o castelo acordado com seu campo de força – tagarelice, ginástica, brincadeiras e risos estrondosos.

É divertido pensar no tesouro de Nibelungo enterrado nas profundezas da montanha como uma metáfora para Marx rascunhando, no seu escritório no segundo andar, o que Engels chamou de seu "livro gordo" – sua análise histórica e científica da economia política e do funcionamento do capital. Tussy tinha bonecas, gatinhos e cãezinhos, mas o escritório de seu pai era sua sala de jogos. Mais tarde, ela ficaria maravilhada com a tolerância dele com a constante interrupção de seu trabalho e pensamento, lembrando-se da "paciência e doçura infinitas com as quais [...] ele respondia a todas as perguntas e nunca reclamava das interrupções. No entanto, não deve ter sido um incômodo menor ter uma criança pequena conversando enquanto trabalhava em seu importante livro. Mas a criança nunca foi autorizada a pensar que estava atrapalhando".[50]

Enquanto seu pai trabalhava na obra-prima que se tornou *O capital: crítica da Economia Política*, ele criou uma saga de histórias para Tussy, cujo anti-herói, Hans Röckle, se tornou seu grande favorito. Um mago moreno, barbudo e de olhos pretos que passa a maior parte do tempo conjurando maravilhas na bancada de sua fabulosa e desarrumada loja de brinquedos, Hans Röckle tinha uma semelhança impressionante com seu criador. "Das muitas histórias maravilhosas que Mouro me contou, a mais maravilhosa e deliciosa foi Hans Röckle". Era mágico, animado, engraçado, assustador, misterioso, emocionante, alternando entre trágico e comovente, e Tussy esperava ansiosamente pela continuação. "Isso durou meses e meses. Era uma série de histórias... tão cheia de poesia, inteligência, humor!". Hans Röckle, como Tussy descreve, era o próprio Mouro, seu *Karl Marx e a pedra filosofal*:

> O próprio Hans Röckle era um mágico do tipo Hoffmann, que mantinha uma loja de brinquedos e que estava sempre 'duro'. Sua loja estava cheia das coisas mais maravilhosas – homens e mulheres de madeira, gigantes e anões, reis e rainhas, operários e mestres, animais e pássaros tão numerosos quanto os que Noé colocou na arca, mesas e cadeiras, carruagens, caixas de todos os tipos e tamanhos. E embora fosse um mágico, Hans nunca conseguia cumprir suas obrigações nem com o diabo nem com o açougueiro, sendo assim – muito contra a sua vontade – constantemente obrigado a vender seus brinquedos para o diabo. Eles então tiveram maravilhosas aventuras – sempre terminando em um retorno à loja de Hans Röckle. Algumas dessas aventuras foram tão sombrias e terríveis quanto as de Hoffmann; outras, cômicas; tudo foi dito com uma veracidade inesgotável e muito humor.[51]

Em Hans Röckle, Marx zomba de si mesmo e dos absurdos da vida boêmia a que ele submete sua família. Nesse pacto faustiano, Marx é Hans, e o Tio da loja de penhores do Soho é o simpático diabo. Em um outro nível de abstração, o ciclo de Hans Röckle oferece uma pura alegoria da mais-valia, alienação e do funcionamento do capital, governada pelo ciclo diabólico da dívida e pela circulação tenebrosa de mercadorias. Narrando essas aventuras a Tussy, Marx construiu uma versão infantil do assunto de seu grande livro em andamento: sua crítica épica ao sistema econômico que viria a ser conhecido como capitalismo.

As fascinantes histórias entrelaçam os problemas das diferentes classes de pessoas mágicas e não mágicas que tentam coexistir. Os brinquedos, objetos materiais investidos com a aura de coisas vivas por meio do pacto de Hans com o diabo, passavam por todo tipo de aventuras emocionantes e perigosas. Ao ouvir essas histórias, sua esposa, Lenchen e Engels reconheceram as imagens da subjugação dos mais pobres pelos ricos e o fardo eletivo do trabalho criativo que cria a liberdade e a persistência da busca por ideias que mudam a vida e por aventuras do espírito, mas não o lucro e o pão que possa ser posto à mesa.

Apoiado na realidade e nas imagens familiares, Marx introduziu Tussy – por meio das histórias de Hans Röckle, na forma de fábula – às vidas e muitas aventuras de sua família que antecederam seu nascimento – ilustrando, por meio de divertidos arquétipos e contos de fadas, a prequela de sua própria história de vida. Assim, Tussy aprendeu a história romântica de como seus pais se conheceram e se casaram, como Lenchen se tornou membra da família, das aventuras da odisseia dos Marx nas revoluções europeias da década de 1840, do nascimento de seus irmãos, de seus sucessivos exílios e como eles chegaram à Inglaterra.

Em um futuro ainda inimaginável, quando ela já era uma mulher na casa dos 30, Tussy lamentaria que o ciclo de histórias de Hans Röckle de seu pai não tivesse sido anotado. Combinando suas lembranças das histórias que Marx lhe contou com uma série de notas autobiográficas escritas por sua mãe, Tussy as anotou, transferindo os arquétipos e contos da infância para a forma adulta. Foi assim que ela se tornou a escritora e memorialista que documentou a história de sua família para a posteridade; e é de seu trabalho, geralmente sem os devidos créditos, que todos os relatos, sem exceção, de seu famoso pai e sua família foram elaborados. Tussy não transmitiu uma história familiar pré-existente, ela a criou: pesquisou, entrevistou, anotou, editou e publicou antes de morrer. Sem Eleanor Marx, a vida de um dos maiores homens do século XIX e de sua família próxima continuaria sendo uma porta fechada, e saberíamos menos sobre Karl Marx do que sabemos sobre Shakespeare. Para entender Eleanor, é necessário conhecer algo sobre a história de sua família. Ao longo de sua vida, ela pesquisou sua ascendência para preparar uma biografia de seu pai. Tussy nunca concluiu este livro, mas seu trabalho de amor nos deixou um atlas de suas próprias origens.

OS TUSSYS

A semente da existência de Eleanor está na amizade entre dois advogados, um conselheiro jurídico da Prússia Real e um primeiro conselheiro de Trier. O avô materno de Eleanor, Ludwig, o Barão von Westphalen, era um distinto advogado que herdou o título de seu pai Philipp, que se tornou da nobreza como forma de agradecimento por seu serviço como chefe de gabinete do duque de Brunswick durante a Guerra dos Sete Anos. O título chegou em um bom momento para Philipp, filho de um chefe dos correios de Hannover, pois o ajudou a conquistar a mão de uma espirituosa garota escocesa com metade da sua idade, Jeanie Wishart.

Jeanie, bisavó materna de Tussy, era cunhada do general Beckwith, comandante das forças britânicas. Aos vinte anos, ela visitou sua irmã na Alemanha durante a guerra, onde conheceu o chefe de gabinete das forças alemãs, de 40 anos, em um jantar. Philipp foi a Edimburgo pedir a mão de Jeanie em casamento. O pai dela afirmava ser descendente dos condes de Argyll e Angus. A alegação de pertencer à antiga nobreza escocesa tinha pouco fundamento, mas a baronia de Philipp atraiu os esnobes Wisharts, sobretudo por ele ser filho de um alemão pequeno-burguês e chefe dos correios.

Jeanie e Philipp tiveram quatro filhos, dos quais Johann Ludwig, avô materno de Tussy, era o mais novo. Enviado para estudar Direito na Universidade de Göttingen, Ludwig estava mais interessado em ler Shakespeare, Dante e os filósofos franceses do que em estudar jurisprudência. A morte de seu pai, quando ainda era estudante, o forçou a trabalhar no serviço público, e seu casamento, em 1797, com Lisette Veltheim, a filha aristocrática de um grande proprietário de terras, o levou a um período fracassado como agricultor.

Ludwig e sua primeira esposa também tiveram quatro filhos – dois meninos e duas meninas. O primogênito deles foi o solene Ferdinand. Lisette morreu em 1807, e em 1810 Ludwig se casou novamente. Sua nova esposa, Caroline Heubel, uma mulher sensata de 35 anos da classe média alemã, era enérgica, conscienciosa e uma boa madrasta para seus quatro filhos. O casal recém-casado estava morando na pequena cidade de Salzwedel, no norte da Alemanha, quando nasceu sua primeira filha, Johanna Bertha Julie Jenny von Westphalen, em 14 de fevereiro de 1814.

Em 1816, Ludwig foi nomeado primeiro conselheiro no governo de Trier na Renânia, perto da fronteira com a França, sob jurisdição prussiana. Sendo protestantes em uma cidade predominantemente católica, e sendo von Westphalen um funcionário pago pelo reacionário e impopular governo prussiano, ele e sua família eram inicialmente vistos como intrusos. Mas eles logo descobriram que, por baixo da aparente defesa da sociedade de Trier em relação ao domínio francês e a Igreja Católica, os cidadãos divergiam tanto quanto eles em relação à monarquia absolutista e à falta de democracia. "Vivemos", escreveu o avô de Eleanor a uma amiga, enquanto sua mãe, Jenny, ainda era uma criança, "em tempos fatídicos, em uma época na qual dois princípios contraditórios estão em guerra: o do direito divino dos reis e o novo, que proclama que todo poder pertence ao povo."[1] Von Westphalen lutou toda sua vida para resolver esses sistemas de valores concorrentes. Como um burocrata prussiano, a sobrevivência profissional e familiar de Ludwig dependia da defesa do direito divino de seu rei, mas seus verdadeiros interesses estavam nas novas ideias da Revolução Francesa, do pensamento livre e em seu amor por arte, música, literatura e – especialmente – teatro.

Embora fosse apenas uma pequena cidade com cerca de 12 mil habitantes, Trier tinha uma vida cultural agitada. Os von Westphalens tinham fácil acesso à ópera local especializada em Mozart, e ao teatro de primeira classe da cidade, com seu programa regular de dramas de Lessing, Goethe, Racine, Corneille, Marlowe e Shakespeare. Ludwig e sua esposa eram participantes ativos da Sociedade Casino, um clube literário e social adepto do livre pensamento.

A própria ambivalência de Ludwig tornou-o solidário com as dificuldades de outros homens que encaravam o conflito entre os princípios e a sobrevivência. Foi nesse contexto que ele conheceu e rapidamente se tornou amigo do avô paterno de Eleanor, Heinrich Marx, um dos advogados mais bem-sucedidos e requisitados da cidade. Em 1817, no mesmo ano em que Ludwig mudou-se com a família para Trier, o até então chamado Hirschel ha-Levi Marx tornou-se protestante luterano com o objetivo de se adequar a uma declaração da Suprema Corte da Renânia que dizia que os judeus não tinham mais permissão para ocupar cargos públicos ou exercer suas profissões. Heinrich Marx, como ele se renomeou, converteu-se simbolicamente para proteger sua carreira, negócios e família.

Hirschel ha-Levi Marx nasceu em 1782 na cidade de Sarluís, no estado de Sarre, Alemanha. Sua família mudou-se para Trier quando seu pai, Meier ha-Levi Marx, se tornou rabino-chefe da cidade. A lápide de Meier ha-Levi Marx no cemitério judeu de Trier registra seu lugar de origem como Postoloprty, na Boêmia – hoje parte da República Tcheca. A mãe de Heinrich, Eva Lwow, era filha de Moisés Lwow – que também era rabino em Trier – e, como seu marido, descendia de gerações rabínicas dos ashkenazis da Renânia. O irmão de Heinrich, Samuel, o filho sábio e preferido, sucedeu seu pai como o rabino-chefe de Trier. Heinrich era excelente em direito, mas não tinha nenhum interesse em sua fé além da observação ritualística.

Ele se casou com a avó paterna de Tussy, Henriette Pressburg, nascida em 1780 em Nijmegen, na Holanda. Pressburg era o nome alemão para Bratislava, onde o pai de Henriette, o rabino Isaak Heyman Pressburg, nasceu, em 1747. Sua família era da Cracóvia, e a linhagem familiar incluía eruditos e um rabino-chefe de Pádua. Comerciante, Isaak Pressburg se mudou de Bratislava para a Holanda, onde conheceu e se casou com

Nanette Cohen. A família de Nanette tinha se estabelecido há muito tempo na Holanda, e Henriette cresceu em uma família na qual alemão, holandês e hebraico eram falados de forma intercambiável.

A avó de Tussy, Henriette, era semianalfabeta quando se casou com Heinrich. Criada nas restrições de uma casa tradicional, ela não tinha educação formal, e sua única formação era em como ser uma boa esposa e cozinheira. Ela era a parte mais religiosa e tradicionalmente conservadora do casal. Sua melhora na leitura e escrita deveu-se ao incentivo do marido. Heinrich, ciente das limitações de sua educação e informado pela leitura que fez de Rousseau, entendia que as desvantagens educacionais de sua esposa resultavam de ter nascido mulher em uma religião e sociedade sexistas. Embora não fosse estudiosa, Henriette sabia fazer contas e tinha uma clara compreensão de economia doméstica e da necessidade de um balanço de pagamentos entre receitas e despesas. Seu filho mais velho, Karl, poderia ter aprendido mais com sua economia doméstica. Heinrich e Henriette Marx tiveram nove filhos, dos quais quatro passaram dos 23 anos. As crianças que sobreviveram à infância morreram de tuberculose mais tarde. O filho primogênito morreu; a segunda filha, Sophie, nasceu em 1816. Depois dela, às 1h30 da manhã de 5 de maio de 1818, nasceu Heinrich Karl. Em agosto de 1824, todos os filhos de Heinrich Marx, incluindo Karl, foram recebidos na igreja evangélica nacional. Henriette ficou desesperadamente triste porque seu único filho homem foi batizado em vez de ter feito seu Bar Mitzvá. Para uma mente supersticiosa, isso era um mau presságio.

Como muitos homens e mulheres de sua época, Heinrich se tornou mais progressista à medida que envelhecia. Seu envolvimento na política nacionalista moderada o deixou desiludido. Ele tornou-se crítico da incompetência e preconceito do regime absolutista prussiano e seu uso da repressão.[2] Sendo uma pessoa caseira distante do trabalho político do marido, Henriette não teve a oportunidade de acompanhar as mudanças na vida dele.

Em busca de respostas e novas ideias, Heinrich tornou-se um membro entusiasta da Sociedade Casino. Ele leu muito e aprendeu sobre o pensamento livre francês e a filosofia iluminista. Cantou a Marselhesa e outros coros revolucionários nas reuniões do clube. Quando os prussianos promulgaram a proibição de judeus de ocuparem cargos públicos e trabalharem em profissões liberais, Heinrich apelou formalmente ao governo para suspender a discriminação antissemita em nome de toda a comunidade de Trier de seus "irmãos de fé".[3] Quando eles se recusaram, Heinrich teve que fazer uma conversão estratégica da família ao protestantismo. Henriette sentiu esse impacto mais intensamente, como um ataque a seus valores culturais.

Logo após sua conversão, o avô de Tussy, Justizrat Heinrich Marx, foi agraciado com o título venerável de Conselheiro Jurídico Real da Prússia, recebendo um comentário divertido do tio Heinrich Heine de que, com sua conversão, ele havia engenhosamente comprado seu "bilhete de entrada para a cultura europeia".[4] Heine era primo de terceiro grau de Henriette, amigo íntimo e visitante frequente da casa de Marx em Trier. Foi então que os avós de Tussy, o novo Conselheiro Jurídico Real da Prússia e o Primeiro Conselheiro de Trier, se conheceram e se tornaram bons amigos.

Aproximados pela amizade entre seus pais, os filhos de von Westphalen e de Marx foram amigos quase desde a infância. Jenny von Westphalen era uma criança de 4 anos curiosa, animada e surpreendentemente bonita quando conheceu Karl Marx, que ainda era um bebê de colo. Os futuros grandes amantes revolucionários se encontraram e se conheceram antes de se conhecerem a si mesmos.

A irmã mais velha de Karl, Sophie, de quem ele era o mais próximo na família, tinha a mesma idade de Jenny, e as meninas se tornaram amigas e depois confidentes. Karl foi educado em casa até 1830, depois foi para a liberal Escola Trier, também frequentada pelo irmão mais novo de Jenny, Edgar, onde os dois meninos se tornaram amigos íntimos. Karl confidenciou a Edgar que seus pais esperavam que ele se tornasse um advogado como seu pai, mas a intenção dele era seguir seu próprio desejo: tornar-se um poeta.

Enquanto isso, em Barmen, 400 quilômetros ao norte de Trier, outro jovem como Marx também sonhava em se tornar poeta.

Bonito e atlético, o primeiro filho de um rico empresário da Renânia, Friedrich Engels cresceu com grande conforto material, mas descontentamento espiritual. Batizado em homenagem ao pai, Friedrich nasceu em uma terça-feira, 28 de novembro de 1820, herdeiro de uma dinastia têxtil que fez fortuna primeiro com o branqueamento dos fios de linho e, mais tarde, com a confecção mecanizada de rendas e a manufatura de fitas de seda. A mãe de Friedrich, Elise von Haar, veio de uma família de intelectuais e professores. A origem dela era ligeiramente duvidosa para uma mulher casada em meio à elite mercantil e vivendo no clima extremamente puritano do Vale Wupper.

O pai de Friedrich diversificou sua produção na fiação de algodão e abriu uma nova empresa com dois irmãos holandeses, Gottfried e Peter Ermen. A Ermen & Engels estabeleceu uma cadeia de fábricas de linhas de costura em Barmen, Engelskirchen e Manchester, na Inglaterra. Era nesse negócio que se esperava que o jovem Friedrich, o filho mais velho, seguisse sem questionar.

Consagrado na Igreja Evangélica Reformada de Elberfeld em 1837, o menino Engels foi criado sob o fogo e o enxofre evangélicos. Ele foi doutrinado nas teorias da predestinação calvinista, cujos critérios muito precisos de Deus para a pré-seleção dos salvos e dos condenados favoreciam os ricos, bem-sucedidos e socialmente elevados. Mas sua mãe e o seu avô amante da cultura, Gerhard von Haar, um afável pastor não reformado, temperaram sua educação severa apresentando-o à mitologia clássica, à poesia e aos romances. Quando começou a estudar no ginásio em Barmen, ele mostrou talento inicial para línguas, história e para os clássicos.

Fascinado pelo romantismo alemão, ele foi atraído para o renascimento literário do nacionalismo alemão. Lendas românticas nacionalistas foram o tema de seus versos de estudante, incluindo uma peça intitulada *Siegfried*, inspirado no herói fanfarrão da *Canção dos Nibelungos*, senhor e mestre do fiel e valente Anão Albericht. Para Eleanor, a garotinha que se tornaria sua filha de consideração, Engels transmitiria cuidadosamente os encantos poéticos da lenda e da literatura clássica que enfeitaram os reinos imaginativos de sua própria juventude.

Aproximando-se da vida adulta, Engels ansiava por uma vida como poeta-jornalista, sustentando sua escrita sendo advogado ou funcionário público. Mas seu pai não tinha nenhum desses sonhos ociosos e não lucrativos para o seu filho mais velho e herdeiro. Friedrich pai tirou Friedrich filho da escola e o colocou no aprendizado mercantilista aos 17 anos. A universidade estava fora de questão; ele aprenderia o negócio da família.

No ano seguinte, 1837, Engels teve que acompanhar seu pai à Inglaterra pela primeira vez, onde aprendeu a negociar a compra e venda de seda e deparou-se com as grandes cidades britânicas de Manchester e Londres. A próxima etapa da educação não muito sentimental do jovem romântico, organizada por seu pai resoluto, foi ser aprendiz de um exportador de linho na cidade litorânea de Bremen, onde Engels trabalhou como escrivão. O trabalho era maçante, mas ele gostava da vida em um porto agitado e movimentado e das liberdades na casa da família liberal que o alojou.

Em *A ideologia alemã* (escrito em 1845-1846 e publicado pela primeira vez em 1932), Marx e Engels zombam do filósofo anarquista Max Stirner, caracterizando-o como um Sancho Pança pontificando ao Duque sobre a questão da produção e fornecimento de pão enquanto se apoia na arrogância de sua Economia Política. Em um de seus primeiros trabalhos sobre as condições econômicas e sociais das classes trabalhadoras da Inglaterra, Engels comentou sobre o papel essencial dos padeiros na manutenção e satisfação das necessidades das pessoas. Mais tarde, em seu estudo sobre o papel da divisão sexual do trabalho, que ele descreveu com clareza magistral como reprodução das forças da produção, Engels chegou à severa conclusão sobre a questão do trabalho doméstico das mulheres como o que mantém não apenas economias nacionais inteiras, mas a própria história do mundo.

Na história do mundo infantil de Tussy, Helen Demuth, que veio de uma família de padeiros, era um membro extremamente importante da família, presente no momento de seu nascimento no Soho. O papel dela na vida de Tussy foi tão significativo quanto o de Engels. O pão – seu preço, a falta dele – muitas vezes fomentou a revolta popular. Na pessoa de Helen Demuth, o pão, a revolução e a política universal do trabalho doméstico convergem em uma vida e personalidade extraordinárias. Helen Demuth nasceu na Renânia, na vila de St. Wendel, na véspera de ano novo de 1820 – no mesmo ano que Engels –; sua família era tão humilde quanto a de Engels era privilegiada. Seu pai era o padeiro da aldeia; pouco se sabe de sua infância, exceto que durou pouco, já que ela foi enviada para o serviço de empregada doméstica em Trier por volta dos 8 anos de idade. Seus primeiros empregadores foram brutais, subjugando-a como um instrumento de trabalho infantil na casa. Helen lembrou-se da dureza do trabalho físico e de sua senhora para o resto de sua vida, e sempre lembrou do peso exato do primeiro bebê enorme que ela foi encarregada de cuidar nesse trabalho quando ela mesma ainda era apenas uma criança.

Com saudades de casa e de sua mãe, assustada com o regime doméstico formal, presa sexual acima e abaixo das escadas* e desprovida de qualquer acesso à educação, a pequena Helen experimentou a adversidade típica e a infância frustrada de uma jovem empregada doméstica da classe trabalhadora europeia. Sua sorte mudou aos 15 anos, quando ela se livrou de seus empregadores draconianos e passou a prestar serviços para a elite, a patrícia, porém filantrópica e liberal, família do Barão Ludwig von Westphalen, o avô de Eleanor. Senhora da animada e elegante casa, a descontraída Caroline von Westphalen logo simpatizou com Helen. Ela garantiu que a brilhante e atraente empregada ganhasse novas roupas e aprendesse a ler, escrever e fazer contas, e Helen se mostrou uma aluna hábil e sagaz.

O sobrenome de Helen é derivado da palavra *Demut*, termo alemão para humildade. Como as babás Mary Poppins e a cadela Nana em *Peter Pan*, é verdade que Helen era bem-humorada e confiável, mas essas virtudes clichês não são o que a tornam interessante. A experiência de Helen em cuidar de crianças e a confiabilidade como uma servente altamente qualificada foram consequências de sua classe e sua formação precoce. Ela era gentil por conta do tratamento decente de Caroline e foi encorajada pela melhoria em suas circunstâncias. Caroline von Westphalen valorizava a inteligência lógica, a perspicácia e o bom humor de Helen. Ela se tornou uma das favoritas, e Caroline deu a ela acessórios discretos, mas bonitos, que complementavam suas belas feições, incluindo fitas com pregas e delicados brincos de flores esmaltadas. Ela também lhe deu um apelido, Lenchen, que ficou para o resto de sua vida.

Jenny tinha 22 anos quando Lenchen se juntou à família. Como sua mãe, ela tratou Lenchen respeitosamente e sem afetação. "Ninguém nunca teve um senso de igualdade maior que ela", comentou um parente; "não existiam diferenças sociais ou classificações para ela".[5] A imparcialidade de Jenny nas classificações definiu seu caráter desde cedo. Amáveis e interessadas uma na outra, elas se tornaram amigas.

Enquanto Jenny e Lenchen se conheciam, o pai de Jenny, Ludwig, começou a ter um interesse particular no filho incrivelmente brilhante de seu

---

* No original, "above and below stairs": expressão que indicava a diferenciação entre os lugares da casa ocupados pelos funcionários (abaixo das escadas) e os ocupados pelos proprietários (acima das escadas).

amigo Heinrich. Karl era curioso, argumentativo, atencioso e erudito, além de ter um porte físico forte e uma compleição atlética; mais do que Ludwig esperava do seu próprio filho, o encantador, mas indolente menino Edgar. Ludwig convidou Karl para participar de suas longas caminhadas familiares nos parques e bosques ao redor de Trier.

Nessas caminhadas, Ludwig apresentou os jovens extasiados aos mundos de Aristóteles, Ésquilo, Homero, Dante, Shakespeare, Goethe, Rousseau e Shelley. Jenny o seguia de perto, fazendo perguntas e discutindo com o pai. Karl se juntava, e Ludwig discutia tópicos de estética, ética e moral.

Entre eles, as famílias Marx e von Westphalen falavam cinco línguas principais. Na casa de Karl, falava-se alemão, holandês e iídiche; na de Jenny, alemão, francês e inglês. Devido a sua herança materna escocesa, o inglês era a segunda língua de Ludwig. Isso permitiu a Jenny aprendê-la como língua materna. Em suas caminhadas ao ar livre, Jenny citava Shakespeare e Voltaire no original, encantando o jovem Karl, que não entendia inglês ou francês. Quando criança, Karl conhecia Jenny como amiga de sua irmã mais velha, Sophie; agora ele a via de uma nova perspectiva. Ele era apenas um estudante diligente e questionador, mas Jenny era o assunto de Trier: uma jovem atraente, desejável e, até mesmo para o belicoso Karl, ligeiramente intimidante, de intelecto brilhante e sagacidade tão radiante quanto sua beleza.[6]

Ao que tudo indica, Jenny era incrivelmente adorável. Ao que parece, poucos eram imunes à sua beleza, mas se foi seu frescor que capturou as atenções adolescentes de Karl, foi seu intelecto que as segurou e as manteve em seu coração. Ele adorava ouvi-la falar. Foi pelos lábios de Jenny que ouviu pela primeira vez as palavras de Shakespeare e Shelley, e observava, absorto, os movimentos de sua mente questionadora enquanto ela interpelava, desafiava e debatia com todos ao seu redor.

Ludwig discutia política com os jovens, explicando as causas e fracassos da Revolução Francesa. O povo francês se revoltou corretamente contra o direito divino da monarquia, da aristocracia e da plutocracia, explicava Ludwig, mas o terror e a ditadura militar de Napoleão não conseguiram alcançar seus objetivos. Ele os instou a ler as ideias de Saint-Simon, progenitor do socialismo francês, que procurava soluções econômicas estruturais para as causas da desigualdade, da riqueza extrema e da pobreza inevitável.

As caminhadas deram ao jovem Karl oportunidades de estar com Jenny, a menina mais velha a quem ele idolatrava. Mas ela era inacessível: uma jovem moça de 17 anos, popular em festas, piqueniques, bailes, no teatro e em reuniões e comícios da liga da juventude radical. Cortejada por profissionais abastados com o dobro de sua idade, Jenny já era uma debutante, que provavelmente seria pedida em casamento e se casaria antes de Karl terminar a escola.

Jenny gostava de socializar, mas no fundo era uma ativista e intelectual. Enquanto outras meninas de sua idade e de sua classe praticavam sua saudação de debutante e hesitavam entre tons de fitas e comprimentos de luva, Jenny prendia a presilha tricolor em seu cabelo e seguia lendo o trabalho do genovês Giuseppe Mazzini, e continuava sua campanha no movimento da Jovem Alemanha, do qual ela foi eleita representante em Trier.[7]

Parte da federação internacional da Jovem Europa, fundada em Londres por Mazzini, a Jovem Alemanha era liderada principalmente por escritores, poetas, jornalistas e teóricos que se opunham ao fundamentalismo cristão e à estética apolítica do romantismo alemão. Ela advogava pela separação da Igreja do Estado, a emancipação dos judeus e a educação e igualdade das mulheres. O Estado prussiano considerava seus princípios democráticos, socialistas e racionalistas como sediciosos e encorajadores da instabilidade social, censurando muitas das publicações e autores associados ao movimento, incluindo o trabalho de Heinrich Heine.

O papel de liderança de Jenny von Westphalen na Jovem Alemanha era controverso. Não é de se admirar que seu meio-irmão mais velho e conservador, Ferdinand, tenha ficado consternado. Para os padrões da sociedade de Trier, Jenny era uma libertina marginal com visões progressistas de tirar o fôlego. Ludwig, um seguidor de Rousseau, com uma crença fervorosa na educação das mulheres e cego de adoração por sua filha favorita, deu-lhe rédea solta e a protegeu das críticas. Para os seus numerosos pretendentes, a beleza e o pai rico e influente de Jenny compensavam suas tendências políticas e intelectuais alarmantes que, eles acreditavam piamente, seriam subjugadas pelo controle do casamento e da criação dos filhos.

No entanto, para um jovem inelegível em Trier, era exatamente o que alarmava os outros admiradores quanto à natureza incendiária de Jenny que o atraiu. Para Karl Marx, seu espírito analítico, sua política apaixonada e o desrespeito pela propriedade social fizeram dela uma mulher em um milhão.

O jovem Karl não tinha meios de chamar a atenção dela. Sua própria familiaridade com a família estendida de Jenny o tornava invisível. Em outubro de 1835, quando ele tinha 17 anos, ele deixou Trier para estudar na Universidade de Bonn, levando consigo sentimentos não expressos e uma boa quantidade de má poesia de amor dedicada ao objeto de seu desejo secreto. Karl trabalhou duro e se dedicou muito. Relatórios da "excelente diligência e atenção" acadêmicas do jovem Marx como estudante foram acompanhados por sua robusta agenda de atividades extracurriculares de calouro, especialmente no Clube dos Poetas e como copresidente da Sociedade dos Homens de Trier (título eufemístico para um clube de bebida). Seus incidentes excêntricos resultantes da compra de uma pistola de duelo levaram seu pai, exasperado, a perguntar: "Duelar está tão intimamente ligado à filosofia?"[8]

Em conluio voluntário com sua mãe superansiosa, Karl escapou do serviço militar aos 18 anos com a desculpa furada de ter um peito fraco. Henriette escreveu muitas cartas para ele na universidade, implorando para que

> não se exceda emocionalmente, não beba muito vinho ou café e não coma nada muito forte, com muita pimenta ou outras especiarias. Você não deve fumar tabaco, nem ficar acordado muito tempo à noite e deve acordar cedo. Tenha cuidado também para não pegar um resfriado e, caro Carl [*sic*], não dance até estar bem de novo.[9]

Essas advertências maternas eram, é claro, uma lista abrangente de suas atividades regulares.

E ele ainda assim sonhava com a inatingível Jenny. Independente do que se diga da impetuosidade, arrogância e obstinação de Marx, ele conhecia seu próprio coração quando se tratava de Jenny von Westphalen. Não se tratava de obsessão [*amour fou*]. Depois de 27 anos, ele ainda a descreveria como a "garota mais bonita de Trier" e "rainha do baile".[10]

Fugindo do alistamento, Marx foi estudar direito na Universidade de Berlim, descrita pelo ex-aluno Ludwig Feuerbach como "um templo do trabalho". Ele persuadiu o pai de que Berlim era o melhor lugar para estudos jurídicos, mas na verdade era uma estratégia para seguir seu desejo de aprender a filosofia de um dos mais controversos pensadores da Alemanha, Georg W. F. Hegel. De Berlim, Karl ficou com o coração partido ao saber por sua irmã Sophie que o noivado de Jenny com o tenente Karl von Pannewitz fora anunciado.

Foi um noivado acidental. Jenny aceitou a proposta de Pannewitz depois de dançar a noite toda e beber champanhe demais. Ele tinha um *pedigree* de elite, mas o pai de Jenny, Ludwig, era cético sobre isso. Sua primeira sogra era da família Pannewitz, e ele não tinha boas lembranças da experiência. Ele não precisava ter se preocupado. O efeito do elegante uniforme do jovem oficial passou tão rápido quanto a ressaca de champanhe do Vale Wachau quando Jenny descobriu que sua conversa era maçante, que ele era um neoconservador e tinha um senso de humor banal. O episódio acabou em alguns meses. Jenny rompeu o noivado, e Karl, num impulso, aproveitou o momento e se declarou para ela quando foi de Bonn para sua casa em Trier, durante as férias, antes de partir para Berlim.

Depois de um ano longe, ele já se via mais confiante, com uma barba elegantemente malcuidada e bronzeado das aventuras de jovem estudante. Ele tinha muitas histórias novas para entreter suas irmãs e amigos. Seu carisma e os novos ombros largos o colocaram no foco de Jenny de uma forma cativante. Motivada por sua personalidade viril amadurecida, Jenny se viu corando diante do garoto que conhecia desde a infância.

Jenny sondou Sophie para obter informações sobre Karl. Já alerta sobre a paixão do seu irmão por sua melhor amiga, Sophie assumiu o papel de intermediária. Lenchen, testemunha da troca de cartas privadas e do arranjo de encontros, logo conquistou a confiança de Jenny. Ela optou por seu anti-herói sombrio, "meu querido javalizinho selvagem" – *Schwarzwildchen* – como ela o chamava em suas cartas de amor.[11] Karl e Jenny ficaram noivos, clandestinamente, em 1836. Sophie, Edgar e Lenchen foram seus primeiros confidentes. Choveram cartas entre eles, e Karl encheu três volumes com versos de amor todos dedicados a Jenny:

> Sinceramente, eu registraria como um refrão,
> Para os próximos séculos verem –
> O AMOR É JENNY, JENNY É O NOME DO AMOR.[12]

O fato de Jenny ser quatro anos mais velha que seu noivo tornou essa união pouco convencional para os padrões de sua sociedade; o judaísmo de Karl, ainda mais. Apesar de sua conversão, para todos os efeitos e propósitos sociais, os Marx ainda eram culturalmente judeus e considerados pela sociedade de Trier, da qual Jenny fazia parte, como social e etnicamente diferentes.

A mãe de Jenny, Caroline, adorava Karl e queria que sua filha seguisse seu coração; mas apesar de leal e solidária, ela se preocupava com a segurança financeira de Jenny. A mãe de Karl, Henriette, estava desesperadamente triste e ansiosa pelo fato de Jenny não ser judia. Ferdinand, meio-irmão patrício de Jenny, ficou enfurecido por ela planejar se casar com um intelectual judeu causador de problemas. Ele fez todo o possível para impedir a relação e tentou persuadir seu pai para proibi-la. Após vários anos de guerra civil, mais dentro das famílias do que entre elas, a amizade entre os pais levou a melhor e o noivado foi formalmente anunciado. Ferdinand nunca perdoou nenhum deles.

O noivo de Jenny tinha que terminar os estudos. Eleanor resumiu as muitas provas e tribulações do longo noivado de seus pais com a alusão bíblica: "eles ficaram noivos, e, como Jacó para Raquel, ele a serviu por sete anos antes de se casarem".[13] Enquanto Jacó trabalhava para ganhar um dote em dinheiro para Raquel, Marx passou sete anos agitados em Berlim acumulando capital intelectual e gastando o dinheiro de seu pai, em vez de ganhar o seu próprio.

Arrependido, mas compreensivo, Heinrich admitiu que seu filho desistisse do Direito para estudar Filosofia enquanto estava na Universidade de Berlim. Henriette repreendeu Karl. Ele estava renunciando aos requisitos para ser um bom marido e pai, e evitando suas futuras responsabilidades como chefe da família quando seu pai morresse.

Como Jacó para Raquel, os sete anos de Marx esperando por Jenny "pareceram para ele alguns dias, devido ao amor que tinha por ela",[14] nutrido por cartas de amor zelosas, pelo ardente debate literário e político, e ocasionais e preciosos momentos juntos durante suas férias universitárias. Em 1841, em uma visita não supervisionada em Bonn, Jenny perdeu entusiasticamente sua virgindade com Karl, um evento que instigou uma carta radiante e franca sobre as alegrias sem culpa do sexo pré-matrimonial.

"Não consigo sentir nenhum arrependimento. [...] Sei muito bem o que fiz e como o mundo me desonraria, eu sei disso, sei disso – ainda assim, estou radiante e não renunciaria à lembrança daquelas horas por nenhum tesouro no mundo inteiro."[15]

Para Jenny, a separação de sete anos causou muito sofrimento e estresse. Karl era um jovem livre, muito mais ocupado e mentalmente mais estimulado; seu mundo se expandia exponencialmente mais rápido que o dela. Ela ansiava por mais estudos e ocupação. Chegando aos 30 anos, ela esperava fielmente por seu noivo ausente, cansada de comparecer aos casamentos de suas amigas e parabenizá-las por seus primogênitos.

Foi durante esse período, em novembro de 1842, que Karl Marx e Friedrich Engels se encontraram pela primeira vez. O primeiro encontro deles aconteceu nos escritórios da *Gazeta Renana*, em Bruxelas. Desafiando o pai, Engels havia deixado o emprego em Barmen e estava tentando ganhar a vida como jornalista. Nenhum dos dois impressionou muito o outro nesse encontro inicial, mas nos meses subsequentes, Karl ficou cada vez mais interessado e impressionado com o jornalismo de Friedrich sobre história social e economia. Nenhum deles poderia imaginar que essa intensa amizade iminente entre os dois seria um fator decisivo no futuro da vida da filha mais nova de Marx.

A LOJA DE BRINQUEDOS DE HANS RÖCKLE

Numa manhã de verão, em 19 de junho de 1843, Jenny e Karl finalmente se casaram na igreja protestante da cidade termal de Bad Kreuznach. Jenny brilhava com pregas de seda verde pálida. Seu cabelo estava entrelaçado com rosas dadas por Karl. Sem poder contar com a presença do pai, Edgar entregou a irmã a Herr Doktor Karl Marx.

Caroline von Westphalen, a única dos pais a estar presente, imaginava com melancolia o quanto seu marido ficaria satisfeito em ver esse dia. Ludwig morrera no ano anterior, em março de 1842. Reconhecendo o papel de seu "querido amigo paterno" e mentor em 1841, Karl dedicou sua tese de doutorado ao sogro, "como uma prova de amor filial". Seu próprio pai morrera em maio de 1838, enquanto Karl estava na universidade.

A mãe de Karl não foi ao casamento. Como seu filho mais velho poderia se casar com uma cristã em uma *igreja*? Por que ele não poderia ter se casado com uma boa moça judia? Contudo, ela testemunhou em nome de Karl o contrato pré-nupcial que dava ao casal a comunhão de bens, cada parceiro prometendo pagar as dívidas que o outro "fez, contratou, herdou ou de outra forma incorreu antes do casamento",[1] excluindo assim essas dívidas da comunhão de bens. Todas as dívidas vinham do lado de Karl, acumuladas na universidade e agora agravadas devido à recusa de Henriette em entregar sua herança paterna.

Essas dívidas não passaram pela cabeça do casal durante a breve, mas tranquila, lua de mel ao longo do Reno. Caroline lhes deu um belo cofre de dinheiro como presente de casamento, que eles gastaram à vontade.

O agora marido de Jenny estava em busca de emprego quando se casaram. A primeira atuação profissional de Karl como editor do radical *Rheinische Zeitung* [*Gazeta Renana*] – cargo para o qual foi nomeado em outubro de 1842 – terminou em janeiro de 1843, quando o exasperado censor do governo fechou o jornal. Arnold Ruge respondeu convidando Karl para se juntar a ele na criação de uma nova publicação, na cidade amante da liberdade, Paris, esperançosamente para além do amplo alcance da censura prussiana. Assim começou a migração da nova família de Herr e Frau Marx pela Europa, uma odisseia que durou sete anos.

Os noivos se instalaram em Paris em outubro. A nova revista, *Deutsch-Französische Jahrbücher* [*Anais Franco-Alemães*], teve vida curta, chegando a apenas uma edição; no entanto, o primeiro ano de seu casamento no centro do mundo revolucionário foi, ainda assim, produtivo. Karl desenvolveu um importante trabalho, incluindo seu ensaio *Para a questão judaica* e a introdução de *Contribuição à crítica da filosofia do direito de Hegel*. Em 1º de maio de 1844 nasceu a primeira criança do casal, uma menina que recebeu o nome da mãe e que ficou conhecida por seus pais e familiares como Jennychen.

Karl começou a escrever para o *Vorwärts!* [*Avante!*], enquanto Jenny retornou a Trier para cuidar da recém-nascida com o apoio da mãe. Paris permaneceu o centro da política e da arte progressistas, mas a França funcionava sob a monarquia burguesa do rei cidadão piriforme,* Luís Filipe, com seu lema de gato gordo *"enrichissez vous"* [enriquecei-vos]. Em agosto de 1844, Marx e Engels se encontraram novamente em Paris. Após o encontro inicial em 1842, Marx continuou a acompanhar os artigos de Engels. Ficou particularmente impressionado com uma série de ensaios e análises submetidos ao *Anais Franco-Alemães*. Ele também estava curioso sobre a experiência em primeira mão de Engels com a industrialização inglesa nas fábricas de algodão de Lancashire. Quando soube que Engels estava passan-

---

* O rei foi alvo da sátira da publicação semanal francesa *La Caricature* (1830-1843), que sempre o retratava com a cabeça em forma de pera.

do por Paris a caminho da Alemanha, Marx sugeriu que se encontrassem para tomar um café. Naquela noite, Marx e Engels iniciaram uma conversa informal regada a bebidas no Café de la Régence que durou dez dias e dez noites, e a partir dali suas vidas seguiram para sempre entrelaçadas.

Durante aquele verão de 1844, Karl zombou do rei Frederico Guilherme IV da Prússia num artigo satírico para o *Vorwärts!*. Frederico reclamou com Luís Filipe por meio de um despacho real, exigindo reparação pelos insultos e difamações. Uma batida na porta no meio da noite anunciou a chegada de um superintendente da polícia de Paris com uma ordem de expulsão de Karl, com efeito imediato. Bruxelas forneceu um refúgio seguro, mas, para permanecer na Bélgica, Karl teve que fazer uma declaração legal de que se absteria de toda atividade política. Isso o forçou a parar de trabalhar como jornalista, e ele perdeu sua principal fonte de renda.

Em setembro de 1845, nasceu sua segunda filha, Laura. Os novos amigos Marx e Engels trabalharam juntos em *A ideologia alemã* durante o rigoroso inverno de 1845-1846. Os Marx estavam tão sobrecarregados que Jenny apelidou sua casa de "a colônia pobre". Compadecida pelos esforços da filha, Caroline von Westphalen enviou Helen Demuth para Bruxelas; era "o melhor que posso lhe enviar, minha querida e fiel Lenchen".[2] A querida e fiel Lenchen era uma moça loira, magra e de olhos azuis, com 25 anos, seis anos mais nova que Jenny, mas parecida com sua patroa o suficiente para ser confundida com a sra. Marx, para quem não as visse juntas. Lenchen assumiu a administração da casa, enquanto Jenny transcrevia os artigos e manuscritos do marido, escrevia cartas e artigos próprios, juntava-se à política e ao ativismo e intermediava seus primeiros acordos, penhorando a roupa de cama prateada e elegante que sua mãe lhe dera como presente de casamento. Efetivamente, Jenny se tornou a primeira-dama e Lenchen, a patroa da casa. As pequenas Jenny e Laura logo passaram a considerá-la uma segunda mãe.

Agora em Bruxelas, incapaz de obter uma renda com o jornalismo, Marx aceitou seu primeiro empréstimo de Engels, levantado com o pai dele. Engels também conseguiu uma arrecadação entre comunistas na Renânia para apoiar a família e prometeu a Marx, generosamente, os lucros dos *royalties* de seu livro recém-publicado, *A situação da classe trabalhadora na Inglaterra*. Eles não conseguiram encontrar uma editora para

A ideologia alemã, e o livro foi deixado de lado – ele só seria publicado 90 anos depois.

Logo após sua chegada, Friedrich convidou sua companheira Mary Burns para se juntar a ele na Bélgica. Ele pagou sua passagem da Inglaterra e os dois se estabeleceram juntos em Bruxelas. Mary era uma trabalhadora irlandesa e militante política de 19 anos, filha dos operários Michael e Mary Burns. Friedrich a conheceu quando estava em Manchester, trabalhando na empresa do pai. Foi ela quem despertou sua verdadeira consciência pela vida industrial da classe trabalhadora e o levou à pesquisa e ao jornalismo que tanto impressionaram Karl após o primeiro encontro. Assim como Lenchen e os Marx, Mary foi uma força catalítica na vida de Engels.

Em Bruxelas, os jovens camaradas fundaram o Comitê de Correspondência Comunista, mais conhecido como "o Partido Marx", o cultivar a partir do qual todos os partidos comunistas subsequentes cresceram. Dos 18 signatários fundadores, Jenny Marx era a única mulher. Em 1845, Karl e Friedrich visitaram a Inglaterra e se reuniram com líderes de sindicatos ingleses, cartistas e comunistas alemães. Sem que ambos se dessem conta, essa viagem pressagiou a orientação futura do resto de suas vidas, levando-os ao local de seu exílio final – a Inglaterra.

De volta a Bruxelas, uma herança modesta de um tio de Karl tornou a vida mais fácil. Os Marx se mudaram pela primeira vez para uma pequena casa – encantadora por ser toda deles, ainda que superlotada para quatro adultos e três crianças. O primeiro filho, Edgar, nasceu em dezembro de 1846, pouco antes de o tio que inspirou o batismo partir para a América para tentar a sorte no Texas, pegando parte do dinheiro tão necessário de sua irmã, mas liberando espaço na casinha. Este havia esgotado seus recursos e Karl e Jenny ficaram bastante aliviados ao vê-lo partir, ao contrário da noiva abandonada, Lina Schöler, que ficou devastada.

Durante suas aventuras políticas peripatéticas pela Europa, entre 1843 e 1848, Karl, Friedrich e Jenny exploraram abertamente seus pensamentos sobre o comunismo. Eles dispensavam a imaturidade das sociedades secretas conspiratórias. O anarcossindicalismo, apesar de ser uma ferramenta estratégica atraente e ocasionalmente útil, era idealista e nada programático. A caridade cristã era bem-intencionada, mas mais sentimental do que transformadora. Todos esses princípios tinham seus méritos na interpretação das desigualdades e injustiças no mundo, mas nenhum chegou ao ponto ativo de como alterá-las.

Durante esses cinco anos, Engels e os Marx pensaram sobre a natureza do poder e sobre como conquistá-lo. Eles discutiram sobre os papéis da burguesia – das classes médias – e do proletariado na transformação estrutural real, e examinaram as maneiras pelas quais era possível interpretar e entender as leis econômicas. Estes foram os primeiros dias. Tais pensamentos eram frequentemente ingênuos e exploratórios, mas foi um período ativo e formativo, culminando nas lições profundas que eles aprenderam com as revoluções nacionalistas europeias de 1848. O impacto de 1848 se espalhou por todas as formas de cultura e pensamento – como podia ser ouvido nas novas obras de compositores como Wagner e Liszt.

Marx e Engels elaboraram em conjunto as ideias para o que Engels chamou, de brincadeira, de "Profissão de Fé", uma declaração de princípios encomendada pela Liga dos Justos. Eles perderam prazos sucessivos e, no final, o texto mais influente do século XIX[3] foi um trabalho apressado, escrito por Marx, que ficou 15 dias com seus charutos, em janeiro de 1848, na rua d'Orléans, 42, em Bruxelas, enquanto sua família estava hospedada nas proximidades do Hotel Manchester.

A Associação Cultural dos Trabalhadores Alemães em Londres publicou a primeira edição do *Manifesto Comunista* anonimamente, em alemão, na última semana de fevereiro, e houve um silêncio ensurdecedor. A tinta mal estava seca nas prensas da rua Liverpool quando a Europa continental explodiu em revolução.

Em todo o continente, os trabalhadores pobres se levantaram em revoluções sociais contra monarquias e Estados antidemocráticos. O alerta imediato para esse levante foi a fome decorrente de uma crise agrícola transeuropeia que se estabeleceu em 1846. Em geral, 1848 viu a expressão de um movimento radical que vinha se constituindo na Europa por pessoas que queriam governos mais democráticos, direitos humanos e a unificação alemã. Devido à crise alimentar, os preços subiram e os salários não. Os lucros despencaram, causando uma recessão na Europa. O desemprego em massa e a fome estimularam o ressentimento contra regimes antidemocráticos e apáticos. Famintos e ressentidos com a inação de seus governantes, os pobres da Europa – a maioria – eram receptivos à ideia de revolta.

As revoluções de 1848 começaram na França. Em apoio aos trabalhadores pobres que fizeram a revolução, advogados liberais de classe média, médicos, comerciantes, varejistas e acadêmicos – em uma palavra, a burguesia – mobilizaram-se para a expansão do sufrágio. Para arrecadar dinheiro para o movimento, eles lançaram uma "campanha de banquetes" para levantar fundos com jantares solidários* nas cidades francesas. Em 22 de fevereiro de 1848, os burocratas de Paris ordenaram o fechamento de um banquete agendado, alegando que isso provocaria inquietação civil. Cidadãos parisienses de todas as classes, de operários de fábricas a professores e advogados, zangados com essa repressão, saíram às ruas para se manifestar. A Guarda Nacional abandonou o rei Luís Filipe e se juntou ao protesto, seguido pela guarnição do exército posicionada em Paris. O rei fugiu e o protesto do povo proclamou a Segunda República em 24 de fevereiro.

À medida que a era da democracia parecia estar surgindo em toda a Europa, a Bélgica ficou desconfortável por abrigar o galo mais barulhento da revolução. Sob pressão do governo prussiano, Marx recebeu sua ordem de expulsão da Bélgica, por decreto real, em março. O rei Leopoldo I, porém, estava atrasado demais. Os Marx já estavam fazendo as malas para ir a Paris a convite caloroso do novo governo provisório francês, que recebeu com agrado o retorno do "corajoso e leal Marx" ao país de onde "a tirania o havia banido e onde ele, como todos os combatentes da causa sagrada, a causa da fraternidade de todos os povos", seria bem-vindo.[4]

A derrubada da monarquia francesa provocou revoltas em toda a Europa Oriental e Europa Central. Liberais radicais e operários exigiam uma reforma constitucional ou a mudança completa do governo. O kaiser Guilherme IV da Prússia cedeu às revoltas em Berlim e concordou em criar uma assembleia prussiana. O fim da autocracia prussiana incentivou os liberais nas províncias alemãs divididas a se reunir na Assembleia de Frankfurt a fim de elaborar uma Constituição para unir a nação alemã. Eles estabeleceram as fronteiras para um Estado alemão e ofereceram a coroa ao kaiser, que a recusou. Reformas menores surgiram nas províncias alemãs e na Prússia, mas era o fim da esperança para uma Alemanha liberal e unificada.

---

* Forma de arrecadação de fundos na qual os contribuintes antecipadamente pagavam uma quantia, e em troca eram convidados para um jantar de solidariedade.

Na Áustria, Hungria, Tchecoslováquia e Itália, movimentos de autonomia nacional levantaram-se para estabelecer autogovernos, assembleias democráticas e novas constituições. Mas a partir de agosto de 1848, o exército austríaco esmagou todas as revoltas em seu império. Em Viena, Budapeste e Praga, a máquina militar austríaca devastou o ímpeto democrático-liberal e restaurou o império ao regime conservador tradicional que governava no início de 1848. Dezenas de milhares de manifestantes, caçados por execução e prisão, tiveram que fugir da terra natal. Karl Marx, sua família e a maioria de seus amigos estavam entre eles. Conhecidos como os exilados de 1848, eles migraram para a Grã-Bretanha, América e Austrália.

As revoluções de 1848 enfraqueceram a imagem da autocracia, mas falharam completamente em conseguir qualquer mudança substantiva. A eleição presidencial de dezembro de 1848 na França trouxe o ditatorial Luis Napoleão, sobrinho do antigo imperador, para o cargo. Na Áustria, o novo imperador, Francisco José I, consolidou a repressão austríaca sobre todas as minorias da Europa Oriental. Na Prússia, a nova assembleia não tinha poder e estava repleta da elite aristocrática.

As revoluções burguesas de 1848 fracassaram porque estavam mal organizadas e dominadas por uma liderança essencialmente de classe média dedicada à reforma liberal, mas, acima de tudo, receosa do radicalismo dos movimentos populares, de massas e da classe operária. Quando os radicais tentaram controlar as revoluções na França e na Europa Oriental, os liberais da classe média correram assustados, de volta aos braços da reação; eles estavam mais à vontade com a familiaridade do governo, da lei e da ordem absolutas do que com a incerteza da revolução radical.

Como Marx e Engels reconheceram, os levantes foram prematuros; levaria mais tempo e organização política democrática para conseguir a formação do proletariado em uma classe transnacional que pudesse derrubar a supremacia burguesa e assumir a responsabilidade pelo poder político. Para a decepção deles, e contrariamente às previsões do recém-publicado *Manifesto Comunista*, a burguesia na qual Marx e Engels haviam depositado suas esperanças havia fracassado como classe revolucionária.

Essas foram as principais lições aprendidas de 1848. A feliz coincidência temporal que fez esse trabalho inicial de dois radicais otimistas coincidir com as grandes revoluções europeias fracassadas os levou a crescer muito rapidamente. Os eventos de 1848 demonstraram, durante todo o tempo, que a cartilha da revolução democrático-burguesa estava fadada ao fracasso sem o desenvolvimento de um movimento proletário independente e democraticamente organizado. O fracasso das revoluções republicanas burguesas de 1848 na Europa transformou esses jovens radicais esperançosos em revolucionários pragmáticos. A era do socialismo utópico acabara. O exílio e o isolamento forçado da política após os levantes de 1848 permitiram que Marx e Engels amadurecessem suas teorias.

O ano de 1848 foi de mudanças agitadas para os Marx, no fluxo das revoluções europeias. Eles viveram brevemente em Paris, depois mudaram-se para Colônia para iniciar a *Nova Gazeta Renana* e, na sequência, voltaram para Paris quando o governo prussiano baniu e fechou o jornal. A França já não era mais segura. Depois de um mês, a já familiar figura do sargento da polícia apareceu com a instrução de que Karl e sua esposa [*et sa dame*] deveriam deixar Paris dentro de 24 horas, caso contrário seriam presos em Vannes, na pantanosa Bretanha.[5]

Os Marx reuniram suas posses e se juntaram aos outros exilados que buscavam um porto seguro na Inglaterra, o único país que restou para abrigá-los na Europa. Eles chegaram a Londres em um ano de muitos acontecimentos: as Leis dos Cereais* foram revogadas, Disraeli se tornou o primeiro líder do nascimento judaico do Partido Conservador, a Grã-Bretanha anexou o Punjab, o grande salão da estação de Euston foi aberto e uma patente foi concedida para uma máquina de fazer envelopes. Na literatura, foi o período de publicação de *Jane Eyre*, de Charlotte Brontë, *David Copperfield*, de Dickens, e *História da Inglaterra,* de Macaulay. Darwin escrevia *Sobre a origem das espécies*, e Annie Besant e Charles Bradlaugh estavam desafiando a censura britânica com a educação sexual. No teatro, a lendária Fanny Kemble, abolicionista e atriz shakespeariana, finalmente se divorciou de Pierce Butler, seu rico marido dono de escravos.

* Referência às leis protecionistas em favor do trigo nacional que vigiram na Inglaterra entre 1815 e 1846, como forma de favorecer os interesses dos latifundiários do país. O trigo era um dos bens importados das colônias, e a situação de desigualdade nos preços em função da aplicação de trabalho escravo gerou o temor e a articulação dos grandes proprietários rurais ingleses. A consequência mais imediata das Leis dos Cereais foi a impossibilidade de alimentos mais baratos para o proletariado inglês, e por isso eram recorrentemente contestadas pela parcela da população que se colocava ao lado dos trabalhadores, mas também ao lado dos industriais, além de diversos economistas.

Marx e sua família chegaram à Inglaterra sem serem anunciados. Eles mudariam o país para sempre.

A população britânica era de cerca de 20 milhões, mais de 10% dos quais viviam em Londres e seus subúrbios. Durante a década de 1840, mais de 250 mil pessoas da Grã-Bretanha emigraram para a América e 750 mil deixaram a Irlanda. Após as revoluções de 1848, milhares de seus exilados de 1848 emigraram para a Grã-Bretanha. Para aqueles que conseguiram exílio em vez de prisão[6] – muitos deles pensadores radicais, membros da classe média ou ambos –, Londres foi um ponto focal importante dessa diáspora.

No outono de 1849, a família alugou acomodações temporárias na rua Anderson, 4, em Chelsea. Möhme estava grávida de novo. Hans Röckle estava montando sua loja de brinquedos na maior metrópole da Europa. Os "pequenos pertences" que eles trouxeram incluíam mais livros, papéis e panfletos do que mesas, cadeiras ou berços, mas eles tinham algumas caixas contendo prata e tecidos da mãe de Jenny. Quando Marx levou alguns desses objetos para uma casa de penhores em Londres, algum tempo depois, para angariar dinheiro, o penhorista chamou a polícia. "Ele afirma que pertencem à sua esposa", explicou o penhorista, "mas ele é um mendigo imigrante e acredito que os roubou".[7] É uma visão clara de como alguns londrinos encaravam os imigrantes europeus recentemente forçados a se mudar.

Londres era um refúgio seguro para sua família, mas era uma tempestade, para emprestar uma das metáforas de Shakespeare que pairava atrás da caneta de Tussy quando ela escreveu essa parte da história da família. "Centenas de exilados – todos mais ou menos necessitados – estavam agora em Londres. Seguiram-se anos de pobreza horrível, de sofrimento amargo – sofrimento que só pode ser conhecido pelo estranho sem dinheiro em uma terra estrangeira".[8] Eles eram judeus alemães e exilados revolucionários em uma cidade difícil que, com a estudada indiferença britânica, não os acolheu nem os repudiou.

O bebê de Möhme nasceu em 5 de novembro de 1849, em Chelsea. Ela paria enquanto, do lado de fora, tudo estava tumultuado e pequenos meninos mascarados gritavam: "Guy Fawkes para sempre!".* Em homenagem ao grande conspirador, eles chamaram o novo bebê, Heinrich Guido, de "pequeno Fawkes" ou "*Fawksey*". Ele parecia fraco e debilitado desde o início.

Na primavera de 1850, a família foi despejada de Chelsea por oficiais de justiça que apreenderam seus móveis e os brinquedos das crianças. Hans Röckle estava perdendo suas posses para o diabo. A trégua em um hotel alemão na Praça Leicester durou apenas uma semana. A família foi chutada para a rua quando o hoteleiro descobriu que eles não podiam pagar a conta. "Uma manhã", escreveu Jenny, "nosso valoroso anfitrião se recusou a servir nosso café da manhã e fomos forçados a procurar novas acomodações".[9]

Ajudados por mais um pequeno socorro de emergência da mãe de Möhme, os Marx encontraram quartos na casa de um judeu vendedor de rendas, nas proximidades do Soho, e lá passaram um verão sofrível com os quatro filhos. Caroline, a mãe de Möhme, enviou dinheiro para a filha voltar para Trier com o bebê, para poder ajudar nos cuidados, e disse-lhe para deixar Lenchen em Londres para cuidar dos outros filhos e de Marx.

Fawksey se mostrou tão condenado quanto a Conspiração da Pólvora. Ele morreu de meningite em novembro de 1850, um ano após seu nascimento. Jenny temia ter transmitido suas ansiedades ao pequeno Fawkes através do leite materno; ele "bebeu tanta tristeza e preocupações secretas com o leite [...] que estava constantemente inquieto e tinha dores violentas dia e noite".[10] Ela já estava grávida de seis meses novamente.

Logo depois, a família tomou o rumo para as acomodações de dois quartos na rua Dean, 28, onde Franziska, batizada em homenagem à irmã mais nova de sua mãe, nasceu em março de 1851. Doze semanas depois, houve outra chegada na casa – Lenchen deu à luz ao seu primeiro e único filho. Não havia espaço para nenhum desses recém-nascidos e Möhme esta-

---

* Guy Fawkes foi um famoso soldado inglês que participou da Conspiração da Pólvora, evento no qual se planejou, em 1605, lançar aos ares a Câmara dos Lordes durante a cerimônia de abertura do Parlamento, incluindo o assassinato do rei Jaime I. Guy Fawkes era o responsável por guardar os barris de pólvora. O plano foi descoberto e os elaboradores, perseguidos. Fawkes foi enforcado e mutilado. Os conspiradores se revoltavam contra a proibição de cultos e perseguições contra os católicos, e desejavam colocar um católico no trono. Depois do evento, criou-se a celebração popular da Noite de Guy Fawkes, na qual se soltavam fogos de artifício e se realizavam grandes fogueiras, comemorando a sobrevivência do rei.

va exausta e incapaz de amamentar; portanto, os bebês de Jenny e Lenchen foram encaminhados para uma ama de leite.

Todos os esforços para salvar Franziska falharam; um ano depois, em abril de 1852, ela morreu de pneumonia. A família colocou seu pequeno corpo na sala dos fundos. "Nossos três filhos vivos se deitaram ao nosso lado", recordou Möhme, "e todos choramos pelo anjinho cujo corpo lívido e sem vida estava na sala ao lado".[11] Jenny precisou pegar duas libras emprestado de um amigo para pagar pelo caixão e funeral de Franziska.

Foram eventos tão lamentáveis e terríveis quanto qualquer um dos contos de Hoffmann. Em setembro, Marx escreveu a Engels em desespero: "Minha esposa está doente, Jennychen está doente, Lenchen tem uma espécie de febre nervosa. Não posso e não pude chamar o médico porque não tenho dinheiro para remédios. Nos últimos oito ou dez dias, alimentei minha família com pão e batatas, e já não sei se consigo comprá-los hoje".[12]

Engels havia deixado Londres recentemente. Ele desistiu de tentar obter trabalho literário e jornalístico e mudou-se para Manchester "para entrar, em condições muito desvantajosas, na empresa de seu pai, como encarregado".[13] Alguém, Engels percebeu, tinha que ganhar dinheiro para subsidiar o gênio ímpar, mas não lucrativo, de Marx. Seu novo emprego como encarregado e assistente geral na Ermen & Engels lhe rendeu um salário anual de £100 mais 10% dos lucros da empresa, os quais ele compartilhou com os Marx.

Desde o momento em que chegou a Londres, em 1849, Marx tinha uma montanha de trabalho político a tratar, e nada disso era remunerado. Estabelecer uma nova sede para a Liga Comunista nos escritórios da Associação Cultural dos Trabalhadores Alemães em Londres e administrar um comitê para a ajuda de refugiados alemães estavam entre as tarefas que mais lhe consumiam tempo. Ele também participava de reuniões regulares no clube da Associação Cultural dos Trabalhadores Alemães, acima do *pub* Red Lion, na esquina da rua Great Windmill com a rua Archer, onde ministrava palestras e aulas para jovens refugiados em assuntos que variavam de idiomas à filosofia e Economia Política. Em novembro de 1849, ele iniciou uma longa série de palestras intitulada "O que é propriedade burguesa?". Boa pergunta, já que não tinha nenhuma.

Em 1850, Marx transformou o número 28 da rua Dean na sede temporária da Liga Comunista e a encheu de voluntários em campanha pelo apoio dos trialistas* de Colônia, acrescentando ainda mais pressão ao âmbito familiar. No final do ano, a Liga Comunista estava extinta e Marx decidiu se concentrar novamente em sua pesquisa acadêmica sobre o capital. No entanto, ele foi instantaneamente distraído pelo relançamento da *Nova Gazeta Renana* em Londres. Era bom jornalismo, mas, incapaz de se autossustentar por meio das assinaturas, foi fechado após cinco edições.

No outono de 1851, Marx estava trabalhando como correspondente regular do *New York Daily Tribune* [*Tribuna Diária de Nova York*]. Além de seu salário no *Tribune*, Marx tirava 50 libras escrevendo para outras publicações. No entanto, apesar de uma renda média de £200 por ano, dos quais pouco mais de 10% (£22 por ano) iam para o aluguel da rua Dean, nunca havia o suficiente para pagar seus credores ou as novas contas de provisões essenciais.

Embora Marx, como Hans Röckle, nunca pudesse cumprir suas obrigações nem com o diabo nem com o açougueiro, ele trabalhou sob essas condições estressantes para investigar o funcionamento do capitalismo. Esse trabalho era constantemente interrompido pelas tentações de panfletos oportunos e "essenciais". Em dezembro de 1851, começou a escrever *O 18 de Brumário de Luis Bonaparte*, encomendado por uma publicação americana escrita em alemão, *Die Revolution* [*A Revolução*]. Ele perdeu vários meses de 1852 escrevendo uma sátira dos "imbecis notáveis" e "babacas democráticos" na fraternidade socialista dispersa, alegremente intitulada *Os grandes homens do exílio*. Fortuitamente, o manuscrito foi vendido de forma fraudulenta aos serviços secretos da Prússia pelo patife que deveria entregá-lo ao editor e, consequentemente, não foi publicado até um século depois. Um escrito mais pertinente foi sua consistente reflexão sobre as *Revelações sobre o julgamento comunista em Colônia*. Mas ele e Engels sabiam que ele estava apenas produzindo "montes de esterco em miniatura" e deveria continuar escrevendo sua análise da Economia Política, fato que agravou ainda mais seus agora constantes e desconfortáveis carbúnculos.

Esse foi o contexto dos anos imediatamente anteriores ao nascimento de Tussy, narrado em forma de fábula por meio dos contos de Hans Röckle. "Foi

---

* Defensores do trialismo, federação composta de três Estados.

uma época terrível", disse Biblioteca – Wilhelm Liebknecht – a Eleanor muitos anos depois, "mas foi notável mesmo assim".[14] Socialista revolucionário, membro do *Reichstag* e prisioneiro em constante migração, Biblioteca era um amigo leal e um aliado político, por vezes um idealista exasperantemente otimista, mas ainda assim uma figura muito importante na vida de Tussy. Ele chegou a Londres em 1850 e viveu com sua primeira esposa no *Model Lodging House*, na rua Old Compton. Candidatou-se para se tornar membro da Liga Comunista, e Marx e Engels tiveram muita dificuldade em verificar suas credenciais.[15]

Liebknecht foi apelidado de Biblioteca pelas crianças de Marx, e todos os adultos aceitaram o título, embora ninguém – inclusive o próprio Biblioteca – tivesse certeza do porquê as pequenas lhe haviam dado tal alcunha.[16] Ao encontrar Tussy no dia de seu nascimento, foi amor à primeira vista. Biblioteca apreciava seu estado de alerta e sua postura inquiridora e argumentadora quando criança, "inquieta, curiosa, querendo saber tudo e constantemente ampliando o horizonte de sua mente".[17] Marx gostava de dizer que as crianças deveriam educar seus pais. No entanto, ele deu a Tussy uma educação decisiva por meio do processo de escrita d'*O capital* durante sua infância formativa.

Engels perguntou a Marx em 1851: "O que acontecerá com toda a tagarelice que toda a gangue de imigrantes pode fazer às suas custas se você lhes responder com um trabalho sobre economia?".[18] Engels pediu que ele escrevesse suas análises econômicas e explicasse sua teoria do materialismo histórico. Marx respondeu finalmente se debruçando com seriedade no grande trabalho sobre Economia Política que se tornou *O capital*, o escrito mais influente desde a Bíblia, o Alcorão, o Talmude e as obras de Shakespeare.

Dizer que Eleanor Marx cresceu vivendo e respirando o materialismo histórico e o socialismo é, portanto, uma descrição literal e não uma metáfora. *O capital* foi a tentativa de Marx de produzir um estudo coerente da história social, política e econômica desde os tempos clássicos até os dias atuais. Sua missão era descobrir as leis que governavam a história. Tussy não conseguia entender o assunto do grande projeto de seu pai desde uma perspectiva adulta, mas, ao reunir as evidências a partir das quais formou sua teoria, ele extraiu exemplos e narrativas que poderiam ser transformadas em histórias agradáveis e instruções úteis para sua filhinha.

Quando Mouro estava estudando a legislação contra os pobres e expropriados a partir do final do século XV que forçou a queda dos salários pelas *leis*,[19] ele explicou esse aspecto da história britânica à atenciosa Tussy. Compartilhou com ela os contextos factuais das peças históricas e das tragédias de Shakespeare que ela amava. A intimidade de infância de Tussy com Mouro enquanto ele escrevia o livro I d'*O capital* forneceu a ela uma base completa de história econômica, política e social britânica. Tussy e *O capital* cresceram juntos.

DEVORANDO LIVROS

Em novembro de 1860, Möhme contraiu varíola. Sessenta anos depois de Jenner criar a vacina, essa doença contagiosa ainda era potencialmente fatal. O Parlamento havia implementado a vacinação compulsória contra a varíola em 1853, portanto Tussy foi vacinada. Ela e suas irmãs fizeram as malas e foram entregues aos Liebknecht, que agora moravam perto, na cidade de Kentish, onde ficaram até o Natal.

Tussy, então com cinco anos, se sentiu em casa com Biblioteca e Ernestine, mas sentia falta dos pais. Um dia, vendo o pai na rua pela janela, Tussy evocou um estridente chamado de caça: "Alô, velho!" Claramente, o ditado vitoriano de que crianças deveriam ser vistas e não ouvidas não era o estilo dela.

Viver com os Liebknecht significava que Tussy podia brincar dia e noite com sua melhor amiga, Alice. Essa amizade durou até a idade adulta, refletindo a intimidade entre suas mães.

Quando as irmãs voltaram para casa no Natal, o clima estava pesado. Möhme estava deprimida por conta de sua doença, acreditando que as cicatrizes da varíola tinham alterado profundamente sua aparência e destruído sua beleza outrora juvenil. Por fora, entretanto, ela brincava, escrevendo para Louise Weydemeyer, que seu rosto ainda estava "desfigurado por erupções e de um vermelho que é apenas a 'magenta' que está na moda agora."[1]

Para alegrar o sexto aniversário de Tussy em meio ao desânimo geral, seu pai lhe deu um presente especial. Mouro sempre dizia que "devorar livros"[2] era sua ocupação favorita. Ele agora passava esse dom para Eleanor. Na quarta-feira, 16 de janeiro, ela desembrulhou ansiosamente os volumes completos de *Peter Simple*, do Capitão Marryat. Foi seu primeiro romance. Imediatamente absorvida pela aventura, Tussy saiu de um inverno sombrio no norte de Londres para lutar nas guerras napoleônicas com Midshipman Simple. Sua imaginação viajava com sua frota de navios, veleiros, dialetos próprios do mar, canhões e galeras, carunchos, biscoitos, talheres e muito álcool. Imersa nesse *best-seller* vitoriano, era comum ouvir Tussy rindo dos exageros absurdos e compulsivos do capitão Kearney, o mestre naval de *Peter Simple*, que sofria de síndrome de Munchausen.*

Marryat, o pai do romance de aventura marítima do qual todos os outros derivam – do *Horatio Hornblower* de C. S. Forester a *Jack Aubrey* de Patrick O'Brian e Stephen Maturin –, foi o escritor por meio do qual Tussy descobriu não apenas seu gosto pelo mar, mas também sua marinheira interior:

> E quando aquela menininha, animada pelas histórias de Marryat sobre o mar, declarou que se tornaria uma pós-capitã (o que quer que isso signifique) e consultou o pai sobre a possibilidade de se 'vestir de menino' e 'fugir para se juntar a um Homem de Guerra',** ele assegurou para ela que achava que aquilo era muito possível, mas que eles não deveriam dizer nada a ninguém até que todos os planos estivessem bem amadurecidos.[3]

Marryat resistiu aos fascínios da vida no mar, combatendo a frota francesa e os oportunistas. As próximas aventuras literárias de Tussy a transportaram para a nova fronteira do Oeste estadunidense. Reagindo ao seu

---

* Transtorno factício no qual o paciente finge uma doença ou provoca sintomas intencionalmente. O nome alude ao Barão de Münchausen, militar alemão que relatava suas histórias com muitos elementos fantásticos e de exagero, principalmente quando se reunia com amigos em expedições de caça. Tornou-se um famoso contador de histórias, que se tornaram livro a partida da compilação de um bibliotecário alemão, Rudolf Raspe.

** Do inglês Man of War, é um tipo de embarcação, um navio de guerra de grande poder militar comum entre os séculos XVII e XIX. O nome é dado em oposição a Man of Trade, os navios mercantes.

entusiasmo por Marryat, Marx apresentou sua filha a James Fenimore Cooper, a quem ela chamou de Scott Americano. Agora, Tussy mergulhava na vida sob a tenda, cavalgando ao lado de Natty Bumppo e Chingachgook, viajando através da série de edições sobre sua vida – como Leatherstocking, Pathfinder e Deerslayer.* Ali estavam povos ameríndios, combates, escalpelamentos, o maldoso Magua, o exemplar Chingachgook, crioulos loquazes e *quadroons*.**

E, para a sua aguda e instintiva observação infantil, havia algo na amizade imortal de Chingachgook e Natty Bumppo que lembrava seu papai e Engels? Esse uníssono de dois homens, como D. H. Lawrence colocou, foi imaginado como o núcleo de uma nova sociedade, seu relacionamento "mais profundo que a propriedade, mais profundo que a paternidade, mais profundo que o casamento, mais profundo que o amor".[4] O relacionamento entre Marx e Engels foi tão importante para o desenvolvimento infantil de Tussy quanto o que existia entre seus pais.

Com as poucas exceções das "amazonas" americanas, as mulheres de Cooper são na sua maioria santas, pequeninas, lírios loiros, ou levemente ardentes, possíveis sedutoras morenas, tiradas dos padrões de ações da juventude, satirizadas de forma memorável por James Lowell em sua edição de *Fable for Critics* [*Fábula para os críticos*]:

> E as mulheres que ele desenha a partir de um modelo não variam,
> todas piegas e rasas como um pires.[5]

Os pires rasos não interessavam a Tussy; concentrando-se nas figuras masculinas, ela mal as notava.[6] Como Lawrence ironicamente observou, é claro que nunca chove no Velho Oeste de Cooper: nunca é frio, lamacento ou sombrio; ninguém tem pés molhados ou dor de dente e ninguém nunca se sente imundo, mesmo quando não pode se lavar por uma semana. "Deus sabe", especula Lawrence, "como seriam as mulheres, pois elas se embre-

---

* *Leatherstocking Tales* é uma série de cinco romances do escritor James Fenimore Cooper (1789-1851): *The Prairie*, *The Pioneers*, *The Pathfinder*, *The Last of the Mohicans* (traduzido em português para "O Último dos Moicanos") e *The Deerslayer*. Seus personagens principais são Natty Bumppo e Chingachgook.

** De acordo com o dicionário Merriam-Webster, o primeiro uso conhecido do termo data de 1707. Derivado do espanhol "cuarterón"; associado a um quarto, designava pessoas que possuíam um quarto de sua ancestralidade proveniente das populações negras.

nhavam na selva sem sabão, pente ou toalha. Elas comiam um pedaço de carne (ou nada) no café da manhã, e o mesmo no almoço e jantar."[7]

Esse era um modo de existência que parecia muito agradável para Tussy, já que ela resistia ferozmente a pentear os cabelos ou a prestar atenção às instruções de Lenchen para se sentar para almoçar. Lenchen reclamava que só conseguia convencer Tussy a engolir uma caneca de leite e aceitar um pedaço de pão, que ela agarrava nas mãos enquanto corria pela rua brincando com seus amigos, os quais ela depois cordialmente convidaria para bagunçar ainda mais sua casa.

Mouro e Möhme não estavam preocupados com o cumprimento das formalidades convencionais. Ao contrário da interpretação que historicamente se estabeleceu sobre Jenny Marx como social e sexualmente conservadora, ela era uma mãe liberal que não tinha paciência para afetações nos modos. Ela escrevera a Ernestine sobre sua desaprovação às restrições impostas aos filhos de alguns de seus amigos: "as crianças são constantemente vigiadas e repreendidas: elas devem comer corretamente, devem falar corretamente; a única coisa que não é feita de acordo com a regra é beber; para minha grande surpresa, não havia cerveja nem vinho na mesa... As crianças nunca provaram licores".[8] Jenny sentiu compaixão por um garotinho que só queria desfrutar do jantar, mas "estava aterrorizado por causa da perna do pato, impossível de manusear. Ele queria muito tirar um pouquinho de carne, mas não se atreveu a colocar um dedo no osso (os olhos das governantas nunca se desviam das crianças)."[9]

Nenhum dia de aprendizado de Tussy foi atrapalhado por sua infância agitada. Das irmãs, ela aprendeu francês e um pouco de notação musical, e da mãe, conhecimento sobre teatro contemporâneo. Os livros e o escritório de seu pai tornaram-se sua sala de aula, e Marx, seu professor particular. Depois de devorar Marryat e Cooper,[10] os planos de Tussy de fugir para o mar ou para a América foram desviados pelo advento de seu vício por Scott, reunindo enredos para despertar as Terras Altas da Escócia e reviver o levante jacobino de 1745. Ela ficou, no entanto, horrorizada quando Marx a provocou sugerindo que ela poderia pertencer, em partes, ao detestado clã de Campbell.[11]

Marx transmitiu seu amor e admiração por Scott, Balzac e Fielding para Eleanor. A educação em casa foi intensa, mas de modo divertido; o pai era um educador sutil:

> E enquanto falava sobre esses e muitos outros livros, Marx, ainda que ela não percebesse, mostrava à garotinha onde procurar pelas melhores obras; ensinava-a – embora ela nunca atinasse que estivesse sendo ensinada, pois teria desaprovado – a tentar pensar, tentar entender por si mesma.[12]

Mais tarde, Tussy reclamaria que muito pouco foi gasto em sua educação formal. De fato, a educação em casa com o pai era muito melhor do que a das duas irmãs mais velhas, que frequentaram uma variedade de instituições informais de ensino para meninas. Enquanto Laura e Jenny passavam um tempo desproporcional de seus estudos aprendendo a cantar, costurar, pintar, tocar piano e ser elegante, Tussy lia ampla e profundamente, debatendo tudo, em detalhes, com uma das maiores mentes da época.

Depois de deixarem o Colégio South Hampstead, Laura e Jenny continuaram a ter aulas de francês, italiano, desenho e música. As deficiências acadêmicas da escola das senhoritas Boynell e Rentsch eram típicas do sistema educacional britânico de meados do século XIX. As melhores ofertas eram em instituições privadas, acessíveis apenas às classes médias pagantes, administradas por semiprofissionais dedicados que se esforçavam ao máximo para fornecer algum tipo de educação estruturada a jovens mulheres, em um contexto em que não havia qualificações exigidas ou um currículo definido. As primeiras reformas que viabilizariam a educação para as mulheres ainda estavam a uma década de distância. Tussy tinha 15 anos quando a Lei da Educação [Forster's Act] foi aprovada em 1870. Essa foi a primeira reforma legal que tentou oferecer educação primária a todas as crianças, incluindo as meninas. Eram cobradas taxas de alguns centavos por semana, com isenção para os pais mais pobres. No mesmo ano, foi estabelecido o Conselho Escolar de Londres para construir escolas primárias na cidade. Em 1869, a sufragista Emily Davies e a ativista da educação e dos direitos humanos Barbara Leigh Smith Bodichon fundaram o Colégio Girton em Cambridge, a primeira faculdade para mulheres da Inglaterra. A Universidade de Oxford permitiu a primeira graduação de uma mulher uma década depois, em 1879. Cambridge foi fundada em 1223, e Oxford, em 1187: portanto, demorou quase sete séculos para as duas instituições entenderem o surpreendente fato de que as mulheres também eram seres humanos com direito à educação.

Como tantos dos grandes artistas, escritores, intelectuais e políticos que a seguiram no século seguinte, como Virginia Woolf, Tussy não teve acesso à educação formal. No entanto, em contraste com o pai de Woolf, Sir Leslie Stephen, um rico historiador que não acreditava no investimento na educação de suas filhas, o pai pobre, filósofo e historiador de Tussy estava comprometido com a educação das mulheres. Enquanto o rico e mimado Leslie – com seus filhos bem-sucedidos – não perdia o sono pensando na luta de sua filha por educação, Marx, o imigrante intelectual miserável, reconheceu as restrições materiais ao desenvolvimento educacional vividas pelas filhas de todas as classes. Meio intelectual, meio exploradora,* meio espevitada, totalmente boêmia em formação, Tussy teve uma educação intelectual rigorosa, e nada convencional, com liberdade de pensamento crítico para suas futuras atitudes.

Tussy começou a escrever romances, bem como a lê-los, aos seis anos de idade. Escreveu suas primeiras cartas para as irmãs ao arrumar seus materiais e canetas, deixando envelopes elaborados para a "Senhorita L. Marx, de E. Marx" em suas mesas de leitura.[13] Além do círculo de sua família imediata, Tussy tinha correspondentes respeitáveis. Poucas crianças de seis anos tiveram a oportunidade de escrever com tanto entusiasmo e facilidade para alguns dos homens mais formidáveis do século. Uma de suas primeiras cartas foi um bilhete para o Biblioteca, assinado provocativamente como "*Niemand*" [ninguém].

Sua primeira carta internacional foi enviada para seu tio Lion Philips em 1861, agradecendo a ele pela boneca enviada de presente da Holanda e anexando uma carta em ideogramas elaborados e ininteligíveis, que ela alegava serem caracteres chineses. O tio Lion era casado com a tia de Marx, Sophie, irmã de Henriette, e administrava os bens dela em seu nome. Era um comerciante de tabaco e empresário bem-sucedido, progenitor do que se tornou o império comercial da Royal Philips Electronics – e gostava muito de Tussy.

---

* No original, *leatherstocking*, como referência à história de caçador de Cooper.

Os ideogramas inventados por Eleanor faziam parte de sua mania por todas as coisas chinesas, provocada em 1861 pela união de um surto de icterícia com os escritos de Engels e do pai sobre o Império Celestial. "Lembro-me bem de que, vendo-me bastante amarela, declarei ter me tornado um chinês e insisti para que meus cachos fossem transformados em um pequeno rabo de cavalo."[14] A partir de 1853, Marx e Engels haviam tratado da política, economia e sociedade do grande império e seu papel no mundo, principalmente para o *Tribune*. Todos os assuntos relacionados à China eram o foco da discussão na casa de Marx. Com os cachos, unidos e lisos em uma só mecha, seus pequenos braços envoltos em mangas feitas de caixas chinesas improvisadas, Tussy sucedeu sua irmã Jenny no trono imperial como Sucessora da Imperatriz da China. Em uma carta à esposa, Marx prestou homenagem ao poder supremo de Tussy como governante da família: "Acima de tudo e em particular, por favor, dê à Sucessora Chinesa mil beijos em meu nome".[15]

Sua sinofilia durou muito tempo. Oito anos depois de sua icterícia levar à sua ascensão como Imperatriz, Tussy pediu a Engels um grande novelo de fio chinês de Manchester, pois "a pequena charlatã ama todas as formalidades chinesas."[16]

Além de seus ideogramas inventados, as primeiras cartas de Tussy foram escritas principalmente em inglês. Ela era a única em sua família que tinha o inglês como primeira língua. Ela falava bem alemão, mas escrevia mal. Sabia falar, ler e escrever francês, que aprendeu com as irmãs mais velhas, nascidas e criadas em Paris e na Bélgica. Também estava interessada em aprender holandês para poder conhecer melhor sua família na Holanda. Quando adolescente, devido à influência de Engels, ela desenvolveu um interesse literário em islandês e nórdico antigos, dinamarquês e árabe clássico.

Os primeiros escritos de Tussy carregam a acústica e as vibrações da voz de sua infância e dos reinos de sua imaginação. Um dos primeiros exemplos disso é perceptível em uma carta a seu tio Lion Philips, escrita em algum momento durante o inverno de 1863:

> Meu querido tio,
>
> Embora eu nunca o tenha visto, ouvi falar tanto do senhor que quase imagino conhecê-lo, e como não há chance de vê-lo, escrevo estas

linhas para perguntar como está. Tem se divertido? Eu tenho, e sempre me divirto no Natal, que acho a época mais alegre do ano. Desejo-lhe um feliz ano novo, e ouso dizer que está tão feliz por se livrar desse ano que passou quanto eu. Ouvi do papai que o senhor é um grande político, por isso certamente concordamos. Como o senhor acha que a Polônia está se saindo? Eu sempre arregaço as mangas pelos poloneses, aqueles corajosos amiguinhos. Você gosta de A. B. [Auguste Blanqui]? Ele é um grande amigo meu.

Preciso ir agora, mas aposto que o senhor terá notícias minhas novamente. Mande beijos à minha prima Nettchen e ao papai.

Adeus, querido tio

Sua carinhosa

Eleanor Marx.[17]

A carta foi escrita com uma caligrafia fluida e inclinada para a frente, com letras maiúsculas elegantes. A referência de Tussy a arregaçar as mangas é um lembrete de que, desde 1863, uma insurreição geral na Polônia foi violentamente reprimida pelos russos. Na época, a revolta não havia sido definitivamente derrotada. Tussy tomou com firmeza o lado da Polônia na resistência contra a ocupação russa. Em novembro de 1863, o Conselho Comercial de Londres [London Trades Council] fez uma campanha em nome da emancipação polonesa, convocando os governos da Inglaterra e da França para apoiarem a luta da Polônia por liberdade. O discurso inaugural de Marx à Internacional de outubro de 1864 condenou "a aprovação descarada, falsa simpatia ou absurda indiferença com a qual as classes altas da Europa testemunharam a heroica Polônia sendo assassinada pela Rússia".[18] Os escritos de Marx sobre o assunto na Polônia permaneceram como manuscritos inéditos por quase cem anos; Tussy já estava escrevendo sobre eles aos oito anos de idade.

Papel frágil, tinta ainda mais seca; estas cartas, escritas há 150 anos, ainda parecem estalar de energia quando em nossas mãos. Seu roteiro é generoso em tamanho e direto em proporção. Papel e tinta, já entendemos, não eram itens escassos nesta casa. Tussy os tratava como brinquedos e ferramentas, não como um luxo. Na casa da família, frequentemente faltava comida, gás, roupas, sapatos, móveis e medicamentos, mas em nenhum lugar se lamentava a falta de papel ou tinta. Por crescer em uma família trilíngue, ela tinha um ouvido afiado, enquanto sua escrita errática quando jovem a tornava sensível aos trocadilhos, múltiplos significados e transposições poéticas reveladas por deslizes e malapropismos.

No início de 1861, o *New York Daily Tribune* voltou sua atenção para a iminente Guerra Civil Americana. Como a cobertura da Europa foi reduzida, o jornal cortou pela metade as comissões de Marx, diminuindo imediatamente a renda familiar em 50%. Ele foi visitar o tio Lion em Zaltbommel e sua mãe em Trier para tentar obter empréstimos para descontar de sua herança. Henriette se recusou a ajudá-lo e não hesitou em reclamar que será melhor se seu filho ganhasse dinheiro em vez de continuar escrevendo sobre isso de forma não lucrativa. O tio Lion resolveu o problema do fluxo de caixa de Marx concedendo um empréstimo-ponte para o sobrinho, como um adiantamento de sua futura herança.

A ausência de seu pai por quase três meses provocou em Tussy a curiosidade sobre os parentes holandeses que mantiveram seu querido papai longe por tanto tempo. "Minha avó", escreveu ela mais tarde em um relato de sua ascendência holandesa, "pertencia, por descendência, a uma antiga família judia húngara, fugindo da perseguição para a Holanda... conhecida pelo nome de Pressburg, a cidade de onde eles vieram. Esses Pressburg, é claro, se casaram entre si, e o sobrenome da minha avó depois se tornou Philips".[19]

Em 1879, os netos do tio Lion, os irmãos Gerard e Anton Philips, estavam fascinados pelas lâmpadas incandescentes criadas por Thomas Edison; eles começaram a fazer experimentos com luz elétrica com o objetivo de desenvolvê-la comercialmente. Financiados pela herança de seu avô magnata, os irmãos montaram a primeira fábrica da Philips. Em 1891, a família fundou a empresa Philips Lamps, em Eindhoven, para atender à crescente demanda por lâmpadas após a comercialização de eletricidade. Conhecida como Philips até hoje, a companhia multinacional de eletrônicos foi criada pelos primos holandeses de Tussy quando ela tinha entre 20 e 30 anos.

A vida em casa ficou difícil enquanto Mouro esteve fora. Lenchen ficou doente e Möhme ficou sem dinheiro. Envergonhada, ela teve que pedir ajuda a Engels até que Marx voltasse, um episódio testemunhado pela perspicaz Tussy. A situação econômica piorou em 1862, quando o trabalho de Marx para o *Tribune* cessou por completo. Tussy vasculhou seus romances de aventura e ficou pensando nas discussões abafadas entre sua mãe e Lenchen sobre Marianne Kreuz, sua criada. Marianne, considerada a irmã mais nova ou prima de Lenchen, ingressara na casa de Grafton Terrace em 1860. Nas circunstâncias atuais, uma criada era um luxo exorbitante, mas, na verdade, eles estavam ajudando Marianne a esconder uma gravidez indesejada. O aluguel estava atrasado há um ano, e Möhme estava lutando contra uma depressão clínica diagnosticada com tato pelo Dr. Allen como uma doença relacionada ao estresse, gerando uma tensão entre ela e Marx.

Apesar dos problemas domésticos, o trabalho de Karl no rascunho do primeiro volume d'*O capital* parecia estar progredindo bem, mas ele teve que admitir que, dessa vez, eles estavam se aproximando cada vez mais da penúria. Para a felicidade de Engels, Marx lhe escrevera dizendo que acabara de se candidatar a um trabalho administrativo em uma companhia ferroviária inglesa. A insistência de sua mãe para que ele encontrasse um emprego adequado para sustentar sua família parecia ter cutucado sua consciência. Afortunadamente, *O capital* evitou o destino de ser varrido para debaixo do tapete da história graças à letra ilegível do autor: a companhia ferroviária rejeitou a proposta de Marx porque não conseguia ler sua submissão para a posição.

Ao contrário do departamento de contratação da companhia ferroviária inglesa, Tussy conseguia decifrar a caligrafia de seu pai. Esse aspecto banal do relacionamento entre pai e filha poderia parecer insignificante, se não tivesse mudado o curso da história. As únicas outras pessoas que conseguiam transcrever de forma confiável os escritos de Marx eram sua esposa e Engels. Enquanto isso, o bem mais valioso de Marx, que Engels chamava de seu poderoso "crânio", estava funcionando de maneira altamente eficaz, e ele estava dando o que Möhme descreveu, otimista, como "passos gigantescos para a conclusão",[20] apesar de seu persistente problema no fígado. Laura começou a ir com Mouro ao Museu Britânico para ajudá-lo em sua pesquisa. Enquanto isso, a saúde de sua irmã Jenny causava grande preocupação. Ela estava perdendo peso rapidamente, e sua tosse persistente não desaparecia. Não ocorreu a ninguém que o charuto de seu pai tivesse algo a ver com isso.

O Dr. Allen insistiu que Jennychen precisava de brisa e banho de mar para restaurar sua saúde, mas não havia dinheiro para viagens a retiros.

No início de julho, uma sorte inesperada bateu à porta pela amiga Berta Markheim. Berta, Jenny e Karl se tornaram amigos em 1852, quando o escritor alemão passou um tempo em Londres. Naquela época, ela ainda era Berta Levy, irmã do conhecido poeta, romancista e libretista Julius Rodenberg. Em 1854, Berta se casou com o empresário e pioneiro em ginástica Joseph Markheim. Ao ouvir as dificuldades financeiras da família Marx, Berta enviou uma carta carinhosa e uma ordem de pagamento para Jenny, que ficou surpresa por Berta estar pensando nela "com amor, lealdade e simpatia, sem nenhum lembrete de minha parte".[21] A generosidade de Berta permitiu que Jenny levasse as crianças de férias para Ramsgate, enquanto Mouro fazia outra expedição de angariação de fundos na Holanda e na Renânia. Jenny nunca soube que seu marido havia secretamente motivado o ato de generosidade dos Markheim.

Essa foi a segunda visita de Tussy à praia. Sua primeira foi uma quinzena chuvosa em Hastings, quando ela tinha cinco anos. Construída na década de 1840 e uma das primeiras ferrovias da Inglaterra, a linha de Londres para Ramsgate possibilitou aos habitantes do sul viagens rápidas e baratas para a costa. A construção terminava na enseada – um porto de trabalho e local de lazer. As primeiras visões de Tussy foram pequenas embarcações (barcos a remo), rebocadores, barqueiros e o farol emoldurados por falésias e belas paisagens marítimas, cobertas por mastros de altos navios. Popular desde o período napoleônico, quando serviu como guarnição, Ramsgate, "um local encantador e maravilhosamente situado",[22] segundo a mãe de Tussy, atraiu turistas de todas as classes e visitantes notáveis como Coleridge, a Rainha Vitória, o primeiro-ministro Lorde Liverpool e George Canning.

Lenchen encorajou Jenny a banhar suas cicatrizes de varíola no mar salgado e curativo.[23] "Passamos nosso tempo", escreveu Jenny a Berta, "dentro ou na beira do mar."[24] As cinco mulheres desfrutaram de três semanas felizes de natação, leitura, caminhada e coleta de conchas, petiscando berbigão, ostras e sorvete, e observando as pessoas. Jennychen parou de tossir e ganhou peso. As férias de Ramsgate foram o ponto alto de 1862. Em agosto, Biblioteca, Ernestine e a pequena Alice retornaram à Alemanha depois de 12 anos no exílio, e Tussy e Alice se tornaram amigas a distância, mas sentiam falta uma da outra.

Möhme foi a Paris tentar obter um empréstimo do monsieur Arbabanel, um banqueiro que ela e Karl tinham conhecido quando moravam lá. Ele teve um derrame que o deixou paralisado horas antes de Jenny chegar; ela então voltou para casa de mãos vazias, em 23 de dezembro, para saber que Marianne Kreuz havia morrido no mesmo dia devido a uma doença cardíaca diagnosticada pelo Dr. Allen no início do ano. Como não poderia ser enterrada antes do Natal, o corpo ficou em Grafton Terrace até o funeral, em 27 de dezembro. Com um cadáver na sala e com pouco dinheiro, esse foi um Natal sombrio.

Durante a noite de 6 de janeiro de 1863, Mary Burns, a amada de Engels, morreu repentinamente. Em choque, Engels escreveu no dia seguinte de sua casa compartilhada em Manchester:

> Querido Mouro,
>
> Mary está morta. Na noite passada ela foi dormir cedo e, quando Lizzy quis ir para a cama pouco antes da meia-noite, encontrou-a já morta. De repente. Insuficiência cardíaca ou derrame. Eu não fui informado até esta manhã; na segunda-feira à noite ela ainda estava muito bem. Simplesmente não consigo transmitir o que sinto. A pobre garota me amava de todo o coração.

Assim terminou o relacionamento de duas décadas, iniciado em 1842, quando Engels tinha 22 anos e seu pai o enviou à Inglaterra para aprender sobre a indústria têxtil. Engels admirava Mary por seu sentimento inato e apaixonado por sua classe e por sua lealdade inabalável: ela "ficou ao meu lado em todos os momentos críticos com mais força do que qualquer filha gentil, simpática, 'educada' e 'sentimental' da burguesia poderia ter feito".[25]

Como Mary e Engels se conheceram é incerto, mas ao que tudo indica ela e sua irmã Lydia (Lizzy) estavam trabalhando em uma fábrica da Ermen & Engels em Manchester. "Ela era", como lembraria Tussy mais tarde, "uma garota muito bonita, sagaz e completamente encantadora... uma moça de fábrica de Manchester (irlandesa), sem instrução, apesar de saber ler e escrever um pouco".[26] Tussy disse que seus pais "gostavam muito" de Mary e falavam dela com o "maior carinho".[27]

Trabalhos recentes de Roy Whitfield e Tristram Hunt[28] fizeram muito para reconstruir a vida de Mary Burns e restaurar seu significado para a história. Seu papel na politização de Engels é comprovado. Engels a levou para a cama; ela o levou para os cortiços e para o coração da comunidade de imigrantes irlandeses de Manchester. Ela mostrou e explicou a Engels as condições da fábrica e das trabalhadoras domésticas. Seu papel era diretivo e socrático.[29]

Dois anos depois de conhecer Mary Burns, em 1844, Engels escreveu *A situação da classe trabalhadora na Inglaterra*. Essa pesquisa social detalhada da "condição, sofrimento e luta das classes trabalhadoras da Grã-Bretanha e de seus oponentes da classe média"[30] produziu uma crítica à "causa dos antagonismos de classe contemporâneos"[31] e sua condenação do capitalismo. Engels deixou a Inglaterra com sua consciência política despertada por Mary Burns e revolucionada pela experiência de mundo iniciada e guiada por ela. Não era exatamente isso que o pai de Engels tinha em mente quando enviou seu filho inexperiente a Manchester para estudar os negócios da família.

Mais tarde, Mary se juntou a Engels e aos Marx em Bruxelas. Os casais moravam em apartamentos vizinhos, e Jenny e Mary se tornaram amigas. Möhme gostava de Mary e respeitava sua união livre com Engels. Desprezando os duplos padrões sexuais de "gentileza burguesa", Jenny recusou-se a reconhecer ou cumprimentar qualquer uma das amantes, cortesãs e namoricos passageiros que o jovem Engels tinha o hábito de levar a eventos sociais públicos. Jenny era tão inflexível em sua lealdade a Mary quanto Engels a Marx, e Engels sabia que era melhor não esperar que ela agisse com uma polidez hipócrita nessas circunstâncias. Quando Engels e Lizzy Burns mais tarde se mudaram para Londres, foi Jenny quem foi em busca de uma casa e encontrou um lar para eles, o mais próximo possível de sua própria família. A relação entre Engels, Mary e posteriormente Lizzy Burns teve um papel crucial no desenvolvimento de Tussy.[32]

Engels recebeu, notoriamente, uma resposta incrivelmente insensível de Marx para a notícia da morte de Mary. Mouro enviou uma carta prefixada apenas com a mais abrupta comiseração: "Ela era tão boa, sagaz e apegada a você"[33] e, sem mais consolos, ele discorreu uma lista detalhada de suas calamidades atuais – falta de dinheiro, incapacidade de obter crédito, gastos escolares, aluguel, impossibilidade de continuar o trabalho, contas a pagar, falta de roupas apresentáveis, sapatos em penhor – concluindo com a grandiosa certeza de que sua própria mãe, que "teve sua parte justa da vida",[34] preferiria morrer no lugar de Mary. "É terrivelmente egoísta da minha parte falar sobre esses terrores [*horreurs*] neste momento", reconhece Marx. "Mas é um remédio homeopático. Uma calamidade é uma distração da outra. E, no final das contas, o que mais posso fazer?"[35] Como toda a ladainha dos remédios homeopáticos, a prescrição de Marx era inútil. Por mais indesculpável que fosse sua carta, é estranho que a observação de Marx nunca seja lembrada. "Que providências você tomará agora sobre o seu estabelecimento? É terrivelmente difícil para você, uma vez que você e Mary formaram um lar onde tinham a liberdade de se retirar do imbróglio humano sempre que quisessem."[36]

Engels esperou quase uma semana antes de responder. Como os amigos geralmente se correspondiam diariamente, seu silêncio era eloquente, assim como seu trato incomumente formal:

> Caro Marx,
>
> Você entenderá que, desta vez, meu infortúnio e a sua fria visão a respeito dele tenham tornado absolutamente impossível para mim lhe responder antes. Todos os meus amigos, incluindo conhecidos filisteus, têm, nesta ocasião que profundamente me afeta, dado-me prova da maior simpatia e amizade que eu poderia haver esperado. Você achou que fosse um momento oportuno para afirmar a superioridade de sua 'mentalidade desapaixonada'. Que assim seja, então![37]

Arrependido, Marx escreveu uma resposta penitente, um raro pedido de desculpas, que Engels, generoso, aceitou prontamente, salvando sua amizade e ratificando que tudo estava como de costume, enviando um cheque de £100 que evitava a iminente falência de Marx. Engels estava sem dinheiro na época, e então roubou um cheque da Ermen & Engels e o entregou ao amigo, "uma jogada extremamente ousada da minha parte".[38] Essa foi a primeira e última vez que houve uma ameaça de ruptura entre os dois.

Como toda criança, Tussy desempenhou um papel vital em amenizar a desolação que Engels viveu após a súbita morte de Mary. Assim como muitos jovens da década de 1860, Tussy foi tomada pela nova mania de colecionar selos. Engels enviou novas figurinhas para seu álbum e apreciou suas cartas entusiasmadas de agradecimento. Quando escrevia a Marx, ele enviava mais selos para ela, revelando a fonte de seu suprimento: "Muitos roubos desse artigo estão acontecendo no escritório agora".[39]

Dessa maneira, a morte de Mary, no início do oitavo ano de Tussy, fortaleceu seu relacionamento com Engels, seu "segundo pai". Foi o substantivo começo de um relacionamento íntimo que moldou a vida e a história política de ambos.

Em 30 de novembro, Henriette Marx morreu, deixando 600 libras a seu filho indigente – as sobras de sua herança. Marx era agora órfão, e Tussy não tinha mais avós.

CONSELHEIRA DE ABRAHAM LINCOLN

Em um sábado frio no início de 1864, Jenny levou "toda a gangue"[1] a um teatro no West End para ver a atriz estadunidense Kate Bateman em *Leah the Forsaken* [*Lia, a abandonada*], no papel que a estava tornando famosa nos dois lados do Atlântico. No ano anterior, ela havia se tornado a primeira atriz a interpretar uma mulher judia nos palcos estadunidenses.[2] A atriz de 21 anos, nascida em Baltimore, era filha de um empresário teatral e começou sua carreira em turnê com P. T. Barnum. Os críticos de Nova York reprovaram a peça, mas os espectadores a adoraram; tornou-se um sucesso instantâneo, indo para Londres no inverno de 1863.

Eleanor estava hipnotizada por *Leah the Forsaken*. Esta foi uma de suas primeiras experiências com o drama moderno. Kate Bateman soava e se parecia com Tussy, assim como suas irmãs. E, talvez, com uma versão de seu possível futuro eu. Tussy conhecia a história bíblica das irmãs Lia e Raquel, esposas de Jacó, e reconheceu instintivamente a representação de um antissemitismo virulento na peça. Ela já sabia de cor o discurso de Shylock em *O mercador de Veneza*.

O papel de Lia se tornou um veículo popular para as atrizes principais e dominou os palcos nas três décadas seguintes. Haveria quatro produções da peça em Londres durante a vida de Tussy e ela veria todas – de forma mais memorável em 1892, quando o papel principal foi interpretado pela estrela judia Sarah Bernhardt.

George Curtis, editor político da *Harper's Weekly* [*Semanário Harper*], traçou uma analogia entre a descrição da perseguição aos judeus no drama e a perseguição aos negros na Confederação. No meio da guerra, Curtis escreveu: "Vá, veja *Leah* e grave bem essa lição, o que pode ajudar a salvar a saúde e a mente da nação".[3] É improvável que esta analogia entre antissemitismo e escravidão tenha ocorrido à Tussy quando assistiu cativada à estreia de *Leah* em Londres, mas ela absorveu muito do *zeitgeist* das viagens em família ao teatro.

Esse passeio feliz terminou com o raro prazer de um táxi para casa. Foi o ponto alto de um inverno rigoroso e gelado para as mulheres. Tussy comemorou o Natal e seu nono aniversário sem o pai, que esteve fora por quase dois meses, acertando a herança de sua mãe com o Tio Lion e dando condolências a suas tias. Tussy sentia falta do pai e esperava ansiosamente por sua volta ao lar, como Möhme descreveu a Mouro:

> A pequenina mal pode esperar que você volte e diz, diariamente, 'meu papai vem hoje'. Ela gosta muito das festas, e como não teve árvore de Natal, as irmãs fizeram mais de 20 bonecas com todos os tipos de fantasias para ela. Entre as figuras grotescas, há Ruy Blas e um incrível chinês com uma longa trança que as crianças fizeram do cabelo de Tussy e colaram no calvo Kui Kui.[4]

No trágico drama de Victor Hugo, ambientado no reinado de Carlos II, Ruy Blas é um poeta humilde que ousa amar a Rainha da Espanha. Como ele é um plebeu contratado, seu amor é totalmente inapropriado. Até as bonecas de Tussy eram radicais.

A primavera fez seu trabalho e deu à luz novos começos. Em março de 1864, a herança de Henriette levou a família para uma nova casa, Modena Villas n. 1,[5] na rua Maitland Park, em Hampstead. Era uma casa grande e independente com os luxos até então inimagináveis de um grande quintal, um jardim de inverno e um escritório para Mouro com vista para o parque. Möhme se animou com a melhora das finanças e se empolgou para construir o que chamava de palácio. Ela gastou bastante em móveis novos e decorações e tornou-se frequentadora assídua dos leilões locais. Jennychen enfeitou o jardim de inverno com flores e trepadeiras que cresciam sob seus dedos verdes. Melhor de tudo, "a Medina dos imigrantes", ou "Maidena Villas",* como Engels graciosamente a apelidou, era suficientemente espaçosa para que cada uma das três irmãs tivesse um quarto separado. Tussy agora tinha seu primeiro quarto próprio.

Uma coleção de cachorrinhos, gatinhos e pássaros também passou a residir no novo palácio. Sendo a mais nova, Tussy era o árbitro final de seus nomes. Como se crescesse para ocupar o novo espaço, ela "disparou" de altura e, como sua mãe complacente relatou à Ernestine Liebknecht, "se envolve em uma série de atividades improdutivas".[6] Nessa área, como em muitas outras, ela estava claramente imitando seu pai.

A principal de suas atividades improdutivas aos 9 anos de idade era seu amor pelo xadrez e pela ginástica. Fundada pelos suecos, a popularidade da ginástica se espalhou pela Europa principalmente como método de treinamento físico para militares. A partir da década de 1820, os pioneiros da ginástica fizeram campanha pelos benefícios do treinamento físico tanto para meninas quanto para meninos. Imigrantes alemães abriram o primeiro clube de ginástica na Grã-Bretanha em 1860. O interesse britânico pela ginástica cresceu durante a década, depois que a Guerra da Crimeia revelou como os soldados britânicos estavam grosseiramente fora de forma. A calistenia, uma versão feminizada da ginástica, foi inventada para driblar o argumento de que o exercício físico era impróprio para meninas. Eleanor estava claramente fazendo mais do que paradas de mão, cambalhotas e estrelas no jardim; em 1868, seu pai pediu a Engels que pagasse a taxa de £1,5 pelo curso de ginástica de Tussy no Ginásio Alemão, que foi inaugurado nas proximidades, em St. Pancras, em 1865.

Ela se destacava no xadrez. No escritório de Mouro, sempre havia um jogo em andamento entre eles. "Ela é", gabou-se Möhme, "uma enxadrista de primeira linha, e o Sr. Wilhelm Pieper se saiu tão mal contra sua oponente que perdeu a paciência".[7] A impaciência de Möhme com a incompetência de Pieper deve ter tornado a vitória de Tussy ainda mais doce. Para sua alegria, seu pai também se queixou dessas proezas no xadrez. "Estou me dando muito bem com meu xadrez", ela relatou ao Tio

* Trocadilho com os termos *maiden* (damas) e *medina* (meca, no sentido de um território que atrai os de fora).

Lion, "quase sempre ganho e, quando isso acontece, papai fica *tão* zangado...".[8] Tussy claramente tinha aprendido com Lenchen alguns golpes para vencer Mouro.

O amor de Tussy por contos de fadas, histórias e romances de aventura repletos de campanhas militares, combate de guerrilha e pirataria, combinado com seu amor pelas histórias de Shakespeare, preparou-a habilmente para entender as estratégias do tabuleiro de xadrez.[9] Com Engels, ela conheceu a história das origens desse jogo. Ele emprestou a ela o *Sháh-Námah: vida dos reis*, de Firdousi, provocando-a ao dizer que ela teria um bom trabalho atravessando essa obra tão longa e com tantos cantos. Tussy aprendeu, com o preâmbulo de Firdousi à obra, que o xadrez foi introduzido na Pérsia a partir da Índia.

Assim como a China, o Oriente Médio e o subcontinente indiano logo foram ganhando lugar na geografia da imaginação de Tussy. Todas essas partes do mundo desempenhariam papéis importantes na política e nas paixões de sua idade adulta, mas o Oriente Médio e a Palestina seriam os mais marcantes.

Mas, em 1864, Tussy estava olhando para o Ocidente. Seu pai e Engels escreveram muito sobre a Guerra Civil Americana desde sua eclosão em 1861. Tussy então aderiu, sentindo fortemente que precisava compartilhar suas opiniões diretamente com o presidente. "Eu me lembro de estar absolutamente convencida de que Abraham Lincoln precisava desesperadamente de meus conselhos sobre a guerra, e das longas cartas que eu escrevi para ele, todas as quais Mouro, é claro, teve de ler e postar".[10] Na verdade, Mouro nunca postou as cartas, mas as guardou para mostrar a Engels, para grande diversão de ambos.

A autonomeada conselheira especial de Abraham Lincoln em Londres também compartilhava suas opiniões sobre a condução da guerra com Lion Philips: "Meu caro tio... O que você acha da situação na América? Acho que os federados estão seguros e, embora os confederados os expulsem de vez em quando, tenho certeza de que vencerão no final".[11] Seis dias depois que o USS Kearsage afundou o invasor comercial confederado britânico CSS Alabama[12] ao largo de Cherbourg, uma Tussy jubilosa comentou ainda com seu tio: "Você não ficou encantado com o Alabama? Claro que você sabia tudo sobre isso; em todo caso, é o que um político como você deve fazer".[13]

As cartas de Tussy a Lion Philips ilustram a clareza com a qual sua jovem mente compreendeu a cumplicidade da Grã-Bretanha no comércio de escravos e sua lealdade natural à causa sindical. A aventura marítima do incidente do Alabama uniu dois de seus temas favoritos: o tema do irmão de sangue americano de Fenimore Cooper e as vigorosas batalhas marítimas entre navios mercantes, da marinha e de mercenários do capitão Marryat.

Junto ao seu crescente interesse pela guerra nos Estados Unidos, Tussy ficou fascinada com a visita a Londres de Giuseppe Garibaldi, líder republicano do *Risorgimento* italiano, durante a primavera. Após sua estada de um mês em Tyneside, em 1854, ao voltar de sua viagem à América do Sul e a Nova York, ele já era uma figura popular entre homens e mulheres trabalhadores nas cidades do norte da Grã-Bretanha; agora as classes trabalhadoras de Londres recebiam o grande italiano com um entusiasmo extático. Vastas multidões de londrinos republicanos invadiram as ruas da capital, comandadas – como zombou o *New York Times* – pela "escória das sociedades comerciais" e por "bandos barulhentos e estridentes".[14]

Marx e Engels acompanharam o progresso de Garibaldi sistematicamente desde sua conquista da Sicília com seu exército voluntário de camisas-vermelhas, em maio de 1860, e escreveram artigos políticos sobre isso e a campanha para tomar Roma em 1862: "Roma ou morte" [*Roma o Morte*]. Herói romântico por excelência, Garibaldi foi o primeiro ídolo revolucionário de Tussy. Dado seu apoio a Abraham Lincoln e à causa da União, ela sem dúvida aprovou a oferta pública de Garibaldi para lutar no Exército dos Estados Unidos.

Enquanto Tussy melhorava seu jogo de xadrez, dava conselhos políticos a Abe Lincoln e praticava sua ginástica, Möhme continuou a decorar Modena Villas. Ela estava se aninhando, "e em vez de ser obrigada a mobiliar como antes, da maneira mais econômica", como disse a Ernestine, "desta vez reservamos algo mais para a mobília e a decoração, para que possamos receber qualquer pessoa sem constrangimento. Achei melhor usar o dinheiro para esse fim",[15] acrescenta ela carinhosamente, "do que desperdiçá-lo aos poucos em besteiras". O casal parecia estar tentando compensar Laura e Jennychen pelas privações da infância.

Jenny e Karl estavam determinados a expandir os horizontes sociais de suas filhas mais velhas, agora com 19 e 20 anos. Eles se propuseram a realizar um "baile" de verdade em Modena Villas. Convites foram enviados a cerca de 50 amigos e, no dia 12 de outubro, inauguraram a nova casa com uma grande festa para os jovens, que dançaram até a hora do café da manhã. Tussy pôde fazer sua própria reunião infantil improvisada para todos os seus amigos no dia seguinte, banqueteando-se com as sobras – embora, sem dúvida, ela também tivesse ficado acordada a noite toda com os adultos. A intenção de Jenny ao organizar a festa era clara, como explicou a Ernestine: "Tornou-se possível proporcionar às meninas um ambiente agradável e respeitável, de forma que de vez em quando elas possam receber seus amigos ingleses sem medo ou vergonha; tivemos que colocá-las em uma posição embaraçosa, e as jovens ainda são melindrosas e sensíveis".[16]

Essa diversão reviveu o ânimo e a saúde de toda a família. Em termos práticos, Modena Villas estava em uma posição mais elevada, saudável e independente, tinha um jardim bem planejado e uma vista clara diretamente para Hampstead Heath. O ar era mais fresco do que em Kentish Town e no Soho. No entanto, todos os seus gastos, para não mencionar o aluguel de três anos da nova casa, excediam a soma real da herança materna de Karl. Se não fosse pela morte inesperada de seu querido amigo Lupus – Wilhelm Wolff –, eles estariam quebrados mais uma vez antes do fim do ano.

Filho de um fazendeiro e estudante revolucionário da Silésia, Lupus passou quatro anos em uma prisão prussiana por defender a liberdade de expressão e de imprensa. Conheceu os Marx por meio da Liga Comunista em Bruxelas em 1845 e permaneceu "nos termos mais próximos" com eles e Engels até morrer de hemorragia cerebral, em 9 de maio de 1864. "Com ele", escreveu Engels em sua biografia sobre Lupus, "Marx e eu perdemos nosso amigo mais fiel, e a revolução alemã, um homem de valor insubstituível".[17]

Um comprometido adepto da libertação por meio da educação, Lupus dedicou sua vida pós-militante a aulas particulares em Blackburn, para onde se mudou na década de 1850, depois de não conseguir reunir os meios para emigrar para a América. Apaixonado por crianças e sem filhos, Lupus se importava especialmente com as irmãs Marx e ficava muito animado com as cartas que Tussy escrevia para ele durante o que acabou sendo sua doença terminal.

Lupus continuou ensinando até os últimos dias e legou aos Marx as economias parcimoniosas de seu salário anual de 60 libras. Ele deixou uma bela herança de £825 para a família – quase um terço maior do que os £580 que Marx herdara de sua mãe. O volume I d'*O capital* é dedicado a Wolff, "meu amigo inesquecível; intrépido, fiel e nobre protagonista do proletariado". Foi um reconhecimento apropriado de que a generosidade de Lupus garantiu a conclusão do livro, apoiando a família Marx em um momento crítico.

Eleanor expressou uma empatia instintiva por Lupus quando ele estava morrendo, assim como ela havia se preocupado com Engels quando Mary morreu no ano anterior. Aos 9 anos, a prontidão de seus sentimentos por outras pessoas começou a se tornar uma característica marcante de sua personalidade. Aqui estava a contradição dinâmica de uma das maiores forças combinada com uma fraqueza potencialmente perigosa – uma habilidade superdesenvolvida de empatia, sentimento demais. A fraqueza de seu instinto primário de autopreservação e do bom e velho interesse próprio darwiniano estava mal alinhada às condições históricas contemporâneas de uma cultura que impunha o autossacrifício e a autoabnegação às mulheres. Seu pai e sua mãe provavelmente perceberam isso muito antes dela.

Embora fosse naturalmente boa demais, Tussy não era uma criança de simpatia forçada, nem melosa. Era fisicamente robusta, corajosa, destemida e disposta a se arriscar; sua empatia era direta, generosa e totalmente sincera. Ela odiava ver sofrimento e protegia cuidadosamente seu conjunto de bonecas e os sete animais de estimação da família.

O que impediu Tussy da imensa monotonia de ser boa demais e moderou sua natureza emocional desenfreada foram seu bom humor e o senso cômico. Nenhuma piada possível poderia ser deixada inexplorada. Toda oportunidade para um trocadilho deveria ser aproveitada, e sua grafia pobre deu origem a um fluxo constante de malapropismos e frases poéticas involuntárias. Ela brincava com as palavras com a mesma facilidade com que brincava com seus gatinhos, cachorrinhos, bonecas e a coleção de selos.

Tussy era rápida em farejar impostores e não suportava os tolos. Sua resposta divertida à morte do antigo amigo de Mouro, Ferdinand Lassalle, é um bom exemplo. Ele era um camarada de longa data, amigo da família, e tinha sido muito generoso com a assistência financeira. Mas ele e Marx se desentenderam irrevogavelmente em 1862 por causa das crescentes diferenças políticas, somado ao que Marx considerava o absurdo interesse próprio e a ambição de Lassalle. Mesmo assim, ele lamentou a notícia de que Lassalle fora ferido mortalmente em mais um de seus muitos duelos por mulheres. Os romances em série de Lassalle eram bem conhecidos na família; como Laura observou, ele declararia a *todas* as damas que só poderia amá-las por seis semanas. Ao que a otimista Tussy respondeu: "Então, ele está *garantido* por seis semanas".[18]

A egomania nacionalista de Lassalle era totalmente oposta à crença de Marx e Engels na necessidade urgente de estabelecer uma organização internacional de trabalhadores, a fim de se opor às forças do nacionalismo e do capitalismo. Em 28 de setembro de 1864, Marx foi ao Salão St. Martin, na rua Long Acre, para participar da reunião de fundação da Associação Internacional dos Trabalhadores (AIT). O encontro elegeu um comitê que foi direcionado a preparar o regulamento provisório e uma constituição. Era composto por 21 ingleses, dez alemães, nove franceses, seis italianos, dois poloneses e dois suíços.

Marx escreveu o Estatuto Provisório da Primeira Internacional, aprovado pelo Comitê Provisório em 1 de novembro de 1864 e publicado como panfleto e nos jornais no mesmo mês. Ele o escreveu em inglês; trata-se de uma declaração concisa do propósito e dos objetivos da organização:

> Considerando que a emancipação das classes trabalhadoras deve ser conquistada pela própria classe trabalhadora; que a luta pela emancipação das classes trabalhadoras significa não uma luta pelos privilégios e monopólios de classe, mas por direitos e deveres iguais e a abolição de todo domínio de classe; que a sujeição econômica do homem de trabalho ao monopolizador dos meios de trabalho, isto é, as fontes da vida, está na base da servidão em todas as suas formas de miséria social, degradação mental e dependência política; que a emancipação econômica das classes trabalhadoras é, portanto, o grande fim ao qual todo movimento político deve estar subordinado como meio; que todos os esforços visando ao grande fim fracassaram, até agora, pela falta de solidariedade entre as múltiplas divisões do trabalho em cada país e pela ausência de um vínculo fraterno de união entre as classes trabalhadoras de diferentes países; que a emancipação do trabalho não é local nem nacional, mas sim um problema social,

> abrangendo todos os países onde há uma sociedade moderna e dependendo da cooperação, prática e teórica, dos países mais avançados para sua solução; que o atual renascimento das classes trabalhadoras em todos os países mais industriosos da Europa, ao mesmo tempo que suscita uma nova esperança, dá uma advertência solene contra uma recaída aos velhos erros e apela à combinação imediata de todos os movimentos desconexos; por essas razões, os membros subscritos desse comitê, mantendo seus poderes por resolução da reunião pública realizada em 28 de setembro de 1864, no Salão St. Martin, Londres, tomaram as medidas necessárias para fundar a Associação Internacional dos Trabalhadores; eles declaram que esta Associação Internacional e todas as sociedades e indivíduos a ela aderentes reconhecerão a verdade, a justiça e a moralidade como a base de sua conduta para com os outros e para com todos os homens, independentemente de cor, credo ou nacionalidade; eles consideram dever do homem reivindicar os direitos do homem e do cidadão não apenas para si mesmo, mas para todo homem que cumpre seu dever. Sem direitos, sem deveres; sem deveres, sem direitos.[19]

Belas palavras pelas quais viver. Ou contra as quais se rebelar, se escritas por seu próprio pai.

O programa da Internacional "não é uma simples melhoria a ser contemplada", disse um líder ao *The Times* [*Os Tempos*] de Londres quatro anos depois, "é nada menos do que uma regeneração, e não de apenas uma nação, mas da humanidade. Este é certamente o objetivo mais amplo já contemplado por qualquer instituição, com exceção, talvez, da Igreja Cristã".[20] Tussy, como já vimos, dispensou o cristianismo aos 6 anos de idade. Essas regras provisórias da Internacional eram os artigos de fé pelos quais ela deveria tentar levar sua vida.

O princípio do internacionalismo em uma forma socialista estava no centro da existência de Eleanor. Na década de 1860, o proletariado se reagrupou em todo o mundo industrializado. Proletariado, naquela época, significava o povo – todo aquele que não fosse nobre, aristocrata ou, em poucas palavras, estivesse entre as classes dominantes. Conforme os princípios da AIT escritos por Marx estabelecem, os problemas sociais e econômicos sofridos pelas classes trabalhadoras não eram nem apenas locais nem nacionais, mas incluíam todas as sociedades nas quais existia a industrialização moderna. Entre as décadas de 1840 e 1860, o capitalismo moderno tornou-se uma força internacional, portanto, a organização socialista para administrar e resistir às suas consequências também precisava ser internacional. Não poderia haver capitalismo em apenas um país; nem poderia haver socialismo em apenas um país, ou cidades-estado de socialismo. A economia capitalista mudou de várias maneiras substanciais neste período.[21] A Primeira Revolução Industrial foi impulsionada por novas formas de energia: eletricidade, óleo, turbinas e o motor de combustão interna. A partir da década de 1860, elas foram substituídas por uma nova era tecnológica, com máquinas baseadas em novos materiais, como aço e ligas, e novas indústrias baseadas na ciência, como a indústria química orgânica. Os mercados de consumo doméstico emergiram, impulsionados pelo crescimento demográfico absoluto e pelo aumento da renda em massa nos Estados Unidos. Este foi o início da era da produção em massa: o capitalismo de consumo e a globalização do mercado haviam chegado.

Os proletários e seus apoiadores em todos os países industrializados precisavam coordenar seus esforços e se organizar coletivamente. Como 1848 mostrou a todos, movimentos nacionais desconectados não podiam ter sucesso. Na Grã-Bretanha, muitas pessoas de campanhas de inspiração socialista anteriores juntaram-se a esta nova tentativa de criar um movimento socialista internacional. Cartistas britânicos e os exilados de 1848 das revoluções europeias eram fundamentais entre eles, e o pai de Eleanor era seu líder – como organização, a AIT ficou conhecida como a Primeira Internacional de Karl Marx. Os líderes do movimento da classe trabalhadora inglesa eram visitantes frequentes da casa de Marx, incluindo o jornalista Ernest Jones; o cartista, socialista e velho amigo da família na década de 1840, Julian Harney; e "o idoso patriarca do socialismo", o grande Robert Owen.[22]

Não há uma história clara das origens e ascensão do socialismo britânico como socialismo na Grã-Bretanha, porque o socialismo era uma combustão de uma ampla militância social, política e industrial e de engajamento cultural, composto de amplas alianças, de radicalismo de sindicalistas industriais e pró-estatistas democratas a anarquistas antiestatistas. Em termos gerais, o cartismo britânico cresceu e se tornou socialismo. Os primórdios do sindicalismo residiram, em parte, nos primeiros movimentos cooperativos do idealismo socialista, mas não se limitaram a ele. A urbanização em massa do antigo campesinato e as condições terríveis nas fábricas modernas não regulamentadas trouxeram muitos grupos de interesse diferentes para o que, na década de 1860, ainda eram campanhas sindicais nacionalmente descoordenadas. O sindicalismo britânico tornou-se um movimento unificado de 1860 a 1880 por causa da "internacional socialista" europeia transnacional e suas relações filiais com as organizações estadunidense e colonial, tal como na Índia e na Austrália.

"O proletariado, como a burguesia, existia apenas conceitualmente como um fato internacional".[23] Marx e Engels escreveram no *Manifesto Comunista* que "os trabalhadores não têm pátria",[24] mas, para muitas pessoas, a consciência política sempre foi de uma forma ou de outra definida nacionalmente. No entanto, havia muitos aspectos práticos da organização do trabalho e do mercado que podiam ser abordados e resolvidos. Muitas das questões que levaram aos sindicatos foram celebremente retratadas em *Tempos difíceis* [*Hard Times*], de Dickens, publicado um ano antes do nascimento de Eleanor. Apesar do colapso do cartismo britânico na década de 1840 e do fracasso da Liga Comunista na década de 1850, a Grã-Bretanha tinha uma das tradições mais fortes de organização da classe trabalhadora do mundo. Fora da Grã-Bretanha, dos Estados Unidos e da Austrália, sindicatos e greves eram legalmente proibidos – banidos pelo Estado – na maior parte da Europa e em suas colônias. Como resultado, se os trabalhadores na Grã-Bretanha e na América entrassem em greve para melhorar os salários e as condições, os empregadores e os acionistas enviariam mão de obra pressionada da Europa continental e das colônias, onde as greves eram proibidas. Isso minou com sucesso a ação industrial nos países onde ela era mais organizada – Grã-Bretanha e América. Um dos objetivos muito viáveis e práticos da AIT – ou Primeira Internacional – era pôr fim a esta atitude de dividir para governar a força de trabalho global.

A fundação da AIT – a Primeira Internacional – e a ascensão dos novos movimentos sindicais ao redor do mundo foram uma progressão política das experiências das revoluções nacionalistas de 1848, impulsionadas em grande parte pelos exilados de 1848 que, como os Marx, eram refugiados e exilados desse fracassado levante social anterior. Contando com 9 anos de idade quando seu pai foi para a reunião de fundação da AIT, Tussy absorveu a atmosfera, as conversas e os eventos ao seu redor durante esses anos de formação. Ela era uma criança da idade do coletivismo e do internacionalismo. Esses preceitos não apenas moldaram os eventos externos de sua vida, eles moldaram diretamente sua mente e personalidade. O internacionalismo de Eleanor começou em sua família.

Há uma fotografia intrigante que data dessa época da fundação da Primeira Internacional. A imagem captura Tussy, Jennychen, Laura, Marx e Engels em frente a um jardim, tendo árvores e uma cerca branca como fundo. Enquanto Mouro e o "segundo pai" de Tussy estão presentes, nenhuma de suas mães aparece na foto. O retrato de família parece incompleto sem elas. O quão incompleto só seria visível a Tussy 30 anos mais tarde, quando essa rara imagem revelaria segredos obscurecidos pelo enquadramento da fotografia.

Tussy está sentada no centro da cena com um elegante chapéu de palha, entre suas irmãs, que estão vestidas com crinolinas combinando e chapéus floridos horríveis. Marx e Engels estão atrás delas. Marx, Jennychen e Laura olham diretamente para o obturador da câmera; Tussy e Engels desviam o olhar. Ela parece apenas ligeiramente equilibrada; Laura aperta a mão dela, como se a contivesse. O vestido de verão de Tussy revela pernas nuas e botinas. Ela usa uma jaqueta muito grande de segunda mão por cima do vestido de verão. A costura descomunal do braço desliza por cima do ombro de forma desajeitada, e o punho largo envolve seu pulso fino. Claro, pode ser uma jaqueta adaptada para o guarda-roupa cerimonial da Imperatriz da China. O rosto de Tussy tem uma expressão animada e uma travessura inconfundível.

Ela era a cara da confusão.

Esta imagem, única fotografia remanescente conhecida das três irmãs juntas, ilustra de maneira impressionante a diferença de idade de uma década entre Tussy e suas irmãs agora crescidas. Encontrar um emprego lucrativo estava entre as principais questões na cabeça de Jennychen nesse momento. Em segredo, ela buscou oportunidades de trabalho como governanta e secretária pessoal. Como era a mais velha das três irmãs, ela estava ansiosa para ajudar seus pais; ela era a que tinha plena consciência do abismo financeiro sobre o qual a família oscilava constantemente. A essa altura, Jennychen estava acompanhando seu pai e Laura à Sala de Leitura do Museu Britânico para ajudá-los com pesquisa e transcrição. Foi um trabalho para o qual ela se ofereceu e gostou.

Apesar de suas próprias obsessões, Marx nunca obrigou nenhuma de suas filhas a seguir os negócios da família, embora todas o fizessem. Ele também poderia esperar que o fato de Jennychen ficar remexendo nos livros com ele na biblioteca ampliasse o escopo de sua vida social, cuja limitação ficou muito evidente em sua festa de aniversário de 20 anos, em 1º de maio, na qual a maioria dos convidados era composta de amigos dos seus pais e contemporâneos políticos, principalmente da AIT. Irritantemente, sua irmã mais nova, Laura, recebeu o primeiro pedido de casamento – rejeitado de imediato – na festa.

As filhas de Marx eram bons partidos. Você se perguntaria por que, dadas a educação não convencional e a ausência de qualquer perspectiva de dote. Ninguém fora de seu círculo mais próximo sabia até muito tempo depois a extensão do compromisso financeiro de Engels e de seus outros amigos para apoiar a família. Jenny e Laura não tinham a beleza da mãe, mas eram marcantes e calmas e herdaram o charme, a sagacidade e a vivacidade de seus pais. Ambas liam bem e eram muito inteligentes, e foram as descendentes do mais inspirador e caluniado pensador revolucionário europeu. Dependendo da situação, esses atributos eram intrigantes ou as tornavam totalmente incasáveis.

Mouro e Möhme não tinham muita experiência para ajudar Laura e Jenny a lidar com essas circunstâncias, pois se conheceram quando crianças. Eles estavam ansiosos para que suas filhas não repetissem os erros de suas próprias juventudes rebeldes. Se eles esperavam que as tentativas bem-intencionadas de engenharia social, como a festa de outubro em Modena Villas, colocariam suas filhas no caminho de um futuro mais seguro do que o deles, estavam redondamente enganados. Mouro e Möhme calcularam mal em um ponto decisivamente crucial: eles eram almas gêmeas que deram um exemplo excelente daquele elusivo estado humano – um casamento verdadeiramente bem-sucedido.

Em fevereiro de 1865, Tussy escreveu em segredo a Engels pedindo-lhe, por favor, que enviasse algumas garrafas de vinho branco e clarete para uma festa surpresa de última hora que ela e suas irmãs estavam planejando para o aniversário de Möhme: "Como nós mesmas vamos dar a festa, sem qualquer ajuda da mamãe, nós queremos que seja grandiosa".[25] De forma muito fofa, Eleanor pediu a Engels que esta entrega secreta de provisões para sua mãe viesse no lugar de seu próprio presente de dia dos namorados. Engels despachou o vinho imediatamente e Tussy escreveu-lhe uma carta de agradecimento no dia seguinte: "agora temos vinho e tudo pronto para esta noite, teremos momentos alegres".[26]

Ao longo de 1865, Marx estava gravemente doente, sua saúde e seus nervos esforçando-se sob a pressão de completar o primeiro volume d'*O capital*. Ele estava nisso há mais de uma década. O que começou como um ensaio entre 30 e 50 páginas há muito se tornara o trabalho de sua vida. Ele estava determinado a terminar a primeira parte até o final do ano e, apesar de sua enfermidade física, seu "crânio" estava fazendo hora-extra, abastecido por paixão, adrenalina, tabaco, insônia e o incentivo estimulante de sua família.

Em dezembro, ele anunciou que o primeiro volume estava concluído. Não havia dinheiro, portanto, não houve Natal, mas a conclusão "daquele maldito livro" era o que de melhor eles poderiam desejar em suas vidas. Simultaneamente a seu rascunho completo da primeira parte d'*O capital*, Marx também começou a elaborar sua fala para o Conselho Geral da AIT para junho daquele ano, um discurso que mais tarde se tornou *Salário, preço e lucro*. Esses dois marcos no andamento do trabalho de seu pai acompanharam o décimo aniversário de Tussy. Ela e o livro I d'*O capital* passaram uma década crescendo juntos.

Aquele ano também trouxe outro desenvolvimento significativo sob a forma de um noivo para Laura. Em meados de fevereiro de 1865, Paul Lafargue, um afável jovem francês, estudante de medicina, de cabelos rebeldes, partiu da França para a Inglaterra. Ele chegou em Londres a tempo de se juntar, no dia 24 de fevereiro, ao aniversário da revolução de 1848 com companheiros emigrados e exilados, e apresentou um relatório sobre o desenvolvimento do movimento da classe operária na França para o comitê da AIT. Seis meses mais tarde, ele era o futuro possível cunhado de Tussy.

Nascido em 16 de junho de 1842 em Santiago de Cuba, Paul Lafargue era o filho único de um rico plantador de café. Na linguagem da época, os Lafargues eram *mestiços* – de ascendência mista, excluídos do acesso ao ensino superior e socialmente marginalizados. Sua família emigrou para a França em 1851, onde seu pai se tornou rentista e vinicultor comerciante de vinhos em Bordeaux. François Lafargue mudou-se para França em grande parte para proporcionar uma melhor oportunidade para seu filho. Paul foi para a escola em Toulouse e matriculou-se em medicina na Universidade de Paris. A Faculdade de Medicina estava convenientemente localizada no Quartier Latin, onde Paul logo se envolveu com a política estudantil radical e com a oposição ao Segundo Império.

Ele estava em meio a um grupo influenciado pela crítica social de Pierre-Joseph Proudhon e do revolucionário Auguste Blanqui. Os estudantes, principalmente os de Medicina e Direito, fizeram de Blanqui seu mentor, rejeitando, a seu exemplo, uma carreira acadêmica confortável, identificando-se com os "condenados da história" e se tornando revolucionários ativos. Paul escrevia para um prestigioso jornal estudantil, *La Rive Gauche* [*A margem esquerda*], editado por um aluno sênior, Charles Longuet.

Lafargue chegou a Londres no início de março de 1865. Por sugestão do relojoeiro e membro do conselho Eugene Dupont, foi eleito para o Conselho Geral da Internacional. Seu colega de militância estudantil, Charles Longuet, também estava no conselho. Lafargue focou no movimento operário espanhol e queria estabelecer uma seção da Internacional lá. Fluente em espanhol, ele escreveu para *El Obrero* [*O operário*] – órgão da recentemente fundada federação dos operários espanhóis – e, ao final do mês, se tornou Secretário da Internacional para a Espanha, cargo que ocupou até 1870.[27]

Logo após sua chegada em Londres,[28] Lafargue visitou Marx na rua Maitland Park. "Eu tinha então 24 anos. Enquanto eu viver", ele escreveu mais tarde, "vou me lembrar da impressão que a primeira visita causou em mim".[29] As impressões inesquecíveis daquela primeira visita incluíram seu primeiro encontro com Laura. A atração aconteceu duas vezes no mesmo dia. Lafargue deixou a casa de Marx "seduzido e conquistado".[30] Seis meses mais tarde, Laura e Paul anunciaram que estavam meio noivos, o que levou Engels – que lhes enviou £50 comemorativos – a perguntar se ele deveria enviar a metade ou a totalidade de seus parabéns. Talvez se eles estivessem totalmente comprometidos, ele teria enviado £ 100.

No outono de 1865, Lafargue foi expulso da Universidade de Paris por seu papel no Primeiro Congresso Internacional de Estudantes em Liège. Ele se mudou para Londres, onde se matriculou na Barts – de St. Bartholomew, um dos hospitais mais antigos do mundo –, na esperança de tirar um diploma de medicina inglesa. Seu tutor, Dr. Carrière, era um refugiado revolucionário.

Tussy fez sucesso imediato com o extrovertido Lafargue, que a considerava "uma criança encantadora, com um temperamento alegre".[31] Ela igualmente se encantou e permitiu que Paul se juntasse aos eleitos que contribuíam para sua coleção de selos. Os dois se tornaram grandes amigos e Tussy foi uma importante intermediária, mediando o percurso por vezes conflituoso da relação entre Paul e Laura.

Além de dar à Tussy a atenção de um charmoso irmão mais velho e compartilhar seu amor por animais de estimação, o compromisso político de Paul com todos os assuntos espanhóis e latino-americanos seria decisivo no futuro não muito distante da iniciação de Tussy na militância política e, entusiasmadamente, na espionagem.

Nesse ínterim, Paul dedicou tanta energia para seduzir Laura como o fez com a militância política. O tempo que ele dedicou a estudar física e química em Barts é um ponto discutível. Tussy logo identificou um amor compartilhado pela ficção popular com Paul, questionando-o sobre suas opiniões sobre Walter Scott, Paul de Kock e o velho Alexandre Dumas e lendo com ele no sofá do escritório do pai quando Mouro estava ausente. Paul era generoso graças à mesada de seu pai e adorava presentear a grata Tussy com novos livros. Escrevendo a seu pai na Alemanha, ela disse:

> Paul tem me mantido nos livros; ele me deu *Deerslayer*, *Homeward Bound* e *The Eppingham*, de Cooper...[32] Sexta-feira santa eu comeu [*sic*] 16 pães doces de páscoa, Laura e Jenny comeram 8. Tommy, Blacky e Whisky mandam seus cumprimentos. Paul e Laura tiveram três aulas de equitação. Laura fica muito bonita em seu traje de montaria, e Paul parece um pouco trêmulo.[33]

Ao receber esta carta, Marx provavelmente ficou menos preocupado com o recorde de consumo dos pãezinhos de páscoa do que com o fato de Lafargue ter fixado residência em sua casa durante sua ausência. Ciente de o quanto Paul era adorado pelas mulheres de sua família, ele sabia que seria mimado. Marx observou: "O jovem primeiramente se apegou a mim, mas logo transferiu sua atenção do Velho para a filha".[34]

Com a conclusão do livro I d'*O capital* e a chegada de Lafargue em suas vidas, 1865 foi um bom ano para a ainda despreocupada Tussy. Dois meses depois de seu aniversário, em março, ela se divertiu com o popular jogo de festa "Confissão" com sua família. Sua ficha do jogo fornece uma autoavaliação reveladora de si mesma aos dez anos de idade. O tempo iria mostrar quantas dessas preferências continuariam ou mudariam na idade adulta. Confiante em todas as outras categorias, é intrigante que apenas a categoria que a moleca Tussy não conseguiu completar era sua virtude favorita em uma mulher.

Sua virtude favorita: verdade

Sua virtude favorita no homem: coragem

Sua virtude favorita na mulher: [deixado em branco]

Sua principal característica: curiosidade

Seu entendimento de felicidade: champanhe

Seu entendimento de sofrimento: a dor de dente

O defeito que você mais releva: matar aula

O defeito que você mais detesta: *O examinador de Eva**

Sua aversão: falta de hospitalidade**

Sua ocupação favorita: Ginástica

Seu poeta favorito: Shakespeare

Seu escritor de prosa favorito: Capitão Marryat

Seu herói favorito: Garibaldi

Sua heroína favorita: Lady Jane Gray

Sua flor favorita: todas as flores

Sua cor favorita: Branco

Seus nomes favoritos: Percy, Henry, Charles, Edward

Sua máxima e lema favoritos: "Vá em frente!"[35]

---

* No próximo capítulo há uma explicação sobre essa referência. Trata-se de um livro didático com muitos testes.

** No original, *cold mutton*. Parece derivar de *cold shoulder of mutton*, expressão popular que traduzia o hábito de receber uma visita desejada com comida quente, mas as indesejadas com uma paleta de carneiro fria, uma refeição improvisada. No século XVIII, também era utilizado como gíria para designar uma prostituta que não atendia aos desejos do pagante, mas não sabemos se Eleanor estaria adotando tal vocabulário nesta idade.

IRMÃ FENIANA*

E ela foi em frente.

Para seu grande aborrecimento, em 1866, aos 11 anos, Tussy começou a frequentar a escola regularmente. É admirável que ela tenha confessado descaradamente que matar aula era o defeito que ela mais relevava, e os exames escolares, o que ela mais detestava fazer. O antipático "Examinador de Eva", em sua confissão, não era uma referência espirituosa da jovem ateia a Deus ou ao Diabo, mas mais prosaicamente ao livro infelizmente *best-seller* de Charles Eve, *O examinador escolar*, publicado em 1852 e que continha 4 mil exercícios das disciplinas de História Sagrada, Geografia, Aritmética e Gramática Inglesa.

---

* Feniano era o nome adotado pelos irlandeses que se revoltavam contra o domínio britânico em seu território, demandando independência. O movimento foi iniciado em 1850 com a criação da Irmandade Republicana Irlandesa. Posteriormente, nos EUA, que recebia muito dos imigrantes irlandeses, se organizaram como Movimento Feniano. Por três vezes, os fenianos estadunidenses tentaram ocupar o território britânico do Canadá, para pressionar a metrópole a conceder a independência da Irlanda, mas as três tentativas não vingaram. No entanto, pautaram a questão da independência até sua conquista, em 1922. Fonte: Harvard University Library Open Collections Program, verbete Fenian Movement. Disponível em: https://web.archive.org/web/20070111224748/http://ocp.hul.harvard.edu/immigration/organizations-fenians.html. Acesso em: 16 dez. 2020.

Em 1866, Paul animou Tussy com uma grande surpresa – construiu para ela "um balanço delicioso"[1] no jardim dos fundos de Modena Villas, com assento e alças costurados à mão em couro branco macio. Conforme ela dava impulso e balançava mais alto, podia ver a abundância selvagem de Hampstead Heath por cima da cerca, em harmonia com sua própria natureza ingovernável. Ela escreveu entusiasmada para Alice para contar sobre o balanço, "no qual eu, de bom grado, esqueceria a escola e tudo o mais".[2]

As senhoritas Boynell e Rentsch, que dirigiam a escola feminina South Hampstead, se deram conta de que teriam um trabalho duro pela frente com a mais jovem e irresponsável senhorita Marx. Tussy reclamou para Alice que tinha muito pouco tempo agora, "já que tenho tanto o que fazer na escola".[3]

A educação formal pesava desconfortavelmente para Tussy. Ela já era letrada em matemática, altamente alfabetizada – embora sua grafia às vezes fosse errática – e uma entusiasta dedicada do xadrez e da ginástica. O colégio South Hampstead dava mais ênfase à postura correta e ao decoro exigidos das jovens senhoritas – que não deviam rolar, pular, fazer paradas de mão, estrelinhas, bananeiras, cambalhotas ou ter opiniões decididas sobre questões políticas.

O conceito de senhorita era em si mesmo preocupante e questionável para o espírito cigano de Tussy, pois excluía a possibilidade de aprender as habilidades necessárias para seguir uma vida no mar, na exploração de fronteiras ou na política internacional.

Ela gostava de suas colegas, e seu senso de diversão e o desrespeito pela hierarquia a tornavam uma reconhecida líder e companheira de brincadeiras, mas, no âmbito acadêmico, ela estava entediada e seus professores eram alvos fáceis. Ela não gostava de autoridade. Em contrapartida, a escola não era confessional e ensinava religião e história comparada a suas diversas alunas. Ela evidentemente gostava dos exercícios de caligrafia e ortografia. Seus cadernos – todos de segunda mão, colados e reaproveitados do escritório de seu pai – eram cheios de rabiscos marginais ao lado de fileiras disciplinadas de exercícios ortográficos bem executados que marchavam pelas páginas.

"Benção". "Alegria". "Melhorias". "Moderação". "Elegância". Estas eram palavras inspiradoras. O comedimento, o bordado e as homilias poéticas suaves sobre as realizações gerais da feminilidade, isso ela imediatamente dispensou. Havia um contraste muito marcante com a educação dela em casa e a orientação de sua mãe, seu pai e Engels, que agora assumia um papel cada vez mais ativo em sua educação, enviando com frequência livros para discussão. Em 1866, sua turma recebeu a incumbência de praticar a escrita à mão, transcrevendo um poema meloso e tedioso de David Bates, amado por professores vitorianos encarregados de cultivar os tons doces e murmurar a conformidade da feminilidade convencional:

Fale gentilmente! É muito melhor
governar pelo amor do que pelo medo.
Fale gentilmente! Não deixe nenhuma palavra dura
prejudicar o bem que podemos fazer aqui.*

E assim por diante, continuando na mesma toada por muitas estrofes. Tussy preferia imensamente a paródia de Lewis Carroll para este poema, *Fale grosso!*, em *As aventuras de Alice no país das maravilhas*, o popular *best-seller* publicado em 1865 que esgotou instantaneamente em sua primeira aparição. A canção da Duquesa para o bebê porco oferece um modelo mais rigoroso de educação:

Fale grosso com seu bebezinho
E espanque-o quando ele espirrar
Porque ele é bem malandrinho,
Só o faz para azucrinar.[4]

Os cadernos escolares de Tussy desse período estão repletos de esboços de suas irmãs, geralmente em perfil, com véus de noiva e acessórios de moda. Essas marginálias refletem as preocupações familiares do período entre 1866 e 1870, durante o qual Jenny e Laura amadureceram e saíram de casa; uma para se tornar governanta, a outra, esposa – o mais convencional dos resultados para as filhas de uma família nada convencional. À beira da puberdade, Tussy observava o desenlace da vida de suas irmãs e se perguntava como seria a sua.

---

* Poema "Speak Gently" de David Bates (1809-1870). "Speak gently! it is better far/To rule by love than fear/Speak gently! let no harsh words mar/The good we might do here!". Disponível em: https://rpo.library.utoronto.ca/content/speak-gently. Tradução nossa.

Menos custoso do que copiar homilias sobre o comportamento adequado das crianças era escrever cartas para o pai em Margate, onde ele estava polindo o manuscrito do livro I d'*O capital* e, a conselho de seu médico, se recuperando do esforço de um mês que a finalização lhe custou. Tussy o chamou de volta de forma imperativa a Londres, lembrando-o de sua promessa de comparecer a uma festa que ela e suas irmãs haviam organizado para 22 de março. "Agora, dr. Karl Marx da má filosofia, espero que mantenha sua promessa e venha na quinta-feira".[5] Como ele poderia recusar?

Depois da festa, Tussy e sua irmã mais velha voltaram para Margate com Mouro. Ela passou dez dias maravilhosos caminhando, comendo balas e sorvetes, e brincando com o pai, brevemente liberada de seu estudo, com humor travesso.[6]

Toda a questão da educação formal piorou em agosto, quando Laura e Tussy foram mandadas para Hastings para passar um mês no internato de uma tal srta. Davies. Seus pais estavam ansiosos para tirá-las de Londres por um tempo. Havia distúrbios na cidade, resultado do motim de 23 de julho no Parque Hyde por causa do projeto de lei de reforma e da epidemia de cólera. Naturalmente, era o risco de cólera e não as manifestações populares que preocupavam Möhme e Mouro. Embora tenha sido apenas um movimento circunscrito em direção ao sufrágio universal masculino no Reino Unido, os Marx apoiaram fortemente a Lei de Reforma Gradual de 1866.

Möhme e Mouro também queriam separar Laura e Paul Lafargue – eles não gostavam da intimidade entre os dois e Paul tinha, sem ser convidado, efetivamente se mudado para a casa deles. Marx queixou-se a Engels: "Lafargue é tão bom que veio morar conosco, o que aumenta perceptivelmente as despesas".[7] O pai de Paul escrevera de Bordeaux pedindo a Marx que desse o seu consentimento para a mão de Laura em casamento com seu único filho, Paul. Apesar do tom amável da carta, Marx não respondeu diretamente ao Lafargue *père* [pai], mas ao próprio jovem, com uma firme e pomposa recusa.

Laura comparou a recorrência regular de refeições no internato para moças da srta. Davies à marcha do destino. A comida as assombrava; "como demônios, os quatro monstros – desjejum, jantar, chá e ceia... – lançam sombras diante e atrás deles".[8] Prisioneiras da chuva perpétua, elas ficavam trancadas dentro da casa atrás de janelas fechadas com venezianas e submetidas à tortura sensorial de ouvir alunos castigando um piano desafinado o dia todo.

As irmãs se rebelaram. Laura informou a srta. Davies que Tussy e ela não iriam à igreja aos domingos nem cumpririam o toque de recolher das nove da noite. Ignorando as ameaças da srta. Davies de informar seus pais, Tussy e Laura se libertaram e vagaram pela orla marítima de Hastings, gastando as £5 que tinham em viagens de táxi, parques de diversão e banhos de mar; petiscando biscoitos de especiarias recebidos de Lenchen e voltando, quando sentiam vontade, para uma exasperada srta. Davies, que não tinha escolha a não ser deixá-las entrar. Quando as £5 se esgotaram, elas pediram mais a seus pais, e outras £3 chegaram logo em seguida. Elas claramente herdaram o talento da família para gastar além de suas posses.

Após essa detenção sem julgamento, não é de surpreender que Tussy tenha adiado ainda mais a educação formal como alternativa à educação em casa, nem que Laura revisse suas opções e, ao retornar a Londres, redobrasse seus esforços para persuadir o pai a ceder e consentir sobre seu casamento com Lafargue. Ela tentaria escapar para o casamento; Tussy, para seu balanço.

Descontente com a persistência do casal, Marx atacou Paul por seu ardor, por sua natureza excessivamente zelosa e por sua mediocridade, atribuindo isso ao seu "temperamento crioulo" e – conforme se enervava – proferindo ataques racistas sobre Paul ser maculado pelos erros habituais da "tribo negra – *nenhum sentimento de vergonha*, e com isso quero dizer vergonha de fazer papel de bobo".[9] Marx de súbito pareceu ter realmente esquecido de sua própria juventude com histórias de pescador e de sua florescência desenfreada de ardor por Jenny.[10]

> Você sabe que sacrifiquei toda a minha fortuna pela causa revolucionária. Eu não me arrependo. Ao contrário. Se tivesse que recomeçar minha carreira, faria o mesmo. Mas eu não me casaria. Até onde está ao meu alcance, pretendo salvar minha filha dos recifes em que a vida de sua mãe foi destruída... Você, um homem tão prático que aboliria a poesia por completo, não pode desejar tornar-se poético à custa de minha filha.[11]

Essa explosão edipiana instigou os jovens amantes. Um mês depois, em seu aniversário de 20 anos, Laura anunciou seu noivado formal com Paul.

Tussy estava eufórica, mas preocupada ao perceber que sua irmã sairia de casa. Möhme estava bastante impressionada com a "pele morena escura e olhos extraordinários" de seu futuro genro, que a lembrava de seu pequeno javali preto de antigamente.

Père Lafargue escreveu de Bordeaux garantindo a Marx que continuaria a sustentar financeiramente seu filho e que Paul deveria passar nos exames da faculdade de medicina antes de poder se casar. Möhme se sentiu consolada e começou a construir castelos de areia para Laura; afinal, os pais de Paul eram ricos: possuíam plantações e propriedades em Santiago e Bordeaux, e Paul era filho único. Eles gostavam de Laura e a acolheram em sua família de braços abertos.[12]

Estas são efusões muito mais adequadas para uma sra. Bennet* do que para a mãe mais revolucionária da Europa. Mas como ela poderia não desejar que Laura fosse poupada de seu próprio sofrimento, resignação e desapontamentos silenciosos?[13]

Laura mostrou sinais de constrangimento com o comportamento boêmio de seus pais não convencionais. Ela disse à irmã mais velha que ficou mortificada quando a mãe entrou na sala onde ela estava tomando chá com amigos. "Mamãe entrou sem as botas e vestindo apenas o suficiente para que não estivesse como veio ao mundo, e ainda assim vestida de tal maneira que mostrava mais do que velava... Eu simplesmente fechei meus olhos e não olhei para onde não conseguiria olhar sem corar nem empalidecer."[14]

Mas Möhme viu a importância dos ideais compartilhados de Laura e Paul, "particularmente em relação à religião. Assim, Laura contornará os inevitáveis conflitos e tristezas que uma garota com suas convicções experimenta na sociedade burguesa".[15] Sendo a sra. Marx, ela deveria saber.

O envolvimento entre Laura e Paul abriu as fronteiras do mundo de Tussy. No início de 1867, os pais dele convidaram as três irmãs para passar as férias de verão com eles na estância turística da moda, em Royan. Tussy esperava ansiosamente por suas primeiras férias no exterior, pois ela atravessara um inverno rigoroso. O tio Lion Philips morrera no final de 1866 e, em seu aniversário de 12 anos, ela pegou sarampo. A vantagem de estar doente era, claro, que ela não precisava ir à escola – mas seus olhos estavam doloridos e ela os forçava para ler. Sua fadiga ocular aparece nas poucas

---

* Referência à personagem do livro *Orgulho e preconceito*, de Jane Austen.

cartas que escreveu durante sua doença; a letra é complicada e desajeitada e a tinta, manchada. Carinhosamente, ela copiou o jogo Confissão para Alice para que ela pudesse jogar, assinando sua carta com amor para a mamãe e o papai de Alice, dizendo "vou escrever uma cartinha para eles em breve".[16] Mas ela nunca teve a chance – a mãe de Alice, Ernestine, morreu em abril. A perda de uma mãe era inimaginável para Tussy.

Para seu pai, 1867 foi inteiramente voltado à publicação d'*O capital*, o que significa que ele esteve ausente durante grande parte do ano. Marx levou pessoalmente as provas finais para o editor de Hamburgo em abril, para onde Tussy escreveu-lhe uma nota torturante: "Não procurei por você na sua cama, como costumava fazer, mas sempre canto: 'Oh! Quisera eu ser um pássaro para voar até você e sussurrar uma palavra de amor a alguém tão querido'".[17] No mesmo mês, em 27 de abril, Engels anunciou que deixaria a fábrica dentro de dois anos, talvez confiando prematuramente que a publicação da primeira parte da *magnum opus* [obra-prima] de Marx agora permitiria a seu pobre camarada ganhar um sustento estável com sua pena.

Em 21 de julho, as três irmãs partiram para a costa atlântica francesa.[18] Elas ficaram fora até 10 de setembro. Foi a primeira e última vez que as irmãs solteiras passaram as férias juntas sem os pais. Elas nadaram, vasculharam a praia, desbravaram livrarias e exploraram as vilas ao redor do porto. Boa em francês, Tussy foi capaz de se atualizar com os jornais e revistas locais e nacionais, acompanhando a discussão sobre o famoso novo poeta e futuro comunardo, Paul Verlaine, cuja primeira coleção, *Poemas saturninos*, publicada no ano anterior, o levou ao controverso estrelato literário. Os Lafargue foram anfitriões generosos – as irmãs saborearam melões Charentais e o aperitivo local, *pineau*, bem como o seu irmão mais velho, mais augusto e mundialmente famoso, o conhaque. O melhor de tudo é que elas comeram muitos frutos do mar – Tussy os adorava.

Quatro dias depois do retorno das irmãs a Londres, o primeiro tomo d'*O capital* foi publicado na Alemanha. Marx elaborou o plano inicial do livro em 1857. Seu plano final foi concluído em 1866, embasado em quase uma década de pesquisa. No século XX, sua grande obra-prima se tornaria um *best-seller*, mas em 1867, a publicação do primeiro tomo do livro que se tornou tão epônimo quanto a Bíblia e Shakespeare passou totalmente despercebida, exceto pela família de Marx, amigos e seu círculo político imediato.

Embora Engels desejasse muito um plano claro para a publicação dos tomos subsequentes, o modo de produção de Marx tornou impossível seguir um cronograma definido. Ele devia a entrega dos tomos II e III a seu editor antes do final de 1867, mas esse foi um dos prazos mais notoriamente não cumpridos na história das publicações. O tomo I foi a única parte d'*O Capital* a ser publicada enquanto ele estava vivo, e nenhuma edição em inglês foi disponibilizada durante sua vida. Engels lançou o tomo II em maio de 1885, quase dois anos após a morte de Marx, e o terceiro e último tomo, o III, em 1894.[19]

Laura e Paul se casaram na primavera. Pressionado por Engels, que pagou pelo casamento, Marx cedeu. Em 2 de abril, Tussy observou ansiosamente pela janela da sala de estar de Modena Villas os novos sr. e sra. Lafargue retornarem do cartório de St. Pancras, onde Marx e Engels haviam testemunhado o casamento civil.

Möhme, Lenchen e Jenny prepararam um almoço extravagante no Modena Villas e Engels, já bêbado, provocou Laura sobre o que ele supunha ser a perda iminente de sua virgindade. Anos depois, ela se lembrou com carinho de como ele "contava muitas piadas bobas à custa de uma garota muito boba e a fazia chorar".[20] Os recém-casados partiram para uma lua de mel em Paris, seguida por uma carta de Mouro celebrando "a primavera, o sol, o ar e as alegrias de Paris" que "conjuram a seu favor"[21] e anexando uma longa lista de livros, artigos e periódicos, pedindo timidamente a Laura que encontrasse tempo para comprá-los durante a lua de mel. Ele parecia amistosamente resignado com o casamento e ficou contente quando o casal voltou a tempo de comemorar seu quinquagésimo aniversário com a família.

Os novos sr. e sra. Lafargue partiram para Paris em outubro, apenas para descobrir na chegada que o diploma de médico inglês de Paul não era reconhecido para além do Canal da Mancha, e que ele teria que fazer uma série de novos exames para se qualificar para a prática na França. Esse acontecimento manteve os recém-casados economicamente dependentes de seus respectivos pais, forçando Jennychen a se apressar em encontrar trabalho remunerado para que pudesse contribuir com a casa.

No mesmo mês, ela conseguiu, em segredo, um emprego como governanta dos filhos de uma família escocesa chamada Monroe. Quando descobriram, a mudança clandestina de Jennychen aborreceu seus pais. O dr. Monroe era politicamente conservador, então Jennychen foi reticente sobre a identidade de sua família. Embora *O capital* tivesse acabado de ser publicado na Alemanha e demorasse muito para ser conhecido de um público geral na Grã-Bretanha, Marx já era famoso em 1867 como o fundador e líder radical da Associação Internacional dos Trabalhadores e como jornalista. A governança de sua filha significava que ela não teria mais tanto tempo para ajudar seu pai devorando livros na Sala de Leitura do Museu Britânico, então Tussy tomou seu lugar, realizando pesquisas e se tornando sua secretária. Durante os primeiros seis meses, Jennychen não trouxe renda adicional para a família, pois os Monroe não pagaram seu salário, até que Marx interveio e os forçou a fazê-lo. Ainda assim, eles não descobriram quem ele era.

Consciente de que Tussy poderia estar sentindo falta de Laura e Paul, Engels enviou-lhe uma carta para animá-la, com alguns selos para sua coleção. Ele relatou que ele e Lizzy Burns continuaram a celebrar as núpcias da irmã de Tussy com tanto prazer quando voltaram para Manchester que, enquanto estava bêbado, acidentalmente se sentou em seu ouriço de estimação, o Excelentíssimo, que cochilava no sofá. Tussy provavelmente admoestou Engels por estar "na farra novamente"[22] e ficou triste porque agora apenas veria o Excelentíssimo empalhado, quando este voltasse do taxidermista.

Em junho, Tussy e seu pai, munidos de um lanche feito por Lenchen, embarcaram em um trem da ferrovia Great Northern, na estação King's Cross, com destino a Manchester. Foi uma jornada de um dia inteiro. Pelas janelas sujas de fuligem, Tussy viu os contornos borrados dos picos de Derbyshire. Eles ficaram com Engels e Lizzy Burns em Manchester por duas semanas e, naquela quinzena, Tussy se tornou uma feniana.

Engels, Mary e Lizzy Burns viveram em união amigável desde 1850, quando Engels e Mary concordaram com uma união livre e estabeleceram juntos a residência "não oficial" de Engels na rua Mornington, 86, na rua Stockport, em Ardwick, nos arredores da cidade. Após a morte de Mary em 1863, sua irmã Lizzy, batizada Lydia, assumiu seu lugar como chefe da família e na cama de Engels. Dois meses antes de Tussy visitar Manchester pela primeira vez, Engels havia deixado seu alojamento "oficial" para cavalheiros na rua Dover, mudando-se definitivamente para rua Mornington.

A família era formada por Lizzy Burns, sua sobrinha Mary Ellen, de oito anos – conhecida por todos como Espoleta –, e uma criada, Sarah Parker.

Como sua irmã, Lizzy Burns era uma participante dedicada do movimento republicano irlandês, e o número 86 da rua Mornington era um ponto de encontro e uma casa segura para ativistas fenianos. Amante da liberdade, queimadora de sutiã, furiosamente política e divertida, Lizzy Burns era tudo o que as senhoritas Boynell e Rentsch temiam que Tussy pudesse se tornar sem a devida orientação.

O pano de fundo para ela se tornar uma apoiadora da causa republicana irlandesa foi o Levante Feniano no ano anterior, 1867, no condado de Kerry, e depois em Dublin. A Irmandade Republicana Irlandesa, fundada por James Stephens em 1858, organizou veteranos da Guerra Civil Americana para apoiar o estabelecimento de uma República Irlandesa. Liderado por oficiais irlandeses-americanos do Exército dos Estados Unidos, o levante foi brutalmente reprimido. Após essa derrota, o coronel exilado Thomas Kelly, agora líder da Irmandade Republicana, reuniu o movimento e fez de Manchester sua sede. Quase que imediatamente, ele foi detido e preso pelas autoridades inglesas. Uma operação para resgatá-lo resultou na morte de um policial, gerando indignação em ambas as nações.

Perseguidos e denunciados por um espião da Coroa, os oficiais fenianos Thomas Kelly e Timothy Deasy foram detidos na prisão da cidade de Manchester em setembro de 1867. Em 18 de setembro, eles foram levados ao tribunal da rua Bridge e acusados. Em seguida, foram levados de volta para a prisão Belle Vue em uma Maria Preta* puxada por cavalos, seguidos por uma escolta de policiais armados.

Quando a van da polícia passou sob o viaduto ferroviário na estrada Hyde, um grupo de homens armados a emboscou, soltou os cavalos, quebrou o teto da carruagem, atirou nas fechaduras das portas e conseguiu libertar Kelly e Deasy, que escaparam. Tragicamente, o sargento da polícia

---

* No original, *Black Maria*. Nome dado a um tipo de veículo policial fechado, que possuía cubículos separados e trancados destinados ao transporte de prisioneiros para a cadeia. De acordo com a Sociedade Histórica de Polícia de Saint Paul, Minnessota, o nome veio em homenagem à Maria Lee, uma mulher negra, dona de pensão para marinheiros que frequentemente apartava as brigas e colaborava com o trabalho policial. Quando os veículos começaram a circular, em 1830, os policiais de Boston acharam por bem imortalizar Maria nomeando-os de *Black Maria*. Disponível em: https://www.spphs.com/history/black_maria.php.

Charles Brett levou um tiro fatal no fogo cruzado. As autoridades inglesas prenderam mais de 30 irlandeses, cinco dos quais mais tarde foram julgados.

A condenação dos cinco homens em 1º de novembro gerou manifestações nacionais em cidades inglesas, o levantamento de petições e debates parlamentares furiosos. Um homem foi absolvido condicionalmente; a sentença de outro foi convertida em servidão penal por ser cidadão americano. Os outros três foram enforcados em Manchester em 23 de novembro. Todos eles se recusaram, até o fim, a revelar o nome de seu camarada, Peter Rice, autor do disparo que matou Brett. Em Manchester, padres católicos denunciaram de seus púlpitos o assassinato dos mártires. Missas aconteceram em toda a Inglaterra, e no Parque Hyde houve uma manifestação pacífica. Engels esteve presente no enforcamento dos Mártires de Manchester, uma das últimas execuções públicas a ocorrer no país. Como ele previu, esses eventos colocaram a questão irlandesa no centro da política nacional inglesa. Os fenianos agora tinham mártires, e as irlandesas, uma história de camaradagem heroica para cantar nos berços de seus filhos.

Marx achava que a importância central da libertação irlandesa era profundamente mal compreendida, e que o radicalismo feniano, as fugas de prisão e o martírio provavelmente não ajudariam a esclarecer os equívocos populares. Mais tarde, em dezembro, terroristas bombardearam a prisão de Clerkenwell em uma tentativa fracassada de libertar dois detidos fenianos. Tudo o que conseguiram fazer foi explodir algumas casas da classe trabalhadora e seus habitantes perto da prisão, tática que Marx condenou como loucura melodramática. Engels e o pai de Tussy simpatizavam com a causa da Irmandade Republicana Irlandesa, mas desaprovavam veementemente o uso de luta armada, conspiração e violência. Tussy discordava.

Em seu retorno de Manchester a Londres, em 1868, ela declarou-se solenemente partidária do que chamou de "a nação condenada".[23] Quando Jennychen disse a Tussy que ela "havia se transformado de seu antigo caráter chinês superior em um SER LOCALIZADO (IRLANDÊS) e, portanto, não mostrava mais o devido respeito ao IMPERADOR", Tussy retrucou: "Antes eu me agarrava a um homem, agora me agarro a uma nação".[24]

Ela começou a comprar *Irishman* [*O irlandês*] "de uma pequena loja católica irlandesa. A mulher sempre me dá sua bênção, porque ela diz que eu sou 'fiel ao velho país'".[25] *Irishman* foi a principal publicação do movimento nacionalista irlandês.[26] Tussy teve muito tempo para ler os jornais. Quando voltou de Manchester, ela e Jennychen pegaram febre escarlatina e caíram de cama. Por sorte, seu médico e vizinho próximo, o dr. Korklow, especialista no tratamento da doença, era um irlandês de simpatias republicanas.[27] O dr. Korklow prescreveu uma dieta de caldo de carne de Liebig* com vinho do porto, este último generosamente provido por Engels.

Encantada por estar fora da escola e com o nariz enfiado em romances, no *Irishman* e escrevendo cartas, Tussy despachou cartas regulares para Lizzy, assinando como "Eleanor, F. S." [Irmã Feniana]. Sua família zombou dessa afetação militante e a apelidou de "Nação Pobre e Negligenciada", a frase que ela mais repetia na época. Enquanto a "Nação Pobre e Negligenciada" se recuperava, ela lia sobre a história de sua recente paixão – tudo o que poderia chegar em suas mãos, incluindo os artigos de seu pai, jornalismo e relatórios para a Internacional sobre a questão irlandesa. Na família Marx, não havia nada de extraordinário em sua filha de 13 anos sentada na cama tomando vinho do porto durante o dia, lendo publicações nacionalistas radicais e cantarolando canções fenianas de libertação enquanto escrevia cartas sobre assuntos atuais.

Tussy escreveu para Lizzy, sabendo que Engels leria para ela as cartas em sua toca – como ele descreveu sua sala de estudo – presidida pelo Excelentíssimo, empalhado em sua caixa de vidro. Tussy compartilhava com Lizzy seu entusiasmo com a determinação exigida pela prática da política democrática: "Os fenianos fizeram um congresso, no qual ficaram sentados por 19 horas sem interrupção! Acredito que devam ter ficado cansados depois disso".[28] Ela ficou encantada com as novas palavras para o hino nacional britânico na mesma carta, "Deus salve nossa verde bandeira, que ela possa brilhar prazenteira", o que você, "como uma irmã feniana, irá apreciar".[29] Sua família provavelmente foi submetida a suas interpretações em voz alta dessa versão antimonarquista do hino nacional enquanto convalescia.

---

* Fórmula bastante prescrita por seus valores nutricionais, foi elaborada pelo químico alemão Justus von Liebig no século XIX. O ano de 1816 ficou conhecido como o "ano sem verão" por conta de um fenômeno climático que destruiu diversas safras agrícolas na Europa. Liebig, então com 13 anos, começou a se interessar por agricultura e nutrição, e ao longo da vida desenvolveu muitos conhecimentos úteis para a área.

Em agosto, todos, exceto Mouro e Lenchen, escaparam para Ramsgate. Laura estava grávida de três meses e Paul havia finalmente conquistado seu diploma do MRCS* e estava, segundo ele, qualificado para exercer a profissão. Seus pais se juntaram à festa vindos da França. A notícia de que Biblioteca havia se casado novamente chegou da Alemanha aos Marx; a pequena Alice agora tinha uma madrasta, a gentil Nathalie Liebknecht. Os Marx parabenizaram Biblioteca e calorosamente se aproximaram de Nathalie, que logo engravidou do bebê destinado a se tornar Karl Liebknecht, futuro líder do movimento Spartacus com Rosa Luxemburgo.

Totalmente recuperada no Natal, Tussy estava em clima de festa e pronta para aproveitar todas as comemorações. Ela ficou desapontada quando um convite para celebrar a data com alguns amigos franceses significava "não comer ganso nem peru no jantar de Natal, mas uma lebre!".[30]

Tendo brevemente negligenciado a Nação Pobre e Negligenciada, Tussy voltou a insistir em seu assunto irlandês. Ela contou à irmã sobre os presentes de Natal que fizera para Lizzy e sua sobrinha Mary Ellen. Para Lizzy, ela fez "uma pequena gola de cetim, com uma fita verde nela e presa com uma harpa",** e para Mary Ellen ela elaborou "uma cruz de 'pata' [*sic*, querendo dizer prata] muito bonita em uma fita verde".[31] Aqui surgiu a filha de sua mãe: a debutante radical Jenny von Westphalen prendeu o enfeite tricolor em seu cabelo; para Tussy, eram as fitas verdes do republicanismo irlandês.

Tussy não sabia que a razão de o Natal não ter gansos nem perus era que seus pais estavam quebrados no final de 1868. Marx havia sido reprovado recentemente no exame médico exigido para garantir um empréstimo. Ele tinha as mesmas condições financeiras de Bob Cratchit*** para conseguir um grande ganso ou um peru. Engels estava preparando sua saída da Ermen & Engels e discutiu com Karl e Jenny se eles poderiam sobreviver com £350 por ano. Eles concordaram prontamente, ainda que o orçamento que prepararam em relação às contas existentes estivesse incompleto. Engels

---

* Diploma de pós-graduação para cirurgiões.

** Entre os séculos XVI e XVII, as moedas inglesas para uso na Irlanda possuíam uma figura de harpa no verso. A imagem passou a se tornar referência para homenagens ao país.

*** Personagem de Charles Dickens em *Um conto de Natal*; é o funcionário pobre e mal-tratado da história.

providenciou depósitos trimestrais, a partir de 1º de janeiro de 1869, no Union Bank of London, um grande banco de ações com filiais na City e na alameda Chancery.

Tussy terminou 1868 com uma peça de teatro. Ela se apresentou como a heroína e seus amigos próximos, os irmãos Lormier, como coadjuvantes: "Louis, Ludovic e eu vamos representar uma pequena peça. Acho que *A bela e a fera*. Luís é a Fera, Ludovic, a Bela, e eu o príncipe".[32] O papel masculino. Naturalmente. Tussy foi diretora, produtora, gerente de palco e protagonista. *A Bela e a Fera*, apresentada em Modena Villas em 29 de dezembro de 1868, foi sua primeira produção teatral completa para um público convidado. Foi um final notável e significativo para seu décimo terceiro ano.[33]

Em 1º de janeiro de 1869, Tussy tornou-se tia. Charles Etienne Lafargue nasceu em Paris. Jennychen pediu licença do trabalho de governanta para as férias da Páscoa e ela e Tussy deixaram Londres no final de março para visitar a irmã e o novo sobrinho. Paris ficou alvoroçada com as revelações da improbidade fiscal de Haussmann, sob investigação pela Câmara dos Deputados.

Embora a reputação financeira de Haussmann estivesse em questão, sua reconstrução e modernização do centro da cidade imprimiram ao lugar beleza e esplendor de tirar o fôlego, enquanto mais da metade da população da capital morria de fome em favelas sujas e superlotadas nos arredores da cidade. Tanto Paris quanto o sobrinho seduziram Tussy. Ela adorava Schnaps – ou Schnappy –, dizia que "nunca tinha visto uma criança tão adorável"[34] e admirava sua boa aparência, sua cara inteligente, seu temperamento amável e sua dentição precoce. Como ela era responsável por cuidar dele, era bom que estivesse tão apaixonada. Jennychen voltou a trabalhar em Londres em meados de abril, mas ninguém parecia achar que isso pressionava Tussy a voltar para a escola.

Tussy cuidou de Schnappy no pequeno apartamento dos Lafargue na rua du Cherche-Midi, mas também conseguiu se divertir durante sua estada de sete semanas em Paris. Ela se "*bockonizou*"* pelo centro da cidade. Este foi um termo inventado por Laura para descrever as caminhadas pon-

* No original, *Bockomanning*. Pelo contexto, parece ser uma palavra inventada, derivada de *Bock*, nome de uma cerveja forte bebida na primavera, e *manning*, equipagem, munição. Seria algo como "equipada-de-bock", "munida-de-bock".

tuadas por paradas regulares em bares e cafés para uma pequena *calibrada*. Tussy começou a fumar regularmente, sem dúvida atraída pela satisfação de beber uma cerveja gelada e enrolar um cigarro na calçada de um café enquanto observava a vida de Paris passar. Ela procurou *shows* de marionetes ao ar livre, deu um passeio pelo *Séraphine* de Sardou na Gymnase e foi ao parque de diversões – chamando-o de "parque do pão de espiga".[35]

Marx sentia falta da caçula. Ele escrevia regularmente, garantindo que Lenchen enviasse cópias de *O irlandês* e a atualizasse sobre os animais de estimação, que estavam sob seus cuidados na ausência de Tussy. Blacky, ele relatou, se comportava como um cavalheiro muito enfadonho; Whisky, seu cachorro, estava sofrendo como só uma alma elevada poderia em sua ausência; e Tommy acabara de produzir uma grande ninhada, provando tanto o erro de seu nome quanto, disse Mouro, "a verdade da teoria de Malthus". Ele reclamou com ela do abuso auditivo de Dicky, seu pássaro: ele "me trata como Lutero tratou o diabo".[36]

Möhme foi a Paris em maio e elas voltaram para casa juntas. Apenas uma semana depois, Tussy partiu para Manchester com o pai. Ainda não havia conversa sobre seu retorno à escola. Eles deixaram Londres em 25 de maio pela nova estação de St. Pancras. Um feito de engenharia de vidro e aço, o projeto ambicioso de Sir George Gilbert Scott abrangia um vão de 243 pés, tornando esta abóbada voadora transparente e arejada o maior espaço indivisível já fechado – uma maravilha futurística da arquitetura moderna em estilo *revival* gótico e a maior estrutura do gênero no mundo. O saguão cintilante dessa catedral das ferrovias oferecia aos passageiros que viajam para o norte na nova Midland Railway vendedores de flores, lojas de chá e um estande da W. H. Smith vendendo revistas, jornais e livros populares baratos. A última série de Victor Hugo, *O homem que ri* [*L'homme qui rit*], na *Gentleman's Magazine* [*Revista do Cavalheiro*] (maio de 1869), tinha acabado de chegar às prateleiras. Elas embarcaram em um dos trens mais rápidos do país, o expresso de alta velocidade para Manchester. Conectando passageiros à Ferrovia Metropolitan através de Kentish Town e Leicester, o percurso de quase 160 quilômetros até Manchester era a mais longa estrada de ferro sem paradas do mundo.

Lizzy cuidou da educação prática de Tussy em história e política, apresentando-a aos distritos da classe trabalhadora de Manchester. A pedido dela, Lizzy a conduziu por todos os lugares fenianos importantes, enquanto dizia à irmã mais velha: "A sra. Burns e eu fomos ver o Mercado, e ela me mostrou a barraca onde Kelly vendia panelas e a casa onde ele vivia. Foi realmente muito divertido, e a sra. B. tem me contado muitas coisas sobre 'Kelly e Daisy' [*sic*], a quem a sra. B. conhecia muito bem, por ter ido à casa deles e os visto três ou quatro vezes por semana".[37]

Engels colocou Eleanor em um curso intensivo de literatura, filosofia, teoria política e poesia. Deu a ela uma gama eclética de leitura, incluindo Goethe, o islandês *Edda*, o dinamarquês *Kjampeviser*, Firdousi e canções folclóricas sérvias em tradução alemã.[38] Ele também arrumava tempo para recreação, conversando com ela em seus passeios por Manchester e seus arredores mais verdes, assim como seu avô materno fizera com seu pai anos antes, em Trier. Tio Anjo,* como ela agora o chamava, participava da diversão sempre que conseguia se afastar de seu trabalho na Ermen & Engels, do qual estava em vias de se desligar:

> Eu ando muito com Tussy e com tantos membros da família – humanos e caninos – quanto posso induzir a ir conosco... Tussy, Lizzy, Mary Ellen [Espoleta], eu e dois cachorros, e estou especialmente instruído a informá-lo que essas amáveis senhoritas beberam dois copos de cerveja cada.[39]

Essa educação peripatética na universidade da vida foi muito boa, mas e a escola? Ela estava, como relatou seu pai com satisfação, "florescendo", e ele pensava que "uma estadia mais longa em Manchester faria bem a ela".[40] Não há registro das novas discussões que devem ter ocorrido sobre a questão de seu retorno necessário ao colégio South Hampstead. Ela simplesmente não voltou. É claro que Mouro, Möhme e Engels avaliaram que a Casa Engels tinha tanto a ensinar de maneira útil a uma menina de 15 anos rebelde como Tussy quanto o colégio South Hampstead. O investimento na escolaridade de Jennychen e Laura não alterou o resultado de suas vidas predestinadas como mulheres de meados da era vitoriana de nenhuma forma significativa: uma casada e tendo filhos, a outra nos caminhos da governança com salários miseráveis.

---

* A pronúncia de Engels é muito próxima à de *angel*, termo inglês para anjo.

No início de junho, toda a turma partiu para uma excursão de três dias à Abadia de Bolton, em Yorkshire, onde se hospedaram no famoso Devonshire Arms. Ladeada por seu pai e Engels, Lizzy, Espoleta e Sarah, Tussy viu fogos de artifício na prisão de Belle Vue e, de relance, o príncipe e a princesa de Gales no Real *Show* da Agricultura em Old Trafford. Eleanor sugeriu que os jovens de Manchester deveriam saudar o casal real cantando, "O Príncipe de Gales na prisão de Belle Vue / por roubar um copo de cerveja de um tipo bem gentil".[41] A diretora de teatro político estava em formação.

A casa do tio Anjo e Lizzy estava sempre aberta. Aqui Tussy encontrou Sam Moore e Karl Schorlemmer pela primeira vez; os Marx apelidaram este último de Jollymeier. Amigos próximos e camaradas de Karl e de Engels, os dois homens foram importantes para o patrocínio político da vida futura de Tussy. Moore, advogado, tradutor brilhante e empresário, traduziu *O Manifesto Comunista* para o inglês e, mais tarde, traduziu o livro I d'*O capital* com Edward Aveling. Schorlemmer, um dos homens mais influentes do movimento socialista europeu depois de Marx, era um químico talentoso e lecionou no Colégio Owens em Manchester, onde mais tarde uma cadeira de Química Orgânica foi criada especificamente para ele.

Sam Moore e Jollymeier foram eminentes em suas vidas públicas, mas, como com todos esses distintos agentes de mudança, Eleanor viu o lado humano deles. Rindo, ela relatou à irmã que em uma noite de folia Jollymeier "ficou tão 'travado' que tivemos que arrumar uma cama para ele, e ele dormiu lá pois não conseguia voltar para casa".[42] A embriaguez era comum. Tio Anjo cambaleou para casa a pé de uma festa particularmente boa "bêbado como um gambá",[43] e Lizzy e Tussy tiveram que tirar suas botas e colocá-lo na cama.

Engels tinha bons motivos para estar com disposição para festas. Ele acertara as negociações de rescisão com seu parceiro Gottfried. Os termos eram muito desvantajosos, mas ele realmente não se importava. Embora estivesse longe de ser milionário pelos valores de hoje, o acordo de Engels ficou muito aquém do que valia sua parte nos negócios internacionais extremamente bem-sucedidos. Ele deixou o escritório da Ermen & Engels em 1º de julho. Tussy relembrou o importante dia em detalhes:

> Eu estava com Engels quando ele chegou ao fim de seu trabalho forçado e vi o que ele deve ter passado todos aqueles anos. Jamais esquecerei o triunfo com que ele exclamou 'pela última vez!', enquanto calçava as botas pela manhã para ir ao escritório. Poucas horas depois, estávamos no portão esperando por ele. Nós o vimos chegando ao pequeno campo em frente à casa onde morava. Ele estava balançando sua bengala no ar e cantando, seu rosto radiante. Então arrumamos a mesa para uma celebração e bebemos champanhe. Estávamos felizes.[44]

No dia seguinte, o tio Anjo confirmou seu deleite com a libertação: "Viva! Hoje o *doux commerce** chegou ao fim e eu sou um homem livre... Tussy e eu celebramos meu primeiro dia livre esta manhã com uma longa caminhada nos campos".[45] A coincidência da despedida de Engels do *doux commerce* e o que acabou sendo a estadia de 5 meses de Tussy em Manchester resolveu claramente a questão do não retorno à escola. Engels agora tinha tempo para ficar com ela e educá-la por um período substancial, um arranjo que aliviou a pressão financeira de pagar as mensalidades.

Graças quase inteiramente a ele, Eleanor cresceu em uma família na qual o álcool circulava livremente. Lenchen e seus pais estavam convencidos dos benefícios medicinais e de convívio de uma cervejinha, de um porto, de um vinho e – o favorito de Tussy – champanhe. Nos dias do Soho, certamente era mais seguro e preferível do que beber água das bombas de rua. Möhme achava que os pais que não davam vinho aos filhos eram um pouco estranhos, um tanto maldosos e proscritivos.[46] O lema de Engels, "pegue *leve*",** foi habilmente estimulado pela apaixonada e desinibida Lizzy, a quem ele, uma vez liberado das convenções de agir como homem de negócios, agora aberta e amorosamente se referia como "minha querida

---

* O termo pode ser traduzido como comércio gentil, e é originário do Iluminismo, aparecendo nas obras de Montesquieu, Voltaire e Adam Smith. Era empregado com o sentido de afirmar que o comércio civilizaria as pessoas, tornando-as menos propensas a recorrer a comportamentos violentos ou irracionais, estimulando a veia trabalhadora. Um bom resumo do debate e da tese está em Movsesian, Mark L. *Markets and Morals*: The Limits of Doux Commerce. *William & Mary Business Law Review*, v. 9, 2018.

** No original, *take it aisy*. Trata-se da referência à pronúncia especificamente irlandesa para *easy*, e do que popularmente se conhecia como lema irlandês, em oposição à correria e ao apuro inglês. Para um artigo que comenta especificamente a diferença entre o comportamento padrão das duas populações, ver excerto de jornal publicado em 11 de dezembro de 1894, armazenado pela Ann Arbor District Library: https://aadl.org/node/125816.

esposa". Escrevendo para "Minha querida sra. Burns" em outubro de 1868, Tussy adicionou este pós-escrito:

> Paul e Laura vão embora amanhã e acabamos de beber uma garrafa de champanhe para brindar à saúde deles, então você deve desculpar as manchas nesta carta, pois o champanhe [mancha de tinta] teve um pequeno efeito [outra mancha de tinta] sobre minha cabeça e também nas mãos, porque não consigo escrever muito.
>
> Até [mancha, mancha] logo.[47]

Precedida por quatro páginas muito fluentes e tagarelas, esta carta demonstra que Tussy tinha adquirido o bom hábito de seu tio Anjo de cuidar de sua correspondência, mesmo que estivesse semiembriagada.

Quando Tussy retornou a Manchester, em 1869, "minha querida sra. Burns" havia se tornado "minha querida Lizzy". Lizzy era a primeira mentora feminina de Eleanor. Tussy reagia à sua revigorante falta de feminilidade e a seu sentimento inato e apaixonado por sua classe.[48] Marx e Engels claramente conspiraram para garantir que Tussy não fosse submetida a se tornar "heducada"* e "sensível" pela educação de segunda categoria disponível para as mulheres.

Tussy, por sua vez, ajudou Lizzy lendo para ela, sugerindo que fossem ao teatro juntas e ensinando-a a tocar piano. Eleanor também estava determinada a educar a todos sobre sua deferência à filha de Karl Marx. Irritada com o absurdo da submissão respeitosa, ela abordou o problema com humor, como era de seu feitio. "Uma noite", disse ela à irmã, "todos eles me chamavam de senhorita Marx. Então eu fiz a tia [Lizzy], Moore, Jollymeier e Sarah ficarem em uma fila e dizerem Tussy 24 vezes... Eu também fiz uma regra: se alguém não me chamasse de Tussy, eles teriam que subir em uma cadeira e dizer Tussy 6 vezes, e se eu dissesse sra. Burns, teria que dizer tia".[49]

Quando não os estava fazendo subir em cadeiras, estava planejando outras travessuras. Engels voltou em uma tarde quente de julho e encontrou sua casa ocupada por uma revoltosa festa de anáguas. Tussy, Lizzy e a empregada Sarah estavam incrivelmente à vontade, "esparramando", Tussy confessou, "nossos corpos no chão o dia todo, bebendo cerveja, cla-

* No original, *heddicated*, marcando a pronúncia dos pobres londrinos para *educated* [educada].

rete etc... sem espartilho, sem botas, apenas com uma anágua e um vestido de algodão".[50] Engels, encantado com a espontaneidade de seu harém, de pronto se juntou a elas.

Ele pretendia escrever um livro sobre a história da Irlanda como seu primeiro projeto pós-capitalista, e celebrou sua libertação dos negócios com uma viagem ao país com Lizzy e Eleanor. Eles viajaram por mar, partindo de Liverpool. A empolgação de Eleanor com sua primeira viagem à terra da nação pobre e negligenciada era irreprimível. Eles visitaram as montanhas de Wicklow, Killarney e Cork. Beberam Guinness em frente à fogueira e compartilharam histórias de fantasmas nas brumas irlandesas. Tussy estava deslumbrada com o mar, a música, a narrativa irlandesa e o guisado.

Sua primeira visita à Irlanda ocorreu simultaneamente a uma nova onda de apoio ao movimento de libertação nacional, motivada pelo pedido de anistia aos prisioneiros fenianos. Cerca de 250 mil pessoas se manifestaram em Dublin e Limerick. O governo inglês recebeu uma petição para a libertação dos prisioneiros maltratados. Tussy, Engels e Lizzy encontraram o país cheio de tropas reais e exércitos voluntários. Tropas armadas patrulhavam o centro de Dublin e a Irlanda estava efetivamente sob ditadura militar.

Tussy voltou a Londres em outubro. Eleanor, a irmã feniana, estava começando a dominar sua família e a trazê-los à sua maneira de pensar: "Tussy voltou da Irlanda mais leal do que nunca".[51] Estimulada por seu recente retorno da Ilha Esmeralda, ela estava determinada a ir a uma manifestação no Parque Hyde em 22 de outubro, onde 100 mil pessoas se reuniriam para exigir uma anistia aos prisioneiros fenianos. Sua família resistiu, mas acabou cedendo. Ela "não descansou", Jennychen escreveu ao amigo da família, Dr. Ludwig Kugelmann, um respeitado ginecologista em Hanover, "até persuadir Mouro, Mama e eu a irmos com ela".[52]

Estandartes vermelhos, brancos e verdes ondulavam pela multidão, em meio a uma profusão de chapéus jacobinos vermelhos e cartazes proclamando: "Desobediência aos tiranos é um dever para com Deus". Tussy liderou sua família cantando a Marselhesa. "Somos todos totalmente fenianos", disse Jennychen a Kugelmann, admitindo que "todos dançaram de alegria" quando ouviram a notícia da eleição do prisioneiro Jeremiah O'Donovan Rossa para o Parlamento como membro de Tipperary, cadeira que estava proibida para ele. "Tussy enlouqueceu!".[53] Foi uma lição valiosa para Tussy aprender com seu apoio a O'Donovan Rossa, como Engels explicou: "Isso força os fenianos a abandonar suas táticas conspiratórias e a encenação de pequenos golpes em favor de atividades práticas que, embora aparentemente legais, são muito mais revolucionárias do que qualquer coisa que eles fizeram desde sua insurreição malsucedida".[54]

A maioria dos estudantes se junta a movimentos de protesto quando vai para a universidade; Tussy havia retornado da Universidade Engels e Burns, em Manchester, como uma jovem manifestante totalmente formada. Menos empolgado pelo cenário político, Marx identificou com otimismo o ponto saliente: "A principal característica da manifestação... foi que pelo menos uma parte da classe trabalhadora inglesa havia perdido seu preconceito contra os irlandeses".[55]

No final do ano, Tussy foi uma espectadora de um tipo diferente de protesto. Na terça-feira, 6 de novembro, a rainha Vitória inaugurou a nova Ponte Blackfriars e o Viaduto Holborn, onde, nas palavras de Tussy, ela "olhava furiosa e ultrarranzinza"[56] de sua carruagem para a multidão enquanto fazia seu caminho de South Bank para o lado norte do Tâmisa. "Todos os lugares", Tussy disse ao pai, foram "tomados pela polícia, como na França",[57] para evitar uma ameaça de motim. Nas semanas anteriores à inauguração, alguns agitadores se divertiram circulando folhetos falsificados, convocando os trabalhadores famintos do East End a se apresentarem em massa à rainha na inauguração e a "*ne pas laisser passer la reine*" [não deixar a rainha passar].[58]

"Esta semana", informou Marx a Engels em novembro, "Tussy e eu perdemos 3 dias colocando a minha sala de trabalho em ordem. Ela estava à beira do caos".[59] No final de 1869, ficou claro que Eleanor havia tomado o lugar de Jennychen como secretária de Marx e assistente de pesquisa. Engels escreveu para ela e pediu-lhe que trabalhasse para ele como pesquisadora em seu livro sobre a Irlanda; "sou muito grata a você por enviar tal pedido", respondeu Tussy maliciosamente. "A situação me convém muito bem, por isso não perderei tempo em me inscrever. Você vai, tenho certeza, me dar uma referência".[60] Seu pai sugeriu que ela começasse a vasculhar o Registro Político de Cobbett em busca de algo sobre a Irlanda.

Laura deu à luz a sua segunda criança, uma menina chamada Jenny, no dia de ano novo de 1870, exatamente um ano após o nascimento de seu primeiro. Em julho de 1870, a França declarou guerra à Prússia. Marx, Engels, Lafargue e os movimentos da esquerda socialista consideraram a Guerra Franco-Prussiana fratricida. Marx torcia pela vitória dos alemães e "pela derrota definitiva de Bonaparte"[61] como o melhor resultado, já que provavelmente provocaria a revolução na França, enquanto a derrota alemã apenas prolongaria a vida do império em dificuldades. Este julgamento se mostrou correto.

Este conflito teve um efeito considerável na adolescência de Tussy. Engels começou a escrever uma série de notas de guerra na *Pall Mall Gazette* [*Gazeta de Pall Mall*], onde ele previu de forma famosa e precisa o resultado da Batalha de Sedan. Quando *Le Figaro* [*O Fígaro*]*, citando Engels, se referiu ao "Estado-Maior" como se fosse um indivíduo, Jennychen o batizou de "o General". Engels era o especialista da família na estratégia militar da Guerra Franco-Prussiana. Como Tussy lembrou, "Engels, depois de 1870, tornou-se nosso 'General'".[62] A *Pall Mall Gazette* enviou a Marx um cheque por seu primeiro artigo, do qual Tussy, "a garota feroz", tentou se apropriar, anunciando que ela e Jennychen "deveriam aproveitar esses despojos de guerra devidos a elas pela corretagem".[63]

A família passou três semanas de agosto em Ramsgate. Quando voltaram, Lenchen e Jenny trabalharam arduamente supervisionando as reformas e a decoração de interiores da nova casa de Engels para sua mudança de Manchester. Möhme sentia-se constrangida de que sua casa, subsidiada pelo General, era grande comparada com a modéstia dele: "Afinal, vivemos em um verdadeiro palácio e, a meu ver, uma casa muito grande e cara".[64] Em 20 de setembro, Engels, Lizzy e Espoleta mudaram-se para a rua Regent's Park. O General adorou a propriedade e decidiu que nunca mais se mudaria.

Do outro lado do Canal, as coisas não estavam boas para os Lafargue. Sua nova criança viveu menos de dois meses. Möhme se desesperou com o sofrimento de sua filha do meio. Laura estava grávida de novo. Os Lafargue estavam alugando uma pequena casa em Levallois-Perret, perto das forti-

---

* Nome em alusão ao personagem teatral francês homônimo de peças do dramaturgo Beaumarchais no século XVIII.

ficações de Paris, e com previsão de demolição iminente. Eles estavam na linha direta de fogo das fortificações da cidade e Marx estava ansioso para que eles saíssem da capital imediatamente. Eles chegaram em Bordeaux no início de setembro, onde Paul lançou uma nova revista, *La Défense Nationale* [*A Defesa Nacional*], com o objetivo de "despertar os sonolentos habitantes de Bordeaux".[65]

Eles saíram bem a tempo: Wilhelm I estabeleceu um quartel general no castelo dos Rothschilds, nos arredores de Paris, e no início de outubro suas tropas começaram a bombardear a cidade. A capital foi fechada a partir de 7 de novembro. Ninguém foi autorizado a entrar ou sair e, após um cerco de 135 dias, a cidade capitulou. O Segundo Império de Luís Napoleão, "o reinado da mediocridade, da hipocrisia e do lucro", estava agora derrotado.[66]

Era o início de um dos períodos mais contestados da história francesa e Tussy estava prestes a mergulhar de cabeça no meio dele.

OS COMUNARDOS

A breve, heroica e condenada Comuna de Paris, ocorrida de março a maio de 1871, foi a primeira e única tentativa de se fazer uma revolução proletária na Europa do século XIX. Foi o primeiro evento político em que Tussy esteve pessoalmente envolvida. Governos, imprensa internacional e as classes respeitáveis, assustadas com a comuna, alegaram que era uma insurreição dos trabalhadores deliberadamente tramada pela Primeira Internacional de Karl Marx (1864-1872).[1] A Comuna de Paris era assunto de família entre os Marx.

Em 16 de janeiro de 1871, Tussy fez 16 anos em Londres. Em Paris, uma semana antes, o Comitê Central Republicano dos Vinte Bairros [Republican Central Committee of the Twenty Arrondissements] lançou o Pôster Vermelho, pedindo a substituição do governo provisório francês por uma *Commune de Paris*. Dois dias após o aniversário de Tussy, aconteceu a Proclamação do Império Alemão em Versalhes. Dez dias depois, o governo provisório conservador francês assinou um armistício com o recém-proclamado Império Alemão Bismarckiano. Esse foi o ponto de inflexão para as forças da democracia radical francesa. Em Lyon, Toulouse e Marselha proclamaram-se comunas e houve tentativas em Narbonne e Saint-Etienne.

Os cidadãos de Paris se organizaram contra o governo provisório, assim como contra os ocupantes prussianos. A Guarda Nacional apoiou as massas de Paris em 18 de março e a maré política virou a favor do povo. A maioria dos parisienses votou nas eleições de 26 de março; dois dias depois, a Comuna de Paris foi declarada. Todos os setores dos pobres eram apoiadores, mas seus principais ativistas eram principalmente trabalhadores qualificados, artesãos e mulheres. Homens adultos eram a maioria, mas havia mais mulheres envolvidas na Comuna de Paris do que em qualquer revolução anterior.

A Comuna durou dois meses. Em meados de maio, o exército de Versalhes, em aliança com as forças alemãs, aproveitou o momento para atacar, e na *Semaine Sanglante* – a Semana Sangrenta – executou cerca de 20 mil comunardos e suspeitos simpatizantes, mais pessoas do que as massacradas no "Terror" de Robespierre durante a primeira Revolução Francesa de 1793-1794. Cerca de 8 mil pessoas foram presas ou deportadas para lugares como a Nova Caledônia. Milhares de outras foram para a Bélgica, Inglaterra, Itália, Espanha e Estados Unidos.

No ano seguinte, em 1872, foram aprovadas leis rigorosas que descartavam todas as possibilidades de organização da esquerda. Somente em 1880 houve uma anistia geral para os comunardos exilados e presos. Enquanto isso, a Terceira República renovou a expansão imperialista de Napoleão III na Indochina, África e Oceania. Muitos intelectuais e artistas franceses participaram da Comuna ou a apoiaram, incluindo Courbet, Rimbaud e Pissarro. A repressão de 1871 em diante alienou todos os que foram perseguidos pela Terceira República.

Notícias alarmantes vieram de Laura, em Bordeaux, em março de 1871. Seu bebê, Marc Laurent, nascido em fevereiro, estava muito doente e Paul Lafargue desaparecera. Ele fora a Paris para solicitar autorização para organizar "o exército revolucionário em Bordeaux",[2] mas não dera mais notícias desde que anunciara seu retorno. Enquanto isso, Schnappy, seu filho mais velho, também adoeceu. Jennychen avisou que iria ajudar, com ou sem a permissão de Möhme e Mouro. Inspirada pela determinação de sua irmã mais velha, Tussy disse que também iria.

Abril de 1871 foi o ponto alto da Comuna de Paris. Em 22 de abril, o Ministério das Relações Exteriores emitiu um passaporte para a "Senhorita Eleanor Marx (cidadã britânica) acompanhada de sua irmã, indo para

Bordeaux". Na semana seguinte, as mulheres de Paris fundaram a União das Mulheres [Union des Femmes]; fábricas e oficinas abandonadas foram transferidas para cooperativas de copropriedade dos trabalhadores. No mesmo mês, moradias vazias foram requisitadas para o povo, os empregadores foram proibidos de aplicar multas ao salário dos trabalhadores, os trabalhadores de padarias foram dispensados dos turnos da noite e as eleições municipais foram realizadas em todo o restante da França. Este era o mundo que impulsionou o entusiasmo de Tussy.

As ferrovias estavam todas bloqueadas ou sob o comando dos exércitos alemão ou francês, então as irmãs viajaram de Liverpool a vapor. Ao chegarem em Bordeaux, em 1º de maio, elas adotaram o sobrenome Williams, no que acabou sendo uma tentativa risível de ocultar suas verdadeiras identidades. Descobriram que Paul retornara com segurança, mas as crianças estavam muito doentes. As notícias de Paris eram nefastas. Relatos das atrocidades da Semana Sangrenta chegaram até elas logo após o 21 de maio. As lutas de rua e os massacres horríveis continuaram. No final de maio, o exército de Versalhes havia dominado a Comuna. Estava tudo acabado – e Paul era um homem procurado. Ainda não havia ocorrido às irmãs Marx que elas poderiam estar não apenas sob suspeita, mas em perigo.

Mouro enviou uma carta codificada urgente dizendo-lhes para levar Paul e as crianças imediatamente para o lado espanhol dos Pireneus, onde havia um "clima melhor".[3] Elas se apressaram em fazer as malas, preparando-se discretamente para partir, antes do amanhecer, em direção à pequena cidade turística de Bagnères-de-Luchon, no Alto Garona. Mas a saúde do bebê piorou durante a noite e Paul e Laura se recusaram a fazer a trilha pela montanha até a Espanha enquanto ele não melhorasse. Para preservar o anonimato da família, Jennychen e Tussy mantiveram seu disfarce de irmãs Williams.

Marc Laurent morreu em 26 de julho. Chegou a notícia de que espiões do governo estavam se aproximando de Paul; as irmãs o convenceram a partir imediatamente para a Espanha enquanto enterravam o bebê. Uma semana depois, em 6 de agosto, as três irmãs e Schnappy fizeram a difícil jornada pela fronteira, para que a família Lafargue pudesse estar segura junto com Paul em Bosost, nos Pireneus espanhóis. Para apagar seus rastros o mais rápido possível, Jennychen e Tussy fizeram a viagem de volta à França, no mesmo dia, a pé. O acordo era que as irmãs "Williams" deixassem Bordeaux por navio o quanto antes. Tudo estava indo conforme o planejado, até que elas cruzaram a fronteira com a França.

No instante em que puseram os pés no território francês, a polícia armada as apreendeu, e como Tussy descreveu, foram "conduzidas por 24 gendarmes, cruzando os Pireneus de Fos a Luchon".[4] Tussy protestou ao longo da jornada alegando que a polícia não tinha jurisdição para prender uma cidadã britânica, mas os guardas armados a ignoraram.

As furiosas irmãs Marx foram entregues diretamente na porta da frente da residência do chefe de polícia, Emile de Kératry, prefeito do departamento de Alto Garona.* Kératry fora chefe da polícia de Paris no ano anterior e conhecia muito bem os Marx e a Primeira Internacional. Ele queria interrogar as irmãs pessoalmente e as fez esperar sob guarda armada, em uma carruagem do lado de fora de sua residência, até voltar de um concerto de verão no parque.[5]

Terminado o concerto, ele finalmente chegou, acompanhado por um juiz, Monsieur Delpech.[6] As irmãs foram separadas e Jenny foi a primeira a ser interrogada, por volta das dez da noite. À meia-noite, foi a vez de Tussy. Ela estava acordada desde as cinco horas da manhã; viajara nove horas em um terreno montanhoso difícil em um dia absurdamente quente de agosto; tinha comido pela última vez um lanche rápido antes de deixarem Bosost. Kératry disse a Tussy que Jenny confessara tudo e tentou fazê-la contradizer a versão dos eventos de sua irmã. "Foi um truque sujo, não foi?", comentou ela em uma carta ao Biblioteca.[7]

A provação continuou por mais dois dias. Elas foram colocadas em prisão domiciliar nos alojamentos abandonados dos Lafargue. Assim que voltaram, as irmãs descobriram que o apartamento que haviam deixado arrumado e varrido estava um caos, pois fora revistado e virado de cabeça para baixo. Os aposentos estavam, disse Tussy, "já cheios de gendarmes, delatores [*mouchards*] e agentes de todas as descrições".[8] A polícia interrogou tanto a senhoria quanto a empregada dos Lafargue, e Eleanor sentiu-se culpada pela empregada ter ficado abalada.

Vasculhando os colchões e roupas de cama, a polícia perguntou às irmãs onde estavam escondidos os equipamentos para fabricação de bombas

---

* Em francês, "*préfet*" é o governante do departamento, indicado pelo chefe de Estado, não por votação.

e munições. Eles viram os lampiões "nos quais tínhamos aquecido o leite para o pobre bebê que morreu", escreveu Tussy, e pensaram que estavam cheias de "querosene" [*petrole*].[9] É fácil ter alguma simpatia pelos *mouchards* nesse ponto. Conhecer pessoalmente as irmãs Marx tendia a confirmar – e não amenizar – sua reputação entre os conservadores de serem perigosas *petroleuses*: apelido pelo qual eram conhecidas as lendárias mulheres que lutaram nas ruas da Comuna de Paris, lideradas pela formidável União das Mulheres. É provável que espiões já tivessem dito às autoridades francesas que Elisabeth Demetrioff, fundadora e líder do grupo, era uma amiga pessoal dos Marx, em geral, e de Eleanor, em particular.

Tussy conheceu a brilhante Elisabeth Demetrioff, uma russa de 19 anos, no ano anterior, quando chegou a Londres em uma missão investigativa e apareceu em Modena Villas com uma carta de apresentação a Marx. Elizabeta Luknichna Tomanovskya, filha de uma funcionária tsarista, feminista e atriz, foi cofundadora da seção russa da Primeira Internacional. Tussy e Elisabeth se tornaram amigas instantaneamente e passaram muito tempo juntas, até que Elisabeth foi despachada para Paris, em março, como enviada russa à Comuna.

Pouco antes de partir para suas aventuras em Bordeaux, em abril, Tussy soube que Elisabeth havia estabelecido a União das Mulheres em Paris com Nathalie Lemel, em uma reunião pública memorável no Grand Café de la Nation. A União escolheu representantes de cada um dos bairros e Elisabeth organizou os comitês de mulheres em cada distrito. Ela lutou nas barricadas durante a Semana Sangrenta e conseguiu escapar da sentença de morte iminente e fugir para Genebra.

A história de Demetrioff é um lembrete de que, acima de tudo, a Comuna de Paris foi um grande evento de gênero. O domínio das mulheres políticas e ativistas na Comuna era visto como uma das principais razões de seu horror, sede de sangue e fracasso. A misoginia espetacular nunca está muito longe das narrativas anticomunardas. "O sexo mais fraco", fulminou um comentarista, "comportou-se escandalosamente durante esses dias deploráveis":

> Aquelas mulheres que se dedicaram à Comuna – e havia muitas – tinham apenas uma ambição: elevar-se, exagerando seus vícios, acima do nível do homem... Elas estavam todas lá, agitando e gritando... as costureiras do cavalheiro; as costureiras de camisas do cavalheiro;

> as professoras de jovens estudantes; as empregadas fazem-tudo... O que foi profundamente cômico foi que essas fugitivas da *workhouse** invocavam Joana d'Arc infalivelmente, e não estavam erradas ao se compararem a ela. Durante os dias finais, todos esses viragos belicosos aguentavam mais tempo do que os homens atrás das barricadas.[10]

O correspondente do *The Times* de Londres concordou: "Se a nação francesa fosse composta apenas por mulheres francesas, que nação terrível seria".[11] Essas e várias expressões semelhantes de antagonismo antifeminista foram reunidas e, em alguns casos, traduzidas pela própria Eleanor para o livro mais famoso já escrito sobre a Comuna de Paris, um projeto com o qual ela se envolveria intimamente em breve.

De volta a Bordeaux, 24 horas de buscas e interrogatórios adicionais não revelaram nada das belicosas filhas viragos de Karl Marx. Tussy e Jennychen esperavam que seus passaportes fossem devolvidos e que elas fossem escoltadas até as docas e colocadas no próximo navio de volta à Inglaterra. Em vez disso, foram levadas para a gendarmaria e trancadas durante a noite, sem permissão para informar onde estavam. Elas foram liberadas na manhã seguinte e postas em prisão domiciliar sem a devolução de seus passaportes. Depois de uma semana presas no antigo apartamento dos Lafargue, sob o olhar atento de agentes que as acompanhavam às lojas para comprar pão, café e tabaco, elas foram obrigadas, de repente, a fazer as malas imediatamente, empurradas em uma carruagem e enxotadas à fronteira espanhola. Seus passaportes foram enfim devolvidos.

As irmãs Marx haviam vencido o jogo. Desde a prisão, Jennychen escondera com sucesso uma carta incriminadora de Gustave Flourens, um famoso líder da Comuna de Paris, para Marx e Lafargue. Flourens, que havia sido capturado por gendarmes e massacrado durante a Semana Sangrenta, era um dos amigos mais antigos de Karl Marx.

Despercebida por todos, exceto por Tussy, Jennychen deslizou a carta da manga para o livro na mesa do escrivão quando foram levadas para a gendarmaria. Enquanto os *mouchards* continuavam revistando seu apartamento, a carta estava escondida em plena vista, na entrefolha do registro de detenção da delegacia. Como observou Engels, se descoberta, essa carta

---

* Local surgido na Inglaterra, no século XVII, onde pessoas pobres trabalhavam e moravam.

incendiária teria fornecido "um passaporte certeiro para as duas garotas irem para a Nova Caledônia".[12]

Pouco depois do retorno de Eleanor e Jennychen a Londres, Karl escreveu para Charles Dana, editor do *New York Sun* [*O sol de Nova York*], relatando o aumento diário de refugiados comunardos que chegavam a Londres: "Nossos meios de apoiá-los estão diminuindo diariamente, e assim os homens se encontram em um estado muito deplorável... Devemos – acrescentou – fazer um apelo por assistência aos estadunidenses".[13] Para ilustrar o mau estado das coisas na França sob a repressão de Adolphe Thiers à Comuna, Marx disse: "Vou lhe contar o que aconteceu com minhas próprias filhas". De forma hilária, a imprensa de direita assumiu que as "insurgentes" problemáticas perseguidas fervorosamente na França, depois, através da fronteira com a Espanha e novamente na França, eram, na verdade, três *irmãos* de Karl Marx, "agentes conhecidos e perigosos da Propaganda Internacional, embora eu não tenha irmãos".[14] Ou filhos.

A Comuna de Paris foi uma brava tentativa fracassada de uma revolução proletária. As agitações duraram muito, muito mais do que o evento em si, e influenciaram e coloriram a imaginação de muitas pessoas nos anos seguintes, inclusive de Tussy, além de afetar fortemente a escolha de seu primeiro amante.

Ela ajudou na organização do Congresso Internacional da Associação dos Trabalhadores de Londres, realizado durante a terceira semana de setembro. Participou das sessões abertas da conferência e dos encontros dos subcomitês realizados no escritório de seu pai, em Modena Villas, para lidar com o problema da oposição bakuninista. Biblioteca observou que Tussy estava se tornando "a personificação da Associação Internacional dos Trabalhadores".[15]

Como indicado no nome, o papel das mulheres na Internacional foi contestado.* Na fundação da Primeira Internacional em 1864, o Conselho Geral, liderado por Marx, votou para admitir mulheres como membros. A delegação francesa se opôs, alegando que as mulheres "pertenciam à lareira, e não ao Fórum".[16] Seguindo a política misógina de Pierre Proudhon, a delegação francesa proclamou que: "O trabalho e o estudo dos problemas humanos pertencem aos homens; o cuidado das crianças e do lar dos tra-

* Em inglês, o nome da organização é International Workers Men Association, literalmente, Associação Internacional dos homens trabalhadores.

balhadores pertence às mulheres".[17] Essa visão foi refutada pelo papel de liderança das mulheres na organização e liderança da Comuna de Paris. O problema foi resolvido ao permitir que cada delegação nacional determinasse a constituição de seus próprios membros.

Os Marx hospedaram o maior número possível de visitantes internacionais em sua casa para o Congresso da Internacional em Londres, em setembro, e Tussy ajudou muito. Quando o delegado espanhol Anselmo Lorenzo precisou enviar um telegrama para Valência, ela se ofereceu para lhe mostrar o caminho:

> Fiquei muito surpreso e emocionado com a vivacidade com que a jovem ajudou um estrangeiro que ela não conhecia, o que é contrário aos costumes da burguesia espanhola. Essa jovem, ou melhor, menina, tão bonita, alegre e sorridente quanto a própria personificação da juventude e da felicidade, não sabia espanhol. Ela sabia falar inglês e alemão muito bem, mas não era muito proficiente em francês, idioma no qual eu poderia me fazer entender. Toda vez que um de nós cometia um erro, ríamos com tanto entusiasmo como se tivéssemos sido amigos a vida toda.[18]

Lorenzo descreveu para Tussy sua jornada da Espanha até a França. Ele passara por Paris

> quando a perseguição aos comunistas estava no auge e as cortes marciais agiam sem interrupção, promovendo sentenças de morte e deportação aos montes... Vi o Hôtel de Ville em ruínas... parte do Louvre queimado, o pedestal de onde a coluna fora derrubada na Place de Vendôme e vários prédios e casas exibiam traços da semana que derramou sangue.[19]

O Congresso da Internacional em Londres movimentou-se com relatórios e fofocas sobre a ausência dos comunardos, baleados, deportados, exilados, fugitivos ou desaparecidos. Eleanor soube que Elisabeth Demetrioff havia retornado a São Petersburgo e escolhido um novo noivo, deixando seu amante, Leo Frankel, comunista húngaro, desamparado, com o coração partido e contemplando sombriamente seus sonhos desfeitos. Frankel, também condenado à morte na França, juntou-se à liderança da Primeira Internacional em Londres e confortou-se ao voltar suas atenções para Tussy.

Em dezembro, além de conduzir a correspondência de Mouro, Eleanor tinha o papel oficial de ajudar refugiados, coordenando o Comitê de Amparo aos Comunardos [Relief Commitee for Communards], dando a Frankel ampla oportunidade de se colocar em seu caminho. Os refugiados, escreveu Tussy ao Biblioteca, "sofrem terrivelmente e não têm nenhum dinheiro; você não pode imaginar o quão difícil é para eles conseguir trabalhar".[20] Na mesma carta ao Biblioteca sobre seu trabalho no Comitê de Amparo, ela observa com firmeza o desejo de que os comunardos *tivessem* "tomado alguns dos milhões que foram acusados de ter roubado".[21]

Frankel tentou avançar em sua causa. Tussy gostava de flertar com ele; ele era inteligente e divertido, mas seu interesse acabava aí. A mãe compreendia muito bem o desenvolvimento de Tussy naquele momento, descrevendo-a como "uma política da cabeça aos pés" ["eine Politikerin von top to bottom"].[22] Möhme identificou isso como o ponto em que sua filha mais nova emergiu na idade adulta: ela era Eleanor, com uma identidade política pública, e não mais a Tussy arruaceira da família. E foi o seu envolvimento direto com a Comuna de Paris e alguns de seus principais atores – homens e mulheres – que a constituíram.

Comunardos exilados e refugiados passavam fome nas ruas de Londres. Aqueles que mudaram de nome para conseguir trabalho foram descobertos e demitidos imediatamente. A opinião da grande imprensa inglesa era hostil aos exilados políticos. Repensando, anos mais tarde, a potência do sentimento anticomunardo em sua terra natal na época, Tussy lembrou:

> ... foi proposto – seriamente – que os comunardos que se refugiaram na Inglaterra fossem entregues aos médicos e hospitais para fins de vivissecção... essa proposição... expressou amplamente os sentimentos de toda a sociedade respeitável. O mais triste de tudo é o fato de que, na Inglaterra, os trabalhadores também – com raras exceções... eram tão amargamente hostis à Comuna quanto seus exploradores.[23]

Tussy vivenciou isso quando organizou a primeira reunião de aniversário para celebrar a memória da Comuna no teatro-salão St. George, na Rua Regent, em Londres. Os comunardos e seus apoiadores ingleses chegaram ao local, onde uma barricada havia sido montada contra eles e o proprietário exigia a devolução do seu depósito. Ele preferiu pagar a multa por quebra de contrato em vez de permitir "esse bando de 'rufiões' em seu respeitável teatro".[24] Os referidos rufiões foram direcionados para o *Cercle d'Etudes* [Círculo de Estudos], na Rua Tottenham Court, onde "apesar... de tamanho sofrimento... nós erámos um grupo alegre... feliz com a alegria da fé perfeita".[25] Palavras corajosas. Na verdade, de acordo com Engels, os comunardos sobreviventes estavam "terrivelmente desmoralizados". O General lamentou a extensão de seus traumas e a incapacidade de se reagruparem de maneira eficiente: "apenas a pura e dura necessidade pode aproximar um francês desorganizado de seus sentidos".[26]

Enquanto isso, Leo Frankel insistia em capturar a atenção de Tussy. Nessa altura, ele já havia feito algum progresso com ela, apelando para a simpatia que ela tinha por sua situação como comunardo, e chamando a atenção dela para suas novas perspectivas sobre arte e política. Ela parecia mais receptiva; Frankel esperava pegá-la em clima de festa na comemoração do aniversário da Comuna e pedir sua mão. Azar o dele. Foi nesse exato momento que Hippolyte Prosper-Olivier Lissagaray entrou na vida de Tussy.

Quando a festa se afastou do salão St. George e todos caminharam juntos da Rua Regent para a Rua Tottenham Court, Frankel tentou pegar no braço de Tussy. Mas ele a encontrou conversando animadamente com o lendário comunardo Lissagaray. Uma conversa que Frankel nunca foi capaz de interromper.

Enquanto Tussy estava em Bordeaux durante a Semana Sangrenta, no final de maio de 1871, Lissagaray estava lutando nas barricadas, defendendo Paris do exército de Versalhes – que pretendia recuperar a cidade e atirar em todos os homens, mulheres e crianças que resistissem. Em 26 de maio, o exército de Versalhes estava no controle do centro da cidade e apenas os distritos operários não haviam sido dominados. Nesses distritos operários de Paris, o exército atacou a população com artilharia pesada, atirando em prisioneiros capturados e amontoando os corpos em prédios públicos.

Os comunardos derrotados lutavam com chances ridículas, recusando-se a se render. Sua organização e disciplina militar eram vergonhosas. Eles não tinham mais nenhum plano estratégico ou comando central. Duzentos comunardos travaram sua última batalha no cemitério Père Lachaise, onde 147 deles foram enfileirados, mortos a tiros e enterrados em uma vala comum em frente a uma das paredes do cemitério.

Prosper Lissagaray lutou sozinho por 25 minutos na última barricada da Comuna na Rua Ramponeau, até ficar sem munição. Com uma sentença de morte na cabeça, ele escapou de Paris e partiu tortuosamente para Londres.

Lissa, como Tussy o chamava, era literalmente um estrangeiro alto, moreno e bonito, um basco da região de Meio-Dia-Pirineus, no sudoeste da França. Jornalista e ativista que virou combatente de rua, ele era 17 anos mais velho que Tussy, então com 17 anos. Aos 34 anos, tinha a energia e a ansiedade alerta dos comunardos envolvidos em combates corpo a corpo que haviam lutado e sobrevivido. Ele não fez prisioneiros em sua política, redação, jornalismo ou nas barricadas. Arrojado e extravagante, a experiência nos extremos e na política real também o haviam tornado gentil e bem-humorado. Lendário por sua bravura física, aventuras políticas e mentalidade intelectual séria, ele ainda não era casado. Marx admirava seu pensamento e ativismo. Mas não gostou de suas atenções em relação à Tussy.

Uma disposição mais melancólica espreitava o impulso de Lissa, mas por enquanto isso estava apagado da visão de Eleanor por sua ingenuidade sexual e pelo silêncio da atração instantânea e mútua. Tussy, florescendo aos 17 anos, já tinha algumas de suas próprias aventuras para contar, brilhava intelectualmente em qualquer situação e – para um homem que acabara de superar a morte – tinha o encanto de uma juventude ousada e irrestrita. Ela ria muito e discutia continuamente. Fisicamente chamativa, com os olhos negros de carvão do pai e sua nada convencional simplicidade estilística para roupas, Tussy, aos 17 anos, era elementar e mercurial, longe do véu e do veludo do amor romântico insípido. Ela era barulhenta, apaixonada e, para Lissa, diferente de qualquer outra mulher que ele já conhecera.

Eles formavam um casal marcante, encantados com a companhia um do outro. Clara Collet, amiga íntima de Tussy, registrou que a amiga apaixonada estava "mais bonita do que nunca", mas sentia falta da intimidade de antes: "Gostaria que ele cometesse fraude e suicídio. Seria um grande alívio".[27]

No final de 1871, Lissa havia publicado um panfleto sobre suas experiências na Comuna. Intitulado "Os oito dias de maio por trás das barricadas" [*Les huit journées of mai derrière les barricades*], este foi o começo do que se tornaria – e permanece até hoje – o principal relato histórico em primeira pessoa e a fonte da história comunarda. Ele leu os trechos iniciais para

Tussy, e os dois decidiram expandir e traduzir o panfleto juntos. O projeto de Lissa foi para ela um gancho que Frankel nem sonhava em conseguir. O restante da família estava preocupada com os planos do casamento de Jennychen e ocupada com a preparação para o último congresso da Primeira Internacional em Haia, marcado para setembro.

Jenny ficou noiva de Charles Félix César Longuet em março de 1872. Ele era um amigo de universidade de Paul Lafargue; os dois eram estudantes radicais em Paris e trabalhavam juntos para a Comuna. Os comunardos estavam apaixonados pelas irmãs Marx, mas não pela mãe delas ou pelo General.

Inicialmente, Möhme considerou Longuet um "homem bom e digno",[28] mas desejou que a escolha da filha mais velha tivesse "caído sobre um inglês e não um francês que, combinado às qualidades nacionais de charme, naturalmente não deixa de ter sua fraqueza e irresponsabilidade."[29] Seus arrependimentos se mostraram bem fundamentados quando a indolência constituinte de Longuet tornou-se evidente. Möhme resmungou que ela estava farta de seu "pacote de mentiras", chauvinismo nacional e "baboseira francesa".[30] Seu preconceito prussiano estava naturalmente misturado à sua ansiedade materna sobre a segurança futura de filhas casadas com revolucionários pobres, uma preocupação – divertidamente – compartilhada pelo marido.

Quando Schnappy morreu na Espanha, em julho, o casamento de Jennychen foi adiado. Os pais de Tussy e o General partiram para a Espanha para confortar Laura e Paul, depois seguiram diretamente para o congresso de Haia. Tussy ficou em Londres para acompanhar o trabalho no Comitê de Amparo aos Refugiados, o que convenientemente lhe permitiu passar tempo com Lissa.

Em outubro, Jennychen se casou com Longuet no cartório de St. Pancras. Marx e Engels estavam preocupados em estabelecer o destino da Primeira Internacional. Enquanto isso, Tussy teve que acalmar Lissa quando ele ficou com ciúmes de Frankel. Os dois homens descobriram que outro refugiado comunardo, com as iniciais JJ, ficara furioso com Frankel por interromper *suas* investidas em Tussy. Ela tentou se desembaraçar dessas complicações com a ajuda de uma amiga, Maggie, sobre quem pouco se sabe, exceto que ela morava na Rua Harley e gostava de intrigas românticas. Maggie pediu a Tussy que enfrentasse Lissa de frente: "tente bombardear, minha querida – tudo é justo no amor e na guerra – espero que você não esteja mais infeliz".[31]

A solução prática de Tussy para tranquilizar Lissagaray foi dar a ele sua virgindade. Ela não era o tipo de garota que a perderia casualmente. Essa agradável iniciação sexual provavelmente aconteceu enquanto o resto da família estava no exterior. É claro que, no instante em que o casal se resolveu, a família de Eleanor se opôs ao relacionamento.

Lissa era outro francês. Marx acabara de casar a filha mais velha com um comunardo desiludido e sem dinheiro. E aqui estava outro. Para tornar as coisas mais complicadas, Lissagaray e Lafargue haviam se desentendido por diferenças políticas em relação ao futuro da Internacional. Laura ficou do lado do marido e, em 1872, em uma visita à família em Modena Villas, os Lafargue desdenharam de Lissa. Furiosa com esse desprezo, Tussy reclamou com Jennychen sobre "esse comportamento nada feminino da parte de Laura".[32] Uma crítica rica, vinda da campeã do nada feminino.

Na véspera de seu décimo oitavo aniversário, Tussy estava obstinada. Uma força da natureza pela primeira vez verdadeiramente apaixonada por um homem além do pai, embora fosse parecido com ele – o que lhe causava desconforto. Marx admirava Lissa por sua política e suas ideias, mas não tinha intenção de permitir que sua favorita jogasse fora sua vida, como suas irmãs haviam feito, sem descobrir seu próprio valor. O fato de Lissa ter o dobro de sua idade não era, pelos padrões contemporâneos, uma questão de muita preocupação para ninguém.

Desde o início de seu relacionamento, Tussy agiu como um amanuense muito obediente, traduzindo, transcrevendo e editando a história de Lissa sobre a Comuna e inflando seu ego. O relacionamento com ele melhorou muito o francês de Tussy. Ela entrou em uma longa fase de luta, rompendo a dominação de seu pai com um homem charmoso e talentoso, que em muitos pontos lembrava Marx. Ela estava resoluta e determinada a firmar sua posição. Seu pai era o homem mais teimoso da Europa. Um confronto titânico entre pai e filha estava se formando. A garotinha do papai podia agora partir os corações dos dois.

Em uma tentativa de conter a tensão, Marx levou Eleanor a Brighton por duas semanas. No entanto, menos de uma semana depois, no Dia da Mentira, Marx voltou para casa sozinho, sem aviso prévio e com uma cara furiosa.

No dia anterior, Tussy lhe informara que havia decidido ficar em Brighton para ganhar a vida. As 24 horas que se seguiram não foram suficientes para mudar sua decisão. Marx ficou de mau humor em seu escritório em Modena Villas e escreveu cartas a Engels reclamando sobre o maldito Lissagaray. "Não quero nada dele, exceto que dê provas em vez de frases, que seja melhor que sua reputação e que alguém possa ter o direito de confiar nele. Você verá na resposta [de Tussy] como o homem continua a agir. O inferno é que tenho que prosseguir com muita consideração pelo bem da criança."[33]

A criança, enquanto isso, se estabeleceu em alojamentos particulares na Rua Manchester, muito perto da praia e do Pavilhão Real de Brighton; se inscreveu em uma agência de empregos recomendada por Arnold Ruge, amigo da família, e pediu ajuda a alguns amigos franceses que moravam em Brighton para encontrar alunos particulares enquanto procurava um emprego mais estável.

No início da década de 1870, na Inglaterra, não era pouca coisa para uma garota de 18 anos sem seu próprio dinheiro ou educação formal provocar um ato de independência de sua família como esse. Tussy não queria continuar vivendo da caridade do General. Ela sabia que seus pais dependiam de Engels para manter a renda anual e que suas irmãs casadas contavam com o apoio financeiro dele para seus novos lares. Foi o General que lhe ensinou o valor da autossuficiência; sua aposta na liberdade econômica era por respeito a ele tanto quanto por seus pais – mas, principalmente, por respeito próprio.

Cinco meses depois que Jennychen se casou e saiu de casa, as armadilhas de ser a última filha remanescente na casa de Marx ficavam claras para Tussy. Ela estava fugindo tanto do espectro de se tornar a filha que mora com os pais, da qual eles dependiam, bem como estava correndo para os braços do amante que ela mesma escolhera.

Contando com o General para amolecer Marx, Möhme deu à decisão de Tussy seu apoio prático e incondicional. Eleanor tinha na mãe uma firme aliada. Jenny Marx, que já fora uma mulher radical e fervorosa, simpatizou com a decisão da filha. Quase imediatamente após o furioso retorno do marido a Londres, ela enviou à filha caçula "umas roupinhas"[34] para acompanhá-la durante a primeira semana mais ou menos, até encontrar um emprego. No bilhete anexo, ela também aconselhou Tussy a comprar alguns pares extras de meias nas lojas de Brighton. "Só eu entendo o quanto você anseia por trabalho e independência, as duas únicas coisas que podem ajudar a superar as tristezas e as preocupações da sociedade atual".[35] Conselhos feministas sólidos de uma mãe que não teve nenhuma das duas coisas. Tussy recebeu muitas cartas tranquilizadoras da mãe: "Acredite em mim; apesar de não parecer, ninguém entende sua posição, seu conflito e sua amargura melhor do que eu. Deixe seu jovem coração triunfar... Perdoe-me se às vezes você sentiu que eu a magoei".[36] Jenny reconheceu sua própria juventude em Tussy, na qual seu instinto natural de liberdade contra os absurdos do patriarcado e a expectativa social das classes eram postos como provocações rebeldes. A referência à "amargura" é sobre a hostilidade entre Eleanor e Laura pela discórdia entre Lissa e Lafargue. Jenny tentou curar a ferida, sem sucesso. Tussy e Laura permaneceram em desacordo.

Os amigos franceses de Tussy rapidamente encaminharam alguns alunos para ela e, em abril de 1873, ela ganhava dez xelins por semana em aulas particulares. Precisava de cada centavo para cobrir seu aluguel e subsistência. Brighton e sua independência custavam caro.

Möhme arrumou as malas e enviou as roupas de Londres, junto a bilhetes detalhados e conselhos práticos sobre todo tipo de coisa, incluindo como usar acessórios, manter-se aquecida e comer regularmente. Ela pediu desculpas a Tussy, pois todo esse tumulto por causa de suas roupas e modos sem dúvida testaria sua paciência: "Sei a pouca importância que dá a essas coisas e quão desprovida de vaidade e elegância você é".[37] Sua mãe tinha razão em se preocupar mais com o estado das meias de Tussy do que com sua capacidade de trabalhar.

No início de maio, a agência encontrou uma vaga remunerada de professora de meio período em um seminário para jovens mulheres, dirigido pela senhorita Hall na Praça Sussex. Ela começaria no novo período acadêmico. Eleanor então se mudou para o Terraço Vernon e se preparou para seu novo emprego.

Em 3 de maio, ela escreveu uma alegre carta de aniversário para o pai, descrevendo tudo o que havia conseguido no mês passado e não fazendo nenhuma alusão à discussão entre eles. Disse-lhe que lera Pitágoras e pediu que lhe enviasse alguns livros de história. Nada poderia ter deixado Marx mais lisonjeado e ainda mais certo de que ele fizera um bom trabalho com a menina dos seus olhos: ela estava lidando de maneira magnífica, e além de garantir duas fontes de renda, estava se dedicando ao estudo contínuo. Mouro reagiu a esta evidente bandeira branca amuado: Tussy não faria a viagem de uma hora de trem, de Brighton a Londres, para voltar para casa e vê-lo em seu aniversário.

Para além do solipsismo paternal *à la* Lear de Mouro, a maneira como Tussy organizou essas primeiras semanas de sua independência demonstra sua autodeterminação e disciplina intelectual. Por uma combinação de natureza e cultura, ela era uma autodidata incansável. Se fosse menino, poderia ter aspirado à universidade e a estudar formalmente como seu pai. Sem essa opção, como muitas mulheres talentosas antes dela, teve que começar a se educar. Como observou Mary Wollstonecraft, se a mulher "não estiver preparada pela educação para se tornar companheira do homem, ela interromperá o progresso do conhecimento, pois a verdade deve ser comum a todos, ou será ineficaz em relação à sua influência prática".[38]

Os livros de história que ela solicitou vieram embrulhados pela mãe, contendo algumas roupas e acessórios para o novo emprego, com instruções detalhadas sobre como montá-los e usá-los de maneira atrativa. O abraço vicário de Möhme à independência de Tussy é palpável. De maneira inversamente proporcional à birra feita pelo marido, Jenny Marx, prestes a completar 60 anos, desfrutou a vida que poderia ter levado quando jovem por meio de Tussy.

Resistindo ao silêncio de Mouro, Tussy se dedicou ao seu trabalho de professora. Das limitadas opções disponíveis para as mulheres ganharem a vida na Grã-Bretanha de 1870, o trabalho como governanta e o ensino eram meios cruciais para a independência conquistada com muito esforço. A narrativa da vida de Tussy começa a tomar forma como a de uma anti-heroína feminista dos grandes romances vitorianos. Exceto que ela é real, e não a projeção aspiracional de um intelecto frustrado que deseja se expressar por meio da realização da liberdade contestada.

Tussy ficou imediatamente interessada em seus alunos, principalmente naqueles com curiosidade por política. Uma adolescente com um "imenso interesse"[39] na Comuna e na Internacional rapidamente se apegou à sua inspiradora professora de história, a senhorita Marx. "Não é estranho que eu sempre atraia essas garotas?",[40] Tussy perguntou à mãe, com uma encantadora falta de consciência de que ela poderia ser um modelo para as mulheres mais jovens.

Pela primeira vez dona de sua própria rotina, trabalhando duro com uma dupla carga de ensino, carregando o próprio salário na bolsa, Tussy estava motivada e alegre. Lissa pegava o trem em Londres e a visitava regularmente nos fins de semana. Eles faziam longas caminhadas de braços dados ao longo da orla marítima de Brighton e Hove, devorando peixe e batatas fritas, enguias, mariscos e mexilhões enquanto fumavam, conversavam e debatiam o que estavam lendo. Percorriam as colinas de Sussex Downs com piqueniques de pão, queijo e vinho; discutiam o destino da Internacional, agora que Marx havia garantido a mudança de seu comando de operações para Nova York; reclamavam dos Lafargue, de seus escritos, do emprego; e terminavam o dia em bares rústicos com tortas e canecas de cerveja. Tanto a proprietária do apartamento de Tussy como seus amigos em Brighton entenderam: Lissa era o noivo dela.

Na opinião da mãe, ela estava trabalhando demais e comendo muito pouco. Mas o que aumentou a ansiedade de Möhme foi a descoberta de que, em Brighton, Lissa parecia ser aceito por todos como o noivo de sua filha – dando ao casal a liberdade de ficarem juntos sem acompanhantes. Möhme soube pelas chefes de Tussy que Lissa a visitava na escola. A senhorita Hall concluiu que essas visitas eram adequadas, pois entendia que Tussy e Lissa estavam noivos.

Após uma visita a Brighton no final de maio, Möhme passou a ter sérias ressalvas sobre o bem-estar da filha. Com todas as melhores intenções maternas, ela se preocupava com a saúde de Tussy e interferiu em sua vida profissional. Queria que Tussy fizesse uma pausa do trabalho para acompanhar Lenchen ao funeral de sua irmã na Renânia; mas a proposta, é claro, foi firmemente rejeitada pela filha, que alegou não poder simplesmente tirar férias não programadas. Tussy ficou profundamente envergonhada quando sua mãe, pensando que um pedido direto resolveria o problema, contornou-a e escreveu diretamente à senhorita Hall, instruindo-a a liberar Tussy de seus deveres para poder ir à Alemanha. Em uma troca hilária de cartas mal-humoradas entre mãe e diretora, a escola se recusou – para alívio de Tussy.

Sua tentativa de independência pareceu bem-sucedida no começo, mas a força combinada de seus pais conseguiu derrotá-la. Agora lutando contra as forças aliadas, Eleanor perdeu a batalha em sua primeira guerra de independência. Sob pressão da mãe e do pai, ela ficou estressada e anoréxica. Embora relutante, abandonou o emprego de professora e voltou para Modena Villas em setembro, profundamente decepcionada, extremamente magra e em estado de colapso nervoso. Mouro havia trazido de volta sua secretária ao escritório e sua favorita à lareira, mas ela estava ressentida com o retorno e fisicamente indisposta.

A disputa em curso entre Lissa e Lafargue aumentou ainda mais e Tussy – confrontada com seu noivado "secreto" – foi proibida de vê-lo. Seus pais propuseram que pai e filha "provassem das águas" de Harrogate por três semanas de banhos minerais, limpando-se nas águas de Kissingen, lendo no início da noite; assim, em novembro, Marx a levou com ele para o frio de Yorkshire. Abalada por sua recente derrota, Tussy passava as tardes sob a luz do sol nos jardins do retiro, lendo Saint-Beuve e bebendo 16 copos de água sulfurosa por dia, envolta em uma névoa úmida e na fumaça dos cigarros que ela fumava entre cada copo. O fato de fumar sem parar não incomodava o pai, mas ela esperava que a leitura de Saint-Beuve o fizesse – uma contorção patética de resistência ao seu amoroso e paterno tirano.

Foi uma decisão difícil para quem amava Mouro resistir à hipocondria nervosa e chantagem emocional. Ao contrário de sua mãe e do General, Tussy tinha menos experiência em administrar a natureza dominadora de seu pai. Ela resistiu com espírito à dominação dele, mas herdara sua propensão a períodos de produtividade intensa e concentrada, pontuadas pela exaustão por estresse.

Essa foi a grande era da ansiedade nervosa e da repressão febril denominada "histeria". Tussy contraiu toda a irritante síndrome da neurose feminina vitoriana, tão brilhantemente descrita por Wilkie Collins, o grande expressionista dos efeitos da representação patriarcal e do desejo frustrado das filhas inteligentes e ambiciosas. Para todos os carbúnculos, úlceras, pés inchados e crises de depressão aguda e intensa sofridas por seu pai devido ao *stress*, Tussy podia responder com sua própria gama particular de sintomas nervosos usualmente associados às mulheres. Esquecendo-se de comer, preocupando-se com seu trabalho e com Lissa, fumando e passando noites em claro para entender o mundo, Tussy desmoronou. Esvaída e anêmica, ela estava dividida entre o pai, o amante e sua independência.

Tussy perdera a primeira batalha, mas manteve firme sua campanha. Em março de 1874, ela escreveu, "cá entre nós", a seu querido Mouro:

> Vou lhe perguntar uma coisa, mas, primeiro, quero que me prometa que não ficará muito bravo. Quero saber, querido Mouro, quando posso ver L. novamente. É *muito* difícil *nunca* o ver. Tenho feito o meu melhor para ser paciente, mas é tão difícil e sinto que não posso esperar muito mais. Eu não espero que você diga que ele pode vir aqui. Eu nem deveria desejar, mas não seria possível, de vez em quando, dar um passeio com ele? Você me deixou sair com Outine [outro admirador revolucionário russo], com Frankel, por que não com ele? Além disso, ninguém ficará surpreso em nos ver juntos, pois todos sabem que estamos noivos...
>
> Quando eu estava muito doente em Brighton... L. veio me ver, e cada vez me deixava mais forte e mais feliz e mais capaz de suportar a carga bastante pesada colocada em meus ombros. Faz *tanto* tempo desde que o vi e estou começando a me sentir muito infeliz, apesar de todos os meus esforços para acompanhá-lo, pois tenho me esforçado para ser alegre e disposta. Não conseguirei por muito mais tempo. Acredite, meu querido Mouro, se eu pudesse vê-lo de vez em quando, me faria mais bem do que todas as prescrições da senhora Anderson juntas – sei disso por experiência própria.
>
> De qualquer forma, meu querido Mouro, se eu não puder vê-lo agora, você não poderia dizer quando poderei? Seria algo pelo qual vale a pena esperar, e se o tempo não fosse tão incerto, seria menos cansativo.
>
> Meu querido Mouro, por favor, não fique com raiva de mim por escrever isso, mas me perdoe por ser egoísta o suficiente para preocupá-lo novamente.
>
> Sua Tussy.[41]

A informação mais impressionante desta súplica é que a incrível Elizabeth Garrett Anderson era agora a médica de Eleanor. Nascida em Whitechapel em 1836 e criada em Aldeburgh, Garrett Anderson foi a primeira mulher na Inglaterra a se qualificar como médica, aparecendo no registro médico pela primeira vez em 1866. Sua irmã era a sufragista Millicent Garrett Fawcett. Elizabeth Blackwell, que precedeu Garrett Anderson, teve que ir para os Estados Unidos, e Garrett Anderson foi admitida à Associação Médica Britânica em 1873, sendo por duas décadas sua única membra.

A saúde de Tussy esteve ruim durante a maior parte de 1874 e Garrett Anderson fez muito para restaurar seu vigor ao final do ano. A tensão vivida por ela foi agravada pela morte de seu sobrinho de 11 meses, filho de Jennychen, Charles Félicien, fraco e doente desde o nascimento. Eleanor cuidou dele dia e noite sem parar – para eterna gratidão de Jennychen.

Quando ele morreu na casa de seus avós em Modena Villas (lugar onde também nasceu), Tussy desmoronou completamente. Durante quase um mês, ela foi cuidada diariamente pela dra. Garrett Anderson, que não tinha dúvidas sobre a natureza daquelas doenças. Ela se concentrou principalmente na necessidade de comer e aumentar seu peso e força, em vez de viver guiada por cigarros, ar e energia nervosa reprimida. Com firme diplomacia, a médica também se concentrou na necessidade de Tussy de manter-se ocupada. Seu pai ficou impressionado com Garrett Anderson e profundamente influenciado por seu diagnóstico prático das causas da chamada "histeria", que caracterizava tantas queixas especificamente femininas.

Garrett Anderson sentiu a contribuição involuntária de Marx para a saúde debilitada de Tussy, frustrando sua ambição e desejos juvenis, mas reteve judiciosamente os comentários e incentivou toda a família a aumentar o apetite da paciente, que melhorava em "proporções geométricas",[42] para o alívio e alegria do pai.

A dra. Garrett Anderson recomendou que Tussy se beneficiasse de uma viagem às famosas águas de Karlsbad para ajudar na recuperação. O próprio médico de Marx, dr. Gumpert, ordenara que ele fosse a Karlsbad no ano anterior, uma instrução que Marx, não querendo deixar a Inglaterra enquanto Tussy estava doente, ignorou. Subsidiados por Engels, a filha e o pai partiram em agosto de 1874 para o famoso retiro da Boêmia, onde ficaram no Hotel Germânia. Marx solicitou a cidadania britânica pouco antes de viajarem, mas como não obtivera resposta do Ministério do Interior antes de partirem, ele viajou sem a proteção de um passaporte britânico. Para evitar chamar a atenção, tomou a precaução de se registrar no hotel sob o pseudônimo de Charles Marx, soldado do exército britânico.

As lendárias águas benéficas em Karlsbad haviam tornado o retiro popular entre monarcas, milionários e artistas que podiam pagar. Bach,

Goethe, Schiller e Turguêniev foram visitantes, assim como Beethoven, Leibniz, Paganini e Mozart.

Tussy estava entusiasmada com Karlsbad e encantada com o "cenário admirável".[43] Disse a Jennychen: "De fato, somos muito obedientes em todos os nossos deveres. Fazemos longas caminhadas e, no geral, nos damos muito bem".[44] Sem dúvida, graças à pedra de Lissa ser temporariamente removida do sapato de Mouro. Eles combinaram adesão estrita ao seu programa médico com socialização. Seus companheiros ecléticos e barulhentos incluíam pintores, velhos camaradas exilados, escritores e aristocratas.

Tussy estava menos entusiasmada com os velhos amigos da família, os Kugelmann, que se juntaram a eles na viagem a Karlsbad. "Um homem impossível",[45] foi como ela descreveu Kugelmann, concordando com seu pai que ele era um filisteu excessivamente pedante, mesquinho e pequeno-burguês. E isso foi apenas o começo. O que mais ofendeu Tussy foi como Kugelmann maltratava sua esposa e filha "encantadora",[46] Franziska, de quem se tornou "muito íntima".[47] Franziska confessou a Tussy que seu pai abusava verbal e fisicamente dela e de sua mãe, e que ela ansiava por Karlsbad como uma breve pausa de suas vidas miseráveis em Hamburgo sob a tirania dele.

"É uma coisa difícil", escreveu Eleanor a Jenny, "quando uma mulher não tem dinheiro próprio e o marido diz a cada minuto que ela é ingrata por toda a sua 'bênção' [*Wohltaten*] com ela e a filha. Você não pode imaginar como Kugel é brutal e sem pudor."[48] Eles estavam inicialmente alocados em quartos adjacentes. Uma noite Marx ouviu cenas terríveis através das paredes do hotel que o certificaram sobre o comportamento de Kugelmann. Ele pediu para ser transferido para outro quarto, e Kugelmann proibiu sua esposa e filha de falarem com Tussy e Karl.

Esse episódio acentuou a consciência de Tussy sobre os perigos da dependência econômica para as mulheres dentro do casamento. Aqui, junto da consciência da crescente infelicidade e esforço de ambas as irmãs, estão os primeiros sinais explícitos de seu feminismo nascente.

Na viagem de volta, eles foram a Leipzig para visitar os Liebknecht por três dias, o que Tussy descreveu como "uma lembrança brilhante e alegre".[49] Ela e Alice ficaram encantadas de se verem e, pela primeira vez, Tussy conheceu Nathalie, a segunda esposa do Biblioteca, e sua crescente família. Karl Liebknecht, o mais novo membro da família, tinha três anos, e ele e Tia Tussy tiveram um relacionamento instantâneo e duradouro.

Tussy confessou suas dificuldades ao Biblioteca. Ele era discretamente solidário à luta dela com Mouro e com a oposição de sua família a Lissa. Eles concordaram em trabalhar juntos nas relações entre o movimento socialista na Alemanha e na França, com Eleanor relatando o progresso do socialismo na Inglaterra. Biblioteca e August Bebel haviam fundado o Partido Social-Democrata Alemão [SPD na sigla em alemão, Sozialdemokratische Partei Deutschlands], sob princípios marxistas, em 1869. O *Estado Popular* [*Volksstaat*], de Biblioteca, era a publicação do partido operário alemão. Lissa estava prestes a lançar uma nova análise semanal de política, *Vermelho e Negro* [*Rouge et Noir*], e Tussy, por sua vez, convidou Biblioteca para contribuir. O reencontro deles foi um momento decisivo para a restauração total de sua saúde: "Não consegui encontrar palavras para lhe contar... quão feliz eu fiquei ao ver todos vocês. Tem sido um dos meus mais queridos desejos vê-los novamente, por... ter crescido com a lembrança de muitos dias felizes passados com vocês".[50]

Durante o restante de 1874, Tussy trabalhou nas primeiras duas edições de *Vermelho e Negro,* para as quais ela traduziu, do alemão para o francês, cansativos discursos do Biblioteca no Reichstag, os quais exigiam o levantamento das sentenças dos social-democratas presos e uma revisão do processo judicial que sofriam. Tussy concordou com a posição do Biblioteca, mas não com sua retórica didática*: "Qu'est-ce que la burguesoisie? – Tout. Que doit-elle être? – Rien."* [*O que é a burguesia? Tudo. O que ela deveria ser? Nada.*][51] Ela teria preferido uma análise e persuasão claras. O *Vermelho e Negro* teve apenas três edições, encerrando no final de novembro. Acabou sendo mais uma análise aleatória do pensamento de Lissa do que um relatório abrangente sobre o socialismo internacional, mas Marx não se enganou sobre até onde Lissagaray estava claramente influenciado por seu próprio pensamento. Talvez os itens mais divertidos da precoce publicação tenham sido as sátiras dos políticos contemporâneos, incluindo o entusiasta radical Victor Hugo, porta-voz da Assembleia, caracterizado por ter a língua solta de um parisiense.

A retórica bem-intencionada, porém, limitada do Biblioteca, e a inspiração socialista-marxista generalizada de Lissa contrastavam com a afiada clareza do pensamento político de Tussy às vésperas de seus 20 anos. Ela viu a necessidade prática da publicação. Considerou a imprensa francesa "completamente abjeta"[52] e inútil:

> Que um movimento socialista esteja ocorrendo na Alemanha é um fato que o povo francês desconhece! Logo, uma publicação francesa na qual se fale sobre o movimento socialista em todos os países se faz necessária.[53]

Aqui está Tussy, a internacionalista arraigada, aos 19 anos. Também aqui, em 1874, ela faz um breve resumo do estado da política na Inglaterra para sua nova correspondente frequente, Nathalie. O movimento operário inglês está, ela comenta, completamente parado, ofuscado pela derrota da Comuna. Sua visita à Alemanha, ela conta a Nathalie, demonstrou o bom trabalho que uma força policial repressiva faz "para ajudar nossa causa".[54] Revelando uma mentalidade estratégica que o General aprovaria, Tussy expressa a pena que sente "pelo regime prussiano não ser possível na Inglaterra. Faria mais do que todas as uniões sindicais e associações de trabalhadores reunidas para trazer vida ao movimento aqui."[55]

Superada a depressão, recuperado o apetite, envolvendo-se em assuntos do mundo em geral, Tussy havia vencido a primeira rodada na partida contra a doença feminina vitoriana. Talvez repensando o papel da dra. Garrett Anderson em sua recuperação, ela também contou a Nathalie sobre o lançamento da primeira Escola de Medicina para Mulheres, iniciativa de Sophia Jex-Blake, apoiada por Garrett Anderson e pelo professor Huxley. Embora, ela observou, a Faculdade de Medicina ajudasse apenas mulheres de classe média, isso era pelo menos "alguma coisa".[56]

Em seu retorno à Inglaterra em outubro, Tussy estava com um humor reflexivo em relação ao seu passado recente e seu futuro imediato. Na mesma carta, ela enviou a Nathalie um recorte do *The Times*: um anúncio de alguém que, como ela e sua irmã mais velha, buscava ganhar a vida de forma independente ensinando:

> Uma jovem deseja trabalhar como governanta. Ela possui boas referências e ensina alemão, francês, música e desenho, que aprendeu no exterior. Condição: seis xelins por semana.

Tussy escreveu com o conhecimento de causa como esse anúncio demonstrava a "posição horrível das governantas".[57] Ela teve como exemplos sua própria experiência recente e a miserável servidão de sua irmã mais velha trabalhando para o escocês doutor Monroe, que a demitira sumariamente, depois de três anos de bom serviço, no instante em que "ele fez a terrível descoberta de que eu sou filha do 'chefe do querosene' que defendeu o injusto movimento da Comuna".[58]

No final de 1874, tanto os Lafargue quanto os Longuet haviam retornado a Londres e moravam nas proximidades, em Hampstead. Longuet conseguiu um emprego ensinando francês no King's College de Londres, e Jennychen conseguiu um posto na Escola Católica St. Clement Danes, no centro da cidade. Os casamentos de Jenny e Laura as tiraram da casa dos pais, mas nenhuma delas ficou feliz com as demandas da maternidade e com as carreiras de seus maridos.

Por alguns anos, a vida de Tussy se assemelhava à da heroína frustrada de um romance de Collins ou Brontë. Agora ela estava começando a quebrar o molde. Desistiu de tentar amansar a fera de seu pai. Parou de pedir permissão para continuar com Lissa e simplesmente restabeleceu o relacionamento abertamente, desafiando qualquer um que a enfrentasse diretamente.

Chegando à maioridade na época da Comuna, enfrentando todos os seus desafios e contradições, Tussy foi presenteada com versões alternativas de feminilidade e possibilidades da vida de mulher. Como evento político geral, a Comuna não teve sucesso, mas como um evento de gênero, foi um marco extraordinário na história da emancipação das mulheres. Tussy provocou e afrouxou os laços da anti-heroína vitoriana lutadora. Para onde ela estava indo, os outros só podiam acompanhar ou criticar. E sem modelos satisfatórios na família, na vida ou na ficção, ela realmente não sabia a direção certa.

OS DOGBERRIES

"Uma garota esguia e atraente do tipo alemão", disse o admirador revolucionário russo Nikolai Alexandrovich Morozov, "ela me lembrou da romântica Gretchen, ou Margarida, em *Fausto*".[1] A comparação com a trágica ingênua de Goethe faria Tussy cair na gargalhada.

Morozov foi apenas um de um grande elenco de figuras excêntricas que visitaram a nova casa de Marx na rua Maitland Park 41, para onde a família se mudou em março de 1875. Uma casa recém-construída de quatro andares e terraço intermediário, na esquina de sua antiga casa, com o aluguel significativamente mais barato. "Uma vila suburbana muito comum", comentou a amiga de Tussy, Marian Comyn. "O charme da casa, no entanto, não era nada comum".[2] Outra amiga, a atriz Virginia Bateman, achou que era "uma casinha horrível".[3] A rua Maitland Park ficava a uma distância conveniente a pé da estação Camden Chalk Farm, na linha North London, que ostentava uma sala de espera para mulheres na plataforma.

Morozov compunha o quadro do Narodnaya Volya,* a unidade secreta da luta revolucionária contra a autocracia tsarista; fazia parte da equipe de

* Significando "a vontade do povo", o Narodnaya Volya foi uma organização política revolucionária russa do começo dos anos 1880. Foi formada após a divisão do Zemlya i Volya [Terra e Liberdade]: um braço se tornou o Narodnaya Volya e o outro, Cherniy Peredel [Partilha Negra]. A palavra *volya* pode significar tanto "vontade" como "liberdade" em russo.

combate com Lev Hartmann e Sofya Perovskaya que, em 1879, fez uma tentativa malsucedida de explodir o tsar Alexandre II em sua comitiva real. Morozov fugiu para a França e foi preso quando retornou à Rússia em fevereiro de 1881. Um mês depois, o Narodnaya Volya tentou novamente e conseguiu assassinar Alexandre em uma missão liderada por Sofya Perovskaya. A convulsão política da Rússia atraiu o interesse de Tussy, que contribuiu com vários artigos sobre o assunto para a *St. James's Gazette* [*Gazeta de St. James*].

Como Comyn já sabia e Morozov estava prestes a descobrir, a ordinária porta da frente da "casinha horrível" no subúrbio de Londres, envolta em névoa, dava para um universo paralelo. Clara Collet, amiga de Tussy, descreveu a sala de estar lotada como "cheia de pessoas, todas falando francês a plenos pulmões, a maioria delas refugiadas da crise após a Comuna de Paris... um francês me disse que, no caso de uma revolução, todos na sala estariam sob sentença de morte – presumivelmente ele se desculpou pelo sentimento".[4] O número 41 da rua Maitland Park, dos Marx, tornou-se o salão boêmio radical mais acolhedor de Londres entre 1875 e 1883.

No dia em que Morozov e Lev Hartmann a visitaram pela primeira vez, Londres estava envolta em sua notória névoa amarela. Lâmpadas foram acesas em todas as casas. Exilados sob ordens de extradição, os homens eram terroristas em potencial contra o Estado britânico. O policial encarregado de segui-los teve que ficar do lado de fora na rua enevoada, enquanto os sujeitos de sua vigilância eram puxados confortavelmente para a lareira do escritório de Marx com café e os biscoitos caseiros de Lenchen. Tussy os recebeu e os entreteve até Mouro voltar do Museu Britânico. Ela passou para o francês quando percebeu a hesitação de Morozov com o inglês. Ele notou sua facilidade; seu francês muito desenvolvido demonstrou os benefícios linguísticos de sua ligação com Lissa.

Morozov se lembrou de um detalhe: o abajur do escritório de Marx tinha uma sombra verde que projetava Tussy em uma luz suave enquanto ela falava com eles, sentada na poltrona de seu pai, emoldurada pelas paredes forradas de livros.[5] O efeito daquele abajur verde evocou as comparações admiradas de Morozov sobre Eleanor com a Gretchen de Goethe.

"A conversa", lembra Morozov, "foi principalmente sobre assuntos do Narodnaya Volya, pelos quais Karl e Eleanor mostraram grande interesse.

Marx disse que ele, como todos os outros europeus, imaginava nossa luta contra a autocracia como algo fabuloso, como um romance fantástico".[6] Foi uma observação ambígua. Marx e Engels permaneceram implacavelmente contra o terrorismo e enfatizaram a necessidade de um movimento popular representativo e de base ampla na Rússia, em vez da milícia clandestina e minoritária do Narodnaya Volya. Tussy, indecisa sobre a questão da luta armada, foi absorvida pelo debate.

A comparação feita por Morozov de Tussy com a famosa heroína de Goethe captura sua aura: uma emigrante pan-europeia e cidadã do mundo. Mas Tussy não compartilhava da preocupação de Gretchen em contar pétalas de margaridas ou ser atrapalhada por uma gravidez antes do casamento. Tussy voltou seus pensamentos para a condição de sua nação e, por extensão, seu lugar dentro dela: "Quem diria que na tranquila, respeitável e feliz Inglaterra milhões de pessoas estão à beira de morrer de fome!".[7]

Filha da primeira geração de pais imigrantes, cidadã britânica, produto de muitas culturas, internacionalista por educação e temperamento, muito viajada para sua idade, ela havia se tornado uma londrina metropolitana que lutou pela Grã-Bretanha em todas as suas lutas sociais e políticas. Durante seus vinte e poucos anos, ela se envolveu ativamente no desenvolvimento da política educacional de Londres, no debate sobre a autonomia política irlandesa, na evolução do SPD e na campanha de anistia para os comunardos. Escreveu para Nathalie Liebknecht no dia de Ano Novo de 1875, 15 dias antes de seu vigésimo aniversário:

> Uma espécie de movimento interno (greves etc.) nunca cessou totalmente na Inglaterra, mas John Bull está acostumado a se comportar há tanto tempo que segue o caminho que deveria em uma extensão alarmante... Não se passou um dia sem que a 'morte por necessidades' de algum 'pobre' não fosse registrada. Não dá para entender como os milhares de homens e mulheres que passam fome no East End de Londres – e morrem de fome ao lado da maior riqueza e luxo – não se envolvem em alguma luta selvagem. Certamente, nada poderia tornar sua situação pior do que agora.[8]

Dada a sua origem, filiação e predisposição, era de se esperar que ela fosse internacional, nacional e local. Quando se mudaram para a rua Maitland Park, Tussy, essência de radical inglesa alquimizada com amplas influências culturais europeias, tornou-se igualmente, com seu pai, uma atração do lar dos Marx. Marian Comyn descreveu a atmosfera da casa:

> Acredito que fosse boêmia em sua hospitalidade aberta, suas boas-vindas graciosas a estranhos dentro de seus portões. E os estranhos eram muitos e compartilhavam um encanto clássico bastante variado. Havia um ponto de semelhança entre eles – na maior parte, eram pobres. Péssimos quanto às roupas, furtivos nos movimentos, mas interessantes, sempre interessantes... O tratamento do Dr. Marx para com sua família era totalmente encantador. Um bom número, sem dúvida, achou sua terra natal quente demais para mantê-los – conspiradores inteligentes para quem Londres era um centro escolhido, presos políticos que planejaram sacudir os grilhões de seus membros, jovens aventureiros cujo credo era: 'se-há-um-governo-eu-sou-contra'.[9]

Como muitos outros, Comyn foi calorosamente convidada a participar da recepção pública regular de domingo no número 41 da rua Maitland Park. Tussy estava no comando dessas reuniões semanais. Uma tentativa de regularizar o fluxo contínuo dos visitantes enquanto Mouro trabalhava em sua *Crítica ao Programa de Gotha* e editava a *História da Comuna* de Lissagaray, os salões de domingo de fato apenas ampliaram a agitada sociabilidade da casa.

Tussy persuadiu Lenchen a preparar comida suficiente para um número indefinido de convidados, e Lenchen atendeu com assados, ensopados, sopas, docinhos e seus famosos bolos. "Helen era uma excelente cozinheira", observou Comyn; assim como seus biscoitos alemães, "suas tortas de geleia são uma lembrança doce e duradoura até hoje".[10] Helen servia a refeição na "sala de jantar do semiporão" e "parecia estar acontecendo mais ou menos um Sabá".[11] Todos os que se juntaram aos Marx "em casa" conheciam Lenchen, com seus brincos de ouro e o coque enredado. Sua cozinha ficava ao lado da sala de jantar – e suas opiniões eram igualmente compartilhadas ali. Não havia nenhuma divisão entre a família e a empregada. Lenchen "reservava para si o direito de falar o que pensava, até mesmo para o augusto médico. Suas ideias eram recebidas com respeito – e até mansidão – por toda a família, exceto Eleanor, que frequentemente a contestava".[12]

Eleanor ficou em Londres durante o verão de 1875, enquanto Mouro mais uma vez foi para as águas sulfurosas de Karlsbad, e Möhme, para uma pausa prolongada em Lausanne até setembro. Enquanto eles estavam fora,

Lissa a visitava diariamente, ou, mais diretamente, quase todas as noites, sob o olhar benevolente de Lenchen. Ela havia facilitado o noivado secreto entre Marx e Jenny na juventude e agora contribuía com Tussy e Lissa da mesma forma.

A relação sexual de Tussy com Lissagaray levanta a questão do uso de contraceptivos. Na década de 1870, vários dispositivos anticoncepcionais estavam disponíveis para compra sem receita nas farmácias inglesas, incluindo preservativos de borracha, diafragmas, supositórios químicos, esponjas vaginais e tampões medicamentosos. A contracepção era amplamente divulgada em linguagem e imagens alusivas, cujas implicações eram bastante claras para o público em geral. Culta e urbana, Eleanor teve ampla oportunidade de tomar as medidas necessárias; ela também tinha um parceiro mais velho e experiente que não queria filhos até que publicasse sua história da Comuna de Paris.

Ao longo do verão de 1875, Lissa trabalhou duro em seu livro. Tussy foi sua principal pesquisadora, escrevendo a Karl Hirsch com pedidos de fatos de Paris sobre o desfecho da Comuna. Frustrado com o exílio indefinido, a leviandade e o brio de Lissa se transformaram em um mau humor excessivamente solene. "A juventude deve ser séria e austera em vez de despreocupada, pois não temos mais tempo para sermos jovens".[13] Essa nova nebulosidade perturbou e abalou Tussy, mas ela empurrou sua ansiedade para o fundo da mente, diminuindo o estresse de Lissa com o prazo de seu livro, ao encorajá-lo.

Karl Hirsch forneceu cuidadosamente todas as informações que Tussy solicitou sobre a Comuna. Cuidado exagerado. Como demonstram suas correspondências, Hirsch se apaixonou por ela ao se encontrarem em Londres, em outubro de 1875, logo após ele ser libertado da prisão na Alemanha. Jornalista e político de carreira, editor de vários jornais social-democratas, Hirsch era um pragmático paciente e não estava disposto a se declarar a Tussy e confrontar Lissagaray. Uma escolha sábia, dada a disposição do último para o combate armado. Hirsch se comprometeu com um jogo mais longo, estabelecendo uma corte tão formal e insinuante que Tussy foi a última a percebê-la. Para ela, Hirsch era um amigo generoso e um correspondente encantador, com quem adorava discutir arte e política. Jennychen, mais astuta sobre os motivos ocultos do "não amado Hirsch",[14] deu muitas pistas para sua irmã mais nova, que não as percebeu. Reconhecendo-se igual a qualquer homem, o comportamento de Tussy – independentemente da idade ou posição – era levianamente livre das inibições sociais da feminilidade. Atraídos por seu fulgor, muitos homens e muitas mulheres sofreram por Tussy nessa fase de sua vida. Focada em Lissa, ela deixou a maior parte dessa atenção passar completamente despercebida.

A correspondência dela com Hirsch, depois que ele retornou a Paris, voltava-se principalmente para a política francesa e a campanha pela anistia para os comunardos, um assunto caro a Tussy – ela tinha certeza de que a resolução desse problema restauraria Lissa ao que ele costumava ser. Tussy e Hirsch se correspondiam em francês. Escrevendo em maio de 1876, ela supõe que ele está muito ocupado com a anistia em Paris: "De qualquer forma, os jornais começam a falar sobre isso. Por fim, saberemos em breve quem poderá voltar à França, pois eu acho que a Assembleia será forçada a dar indultos bastante numerosos".[15] Seu otimismo exagerado foi aumentado pela mudança de regime na França durante o inverno de 1875-1876, substituindo a Assembleia Nacional Conservadora por uma Câmara de Deputados republicana que introduziu o projeto de lei de anistia total para os comunardos. Rejeitado por ambas as câmaras logo depois de Eleanor escrever esta carta, a introdução do projeto de lei, no entanto, serviu para colocar o debate sobre a paz e a reconciliação com os ex-rebeldes comunardos na agenda.

Enquanto isso, Hirsch refletiu sobre como poderia garantir uma vantagem em sua tentativa de conquistar Tussy. Seu aniversário de 20 anos ofereceu a oportunidade perfeita.

Ele enviou a ela um maço de cigarros, com uma nota calorosa parabenizando-a pela maioridade. Graças à polícia interceptar rigorosamente toda a correspondência, sabemos que foi Hirsch quem apresentou e forneceu a Tussy a luxuosa conveniência moderna dos cigarros prontos, nos quais ela se tornou tão pestilentamente viciada quanto o pai com os charutos baratos. Até então, Tussy, como a maioria das pessoas, comprava tabaco e papéis soltos e enrolava seus cigarros. Ela ficou encantada e agradeceu profundamente a Hirsch, que apenas alguns meses depois deu outro presente, ainda mais bem-sucedido: um pincenê com o *design* mais recente da moda.

Um estilo de óculos apoiado sem hastes, apertando a ponte do nariz feito uma pinça, o pincenê existia desde os anos 1500. Os desenvolvimentos na engenharia de aço leve e a fabricação de vidro mais fino durante a industrialização tornaram possível um pincenê mais leve e confortável, que atingiu o auge da popularidade no final do século XIX. Os modelos eram unissex e eram carregados em um estojo de encaixe; para as mulheres, eram presos a uma corrente usada no pescoço ou a um grampo de cabelo personalizado. Para o cabelo rebelde de Tussy, um grampo era muito complicado. Ela prendeu o pincenê a uma corrente comprida de latão, que pode ser vista nas fotos tiradas desse período e desde então.

O pincenê dado por Hirsch tinha uma ponte dura que encaixava perfeitamente em seu nariz marxiano. As lentes não estavam certas, mas um optometrista do Soho as trocou e ela escreveu para Hirsch usando o presente, expressando sua gratidão e alegria. Ele estava silenciosamente satisfeito em saber que estava proporcionando a ela confortos práticos nos quais Lissa não havia pensado. A miopia que ela desenvolvera nos últimos anos foi agora muito aliviada por esses óculos alemães de qualidade. Tussy, apesar da melhora dramática na qualidade de sua visão graças ao seu novo pincenê, ainda não percebia que a atenção de Hirsch significava outra coisa além da amizade camarada.

Os cigarros prontos e os pincenês mais recentes estavam entre uma série de inovações e dispositivos que economizam tempo. Tussy os abraçou com entusiasmo, sem hesitação. Foi uma das primeiras a adotar qualquer tecnologia prática que reduzisse o trabalho das tarefas domésticas e da diversão. Ela repreendeu sua amiga Marian Comyn quando apareceu inesperadamente para pegar um livro que ela havia emprestado e descobriu Marian com agulha na mão, e o livro sobre a mesa ao lado dela – inacabado:

> Esse lapso foi para ela uma indicação de inaptidão mental, senão moral, e ela expressou sua opinião com vigor dramático. Sobre as realizações femininas dos dias vitorianos, ela derramou frascos de ira desdenhosa. Desprezava o 'trabalho extravagante' e a costura simples, que ela considerava supérflua em vista da existência das máquinas de costura.[16]

Pois Tussy era agora uma ardente entusiasta do trabalho teatral, não dos trabalhos extravagantes, e o que mais lhe interessava eram os círculos literários e não os de costura.

"Desde agosto de 1877, foi estabelecido o Clube Dogberry",[17] Clara Collet registrou em seu diário. Clara e Tussy eram amigas de infância. Suas famílias se conheceram durante a década de 1850, quando Marx começou a contribuir para *A imprensa livre: uma crítica diplomática* [*The Free Press: A Diplomatic Review*], editada a partir de 1856 pelo pai de Clara, Dobson Collet.[18] Tussy e Clara se conheceram na casa desta na alameda Hornsey, Crouch End, e gostaram uma da outra imediatamente. Clara lembrou-se vividamente desse primeiro encontro, no qual ficou deslumbrada com a energia de Tussy, "vestida de merino azul enfeitado com penugem de cisne branco".[19] Os pais fizeram uma leitura teatral na sala de baixo, enquanto as meninas vagavam "por todos os cômodos do andar superior da casa".[20] Tussy fez da própria casa de Clara uma aventura para ela.

Sete anos depois, as duas fundaram o Dogberry Club, dedicado à leitura de peças e a todas as outras atividades teatrais e culturais relacionadas a Shakespeare. Nomeado em homenagem ao Sr. Dogberry, o policial presunçoso e egoísta de *Muito barulho por nada*, que fabulosamente fazia mal uso da língua inglesa. Era um título atrevidamente adequado para um grupo de jovens radicais britânicos que desaprovavam o estado monarquista antidemocrático da Inglaterra, sobre cuja autoridade eles tinham pouca consideração. Como muitas outras coisas que aconteceram na rua Maitland Park, as reuniões de Dogberry estavam sob vigilância da Scotland Yard. Há um bom humor em nomear um clube de leitura de Shakespeare em homenagem aos infelizes detetives policiais que perderam seu tempo monitorando seus membros e atividades.

Os Dogberry originais consistiam em família e amigos – incluindo os dramaturgos Edward Rose e Israel Zangwill, e as atrizes Theodora Wright e Virginia Bateman. Engels, Sir Henry Juta e os pais de Eleanor e Clara formavam o grupo adulto regular, que era aumentado por visitantes ocasionais.[21]

Como já sabemos, o amor de Tussy por Shakespeare criou raízes na infância. Agora renascia a paixão da família pela "Bíblia de nossa casa, [que] raramente sai de nossas mãos ou bocas".[22] Tussy era o principal espírito dos Dogberry. Ela organizou leituras de peças quinzenais na rua Maitland Park e saídas para as estreias de Henry Irving no Teatro Lyceum.

Henry Irving era o nome artístico de John Brodribb, nascido em Somerset, filho de um caixeiro-viajante e uma mãe metodista* que nunca o perdoou um minuto sequer pela condenação imoral de sua vida no palco.[23] Irving estudou em uma faculdade comercial e não teve formação em teatro, mas acabou se tornando o ator-empresário de maior sucesso no palco inglês do século XIX. Autodidata, Irving demonstrou que o teatro era um mundo profissional no qual as pessoas podiam ter sucesso independentemente de onde viessem.

Até o sucesso sensacional de *Hamlet,* de Irving, em outubro de 1874, as produções de Shakespeare eram fracasso de bilheteria há muito tempo.[24] Irving reinventou a linguagem da atuação shakespeariana. Suas novas interpretações tornaram o bardo novamente popular entre o público vitoriano. Os críticos reprovaram sua versão de *Hamlet* por romper com a tradição declamatória tradicional da performance shakespeariana. Tussy e seus pais defenderam veementemente o lado de Irving na controvérsia da imprensa sobre sua interpretação moderna e radical que seguiu a nova abordagem psicológica e humanizante introduzida pelo ator estadunidense Edwin Booth. Alfred Tennyson elogiou Irving por retratar o "método do Príncipe da Dinamarca em sua loucura, bem como a loucura em seu método".[25] O *Hamlet* inovador de Irving em 1874 e *Macbeth* em setembro seguinte reacenderam a mania de Shakespeare da infância de Tussy e a colocaram no caminho para uma vida no teatro. Ou ao menos assim ela começou a sonhar.

Nas noites de estreia, a primeira fileira de poltronas do *Dress Circle* do Lyceum era reservada para os Dogberry – uma concessão notável, visto que era o principal teatro de Londres sob a gestão de Irving. Tussy provavelmente garantiu o favor por meio de Virginia Bateman, uma Dogberry cujos pais administraram o Lyceum antes de Irving. Virginia, de nome artístico Virginia Francis, era a mais nova das quatro irmãs Bateman, todas atrizes. Tussy, ela lembrou, estava muito ansiosa para fazê-la levar Shakespeare a sério.[26]

Em uma dessas primeiras saídas do clube, Tussy presenteou Irving com uma coroa de louros em nome dos Dogberry. Ele beijou sua mão em agradecimento. Ao ver a filha rebelde do socialismo apresentada ao ator *superstar*

---

* No original, *fire-and-brimstone Methodist Mother. Fire-and-brimstone,* "fogo e enxofre", refere-se ao inferno ou à danação eterna após a morte.

de origens humildes no absurdamente elegante Lyceum, o Sr. Dogberry pode ter observado: "Nosso olhar, senhor, realmente compreendeu duas pessoas auspiciosas".*

Após a mudança para a rua Maitland Park, Möhme começou a se sentir cansada e atormentada por contínuas e persistentes indisposições. Para tentar animá-la, Eleanor incentivou a mãe a ir ao teatro com frequência e a escrever resenhas sobre Shakespeare que Hirsch publicou na *Frankfurter Zeitung* [*Gazeta de Frankfurt*] a seu pedido:

> Senhor Irving... interessa-nos muito (embora não o conheçamos pessoalmente) primeiramente porque é um homem de raro talento e, em segundo lugar, porque toda a imprensa inglesa, em consequência das mais miseráveis intrigas, se opôs furiosamente contra ele e levantou uma cabala.[27]

Revigorada por sua nova "mania de escrever", Möhme compôs várias outras resenhas, bem como um relatório resumido sobre a temporada de teatro de Londres de 1876, todas pautadas por Tussy e publicadas pela *Frankfurter Zeitung*.[28] Mouro se contentou em pegar um papel coadjuvante no renascimento de Shakespeare da família Marx. Ele encorajou o entusiasmo de Tussy, sentindo que isso dava a ela uma plataforma própria para se erguer e um meio de integração com sua cultura natal. Ele raramente saía à noite ultimamente, e os Dogberry forneciam entretenimento doméstico. "Ele nunca recebeu um papel", observou Marian Comyn,

> ... o que, pelo bem da peça, talvez fosse melhor, pois ele tinha uma voz gutural e um decidido sotaque alemão. Estava interessado em falar da popularidade de Shakespeare na Alemanha e de como isso aconteceu; Eleanor sempre sustentou que o ideal dramático alemão se aproximava muito mais do inglês do que do francês, e tornou-se eloquente com relação a Lessing e Wieland, que tanto fizeram para tornar Shakespeare conhecido em seu próprio país.[29]

Nem tudo era tão intelectual. Quando os Dogberry terminavam sua leitura séria, eles migravam para jogos e passatempos, como charadas e o

---

* Provável referência à fala de *Muito barulho por nada*, ato 3, cena 5: "Ora, senhor, nossos guardas desta noite, com exceção de Vossa Senhoria, prenderam um par de consumados velhacos". William Shakespeare. *Muito Barulho por Nada* (Locais do Kindle 903), eBooksBrasil, Edição do Kindle.

tradicional jogo de rima inglês do burro-crambo* – para o deleite de Marx e Engels, que sempre entravam no espírito de qualquer diversão que estava acontecendo e riam até que as lágrimas corressem pelo rosto com qualquer coisa cômica, "o mais velho em anos, mas em espírito tão jovem quanto qualquer um de nós".[30]

Durante este período, Eleanor também se envolveu em estudos mais acadêmicos de Shakespeare. Ela ingressou na New Shakespeare Society [Nova Sociedade Shakespeare], fundada em 1874 pelo filólogo e estudioso de textos ingleses, Frederick James Furnivall.

Furnivall foi um personagem interessante que forneceu uma enorme contribuição para fundar a disciplina de estudo da literatura inglesa. Um agnóstico de pensamento livre e fortes tendências socialistas cristãs, Furnivall ensinou gramática e literatura no Working Men's College. Chefiou o trabalho preliminar do *New Oxford English Dictionary*, projeto do qual foi editor. O *Concise Oxford Dictionary* foi ideia dele, formulado quando ele percebeu que o Novo OED seria um trabalho para a vida toda. Furnivall estava comprometido com a educação do trabalhador e com o ensino superior para mulheres. Ele também gostava muito de se divertir em barcos. Um de seus projetos mais atraentes foi organizar um Clube de Remo de Senhoras no Tâmisa para as garotas da Harrods.

A Nova Sociedade Shakespeare se reunia semanalmente no Colégio Universitário de Londres. Eleanor compareceu a sua primeira reunião em maio de 1876. Furnivall não nutria remorsos pelas intenções nacionalistas culturais de sua sociedade de Shakespeare. Seu discurso de abertura lembrou aos presentes que era "o dever dos ingleses estudar Shakespere [*sic*]" e que, em sua opinião, era "humilhante e lamentável" que "nenhum em 20 – ou digamos 20 mil" ingleses tivesse uma "noção real do maior autor do mundo".[31] Ao ingressar na sociedade de Furnivall, Tussy estava se envolvendo nas definições emergentes de inglesidade e na formação da "literatura inglesa" como objeto de estudo acadêmico.

Quando Marx chegou à Inglaterra, aprendeu inglês por conta própria fazendo classificações sistemáticas das frases originais de Shakespeare que

* Jogo de mímica no qual os participantes têm que adivinhar a palavra por gestos e por palavras que tenham o mesmo som que a palavra a ser adivinhada. É uma variação do crambo, em que são usadas rimas para descobrir as palavras.

ele então aprendeu de cor; ele então passou essas classificações para Tussy, que as absorveu como parte de sua herança cultural de imigrante. Ela, por sua vez, se lançava ao debate e à investigação textual em uma sociedade dedicada a promover a primazia de Shakespeare como provedor do inglês, a maior linguagem teatral e poética do mundo.

Eleanor se ofereceu para traduzir um denso ensaio em alemão do filósofo Nikolaus Delius, um professor da Universidade de Bonn, sobre o elemento épico nos dramas de Shakespeare, e foi elogiada nas atas da sociedade por seu trabalho. Os registros da sociedade sobre as contribuições de Eleanor demonstram seu interesse particular na representação de Shakespeare de personagens femininos e as relações entre os sexos. Ela se opõe à sugestão de John Ruskin de que Cordélia não poderia ter sido bonita, pois, se o fosse, "nunca teria sido mal interpretada de forma tão deliberada". Tussy, demonstrando um domínio muito mais firme da psicologia feminina, retruca que "Cordélia deve ter sido bonita, ou então suas irmãs não a odiariam tanto".[32] Furnivall reconheceu que era uma vantagem ter mulheres na sociedade, porque elas identificaram aspectos novos da obra de Shakespeare, particularmente interpretações de suas personagens femininas, "muitos pontos que eram novos para ele".[33]

Furnivall tinha o dom do tom leve necessário para trazer as pessoas excluídas do ensino superior para contextos de aprendizagem onde se sentissem confortáveis com a "alta cultura" e as ideias. Seus encontros informais com chá e pãezinhos na casa de chá ABC em Bloomsbury, regularmente frequentados por Eleanor, eram um ímã para uma diversidade de pessoas excluídas das universidades por classe, gênero, fé ou ateísmo.

Mesmo que pudessem ingressar no ensino superior, jovens como Tussy não poderiam estudar literatura inglesa e sua ilustre história como disciplina – porque ela ainda não existia. Furnivall e seus seguidores, dos quais Eleanor estava entre os mais ativos, desempenharam o papel principal no estabelecimento da literatura vernácula inglesa como uma disciplina digna de bolsa de estudos e pesquisa, tornando acessível a educação em humanidades.

Furnivall começou lançando a Sociedade de Textos em Inglês Arcaico [Early English Text Society] em 1864, seguida pela Sociedade Chaucer [Chaucer Society] em 1868, a Nova Sociedade Shakespeare [New Shakespeare Society] em 1873 e a Sociedade Shakespeare Dominical [Sunday

Shakespeare Society] em 1874. As sociedades de Browning e Shelley seguiram em 1881 e 1886, respectivamente. Furnivall se dedicou a promover a produção de textos confiáveis de Shakespeare, valendo-se de sua especialidade em filologia. Em uma época em que ainda não existia o conceito de estudo da literatura inglesa como disciplina nas universidades, ele foi um pioneiro.

Depois de 1876, Eleanor foi ativa em todas essas sociedades e começou a fazer pesquisas acadêmicas diretamente para Furnivall, de quem se tornou amiga. Proibida de se formar em uma universidade inglesa por seu sexo, o trabalho de pesquisa era, como para suas contemporâneas, o único caminho para a bolsa de estudos literária disponível para ela. Desse modo, Tussy efetivamente conseguiu um diploma universitário por si mesma, angariando dinheiro ao longo do caminho. Ela foi, graças ao preparo com seu pai, uma pesquisadora dedicada e incansável, com uma eficiência de rolo compressor que podia estripar e resumir até mesmo os argumentos mais melosos no papel com clareza e economia.

Embora ela tenha trabalhado duramente neles, esses estudos autodidatas foram uma subtrama do tema principal: o interesse principal de Tussy, do qual seu trabalho acadêmico foi um apêndice, estava na arte e na atuação teatral. Atuar parecia oferecer a possibilidade de explorar e definir sua vida para além das opções estreitas de ensinar, ser governanta ou seguir como uma criada para os esforços intelectuais cada vez mais autocentrados de Lissagaray. O palco acenou.

A ÚNICA CANDIDATA

Em setembro de 1878, Eleanor estava ao lado de Engels no cemitério Kensal Green, no funeral de sua "tia", Lizzy Burns. Ele agora estava desolado sem as queridas irmãs Burns, e Eleanor havia perdido uma de suas mais importantes mentoras e amigas. Lizzy e o General viviam felizes juntos desde a morte de Mary, em 1863. Engels casou-se com Lizzy uma noite antes da morte da irmã, "para agradá-la... em seu leito de morte", como Tussy dizia. Para ela, a partida da "Titia"[1] foi como a perda de um parente. Os grandes legados de Lizzy para Tussy foram inculcar sua compreensão da política e história irlandesas e a urgência da necessidade de libertar as mulheres – econômica, social e sexualmente.

Lizzy e Möhme haviam se tornado particularmente próximas durante os últimos anos, unidas pela doença, pela menopausa e por um entendimento comum da opressão das mulheres. Möhme refletiu francamente sobre a diferença entre as vidas dela e de Lizzy e a de seus amados homens:

> Em todas essas batalhas, nós mulheres temos que suportar a parte mais difícil, ou seja, a mais mesquinha. Na batalha com o mundo, o homem fica mais forte, mais forte também diante dos inimigos, mesmo que estes sejam muitos; nós sentamos em casa e cerzimos meias.

> Isso não afasta as preocupações, e os pequenos cuidados diários corroem lentamente a coragem de enfrentar a vida. Estou falando com mais de 30 anos de experiência. Posso dizer que não desisti facilmente da coragem. Mas estou velha demais para ter muita esperança, e os últimos acontecimentos infelizes me chocaram muito. Receio que nós, as mais velhas, não vivamos para ver muitas coisas boas.[2]

Tussy estava determinada a escapar dessa parte mais mesquinha. O início de sua luta para escapar da predestinação de fazer o papel de mulher já lhe havia causado desespero, raiva, frustração, distúrbios alimentares, além de quase chegar a um colapso, experiências que ela compartilhou com muitas mulheres de sua geração.

A morte de Lizzy trouxe para Tussy a noção de como as pessoas com quem ela cresceu trabalharam incansavelmente por objetivos e valores improváveis de serem realizados durante suas vidas. Seus pais, Engels e Lizzy haviam atingido a maioridade na era mais revolucionária e otimista, a década de 1840. A posição radical de Tussy sobre a Irlanda se deve muito ao que ela aprendeu em primeira mão com Lizzy Burns. Ela acompanhou de perto a escalada da tensão na luta pelo governo da Irlanda no final da década de 1870, intensificada pelos efeitos da queda no comércio e na agricultura. Em 1879, a Liga Nacional da Terra da Irlanda foi fundada, com o objetivo de abolir o latifúndio e melhorar as condições para os agricultores arrendatários empobrecidos. O governo respondeu à formação da Liga da Terra com repressão draconiana, prendendo líderes e amordaçando a liberdade de expressão. Tussy escreveu para Jennychen:

> Nunca... nem mesmo em 1867, durante o levante feniano, o governo tentou tanto levar o povo à revolta. É aí que reside o grande perigo – pois uma revolta aberta seria esmagada e o movimento retrocederia anos. Observe a conduta da polícia em Dublin, Limerick etc. É simplesmente ultrajante. Se ao menos o povo se mantivesse firme, mas quieto, o governo estaria ocupado.[3]

E quem era ela para falar em ficar quieta. No início do ano, Tussy se juntou a uma manifestação do lado de fora do Tribunal de Magistrados da rua Bow, onde o líder da Liga da Terra, Michael Davitt – o fundador republicano irlandês da Liga – foi detido em uma cela. Sem mostrar nenhum sinal de se "manter firme, mas quieta", ela perguntou a um policial "com um semblante muito hiberniano" se Davitt ainda estava lá dentro:

> 'Não', disse ele, 'eu mesmo o coloquei no carro de polícia'. Pelo sotaque, é claro que eu sabia que o homem era irlandês, então, como dizem nossos primos estadunidenses, 'fui atrás dele'. Perguntei-lhe se não havia ingleses suficientes para fazer o trabalho sujo a ponto de um irlandês ter de ajudar a 'colocar na van' um homem que, como Davitt, havia feito tanto por seu país etc. etc. Alguns outros policiais presentes fizeram uma careta para mim, mas não disseram nada.[4]

A prerrogativa em jogo era a liberdade do cidadão britânico. Em 1881, o novo gabinete de Gladstone* implementou a Lei de Coação, suspendendo o *habeas corpus* na Irlanda. Tussy deplorou essa restrição à liberdade de expressão, conforme expressou ao Biblioteca:

> Afinal, Biblioteca, nós, ingleses, somos meticulosos. Deixe Bismarck fazer o que quiser, nós o derrotamos mesmo em seu próprio campo de despotismo!... Também na mesquinhez absoluta, acho que podemos – para dizer o mínimo – nos manter sozinhos. Como um ato de retaliação covarde e mesquinho, a prisão de Michael Davitt é incomparável. A Câmara dos Comuns também está agora mais eficazmente amordaçada, e a liberdade de expressão é coisa do passado... Os trabalhadores ingleses – além dos quais (cá entre nós) não existe um coletivo pior – estão até mesmo começando a pensar que Gladstone está 'vindo com tudo' – como diria um ianque – e começam a realizar reuniões em toda Londres e nas províncias para protestar contra a lei irlandesa.[5]

A resistência à lei de coerção irlandesa, por parte da classe trabalhadora, intensificou a mobilização das forças radicais britânicas para a representação eleitoral democrática de trabalhadores. A partir do início da década de 1880, uma ampla gama de esforços foi feita para criar um partido social-democrata na Inglaterra. Dois trabalhadores do Conselho Comercial de Londres lançaram um jornal, o *Labor Standard* [*Estandarte do trabalho*], para apoiar a convocação de um partido operário independente, para o qual En-

* William Gladstone foi um político do partido liberal e chegou a ser primeiro-ministro do Reino Unido por quatro vezes. Em sua gestão, buscou solucionar o problema irlandês e a luta em prol da autonomia política.

gels contribuiu com artigos importantes. O jovem socialista de Edimburgo, Robert Banner, familiarizado com Marx e Engels, e desiludido com a gangorra dos sindicatos reformistas, convenceu-se de que a rota sindical nunca resolveria a questão trabalhista e voltou suas energias para fundar o Partido Trabalhista Escocês.

Em 1880, Tussy foi convidada, com Marx, para jantar na luxuosa casa do rico financista Henry Hyndman na rua Devonshire, em Portland Place. Hyndman queria estabelecer um novo partido para a representação direta dos trabalhadores e, em março de 1881, realizou uma conferência em Londres com o objetivo de criar este "novo partido". A intenção declarada de Hyndman era lançar "um partido realmente democrático em oposição à monstruosa tirania do sr. Gladstone e seus *whigs** na Irlanda e sua política igualmente abominável no Egito, com o objetivo de provocar mudanças democráticas na Inglaterra".[6] Hyndman e sua esposa Miranda, de quem Marx gostava (exceto por sua atitude aduladora para com o marido), tornaram-se visitantes frequentes, embora não convidados, da rua Maitland Park, e Marx queixou-se por ser "invadido" por eles.[7]

Tussy compartilhou o ceticismo de seu pai e de Engels sobre Hyndman. Sua formação em Eton e Cambridge e seu liberalismo brando não foram a causa de suas objeções; ao contrário, era sua determinação de tentar eliminar a luta de classes do movimento socialista. "Quando a Internacional foi fundada", Marx e Engels escreveram:

> formulamos explicitamente a consigna: 'A emancipação das classes trabalhadoras deve ser realizada pelas próprias classes trabalhadoras'. Não podemos, portanto, nos associar com pessoas que afirmam abertamente que os trabalhadores são muito incultos para se emancipar e devem ser libertados desde cima pelos grandes burgueses e pequenos burgueses filantrópicos... para esse fim, a classe trabalhadora deve colocar-se sob a liderança do 'burguês educado e proprietário', o único que possui o tempo e a oportunidade de se familiarizar com o que é bom para os trabalhadores.[8]

* Termo utilizado para se referir aos membros do partido liberal da Inglaterra. Estes normalmente são associados às posições políticas mais favoráveis ao livre comércio e às restrições ao poder monárquico.

Paternalista até suas meias de seda feitas à mão na rua Jermyn, Hyndman defendeu da boca para fora a necessidade essencial de organização de base; mas na realidade propagou o que via como a necessidade de uma elite burguesa:

> ...que a emancipação dos trabalhadores deve ser realizada pelos próprios trabalhadores é verdade, no sentido de que não podemos ter socialismo sem socialistas... Mas um escravo não pode ser libertado pelos próprios escravos. A liderança, a iniciativa, o ensino, a organização devem vir daqueles que nasceram em uma posição diferente e são treinados para usar suas faculdades cedo na vida.[9]

Houve vários jantares em Portland Place e repetidas invasões da rua Maitland Park pelos Hyndman. Tussy relatou a Jennychen alguns meses depois: "não ouvimos muito mais sobre o mais novo 'novo partido', mas não acho que irá muito longe".[10]

Ela estava errada. Dois meses depois, Hyndman lançou o partido da Federação Social-Democrata, considerada até hoje como uma das pedras fundamentais do renascimento do socialismo inglês no final do século XIX. Seu manifesto, "Inglaterra para todos", retalhou dois capítulos do *Capital* sem atribuição ou permissão de seu autor e acrescentou vários erros, mas a obra era muito complicada para os filósofos políticos – e isso era de se esperar. A causa da ruptura foi a traição de Hyndman ao princípio de Marx e Engels de que a democracia só poderia ser conseguida por uma ampla organização de base desde o início: os escravos devem ser libertados pelos próprios escravos.

Os Hyndman foram banidos da rua Maitland Park e outros convites para jantar em Portland Place foram recusados. Tussy, ainda agindo como secretária de correspondência de seu pai, ficou no meio do fogo cruzado entre Marx e os aliados da Federação, que tentaram evitar o argumento central d'*O capital* sobre a necessidade de uma luta de base. Ela redigiu cartas serenas, resumindo de forma concisa os fundamentos das objeções de Marx[11] ao advogado, etnógrafo e historiador escocês John Stuart Glennie, outra pessoa que não compreendeu *O capital*. Glennie escreveu reclamando para Tussy, "Você diz: 'A única objeção dele ao seu livro está no tratamento que você dá às teorias científicas dele'. Mas de modo algum tratei das teorias específicas da grande obra do dr. Marx em *O Capital*".[12] Precisamente: "não foram tratadas de modo algum".[13]

Hyndman e Glennie compartilharam com muitos outros homens liberais britânicos e bem-educados a visão bizarra de que a democracia seria criada apenas se os trabalhadores fossem emancipados e representados diretamente. Eleanor viu o absurdo que isso era. Com seus vinte e poucos anos, ela começou a questionar e desafiar o foco excludente e a insistência apenas nos direitos dos homens trabalhadores, e não das mulheres, como o primeiro passo da organização socialista na Inglaterra.

Este é o contexto no qual as buscas artísticas e culturais de Tussy forjam o brio de sua própria visão de mundo, que já incluía mais da metade do mundo – as mulheres. Socialismo para um sexo apenas não combinava. Era tão absurdo quanto a noção de socialismo em um só país. Tussy aprendera isso com o exemplo da Comuna. Apesar de todas as suas outras falhas, a Comuna manteve a centralidade da emancipação das mulheres como uma pré-condição necessária da democracia.

Eleanor teve diante de si os exemplos do papel das mulheres na luta irlandesa, na Internacional, na Comuna e no primeiro movimento revolucionário russo. Lizzy, Eleanor e Jennychen eram as fenianas mais fortes da família. Marx e Engels apoiaram a causa republicana irlandesa, mas não a tática. Lizzy e Eleanor eram mais ambivalentes. Tussy escreveu dois artigos sobre o movimento revolucionário russo ao *Progress* [*Progresso*] em 1883, que ilustram que ela estava pensando sobre os usos da violência armada.[14] Essa análise se aplicava igualmente à sua atitude em relação à emancipação das mulheres como classe e aos fenianos e revolucionários russos.

Seu pai e o General eram inflexíveis em sua oposição ao recurso ao terrorismo sob quaisquer circunstâncias; Tussy não tinha tanta certeza. Seria isso apenas a impaciência de uma jovem de cabeça-quente ou o fato de ser uma cidadã de segunda classe desprovida de direitos deu a ela, como a Lizzy, uma perspectiva diferente que escapou ao Mouro e ao General do direito nato como homens?

Mais perto de casa, ela também tinha os exemplos familiares locais de sua mãe, suas irmãs, Lenchen e Lizzy – todas elas, à medida que amadureciam, se tornavam mais autocríticas e zangadas com a forma como se permitiam ser prejudicadas por seus homens políticos e intelectuais; e todas, de maneiras diferentes, expressavam sentimentos de insatisfação e decepção.

Suas irmãs, a próxima geração, agora estavam trilhando o mesmo caminho que sua mãe. Jenny e Laura eram mulheres inteligentes, capazes e talentosas seduzidas por Barbas Azuis* encantadores, simpáticos e liberais que laçavam seus desejos com bebês, trabalho enfadonho doméstico e sogros censuradores. Laura e Paul tiveram três filhos que, apesar de seus enormes cuidados e esforços, morreram tragicamente na infância. Como consequência, Paul perdeu a fé na medicina, a profissão que escolheu, e tentou ganhar a vida como gravador e fotolitógrafo.[15] Para sentir empatia por Laura e Paul à medida que envelheciam, Tussy lembrava sempre que eles haviam feito e perdido uma família nos primeiros anos do casamento.

Laura era inteligente e gregária, mas podia se contentar com uma autopreservação pragmática. Mas Jennychen possuía uma mente verdadeiramente brilhante e original e, em diferentes circunstâncias históricas, teria sido uma ilustre empresária, política, editora de jornal, editora ou economista. Como estava, o romance cor-de-rosa custou-lhe a liberdade e a carreira. Nos primeiros dias de seu casamento com Longuet, Jennychen acreditava, como sua mãe o fizera, que poderia ter tanto um casamento quanto uma carreira. Depois que os filhos e a responsabilidade de cuidar da casa chegaram, ela descobriu que, como sua mãe antes dela, não podia.

Nos primeiros dias em que se apaixonaram, Jennychen abriu mão de seu lado estudioso e convidou apaixonadamente o encantador Longuet para domar sua megera.** Lecionando em Oxford, Longuet estava deprimido e "pouco à vontade" no "pequeno mundo de... irremediavelmente enfadonhos... universitários ingleses e lojistas professorais".[16] Reforçando

---

* Referência ao personagem do conto infantil que se tornou famoso por Charles Perrault, no qual Barba Azul é um assassino em série. Ele sequencialmente se casava, matava a esposa e arranjava uma nova. Isso até que uma delas descobre a história passada e é salva da morte por parentes que matam o Barba Azul antes que ele a assassine.

** No original, a passagem "threw down her bluestocking cap", que pode ser traduzida livremente como "largou sua meia azul", se referia a uma sociedade literária britânica do século XVIII chamada Blue Stocking Society [Sociedade das Meias Azuis]. O termo posteriormente passou a ser utilizado para designar mulheres que se dedicam aos estudos e que por isso não são "aprovadas" por alguns homens. Já "domar sua megera" faz alusão à peça *A Megera Domada*, de Shakespeare, comédia focada na vida matrimonial e na submissão da mulher nesses arranjos.

sua autoconfiança e acariciando suavemente seu ego, Jennychen assegurou-lhe, de maneira tola: "você merece mais do que eu o título de homem de letras".[17] Casamento, bebês e dez anos depois, as cartas de Jennychen para suas irmãs contam uma história diferente. Ela agora lamentava seu erro em sucumbir ao romance e se casar com um encantador indigente, cheio de fascinação por si mesmo em detrimento dos outros. Se antes Jennychen ficava feliz em enviar a Longuet seu próprio dinheiro e dizer-lhe como ele era maravilhoso, agora ela ansiava pela independência de sua vida de solteira. Ela deu à luz a mais dois bebês em um curto intervalo, Harry (Harra), em julho de 1878, e Edgar Marcel (Wolf), em abril de 1879. "Aqueles bebês abençoados", Jennychen confidenciava à Laura da zona rural da França:

> ... Embora sejam realmente pequenos e encantadores camaradas de bom temperamento, colocam uma tal pressão em meu sistema nervoso durante o dia e a noite que muitas vezes eu anseio por qualquer que seja a liberação desta rotina incessante de cuidados, e penso com uma dor aguda nos subterrâneos, na rua Farringdon, onde, quando não estava sufocando com asma, eu podia pelo menos me entregar à minha rotina matinal, e ao entardecer poderia correr pela Strand lamacenta e ver os anúncios, dos quais sinto mais falta do que posso dizer neste deserto de Argenteuil, onde não ouço nem vejo nada além do padeiro, do açougueiro, do queijeiro e do verdureiro. Acredito que mesmo a rotina monótona do trabalho nas fábricas não mata mais do que as intermináveis tarefas domésticas. Para mim, pelo menos, é e sempre foi assim. Algumas mulheres que conheço, como a sra. Lormier por exemplo, fazem esse trabalho enfadonho com prazer – mas nem todas somos feitas da mesma matéria. Você sempre me acusou de ser um tanto misantropa; agora eu perdi todos os meus espíritos animais, nem homens nem mulheres me encantam mais.[18]

Sem exemplos positivos imediatos nos quais se basear, Tussy, no entanto, recusou-se a contemplar um futuro de, nas palavras de sua mãe, suportar a parte mais mesquinha, sentar-se em casa e cerzir meias. Ela queria ficar mais forte e ser livre. Os homens a encantavam e as mulheres também.

Em 1876, um ano antes de ingressar formalmente na Nova Sociedade Shakespeare, Tussy enfrentou a primeira luta em sua longa batalha de toda uma vida pela educação, representação e participação das mulheres e dos trabalhadores. Para a eleição do Conselho Escolar de Londres, em novembro de 1876, ela se juntou à campanha de Alice Westlake, concorrendo pelo distrito de Marylebone. A representante anterior deste distrito foi Elizabeth Garrett Anderson que apresentou Tussy a Alice Westlake como sua sucessora escolhida. Westlake, uma artista cujo trabalho foi exibido na Academia Real e no Salão de Paris, assinou a petição de sufrágio feminino de John Stuart Mill em 1866 e esteve intimamente envolvida no hospital para mulheres de Garrett Anderson. Esta persuadiu Westlake a se apresentar em seu lugar, assim como fez seu marido, John Westlake QC, fundador do Colégio dos Trabalhadores, onde Furnivall lecionava.

Marylebone era o maior distrito metropolitano de Londres e, como foi amplamente divulgado na imprensa, Westlake era "a única candidata". "O único candidato radical" em todas as eleições do Conselho Escolar de Londres, também de pé no eleitorado de Marylebone, foi Maltman Barry, um amigo próximo da família de Marx que Tussy conhecia bem desde os primeiros dias da Internacional de seu pai. Barry era um bom jornalista, mas um político medíocre, pouco adequado para liderança.

Tussy escolheu sem hesitação apoiar a única candidata mulher em vez do único homem radical, o decepcionante Barry, que também a abordou para ajudá-la em sua campanha. Tussy explica a Hirsch que Alice Westlake, "embora burguesa de coração, como quase todas as mulheres inglesas, é pelo menos uma livre-pensadora e, em qualquer caso, mais digna do que os homens que se oferecem como candidatos".[19] "Nosso objetivo", diz ela a Hirsch, "é, acima de tudo, trabalhar contra o autoproclamado Partido da Igreja, que quer abolir a instrução compulsória por completo".[20] Isso é tendencioso: a política declarada de Westlake não era, de fato, o livre-pensamento sobre a instrução religiosa na educação obrigatória; mas é verdade que ela foi claramente a melhor dos sete candidatos do distrito eleitoral, e era uma mulher com potencial. O tom da meritocracia e do feminismo instintivos de Tussy soam claros: ela ignora a classe, desconsidera a lealdade à família e aposta na melhor candidata. Os escravos serão libertados pelos próprios escravos.

Ela se inscreveu na sede da campanha de Westlake no 157 da rua Camden e rapidamente provou ser uma entusiasta da campanha porta-a-porta. Seu primeiro ativismo de base real foi um terrível sangramento na política de Londres e um abrir de olhos. "Você não pode imaginar", ela se maravilha para o admirador Hirsch, "as coisas estranhas que vejo e ouço":

> Em uma casa, eles pedem que a religião seja ensinada acima de todas as outras coisas – em outra, me dizem que 'a educação é a maldição do país' e 'a educação será nossa ruína' etc. No fim das contas, é divertido, mas também triste de vez em quando, quando você vai à casa de um trabalhador que lhe diz que deseja 'consultar seu chefe' primeiro.[21]

Westlake venceu, com 20.231 votos, e Tussy se posicionou claramente a favor da entrada das mulheres na administração pública. Westlake ocupou o cargo até 1888, e fez um trabalho muito bom. Em 1882, ela estava no Comitê Central da Sociedade Nacional pelo Sufrágio Feminino, e permaneceu uma sufragista ativa pelo resto de sua vida.

O ato intransigente de Tussy de independência feminista em eliminar o radicalismo exclusivamente masculino e a tolice da noção de socialismo de um gênero só impressionou o General, o único membro da família extensa que praticava o amor livre, bem como o pregava. Ele sabia muito bem que as lutas por mudanças políticas estavam, até agora, terrivelmente aquém de suas próprias teorizações em *Origem da família, da propriedade privada e do Estado*. Agora, Tussy – tão mergulhada nesta grande tentativa de analisar a base de gênero da história e da economia como ela estava n'*O capital* de seu pai – estava colocando as teorias em prática. "Quando tomarmos o poder", Engels comentou com um amigo sobre a participação de Tussy na campanha, "não apenas as mulheres votarão, mas também serão votadas e farão discursos, como o que aconteceu nos Conselhos Escolares de Londres... as senhoras nestes Conselhos Escolares se distinguem por falar muito pouco e trabalhar muito, cada uma delas fazendo em média o que até três homens fazem".[22]

Tussy, Engels reconheceria, trabalhava muito, e agora fazia o trabalho de três ou mais homens – embora também falasse muito. Em 22 de outubro de 1877, ela se inscreveu para seu primeiro ingresso como leitora na Sala de Leitura do Museu Britânico. "Meu dia inteiro é ocupado com o trabalho no Museu", disse ela a Hirsch.[23] Eduard Bernstein a conheceu nesta época e lembrou-se de sua combinação de vivacidade e trabalho, "uma jovem vigorosa, de constituição esguia com lindos cabelos negros e belos olhos escuros... Naquela época, ela já estava trabalhando duro no Museu Britânico, em parte para seu pai, em parte 'estagiando', isto é, pegando trechos ou fazendo pesquisas por uma ninharia para pessoas ricas que queriam escrever livros, salvando-as do trabalho de olhar as coisas por conta própria".[24] Bernstein iria desempenhar um papel fundamental na vida adulta de Tussy. Nascido em 1850, filho de um engenheiro ferroviário judeu, ele notoriamente formulou o socialismo evolucionista de maneira famosa e se tornou um dos principais fundadores e líderes do Partido Social-Democrata Alemão.

Eleanor se recusava a receber mesada ou qualquer dinheiro de Engels, enquanto Jennychen e Laura dependiam dele para sustentar seus maridos e famílias. Seu apoio era dado de boa vontade e gratuitamente – ele não tinha filhos e considerava as filhas de Marx como suas – e Tussy sempre teve seu quinhão garantido. Mas ela não queria dinheiro que não tivesse ganhado.

Ativista feminista socialista, intelectual, iniciante no mundo das letras, secretamente aspirante a atriz, Tussy também assumiu as responsabilidades simultâneas de cuidadora parental, secretária, babá não remunerada de seus sobrinhos e pesquisadora zelosa e não remunerada de Lissa. Também o encorajou e o apoiou durante seu trauma de sobreviver à Comuna, que se tornou mais evidente com o passar do tempo. Ela sabia exatamente o feitio feminino de atuar em um papel coadjuvante na família e na vida pessoal.

A corrida de Tussy para longe dos perigos da prisão, como um anjo vitoriano em uma casa, a levou ao estilo de vida complexo e contestado da Nova Mulher. Solteira e sem filhos, ela foi exposta à dependência de seus pais idosos e a ser babá dos filhos de sua irmã. Era o dilema de todas as mulheres como ela. Para cumprir suas aspirações por uma vida como artista e ativista, intelectual e líder comunitária, ela precisava aprender a matar a filha mais nova angelical, abnegada, eternamente boa, obediente, transbordando ressentimento. Não se trata de elogiar Tussy por algum tipo de heroísmo multitarefa, por sua capacidade de lidar com responsabilidades concorrentes, mas sim de alertar sobre as múltiplas pressões que caem sobre ela: pressões que trouxeram estresse, neurose e colapso nervoso.

Mais importante para Tussy do que o drama de sua luta pessoal entre o dever e a independência foi o conhecimento que isso trouxe da estreiteza da vida da maioria das mulheres de classe média, confinadas apenas dentro das paredes sufocantes da domesticidade. E assim, dentro de sua própria família, Tussy se viu na encruzilhada da oposição entre os dois socialismos que moldaram a história da esquerda britânica: um priorizando a libertação das mulheres desde o início, o outro buscando a liberdade do povo, do qual as mulheres foram, aparentemente, excluídas. Para a forma de pensar de Tussy, essa era uma dicotomia ilógica e contra a justiça natural. Ou os homens e as mulheres são livres ou ninguém é.

No entanto, ela não se sentou apenas na Sala de Leitura do Museu Britânico analisando esse dilema. Ela viveu isso. Sua vida profissional e seu autodidatismo progrediram em ritmo acelerado, mas seu relacionamento com a família girava em um ciclo contínuo de companheirismo, cuidado, dever e obrigação de consciência. Ser legal com as crianças, com os pais, apoiar o trabalho intelectual tanto do pai quanto do noivo: o ciclo repetitivo de um impedia o desenvolvimento de todo o potencial do outro. Tussy queria, sempre, "ir em frente!". Mas, para fazer isso, ela tinha que tomar uma atitude impensável e abandonar a família. Isso não era de sua natureza. Ela não seria livre a menos que eles a abandonassem. E isso não estava na natureza *deles*.

Ela sabia agora que apenas a vida fora de sua família poderia levar a oportunidades para representar papéis não vividos e explorar seu eu não imaginado. Fazer uma nova família com Lissa simplesmente substituiria uma forma de cativeiro por outra. O dever, o amor genuíno e a perplexidade com a forma de se libertar a amarraram aos apelos monótonos da vida doméstica. Amar os outros mais do que a si mesma estava emergindo como uma das principais falhas de Tussy; por contradição, era também uma das características que a tornavam tão humana e adorável.

Ao longo de seus 20 anos, ela continuou a acompanhar os pais em seus descansos anuais, viagens de convalescência e miniférias, juntos e separadamente. Em um retorno com seu pai a Karlsbad, em agosto de 1876, enfrentaram uma jornada obstinada de 28 horas com aventuras imprevistas causadas pela estreia mundial do *Anel dos Nibelungos,* de Richard Wagner, de 13 a 17 de agosto no Teatro do Festival de Bayreuth, que atraiu o público vindo de todos os cantos do mundo. A srta. e o dr. Marx devem ter sido os únicos viajantes para a região que não clamaram por ingressos para este festival, que Möhme descreveu como "heróis Siegfrieds, Valquírias e Götterdämmerung",[25] monopolizando todas as camas na cidade e arredores, tornando impossível para eles encontrar acomodação a caminho de Karlsbad. Uma vez lá, a rotina diária de beber água era a ordem repetitiva do dia.

"Antes de continuar", escreveu Tussy à mãe do Hotel Germania,

> devo, no entanto, lembrar a você o quão estúpido alguém fica em Karlsbad – então não se surpreenda se eu parecer um tanto incoerente. Passamos exatamente pela mesma rotina de que você me ouviu falar tantas vezes... Você não pode imaginar como o tempo passa sem fazer nada.
>
> Bebemos, comemos e andamos, e já é hora de dormir antes mesmo de começar uma carta.[26]

Tussy apimentou o lazer estupefaciente com observações antropológicas ociosas e fofocas sobre o estado dos casamentos e assuntos financeiros de outros visitantes, observando:

> Há muitos judeus como sempre, e mais ansiosos do que nunca para beber o máximo de água possível. Mesmo assim, um americano os superou. Ele veio para Karlsbad, mas sendo incapaz de ficar mais de dois dias, consumiu quarenta e dois copos por dia! É surpreendente que ele não tenha morrido.[27]

O jovem – "muito espirituoso" e trabalhador – dr. Ferdinand Fleckles forneceu muitas dessas fofocas. Tussy gostava muito de Fleckles e ele, extasiado, se esforçou para passar o máximo de tempo que pudesse em sua companhia. Marx gostava dele e encorajou o flerte de Tussy com o médico (alemão) jovem e alegre, um tônico após o agora existencialmente torturado e cansado (francês) Lissagaray.

Tussy e Ferdinand devem ter ficado satisfeitos quando ela convenientemente teve uma febre repentina e se tornou sua paciente principal, permitindo-lhe entrar em seu quarto de maneira legítima e lhe dedicar os seus melhores cuidados. Marx exagerou na dramatização desse episódio, elogiando Fleckles por sua intervenção especializada que a salvou do que ele afirmava teria sido, de outra forma, uma doença longa e perigosa. Por sorte, a doença de Tussy foi potencialmente longa e perigosa o suficiente para o dr. Fleckles prescrever instantaneamente um período de convalescença que os obrigou a estender sua estadia em Karlsbad por mais duas semanas, sob sua supervisão diária.

No caminho para casa, Mouro levou Tussy a Kreuznach para ver a igreja onde ele se casou com a mãe dela, 33 anos antes. Depois disso, eles não foram mais para Karlsbad. Como Tussy explicou mais tarde, os governos alemão e austríaco pretendiam deportar seu pai e era muito longe e caro viajar para lá e correr o risco de ser expulso na chegada. Sua precaução era bem fundamentada. O tio de Tussy, Edgar von Westphalen, escreveu para dizer-lhes que "a polícia havia visitado nosso hotel – apenas uma hora depois de o deixarmos".[28]

No ano seguinte, eles experimentaram as fontes termais em Bad Neuenahr, no Reno. Excepcionalmente, Möhme os acompanhou e, após a convalescência, eles foram juntos para umas férias de três semanas na Floresta Negra. Tussy recordava que seu pai sentia falta de Karlsbad, pois ele sempre se sentia como se tivesse nascido de novo depois de seu tratamento lá.[29] Mas ela confundiu a fonte da ansiedade de seu pai. Como Marx finalmente se obrigou a reconhecer, algo estava muito errado com a saúde da mulher que ele conheceu desde a infância e amou por toda a vida. Naturalmente, foi a Engels que ele admitiu sua preocupação com o intenso sofrimento de Jenny "com os problemas digestivos".[30] Em Neuenahr, um médico respeitável garantiu ao marido que a sra. Marx havia chegado bem a tempo de ele impedir que ela ficasse gravemente doente. Em novembro, Möhme deixou de lado esse diagnóstico excessivamente otimista e foi a Manchester para uma consulta e um bate-papo franco com seu velho amigo, o dr. Gumpert. Ela escreveu a Tussy: "A cabeça e os pés estão bem, mas o centro da máquina, onde a fermentação acontece, ainda não está funcionando".[31] Gumpert diagnosticou câncer no fígado, confirmado por um especialista de Londres em março do ano seguinte. As grandes doses de beladona prescritas como tratamento foram ineficazes.

Jennychen e Laura tinham famílias, maridos, bebês e doenças próprias para lidar; a principal responsabilidade de cuidar de seus pais e ajudar suas irmãs com os filhos recaiu sobre Tussy. Enquanto os Longuet viviam em Londres, Jennychen muitas vezes era forçada a chamar Tussy para cuidar das crianças ou cobrir seu trabalho de professora: "com grande relutância e pesar... Envio-lhe estas linhas para pedir-lhe que me substitua no Clement Danes amanhã e terça-feira. Eu sei que você já tem muito trabalho em mãos... isso me dói... sobrecarregá-la com o meu trabalho".[32] Além de o dia inteiro de Tussy estar ocupado com o trabalho de pesquisa no museu para Furnivall e as sociedades Filológicas, Chaucer e Shakespeare, ela também estava varando as noites em sua tradução para o inglês de *A história da Comuna*, de Lissa, "por desejo expresso do autor".[33] Um trabalho de amor não remunerado, foi um projeto ambicioso a empreender para sua tradução principal; todavia, o resultado literal e de estilo pesado trouxe aos leitores ingleses as primeiras memórias pessoais autênticas da Comuna de Paris e, até hoje, o ponto de partida para todos os historiadores subsequentes desse período da história francesa.

Jennychen e Möhme passaram vários feriados juntas em cidades litorâneas e balneárias, deixando os meninos com as favoritas tia Tussy, Nym ou Nymmy, como chamavam Lenchen, e Opi Karl, para quem os netos eram uma fonte inesgotável de alegria. Tussy estava disponível para cuidar de seus sobrinhos e sobrinhas. Com 14 anos, ela cuidara do filho de Laura e Paul, "aquele pequeno turco de Fouchtra" que, ela escreveu para sua mãe de Paris:

> ...não vai deixar ninguém fazer nada além de cuidar dele ou, se ele estiver dormindo em seu berço, admirar sua boa aparência... sua testa é imensa! Assim como a do papai... se ele começar a chorar, basta deixá-lo chupar seu dedo, ou bater em sua barriguinha, e ele para em um minuto. Quanto aos dentes, eles realmente estão despontando; pois dá para vê-los com perfeição. Eu o levei para a cama comigo por duas horas esta manhã e ele se comportou lindamente.[34]

Após o nascimento de Wolf (Edgar Marcel), em agosto de 1879, Tussy se preocupou com o fardo de Jennychen. "Jenny espera outro bebê para março! Esta última expectativa não é totalmente uma bênção... é difícil cuidar de três – pode-se quase dizer quatro bebês, pois é claro que Johnny ainda é apenas um bebê".[35] Ela amava mais o segundo menino, Harry, "meu menino". Não era bonito, mas tinha a natureza mais doce dos três, precisando de um amor extra, ela pensava, porque tinha o ar de uma criança "que parecia destinada a sofrer".[36] Competente em cuidar de bebês desde tenra idade, tia Tussy era, de acordo com seu pai, também "uma excelente disciplinadora".[37]

Depois de uma de suas viagens com Möhme, Jennychen agradeceu a Tussy por ter transformado completamente o comportamento de Harry e dar-lhe bons hábitos de rotina à noite. Em 1882, Tussy trouxe Johnny de volta a Londres, após uma visita a Argenteuil para aliviar o fardo de Jennychen, grávida de oito meses. Johnny havia se tornado um moleque descontrolado. Longuet, que agora não saía da cama até a hora do almoço e ia a Paris todas as noites, não lhe dava limites. De volta a Londres, tia Tussy colocou Johnny em uma programação de frequência diária à escola, banhos com água fria de manhã e à noite e impôs hora de dormir cedo. Ela manteve sua mãe atualizada: "Acabei de colocar meu filho (estou me acostumando tanto com Jack que esqueci que ele é seu filho) na cama".[38] Ele anseia, Tussy diz a Jennychen, por notícias sobre sua irmã mais nova, enquanto Tussy estava preocupada com seu péssimo inglês: "O jeito que ele fala é horrível, mas acho que com o tempo ele vai superar".[39]

Tussy pinta um quadro claro de suas noites típicas: Johnny está enfiado na cama, Lenchen e Espoleta (Mary Ellen Burns, a sobrinha problemática de Lizzy e Mary) foram ao teatro e Tussy está escrevendo breves linhas (quatro páginas) para sua irmã, "antes de começar minha noite de trabalho no glossário".[40] Ela não especificou para que ou para quem era o glossário; parece ter sido uma encomenda de Furnivall para a Sociedade Shakespeare ou Chaucer.[41]

"Londres é o cérebro do mundo",[42] escreveu Margaret McMillan, uma das contemporâneas de Eleanor, e Eleanor era um de seus cérebros mais ocupados. Mulher letrada emergente, pesquisadora de aluguel, administradora dos Dogberries, secretária de correspondência de Marx, tradutora das revisões do livro de Lissa, cada vez mais extenso, escritora de seus primeiros artigos e críticas políticas, e realizadora de uma gama considerável de leituras que iam de Economia Política, poesia até palestras de espiritualistas fraudulentos; além de tudo isso, Tussy cuidava de seus pais e sobrinhos com zelo e dedicação.

Sua dedicação se estendia até mesmo ao tão odiado bordado. Um sinal claro do declínio de Möhme, "ela não pode ler nem escrever e sua agulha nunca antes ociosa está começando a enferrujar".[43] Tussy assume, costurando um pouco da flanela vermelha em combinações mal arrumadas para os meninos de Jennychen: "Temo que você não ache a confecção muito brilhante – você sabe que o bordado não é o meu *forte* (entre *nous*, também não é o seu) e você precisa dar um desconto, lembrando que, se as casas dos botões estiverem fracas, o espírito está disposto".[44] Contrariando sua própria experiência de conciliar as demandas concorrentes de trabalho intelectual assalariado e trabalho doméstico não remunerado em uma batalha acirrada entre o dever e o desejo, Tussy tenta tranquilizar sua irmã mais velha de que o hiato em sua carreira é apenas temporário:

> Claro que sabemos, não é preciso dizer, como você deve estar passando por uma situação horrível, em uma casa estranha com três bebês e nenhum empregado adequado... Certamente seria uma grande pena se você tivesse que desistir de escrever, mas aos poucos, quando você se acalmar e tiver um bom empregado, você terá mais tempo. Agora, naturalmente, cada momento é ocupado com a casa ou os filhos, mas isso será apenas por um tempo.[45]

No caso de Jennychen, o tempo em que cada momento era ocupado com a casa e os filhos seria toda sua vida. Mesmo quando a boa empregada finalmente chegou, Jennychen nunca mais voltou à escrita ou ao engajamento político ativo.

No início da década de 1880, as duas irmãs de Tussy haviam definitivamente desistido de suas vidas profissionais pelos filhos, marido e casa. Möhme estava incurável; Lizzy Burns, morta. Entre todas as mulheres de Marx, Tussy era a única candidata remanescente para a emancipação do maldito futuro de anjo da casa.

SUA PRÓPRIA FALA

No final de 1880, Tussy fez um recital público de *O flautista de Hamelin*, em uma festa beneficente dos comunardos, realizada em uma sala de concertos no norte de Londres. Marx, Engels, Hirsch, Leo Hartmann, August Bebel e Eduard Bernstein estiveram presentes em sua primeira performance da recriação da popular história de Robert Browning, publicada em 1842. Bernstein elogiou sua "tremenda verve e maravilhosa voz", descrevendo como ela "falava com uma grande riqueza de modulação e ganhou muitos aplausos".[1] Foi um começo encorajador.

Dois homens que estavam em sua audiência naquela noite propuseram casamento a ela nessa época, e nenhum deles era Lissagaray. Uma década após a Comuna de Paris, a campanha de anistia para os comunardos exilados e banidos foi vitoriosa. A luta ganhou um novo fôlego com a fundação do Partido Operário Francês no início de 1880, após acordo em uma moção aprovada no terceiro Congresso Socialista em Marselha, em outubro de 1879. Lissagaray e Longuet escreveram em apoio à moção em nome dos comunardos de Londres. Em março de 1880, Paris festejou o aniversário da Comuna pela primeira vez e, em julho, todos os perdões foram implementados de maneira formal. Lissagaray partiu imediatamente para a cidade.

Estava claro para Tussy que ele não retornaria a Londres permanentemente. Jennychen e Laura começaram a fazer planos de voltar à França com seus maridos franceses e suas famílias. Talvez Lissa tenha presumido que a namorada o seguiria. Por dez anos, o exílio forçado o preocupou; parecia que a liberdade de retornar à França permitiria que todos os outros elementos de sua vida se encaixassem – incluindo seu casamento, adiado devido ao seu exílio e seu livro –, ou assim ele esperava.

Enquanto Hartmann e Hirsch, ambos planejando seus pedidos de casamento, assistiam à apresentação de Tussy em *O flautista de Hamelin*, eles devem ter se perguntado qual flautista finalmente tocaria a melodia do noivado de longa data do casal:

> Irmãos e irmãs, mulheres e maridos
> Atrás do Flautista corriam esbaforidos.
> De rua em rua lá foi ele tocar,
> Levando atrás de si um cortejo a dançar.[2]

Mas ela, por mais que se preocupasse com Lissa, queria liderar, não seguir. Com Lissa na França e Tussy não mostrando sinais de que iria segui-lo tão cedo, Hartmann e Hirsch se arriscaram.

Quanto ao assunto de toda essa atenção e desejo, as paixões dela estavam em outro lugar. Embora os outros pensassem que ela deveria apostar em um relacionamento, os pensamentos de Tussy, aos 25 anos, não estavam no casamento, mas no palco. Os Dogberries estavam no auge e eram a fonte de novos amigos e oportunidades. Em abril de 1881, ela descobriu um novo "*Wunderkind*"[3] que se juntou ao grupo: Ernest Radford, um jovem advogado, poeta e crítico inglês que desprezava o direito e queria desistir da carreira por uma vida nas artes. Tussy e Mouro achavam que ele parecia um cruzamento entre Irving e o falecido Ferdinand Lassalle. Outra Dogberry e amiga de Tussy, a poeta Caroline 'Dollie' Maitland, se interessou por Edward e o trio começou a passar muito tempo junto, sendo Tussy a acompanhante titular. Eles iam ao teatro tanto quanto possível, inclusive para ver Irving em *Hamlet*. Edward, Tussy observou para sua irmã, "é um jovem muito simpático... ele é maravilhoso como Irving!"[4]

Ela também queria ser maravilhosa como Irving. Afinal de contas, ele conseguia todos os melhores papéis. Ela se identificou com ele e não com sua brilhante "esposa", Ellen Terry, porque Irving era, assim como Tussy, uma pessoa de fora do mundo do teatro que construiu sua carreira até o palco, enquanto Ellen Terry, filha de uma família teatral, nasceu nele. Até o final do século XIX, a maioria das atrizes, como Terry, eram crianças de palco, criadas no teatro. Mas Tussy nasceu e cresceu no mundo da política. As mulheres não tinham a liberdade de escolher o palco como os homens.[5]

Assim como Irving, Wyndham, Kendal e Willis, e a geração posterior de Beerbohm Tree, Maude, Bourchier e Hawtrey, muitos outros atores começaram completamente desconectados do teatro. Em contrapartida, Ellen Terry, Fanny Kemble, Madge Kendal, Marie Bancroft, srta. Charles Young (mais tarde, sra. Vezin) e srta. John Wood nasceram em famílias de atores e atrizes.

Os Dogberries formaram um grupo liderado por Tussy, Dollie e Edward, e fizeram duas peças de um ato de Eugène Scribe, o pai das "peças bem feitas", no Clube Dilettante na rua Regent. *Primeiro amor* [*First Love*] era uma comédia de *vaudeville* e *Na fazenda ao mar* [*At a farm by the sea*], um drama. Scribe, o principal dramaturgo e libretista francês da metade do século XIX, escreveu cerca de 300 peças e foi pioneiro em estudos estruturados da existência burguesa contemporânea – em suma, ele era moderno.

Engels levou um grupo de amigos para o evento, em 5 de julho, e enviou uma rápida resenha a Marx e Möhme, que estavam em Eastbourne sob ordens médicas. Ele relatou que Tussy e Dollie "atuaram muito bem":

> Tussy foi muito boa nas cenas de amor e percebia-se com facilidade que Ellen Terry a inspirou, enquanto Irving inspirou Radford, mas ele logo a inspirará também; se ela quer causar um impacto no público, deve definitivamente estabelecer um estilo próprio, e não há dúvida de que ela o fará.[6]

Eis a questão. Ao lado de Radford no papel de Irving, Tussy não teve escolha a não ser fazer o papel da mulher. Não poderia haver dois Irvings no palco. Tussy interpretou Emmeline, que testa a máxima de que o primeiro amor é o amor verdadeiro e que uma pessoa só ama uma vez – com resultados surpreendentes. Søren Kierkegaard amou tanto a peça que a viu inúmeras vezes em Copenhague e escreveu um de seus ensaios mais famosos sobre o amor a partir dela.

Para desenvolver seu próprio estilo, Eleanor precisava primeiro de formação – e ela sabia bem disso. No verão de 1881, Elizabeth e Hermann Vezin, um dos casais teatrais mais conhecidos de Londres, se mudaram para o bairro. Seus métodos de formação enfatizavam abordagens fisiológicas para elocução e performance teatral. Eles atribuíram suas técnicas a duas influências pioneiras contemporâneas do treinamento de voz, John Hullah e Emil Behnke. Hullah lecionou Leitura em Público na faculdade de teologia da King's College de Londres. Seu clássico *A voz que fala* [*The Speaking Voice*], de 1870, resume sua abordagem em relação à postura física, comportamento, modulação, estrutura de entrega e técnicas para gerenciar audiências – especialmente as turbulentas. Behnke se concentrou em aspectos físicos, incluindo dieta, respiração e – especialmente para mulheres – roupas folgadas.[7]

Impressionada ao ver Tussy se apresentar, Elizabeth Vezin disse que ela tinha talento e sugeriu que fizesse um treinamento profissional com ela. Tussy explicou seu plano de ter aulas de elocução e desempenho para poder fazer recitais profissionais. Vezin se opôs, dizendo a ela que estava subestimando seus talentos e deveria focar no escopo completo de uma carreira de atriz. "Mesmo que", escreveu Tussy a Jennychen, "como imagino que seja o caso, a senhora Vezin tenha superestimado meus poderes, as aulas ainda serão úteis para mim e poderei sempre me aventurar nos recitais".[8]

Nervosa, ela se aproximou do pai e pediu que ele a ajudasse a pagar as mensalidades. Engels teria investido de bom grado em seu treinamento, mas, como sempre, ela se recusou a pedir dinheiro a ele – embora Marx provavelmente o tenha feito, de qualquer maneira. Seu pai tinha dúvidas sobre a nova direção de sua carreira. Sua mãe a protegeu e Jennychen, que Tussy admirava, incentivou sua ambição, mas moderou seu apoio com cautela quanto aos obstáculos econômicos e práticos.

Tussy tinha plena consciência de que precisava procurar seu lugar no mundo.

> Sinto muito por custar tanto ao papai, mas afinal, as quantias que foram gastas com a minha educação foram muito pequenas – comparadas, pelo menos, ao que *agora* é exigido das meninas – e acho que, se eu conseguir, será um bom investimento. Também tentarei conseguir o máximo de trabalho possível para ter um pouco de dinheiro quando precisar.[9]

De fato, muito mais dinheiro foi investido na formação educacional e extra-acadêmicas de Jennychen e Laura do que nas dela. Ela nunca teve as aulas de música ou arte que suas irmãs mais velhas tiveram; ambas também ficaram na escola por quatro anos a mais do que ela. Dito isso, quando teve oportunidades de educação formal, Tussy demonstrou mais desejo de fugir da escola do que de frequentá-la regularmente. Seu comentário de que é imperativo que ela continue ganhando dinheiro e guardando o quanto puder diz por si só. As duas irmãs deviam grande parte de seu sustento e segurança a seus maridos, sogros e Engels. Os dois primeiros, ela não os tinha, e também não aceitaria ajuda do último.

Graças a um encontro casual com John Mayall em um ônibus, Tussy começou a trabalhar regularmente como redatora de um jornal científico, com um pagamento considerável de duas libras por semana. Ela esperava que isso pudesse libertá-la de alguns dos outros trabalhos avulsos que consumiam muito tempo e assim arrumar tempo para seu curso de teatro. "Eu nunca tentei e não sei se consigo fazer", confessou a Jennychen. "Bem, vou tentar de qualquer maneira – se eu falhar, falhei. Veja bem, querida, tenho um bom número de projetos, mas sinto que já desperdicei o suficiente da minha vida e é passada a hora de fazer alguma coisa."[10]

Essa é uma expressão concisa da condição da mulher ímpar, na formulação pertinente de George Gissing. A tensão de quase uma década de trabalho não remunerado como filha zelosa, secretária de correspondência, companheira dos pais, cuidadora e babá dos sobrinhos e sobrinhas estava começando a aparecer. Ela desejava romance, casamento e filhos, mas adiou esses planos, motivada por uma voz mansa e delicada que a advertia dizendo que eram caminhos para a futura falta de liberdade. Quando menina, ela havia escrito uma carta de amor para seu "querido Papi" [*sic*] – assinando como "Sua filha DESobediente Eleanor".[11] No entanto, como recuperar o otimismo ilimitado da menininha corajosa o suficiente para ser uma filha desobediente?

A urgência de sua necessidade de "lutar por seu próprio verso", como Engels elegantemente disse, não era apenas uma questão de encontrar uma voz e estilo originais para sua potencial carreira teatral – era a necessidade de encontrar a voz da independência no estágio mais amplo da vida, para além da família Marx ampliada. Lutar é o verbo perfeito para a alma socialista de

Tussy; "sua própria fala", a descrição exata de seus direitos e necessidades. A sugestão de Engels de que Tussy precisava seguir sua fala própria antecipa a proposição posterior de Virginia Woolf de que uma mulher precisa de seu próprio teto e de £50 por ano para apostar em uma vida de liberdade artística.

Uma vez instalados em sua nova casa, os Vezins viajariam até meados de agosto. Tussy forçou um acordo tenso com seu pai: ela poderia começar sua formação quando eles voltassem. Como a ação era a coisa mais importante para Tussy, esse adiamento precipitou o colapso nervoso que sua afirmação de um plano de vida buscava evitar. Mouro, Möhme e Lenchen planejavam ficar fora o verão todo. Eles passaram julho em Eastbourne e depois foram para a França visitar Jennychen e as crianças em Argenteuil. Lenchen foi com eles – ela agora não saía do lado de Möhme enquanto esta estivesse acordada e, quando Möhme descansava, fornecia companhia muito bem-vinda e apoio para Mouro.

Tussy foi deixada ao seu bel-prazer por seis semanas, trabalhando continuamente, fumando sem parar, esquecendo-se de comer, dormindo muito pouco e contando os dias ansiosamente até que pudesse fazer sua matrícula e abrir as portas para uma possível nova vida. Absorta em seu trabalho, estimulada por nicotina, café, álcool e remédios para dormir, ela não notou seu corpo dando sinais.

Quinze dias depois de chegarem à França, seus pais receberam um telegrama urgente de Dollie Maitland dizendo-lhes que Tussy estava doente, mas que não deixava Dollie ajudá-la ou chamar um médico.

Marx correu de volta a Londres para encontrar Tussy em um estado de colapso nervoso. "Por algumas semanas, ela não havia comido nada (literalmente)", escreveu ele para Jennychen. "Seu sistema nervoso está em um estado lamentável, tem insônia contínua, tremores nas mãos, convulsões neurais no rosto etc."[12] O doutor Donkin disse que não havia nenhuma doença orgânica presente, exceto "um desarranjo perfeito da ação de seu estômago"[13] devido a sua falta de interesse em comer – baseada, implicitamente, em um perfeito desarranjo da ação de seu cérebro para cuidar de si mesma de maneira adequada. A autogestão desastrosa de Tussy era o reflexo de sua capacidade exemplar de cuidar dos outros.

Dr. Freud teria reconhecido os sintomas diretamente: ele e o dr. Marx teriam concordado com as causas de seus sintomas agudos e "histéricos" – os espasmos, o tremor, a falta de apetite. Uso de muitos estimulantes. Insônia. Depressão. Desejo frustrado. Excesso de ambição não canalizada, talento intelectual e energia. Ressentimento por ser por tanto tempo uma filha reprimida e obediente na contramão de seu desejo de se libertar e lutar por sua própria fala. Uma vontade apaixonada de viver sua vida. Por trás da intensidade de suas reações: culpa, arrependimento, pressentimento, dúvidas sobre si mesma, insegurança. E nas anotações compartilhadas do caso pode haver uma menção à sua consciência – consciente, inconsciente ou uma mistura alternando reconhecimento e negação – de que ela estava perdendo a mãe. Luto.

Soma-se à mistura o fato do retorno de Lissa a Paris e a questão de como lidar com sua percepção de que ela nunca o seguiria.

Tussy estava irritada com Dollie por avisar seus pais. A pobre amiga não recebeu consideração alguma por tentar ajudar, de maneira prática, sua amiga anoréxica e viciada em trabalho. Tussy concordou em seguir a prescrição do dr. Donkin para se recuperar, e a combinação de alimentação regular, sono e a garantia de seu pai de que ela poderia começar suas aulas de teatro assim que estivesse recuperada a colocaram de volta aos eixos.

Foi um breve descanso. Enquanto Marx supervisionava a recuperação de Tussy, Möhme e Lenchen retornavam da França em estágios lentos, viajando de primeira classe e parando em Amiens e Boulogne. Möhme agora sofria de dor crônica e exaustão constante. Lenchen organizou a viagem, cuidou gentilmente de Möhme e administrou sua medicação e morfina para o que ambas sentiram que poderia ser a última viagem juntas. Essas duas mulheres compartilharam suas vidas desde a infância, sempre viveram nos mesmos lares, compartilharam o exílio, trouxeram filhos ao mundo e cuidaram de Marx juntas, cozinharam e costuraram, consertaram e se viraram nos anos de fome, foram ao teatro e a recitais musicais na companhia uma da outra. O período mais longo de separação, em seis décadas, foi de sete meses em 1851, quando Jenny voltou para Trier para uma longa estadia e Lenchen ficou em Londres para cuidar de Marx. Quando ela voltou, houve uma grande briga e uma ruptura temporária entre as duas, mas elas resolveram a diferença e a causa nunca foi revelada. Elas cuidaram uma da outra por doença, brigaram e resolveram as discussões com verdadeira amizade e agora, ambas na casa dos 60 anos, compartilhavam segredos que continuavam sendo seus.

Para cada cem refeições que cozinhavam, Marx e Engels desenvolviam uma ideia; para cada cesto de anáguas, babadores e cortinas que costuravam juntas, Marx e Engels escreviam um artigo. Para cada gravidez, parto e período de trabalho intensivo para criar um bebê, Marx e Engels escreviam um livro. Alguns anos depois, a filha favorita desses quatro amigos postulou "uma ideia geral que tem a ver com todas as mulheres. A vida da mulher não coincide com a do homem".[14] Ao longo de toda a vida, a amizade e o companheirismo dos inseparáveis Karl Marx e Friedrich Engels eram lendários em pelo menos três continentes. Mas, como Tussy coloca, a vida da mulher não coincide com a do homem; nem sua vida após a morte – ou mesmo a história. O companheirismo entre as inseparáveis Jenny von Westphalen e Helen Demuth não nem é lendária, nem mesmo é lembrada, em geral. No entanto, no centro dessa amizade feminina está a chave do segredo da família Marx: a identidade do pai do único filho de Lenchen.

Tussy enfim se recuperou fisicamente, comeu e dormiu com regularidade sob o olhar atento do pai e se reanimou, como sempre, pelo prazer de sua companhia. Quando Möhme e Lenchen retornaram, foi a vez de Marx ficar doente, derrubado por um ataque de pleurisia.

Com ambos os pais agora inválidos e exigindo cuidados 24 horas por dia de Lenchen e dela, Tussy foi mais uma vez severamente forçada a adiar o início de sua formação profissional com Elizabeth Vezin. "Desde sábado, não saio do quarto de papai, dia ou noite", disse a Jennychen. "Hoje à noite, porém, Helen estará com ele, pois o médico quer que eu tenha uma noite de descanso. É claro que há sempre algo a ser feito."[15] Alarmada, Jennychen queria vir a Londres imediatamente para ajudar, mas Tussy a fez desistir da ideia, pois Marx ficou muito ansioso ao aceitar que seus netos fossem deixados sob os cuidados aleatórios do pai desleixado. A ansiedade intensificou as dificuldades respiratórias de Marx, por sua vez, aumentando a frequência da necessidade de Tussy de administrar seus tratamentos de inalação.

Tendo visitado Jennychen recentemente, Mouro e Möhme também sabiam que ela tinha seus problemas de saúde, e que uma longa jornada não ajudaria a resolvê-los. Tussy garantiu a Jennychen e Lenchen muito apoio:

"Engels é de uma bondade e devoção difíceis de descrever. De fato, não há outro igual a ele no mundo – apesar de suas pequenas fraquezas."[16] A amiga da família, Madame Lormier, escreveu oferecendo-se para ajudar e a amiga de Tussy, Clementina, sentou-se com Möhme para deixar Tussy e Lenchen dormirem um pouco. "Não é o tipo de pessoa que desperta um interesse?"[17]

Começar suas aulas de teatro, continuar seu trabalho no Museu Britânico, escrever correspondências regularmente; os planos foram por água abaixo. Tussy seguiu; a resistência era um dos seus pontos fortes ao cuidar dos outros e não de si mesma. Ela ficou aliviada quando Laura chegou de Paris. Enquanto Tussy conspirava com Marx para proteger Jennychen da verdade sobre a saúde de seus pais, Laura era franca e brusca por natureza:

> Möhme está piorando aos poucos. Ela dificilmente pode ficar mais magra ou mais fraca do que está, mas seu espírito é eterno. Você erra ao se preocupar tanto com a separação dela dos netos. Neste exato momento, a presença deles aqui poderia fazer muito pouco por ela: infelizmente, ela está doente demais para se confortar com a tagarelice e as travessuras das crianças.[18]

Reflexos inconscientes da hostilidade que Laura sentia em relação a Tussy durante esses tempos conturbados. Provavelmente, a última carta de Möhme não chegou a Jennychen: "Custou-lhe tanto esforço para escrever, e ela se esforçou tanto para encontrar uma resposta sua que a perda da carta é irremediável".[19] Com um espírito de irmandade, Laura insinuou que Tussy, "em cujas mãos a carta foi colocada antes de ser posta em um envelope", teria sido responsável por esquecer de postar essa importante e "última carta".[20]

No entanto, o par de mãos extra de Laura deu a Tussy um descanso para se preocupar novamente com sua própria recuperação. Ela tomou suplemento de ferro, prescrito pelo dr. Donkin, e seguiu as recomendações para frequentar os banhos turcos e sair mais de casa. Laura retornou à França assim que Marx melhorou o suficiente para ficar acordado e fora da cama por algumas horas por dia.

James Murray, editor geral do *Oxford New English Dictionary*, havia contratado Tussy para trabalhar no projeto assim que Marx adoeceu. Uma empregada de meio período, Sarah, fora contratada para ajudar Lenchen, e nos dias em que Sarah ia à rua Maitland Park, Tussy conseguia ter duas ou três horas de trabalho no museu, trabalhando em alta velocidade e desfrutando da caminhada até lá. Ela era grata a Murray por esperar até que pudesse retomar o trabalho no dicionário. "Você não sabe quantas pessoas – muito mais qualificadas para fazer o trabalho do que eu – gostariam de fazer o que eu faço e, se alguma vez eu desistir, será muito difícil conseguir outra coisa".[21]

Em novembro, Möhme mal se levantava de seu sofá no quarto da frente; "na pequena sala ao lado, Mouro também estava preso em sua cama", lembrou Tussy, triste ao ver "esses dois, tão acostumados um com o outro, tão intimamente ligados", não mais na companhia um do outro o quanto desejavam estar.[22] No final daquele mês, Marx melhorou. Tussy lembrou-se muito claramente da última vez que seus pais puderam ficar juntos:

> Jamais esquecerei a manhã em que ele se sentiu forte o suficiente para entrar no quarto da querida mamãe. Eles voltaram juntos à juventude. Ela, uma garota amorosa e ele, um jovem apaixonado, entrando juntos em suas vidas – e não um velho destruído pela doença e uma velha moribunda se despedindo da vida.[23]

Jenny Marx morreu na sexta-feira, 2 de dezembro de 1881, com o marido, Tussy e Lenchen ao seu lado. Nos últimos momentos ela disse muitas coisas, mas eles não conseguiram entendê-la. A última palavra inteligível que ela falou foi para Marx – "bom". O General veio imediatamente. Quando estavam sozinhos, ele disse a Tussy: "Mouro também está morto". Ela ressentiu essas palavras, mas reconheceu: "É isso mesmo".[24]

Tussy e Lenchen lavaram o corpo de Möhme e a deitaram. Os visitantes vieram se despedir no fim de semana. No meio do frio invernal da noite de domingo, Tussy manteve a vigília luminosa da mãe. No silêncio das horas sombrias, ela escreveu para a irmã mais velha enquanto olhava o cadáver:

> Oh, Jenny, ela está tão bonita agora! Dollie, ao vê-la, disse que seu rosto estava transfigurado – seu semblante completamente sereno –, como se uma mão gentil tivesse suavizado todas as linhas e sulcos, enquanto o adorável cabelo parecia formar uma espécie de glória em torno de sua cabeça. Amanhã será o funeral. Isso me apavora – mas é claro que papai não pode ir. Ele ainda não pode sair de casa, e tudo bem.[25]

Tussy capturou um fragmento da glória de sua mãe nesta carta de réquiem: "É tão suave e bonita quanto a de uma menina".[26]

Möhme foi enterrada no cemitério Highgate em 5 de dezembro, perto de seu neto Charles Longuet, no que Marx descreveu como a seção dos condenados (não consagrados).[27] O General proferiu a elegia e, de acordo com os desejos de Jenny, não houve padre. Poucos dias antes de morrer, a enfermeira perguntou-lhe "se algo cerimonial havia sido negligenciado". Möhme encarou a enfermeira com um olhar de aço. Não haverá cerimônia, ela respondeu: "Não somos pessoas de aparências".[28]

"Se alguma vez houve uma mulher cuja maior felicidade estava em fazer os outros felizes, era ela",[29] disse o General em seu túmulo. Cartas de condolências vieram de todo o mundo, em coro com as homenagens a esse espírito altruísta. Amigos e camaradas antigos, agora distantes ou inimigos, deixaram de lado as hostilidades e também enviaram suas condolências. "Nela", escreveu um amargo oponente a seu outrora amigo Marx, "a natureza destruiu sua própria obra-prima, pois em toda a minha vida nunca encontrei outra mulher tão espirituosa e amável".[30] Biblioteca, profundamente abalado, escreveu a Marx celebrando a "galhardia" de Jenny: "Se eu não me perdi em Londres, de corpo e alma, foi, em grande parte, graças a ela".[31]

Marx refletiu sobre essas expressões de admiração do espírito sincero e sensível de "Möhmchen, raramente encontrado nessas comunicações convencionais. Eu atesto que cada coisa nela era natural e genuína, sincera e despretensiosa; daí a impressão vital e luminosa que ela transmitia aos outros."[32] Jenny von Westphalen e Karl Marx eram os amores da vida um do outro. Marx e Lenchen haviam perdido sua melhor amiga.

Em 29 de dezembro, instruídos pelo Dr. Donkin, Tussy e Marx partiram para Ventnor, na Ilha de Wight. Estava mais frio do que em Londres e chovia constantemente. A saúde de Marx o impediu de se aventurar a sair. Eles ficaram em quartos confortáveis, com uma vista reconfortante do mar e das colinas[33] e a proprietária era uma boa cozinheira, mas tanto Tussy quanto Marx estavam doentes e abalados pelo luto. O sono fugia a Tussy, e ela estava relutante em tentar novamente as "várias drogas" que tinha tomado recentemente; como revelou a Jennychen: "Afinal, não é muito melhor do que uísque, e é quase ou tão prejudicial quanto".[34]

Tussy se sentia demasiado mal para ler, escrever ou fazer qualquer coisa e admitiu a Jennychen: "Vendo como estou ansiosa para ser capaz de cuidar do papai... estava com um medo terrível de desabar completamente",[35] como ela tinha feito antes. O humor de Marx oscilava entre ansiedade e grosseria, como era de se esperar. Ele queria animá-la; ela se sentia culpada, "como se eu 'me desse o luxo' de ficar doente às custas da minha família".[36] Jennychen desejava que Laura tivesse ido com o pai no lugar de Tussy, pois ele precisava de uma companhia com temperamento mais semelhante ao seu. Gravemente doente e sem ninguém para cuidar das crianças, Jennychen não conseguiria vir ela mesma.

Preocupadas com o tom das cartas de Tussy, Clementina Black, Ernest Radford e Dollie Maitland discutiram como poderiam ajudá-la. Ernest correu para a rua Maitland Park e implorou a Lenchen que fosse a Ventnor – mas ela não podia abandonar a casa e os animais de estimação. Em vez disso, a bem-intencionada Dollie apareceu sem ser convidada. Ingrata e irritada com a intervenção, Tussy dispensou a assistência: "Eu queria que eles tivessem me deixado em paz."[37] Entediada, Dollie tentava jogar conversa fora com Marx. "Ela diz ao papai que acredita que eu seja *casada em segredo* e muitas outras ladainhas, que honram muito mais sua imaginação do que sua veracidade."[38] Marx, claro, compartilhou isso imediatamente com Tussy, que ficou decepcionada com a intromissão de Dollie. Mais angustiante para Marx foram as descrições lúdicas de Dollie dos sintomas histéricos "horríveis" de Tussy durante a noite, sobre os quais ele escreveu ansiosamente para Engels.[39] Na verdade, Tussy estava perfeitamente ciente da natureza de sua doença:

> O que nem papai nem os médicos nem ninguém entenderá é que é a *preocupação mental* que me afeta. Papai fala sobre eu ter 'descanso' e 'ficar forte' antes de tentar qualquer coisa, e não vê que 'descanso' é a última coisa que eu preciso – eu que terei mais chances de 'ficar forte' se tiver algum plano definitivo e trabalhar, e não continuar esperando e esperando.[40]

O adiamento do início de sua formação teatral, a inatividade, o autossacrifício para sua família, a falta de dinheiro próprio e, acima de tudo, o reconhecimento – através do luto – de que os verdadeiros talentos de sua mãe não foram, em última instância, realizados; tudo isso foi a causa dos sintomas nervosos de Tussy: "Eu não sou mais jovem o suficiente para perder mais tempo esperando – e se eu não puder fazer isso, *em breve* não fará mais sentido nem tentar".[41]

A notável inconveniência de Dollie era talvez mais calculada do que Tussy admitia. Seus amigos de mente aberta compreendiam com clareza seus sentimentos sobre seu longo noivado com Lissagaray, agora ausente. Na véspera de seu aniversário de 27 anos, Tussy escreveu uma carta explicativa para Jennychen:

> Por muito tempo tentei tomar a decisão de terminar meu noivado. Eu não *conseguia* fazê-lo – ele tem sido muito bom, gentil e paciente comigo –, mas agora eu o fiz. Não somente o fardo se tornara muito pesado – eu tinha outras razões (não posso escrevê-las, levaria muito tempo, mas quando nos vermos eu lhe direi). Assim, por fim, eu sustive minha coragem.[42]

Talvez não seja a mais diplomática de suas alusões shakespearianas.

Ela enfatizou que Lissa era inocente e pediu a Jennychen para tentar vê-lo às vezes e tratá-lo gentilmente como um amigo da família. Para si mesma, Tussy esperava que ela e Lissa continuassem melhores amigos – bater continuamente nessa tecla da amizade sugere profunda culpa por parte de Tussy pela separação. Embora tenha sido "muito difícil", Tussy tinha certeza de que a decisão estava certa: "... afinal de contas, cada um de nós deve viver a própria vida – e ainda que eu tenha tentado e me esforçado muito, não poderia aniquilar meu desejo de *tentar algo*."[43] Ela estava otimista de que ainda havia tempo para ela; por conta de sua intimidade de toda uma vida com gatos, ela acreditava que tinha sete vidas em vez de uma.

Tussy foi reanimada pela morte de sua mãe. Tinha atingido o limite de sua resistência de viver sua vida para outras pessoas, e tivera a percepção gritante de que seu tempo agora poderia ser totalmente consumido com os cuidados com o pai, o que a assustava, por mais que ela o amasse. As cartas de condolências elogiando Möhme por sua exemplar abnegação foram um gentil consolo para Marx, mas apavoraram e deprimiram Tussy, estimulando-a a escolher a independência incerta acima da sujeição amorosa do casamento. Ela fez uma lista de boas resoluções para o seu vigésimo sétimo aniversário e sentiu que se mantivesse apenas metade delas para os próximos anos, ela se sairia bem:

> Quero mesmo me esforçar para tornar minha vida melhor do que tem sido até agora, por meio de muito trabalho. Afinal, o *trabalho* é o prin-

> cipal. Para mim, pelo menos, é uma necessidade. É por isso que amo até mesmo o meu trabalho chato no Museu. Veja, eu não sou inteligente o suficiente para viver uma vida puramente *intelectual*, e nem estúpida o suficiente para me contentar em sentar e não fazer nada.[44]

Marx e Engels sabiam que ela não era, de fato, estúpida o suficiente para viver uma vida puramente intelectual. Tussy precisava de ação, precisava colocar ideias para serem testadas na prática. Ela desejava ser capaz de tornar tudo isso compreensível ao seu adorado pai – "O quanto eu o amo, ninguém o sabe" – mas lutou com sua culpa em relação a um sentimento de abandoná-lo em seu luto: "*Não consigo* explicar a ele."[45] Jennychen entendeu o recado e escreveu diretamente ao pai em nome da irmã, informando-o claramente da situação.

Com a mediação da filha mais velha, Marx passou a entender o problema de Tussy. Ele expressou sua convicção a Engels de que nenhum medicamento, mudança de cena ou ar poderia curar a doença dela; como ele agora percebeu, o que poderia fazer por ela era apoiar e permitir que ela "fizesse o que desejasse e deixar que fizesse suas aulas de teatro com a Madame Jung" – seu apelido para Elizabeth Vezin, ex-senhora Young. Marx não desejaria "por nada nesse mundo que a filha imaginasse ser sacrificada no altar da família na forma de 'enfermeira' de um velho".[46] E era mais fácil para ele se retirar agora que sabia que Tussy não iria mais sacrificar seu futuro por outro homem. O fim do noivado de Tussy com Lissagaray foi uma satisfação para todos. Ela, claro, não poderia admitir por um momento que seu pai estivera certo o tempo todo; ele era suficientemente amável para não dizer "eu avisei".

Laura e Paul nunca gostaram de Lissa, e Jennychen, que agora se arrependia de seu próprio casamento, achou que Tussy tinha tomado a decisão certa: "esses franceses, na melhor das hipóteses, são maridos lamentáveis."[47]

As novas resoluções de vida de Tussy tinham um começo promissor. No dia de seu aniversário, ela e Marx foram para casa para que ela pudesse fazer um recital em Londres. Suas performances de *O flautista de Hamelin* e *A ponte dos suspiros*, de Thomas Hood – a tragédia de uma jovem sem-teto que perde a esperança e termina se afogando – foram um triunfo. "Devo dizer que entrei com excelência na terça-feira e fui 'convocada' após o flautista de Hamelin, mas como a peça é muito longa – tem 25 minutos – eu só agradeci o público e não quis fazer um bis. Mas depois de *A ponte dos suspiros* eu tive que fazer, e fiz".[48] Melhor que tudo, ela ganhou belas £2 por sua performance.

Em fevereiro, Tussy e Marx foram visitar Jennychen e os netos em Argenteuil, de onde Marx foi para Argel depois de uma semana – sozinho. No dia em que Tussy voltou para Londres, Lissa ligou para a casa dos Longuet, galantemente, e perguntou se ele poderia, por favor, ver Tussy em Gare Saint-Lazare naquela noite. Eles jantaram em um bistrô na estação. Lissa expressou seu desgosto e arrependimento, mas entendeu que não podia segurá-la e não tentou fazê-la mudar de ideia. Eles se despediram ainda amigos. Tussy tinha agido da melhor maneira, disse Jennychen, e "escapou por pouco" de se casar com um homem que, ela tinha certeza, nunca a teria feito feliz. Ela não perdeu a oportunidade de insistir em seu antigo lema: "Maridos franceses não valem muito na melhor das hipóteses; e na pior delas, bem, quanto menos for dito, melhor."[49] Ela ecoava sua mãe.

Quaisquer que fossem os sentimentos de Tussy sobre o fim de seu caso com Lissa, quando seu trem deixou a estação Saint-Lazare naquela noite, qualquer chance de ressentimento foi interrompida por uma simpática passageira no compartimento *dames seules* que a distraiu durante a viagem para casa.[50] Ela pediu um saca-rolhas emprestado a Tussy, que ela por acaso não tinha à mão. Em seguida, sua companheira de viagem começou a arrancar a rolha de sua garrafa de conhaque com um par de tesouras de unha, esvaziando todo o conteúdo gole a gole. Como o trem não parou entre Rouen e Dieppe, a bêbada se "aliviou" no assento – levando Tussy a jurar que ela nunca mais viajaria em um compartimento só para mulheres.

Em casa, Eleanor abraçou energicamente sua nova liberdade. Ela estava ocupada mais uma vez com a Nova Sociedade Shakespeare e se divertindo no Museu Britânico, fazendo pesquisa e trabalho bibliográfico para Furnivall. Sua formação ansiosamente antecipada com Elizabeth Vezin finalmente começara. Ela ia ao teatro em todas as oportunidades, ficando na fila por ingressos baratos para sentar nos poleiros,* estudando atentamente as performances das atrizes. Ela amou o novo *Romeu e Julieta* no teatro Lyceum: "Nunca vi uma peça shakespeareana tão satisfatoriamente

* Expressão para os assentos mais baratos em uma sala de teatro.

bem interpretada 'do começo ao fim'".[51] Mas ela ficou muito desapontada com a Julieta de Ellen Terry, "encantadora nas primeiras cenas – cenas de comédia, melhor dizendo –, Ellen fica cada vez mais fraca à medida que o elemento trágico aparece, até que na cena da poção ela entra completamente em colapso".[52] A questão de como interpretar Julieta era de grande interesse para Tussy, "pois desde o meu retorno de Paris, eu tenho esmiuçado Julieta com a sra. Vezin. Ela parece extremamente satisfeita com isso – e diz que, apesar da minha absoluta ignorância sobre os negócios do palco, ela gostaria que eu me arriscasse em público."[53]

Mas o que tanto desapontou Tussy foi Ellen Terry ou o absurdo de uma mulher adulta, no auge de seus poderes, ter que interpretar uma adolescente na puberdade atravessada pelo amor? Suas críticas à atriz revelam a precisão da observação de Vezin sobre sua absoluta ignorância dos negócios dos palcos – ela ainda não entendia os desafios de ser "uma atriz". Ter que interpretar personagens subordinadas e papéis secundários no palco, bem como vivê-los, diariamente, fora de cena; ser visivelmente silenciada no palco pelas falas maiores dos atores, e, ao mesmo tempo, ter que se contentar com falas bobas, loucura, intrigas e clichês para atuar. No palco e fora dele, o papel do homem era de um herói ou um vilão ocupado; da mulher, a de uma servidora doce ou alguma variante de lunática, louca ou com fome de poder. Ellen Terry entendeu sua posição perfeitamente bem, fazendo o famoso comentário: "Um homem atua em muitos papéis no decorrer da vida. A mulher também!". Terry sabia o que Tussy descobriria: embora muitos e variados, os papéis eram raramente os melhores.

Se tivessem a oportunidade de discutir a carreira de Terry, Virginia Woolf poderia ter explicado a Eleanor que Terry estava muitas vezes subvertendo seus papéis e suas "palavras bobas", trazendo para si a conformidade ressentida das mulheres em seu público, que podiam detectar a presença sussurrada de papéis proibidos, maiores e mais fortes, em suas vidas reais. Foi Ellen Terry quem inspirou o retrato de Woolf de Edith Craig em *Entre os atos*:

> 'Que papel menor eu tive que interpretar! Mas você me fez sentir que eu poderia ter interpretado... Cleópatra!' 'Talvez eu pudesse ter sido – Cleópatra', senhorita LaTrobe [Edith Craig] repetiu: 'Você mexeu comigo em minha parte não encenada, ela quis dizer.'[54]

Tussy não podia ouvir essa voz do futuro, mas também procurou seu papel não encenado. Até agora, ela não percebera que não iria encontrar o papel para se adequar entre as mulheres de Shakespeare.

Ela sentia falta do pai e se preocupava com a separação deles – "Como *anseio* por ver seu rosto".[55] Marx escondeu seu péssimo estado de saúde de todos, menos do General. Insatisfeita com os relatos de seu pai sobre si mesmo, Tussy queria ir até ele em Argel, mas o General a dissuadiu. Enquanto isso, a notícia de que Eleanor havia rompido seu noivado com Lissa chegou ao encantado Karl Hirsch, que não perdeu tempo e imediatamente encarregou sua irmã, "a estranha *Frau* Kaub", de visitar Jennychen – repetidas vezes – e preparar o terreno para pedir a mão de Tussy em casamento.

Jennychen teve que passar por minúcias intermináveis sobre a sólida posição financeira de Hirsch e relatos abrangentes de suas perspectivas de uma maneira que qualquer irmã Marx acharia cômica. Os irmãos resistiram às refutações polidas, mas conclusivas, de Jennychen de que Tussy não tinha interesse em casamento. "Fiz tudo que pude para explicar ao entusiasmado Hirsch que suas aspirações estão condenadas a não se realizar, mas ele insiste em querer ouvir a desgraça de seus lábios."[56] Tussy escreveu a Hirsch uma recusa gentil e cortês como resolução do assunto. Nunca ocorreu a nenhuma das irmãs que poderia ser prudente para Eleanor se casar por segurança financeira.

Jennychen apoiou totalmente a rejeição de Tussy a Hirsch, mas, antes de mais nada, ficou intrigada por ela estar tão brava com ele por pedir-lhe a mão. Ela nunca expressou sua raiva para ele, mas estava profundamente ofendida. De sua perspectiva, Hirsch traiu uma amizade política e intelectual de longa data e a enganou por não ter sido franco sobre suas intenções. Isso não foi justo, dado que Hirsch, de maneira honrada, não propôs o casamento até que o noivado com Lissagaray terminasse conclusivamente.

Jennychen apoiou a busca de sua irmã mais nova por uma carreira independente em vez de um casamento, confiante de que sua "ambição de viver a vida de artista" teria sucesso, "e, se na pior das hipóteses, você não subir ao palco, o fato de adquirir perfeitamente a arte da elocução... será um grande ganho para você ao longo da vida e pagará qualquer despesa que suas aulas agora lhe custarão".[57] Através de Tussy, Jennychen reviveu seu próprio sonho há muito morto, a "perspectiva de viver a única vida livre que uma mulher pode viver – a artística".[58]

Tussy muitas vezes ficava sozinha na rua Maitland Park. Lenchen passava muito tempo na França ajudando Jennychen com as crianças. Marx viajou de Argel para Monte Carlo, Nice e Cannes, voltando direto para Argenteuil para o verão. Tussy escreveu-lhe cartas com notícias entusiasmadas de suas muitas atividades e conversas sobre eventos correntes. Ela ficou escandalizada pela confusão feita pelos "filisteus britânicos", que foram levados às lágrimas pela remoção de um elefante do Regent's Park Zoo de Londres para um circo, enquanto faziam vista grossa sobre a fome e a pobreza abjeta entre seus semelhantes no leste da cidade. "Shakespeare", Tussy lembrou seu pai, já declarara que os ingleses "não se desfazem de uma mísera moedinha para ajudar um mendigo coxo, mas gastam até dez para ver um índio morto."[59]*

Ela abraçou todo o entretenimento londrino que poderia encaixar entre seu trabalho no Museu Britânico para a Nova Sociedade Shakespeare, suas aulas com Vezin e a prática disciplinada. Viu a atriz polonesa Helen Modjeska em Odette e a italiana Adelaide Ristori como Lady Macbeth, na primeira vez em que a atriz atuou em inglês. Houve um piquenique no rio com os Furnivall, jantares com o zoológo Edwin Ray Lankester e sua família, além de novas e inspiradoras amizades com a escritora sul-africana Olive Schreiner e Alexandra Leighton (sra. Sutherland Orr).

Em 30 de junho, Tussy compartilhou o maior faturamento nas celebrações anuais da Sociedade Browning realizadas no University College de Londres. Ela apresentou a aventura cavalheiresca *Count Gismond* e, atendendo ao público, seu *O flautista de Hamelin*. Empolgada, a primeira coisa que fez na manhã seguinte foi escrever para Jennychen durante seu café da manhã:

> O lugar estava lotado – e como todos os tipos de 'literatos' e outros 'influentes' estavam lá, eu me senti ridiculamente nervosa –, mas subi no palco com excelência. A sra. Sutherland Orr (irmã de sir Frederick Leighton, o Presidente da Royal Academy) quer me levar para ver Browning e recitar seus próprios poemas para ele! Pediram-me para ir, hoje à tarde, a um 'evento' na casa de Lady Wilde. Ela é a mãe

* A referência de Marx é à fala de Trínculo, personagem da peça *A tempestade* de Shakespeare, no ato I cena II. Citamos a tradução realizada por Beatriz Viégas-Faria na edição da L&PM.

> daquele jovem hesitante e muito desagradável, Oscar Wilde, que tem se comportado de maneira estúpida na América. Como o filho ainda não voltou e a mãe é legal, talvez eu vá – isto é, se eu tiver tempo...[60]

Os comentários desonestos de Tussy sobre Wilde são motivados pela pura inveja da escala de seu sucesso teatral e literário. Longe de agir como um idiota, Wilde estava, de fato, se tornando um "d.d" estrela em sua turnê de palestras na América e fazendo uma enorme divulgação da ópera *Patience* [*Paciência*], de Gilbert e Sullivan. Tussy estava morrendo de inveja do enorme sucesso de um colega homem. Quando Wilde foi julgado mais tarde, em meio a rumores e revelações sobre sua homossexualidade, a inveja de Tussy se transformou em lealdade. Ela criticou publicamente a vergonhosa hipocrisia da imprensa e do público que outrora o celebravam e agora se voltavam contra ele por causa de suas supostas preferências sexuais e da conduta de sua vida pessoal. Ela destacou, por especial motivo de opróbrio, a venalidade dos gerentes dos teatros Haymarket e St. James, que continuaram lucrando imensamente com as peças de Wilde nas casas lotadas, mas apagaram o nome do autor das receitas, do programa e de toda a produção. Quando nenhum jornal britânico quis publicar sua defesa de Wilde, Tussy a publicou na Rússia.[61]

Outro destaque de seu verão de 1882 foi um evento beneficente que contou com o famoso ator de Dickens, John Toole, no teatro Charing Cross, agora sob sua administração e renomeado Teatro Toole's em sua própria homenagem. O "amado Henry" recitou, assim como Madge Kemble e Ellen Terry, que fizeram *A ponte dos suspiros* de Thomas Hood. Sobre esta, Tussy brincou, "considero uma ofensa pessoal, pois é uma das minhas peças de repertório".[62] Não conseguindo comprar ingressos, Tussy, Lenchen e as irmãs Black assistiram do fosso – o espetáculo começou às 13h30 e elas tiveram que estar na porta do teatro às 11 horas, bebendo chá de um vendedor de rua e conversando por duas horas enquanto esperavam para entrar. "Que coisa fina é o entusiasmo!"[63]

Esses passeios foram um enorme respiro em meio a longos dias de trabalho. "Estou muito dedicada a isso agora",[64] disse a Jennychen. Como Lenchen estava com a irmã na França, havia tarefas difíceis no *front* doméstico da aspirante a atriz. Nenhuma das galinhas de Lenchen se mexeu de seus ninhos desde sua partida, e Tussy não tinha ideia do que fazer com elas –

além de agradá-las com todos os tipos de guloseimas e consolar o simpático e debilitado galinheiro, dizendo-lhes que Lenchen retornaria em breve. "Estou positivamente apavorada com a próxima segunda-feira – quando alguns pintinhos *deveriam* aparecer. Sabe-se lá o que devo fazer com eles."[65]

Na ausência de Mouro, o General mantinha um olhar atento e paternal, esperando que Tussy passasse os domingos com ele, quando um banquete era servido com quantidades generosas de vinho tinto. Se sua agenda agitada a obrigasse a perder esse ritual semanal, ela o compensava e jantava com ele durante a semana em um teatro ou clube, apresentando-o a seus novos amigos.

No final de julho, Tussy foi forçada a interromper seu trabalho e formação intensiva e ir a Argenteuil, a pedido urgente de seu pai, para cuidar da "pobre Jennychen". Sua exausta irmã estava com outro bebê a caminho e sofria de dores excruciantes devido a uma infecção persistente na bexiga. "Estou completamente abatida", confessou à irmã.[66] Tussy voltou a Londres em meados de agosto, trazendo o pequeno Johnny (Jean) com ela. Depois de umas férias despreocupadas à beira-mar com Engels em Great Yarmouth, ela colocou Johnny de volta à escola em Londres, cuidando dele como qualquer mãe trabalhadora londrina.

No final de agosto, "o velho da montanha",[67] como Marx agora se apelidara, foi às pressas da França para a Suíça após um pedido confidencial de Laura. Ele apreciava a grande melhora de Tussy e não queria voltar atrás em sua determinação de não a fazer enfermeira de um velho doente. A única filha de Jennychen, também chamada Jenny (Mémé), nasceu em 16 de setembro. Marx conheceu sua nova neta logo no final do mês, mas Jennychen escondeu a seriedade de sua doença, fingindo ser apenas exaustão pós-parto. Marx foi diretamente a Ventnor para tratar novamente a pleurisia e bronquite persistentes. Sua saúde precária agravou seus motivos para não voltar a Londres. Ele sabia que não poderia se recuperar da perda de sua esposa, mas precisava aprender a levá-la consigo. Sem Möhme, ele achava insuportáveis a casa da família e a vida em Londres.

Com Lenchen voltando da França e administrando a casa novamente, havia mais apoio para cuidar do pequeno Johnny na rua Maitland Park. Enquanto ele estava na escola durante o dia, Tussy passava o tempo possível tirando o atraso de seu trabalho. À noite, depois de colocar a criança para dormir com sua própria versão de Hans Röckle, ela continuava com o trabalho noturno no glossário, e Lenchen visitava o General para jogar xadrez ou ia com Espoleta ao teatro.

A primeira semana de outubro era a Semana Anual de Fechamento da Sala de Leitura, quando o local era fechado para os leitores, os livros, espanados e consertados, e os arquivos, verificados. Tussy estava extremamente ansiosa com o prazo que tinha para a Sociedade de Textos em Inglês Arcaico. "Agora estou, como você sabe", disse ela a Jennychen, "correndo contra o tempo, então pedi ao senhor Bond, o bibliotecário chefe, que me permitisse voltar ao trabalho normalmente".[68] George Bullen, responsável pelos livros impressos, seu assistente Richard Garnett[69] "e meia dúzia dos chefes foram ao senhor Bond e pediram-lhe gentilmente para me deixar voltar." Bond aceitou. "É um imenso favor, que, como soube hoje, não fora estendido a ninguém desde quando, alguns anos atrás, Gladstone foi autorizado a terminar sua publicação sobre as 'Atrocidades' lá" – seu ensaio 'Horrores búlgaros e a questão do Oriente'" [*Bulgarian Horrors and the Question of the East*], de 1876. Ela não conseguia trabalhar "na confusão da limpeza na Sala de Leitura", então ficava com Garnett e Bullen no próprio escritório deles. "É uma grande vantagem para mim, pois estava desesperada por perder tantos dias".[70] O favor oferecido a ela pelos homens que dirigiam o Museu Britânico demonstrou que Eleanor Marx havia agora assumido o lugar de seu pai na Sala de Leitura.

Precisando de dinheiro, Tussy assumiu outro emprego como professora em uma escola para meninas em Kensington. "Estou trabalhando demais para ir a qualquer lugar ou ver alguém", escreveu a Jennychen. Depois do trabalho, ela quase sempre ficava em casa lendo jornais e periódicos e escrevendo cartas no escritório de seu pai, como suas reflexões a Jennychen sobre a divisão faccional do congresso de Saint-Etienne entre possibilistas e marxistas – estes últimos liderados por seu cunhado, Lafargue. "O que você acha dos Congressos rivais? Eles são mais sugestivos para mim dos gatos de Kilkenny do que de qualquer outra coisa."[71] Segundo o folclore, os gatos de Kilkenny brigaram até que nada restou além de suas caudas. Em 11 de outubro, ela pôde ir com os Dogberries para ver a pré-estreia da primeira produção do Lyceum de *Muito barulho por nada*, estrelado por Terry e Irving, a qual ela adorou. Ernest, Clementina e Dollie ficaram satisfeitos em vê-la para lá e para cá; eles estavam sentindo muita falta das reuniões regulares que aconteciam na casa de Tussy.

Ela levou Johnny para visitar Marx em Ventnor por um fim de semana. Karl estava ansioso por notícias de Jennychen e acreditava que ela não se recuperaria a menos que mais crianças fossem tiradas de suas mãos. Ele pediu a Tussy para largar tudo para voltar à França para ajudar um pouco e levá-la para Londres, a fim de aliviar Jennychen nos cuidados com Mémé. Jennychen pôs ordem: Tussy não deveria deixar seu trabalho.

> A única boa notícia que tive nesses muitos dias é... sobre seus projetos literários. Parabenizo você com todo meu coração e me alegro ao pensar que pelo menos uma de nós não passará a vida de olho em um cozido [*pot au feu*].[72]

Já as notícias de Jennychen não eram boas. A inflamação na bexiga, que ela acreditava estar ligada à sua última gravidez, não tinha ido embora; ao contrário, piorou após o parto: "Não desejo a ninguém nesse mundo as torturas que enfrento há oito meses; elas são indescritíveis e os cuidados acarretados tornam a vida um inferno para mim".[73] Há uma eloquência valiosa e dura na franqueza de Jennychen sobre as realidades de sua experiência materna, bem como um grande amor em sua resistência a Tussy passar pelo constrangimento de ter que ajudá-la.

Tussy, Marx, Lenchen e o General fizeram tudo o que puderam para dar um Natal brilhante a Johnny em Londres. Laura não pôde se juntar a eles. Em setembro, o congresso de Saint-Etienne havia se separado. Paul Lafargue e Jules Guesde formaram o marxista Partido Operário Francês [Parti Ouvrier Français] e foram imediatamente presos por subversão e insubordinação. Neste caso, Marx aprovou grandemente as ações de seu genro.

Enquanto Johnny fornecia uma razão para o retorno da árvore de Natal tradicional da família, o presente de Marx era finalmente estar livre de pleurisia e bronquite. "Isso, então, é muito encorajador", ele vangloriou-se, "considerando que a maioria dos meus *contemporâneos*, quero dizer, os companheiros da mesma idade, batem as botas em *números gratificantes*. Há bundas jovens o suficiente para manter os velhos vivos."[74] Ele voltou para Ventnor com um humor melhor.

Durante a semana de janeiro, Marx recebeu notícias terríveis dos Lafargue de que a condição de Jennychen agora era desesperadora. Ela estava acamada, com hemorragia e afundada em um torpor interrompido apenas por pesadelos e sonhos fantásticos. Marx acordou no dia seguinte com uma tosse espasmódica tão aguda que achou que estivesse sufocando. Tussy não precisou mais procurar pela fonte de sua herança genética de doença nervosa. Marx estava convencido de que a angústia mental era biologicamente inseparável da saúde corporal e do bem-estar.

Uma semana antes do aniversário de 28 anos de Tussy, um telegrama chegou à rua Maitland Park. Jennychen morrera de repente na tarde de 11 de janeiro. Ela tinha 38 anos. "Eu imediatamente parti para Ventnor", lembrou Tussy:

> Já vivi muitos momentos tristes, mas nenhum tão triste assim. Senti que estava trazendo a sentença de morte do meu pai. Eu quebrei a cabeça durante todo o caminho, ansiosa para descobrir como poderia dar a notícia a ele. Mas não precisei: meu rosto me entregou. Mouro disse logo de cara: 'Nossa Jennychen está morta.'[75]

Meia hora após a chegada de Tussy, Marx a colocou no próximo trem de volta para Londres, instruindo-a a seguir diretamente para Argenteuil para cuidar das crianças, agora órfãs. Tussy achou impossível deixá-lo sozinho nesta hora tão sombria, mas ele "não admitiu qualquer resistência".[76] Tudo, disse ele, deve ser organizado para o bem das crianças.

Marx partiu com tanta pressa para Londres que teve que pedir ao seu médico para encaminhar sua conta para a rua Maitland Park. Encerrando uma nota de gratidão com o endereço, ele explicou ao dr. Williamson a causa de sua partida repentina e comentou: "Na verdade, é um alívio ter uma dor de cabeça severa. A dor física é a única 'distração' da dor mental."[77] Acredita-se que esta seja a última carta que ele escreveu.

As tentativas de Lenchen de animar Marx com novas receitas falharam. Leite – que ele nunca gostou de beber – e rum ou conhaque se tornaram sua dieta preferida. Sua "leitura" limitava-se a passar pelos catálogos dos editores ou interpretar as chamas na lareira em seu escritório, para as quais ele olhava por longas horas. Em fevereiro, ele desenvolveu um abscesso no pulmão e ficou acamado.

Quando Tussy voltou da França, ela entendeu imediatamente que seu pai voltara para Londres para morrer. Ela trouxe Harra de volta com ela, mas ele estava muito doente; mortificada, Tussy teve que interná-lo em um hospital infantil em Shadwell.

Na quarta-feira, 14 de março, Engels chegou normalmente às 14h30 para sua visita diária. Lenchen desceu as escadas e disse que Mouro havia deixado o quarto e entrado no escritório, onde estava cochilando em sua poltrona favorita. Quando subiram, ele já havia partido. "O General teve aquela poltrona até morrer", escreveu Tussy mais tarde. "Agora ela é minha."[78]

Tussy assinou o atestado de óbito; ela e Lenchen lavaram e colocaram Mouro em seu caixão, para os muitos enlutados que vieram à rua Maitland Park para se despedir. "A humanidade perdeu a mente mais notável do nosso tempo", disse seu melhor amigo.[79]

Tussy tinha perdido seu primeiro amor.

Onze enlutados se reuniram no funeral de Marx no Cemitério Highgate, em 17 de março de 1883. Tussy, amparada por Engels e Lenchen, viu o caixão de seu pai seguir o mesmo desfecho que o de sua mãe. As companhias ali presentes incluíam o recém-viúvo Longuet, Biblioteca, Lessner, Schorleemer, Edwin Ray Lankester e Paul Lafargue. Embora seu marido estivesse presente, Laura não compareceu. Tussy sentiu falta da irmã. Elas tinham se afastado pelo casamento com Lafargue, a velha rixa com Lissagaray e o sentimento de Laura de não ser a filha mais favorecida. Mas agora eram as parentes de sangue mais próximas uma da outra.

Engels fez uma elegia, concluindo que o "nome e o trabalho de Marx perdurarão pelas eras."[80] Na semana seguinte, o túmulo de Karl e Jenny Marx foi reaberto, na presença de Tussy, para o enterro do pequeno Harry Longuet, que morreu em 21 de março, aos quatro anos e meio, no hospital infantil Shadwell.

Karl Marx deixou claro antes de morrer que considerava Eleanor e Engels como seus herdeiros naturais. "Nossas naturezas eram tão exatamente iguais", escreveu Tussy após a morte de seu pai:

> Lembro-me uma vez em que ele estava dizendo uma coisa que, na época, eu não entendi e que até soava bastante paradoxal. Mas agora

> eu sei o que ele quis dizer... Meu pai, ao falar da minha irmã mais velha e de mim, disse: 'Jenny é mais como eu, mas Tussy (meu antigo e querido apelido em casa) *sou* eu.' Era verdade – exceto que nunca serei boa e altruísta como ele era.[81]

Com esse legado, ela agora precisava escrever sua própria fala.

A SALA DE LEITURA

Após a morte de seus pais e da irmã mais velha, a vida de Eleanor mudou radicalmente. Ela passou a viver no presente e não mais no subjuntivo. A transição foi dura, motivada pela dor e por seu novo entendimento sobre a morte. Ela não mais dizia "eu quero ser" ou "eu seria, se possível". Em vez disso, Eleanor passou para o "eu sou", "eu vou" e "eu faço".

Condolências ressoaram em todos os cantos do globo quando a notícia da morte de Marx se espalhou. Tussy e Engels responderam pessoalmente a milhares de cartas e telegramas. Muita ajuda e apoio foram oferecidos – às vezes de setores improváveis. Matilda Hyndman, esposa de Henry, ofereceu a casa como recanto para Eleanor e garantiu-lhe que, se ela preferisse, manteria o marido fora de seu caminho.[1] Furnivall perguntou se Marx fizera provisões adequadas para ela. Conhecendo a generosidade impulsiva de Eleanor, ele insistiu para que ela não abrisse mão de qualquer espólio que recebesse por considerar (erroneamente) que outras pessoas estariam mais necessitadas do que ela.[2]

O patrimônio de Marx era de £250 em dinheiro. Seu legado literário tinha um valor inestimavelmente maior. Eleanor foi nomeada sua testamenteira, em 18 de agosto, "de acordo com a lei inglesa... [como] a única pessoa viva que é representante legal de Mouro na Inglaterra",[3] explicou o General a Laura, que estava chateada com a decisão de tornar Tussy a única herdeira legal. Essa nomeação fez Laura se sentir abandonada. Engels protegeu Tussy das cartas iradas e acusatórias da irmã.

Ele insistiu para que Laura fosse a Londres, lamentando sua ausência desde a morte de seu pai. Sem saber da fúria da irmã, Tussy escreveu a ela sem reservas sobre o trabalho agora necessário:

> ...deixarei de lado *todas* as cartas privadas. Elas são de interesse apenas nosso e podem ser organizadas a qualquer momento. As outras correspondências – manuscritos, correspondências da Internacional etc. – são o que devemos olhar agora. Gostaria que eu enviasse todas as suas cartas e as de Lafargue? Se sim, colocarei todas juntas conforme for encontrando. Essa organização dos papéis será um trabalho terrível. Eu mal sei como deve ser feito. Devo dedicar alguns dias da semana *inteiros* a isso. Claro que não posso me sentar e fazer *só* isso. Devo manter minhas aulas e aceitar todo o trabalho que puder.[4]

Tussy voltou a lecionar na escola da Sra. Bircham em Kensington, adicionando uma aula inovadora de literatura aos seus cursos. Ela não tinha tempo nem dinheiro para continuar estudando regularmente com Elizabeth Vezin.

Apesar de suas aspirações, Eleanor era pragmática o suficiente para enfrentar os fatos de maneira direta. Ela agora havia entendido que não tinha as qualidades necessárias para se tornar uma atriz de maior categoria nos palcos ingleses. Isso também se tornou evidente para Elizabeth Vezin, que disse com relutância que ela era muito competente, mas "nunca alcançaria a grandeza real nos palcos – a glória sempre ficaria aquém do sonho."[5]

As razões de Eleanor para deixar de lado esse sonho árduo parecem prosaicas em um primeiro momento: doença familiar e múltiplas mortes desviaram seu tempo e suas energias. Ela precisava de uma nova casa e, pela primeira vez, pagar todo o aluguel e contas. Além de seu trabalho remunerado, ela deveria separar vários dias por semana para organizar os papéis de Mouro. À sua maneira inimitável, a morte deixa as coisas claras para uma Eleanor amadurecida. Ela não podia bancar a imprudência financeira. Afinal, de que o mundo mais precisava: uma outra atriz ou do legado intelectual de Marx, assegurado pela única pessoa qualificada e destemida, além de Engels, em quem se poderia confiar absolutamente?

Entrelaçada com o prático, o inefável, Eleanor descobriu que não podia fingir ser outra pessoa que não ela mesma. No palco e fora dele, aparentemente ela não conseguia ser tão convincente a não ser como Eleanor Marx. Esse fracasso na aptidão para a dissimulação era, ao mesmo tempo, um dos seus maiores atributos e, dadas as suas aspirações, uma desvantagem significativa de sua personalidade.

Esse aspecto de sua personalidade não estava em conformidade com o contexto do momento histórico específico em que Eleanor vivia, muitas vezes estando tão à frente de seu tempo. Por temperamento e estética, Tussy era uma estrela de cinema e não uma atriz de teatro;[6] o naturalismo modernista era muito mais o estilo dela. George Bernard Shaw, que a conhecera recentemente na Sala de Leitura do Museu Britânico, dizia de si que havia nascido com "50 anos de antecedência".[7] O mesmo podia ser dito de Tussy. Se tivesse nascido 50 anos depois, ela poderia ter achado o cinema o ambiente natural para seu talento.

O repertório disponível para ela no teatro de seu tempo era um mundo à parte dos papéis não representados que ela *queria* fazer. Embora a interessassem profunda e intelectualmente, as mulheres de Shakespeare – Julieta, Lady Macbeth, Beatrice – a limitavam e a frustravam. Desde a infância, sempre foram os grandes personagens masculinos de Shakespeare que intrigavam e inspiravam Eleanor. Ela queria interpretar Romeu, não Julieta; Macbeth, não sua esposa; Hamlet, não Ofélia; Ricardo, não Lady Anne; Marco Antônio, não Cleópatra.

Se tivesse tido uma professora diferente e menos convencional do que Elizabeth Vezin, talvez Tussy tivesse encontrado sua voz. Como muitas outras atrizes de sua época – seja bem-sucedida, em ascensão ou fracassada –, ela ansiava por papéis femininos que articulassem mais verdadeiramente sua própria experiência como mulher moderna. Em suma, ela precisava do novo teatro. Helen Alving, de *Espectros*, não Lady Macbeth; Nora Helmer, de *Casa de bonecas*, não Cleópatra. Os protótipos para os papéis que Eleanor desejava estavam emergindo das canetas de seus contemporâneos. Algumas dessas canetas estavam nas mãos de suas amizades mais próximas, a própria Eleanor servindo de inspiração e modelo. Tussy vivia de acordo com novas falas, e não apenas expressava, mas também colocava em prática, novas ideias sobre quem a mulher era, queria e poderia ser na vida real.

No início da década de 1880, Tussy reuniu ao seu redor um elenco de pessoas notáveis, que tomaram o centro do palco de sua vida após a morte de Mouro. Se fosse possível para uma mulher de sua época, ela teria sido uma brilhante diretora de teatro. Em vez disso, seu teatro para criar um novo elenco de atores radicais na arte e na política inglesas era a Sala de Leitura do Museu Britânico; sua cúpula sublime, uma metáfora para o cérebro, espaço de trabalho para escritores e pensadores.

O pai de Tussy, Arthur Conan Doyle e Bram Stoker estavam entre os primeiros a solicitar uma mesa na nova Sala de Leitura, quando foi inaugurada em maio de 1857; Eleanor ingressara em outubro de 1877, quando tinha 22 anos. Perdendo em tamanho apenas para o Panteão, a Sala de Leitura de Sydney Smirke foi construída com arcos de ferro fundido e concreto, no pátio central do Museu Britânico, e iluminada com claraboias e janelas. Lá dentro, canos de água quente corriam pelo chão como apoios quentes para os pés dos leitores. Havia espaçosas mesas cobertas de couro para 350 pessoas, cada uma equipada com estantes de livros, um suprimento gratuito de papel, tinta e mata-borrões pronto para uso. No epicentro da Sala de Leitura, havia uma escrivaninha para bibliotecários e atendentes, com prateleiras concêntricas que abrigavam o famoso catálogo, continuamente atualizado com recortes.

O interior circular, com seus bibliotecários empoleirados no meio, era um lembrete de que a Sala de Leitura foi projetada como um pan-óptico, a estrutura tão amada pelas instituições públicas vitorianas e a metáfora arquitetônica favorita de todo filósofo social para o poder da vigilância.[8]

Era aqui que Eleanor e seu grupo vitoriano de Bloomsbury trabalhavam, flertavam e subvertiam.

Entre os que tinham acesso à manufatura intelectual da Sala de Leitura incluíam-se alguns dos principais dissidentes da era vitoriana. As mentes livres e aventureiras sentavam-se do lado das pretensiosas e excêntricas; a intelectualidade marginal, ao lado dos legisladores. Mulheres e homens sentavam-se lado a lado. A Sala era incomum por ser um local público onde homens e mulheres tinham o mesmo *status* e acesso (quase) igual a todos os assuntos e fontes intelectuais.

Exceto quando o assunto era sexo.

Tussy descobriu que regras diferentes eram aplicadas a homens e mulheres, mesmo na democracia da leitura, quando ela apresentou uma solicitação de ingresso para estudar o Kama Sutra. Foi autorizada a lê-lo apenas em uma "mesa suja",* especialmente reservada para a tarefa, sob a supervisão direta do bibliotecário.[9] Será que os poderosos (quem quer que *eles* fossem) temiam que a filha do socialismo fosse inspirada a fazer um improviso teatral ou uma demonstração prática do que ela aprendeu nas páginas?

A divagação mental e visual era comum no silêncio carregado e ambicioso. As mulheres na sala de leitura ainda eram uma visão rara o suficiente para que seus colegas as considerassem uma esquisitice e, na tradição da biblioteca, eram tipicamente descritas como: "a escritora séria", "a romancista", "a garota risonha", "a estudante ou pesquisadora consciente",[10] "a política briguenta". As pessoas se conheciam de vista, se não pelo nome.

Eleanor era uma figura fácil de reconhecer. O pincenê, sua marca registrada, preso a uma longa corrente de metal barato, pendia sobre os seios e a cintura bem torneada que eram, muito claramente, obra da natureza e não de espartilhos. Seus cachos caíam frouxos e grossos até a cintura – um estilo incomum para o tempo fora da fábrica, do campo, quarto, bordel ou salão de dança. As tentativas de Tussy de reprimir suas madeixas eram operações superficiais e desleixadas, e ela sempre deixava grampos pelas mesas e catálogos.

Fotografias de ocasiões especiais, em que seus cabelos foram cuidadosamente alisados e arrumados para a pose formal diante da câmera, eram ilusão. Seu senso radical de se vestir e seu físico relaxado a anunciavam como inconvencional e de vanguarda sem que uma palavra fosse dita. Beatrice Potter a reconheceu imediatamente, como registrou em seu diário em 24 de maio de 1883:

> Pessoalmente ela é graciosa, vestida de uma maneira desleixada e pitoresca, com cabelos pretos encaracolados que apontam para todas as direções. Os olhos delicados, cheios de vida e simpatia contrastam com as feições e expressões feias e a pele mostrando sinais de uma vida empolgada e nada saudável, acompanhada de estimulantes e temperada por narcóticos.[11]

* Naughty table, no original, se referia às mesas de estudo reservadas para análise de documentos considerados ofensivos ou perigosos, como pornografia.

Beatrice Potter, mais tarde Sra. Sidney Webb, era uma das muitas conhecidas de passagem de Tussy na Sala de Leitura naquele momento. Ela se apresentou e propôs um chá na sala de bebidas, curiosa para ouvir as opiniões de Eleanor sobre a recente acusação do secularista e editor de revistas britânico George Foote por blasfêmia caluniosa. Ele fundou a revista *Freethinker* [*Livre Pensador*] em maio de 1881. Suas seções regulares incluíam "Esboços de quadrinhos bíblicos" e "Piadas profanas". Ele foi processado por blasfêmia em maio de 1882. Quando sua sentença de um ano de trabalho forçado foi proferida por North, juiz católico, ele respondeu: "Meu Senhor, eu agradeço; é digno do seu credo."[12]

Um companheiro de campanha secularista chamado Edward Aveling, que contribuiu com artigos religiosos e científicos para a revista, foi nomeado editor interino durante a prisão de Foote. Em seus editoriais, Aveling continuou a defender vigorosamente o "direito de blasfemar".[13] Eleanor tinha ouvido Aveling falar com Michael Davitt em 1880 durante a guerra agrária irlandesa, quando ela estava presente na reunião da Sociedade Secular Nacional em Londres para demandar reformas nas leis de terras. Os Dogberries também estiveram presentes na série de palestras do Dr. Aveling sobre Shakespeare no Salão de Ciências em 1881, e Eleanor sabia que ele era candidato de Westminster nas eleições do Conselho Escolar de Londres de 1882. Enquanto elas falavam sobre o seu trabalho como editor interino na *Freethinker*, Beatrice não tinha conhecimento de qualquer ligação entre Aveling e a senhorita Marx.

Ela perguntou a Eleanor se achava que Foote havia excedido os limites apropriados à liberdade de expressão ao ofender os cristãos. Eleanor respondeu que não achou as declarações particularmente divertidas, mas não conseguiu encontrar nada de intrinsicamente errado na essência: "O ridículo é uma arma bastante legítima. É a arma que Voltaire usou e o fez melhor do que qualquer argumento sério".[14] Elas discutiram sobre o cristianismo:

> Ela leu os evangelhos como o evangelho da condenação. Achava que Cristo, se existira, era um indivíduo de mente fraca, com um bom caráter, mas carente de heroísmo. 'Ele não pediu', disse Eleanor, 'no último momento, para que o cálice fosse afastado dele?'[15]

À proposição de Potter sobre "a beleza da religião cristã", Tussy respondeu que o cristianismo é uma ilusão imoral. O debate continuou – sem dúvida, atraindo um público interessado no salão de chá. "A diferença marcante entre esse século e o anterior", continuou Eleanor, "é que o livre pensamento, que era privilégio das classes altas da época, está se tornando o privilégio das classes trabalhadoras agora."[16]

O socialismo moderno, como explicou a Beatrice, visava educar as pessoas a "desconsiderar o mundo mítico do futuro e viver o atual, insistindo em ter o que o tornará agradável para elas".[17] E o que era o "progresso socialista", perguntou Beatrice?

> Ela observou, com muita sensibilidade, que eu talvez pedisse que ela me desse em uma fórmula curta toda a teoria da mecânica... Respondi que pelo pouco que sabia sobre economia política (a única ciência social que nós, ingleses, compreendemos), os filósofos sociais pareciam se limitar a descrever as forças que eram mais ou menos necessárias. Ela não contradisse isso.[18]

Beatrice, é claro, teve que comentar sobre sua vida pessoal, que certamente deveria acompanhar esse pensamento revolucionário:

> Vive sozinha, está muito ligada ao grupo de Bradlaugh, tem visões evidentemente peculiares sobre o amor etc., e deve-se pensar que tem relações um tanto 'naturais' com os homens! Ela deveria temer que houvesse chances de permanecer muito tempo sob a pálida sociedade 'respeitável'.[19]

Eleanor teria se divertido ao saber que já correra o risco de ingressar em uma sociedade respeitável. Mais ainda, era assumido que ela aderia às ideias de Charles Bradlaugh, um oponente vigoroso do socialismo.[20] Tussy e Mouro discordavam em muitas coisas, mas um dos valores que compartilhavam em absoluto era a descrença religiosa. No entanto, era verdade que, alguns anos antes, sua mãe e irmã mais velha haviam experimentado os serviços secularistas de Bradlaugh aos domingos. Mouro não gostava do secularismo e disse a Möhme que, se estivesse em busca de "edificação ou satisfação de suas necessidades metafísicas, ela os encontraria nos profetas judeus, em vez dos raciocínios superficiais do Sr. Bradlaugh".[21] Edward Aveling era uma figura proeminente na Sociedade Secular Nacional* desde 1880 e vira a sra. Marx e sua filha mais velha quando elas frequentaram as reuniões de Bradlaugh aos domingos, embora nunca tivessem conversado.

Aveling começou a frequentar a Sala de Leitura do Museu Britânico em 1882. Foi aqui que ele finalmente se aproximou e se apresentou a Eleanor. Era bem versado nas oportunidades oferecidas para flertes e possíveis contatos nesse espaço de estudos. Ele escreveu um artigo cômico sobre "os humores da Sala de Leitura" para a *Progress*, descrevendo "um zoológico e um manicômio em graus iguais" e recomendando, em tom jocoso, que a segregação sexual possibilitaria "menos conversas e menos casamentos".[22] Esse artigo surgiu em maio de 1883, logo após a morte de Marx e ao mesmo tempo em que Eleanor começou a falar publicamente sobre sua associação com Edward Aveling.

Edward Bibbins Aveling nasceu em Londres, em 29 de novembro de 1849, no número seis da Nelson Terrace, uma rua de classe média na região de Stoke Newington, Hackney. Sua mãe era Mary Ann Goodall e seu pai, o devoto reverendo Thomas William Baxter Aveling, um ministro congregacional que presidiu a Capela Congregacional Independente na rua Kingsland High por quase meio século. Os Aveling tinham três empregadas. Edward, quando adulto, afirmou sua mistura de ascendência francesa e irlandesa. Sua mãe e avó paterna eram de fato imigrantes irlandesas na Inglaterra, mas não há evidências de suas alegações de sangue francês. Mary Ann era filha de um fazendeiro e hoteleiro de Cambridgeshire muito inteligente e, à época do nascimento de Edward, alcoólatra.

O reverendo Thomas William Baxter Aveling era um dissidente e republicano eminente com doutorados honoráveis, presidências e cargos de liderança em organizações dissidentes. Diz-se que, em 15 anos, ele ergueu um ministério que exigiu a construção de uma nova edificação gótica para acomodar sua congregação, com a capacidade expandida para mais de duas mil pessoas. Os paroquianos se uniram para comprar um púlpito medonho na Grande Exposição de 1851 e apelidaram o novo local de culto de "Catedral do Norte de Londres".

---

* No original, National Secular Society, foi uma Sociedade criada em Londres em 1866 para promover o secularismo e a separação entre Estado e Igreja.

Thomas defendeu a implantação de escolas para ambos os sexos e manifestou sua opinião sobre os direitos das mulheres a serem educadas. No entanto, ele não acreditava no prazer e não havia a frivolidade e a diversão na casa dos Aveling que cercavam a educação de Eleanor enquanto alguém da família Marx.

Edward cresceu em uma grande família de três irmãos mais velhos, dois irmãos mais novos e duas irmãs. Uma lesão na coluna vertebral causada por um acidente de infância deu a ele uma leve inclinação que contribuiu com seu ar reptiliano. A doença resultante dessa lesão o levou a ficar em casa por muitos de seus primeiros anos, cercado pela excelente biblioteca de seu pai, cujas prateleiras abrigavam Bunyan, Shakespeare, Defoe, Fielding e diversos textos teológicos. Ele era livre para ler o que escolhesse, exceto aos domingos, quando era proibido de ler qualquer coisa que não *O peregrino*.*

Em 1863 ele e seu irmão mais novo, Frederick, foram enviados para a Dissenters' Proprietary School [Escola Proprietária de Dissidentes] em Taunton. Edward e Frederick eram os primeiros meninos da família Aveling a serem completamente educados. Na mesma idade, todos os irmãos mais velhos começaram a trabalhar como aprendizes e balconistas. A educação superior que Edward recebeu foi resultado do casamento de sua irmã mais velha, Mary, com um negociante de ouro, enriquecendo toda a família.

Edward ficou em Taunton por dois anos e depois foi educado por uma série de tutores particulares. Ele optou pela medicina e se matriculou no Colégio Universitário de Londres, na Faculdade de Medicina, em 1867. Ganhou uma bolsa de estudos de £25 e recebeu medalhas, prêmios e certificados de honra pelo excelente desempenho acadêmico em Química, Fisiologia prática, Histologia e Botânica. Em 1869, conquistou uma bolsa de estudos para se especializar em zoologia, obtendo seu diploma de graduação. Edward era esforçado e conseguiu um emprego em Cambridge como assistente do célebre fisiologista Michael Foster.

A escolha de Edward para estudar medicina no "Colégio Ateu" – como era conhecido o University College – era lógica. Os dissidentes eram proibidos de terem cargos públicos sob a Coroa e impedidos de ingressar nas

* Livro do pregador protestante John Bunyan, publicado em 1678.

antigas universidades – Oxford, Cambridge e Durham – até 1871. Em contrapartida, a Universidade de Londres estava aberta a todos os credos.

Edward assumiu o cargo de professor na Miss Buss's North London Collegiate School [Escola Colegiada para Meninas do Norte de Londres], dirigida pela srta. Buss, na rua Camden; uma instituição pioneira para a educação das mulheres, da qual, não por coincidência, o pai de Edward era patrono. Enquanto estudava para a graduação, ele também assumiu aulas particulares e publicou edições baratas de *Tabelas Botânicas* e *Tabelas Fisiológicas* para as alunas. Vários órgãos médicos, incluindo o Departamento de Ciência e Arte, subsidiaram a publicação desses livros didáticos para preparar as alunas para os exames. O Departamento foi criado para expandir o ensino técnico e a formação de professores qualificados, ameaçados pela concorrência de países estrangeiros cuja educação técnica superior estava começando a afetar negativamente a competência britânica no comércio, na ciência e em tecnologia.

Em 1875, Edward foi nomeado professor de anatomia e biologia comparadas no Hospital de Londres, com meia jornada; no ano seguinte, obteve seu diploma de doutorado no University College, em Londres e se tornou membro da Sociedade Linnean. Em 1879, ele se candidatou a uma cadeira em anatomia comparada no King's College de Londres, mas não conseguiu o emprego.

Edward Aveling era um jovem acadêmico inteligente e trabalhador com uma carreira promissora pela frente. Ele não demonstrava talento para um pensamento original, mas era um excelente professor e um escritor acadêmico muitíssimo competente. Estava seriamente comprometido com a educação pública de massas – geralmente da classe trabalhadora – nos temas do ateísmo e da filosofia darwiniana por meio da plataforma popular da Sociedade Secular Nacional.[23] Ele manteve seus princípios políticos à custa de continuar uma progressão respeitável e bem-sucedida nas instituições acadêmicas convencionais. O fato de sua atuação política ter lhe custado a carreira acadêmica pesou para que Tussy e o General vissem Edward como um homem que sacrificaria ganhos pessoais por princípios políticos.

Inevitavelmente, Edward teve uma educação religiosa ambivalente de seu pai, que era muito receptivo às teorias de Darwin. Sua educação e formação nas ciências naturais coincidiram com o tempo em que as teorias de Darwin, propagadas principalmente em sua obra *A origem das espécies*, desafiavam as mitologias religiosas e científicas anteriores sobre a evolução. Edward era um darwinista entusiasmado. Os teólogos ortodoxos se opuseram, mas seu pai dissidente observou que a palavra de Deus "não vem a nós para expor nenhuma ciência, exceto a da salvação".[24]

Sua paixão por arte e teatro, em contrapartida, era uma fonte de tensão e discórdia com o pai. Edward era um *showman* nato, cheio de um entusiasmo apaixonado e da crença no poder de sua própria performance – no palco e fora dele –, durante a qual ele ficava completamente absorvido pelo som de sua própria voz e se perdia enquanto falava.

Quando era estudante, Edward casou-se com Isabel Campbell Frank – conhecida por todos como Bell –, que veio com um belo dote, uma vez que era filha de um próspero criador e comerciante de galinhas no Mercado Leadenhall. Eles se casaram em uma cerimônia realizada pelo pai de Edward na Capela da União [Union Chapel], em Islington, em julho de 1872. O casamento não durou muito. Pelos vários relatos contraditórios de Edward, a "adúltera Bell" (assim ele alegava), que era religiosa, fugiu com um padre e espalhou fofocas maliciosas sobre seu marido. Edward alegou para outras pessoas que eles se separaram amigavelmente "de comum acordo".[25] Seu irmão mais novo, Frederick, no entanto, forneceu um relato diferente da separação. Ele escreveu que "Edward se casou com Bell Frank pelo dinheiro dela (£300 por ano). No início, ela só conseguia metade. Ele logo a fez conseguir a soma total. Quando não conseguiu mais tirar dinheiro dela, ele a deixou".[26]

Na verdade, o dote que ela trouxe para o casamento com Edward era uma herança de £1.000, deixada pelo pai, que havia morrido quatro anos antes, e que seria dado a ela quando completasse 21 anos ou se casasse. Frederick também apontou que a separação de seu irmão coincidiu exatamente com uma série de rumores sobre flertes extraconjugais de Aveling com suas alunas.

A mãe de Edward, Mary, morreu de apoplexia relacionada ao álcool em 1877, e seu pai, então com 63 anos, se casou com a irmã de outro ministro congregacionista. Edward adorava sua mãe. Foi após a morte dela que ele se declarou totalmente ateu. Charles Bradlaugh, presidente da Sociedade Secular Nacional, na qual Edward se tornou extremamente ativo, afirmou que o envolvimento deste no movimento do pensamento livre custou-lhe muitos velhos amigos e laços familiares. Era meia verdade. A verdade é que seus amigos e familiares ficaram horrorizados com o tratamento vergonhoso que ele dispensava a Bell Frank e se opuseram às suas tentativas de uma carreira teatral de má reputação.

Edward trabalhou por um tempo como produtor de uma companhia de teatro itinerante, mas, preso ao repertório amador, transferiu suas habilidades como intérprete para sua série de palestras públicas itinerantes e aparições nos eventos de entretenimento do movimento secularista. Como Eleanor, ele recitou poesias e prosas, de Shakespeare a Edgar Allan Poe, em comícios e campanhas. Destacou-se ao recitar sua obra favorita, *Os sinos*, o longo poema de Poe em que sinos são tocados por fantasmas. Em 1881, Henry Salt ficou muito impressionado com essa versão de Aveling apresentada no Salão da Ciência, observando "algo bastante perturbador e demoníaco em sua natureza, o que sem dúvida o tornou um bom intérprete do estranho".[27]

A Universidade de Londres abriu seus cursos para mulheres em 1878. Foi a primeira universidade na Grã-Bretanha a abrir suas portas para as mulheres em igualdade de condições com os homens. Quatro estudantes obtiveram o título de bacharel em Artes em 1880 e duas obtiveram o título de bacharel em Ciências em 1881. Inspirada por esse precedente, Annie Besant se matriculou na Universidade de Londres. Dr. Aveling era seu tutor. Além de se tornar sua aluna, os dois se tornaram colegas da Sociedade Secular.

Annie Besant era dois anos mais velha que Aveling e se separou do marido, um clérigo, por consequência de seu ceticismo e secularismo. Besant e Charles Bradlaugh logo surgiram como líderes do movimento organizado do secularismo britânico e, evidentemente, estavam apaixonados. A chegada de Aveling, bem como sua mais nova recruta intelectual, que traria credibilidade científica ao trabalho da campanha, também colocou a, um tanto romântica e melosa, Annie Besant em uma posição que ela gostava e sempre procurava reproduzir – ter suas atenções disputadas por (pelo menos) dois homens ao mesmo tempo.

O secularismo britânico emergiu como um movimento organizado em meados do século XIX. Os primeiros pensadores livres, como Jeremy Bentham, o pai do utilitarismo, e Thomas Paine, autor de *A era da razão*, lideraram esse pensamento inspirados pelo impacto da Revolução Francesa. O editor Richard Carlile foi processado e cumpriu uma sentença de nove anos de prisão por publicar o livro de Paine. Nos termos mais amplos da prática do ceticismo ou da indiferença, o secularismo entende que considerações de religião e fé devem ser excluídas da educação pública e de todos os assuntos civis.[28]

No início de 1879, pouco depois de completar 30 anos, Aveling iniciou uma série na revista *The National Reformer* [*O reformador nacional*], da Sociedade Secular, descrevendo a teoria da seleção natural de Darwin. Nela, ele publicou uma declaração intitulada *"Credo Ergo Laborado"* ["Acredito, logo, trabalho"], afirmando que havia se tornado um pensador livre. "Desejo... trabalhar pela liberdade do pensamento, da palavra, da ação, para todos os homens e mulheres... A bela Natureza, a eterna reconfortante, está conosco".[29] Logo depois, ele converteu com sucesso suas palestras em uma série de panfletos populares e acessíveis publicados como *Student's Darwin* [*Darwin do estudante*] e *Darwin Made Easy* [*Facilitando Darwin*], de 1881.

Edward proferiu sua primeira palestra pública no Salão da Ciência em 10 de agosto de 1879, com Annie Besant presidindo. Seu assunto era Percy Bysshe Shelley e a ideia central, de que a arte do poeta demonstrava a unidade de todas as formas de sensação e o parentesco que existe entre duas ordens de pensamento relacionadas: a científica e a poética. O argumento era uma expressão de seu pensamento sobre o materialismo e os esforços para integrar ciência e arte. Besant, como presidente da sessão, agradeceu efusivamente, elogiando a "música" e o "encanto artístico" da linguagem "polida" e "escolhida com requinte" do Dr. Aveling.[30] Essa torrente de admiração que aprimora o ego levou o casal a um interlúdio romântico nas montanhas do norte do País de Gales, onde escreveram poesia explícita de amor um para o outro.

Não há registro de como Charles Bradlaugh reagiu à entrada de Edward em seu relacionamento com Annie, mas eles continuaram a trabalhar juntos publicamente como um triunvirato conhecido como "a Santíssima Trindade",[31] no qual exaltavam com frequência os talentos um do outro. Foi a chegada de Eleanor ao coração de Edward que perturbou o clima entre os pombinhos secularistas.

Apaixonadamente comprometido com a nova causa, Edward viajou por toda a Grã-Bretanha, da Cornualha à Escócia, dando palestras dominicais sobre secularismo e ciência, problemas com a concepção cristã de Deus e sobre evolução e teorias de Darwin. Aveling explicava com habilidade ao seu público a afirmação de Darwin de que o cristianismo "não é sustentado por evidências"[32], e assegurava-lhes que o próprio autor havia confessado não ter desistido do cristianismo até os 40 anos de idade. Darwin procurou evidências empíricas baseadas em provas contra ilusões – e não encontrou.

Em uma de suas palestras, intitulada "Por que não ouso ser cristão", Aveling explicou que uma de suas razões para abandonar o cristianismo era a dor aguda e a agonia da incerteza moral que sofrera ao aderir à fé. O secularismo, em contrapartida, forneceu-lhe uma forma de utilitarismo não diluído: o direito ao prazer ilimitado. "Neste nosso credo não devemos nos preocupar com a vontade de um ser hipotético... Existe para nós a simples pergunta recorrente: este ato, palavra ou pensamento meu acrescentará à soma da felicidade ou da miséria humana?"[33]

Na eleição geral de 1880, Charles Bradlaugh representou o círculo eleitoral de dois membros de Northampton e foi eleito junto ao antimonarquista radical Henry Labouchère. Bradlaugh foi proibido de prestar juramento parlamentar e de fazer declarações. Quando reivindicou o direito de prestar juramento e recusou-se a se retirar ao ser impedido, ele foi literalmente arrastado para fora da Câmara dos Comuns pelo sargento em armas.* Essa luta continuou por alguns anos. Bradlaugh foi reeleito cinco vezes pelos eleitores de Northampton, e cinco vezes retirado à força da Câmara, antes da batalha constitucional para assumir seu assento finalmente conquistado. A campanha levou Aveling a escrever uma palestra sobre "Representação do Povo", refletindo sobre os direitos constitucionais britânicos. O escrito provou uma educação política de Edward no ativismo e foi o prelúdio de sua entrada no socialismo.

Aveling expôs seu manifesto para o pensamento secularista em seu ensaio *The Gospel of Evolution* [*O Evangelho da Evolução*], publicado em uma revista chamada *Atheistic Platform* [*Plataforma Ateia*], em 1884. Lá ele ex-

* Do francês "serjeant-at-Arms", oficial presente nas instituições deliberativas que garantia a ordem da condução das exposições e votações.

plica a evolução como a ideia de unidade e continuidade de todos os fenômenos; a unidade da matéria e do movimento, e a própria vida como essencialmente "um modo de movimento". E quem são os apóstolos do secularismo?

> Os pregadores desse novo evangelho são a própria natureza e todos os seus filhos. Assim, a história do homem, toda a ciência, toda vida humana, nós que vivemos e amamos, somos os apóstolos do novo evangelho. E seus templos... são os corredores das universidades, as escolas estaduais, as aulas de ciências para nossos rapazes e moças, os laboratórios e os estudos dos filósofos, o coração de todos os que buscam a verdade.[34]

Aveling acreditava com paixão na importância da educação secular. A educação era, para ele, o único meio pelo qual todas as pessoas podiam ser elevadas acima da ignorância religiosa e expostas à opção de escolher os princípios ateus. Sua missão era explicitamente evangélica: "Os internatos deste século serão para as gerações que nos sucederem como as igrejas eram para aquelas antes de nosso tempo".[35]

Ele defendeu a Divisão de Westminster nas eleições do Conselho Escolar de Londres de novembro de 1882, declarando-se a favor da "educação gratuita, secular e obrigatória".[36]A filial da Sociedade Secular Nacional em Westminster e a Federação Social-Democrata de Henry Hyndman ajudaram sua campanha. Assim como Henry, dois cartistas veteranos, o editor do *Labor News* [*Jornal do Trabalho*] e vários outros membros da Federação trabalharam para sua indicação e eleição. Ele foi eleito com 4.720 votos.

Como seus discursos após a eleição deixam claro, Edward estava agora no caminho do socialismo, apoiando explicitamente a causa do ensino superior e do ensino técnico como um direito legítimo das classes trabalhadoras. Westminster, seu círculo eleitoral, incluía

> Soho, as habitações de Peabody,* Seven Dials e as vozes de seus moradores que são pouquíssimo ouvidas, enquanto o excesso de trabalho, a má remuneração, as dificuldades e doenças os sufocam. Eu quero falar especialmente para pessoas como essas. Os pobres, os injustiçados, os que não recebem educação são, acima de tudo, meus eleitores.[37]

* Ao que tudo indica, trata-se da referência a um grande conjunto habitacional em Londres.

Henry Hyndman declarou sobre Aveling: "Não gostei do homem desde o começo",[38] mas reconheceu sua utilidade política e concordou com Annie Besant que sua eleição para o Conselho Escolar de Westminster deu "um duro golpe na Igreja e no Partido Tory".[39]

Edward era um prolífico resenhista e crítico de literatura, história, teatro e música. Ele assumiu a coluna de arte do *Our Corner* [*Nosso Canto*], a revista secularista fundada por Annie Besant em janeiro de 1883, e escreveu inúmeros volumes sobre Irving no teatro Lyceum. Com o dote de Bell Frank para gastar, Edward levou ingressos de camarotes do Lyceum para seus amigos, além de levá-los a *shows* e jantares no sofisticado restaurante e teatro Criterion, em Piccadilly. Ele adaptou sua libertação da moralidade cristã à sua predileção pelo hedonismo autogratificante. Para Tussy, essa era uma combinação intrigante e perigosa. De acordo com o autorretrato de Aveling sobre o ateu, ele era:

> ... não inclinado a ser miserável nesta sua única vida. Ele a adora, goza, se deleita. Não é cego às suas dores e tristezas. Encarando-os da maneira mais alegre possível, ele concentra sua atenção nos prazeres e doçura da vida e... na tarefa de diminuir a quantidade de miséria do mundo.[40]

E assim Aveling era um canalha atraente e inteligente, que desempenhou um papel significativo na popularização de Darwin e na orientação dos secularistas britânicos para o socialismo.[41] É fácil ver por que sua mentalidade *antiestablishment*, antirreligiosa e antimaterialista atraiu Eleanor. E é igualmente fácil de entender como ela não conseguiu reconhecer que o personagem dele era a projeção de um ator consumado.

Ele afirmou mais tarde ter conhecido Marx antes de sua morte: "Fiquei ao lado de seu cadáver, de mãos dadas com minha esposa",[42] referindo-se a Eleanor. Uma presunção tocante, embora totalmente falsa. Aveling era esperto o suficiente para atrair Eleanor através de seu intelecto. Assim como o caminho para o coração de muitos homens podia passar pelo estômago, o caminho mais seguro para o coração de Eleanor passava por sua cabeça. Oferecendo suas condolências pela morte de seu pai, Aveling sugeriu que ela talvez gostasse de escrever dois artigos sobre ele para a *Progress* [*Progresso*], uma revista mensal "de pensamento avançado" lançada em janeiro de 1883 por Foote, da qual ele era o coeditor.

Para satisfação de ambos, essa tarefa forneceu amplo pretexto para que passassem algum tempo juntos na Sala de Leitura e nos arredores de Bloomsbury. Em poucas semanas, Eleanor concordou com o pedido de Aveling para ajudá-lo com a edição da revista – e assim surgiram mais oportunidades para trabalhar juntos.

Do começo ao fim do relacionamento, Edward quase sempre a chamava de Eleanor. Para a família e os amigos que a conheciam como Tussy, isso era incomum e, de certa forma, um pouco pesado. Os mais próximos a ela comentaram imediatamente. Houve ocasiões em que Edward a chamou de Tussy, mas elas eram raras o suficiente para serem notadas. Sam Moore e Jollymeier lembravam-se das regras de infância: "se alguém não me chamasse de Tussy, teria que ficar em uma cadeira e dizer Tussy seis vezes".[43] Claramente, as regras eram diferentes para Edward Aveling.

Os artigos de Eleanor sobre o pai apareceram nas edições de maio e junho da *Progress*. O primeiro foi um relato biográfico e histórico da vida de Marx, e o segundo, uma explicação concisa da teoria da mais-valia. Assim, Eleanor Marx tornou-se a biógrafa do pai e a expoente póstuma de sua teoria econômica. O primeiro ensaio era uma história humana pessoal; o segundo, uma exposição macroeconômica clara e rigorosa:

> Não há tempo mais adequado para escrever a biografia de um grande homem do que imediatamente após sua morte, e a tarefa é duplamente difícil quando recai sobre uma pessoa que o conhecia e o amava. É impossível para mim fazer mais no momento do que um breve esboço da vida de meu pai. Devo me restringir a uma simples declaração de fatos e nem mesmo tentarei expor suas grandes teorias e descobertas; teorias que são a base do socialismo moderno – descobertas que estão revolucionando toda a ciência da Economia Política. Espero, no entanto, fornecer a um número futuro da *Progress* uma análise da principal obra de meu pai, *O capital*, e das verdades nele estabelecidas.
>
> Karl Marx nasceu em Trier, em maio de 1818, filho de pais judeus...[44]

E assim, desde então, todos os biógrafos de Marx fizeram o mesmo, baseando seus relatos nas fontes primárias fornecidas por Eleanor imediatamente após a morte de seu pai.

Passando dessa narrativa sucinta da vida de Marx ao centro de seu pensamento, o segundo artigo da *Progress* fornece, como prometido, uma explicação da teoria da mais-valia. Sem se intimidar com a tarefa, Eleanor agarra o leitor pela mão e situa o trabalho do pai dentro de sua longa tradição de análise econômica:

> David Ricardo inicia seu grande trabalho, *Princípios de Economia Política e Tributação*, com estas palavras: 'O valor de uma mercadoria ou a quantidade de qualquer outra mercadoria pela qual será trocada depende da quantidade relativa de trabalho necessário para sua produção, e não da maior ou menor remuneração paga por esse trabalho'. Essa grande descoberta de Ricardo, de que existe apenas um padrão real de valor – o trabalho –, constitui o ponto de partida d'*O capital* de Marx... Ele completa e corrige partes da teoria do valor de Ricardo e desenvolve, a partir dela, uma teoria desse assunto terrivelmente contestado, a moeda, que... convenceu muitos economistas políticos medianos.[45]

Eleanor passa a explicar clara e sucintamente "o modo, com base em sua teoria do valor, pelo qual Marx explica a origem e a acumulação contínua de capital nas mãos de uma classe, portanto, privilegiada".[46] Até então, apenas o primeiro volume d'*O capital* havia sido publicado, logo, ela também trabalhava com materiais de manuscritos inéditos. Sua narrativa biográfica foi colhida, em parte, da pilha de papéis, correspondências e intermináveis caixas e arquivos desordenados que ela, o General e Lenchen estavam meticulosamente tentando arquivar para mudarem-se da rua Maitland Park.

Foi durante esse período que George Bernard Shaw se apresentou a Tussy na Sala de Leitura. Imaginando-se um pretendente, no começo ele não tinha consciência da sombra de Edward Aveling pairando nas estantes de livros, observando atentamente a todos com quem Eleanor falava. O novo e apaixonado interesse de Shaw pela política estava se desenvolvendo quando a conheceu. Seu novo interesse pelo socialismo e o trabalho de Karl o levaram a ler *O capital*, uma experiência que ele descreveu como "o ponto de inflexão da minha carreira".[47]

Ele estudou o livro pela primeira vez na tradução condensada de Deville, aprovada por Marx antes de sua morte e depois por Engels, publicada em agosto de 1883. Shaw o leu no local em que grande parte foi escrita, na

Sala de Leitura, a única biblioteca onde a publicação lhe era acessível. De estar debruçado sobre o livro que mudou sua vida foi apenas um pequeno passo para Shaw se apresentar a Eleanor e convidá-la para um café nos arredores de Bloomsbury.

Ambos compartilhavam o amor pelo socialismo e pelo palco. Um ano mais jovem que ela, Shaw chegou à Inglaterra em 1876, aos 20 anos. O fato de ser irlandês foi, claro, um grande atrativo para Tussy, assim como, supostamente, sua admiração pelo trabalho de seu pai. Sem dúvida, ele estava certo ao afirmar que era o único membro da Federação Social-Democrata de Hyndman que realmente lera *O capital*. Eles "conversavam sobre o livro, morte, sexo e muitas coisas".[48] Iam a *shows* juntos, e Shaw pediu que ela seguisse suas ambições teatrais – como ele fez com a maioria das mulheres pelas quais se apaixonou.

Em setembro, Tussy foi a Eastbourne de férias com o General, Lenchen e Espoleta. Helen estava devastada pelo luto e exausta do trabalho de resolver tudo na casa da família. Profundamente preocupada, Tussy escreveu a Laura perguntando se Lenchen poderia visitar Paris durante algumas semanas de férias para uma mudança de ares e talvez ver as crianças. Laura não respondeu. Foi um momento devastador para Lenchen. Ela compartilhara sua vida com Jenny e Karl desde a infância. Ajudara a trazer suas filhas ao mundo e com eles enterrou os muitos que se foram. Eles eram sua família. Lenchen compartilhava todos os seus segredos e os levaria com ela para o túmulo da família. Engels foi o único outro sobrevivente que compartilhou as mesmas intimidades.

Eastbourne proporcionou um descanso bem-vindo. Como sempre, Tussy e o General conversaram e fizeram longas caminhadas, e em dias secos sentavam-se à beira-mar lendo juntos. Ela mostrou-lhe uma resenha surpreendente que Aveling escrevera do novo romance de Ralph Iron, *The Story of an African Farm* [*A História de uma fazenda africana*], na última edição da *Progress* e intitulada, com aprovação, "Um livro notável". Publicado pela primeira vez pela Chapman & Hall no final de janeiro em dois volumes, cada um com um avestruz nas lombadas evocando o cenário de Karoo, essa estreia extraordinária teve uma segunda edição maior em julho. Tussy disse ao General que o notável autor sul-africano desse inovador romance, "Ralph Iron", era, na verdade, sua nova amiga, Olive Schreiner.

O General estava ciente de que, desde que escreveu seus artigos memoriais sobre Marx para as edições de maio e junho, Tussy estava trabalhando muito para a *Progress* e agora também coeditava o diário com Aveling. Eleanor falava sobre "Edward" com frequência e ele foi visitá-la em Eastbourne, causando divertidas trocas de olhares entre o General e Lenchen.

Após o feriado em Eastbourne, Tussy desmontou a casa da rua Maitland Park e foi morar sozinha pela primeira vez no número 122 da Rua Great Coram, no coração de Bloomsbury, com muitos livros, uma caixa de louça e alguns móveis da casa da família. Lenchen foi morar na Rua Regent's Park como governanta do General, onde Espoleta, empolgada, teve que aprender rapidamente a aceitar a autoridade indiscutível de Lenchen. A poltrona de Mouro foi para o General.

Ele e Lenchen começaram a organizar as cartas de Marx, desfrutando dos drinques favoritos no meio da manhã, conversando informalmente sobre política e as filhas e netos de Marx.

Depois que ela se mudou para a Regent's Park, seu filho Freddy e seu neto Harry começaram a visitá-la regularmente pela primeira vez. Henry Frederick Demuth, nascido na Rua Dean em 3 de junho de 1851, cresceu em um lar adotivo com educação mínima. No início, ele aproveitou as limitadas oportunidades disponíveis para aprender matemática e leitura, e suas cartas têm uma voz clara e fluente, embora dolorosamente humilde.

Freddy trabalhou como aprendiz de engenharia e tornou-se um habilidoso serralheiro e torneiro de profissão; mais tarde ingressou na seção de King Cross* da Sociedade Unida dos Engenheiros e no Partido Trabalhista em Hackney, onde morou com sua esposa e o filho Harry no começo da década de 1880. Quando adulto, Harry recordava-se de ter usado a entrada de serviço em suas visitas à Regent's Park com seu pai e lembrava de sua avó Lenchen como "um tipo de pessoa maternal".[49]

Embora não esteja claro quando e como Tussy e Freddy se conheceram, o fato é que já se conheciam há algum tempo. A correspondência datada de maio de 1882 entre Jennychen e Laura deixa claro que as duas irmãs mais velhas de Tussy estavam envolvidas na vida dele. "Você não pode imaginar como é, para mim, pensar que ainda devo dinheiro ao pobre Freddy, e que provavelmente é a minha insolvência que impede nossa

---

* King Cross é um terminal ferroviário de Londres.

querida Lenchen de realizar seus projetos de ir para a Alemanha",[50] escreveu Jennychen a Laura. Engels cuidou delas; elas, por sua vez, acreditavam estar apoiando seu filho não declarado, concebido com Lenchen nos velhos tempos do Soho.

Eleanor ficou chocada (mas não intrigada) com a atitude indiferente e distante do General com relação a Freddy. Embora costumasse ser cordial e afetuoso com toda a família estendida e amigos, ele evitava uma interação íntima com Freddy e geralmente saía ou se escondia em seu escritório quando este e o pequeno Harry visitavam Lenchen. Esse comportamento confirmou a longa suspeita de Tussy de que o General era o pai do único filho de Lenchen, que o batizou em sua homenagem. "Freddy se comportou admiravelmente em todos os aspectos e a irritação de Engels com ele é tão injusta quanto compreensível. Acho que nenhum de nós gostaria de cruzar com nosso passado em carne e osso."[51]

Eleanor começou a pensar no impacto diferente da reprodução em mulheres e homens. Refletiu sobre a vida de sua mãe, suas irmãs, amigas e as mulheres que conhecera por meio de seu ativismo, tanto na Inglaterra (pelo movimento operário) quanto no exterior (por meio da Internacional). Lendo bastante, Tussy começou a compilar notas de pesquisa que refletiam amplamente sobre a posição das mulheres nas sociedades humanas. Explorou como as filosofias políticas e econômicas abordavam a desigualdade sexual – se é que o faziam – e começou a ordenar sistematicamente seus pensamentos e averiguações sobre a questão da mulher.

Ela retomou os textos fundadores do socialismo para revisar o que eles tinham a dizer sobre a opressão sexual e a igualdade das mulheres, incluindo o trabalho pioneiro de Charles Fourier, que argumentou que "a extensão dos privilégios das mulheres é a causa fundamental de todo o progresso social".[52] Gradual e detalhadamente, Eleanor estava construindo os fundamentos de um trabalho de filosofia política feminista.

Tussy e suas irmãs aprenderam com a mãe a não fazer perguntas a Lenchen sobre Freddy. Atenta a isso, Eleanor não sonharia em levantar a questão com Lenchen, embora desejasse. Como o General também não falava a respeito, ela não tinha o que fazer com suas perguntas, exceto pensar, escrever e discutir com seus amigos íntimos. "Somente quando homens e mulheres de mente pura ou, pelo menos, lutando pela pureza discutirem a questão sexual em todos os seus aspectos, como seres humanos livres, olhando francamente para o rosto um do outro, haverá alguma esperança de resolução."[53]

Enquanto Tussy se preocupava com o segredo não revelado da paternidade de Freddy, as tensões dentro da família política socialista em desenvolvimento vieram à tona. Em 1884, uma brecha entre facções dividiu os socialistas britânicos que se associaram à Federação Social-Democrata. Aqueles que se apoiavam no internacionalismo militante estavam em um lado, representado pelo filósofo e jornalista Ernest Belfort Bax; no outro, os democratas nacionalistas, liderados por Henry Hyndman. Um terceiro grupo, que incluía o designer, escritor e socialista libertário William Morris, ficou indeciso e, por um tempo, apoiou os dois. Engels se opôs com veemência a Hyndman e se recusou a trabalhar com ele. Mas ele contribuiu para a revista *Hoje* [*Today*], a "revista do socialismo científico" mensal que Bax coeditou e da qual Eleanor e Edward também eram colaboradores regulares. No início ela gostava de Bax, embora discordasse dele ideologicamente.

O caldo entornou em março de 1884, devido a um protesto agendado no cemitério de Highgate em homenagem à morte de Marx e à proclamação da Comuna de Paris. Hyndman foi convidado a falar no túmulo de Marx, mas se recusou dizendo que um trabalhador inglês seria a pessoa certa para fazê-lo. Aveling foi escolhido em seu lugar.

Instado diretamente por Eleanor a se declarar a favor da manifestação, Hyndman apoiou e endossou Aveling como o orador preferido. O evento foi um grande sucesso. Uma multidão de quase 5 mil pessoas carregando bandeiras vermelhas e cantando *A Marselhesa* se reuniu do lado de fora dos portões do cemitério. A administração do Cemitério de Highgate não queria permitir a entrada deles. O fato de 500 policiais haverem sido posicionados para "defender" o portão parecia um pouco excessivo. Eleanor e um grupo de mulheres pediram permissão para entrar no cemitério e colocar flores no túmulo de seu pai. Não conseguiram. Os manifestantes, então, marcharam até o topo da colina em Dartmouth Park, onde Aveling proferiu um "discurso esplêndido" que, segundo Eleanor, tocou o coração de todos que o ouviram. Como ele era um bom orador, não há motivos para duvidar dela, mas alguns dos manifestantes esperavam ouvi-la falar.

Hyndman logo se vingou. Quatro meses depois, em julho, ele expulsou Bax da *Today* [*Hoje*] e o substituiu pelo ativista socialista e jornalista Henry Hyde Champion. Eleanor declarou que Champion era "apenas uma ferramenta de Hyndman, ainda que talentoso; acho que é um jovem honesto... Obviamente, não continuarei escrevendo para a *Today* nessas circunstâncias".[54] Isso fez com que Aveling e Lafargue também retirassem seu trabalho. A conclusão dela sobre Hyndman foi intransigente:

> Até agora, ele tem as coisas aqui do seu jeito, mas está jogando suas cartas muito mal, irritando a todos, e seu joguinho acabará em breve. Quanto mais cedo, melhor para o nosso movimento. Teríamos todas as chances no presente momento se tivéssemos líderes melhores do que Hyndman e seus capangas.[55]

Tussy se mobilizou incessantemente para incentivar novos líderes. Ela tinha uma grande facilidade para colocar as pessoas para agir, o que chamava de "trabalhar" nelas.[56]

No mesmo mês, ela se envolveu em uma briga pela nova Internacional e foi atraída para o centro da disputa entre as duas principais facções socialistas da França: os possibilistas reformistas, liderados por Paul Brousse, e os marxistas revolucionários, liderados por Jules Guesde e Lafargue. A questão no topo da pauta entre os possibilistas e os marxistas era a crescente demanda entre os trabalhadores europeus por um movimento internacional de jornada de oito horas de trabalho. Eleanor tornou-se uma das primeiras ativistas socialistas a assumir a liderança do movimento operário da Internacional pela jornada de oito horas de trabalho.

Seu crescente envolvimento com o feminismo político estava entrelaçado com sua mudança para uma posição de destaque na organização socialista. O fator crucial para radicalizar o pensamento de Eleanor sobre a questão da mulher foi sua nova amizade com a escritora sul-africana Olive Schreiner. Os novos alojamentos de Tussy na Rua Great Coram ficavam a poucos minutos a pé da Sala de Leitura do Museu Britânico. O bairro de Bloomsbury era um lugar heterodoxo, "no meio de vidas ardentes e pulsantes... as ruas... lotadas de artistas, aventureiros, boêmios de muitas terras... pessoas que viviam uma vida inquieta, ardente e perigosa."[57] Agradavelmente para ambas as mulheres, Olive Schreiner foi uma dessas artistas e aventureiras boêmias de Bloomsbury.

Foi Tussy, é claro, quem entregou sua cópia de *A história de uma fazenda africana* para Aveling, pedindo que ele a resenhasse para a *Progress*. Ele admirou o livro por ser "cosmopolita e humano"[58], qualidades que descrevem igualmente sua autora. "Essa escritora lida da mesma maneira franca, honesta, clara e perspicaz com todas as relações da vida"[59] também é um resumo preciso do temperamento de Schreiner, de 28 anos. Nascida dois meses depois de Tussy e a 10 mil quilômetros de distância, do outro lado do mundo, Olive era sua contemporânea imediata, de mentalidade parecida, com um forte sotaque sul-africano e – como Tussy – um pai alemão.

Uma missão wesleyana de Wittebergen, nos limites da Basutolândia colonial, foi o local de nascimento de Olive Emilie Albertina Schreiner, em 24 de março de 1855. Ela era a nona filha do Reverendo Gottlob Schreiner e sua esposa, Rebecca Lyndall. Em 1865, seu pai renunciou ao seu ministério e passou a se dedicar, sem sucesso, ao comércio. As crianças mais velhas de Schreiner, em sua maioria um grupo difícil, criaram a pequena Olive. Curiosa, viciada em livros e autodidata feroz, ela ficou insatisfeita com as respostas às suas perguntas sobre os caminhos de Deus para o homem ainda muito jovem. Vagava sozinha no mato, às vezes dormindo a noite toda sob as estrelas. Examinava o ambiente natural e pensava sobre os céus. Como Darwin, ela descobriu que o que ela observou não se equiparava satisfatoriamente ao relato da criação na Bíblia. Então fez perguntas difíceis que ninguém em sua família era capaz de responder. Olive perdeu a fé entre oito e dez anos de idade. Sua mãe ficou furiosa e reagiu punindo-a. Seus irmãos se ressentiam e a temiam. Apesar do castigo físico e mental por sua incredulidade racional, ela manteve-se firme em seu ceticismo.

Começou a trabalhar aos 15 anos como governanta de crianças em fazendas remotas do Karoo. Por um tempo, morou com o irmão Theo no ambiente hostil de um campo de garimpeiros no recém-proclamado New Rush Melds, na cidade de Kimberley, onde, em uma barraca úmida e enlameada cercada por poeira, escavações e bêbados, ela começou a escrever para valer. Após um curto período tentando morar com sua irmã, Alice, no remoto posto avançado de Fraserburg, Olive ganhou a vida com uma sucessão de empregos nas pequenas cidades costeiras de Dordrecht e Colesberg e em várias fazendas isoladas de Great Karoo no distrito de Cradock.

Foi aqui que ela concebeu *A história de uma fazenda africana*, o romance que estabeleceu sua reputação. Escrevia à luz da vela e da lua depois de um dia de aulas, em uma pequena mesa de madeira em seu aposento, um puxadinho sem teto e de chão de terra. Durante as fortes chuvas de inverno, quando o telhado vazava, ela cavava uma trincheira no chão para escoar a água e segurava um guarda-chuva sobre a cabeça com uma mão enquanto escrevia com a outra.

Em março de 1881, Olive viajou para a Inglaterra com a intenção de cumprir sua ambição, há muito nutrida, de estudar medicina e se tornar médica. Ela também esperava que seu romance fosse publicado. A má saúde e a falta de vocação genuína rapidamente interromperam sua carreira médica. Ela passou o inverno em Ventnor, na Ilha de Wight, reformulando seu manuscrito como o fizera muitas vezes antes. Tussy também esteve em Ventnor com Mouro durante o inverno de 1881, mas elas não se encontraram.

Olive ofereceu seu livro para a maioria das principais editoras de Londres, o manuscrito fazendo volume sob o casaco fino enquanto tentava protegê-lo da chuva e da lama. O romance foi rejeitado repetidas vezes e ela estava perdendo a esperança de sua publicação, quando finalmente foi aceito e publicado pela Chapman & Hall, no início de 1883, sob o pseudônimo masculino Ralph Iron. O sucesso imediato de *A história de uma fazenda africana* jogou a desconhecida sul-africana no coração do círculo protossocialista que se reunia dentro e ao redor da Sala de Leitura.

Aveling elogiou a franca eloquência do romance sobre ateísmo e feminismo:

> As relações entre homens e mulheres são discutidas de uma maneira destemida, aberta e justa, martelando-as, e não as contornando, o que é característica de uma pessoa comum. Hoje, a palavra da sociedade é 'trabalhar' para o homem e 'parecer' para a mulher. Quão diferente é a posição dos homens e das mulheres, quão irracional é a diferença é o seu tema constante.[60]

Eleanor e Olive eram como ímãs. Passavam tempo juntas todos os dias em que estavam na Sala de Leitura e, um ano depois da reunião, eram amigas íntimas e aliadas políticas. Henry Havelock Ellis disse que, quando conheceu Olive em maio de 1884, Eleanor Marx era sua "principal amiga" na Inglaterra.[61] No mesmo mês, Olive se mudou para a rua Fitzroy, em grande parte para estar mais perto de Eleanor.

Desde a infância, Schreiner sofria de asma crônica e Eleanor recomendou o cirurgião Bryan Donkin, médico de sua mãe. Apaixonado, Donkin queria se casar com Schreiner e continuou desejando-a mesmo quando ela recusou seu pedido. Naquele momento, ela estava fascinada por Henry Havelock Ellis, que havia escrito uma apreciação admiradora e crítica de seu livro logo após a publicação, levando a uma entusiástica troca de correspondência. Eles se apaixonaram por cartas. Quando se conheceram pessoalmente, cada um tinha grandes expectativas em relação ao outro. Ellis não ficou decepcionado; Olive, sim (no início). O jovem admirador era bonito, erudito e ávido por agradá-la, mas sua presença física era muito diferente da impressão criada por suas cartas fortes e opiniões muito bem determinadas. Ellis era tímido e desajeitado, tinha uma voz aguda e evitava contato visual.

No entanto, a crise passou ao final da primeira tarde juntos, em uma palestra sobre Swinburne, na Associação Progressista [Progressive Association]. Como pontua Ellis, houve "um movimento instintivo de aproximação de ambos os lados"[62] e os dois embarcaram em um sério caso amoroso.[63] Olive e Henry eram opostos que se atraíam.

Ele se lembrou claramente de quando conheceu Tussy em uma reunião da Associação Progressista, um grupo de livre-pensadores, pioneiros cooperativos e socialistas éticos que se reuniam nas noites de domingo no Salão Islington, um bom local para organizações radicais. Ellis tornou-se secretário da Associação Progressista, e lembrou-se de que costumava ir "todos os domingos, fielmente, fazer a triste viagem da minha casa no sul de Londres",[64] com toda a renúncia de um suplicante desejando não ter que sair de casa para ir à igreja. Durante a reunião, seu lugar era em uma mesa perto da porta para tirar dúvidas e inscrever novos membros. "Foi aqui que, numa tarde de domingo... no início de 1884, eu conheci Eleanor Marx. Ela apareceu por pouco tempo, pois não podia ficar muito. Eu ainda consigo vê-la, com o rosto radiante e a figura expansiva, sentada na borda da minha mesa, embora não me lembre de nada do que foi dito."[65] É um retrato perfeito de Tussy e seu estilo político. Empoleirada despretensiosamente sobre a mesa, sem dúvida fumando, arrumando tempo para se dedicar ao principal organizador e administrador – sem os quais a reunião não aconteceria. E a partir desse encontro um convívio adentrou a sociabilidade da Sala de Leitura.

Henry Havelock Ellis, nascido em Croydon em 1859, era filho de um marinheiro mercante e uma cristã evangélica rigorosa que, como a mãe de Olive, era o progenitor dominante na casa. Ele sentia falta do pai, mas teve uma infância relativamente estável. Era um garoto tímido, sonhador e frágil, que lia obsessivamente. Aos 7 anos, ele foi em sua primeira viagem marítima com seu pai e ficou encantado com os livros que descobriu na biblioteca do navio. Desenvolveu o hábito persistente de coletar dados que tabulava e anotava em livros de exercícios. Como Olive, ele experimentou uma perda de fé religiosa no início da vida, o que o deixou sentindo-se alienado em um "mundo vazio e mecânico".[66]

Ellis deixou a escola aos 16 anos, sem saber o que fazer com seu futuro. Seu pai o levou no que deveria ser uma viagem ao redor do mundo, mas ele permaneceu na Austrália, trabalhou como diretor assistente e matriculou-se na Universidade de Sydney. Durante esse tempo, ele teve dois empregos de tutoria com famílias do campo, onde experimentou o que descreveu como uma conversão.[67] Esses longos períodos de solidão rural, dando aulas no isolamento das difíceis terras agrícolas, ressoaram as experiências de ensino de Olive Schreiner no interior sul-africano. Como ela, ele era um leitor voraz, mantinha um diário e pensava e caminhava extensivamente.

Inspirado pela leitura do trabalho de James Hinton, Ellis decidiu estudar medicina para que pudesse expor a verdade da natureza humana, incluindo o comportamento sexual – já que não poderia desenvolver nenhuma "nova concepção de sexo sem estudar as convenções estabelecidas de ciências médicas".[68] Ele retornou à Inglaterra em 1880 e se matriculou como estudante de medicina no Hospital St. Thomas, em Londres.

Ellis perseguiu seus outros interesses ao longo de sua formação médica, escrevendo críticas literárias para as revistas *Westminster, The Indian* [*O indiano*] e *Modern* [*Moderno*], planejando uma série sobre ciência contemporânea, e editando o novo trabalho de Hinton, *The Lawbreaker* [*O infrator*], de 1884. O legado de Ellis tende a ser ofuscado por sua monumental e controversa *Psicologia do sexo*, mas sua contribuição para o campo da literatura foi considerável. Ele foi o primeiro a traduzir *O germinal* de Émile Zola para o inglês, em 1894, e dirigiu, forçosamente, a atenção da Inglaterra para novos escritores internacionais como Leon Tolstói, Henrik Ibsen e Walt Whitman. Ele era um crítico literário muito bom e profícuo.

Seu comprometimento em pesquisar a sexualidade e o desejo feminino, o reconhecimento de sua existência, força e poder, não foi inteiramente motivado por objetificação ou lascívia. Ele enfatizava com frequência a grande beleza e os prazeres do corpo e suas funções, lutando com coragem contra o preconceito sexual e a ignorância durante toda a sua vida. Ele exigia compaixão, não condenação, e demonstrou que muitas noções confusas e antiquadas sobre os pecados ou males do corpo humano – particularmente o das mulheres – eram meramente ocorrências biológicas dentro das leis da natureza. Nesse pensamento sexual livre e progressista ele conheceu as mentes de Eleanor e Olive, e com elas compartilhou causas comuns.

O feminismo e a luta pela emancipação das mulheres do patriarcado – como emergiram na Europa a partir do Iluminismo do século XVIII, e como Eleanor e seus contemporâneos herdaram suas tradições filosóficas, econômicas e políticas – sempre foram entendidos como um imperativo para todas as pessoas. Supunha-se logicamente e era esperado que, à medida que a desigualdade sexual estruturasse todo o funcionamento de todas as sociedades, afetasse igualmente homens e mulheres. Esse é o argumento e a hipótese de *Reivindicação dos direitos da mulher*, de 1792, de Mary Wollstonecraft, e de *A origem da família, da propriedade privada e do Estado*, de 1884, de Engels. Eleanor estava estudando a fundo todas essas obras durante os primeiros anos de 1880. No caso de *A origem da família, da propriedade privada e do Estado*, ela participou da produção, leu e discutiu o manuscrito com o General enquanto ele escrevia. Além disso, ela foi uma das mulheres que o autor amava e que o inspiraram. Era dela o caso sobre o papel do amor livre em movimentos sociais radicais, era dela a luta para se emancipar do patriarcado.

A necessidade de emancipação das mulheres como requisito fundamental para sociedades livres e iguais também é um preceito fundamental do trabalho do próprio Marx.[69] De luto por Marx e preocupado com o futuro das filhas de seu amigo, Engels foi levado a explorar a forma mais fundamental do patriarcado que começava dentro de casa: a relação pai-filha e como as mães são cooptadas para a sua causa.

As relações entre Eleanor e seu círculo boêmio de Bloomsbury (incluindo Schreiner, Havelock Ellis, Shaw, Aveling), e suas inimizades saudáveis com oponentes dignos, como Annie Besant e Charles Bradlaugh, demonstram, chocantemente, o grau em que a inclusão ativa e a participação dos homens no feminismo se perderam, ou desapareceram, mais tarde após a Primeira Guerra Mundial.

Havelock Ellis, Engels e Shaw estavam entre um talentoso grupo de homens que pensavam profundamente sobre suas relações com mulheres, trabalhavam juntos profissional e politicamente com mulheres, e fizeram grandes contribuições para o feminismo no século XIX. Por mais que tenham sido erradas algumas de suas conclusões, eles eram homens com interesse genuíno em desafiar o patriarcado universal e dispostos a arregaçar as mangas para participar ativamente de uma luta pela emancipação que consideravam tão necessária ao seu próprio bem-estar como ao das mulheres. De diferentes maneiras, estes também eram homens que entendiam com profundidade as exigências que o patriarcado lhes fazia para se tornarem e permanecerem emocionalmente subdesenvolvidos e hipócritas em suas próprias casas. A revolução sexual tinha que começar em casa; enquanto as mulheres não fossem livres, tampouco seriam os homens.

VISÕES PECULIARES SOBRE O AMOR E OUTROS ASSUNTOS

"É um fato curioso", escreveu Engels,

> que, a cada grande movimento revolucionário, a questão do 'amor livre' entre em primeiro plano. Para algumas pessoas ele é visto como um progresso revolucionário, uma libertação das amarras tradicionais, não mais necessárias; para outras, como uma doutrina bem-vinda, cobrindo confortavelmente todos os tipos de práticas livres e naturais entre homem e mulher.[1]

Este último, na sua opinião, é de um filistinismo indulgente; o primeiro, uma tentativa de afrouxar os limites da convenção e do amor irrestrito e de tornar as mulheres e os homens livres dos duplos padrões do patriarcado. Um promete um rearranjo radical das relações entre homens e mulheres, mantendo a promessa de capacitar os excluídos dos privilégios da influência e da riqueza; o outro é uma reprise reacionária da convenção existente, mascarando-se de moralidade, operando no interesse daqueles que já estão no poder.

Em 1884, quando tinha 29 anos, a questão do amor livre entrou em primeiro plano na vida de Eleanor. Em junho, ela escreveu para Laura:

> Devo lhe dar outras notícias – a menos que Engels tenha se antecipado a mim; você deve ter ficado sabendo, imagino, que há algum tempo tenho me envolvido com Edward Aveling – e ele diz que gosta muito de mim –, então vamos nos 'juntar'... Não preciso dizer que essa não foi para mim uma resolução fácil de se chegar. Mas acho que é melhor assim. Estou *muito* ansiosa para te ouvir. Não nos julgue mal; ele é muito bom, e você não deve pensar muito mal a respeito de nenhum de nós.[2]

Em julho, Eleanor e Edward haviam encontrado um espaço para alugar na rua Great Russell, 55, em frente aos portões de entrada do Museu Britânico. Eles assinaram o contrato e se mudaram em 18 de julho. Com a generosidade característica, o General deu a eles belas £50 como um "presente de casamento" para a casa nova e uma lua de mel.

Edward também tinha acabado de receber uma modesta herança de seu pai, que morreu em 3 de julho. Foi uma semana agitada: seis dias depois de se mudarem para suas novas acomodações, Eleanor e Edward foram ao lançamento da seção da Federação Social-Democrata em Westminster. Tussy disse a sua irmã que estava indo com Edward para Derbyshire em meados de julho em uma espécie de lua de mel, "então retornaremos a Londres – e daremos aos nossos 'amigos' uma chance de celebrar conosco, como bem quiserem. *Escreva logo, Laura, e não o entenda mal.* Se soubesse qual é a situação dele, *sei* que você não faria o... Aguardo ansiosamente por uma resposta sua e de Paul".[3]

A "situação" de Edward, ele disse a Tussy, era a de que ele era um homem separado de Bell, sua difícil esposa, que se recusou a concordar com o divórcio por suas crenças religiosas. Tussy falou sobre o caso abertamente para seus amigos. Ellis comentou: "Acho que encaramos a união livre, aberta e pública, baseada em princípios".[4] Tussy se preocupava em não comprometer suas amizades femininas. Ela escreveu para Dollie, agora conhecida como sra. Radford desde que havia se casado, convencionalmente, com Ernest, em julho de 1883:

> Bem, então é isso – eu vou viver com Edward Aveling como sua esposa. Você sabe que ele é casado e que eu não posso *legalmente* ser sua esposa, mas será um *verdadeiro* casamento para mim – tanto quanto seria se uma dúzia de escrivães tivessem oficializado... Ele já não *via* sua esposa há muitos, muitos anos quando o conheci, e não a deixara sem

> motivo – você entenderá melhor quando lhe disser que o sr. Engels, o amigo mais antigo do meu pai, e Helen, que tem sido como uma mãe para nós, aprovam o que estou prestes a fazer – e estão *perfeitamente* satisfeitos... Em três semanas, partiremos por algum tempo... quando voltarmos, faremos as tarefas domésticas juntos; e se o amor, uma perfeita simpatia pelo gosto e pelo trabalho e o esforço para os mesmos fins podem fazer as pessoas felizes, assim o seremos... Entenderei *perfeitamente* se você pensar que essa é uma situação que não pode aceitar e não pensarei em vocês dois com menos afeto caso não possamos contar com vocês entre nossos amigos mais próximos.[5]

Tussy disse a Dollie que, embora sentisse que não estava fazendo nada de errado, entendia que as pessoas haviam sido criadas de formas diferentes, "com todas as velhas ideias e preconceitos",[6] e talvez pensassem que ela fosse muito imoral. "Você sabe que eu tenho o poder muito fortemente desenvolvido de ver coisas por um 'outro lado'".[7] Esse seu poder a fez tomar cuidado para tentar não ofender ninguém. Recentemente, tornara-se grande amiga de Edith Nesbit (sra. Bland), poeta e autora de livros infantis, casada com Hubert Bland. Ao convidá-la para visitar sua casa, Tussy respondeu:

> Sinto que é justo, antes de me valer de seu convite muito gentil, deixar bem clara a minha situação atual... Estou... com Edward Aveling, e de agora em diante vamos ficar juntos – marido e esposa de verdade, espero –, embora eu não possa ser sua esposa legalmente. Ele é, como você deve saber, um homem casado. Eu não suportaria ver que alguém por quem sinto tão profunda simpatia, como você, poderia nos levar a mal ou nos entender mal. Eu não me intrometi entre marido e esposa.[8]

Neste caso, a prudência de Eleanor foi comicamente mal colocada. A disposição conjugal nada convencional e o casamento sexualmente complicado do senhor e da senhora Bland eram notórios; Edith seria a última pessoa a julgar duramente o dilema de Eleanor. Em outros lugares, sua preocupação foi bem fundada. O convite de Eleanor para Beatrice Potter visitá-la em casa foi educadamente recusado, como Potter registrou em seu diário: "Me pediu para ir visitá-la. Exatamente a vida e o caráter que eu gostaria de estudar. Infelizmente, não se pode se misturar com os seres humanos sem se tornar mais ou menos *conectado* com eles".[9]

A decisão de Eleanor de viver abertamente com Aveling não foi tomada de maneira leviana, muito menos subestimando as dificuldades da situação. Como George Eliot (Marian Evans), ela comunicou formalmente sua decisão aos amigos e deu-lhes a opção de se retirarem de seu círculo social. Mas aí termina a semelhança. Tussy era mais robusta e não sofria da ansiedade excruciante sobre o que as outras pessoas pensavam dela; ansiedade esta que transformou Eliot em uma reclusa quando ela se juntou a George Henry Lewes.

Tais ações, normais hoje em dia, foram radicais na década de 1880. O que Eleanor compartilhou com George Eliot foi o princípio de que outras pessoas não deveriam ser obrigadas a aceitar suas escolhas morais. Aveling, em contrapartida, não precisou enviar uma única carta a ninguém para explicar ou justificar sua situação. O fato de as mesmas convenções sociais não se aplicarem a ele apenas sublinhava os padrões duplos das convenções patriarcais.

Eleanor estava preocupada, de forma justa, em como sua decisão poderia afetar sua reputação política. Ela sabia que os oponentes do socialismo e da emancipação das mulheres poderiam (e iriam) usar seu amor livre declaradamente feminista como propaganda negativa. Ela também provou da forte tendência ao conservadorismo social do socialismo cristão. Sua decisão de viver com Edward como sua esposa a expôs a críticas e ataques da esquerda, direita e centro; dentro e fora de seu próprio movimento.

A correspondência dela com o engenheiro e ativista escocês John Mahon ilustra a vulnerabilidade a que ela estava ao expor sua vida pública. Mahon, uma década mais jovem que Tussy, foi um dos fundadores da Liga Escocesa da Terra e do Trabalho:

> Parece justo que eu comunique a vocês dois... como amiga e colega de trabalho pela causa, do importante passo que acabo de dar... Não estamos fazendo o menor mal a qualquer ser humano. O dr. Aveling é moralmente tão livre como se o vínculo que o prendia anos atrás – e que havia sido rompido por anos antes mesmo de eu o conhecer – nunca houvesse existido. Ambos sentimos que tínhamos a justificativa de deixar de lado todas as convenções burguesas falsas e realmente imorais... Espero que você esteja entre aqueles que não compreenderam mal nossos motivos. De qualquer forma, é justo que, como um de nossos propagandistas escoceses mais ativos e úteis, você fique ciente.[10]

Engels temia que Tussy subestimasse a força do opróbrio social que sua decisão poderia atrair, tanto de seus aliados socialistas quanto mais de oponentes políticos. Ele escreveu para Laura descrevendo como Tussy, finalmente, trouxe Edward para a casa na Regent's Park para fazer uma declaração formal de seu relacionamento a ele e Lenchen, *in loco parentis* [no lugar dos pais]:

> É claro que... [nós] estávamos plenamente cientes do que estava acontecendo já há algum tempo. Rimos muito desses pobres inocentes que pensavam o tempo todo que não sabíamos o que se passava e daqueles que não se aproximavam do *quart d'heure* de Rabelais* [momento da confissão] sem um certo pavor. No entanto, logo os superamos. Na verdade, se Tussy tivesse pedido meu conselho antes de se atirar, eu poderia ter considerado meu dever discorrer sobre as possíveis e inevitáveis consequências desse passo; mas quando tudo estava resolvido, o melhor para eles era passar tudo a limpo de uma vez antes que outras pessoas se aproveitassem do segredo.[11]

Ele entendeu que, sendo um homem, o patriarcado permitia-lhe padrões sexuais duplos que não seriam tolerados em uma mulher, como ele mesmo demonstrou em seus escritos. Enquanto refletia sobre a situação de Tussy, tentando protegê-la e apoiá-la publicamente, Engels estava finalizando *A origem da família, da propriedade privada e do Estado*, publicado em outubro de 1884.

A dor de perder Marx foi o que levou o General a escrever esse livro. Perdido e triste sem sua alma gêmea, peneirando os emaranhados de papéis, distraído pela desordem na qual Marx havia deixado seu trabalho, ele tropeçou nas anotações e comentários de Karl sobre o trabalho do antropólogo americano Lewis Henry Morgan tratando das origens da sociedade antiga. Ele imediatamente se animou. "Há um livro definitivo", escreveu com entusiasmo, "tão definitivo quanto o de Darwin no caso da biologia – sobre o estado primitivo da sociedade".[12]

---

* Literalmente, "o quarto de hora de Rabelais". A expressão tem uma longa história, e alude a um episódio no qual o escritor e médico francês François Rabelais teria se desdobrado, depois de passar um grande apuro, para pagar as contas de sua estadia num hotel para atender ao chamado do rei, que o esperava.

A classe e as contradições sociais do General, enquanto homem socialista, certamente se diferenciavam das de Eleanor enquanto mulher socialista. A teoria era de Marx e Morgan; a prática era a vida de Eleanor. Engels estudou as fontes históricas com seu rigor acadêmico habitual, mas foi o observar de perto as vidas modernas de Eleanor e de suas amigas que o inspiraram a pensar sobre sexo, socialismo, amor livre e revolução no início da década de 1880.

As exigências de ser um pai protetor da sexualidade da filha em uma sociedade patriarcal impediram Marx de se envolver adequadamente com Tussy na questão das relações entre suas vidas política, pública, privada e sexual. Sua única – e sábia, pode-se dizer – preocupação era mantê-la longe de um casamento precoce; e conseguiu. Outros, como o economista e historiador Max Beer, achavam Marx um conservador sexual que tolerava, mas não aprovava o arranjo doméstico do General:

> Marx, um dos maiores revolucionários que já existiu, estava em um ponto de retidão moral tão conservador e meticuloso quanto seus antepassados rabínicos. Sua criação conta muito. Uma vez perguntei ao meu velho amigo Eduard Bernstein sobre essas relações e ele respondeu: 'Na casa dos Marx, eles costumavam falar sobre a vida familiar de Engels como na de Friedrich Schiller se fala sobre as aventuras amorosas de Goethe'.[13]

O General escreveu com franqueza ao colega socialista alemão, Eduard Bernstein, sobre a nova organização de vida da mais jovem e escolhida de Marx: "Minha Londres é uma pequena Paris", que o astuto Bernstein interpretou como: "Uma concepção de vida um pouco livre talvez tivesse permeado certos círculos da sociedade londrina".[14]

Agora que o pai estava morto, o céu era o limite de Tussy. Houve uma dor aguda, mas também novas possibilidades. Libertado da proteção de Marx, o General poderia desempenhar um papel diferente para Tussy, o de uma figura paterna sem as complicações de ser seu verdadeiro pai. Marx e ele teorizaram sobre a emancipação das mulheres e as possíveis formas futuras de amor livre. Fizeram alguns experimentos significantes com essas ideias em suas vidas pessoais, mas, como patriarcas vitorianos, eram em grande parte imunes às críticas.

O papel histórico de Eleanor era colocar o amor livre no teste prático da experiência baseada em evidências. "A questão da mulher" era, na verdade, uma multiplicidade de perguntas. Como os livre-pensadores, ateus e socialistas deveriam medir suas novas formas de viver contra os princípios? Como a igualdade poderia ser alcançada no local de trabalho e no lar? O que constituía igualdade no casamento, ter e criar filhos e administrar famílias juntos? Os casais queriam saber qual era a coisa certa a fazer e como fazer. Havia, por exemplo, um lar socialista ideal? Marjorie Davidson disse a Shaw: "Não acho que deveríamos ter empregados", e se perguntou se isso era "uma questão aberta".[15]

O General esperava o melhor e preparou-se para o pior. Desde a morte de Mouro, Laura e Engels tornaram-se correspondentes frequentes. Isso começou como consequência da necessidade de resolver os bens de Marx e o futuro dos manuscritos, mas o General também sentiu um grande dever de cuidar das irmãs. "Espero", escreveu para Laura,

> que eles continuem tão felizes quanto parecem agora; gosto muito de Edward e acho que será bom para ele entrar mais em contato com outras pessoas além do seu círculo literário e de palestras; ele tem uma base sólida de estudos e se sentia deslocado no meio das pessoas extremamente superficiais às quais o destino o jogara.

Annie Besant, uma integrante do círculo anterior de Aveling, pode se opor a ser chamada de uma dessas pessoas extremamente superficiais. Tenaz em todos os sentidos, ela não deixaria o socialismo levar Aveling sem resistência. Mahon enviou a Tussy um recorte do *Reformador nacional*, publicado por Besant no final de dezembro de 1883: "Meu nome está sendo usado por uma srta. Eleanor Marx... para dar autoridade a uma calúnia grosseira e escandalosa sobre o dr. Edward Aveling.... Deve-se avisar sobre os estranhos que tentam entrar em nosso movimento com o objetivo de traição, semeando discórdia dentro dele".[16] Eleanor aqueceu a briga, agradecendo o ataque da "sra. Besant, de quem considero o melhor elogio". A razão para sua antipatia era evidente:

> O único pensador e estudante claro e científico cuja popularidade *no Partido Secularista* quase se compara à do senhor deputado Bradlaugh – dr. Edward Aveling – juntou-se às fileiras dos socialistas, e a senhora

> Besant dá-me a honra de tornar-me responsável por isso. Estou muito orgulhosa da amizade do dr. Aveling comigo, mas espero não precisar dizer que sua conversão ao socialismo é devido ao estudo do livro do meu Pai & não a mim.[17]

Essa confusão foi divertida. O "estudo" de Edward Aveling foi mais concretamente sobre Tussy do que sobre o socialismo transcendente. A briga entre ela e Annie foi à moda antiga: Edward abandonara as afeições românticas por Annie e, rejeitada, ela estava zangada. Escrevendo para sua irmã, Tussy expressa ardentemente seu desejo de que pudesse lidar com o assunto de uma maneira masculina, e não feminina. Ela acha que "o estilo casto da sra. Besant" é totalmente absurdo, e quanto a Bradlaugh: "Ultimamente, desejei mais de uma vez, como Beatrice, que 'eu fosse um homem'; e que eu pudesse dar no sr. Bradlaugh a estrondosa surra que ele merece".[18]

A prolífica surra verbal entre Tussy e Annie foi divertida enquanto durou – o que não foi muito. No ano seguinte, Annie conheceu Shaw e os dois começaram um caso amoroso cuja consumação foi a conversão política de Annie para o socialismo e a reconciliação amistosa com Eleanor. A discussão sobre quem dividia a cama com Edward estava completamente superada devido ao vínculo feminista que elas compartilhavam.

De modo geral, toda a família e as amizades de Tussy resistiram ao teste de seu amor livre com Aveling. Embora Laura não o conhecesse, ela queria apoiar a irmã e seus desejos. Nos anos seguintes à morte do pai, elas se aproximaram progressivamente, como mostram suas correspondências frequentes. A separação de Tussy e Lissa removeu a ferida entra ela e os Lafargue. Elas sofreram juntas ao perderem a irmã mais velha. Laura, que ficou chateada após a morte de Marx por Eleanor se tornar testamenteira, foi convencida pela mediação e esclarecimentos pacientes de Engels. As duas irmãs eram agora amigas novamente.

"*Quase* todo mundo foi *muito* mais gentil do que eu esperava",[19] Tussy admitiu a Laura sobre o anúncio de sua união livre com Aveling. Inicialmente, Tussy praticamente não encontrou objeção à sua vivência com um homem ainda casado. Foi apenas quando as pessoas conheceram Edward Aveling melhor é que as dúvidas sobre a prudência de sua escolha foram levantadas.

Às 5 da manhã de 8 de julho de 1884, Eleanor e Edward deixaram Londres de trem para Derbyshire rumo ao que o General chamou, rindo, de "lua de mel número um". Eles fizeram uma reserva como sr. e sra. Marx-Aveling no hotel Nelson Arms, na vila de Middleton, nos arredores de Wirksworth. Tussy sugerira a Olive Schreiner que ela e Henry se juntassem ao casal para uma "lua de mel conjunta"; a escritora já havia chegado e estava hospedada a um quilômetro e meio de distância, em uma fazenda em Bolehill. Henry chegaria uma semana depois.

A lua de mel conjunta no Peak District* simbolizou um experimento de liberdade sexual e de busca por respostas à "questão da mulher". Acabou, é claro, por ser uma *mise en scène* [encenação] cômica do antecipado idílio.

Ao chegarem, Eleanor e Edward encontraram-se com Olive em seu iluminado chalé com quatro quartos, ao lado de uma colina com vista para Wirksworth. Olive esperava ver a amiga alegre e efervescente no começo de seu "casamento". Entretanto, no instante em que partiram, Olive escreveu a Henry: "O dr. Aveling e a sra. Marx vieram me ver. Ela agora deve ser chamada de sra. Aveling. Fiquei feliz em ver seu rosto. Eu a amo. Mas ela parece tão infeliz".[20] Na semana seguinte, as observações de Olive endureceram em uma antipatia inabalável por Edward:

> Estou começando a ter um *horror* tão grande de Aveling... Dizer que não gosto dele não expressa o suficiente; sinto um medo, um horror, quando estou perto dele. Cada vez que o vejo, essa sensação fica mais forte... Eu a amo, mas *ele* me faz tão infeliz. Ele é muito egoísta, porém isso não explica o sentimento de pavor... que eu tive quando o vi pela primeira vez. Tentei disfarçar por causa de Eleanor, mas sinto agora mais forte do que nunca.[21]

As respostas de Henry foram mais prosaicas. Ele encontrou em Edward um companheiro agradável, embora um pouco grosseiro. Lembrou-se mais tarde: "As complicações de Aveling com as mulheres, no entanto, ficaram claras para nós desde o início".[22] Henry, um eterno sociólogo, percebeu que Edward estava autoconsciente e vigilante de seu lugar no grupo, em especial quando Tussy e Olive se uniam em um poderoso enlace mental que

---

* Peak District é uma área de planalto situada na porção mais meridional dos montes Peninos, na Inglaterra.

deixava os homens temporariamente esquecidos. Henry gostava de sentar e assistir ao *show* de luzes entre essas duas mulheres inspiradoras, mas essa intimidade fácil deixava Edward com ciúme. Embora fosse confiante no quesito sexualidade, Aveling era emocionalmente inseguro e egoísta e, como Henry observou, ficava inquieto quando não era o centro das atenções. Em compensação, a resposta de Henry a Eleanor foi de absoluto deleite e admiração. O pior que conseguiu dizer dela, de forma divertida, foi que ela tinha um odor corporal não feminino:

> Eleanor estava então em plena maturidade física, mental e emocional, uma personalidade vigorosa e radiante. Talvez seja um traço corporal de sua poderosa personalidade o fato de eu nunca ter conhecido uma mulher que, em um longo dia de verão, difundisse uma fragrância axilar tão potente. Ela sempre foi, entretanto, uma personalidade encantadora, inteligente, ansiosa, cheia de prazer, quaisquer que fossem os estados de espírito e melancolia em que pudesse estar sujeita privativamente. A suposta semelhança mental e física com seu pai certamente não incluía nenhum traço de seu temperamento dogmático e dominador.[23]

Por se tratar de uma lua de mel, o desejo sexual e a satisfação eram prioridades. Olive e Henry tinham alguns problemas complicados para resolver a esse respeito; mas para Tussy e Edward, o sexo era um aspecto do relacionamento que surgia com muita facilidade e frequência. Ela e Olive conversavam livremente sobre todos os aspectos de suas sexualidades e funções corporais – e como isso as conectava com suas vidas mental e emocional. Elas discutiam sobre desejo sexual, menstruação, tensão pré-menstrual, os efeitos do ciclo mensal no trabalho e humor, e se perguntavam sobre o equivalente em seus homens. Olive compartilhou essas discussões com Henry:

> Falando sobre o efeito que a sensação sexual tem sobre a mente, isso fica muito claro no caso das mulheres. Devo fazer mais perguntas a outras mulheres, minhas amigas que terão notado e poderão analisar seus sentimentos... Claro que alguém pode exagerar com facilidade o que estou falando, mas não há dúvida de que há alguma verdade nisso... Eu mesma, *enquanto* não estou bem a cada mês, meus sentimentos são particularmente sensíveis e fortes. Uma palavrinha que não me doeria em outra ocasião me causa uma agonia aguda. Não posso

> deixar de sentir e uma pequena palavra de ternura é muito preciosa para mim. (Em especial, o homem que te ama deve ser terno com você.) O momento de maior e mais maravilhosa atividade mental é logo depois, e talvez os últimos dois dias do período também. Eleanor, a única mulher com quem falei sobre o assunto, sente o mesmo.[24]

Inspirada por sua conversa franca com Eleanor, Olive decidiu abordar esses assuntos com algumas de suas outras amigas íntimas e pediu a Henry que perguntasse a sua irmã Louie como ela se sentia a respeito. "Também gostaria de saber o lado masculino da questão. Penso que a relação (entre o poder do puramente físico-sexual e o poder do mental-sexual) deve ser quase tão próxima... Você observa cuidadosamente... a interação de sua masculinidade com sua natureza mental?"[25] Henry, que estava profundamente interessado na psicologia do sexo, observou de perto a relação entre Olive e Eleanor e refletiu sobre todas as suas questões.

Aqueles que a conheciam frequentemente observavam a aguda sensibilidade de Olive às emoções e ao comportamento de outras pessoas. Ela possuía uma habilidade extraordinária de avaliar com precisão outro indivíduo. Sentia as personalidades de maneira visceral. Camponesa desajeitada, criada livre das restrições da polidez imperial inglesa, Olive também não era versada nas convenções dissimuladas do bom comportamento.

Eleanor disse a ela e a Henry que o motivo pelo qual Edward não se casou com ela foi simplesmente porque ele não podia. Depois de passar algum tempo em sua companhia, Olive se tornou cética em relação a essa história. Ela tentou advertir Tussy, assim como o próprio irmão de Edward, Frederick, que nunca gostou dele; mas dado o estágio preliminar de paixão, Tussy não deu atenção.

A atitude de Olive era diferente. Como Eleanor, ela gostava e era muito interessada em sexo e tinha curiosidade sobre o amor. Ao contrário da amiga, ela claramente percebia o casamento como uma instituição social opressora. Ambas foram prometidas aos 17 anos, mas mudaram de ideia e se separaram. Aos 23 anos, Olive disse que, a menos que alguém "me absorva e me deixe perdidamente apaixonada... Eu nunca irei me casar. Na verdade, estou casada agora, com meus livros! Eu os amo cada dia mais e os considero mais agradáveis. Não trocaria minha vida com ninguém no mundo, e minhas velhas tristezas parecem muito tolas para mim agora".[26]

Se Tussy fosse menos otimista sobre os relacionamentos humanos nessa fase de sua vida, também teria visto que seus livros e escritos eram suas companhias mais fiéis e solidárias.

Uma tarde, em sua lua de mel nos Peninos, Tussy organizou uma leitura de uma parte de *Espectros*, de Ibsen. Escrito em 1881, a peça foi interpretada pela primeira vez por uma companhia dinamarquesa em Chicago, em maio de 1882. Sua apresentação foi proibida em quase toda a Europa, inclusive na Inglaterra. Henrietta Francis Lord estava trabalhando em sua tradução e Tussy, que estava fascinada pelo novo drama de Ibsen, conseguiu uma parte da versão manuscrita ainda não publicada. Edward leu a peça. Ele tinha uma boa voz e lia com muito poder de expressão dramática. "É uma das coisas mais maravilhosas e grandiosas que já foi escrita em muito, muito tempo",[27] escreveu Olive.

Espectros aterrorizou a imprensa escandinava quando foi publicado, em dezembro de 1881. Todos os dias, Ibsen recebia cartas depreciativas. Ele foi acusado de blasfêmia, livre-pensamento e niilismo. A peça provocou gritos ferozes de quem Ibsen chamou de "estagnacionistas" e "os assim chamados liberais", horrorizados com seu ataque à moralidade convencional:

> Dizem que o livro prega o niilismo. Claro que não. Não está preocupado em pregar nada. Ele apenas aponta para o fermento do niilismo acontecendo sob a superfície, tanto em casa como em outros lugares... Talvez a peça seja, em vários aspectos, bastante ousada. Mas pareceu-me que havia chegado a hora de mover alguns limites.[28]

Ibsen era modesto. A peça não apenas moveu os limites; ela realocou completamente o campo dos relacionamentos.

Existem assombrosas ressonâncias entre os *Espectros* de Ibsen e o submundo emocional da união de amor livre de Eleanor e Edward. Helen Alving é a anti-heroína do drama. O nome Helen compartilha sua raiz semântica com Eleanor, e Alving é Aveling com uma vogal a menos. No desastroso casamento, o Capitão Alving é um traste antes de Helen se casar com ele. Há um breve período de esperança para redenção e novos começos, mas quando os espectros retornam do passado, tudo falha. Helen tolera os flertes em série, mentiras e venalidade de Alving como uma doença pela qual ele não é moralmente responsável. Ela se torna uma mulher que fica em um casamento a fim de tentar fazê-lo um homem bom. Ela suprime o chamado de seus próprios desejos. Quando Helen ouve vozes desencarnadas vindas da sala de jantar, ela pensa que são fantasmas, mas não consegue ouvir o que eles estão dizendo.

Para a Eleanor apaixonada, os *Espectros* de Ibsen, tão bem interpretados por Edward em sua lua de mel no distrito de Peak, eram apenas tons teatrais fascinantes. Mas Olive ouviu algo a mais na leitura consumada de Aveling que a deixou assombrada.

Inesperadamente, Eleanor e Edward interromperam de repente a lua de mel e voltaram para Londres mais cedo, alegando exigências de trabalho. Henry ouviu que Edward – que vivia de maneira extravagante no Nelson Arms, pedindo comida e bebidas livremente – "tinha descampado sorrateiramente sem pagar a conta".[29] Os sentimentos de Olive de horror e pavor a respeito de Aveling voltaram mais fortes do que nunca. "Eu tenho uma 'intuição' de que eles estão em apuros",[30] escreveu ela.

A intuição de Olive sempre se mostrou correta.

PROVAS CONTRA ILUSÕES

"*Esse* é o seu marido?", deixou escapar o incrédulo Max Beer para Tussy ao conhecer Edward Aveling no Clube Comunista em Londres.

Beer, que se definia como um judeu socialista, tinha ouvido falar sobre o casamento aberto de Eleanor e estava curioso para conhecer seu cônjuge. Pouco depois de chegar em Londres, em 1894, Beer deu uma palestra na Associação Cultural dos Trabalhadores Alemães, conhecida também como Clube Comunista, no número 49 da Rua Tottenham Court, para um salão lotado de trabalhadores alemães, austríacos, húngaros, escandinavos e judeus de Whitechapel.

Ele não sabia que, na sala ao lado, Eleanor e Edward estavam realizando uma reunião do conselho executivo da Sociedade Socialista de Bloomsbury. Após a palestra de Beer, o casal apareceu e se apresentou a ele, que ficou eufórico ao se deparar inesperadamente com a filha de Karl Marx. Ele recorda que certamente não havia razão para ficar admirado diante de Eleanor Marx, descrevendo-a como "uma senhora de meia-idade de grande charme, inteligência e amável gentileza":

> No entanto, naquela noite eu fiquei admirado diante dela. Além do mais, senti que ela deveria ter se casado com um grande homem, e não com Aveling, que, segundo minha intuição, era um comediante

> de humor pastelão; olhei para ele e então me dirigi a ela em alemão: '*Esse* é o seu marido?'. Mas ele, afinal, tinha boas maneiras inglesas, e disse muito alegremente: 'Camarada, vamos com Eleanor para o Horse Shoe tomar um copo de cerveja inglesa'.[1]

Beer achou a cerveja inglesa tão intragável quanto o Dr. Aveling, descrevendo-a como com gosto de "um remédio nojento".[2] Sua intuição, assim como a de Olive Schreiner, provocou um mau pressentimento imediato sobre Aveling desde o momento em que ele o conheceu.

Devem ter existido outras pessoas além de Tussy que gostavam de Edward, mas, fora Engels, estas ficaram fora do registro histórico. O General o respeitou por conta dela e foi afetuoso com suas fraquezas. "O fato é", explicou a Bernstein, "que Aveling tem uma esposa legítima de quem ele não pode se livrar *de jure* [de direito], embora ele já o tenha feito *de facto* [de fato] há muitos anos".[3]

Aveling tinha um comportamento autoconsciente que provocava reações extremas.[4] George Bernard Shaw, que se considerava fisicamente pouco atraente, escreveu sobre o seu algumas vezes rival: "Embora nenhuma mulher parecesse capaz de resistir a ele, ele era baixinho, com o rosto e os olhos de um lagarto e nenhum charme físico, com exceção de sua voz de eufônio".[5] Karl Kautsky achou Aveling simplesmente "repulsivo", mas controlou sua aversão pelo bem de Eleanor.[6] Henry Hyndman compartilhou o espanto de Shaw em relação ao sucesso que Edward fazia entre as mulheres: "Aveling era um daqueles homens que atraem as mulheres de uma forma bastante inexplicável para o sexo masculino... em certa medida feio e repulsivo, tal como sua aparência, ele só precisava de meia hora a mais que o homem mais bonito de Londres".[7] Hyndman, que trabalhou muito com ele politicamente, tentou aliviar sua inquietação sobre a verdadeira natureza de Edward dizendo a si mesmo que "ninguém pode ser tão ruim quanto a aparência de Aveling".[8]

Como é evidente pela reação de Olive, nem todas as mulheres o achavam atraente. Como Shaw, May Morris, amiga de Eleanor, sentiu algo de reptiliano em Edward, descrevendo-o como "um pequeno homem-lagarto".[9] Para seu próprio irmão Frederick, ele era apenas um mentiroso e "um saco de vento sem princípios".[10] A impressão dúbia criada por essas descrições negativas da aparência de Edward parece implicar que, se ele fosse mais bonito, as pessoas seriam mais tolerantes com seu terrível comportamento.

As campanhas montadas contra seu ativismo secular, a difamação por opositores ideológicos e a calúnia pública criaram uma aura de vitimização em torno de Edward, o que provocou a tendência instintiva de Tussy e do General a socorrer o oprimido. Mas o que chateou Tussy foram as limitações de Engels em ser capaz de gerenciar os diferentes impactos que a liberdade sexual tinha sobre homens e mulheres na prática – e não apenas na teoria –, quando ela precisava de um guardião e mentor. Todos os três acreditavam no amor livre. Engels podia bancá-lo. Aveling fazia um empréstimo sem juros com mulheres que podiam bancá-lo. Para Eleanor, uma mulher, o amor livre era a forma mais cara de amor em que ela poderia ter escolhido investir.

Eleanor era uma ateia convicta e de pensamento livre. Se ao menos ela tivesse notado que o amor incondicional e a fé que isso requer são muito parecidos com os requisitos para acreditar em um deus impossível de se comprovar... Bernard Shaw viu isso clara e diretamente em relação à dinâmica entre Eleanor e Edward. Em 1906, o dramaturgo escreveu *O dilema do médico* [*The Doctor's Dilemma*], uma peça que explora o problema de uma genialidade criminosa, apresentando a figura de um artista e filósofo inescrupuloso. Ele usou Aveling como um dos modelos para Louis Dubedat, um talentoso degenerado amado por uma leal esposa (ou assim ela acredita) Jennifer – baseada em Tussy. Jennifer protege e apoia Dubedat, anseia por trazer charme e felicidade à sua vida, defende-o de opiniões hostis e escândalos financeiros e espera salvá-lo de uma doença fatal. Ela não consegue ver que seu marido é um mulherengo, bígamo, extorsionista e fraudulento. Shaw argumentou que a genialidade não deveria justificar a desonestidade inconsequente e o egoísmo; em contrapartida, entendeu que o heroísmo e a vilania nunca são simples questões de conformidade ou não conformidade com a lei e os costumes. Dubedat é reptiliano quando se trata de dinheiro, sexo e mulheres; mas, em sua defesa, ele é assim porque desconsidera a moralidade convencional de uma sociedade hipócrita. Como Tussy, Jennifer defende seu homem, incapaz de ver que ele é apenas um bom canalha à moda antiga e um salafrário.

Em junho de 1885, menos de um ano após a lua de mel em Derbyshire, Eleanor confidenciou a Olive que percebeu suas ilusões sobre Edward. Acompanhada apenas de seus gatos e cigarros na rua Great Russell, Tussy escreveu para Olive:

> Edward está jantando com Quilter e saiu animado porque várias mulheres estarão lá (e acaba de me ocorrer que você pode ser uma delas! Quão peculiar isso seria!). Eu estou sozinha e, embora de certa forma esteja aliviada por estar sozinha, também é muito terrível; não consigo deixar de pensar e lembrar, e então a solidão é mais do que posso suportar.
>
> Eu daria qualquer coisa para estar ao seu lado agora. Você sempre consegue me ajudar... A *constante* tensão de parecer a mesma quando nada mais é o mesmo, o esforço constante para não desmoronar torna-se intolerável. Naturezas como a de Edward... são invejáveis, aqueles que em uma hora esquecem tudo. Se você o tivesse visto hoje, por exemplo, andando como uma criança feliz, sem uma única tristeza na vida, teria se maravilhado.[11]

Eleanor desfrutava da energia intelectual e sexual de Edward, seus gostos eram praticamente os mesmos, eles concordavam com o socialismo, amavam o teatro e trabalhavam bem juntos. Todos esses foram aspectos positivos e de vital importância para a união deles, dadas as particulares proporções do casamento no século XIX. Ainda mais problemático era que Eleanor queria filhos, mas Edward desconversava. Ela estava resignada a fazer as tarefas domésticas dos dois, mas odiava fazê-las e era muito ruim nisso.

Eles tinham problemas de dinheiro o suficiente para matá-los de preocupação. "Muitas vezes não sei para onde ir ou o que fazer. É quase impossível para mim agora conseguir um trabalho minimamente decente e Edward recebe pouco."[12] Sombras dos precários dias de cão de seus pais, com a diferença significativa de que, ao contrário de seu pai, Edward simplesmente não se importava, como ela escreveu para Olive:

> E enquanto eu me sinto totalmente desesperada, ele está perfeitamente despreocupado! É uma fonte contínua de espanto para mim. Não me acostumo, mas sempre me sinto igualmente espantada com sua absoluta incapacidade de sentir qualquer coisa – a menos que es-

> teja pessoalmente incomodado – por 24 horas consecutivas. Nós, em cujos corações a alegria e a tristeza penetram mais profundamente, estamos em melhor situação, no final das contas. Com toda a dor e tristeza – e nem mesmo você, minha Olive, sabe o quanto estou infeliz –, é melhor ter sentimentos mais intensos do que praticamente não ter nenhum. Escreva-me uma linha caso não a veja amanhã ou depois. Apenas uma linha – diga que me ama. Isso será uma grande alegria, vai me ajudar a passar os dias longos e miseráveis, e as noites ainda mais longas e miseráveis, com o coração menos pesado.[13]

Suas amigas, desconfortáveis perto de Edward ou por simplesmente não gostarem dele, começaram a evitar convites para visitar a casa deles e os acompanhar em eventos sociais. Eleanor encontrou-se cada vez mais sozinha. Trabalhava constantemente, e todo o fardo do trabalho doméstico recaiu sobre ela.

A "intuição" de Olive de que o relacionamento de Eleanor e Edward estava em apuros quando abandonaram mais cedo a lua de mel no ano anterior, em 1884, se mostrou correta. Dois meses depois de Tussy escrever sua infeliz carta confessional à amiga, Shaw relatou em seu diário: "Rumor de separação dos Aveling".[14]

Tussy analisou suas opções, tentando reconhecer, de cabeça erguida, que Edward não era o que parecia ser e que o relacionamento não estava funcionando. Em outra carta a Olive, sua confidente nesse dilema, ela propôs:

> Uma alternativa é deixar Edward e morar sozinha. Eu não posso; isso o levaria à ruína e realmente não me ajudaria... Meu pai costumava dizer que eu era mais menino do que menina; foi Edward quem realmente trouxe à tona o feminino em mim. Eu fui irresistivelmente atraída por ele.[15]

E aqui está o cerne da questão. Eleanor permitiu que ele reforçasse a jaula de sua feminilidade não resolvida, encarnada no século XIX.

Quando Marx disse: "Tussy *sou* eu", ele estava dizendo que ela era mais como um homem do que uma mulher. Em muitos aspectos isso era verdade – seu ímpeto constante para a ação, o intelecto robusto, sua autoconfiança, capacidade de liderança, camaradagem, seu pensamento original, sua resistência física, a vontade de lutar; se essas são características que definem a masculinidade, então Tussy parecia mais um menino do que uma menina.

Se a feminilidade era a postura de subordinação, dúvida, concessão, servidão, o *status* secundário a um superior não eleito, então havia pouco da "feminilidade" natural em Tussy. Mas seu corpo – a casa de sua feminilidade –, os músculos, polias, alavancas e hormônios projetados para gerar uma vida,[16] combinados com o condicionamento social de sua idade, tornaram-na vulnerável para cair na armadilha de ser mais menina do que menino ao tratar de seus próprios relacionamentos sexuais na vida adulta.

Max Beer, tão incrédulo com a escolha de Tussy por Edward, achou que era uma compulsão cultural que a atrapalhava. "Como", disse Beer, "ela poderia continuar vivendo com aquele homem... é um enigma que intrigou todos nós":[17]

> Eu, como judeu, conhecendo a indestrutível e ancestral reverência judaica pelo sagrado vínculo da vida conjugal, justifico isso pelo judaísmo dela. Ela tentou incansavelmente consertá-lo, mas, ai de mim! Ele não podia ser consertado. No entanto, ela se apegou a ele com toda a lealdade e devoção herdadas de uma longa linhagem de famosos rabinos por parte de seu pai.[18]

Era um *insight* aguçado. Como Beer sugeriu, Eleanor estava sob a influência de sua ancestralidade cultural, que apresentava o questionável exemplo de esposas e mães leais e zelosas. Os exemplos formativos de sua Möhme e de Lenchen, sua "segunda mãe", ambas totalmente devotas ao pai, moldaram sua atitude para com Edward. Mas Aveling não era nenhum Marx. Sem querer, as mães de Tussy foram modelos de comportamento perigosos e inúteis, equipando mal a filha para que se liberasse da subordinação às ilusões românticas.

EDUCAR, AGITAR, ORGANIZAR

"Se esfregar é o 'meu tormento', limpar facas é 'duas vezes pior'; destrinchar é 'um enigma para mim' e 'batatas me deixam louca'", brincou Tussy. Ela se indignava com o trabalho doméstico. "Quem é o demônio que inventou a manutenção da casa? Espero que sua invenção possa atormentá-lo no outro mundo".[1] Não havia necessidade de ela e Edward discutirem sobre a ética de contratar um empregado; mesmo se quisessem, não poderiam pagar por um. Nem ocorreu a Edward compartilhar o trabalho doméstico. Ele era, Tussy resmungou para a irmã, "o verdadeiro diabo da desordem... e eu não fico muito atrás... Eu praguejo para mim mesma o dia todo".[2]

Para a alegria de Tussy, Laura veio lhe fazer uma visita em outubro de 1884 pela primeira vez desde a morte de seu pai. A visita confirmou sua reconciliação. Eleanor gostou de apresentar sua sofisticada e politizada irmã francesa a seu novo círculo. Laura gostou de Olive, de quem se tornou amiga, mas guardou suas opiniões sobre Edward. Ambas as irmãs queriam uma reaproximação e a reconstrução daquele relacionamento. Os Lafargue compartilhavam de posições políticas com Aveling, apesar de não compartilhar as posições pessoais, e dada a proeminência do casal no movimento socialista, Aveling estava ansioso para cair nas graças deles.

Laura observou que, além de seu ativismo não remunerado, Tussy trabalhava mais arduamente do que nunca, escrevendo, pesquisando, ensinando e traduzindo. Incentivada por Edward, ela ofereceu um curso no início do verão sobre "A leitura e o estudo de Shakespeare" na Instituição Literária e Científica Highgate. Seu programa de 12 aulas sobre *Como gostais* teve todas as vagas preenchidas. Ela ofereceu aos alunos do *Cambridge Higher Local Examinations* ensinamentos sobre a leitura atenta da peça. "Referências difíceis, formas arcaicas e a construção dramática da peça serão explicadas e discutidas". Seus alunos eram mulheres de todas as classes e homens trabalhadores excluídos dos sistemas de ensino público e privado por gênero, classe, raça ou todos os três. O curso de Shakespeare custava £1 e 1 xelim. Os alunos que não podiam pagar as taxas eram subsidiados por sindicatos e outras organizações progressistas. E para aqueles que não conseguiram arrecadar dinheiro de forma alguma, Eleanor simplesmente ignorou a falta de pagamento, sem dizer nada. Ela recomendou aos alunos que pegassem emprestado ou comprassem a edição da Clarendon Press da comédia publicada pela Macmillan, custando um xelim e seis pence.

O curso começou com uma leitura em grupo da peça e os alunos continuaram a realizar cenas e falas ao longo do programa. Os métodos de ensino acessíveis de Eleanor foram desenvolvidos a partir das leituras de Shakespeare da família Marx e do Clube Dogberry. Ela também deu uma série de palestras sobre assuntos econômicos e políticos para a seção local da Federação Social-Democrata de Westminster.

Tussy passou muito tempo dando aulas voluntárias a organizadores e líderes emergentes dentro do movimento socialista e operário, cuja alfabetização e formação matemática eram rudimentares. Poucos ativistas da classe trabalhadora na década de 1880 tiveram a oportunidade de ir além da educação básica, se tanto. O acesso a uma educação igualitária era um dos direitos pelos quais lutavam. Uma série de memórias de dirigentes da classe trabalhadora do final do século XIX e início do século XX contam sobre Eleanor, que os ensinou leitura, redação, contabilidade e teoria política e econômica, bem como os ensinou a redigir discursos e falar em público. Sua paixão e sua formação para o teatro e a performance agora estavam se manifestando no palco político. Marx demonstrou definitivamente a relação entre vida pública, performance, teatro e política estatal em *O 18*

Brumário..., uma de suas obras mais brilhantes e duradouras sobre o golpe de Estado de Luís Napoleão Bonaparte. Mais uma vez, o padrão dinâmico entre o pai filósofo e a filha política mostra-se claramente: Karl Marx era a teoria; Eleanor Marx era a prática.

Enquanto ela trabalhava arduamente, Edward estava envolvido em alegações públicas de má administração financeira do dinheiro pertencente à Sociedade Secular Nacional, da qual ele era vice-presidente. Charles Bradlaugh alegou que ele havia feito uso pessoal dos fundos da campanha e não os reembolsou. A Federação Democrata – recentemente rebatizada de Federação Social-Democrata – ficou irritada com o fato de Aveling ter desacreditado a organização. Hyndman achava que, como Aveling era muito odiado e Bradlaugh muito cuidadoso para fazer alegações infundadas, as acusações provavelmente procederiam. Edward renunciou à vice-presidência da Sociedade Secular Nacional, certificando-se de sair antes que a proposta para o remover do cargo fosse colocada em discussão e votação. Ele se defendeu em uma carta aberta ao jornal *Justice* [*Justiça*] em setembro:

> No momento, devo bastante a muita gente. Estou empregando todos os esforços para me livrar dessas dívidas. Mas gostaria de dizer que, tanto quanto é do meu conhecimento e crença, todo o dinheiro recebido por mim como fundos fiduciários para terceiros foi totalmente contabilizado. Minhas dificuldades monetárias têm a ver apenas com minha pobreza e minha falta de hábito nos negócios.[3]

Eleanor assumiu um papel de liderança na renomeada Federação Social-Democrata. Em agosto, tanto ela quanto Edward foram eleitos para o conselho executivo de 20 membros no congresso anual da FSD. William Morris, Ernest Bax, John Burns e Henry e Matilda Hyndman estavam entre os outros membros. De agosto de 1884 a janeiro de 1885, Eleanor compareceu a todas as reuniões do conselho executivo, frequentemente assumindo a presidência.

Marx e Engels eram céticos em relação à Federação Democrata em seus primórdios e não gostavam de Hyndman. Mas os tempos estavam mudando. Em 1883, a FSD apresentou um manifesto socialista claro e, em janeiro de 1884, adotou um programa socialista explícito. A FSD estava se transformando em um novo tipo de partido político. Janeiro de 1884 foi o mesmo mês em que a Sociedade Fabiana de Londres foi fundada, na qual Shaw assumiu um papel de liderança. Os fabianos, todos homens com menos de 30 anos, dissociaram-se de outras organizações socialistas e se opuseram às teorias econômicas baseadas na luta de classes e na revolução política. No século seguinte, Shaw refletiu sobre os primeiros fabianos CDFs, incluindo ele mesmo. Não havendo um homem ou mulher trabalhadora entre eles; "eles exibiam sua inteligência... e falavam do socialismo comum como uma espécie de febre da dentição pela qual um homem tinha que passar antes de estar intelectualmente maduro o suficiente para se tornar um fabiano".[4] No entanto, o jovem George Bernard Shaw era um gradualista fabiano comprometido. Anunciado como "Camarada Shaw" para falar contra a guerra no Sudão, ele retaliou asperamente: "Sou G. Bernard Shaw, da Sociedade Fabiana, membro de um estado individualista e, portanto, camarada de ninguém".[5]

A FSD era uma igreja ampla, como se via pela variedade de abordagens diferentes à política revolucionária entre os membros de seu conselho. Todos concordavam, entretanto, em relação aos principais objetivos da nova federação: sufrágio universal, jornada de oito horas para os trabalhadores industriais e a introdução de salários para os parlamentares britânicos para permitir a representação da classe trabalhadora no parlamento.

A década de 1880 foi um período de racha, fração, divisão e reagrupamento no movimento socialista. Eleanor teve que traçar estratégias em várias frentes. Primeiro, havia um número crescente de aspirantes a marxistas que reivindicaram sua versão da filosofia científica de seu pai para explicar os processos pelos quais as sociedades se desenvolvem como *a* interpretação final e correta. Em vida, Marx se opôs firmemente a esses autointitulados revolucionários marxistas, uma vez que eles divergiram dos princípios fundamentais de sua análise.

Eleanor herdou os problemas crescentes daqueles entre os seguidores de seu pai que não liam sua obra corretamente, ou estavam constantemente em guerra uns com os outros, ou ambos. Além disso, ela foi sugada pelo vórtice de hostilidade entre Hyndman e Engels. O ódio de Hyndman por Engels envolveu qualquer pessoa associada a ele, incluindo, e em especial, Eleanor, também membra eleita do conselho executivo da FSD. Isso, combinado com o marxismo doutrinário e simplista de Hyndman, colocava ele e Eleanor em conflito. Eles se atacavam mutuamente: ela acusou Hyndman e seus capangas de realizar intrigas e jogar sujo; ele a acusou de manobrar e explorar a camarilha duvidosa da "Velha Internacional" que constituía uma família profana de socialistas britânicos e europeus continentais. Engels, afirmou Hyndman, era o diabo por trás dos objetivos não ingleses do internacionalismo e o diabo por trás de Eleanor.

Como alguém de fora, Shaw lançou um olhar atento e observador sobre a rivalidade no executivo da FSD. Ele escreveu ao ativista socialista Andreas Scheu contando-lhe sobre a desavença entre "o partido Marx-Aveling e o partido Hyndman":

> O que temos agora no Palace Chambers é muita agitação, muito pouca organização (se houver alguma), nenhuma formação e vagas especulações sobre o mundo virar de cabeça para baixo no curso de cerca de duas semanas. Aveling... está disposto a formar, mas está duro, bastante prejudicado por suas antigas associações e sua desobediência à sra. Grundy no caso de Eleanor Marx, pessoalmente não uma favorita do mundo em geral...[6]

O racha da FSD aconteceu no final de 1885. Hyndman se inflou e tratou a federação como seu veículo pessoal, exacerbando o conflito interno. Uma facção foi organizada contra ele dentro do conselho executivo. William Morris entendeu, com relutância, que tinha que se reconciliar com a seção e chamar para si a responsabilidade. "Mais de dois ou três de nós desconfiamos totalmente de Hyndman", escreveu ele em particular a um amigo:

> Fiz o meu melhor para confiar nele, mas não posso mais. Trata-se, praticamente, de uma competição entre eu e ele... Não acho que intriga ou ambição estejam entre meus muitos defeitos; mas aqui sou levado a me adiantar e fazer um partido dentro de um partido. No entanto, digo que previ isso e que faz parte do jogo, mas começo a desejar que o jogo acabe.[7]

Eleanor e William Morris lideraram a cabala de dez separatistas, que se reuniram em sua casa em 16 de dezembro de 1884. Eles formavam um bom time. Morris estava ciente de suas deficiências como economista e teórico político: "Eu odeio estatísticas", confessou a Scheu. "Veja, eu sou apenas um poeta e artista, bom apenas com sentimentos".[8] Em falta com sentimentos, mas abastecida de estatísticas, com um domínio formidável de economia, organização e estratégia, Eleanor era a parceira política perfeita de Morris. Ela explicou as causas fundamentais do racha ao Biblioteca:

> Um dos nossos principais pontos de conflito com Hyndman é porque *nós* queremos fazer deste um movimento realmente internacional... O Sr. Hyndman... tem se empenhado em colocar trabalhadores ingleses contra 'estrangeiros'. Agora é absolutamente necessário mostrarmos ao inimigo uma frente unida – e para que possamos fazer isso, nossos amigos alemães devem nos dar uma mãozinha. Se você quiser que alguma coisa saia deste movimento; se você quer ajudar o partido realmente socialista, diferente do partido social-democrata-chauvinista-possibilista, agora é a hora para isso.[9]

Uma votação foi realizada em 27 de dezembro e a resolução foi aprovada a favor dos internacionalistas contra a "facção chauvinista" de Hyndman – como Eleanor os chamou – por uma maioria de dez a oito. Dez signatários, incluindo Eleanor, Edward, Morris, Bax e Robert Banner, entregaram então sua renúncia à FSD. Dada a estreiteza de sua maioria e o carreirismo político voraz de Hyndman, esta foi uma jogada sensata. Como Tussy disse a Laura, "Hyndman forçou as coisas a tal ponto que era impossível continuar trabalhando com ele".[10]

Dois dias depois, em 29 de dezembro, este pequeno grupo de dez internacionalistas que se opôs às tentativas de Hyndman de domínio autocrático fundou a Liga Socialista. Seus princípios eram louváveis, mas suas perspectivas eram ruins. O General estava cético, como escreveu a Laura: "Há isto a ser dito a favor deles: que três homens menos práticos para uma organização política do que Aveling, Bax e Morris não podem ser encontrados em toda a Inglaterra. Mas eles são sinceros".[11] Para Bernstein, ele declarou sua preocupação com a liderança bem-intencionada e predominantemente de classe média da Liga Socialista: "Aqueles que renunciaram foram Aveling, Bax e Morris, os únicos homens honestos entre os intelectuais – mas homens tão pouco práticos (dois poetas e um filósofo) quanto você poderia possivelmente imaginar".[12] Embora Tussy estivesse irritada com as críticas pessoais de Hyndman, essa não era a questão em jogo:

> A questão pessoal – inevitáveis questões pessoais se misturarão em todos os movimentos como esses – é, afinal de contas, muito secun-

dária em relação à principal: saber se deveríamos investir em um partido meramente conservador ou continuar trabalhando na linha dos Socialistas Alemães e do Parti Ouvrier [Partido Operário] Francês... Nossa maioria era muito pequena para que pudéssemos realmente nos livrar da facção chauvinista, então, após a devida consideração com Engels, decidimos sair e formar uma nova organização... Oh, céus! Isso tudo não é enfadonho e estúpido? Mas suponho que deve ser resolvido... Suponho que esse tipo de coisa seja inevitável no início de qualquer movimento.[13]

A visão de longo prazo de Eleanor sobre a história e o talento desta para se repetir a equiparam bem para a disputa política. Disputas e intrigas eram cansativas, mas eram de se esperar. Ela mobilizou o General para obter o apoio internacional dos antigos emigrados revolucionários das revoluções de 1848 e da Comuna de Paris. Suas cartas para angariar apoio afirmavam repetidamente: "Nosso amigo Engels está inteiramente conosco".[14] Ela exagerou; como o General disse a Laura, ele achou que os separatistas haviam agido cedo demais. Ao invocar o nome de Engels, Eleanor criou, exatamente como ela pretendia, a impressão de que ele estava orquestrando eventos nos bastidores, fortalecendo seu apelo por apoio de antigos internacionalistas que o conheciam e trabalharam com ele. Tendo ensinado estratégia a ela, ele admirou o uso que ela fez disso.

Três dias antes do aniversário de 30 anos de Tussy, a Liga Socialista lançou seu manifesto de sua sede na rua Farringdon. *Aos socialistas* expôs as razões para a separação da FSD e a formação da nova Liga Socialista. O manifesto foi enviado a todas as filiais da federação e Eleanor incluiu cópias dele em toda a correspondência com aliados em potencial. *Aos socialistas* é um documento de posição que identifica uma série de fatores determinantes, como oposição sobre questões de liderança, estrutura e processo do partido, mas, essencialmente, essa declaração de base se resume ao princípio do internacionalismo. Sob a liderança "habilidosa e evasiva" de Hyndman e seus seguidores, "havia uma tendência para a afirmação nacional, o inimigo persistente do socialismo: e é fácil ver como isso pode se tornar perigoso em tempos como o presente".[15] Os fundamentos políticos de Eleanor, para os quais a Comuna de Paris e o movimento republicano irlandês foram tão centrais, se mostram claramente neste momento decisivo da história política britânica.

Eleanor foi a única mulher entre os dez signatários fundadores da Liga Socialista. E, desses dez, ela foi a internacionalista mais comprometida e enérgica. Ela entrou em seu trigésimo ano na vanguarda do emergente movimento socialista britânico. Política dos pés à cabeça, tinha sido o refrão descritivo de sua mãe. Se Jenny Marx tivesse vivido para ver este momento na vida de Tussy, não teria ficado surpresa.

No entanto, o manifesto publicado pela Liga Socialista divergia substancialmente do projeto de constituição elaborado no início do ano por Eleanor, William Morris e Edward em consulta com Engels. O esboço incorporou aspectos-chave da política socialista, como o apoio a sindicatos, cooperativas e outras formas de organização representativas da classe trabalhadora. Também adotou a política de entrada no poder político por meios eletivos, através de órgãos administrativos, civis, estaduais e parlamentares. Eleanor culpou os membros anarquistas do conselho provisório pela diferença entre o projeto de constituição e o manifesto publicado. Ela expressou esta opinião a Paul Lafargue:

> Os Anarquistas aqui serão nossa principal dificuldade. Temos muitos em nosso Conselho e, aos poucos, isso será um grande problema. Nem Morris, nem Bax, nem qualquer um de nosso povo sabe realmente o que esses anarquistas são: até que eles *saibam*, é difícil enfrentá-los – tanto mais que muitos de nossos ingleses que são cooptados por anarquistas estrangeiros (metade dos quais *suspeito* serem agentes da polícia) são, sem dúvida, os melhores homens que temos.[16]

A Liga Socialista começou seu jornal mensal *Commonweal* [*Bem-estar público*] no final de janeiro de 1885, com William Morris como editor e Aveling como subeditor. *Commonweal* declarou seu apoio ao socialismo revolucionário internacional, trabalhando pela educação, organização e democracia partidária por meio do processo parlamentar, a fim de alcançar os objetivos da Liga Socialista. Editorialmente, se opôs fortemente à politicagem em âmbito nacional e rejeitou "esquemas incompletos de reforma social" como cooperação, nacionalização de terras e reestruturação política e social imposta pelo Estado.

Grupos de socialistas revolucionários estabeleceram seções da Liga Socialista em todo o país e, em fevereiro, Eleanor, Aveling e Morris foram a Oxford para falar a estudantes de graduação em um salão na rua Holywell.

Cheio de oponentes ruidosos, o encontro começou de forma desordenada. Os alunos importunaram Morris até o calarem, mas Aveling rapidamente interveio e conquistou o público com uma abertura dramática, após a qual eles o ouviram com bastante atenção até que a reunião foi interrompida por um aluno soltando uma bomba fedorenta. Eleanor, Edward e William fugiram da confusão para o New College, onde foram hospedados por um grupo de estudantes socialistas simpatizantes que, como resultado deste encontro, lançaram a Associação Socialista Oxford como um braço da Liga Socialista, e mais tarde também estabeleceram um clube Marx. Os adversários dos estudantes socialistas ficaram tão furiosos com o fracasso de sua bomba fedorenta em interromper o sucesso da noite que, horas depois, quebraram as janelas de seus quartos por não terem conseguido fazer um trabalho bem feito.

Dos claustros da Universidade de Oxford, Eleanor se dirigiu ao Mile End e a outras seções da Liga Socialista de Londres. Seu discurso em Mile End na segunda semana de fevereiro foi seu primeiro desse tipo, como ela disse a Peter Lavrov: "No próximo domingo, darei uma palestra pública pela primeira vez na minha vida (e talvez a última?). O assunto é 'Os *Factory Acts** de Londres'".[17] Ela também deu esta palestra em sua própria seção local de Bloomsbury, em uma sala de reuniões acima do Eagle and Child Coffee-House na rua Old Compton, e em março a realizou na seção de Southwark da Liga Socialista.

O profundo conhecimento de Eleanor sobre as condições, história e legislação das fábricas britânicas estava baseado em seu domínio das obras de seu pai e de Engels. Engels pediu que ela iniciasse uma pesquisa em arquivos para a tradução em inglês d'*O capital*. Para isso, ela passou longas horas na Sala de Leitura do Museu Britânico e nas bibliotecas jurídicas de Londres, rastreando as fontes que Marx usou para escrever *O capital*. Ele usou fontes inglesas, traduzindo-as ele mesmo para o alemão. Tussy, portanto, teve que traduzir as traduções de seu pai em alemão para o inglês como o primeiro passo para localizar os originais.

---

* Referência às Leis das Fábricas, ou Leis Fabris, primeiras regulamentações sobre as condições de trabalho nas indústrias inglesas. Extensamente analisadas e comentadas por Karl Marx, principalmente no livro *O capital*, e por Friedrich Engels, principalmente em *A situação da classe trabalhadora na Inglaterra*.

Com meticulosa atenção aos detalhes, ela os encontrou nos relatórios de inspetores de fábrica, de encarregados médicos de saúde pública, de comitês governamentais e de comissões de investigação sobre o trabalho infantil, a moradia dos pobres, minas, ferrovias, padarias e a adulteração de alimentos. Esta pesquisa foi provavelmente uma base melhor em política social e econômica do que a recebida por muitos de seus contemporâneos do sexo masculino com formação universitária. É difícil identificar alguém de sua época tão bem preparado para falar aos trabalhadores industriais sobre os perigos, as lacunas da legislação existente e as terríveis condições de trabalho nas fábricas inglesas em todo o país.

A pesquisa de Tussy sobre as condições de fábrica e a legislação foi detalhada, empírica e específica. Fundamentada nesses dados, ela extraiu análises claras e decisivas. Eleanor desenvolveu suas palestras públicas sobre os *Factory Acts* na Inglaterra com Edward em um panfleto de um centavo intitulado *The Factory Hell* [*O inferno da fábrica*]. Publicado em abril de 1885 pela Liga Socialista, o panfleto apareceu pela primeira vez com os nomes conjuntos de "Edward Aveling e Eleanor Marx Aveling".[18]

Lendo um relatório de fábrica de 1884, Eleanor assinalou que poderia muito bem "ser o de 1864. A mesma doença, acidentes, perseguições... As chaminés de nossas fábricas que os políticos radicais chamam de 'a glória da Inglaterra' são, na verdade, a maldição da Inglaterra".[19] Enquanto isso, as fraquezas e carências de Edward devido a problemas de saúde se tornaram a maldição de Eleanor.

Em março de 1884, ele foi diagnosticado com pedras nos rins e, em abril, já estava gravemente doente. O dr. Donkin prescreveu uma pausa no trabalho e Edward foi para Ventnor para se recuperar. Paul Lafargue se ofereceu para cobrir parte de seu trabalho na tradução d'*O capital*, para imensa gratidão de Eleanor, "pois essa ajuda representa o descanso para Edward que Donkin declara 'absolutamente necessário' (os médicos são tão 'absolutos' patifes!)".[20] Como eles não podiam se dar ao luxo dos dois irem, Edward foi sozinho. Eleanor ficou em Londres e, de qualquer maneira, como disse à irmã, "estou até o pescoço em trabalhos de todos os tipos (infelizmente, não muito bem remunerados!)":[21]

> Além do trabalho necessário para ganhar a vida – *tant bien que mal* [de uma forma ou de outra] – existe a preocupação constante da Liga So-

cialista. Desde a infância sabemos o que é dedicar-se ao proletariado. É desnecessário explicar isso a você.[22]

Olive Schreiner estava preocupada. "Se ele ficar gravemente doente, devo ir", escreveu ela a Havelock Ellis. "Se os Aveling estão muito duros, devo tentar enviar algo para eles".[23] Olive, é claro, não se importava nem um pouco com Edward – Tussy era a preocupação dela.

Tussy aproveitou a ausência de Edward para tentar limpar o apartamento, polindo as grades, lavando as cortinas e caiando as paredes. O processo a enfureceu. "Como eu gostaria que as pessoas não morassem em casas e não cozinhassem, e assassem, e lavassem e limpassem! Receio que nunca, apesar dos esforços, me tornarei uma *Hausfrau* [dona de casa] decente! Meus gostos são terrivelmente boêmios!"[24]

Aveling estava sob considerável escrutínio público tão dolorosamente real como suas pedras nos rins, então seu afastamento por doença para a Ilha de Wight foi oportuno. Havia um conjunto acumulado de reclamações sobre a gestão financeira de qualquer projeto que ele tocasse. Suas finanças pessoais também pareciam questionáveis. Henry Lee, secretário da seção de Westminster da FSD, que trabalhou em estreita colaboração com Aveling durante este período, descreveu-o como "totalmente inescrupuloso sobre a maneira como satisfazia seus desejos... Apenas o melhor era bom o suficiente para ele – sem se importar às custas de quem".[25] Um alfaiate do Soho, que era membro da Associação Educacional dos Trabalhadores Comunistas, não conseguiu que Aveling pagasse sua conta pelas roupas que fez para ele, e enfureceu-se ainda mais quando viu Edward na plateia do Teatro Lyceum, "vestido com casaco e colete de veludo não pago, e acompanhado por uma dama".[26] Uma dama que não era Eleanor.

Eleanor confidenciou a Olive que, embora isso a fizesse emocionalmente solitária, ela agora aceitava os flertes de Edward. Afinal, ambos eram defensores do amor livre. De maneira problemática, a liberdade estava toda do lado dele. O saldo foi que Tussy assumiu o aspecto de esposa estoica convencional e Edward, de marido namorador convencional. Seus casos fortuitos eram, em geral, com jovens atrizes ou suas alunas, e ele normalmente voltava para casa em seguida. Pelo que Tussy sabia, ele não arranjava amantes. Ela cresceu dentro do âmbito do bem-sucedido casamento em forma de arranjo matrimonial aberto entre Engels e as irmãs Burns. O General tinha alguns casos, mas Mary e Lizzy eram as guardiãs de sua casa, lareira, coração e cabeça. A diferença é que, enquanto o General pagava por seus pecadilhos de seu próprio bolso, Edward usava a renda de Eleanor, bem como a sua própria, para subsidiar seus vinhos, jantares e presentear alunas e atrizes.

Como Helen Alving em *Os espectros* de Ibsen, Eleanor manteve as aparências. Para a família e amigos, ela enfatizou os problemas de saúde de Edward, enquanto trabalhava furiosamente para tentar pagar todas suas dívidas pendentes assim que tomava conhecimento delas – se Engels não as pagasse antes. "Edward está gravemente doente e ainda não se recuperou", escreveu ela ao escritor e pensador ativista Sergei Stepniak (Sergey Mikhaylovich Stepnyak-Kravchinksy), para quem ela havia recentemente traduzido, do russo para o francês, um artigo em duas partes sobre as condições nas prisões políticas russas: "o inferno na terra, sendo a tradução de uma tradução".[27] Ela disse a Stepniak que Edward tinha partido, "mas retornará amanhã, e temo que não volte melhor. Não preciso dizer o quanto estou preocupada. Você vai entender isso".[28]

As traduções de Eleanor para Stepniak foram publicadas no *Today*, para quem ela escrevia regularmente como correspondente internacional. A partir de fevereiro de 1885, ela transferiu esta coluna para as páginas do *Commonweal*, reunindo itens de notícias internacionais sob o pesado título de "Registro do movimento internacional revolucionário".

O inconsciente de Aveling tinha um talento psicossomático para desenvolver doenças físicas em momentos de angústia emocional aguda. Só em retrospecto ficaria claro que suas infidelidades sexuais e a má administração financeira coincidiam com doenças ou colapsos repentinos de sua saúde. Com muito medo de contar a verdade a Eleanor, estando muito envolvido em sua própria ilusão, ele se escondia atrás das cortinas de aflições dramáticas e repentinas para afastá-la do rastro de seu malabarismo de relacionamentos. Era muito mais fácil se posicionar como uma vítima de problemas de saúde ou de outras pessoas – ou dela.

Tussy caiu nessa repetidas vezes; ela deveria ter imaginado. O amor a tornou estúpida, distraindo-a entre a ansiedade e a piedade. O "estado crônico de miséria" de Eleanor, como ela o descreveu, deveu-se quase inteiramente à extravagância de Edward. Qualquer dinheiro que entrava já estava comprometido. Infelizmente, sua experiência de infância a iludiu de que esse era um estado normal dos negócios domésticos. A diferença clara, obviamente, era que enquanto seus pais haviam emprestado com juros e penhorado para saldar suas dívidas constantes, como fazem os pobres, Edward não tinha nenhuma intenção de honrar suas obrigações para com os outros. A exploração financeira sobre Eleanor e qualquer outra pessoa de quem ele pudesse tirar proveito é reveladora, não pelo que indica sobre sua atitude em relação ao dinheiro, mas pelo que nos diz sobre seu nítido egoísmo. Enquanto Tussy era uma igualitária por natureza, Edward não tinha a capacidade de ver os outros como seus iguais naturais. Ele acreditava profundamente em suas próprias habilidades excepcionais, mas era inseguro e hipersensível.

Em meio a todas essas pressões internas, Eleanor conseguiu organizar um ato político para protestar contra a guerra no Sudão. Ela convocou a assembleia para 23 de abril, "mas é claro que esse negócio russo complica bastante as coisas" – uma referência à disputa entre a Grã-Bretanha e a Rússia sobre a fronteira noroeste do Afeganistão. As tropas britânicas estavam no Sudão desde 1883, quando o governo de Gladstone enviou um comboio de navios de guerra para reprimir uma revolta nacional. As forças britânicas ocuparam Cartum sob o comando do general Gordon, e as tropas expedicionárias chegaram para resgatá-los em agosto. Outros grandes batalhões do exército e a frota naval, entretanto, reuniram-se no Egito, de olho nos interesses dos russos no Afeganistão.

Gordon foi morto em Cartum em 26 de janeiro, levando a uma efusão de sentimento nacionalista furioso e vitríolo antiárabe de imperialistas enlutados. A Liga Socialista, como organização internacionalista, se opunha fundamentalmente ao imperialismo britânico e, portanto, à guerra no Sudão. Os membros da Liga se uniram ao movimento pela paz e outros oponentes da guerra, mas criticaram a relutância de outras organizações em compreender os interesses comuns do governo e dos "caçadores... capitalistas e corretores de ações"[29] que, juntos, davam ímpeto ao imperialismo colonial. Essa posição é ilustrada na emenda da Liga Socialista à solução geral de paz proposta em uma reunião sobre o fim da guerra em fevereiro:

> Que este encontro, constituído majoritariamente por trabalhadores, está convicto de que a guerra do Sudão foi motivada pela classe ca-

pitalista, com vista ao alargamento dos seus laços de exploração. E admitimos que a vitória conquistada pelos sudaneses foi um triunfo do certo sobre o errado, de um povo que luta por sua liberdade.[30]

Nenhum sentimento nacionalista pela morte do general Gordon aqui. Eleanor redigiu um folheto político traçando as origens da guerra e explicando a posição da Liga Socialista na oposição a esta e a outras guerras imperialistas. William Morris contratou o artista Walter Crane para ilustrar o panfleto e projetar sua capa. Crane, um socialista comprometido, mais tarde tornou-se diretor do Royal College of Art. Esta publicação, assinada por Eleanor e todos os outros 20 membros do conselho provisório, foi distribuída durante e após a reunião de 23 de abril. Ele deixou claras as perspectivas dos membros da Liga Socialista em relação ao imperialismo. A linguagem usada para descrever as civilizações árabes – "os filhos do deserto" – era paternalista e orientalista, mas a crítica ao imperialismo econômico, no entanto, era sólida.

> Caros cidadãos,
>
> Dezenas de milhões arrancados dos trabalhadores deste país estão sendo desperdiçados na matança árabe; e para que:
>
> > I) a África Oriental possa ser 'aberta' ao fornecedor de mercadorias 'de má qualidade', aos maus espíritos, às doenças venéreas, às bíblias baratas e aos missionários;
> >
> > II) um novo suprimento de sinecuras possa ser obtido para a ocupação dos filhos mais jovens das classes oficiais;
> >
> > III) como uma consideração menor, pode-se acrescentar que um novo e feliz campo de caça seja providenciado para os esportistas militares, que consideram a vida em casa chata e estão sempre prontos para um pequeno tiroteio árabe quando surge a ocasião.
>
> Cidadãos, vocês são os enganados de uma trama.

O panfleto então documenta a história da guerra no Sudão, explicando sua relação com o Egito, e termina pedindo "que vocês considerem quem é que tem que fazer a luta nesta e em ocasiões semelhantes":

> São as próprias classes de caçadores? São eles que formam a patente e as fileiras do exército? NÃO! Mas sim os filhos e irmãos das classes

trabalhadoras em casa. São eles que, por uma lamentável ninharia, são compelidos a servir nessas guerras comerciais. São eles que conquistam, para as ricas classes média e alta, novas terras para exploração, novas populações para pilhagem, como essas classes os exigem, e que têm, como recompensa, a garantia de seus senhores de que estão lutando nobremente por sua Rainha e seu país.[31]

Tussy parecia incansável. É impossível encontrá-la relaxando ou cochilando, muito menos de férias. Suas correspondências de 1885 em diante são como uma máquina administrativa e organizacional, cada missiva alimentando sua máquina a vapor de ativismo. "Por favor, verifique se há papel suficiente no Ateneu esta noite; verifique também todos os panfletos",[32] ela escreve a Mahon. Ela coleta endereços para distribuir manifestos e folhetos, e escreve cartões postais para correspondências ("Eu disse a Edward para copiá-los para mim ontem, mas ele se esqueceu...").[33] Encontra, negocia e reserva locais e organiza a limpeza das janelas com a Associação de Limpeza de Janelas da rua Oxford. Preside, secretaria reuniões e redige relatórios. Coleta adesões e as entrega aos escritórios da Liga Socialista. Organiza a distribuição de manifestos, cartas e panfletos em todo o Reino Unido e além, para a Holanda, França, Alemanha, Bélgica. Enquanto isso, Tussy pergunta: "outra pessoa pode ir a um grande restaurante e perguntar quanto custará para alugar cem pratos, facas, garfos, copos, xícaras e pires? Eu também estou perguntando", diz ela, "mas quero comparar preços". Ah, e um colega poderia, por favor, enviar a ela meia dúzia de ingressos para um entretenimento para distribuir entre financiadores em potencial?[34]

"Vá em frente!", recomenda o lema favorito de Tussy. E ela o faz. Ela espera sinceramente que o diabo que inventou as tarefas domésticas possa ser atormentado por sua invenção em outro mundo, mas, quando se trata de organização política, nenhuma tarefa é servil ou laboriosa demais para que Tussy não a empreenda de boa vontade e a execute com esplêndida eficiência.

Como se não houvesse drama suficiente na confusão de sua vida política diária, ela se jogou em uma agenda lotada de peças amadoras, do inverno de 1884 ao verão de 1886. Como seus colegas artistas representavam mais da metade da liderança da nova Liga Socialista, está claro que pensavam na arte e no entretenimento como parte integrante de seu projeto político.

Os preceitos de Eleanor sobre arte eram claros. Todos tinham o direito de desfrutar de cultura e entretenimento desafiadores e de boa qualidade. Isso é demonstrado em seus debates com seus colegas da Liga Socialista sobre arte e educação. "Certamente, educação para um socialista não significa também educação artística?", escreveu ela ao secretário da Liga Socialista em março de 1886.

Tratava-se de uma carta de reclamação sobre o programa de concerto de variedades gratuito recentemente apresentado pelos membros da Liga, organizado pelo músico Theodore Reuss, que era membro do conselho executivo. Eleanor discordou da escolha de alguns dos conteúdos programados para a noite:

> Eu realmente não posso pensar que ele, um músico, possa ser o responsável pelas 'canções cômicas' cantadas. Estou perfeitamente certa de que o camarada Reuss jamais sonharia em ter tais canções cantadas em um de seus próprios concertos, e não acho que ele diria que isso era 'bom o suficiente' para meros socialistas, assim como não consideraria 'bom o suficiente' para uma audiência burguesa.

Tussy diz que se sente profundamente envergonhada por a Liga pedir às pessoas que venham e sejam injetadas por uma vulgaridade maçante. Ela cita a grande satisfação do público com as leituras de *As aventuras do sr. Pickwick*, de Dickens, e outras comédias de boa qualidade como evidência de sua apreciação por diversão genuína, mas deplora as "efusões cômicas" de baixo grau:

> Gosto de diversão – qualquer diversão, não importa o quão grosseira tenha que ser para ser completa – assim como qualquer pessoa, mas não consigo ver a diversão na pura (ou impura) e simples vulgaridade. Estúpidos sem cérebro da classe média podem gostar desse tipo de coisa: não acredito que os trabalhadores, que têm um verdadeiro senso de humor, gostem... Eu sei, ai de mim! que não podemos pretender dar grandes concertos: mas deixe que o que façamos seja pelo menos de tal sorte que não tenhamos que nos envergonhar, e não nos deixemos dizer que 'qualquer coisa servirá' para um público só porque é pobre e da classe trabalhadora.[35]

Eleanor defendia a boa educação e a arte como direito de todos. Ninguém deve falar mal de ninguém, na cultura ou na política. Ela regularmente se opunha à mentalidade de pão e circo, agindo rapidamente para tentar extirpá-la e expô-la quando aparecia dentro da liderança fraterna. Eleanor era, de berço, parte da elite política radical, mas não teve uma educação de elite. Ela sabia até que ponto a maioria das pessoas dependia das oportunidades proporcionadas pela cultura e pelo entretenimento público para desenvolver seu conhecimento artístico, prazer e educação.

Em novembro de 1884, Eleanor e Edward colaboraram com Bax, Morris e (o novo Fabiano) George Bernard Shaw para organizar uma "Noite de Arte" no Salão Neumeyer em Bloomsbury, a fim de arrecadar fundos. Shaw fez um dueto de abertura de Mendelssohn com Katherine Ina, Aveling recitou *A máscara da anarquia* de Shelley e Morris leu sua própria reformulação poética de *The Passing of Brynhild* [*A morte de Brynhild*]. O programa também incluiu a atriz amadora e fabiana Theodora Wright lendo *Adam Bede,* de Eliot, e um recital longo do *Carnaval* de Schumann por Bax, que fez a maior parte do público dormir antes do intervalo.

O resto do programa da noite foi dedicado à performance de Eleanor e Edward de *In Honor Bound* [*Em obrigação moral*], uma peça dramática de um jovem dramaturgo chamado Sydney Grundy. Lenchen, que estava na plateia – como estava em todas as apresentações de Tussy –, relatou ao General, quando chegou em casa, que a peça curta era estilisticamente convencional e que contava, "mais ou menos, a história deles".[36] Ela falava sobre essa compulsão de Eleanor de tentar representar – explicar publicamente – seu relacionamento com Edward, como se ela sentisse a preocupação e desaprovação dos outros e como se estivesse defendendo Edward das alegações de malversação financeira. A fé cega a levou a pensar que os outros compreendiam mal quem Edward Aveling realmente era, em vez de perceber seu próprio mal-entendido ilusório sobre o homem com quem ela pensava que compartilhava sua vida.

No final de janeiro de 1885, Eleanor, Edward e Shaw atuaram juntos novamente em um evento de arrecadação de fundos realizado no Salão Ladbroke, em Notting Hill. Depois de uma primeira metade de música e recital, a segunda metade do programa apresentou Eleanor, Shaw e Edward estrelando em uma peça de três atos intitulada *Alone* [*Sozinho*], coescrita por John Simpson e Herman Merivale.

Enquanto realizavam essas apresentações amadoras de arrecadação de fundos em salões públicos em Londres, os membros da Liga também adotaram palcos ao ar livre para o negócio mais sério de levar às ruas a luta pela liberdade de expressão. Em rivalidade saudável, a nova Liga Socialista competiu com a FSD sobre quem poderia manter aberto o maior número de palcos ao ar livre em Londres.[37] Para atrair boas multidões, grande atenção foi dada por ambos os lados à programação desses eventos de liberdade de expressão: palestrantes de boa qualidade, regularidade, temas relevantes de interesse do público foram essenciais. Inconvenientes incansáveis e a presença da polícia eram um bônus. A propaganda nas ruas era vital para angariar apoio público e debate; Eleanor, como seus colegas perceberam rapidamente, era uma oradora talentosa com a habilidade de atrair, ao ar livre, grandes multidões atentas.

À medida que o movimento e o ímpeto aumentaram, a interferência do Estado também aumentou. A rua Dod, em Limehouse, um antigo espaço aberto usado durante séculos por radicais e seitas religiosas – e agora o favorito da FSD –, tornou-se um foco de perseguição policial. Vários oradores da federação foram processados por obstrução. Um deles, Jack Williams, se recusou a pagar sua multa e foi condenado a um mês de trabalhos forçados. A Liga ofereceu formalmente seu apoio à FSD e outras organizações radicais seguiram o exemplo, incluindo a Sociedade Fabiana, representada nessa questão por Annie Besant. Em 20 de setembro de 1885, um encontro massivo na rua Dod apresentou uma resolução de protesto contra a perseguição contra a liberdade de expressão. Eleanor foi uma das 27 oradoras, "muito aplaudida" quando se declarou certa de que esta grande assembleia "mostraria às classes altas um exemplo de conduta ordeira".[38] Mas, enquanto ela falava, a polícia movia-se furtivamente ao redor da rua. Assim que a reunião foi encerrada e a multidão estava se dispersando, a polícia atacou inesperadamente, apreendendo faixas, porta-estandartes e detendo vários outros manifestantes, incluindo William Morris.

No dia seguinte, os oito detidos foram levados perante o magistrado Saunders no Tribunal da Polícia do Tâmisa, acusados de obstrução ou resistência à prisão. Eleanor compareceu como testemunha de defesa, fazendo valer os direitos da liberdade de expressão e declarando que pretendia comparecer e falar em novas reuniões. Saunders repreendeu-a por "impertinência"; Eleanor o ignorou e disse que, das muitas reuniões em que participara, essa fora uma das mais ordeiras e silenciosas. A polícia, disse ela, agiu com grande brutalidade, sem ao menos ser provocada.

A sentença de Saunders foi de trabalhos forçados e multas severas a todos os réus. O caos irrompeu com essas sentenças draconianas; espectadores gritavam "Vergonha!". A polícia atacou as pessoas no tribunal de repente. Edward relatou que a polícia "iniciou um ataque contra tudo e todos", e que Eleanor e Morris foram escolhidos para uma surra particularmente brutal. A briga terminou com Morris sendo preso novamente; Eleanor, apesar de ter se juntado ao combate, estava chocada com o uso de violência física no tribunal.

Em julho, o *Commonweal* começou a veicular anúncios para uma série de "noites gratuitas para o povo" no verão. Eleanor e Edward apareceram no programa de todas essas noites, que Morris geralmente iniciava com seu prólogo, *Socialists at Play* [*Socialistas em cena*]. No outono, Tussy sugeriu que os membros da Liga também montassem um programa de eventos gratuitos e entretenimento para as crianças.

Ela sonhava em poder ver Laura e a família em Paris no Natal, mas não tinha dinheiro para isso. O consolo para essa decepção veio na forma bem-vinda da chegada de seu sobrinho de nove anos, Johnny Longuet, filho de sua irmã falecida Jennychen. Levou quase dois anos para Tussy persuadir seu pai, Charles, a deixá-lo vir para uma visita prolongada, e ela ficou encantada. Motivada por ter Johnny sob seus cuidados, Tussy planejou um Natal do qual o menino órfão de mãe poderia desfrutar com centenas de outras crianças. Ela escreveu ao conselho da Liga com sua proposta para o fundo para a árvore de Natal e um festival de luz, lembrando-lhes que a origem do festival de Natal era anterior ao cristianismo: "a bela e antiga festa pagã que celebrava o nascimento da luz... não é o socialismo o verdadeiro 'novo nascimento' e com sua luz as velhas trevas da terra não desaparecerão?".[39]

Eleanor adorava ter Johnny hospedado com eles na rua Great Russell, mas Edward não mostrou nenhum interesse no menino. Ele estava irritado por não ser mais o centro das atenções de Eleanor. O General e Lenchen, agora ambos com 65 anos (tendo nascido com apenas um mês de diferença, em 1820), desfrutavam muito das visitas de Johnny à rua Regent's Park. Assim como fizera com Tussy quando criança, o General deu a Johnny muitos livros para ler e levou-o para longas caminhadas para conversarem. Tia Tussy estabeleceu uma rotina de banhos diários, escola, lição de casa, deitar-se cedo com leitura antes de dormir, tudo o que Johnny não tinha em casa.

"Nunca é cedo demais para fazer com que as crianças entendam que socialismo significa *felicidade*",[40] disse Eleanor ao conselho da Liga ao descrever seu festival de Natal. Fora de contexto, isso parece um pouco absurdo e muito ideológico, mas quando lido no contexto da preocupação simultânea de Tussy com a nova peça de Ibsen, *Casa de bonecas*, faz total sentido. Simultaneamente tornando-se tesoureira do "Comitê da Árvore" e trabalhando no festival das luzes para crianças e na festa de Natal, Tussy estava profundamente envolvida na organização da primeira leitura dramática de *Casa de bonecas* na Inglaterra.

Por acordo de todos, Eleanor assumiria o papel principal, enquanto Nora Helmer e Edward interpretariam seu marido, Torvald Helmer. Notoriamente, a peça começa com uma árvore de Natal como o símbolo consumado da leveza do ser de Nora e do peso insuportável das dificuldades financeiras de seu casamento em declínio.

Nora entra com seu casaco de inverno ao ar livre, bem-humorada e cantarolando uma melodia, carregada de pacotes:

> *Nora*: Esconda a árvore de Natal com cuidado, Helen. Certifique-se de que as crianças não a vejam até esta noite, quando estiver enfeitada.[41]

Ela é convocada por Torvald, que a chama de "esquilo serelepe", "cotovia que gorjeia", "cabecinha de vento", enjaulando-a firmemente em descuidados diminutivos femininos antes que a conversa comece. Um minuto depois, marido e mulher estão envolvidos em uma discussão conjugal aparentemente despreocupada sobre a necessidade de economizar. Torvald repreende Nora por ser gastadora. Ela retruca que as crianças devem ter luz e felicidade no Natal:

> *Helmer:* Isso é uma mulher! Mas, falando sério, Nora, você sabe o que eu penso sobre isso. Sem dívidas, sem empréstimos. Não pode haver liberdade ou beleza em uma vida doméstica que dependa de empréstimos e dívidas.[42]

Eleanor e Edward começaram recentemente a redigir seu tratado *A questão da mulher: de um ponto de vista socialista*. As palavras de Torvald a Nora entraram neste trabalho pioneiro.

No dia 26 de dezembro, um grupo de crianças de Londres que, de outra forma, não teriam celebrações do Natal, desfrutou de um festival de comida, luzes e diversão no número 13 de Farringdon Hall, fruto de doações. O evento estava lotado, mas, apesar das pressões logísticas, Tussy estava decidida de que tudo valeu a pena: "o fato de que cerca de 200 crianças se divertiram é uma grande satisfação".[43]

Nora Helmer teria concordado.

NORA HELMER, EMMA BOVARY E "A QUESTÃO DA MULHER"

"A preguiça é a raiz de todos os males", dizia Tussy com frequência.[1] A esse respeito, ela parecia praticar o que pregava. Nos 12 meses entre os verões de 1885 e 1886, Tussy começou e terminou a primeira tradução para o inglês de *Madame Bovary*, de Gustave Flaubert; revisou uma nova edição da *História da Comuna de Paris*, de Lissagaray; encenou a primeira apresentação de *A casa de bonecas*, de Ibsen, na Inglaterra; defendeu a programação de arte e educação na Liga Socialista; produziu um conjunto de trabalhos jornalísticos sobre prostituição e escravidão sexual; tornou-se "escritora fantasma"* e finalmente concluiu a tradução para o inglês do primeiro volume d'*O capital* com Samuel Moore, Engels, Aveling, Lafargue e Longuet. Não bastasse tudo isso, ela e Edward finalizaram e publicaram *A questão da mulher: de um ponto de vista socialista*.**

O romancista e francófilo George Moore encomendou a Eleanor uma tradução de *Madame Bovary* para o radical editor inglês Henry Vizetelly no

* *Ghostwriter*, termo em inglês para descrever a situação na qual uma pessoa (a fantasma) escreve remuneradamente ou não para uma outra, que fica com os créditos.

** Todos os trechos citados em português são extraídos da seguinte edição brasileira: Marx, Eleanor e Aveling, Edward. *A questão da mulher: de um ponto de vista socialista*. Tradução de Helena Barbosa, Maíra Mee Silva e Maria Teresa Mhereb. São Paulo: Expressão Popular, 2021.

verão de 1885.[2] Ela começou no outono e entregou o livro ao editor, completo e com introdução, em maio de 1886. A publicação original do romance na França, 30 anos antes, ocasionou um julgamento por obscenidade, do qual Flaubert foi absolvido. O destemido Vizetelly publicou Flaubert, Maupassant, Baudelaire e Edgar Allan Poe na Grã-Bretanha, correndo o risco tanto de fracasso comercial como de processo judicial sob a Lei de Publicações Obscenas de 1857. Poucos anos depois, em 1888, Vixetelly foi julgado por obscenidade por publicar três romances de Zola e cumpriu pena de três meses na prisão de Holloway. Ele morreu pouco depois.

Notoriamente, Flaubert levou grande parte de sua vida para produzir *Madame Bovary*; inúmeros anos de gestação, mais cinco anos escrevendo aproximadamente uma página por semana. Eleanor tinha apenas tímidos seis meses para produzir sua tradução completa e não podia dedicar todo o seu tempo a ela. Em sua introdução, Tussy identifica três métodos possíveis de tradução: o do "gênio", o do "jeitinho" e o do "trabalhador cuidadoso". Ela se coloca na última categoria, e então esboça "as fraquezas, deficiências, as falhas do meu trabalho":[3]

> ... mas, pelo menos... Não suprimi nem acrescentei uma linha, uma palavra... Meu trabalho... Eu sei que é... pálido e fraco ao lado do original... Mas... Não me arrependo de tê-lo feito; é o melhor que pude fazer.

Tendo declarado as "falhas" de seu trabalho de forma abrangente, Tussy conclui sua introdução com satisfação: "No entanto, se isso induzir alguns leitores a consultar o original, se ajudar a tornar conhecido àqueles que não podem estudar esta obra de um dos maiores romancistas franceses depois de Balzac, estou contente".[4] Ela ficou muito satisfeita por tê-lo feito, como escreveu a Laura em abril de 1886: "(Louvado seja Deus!) Terminei minha tradução de *Madame Bovary*. Que trabalho!"[5] Foi realmente trabalhoso traduzir um romance cuja personagem principal não abre a boca para falar, no caso com seu cachorro, até o sétimo capítulo: "– Pourquoi, mon Dieu! Me suis-je mariée?"* Uma pergunta que Eleanor poderia muito bem ter feito aos seus próprios animais de estimação, agora contando com vários gatos e um cachorro.

---

* Em português, "Por que, meu Deus, eu me casei?"

O desafio de Tussy era traduzir, em um prazo apertado, um escritor que passava dias inteiros – às vezes semanas – em busca de uma única palavra para encontrar a certa, e cuja obra-prima é estruturada por meio de clichês irônicos, banalidades e convenções românticas. Em seguida, havia a questão de como traduzir *le style indirect libre* [o discurso indireto livre] de uma forma que tornasse esse novo estilo radical de escrita esteticamente significativo para os leitores ingleses.

A personagem de Emma Bovary atormentava Tussy. "Se não fosse por seu entorno!", escreveu em sua introdução, "ela seria um monstro e uma impossibilidade". Tussy é bastante ambivalente quanto à sua avaliação de Emma: "Ela é tola, mas também há uma certa nobreza. Nunca é mercenária."[6] Claro, Tussy nunca julgaria duramente uma pessoa que deu seu último centavo a um mendigo cego. O problema do autoengano e da falsificação da personalidade de Emma fascinou Tussy:

> Sua vida é ociosa, inútil. E essa mulher forte sente que *deve* haver algo para fazer – e ela sonha. A vida é tão irreal para ela que se casa com Bovary pensando que o ama... Ela faz o possível para amar 'este pobre coitado'. Em toda a literatura, talvez não haja nada mais patético do que seu esforço desesperado para 'fazer-se apaixonar'. E mesmo depois de ter sido falsa, como ela anseia voltar para ele, para algo real, para um amor mais saudável e melhor do que ela já conheceu.[7]

Podemos apenas imaginar o que Olive pensou quando leu essa introdução e refletiu sobre o paralelo com o autoengano de Tussy sobre seu relacionamento fracassado com Edward, no qual ela se via inescapavelmente presa. *Madame Bovary* foi uma câmara de eco na vida dela. Flaubert se identificou com a heroína de seu romance: "Madame Bovary *c'est moi* [sou eu]". A construção espelha assombrosamente a máxima de Karl Marx, "Tussy sou eu".[8]

A recepção crítica da tradução de Eleanor, quando foi publicada em agosto de 1886 foi, como sempre, variada. Alguns críticos esqueceram sua objetividade ao ver o sobrenome dela; outros deram vazão à sua xenofobia antifrancesa. A revista *The Saturday Review* [*A revista do sábado*] referiu-se com desdém aos "amigos da sra. Aveling na França",[9] zombando tanto da família de Tussy quanto de seu conhecido internacionalismo socialista. O *Athenaeum* [*Ateneu*] resumiu seu esforço como feito "com mais zelo do que discrição".[10] No século XX, Vladimir Nabokov fulminou excessivamente a versão de Eleanor, como fez com todas as outras, mas acabou escolhendo a dela como o texto que usaria ao dar aulas sobre o romance – talvez um reconhecimento da esperança de Eleanor de que seu trabalho ajudasse a tornar um grande escritor francês acessível a quem não pudesse lê-lo no original. E por muitos anos foi a única versão disponível em inglês.

O escritor William Sharp estava entre os importantes críticos que julgaram que Eleanor tinha feito um trabalho altamente creditável. Revendo sua tradução na Academia, ele lembrou aos leitores que Flaubert era um "escritor preeminentemente intraduzível",[11] e elogiou Eleanor por produzir uma "tradução que é ao mesmo tempo fiel e totalmente natural".[12] Tussy fez a maior parte do trabalho de *Madame Bovary* e *A história da Comuna,* de Lissagaray, em uma casa que ela e Edward alugaram temporariamente na cidade de Kingston-upon-Thames. Eles foram primeiro para Kingston, em dezembro do ano anterior, 1885, deixando Johnny Longuet para trás para passar o resto das férias na rua Regent's Park. Lenchen e o General ficaram surpresos que Tussy deixou seu Johnny para trás – ela lutou com seu cunhado Charles por dois anos para fazê-lo concordar com a visita de seu sobrinho. O motivo surgiu nos meses seguintes: Edward não queria mais o garoto por perto. Tussy protestou, e eles brigaram, então Edward ameaçou deixá-la; tristemente, Tussy cedeu, e Johnny foi enviado para o tio Engels e Lenchen. As crianças se tornaram um assunto incômodo entre Eleanor e Edward, como ela confessou a Olive. Edward não se sentia pronto para ter filhos, Tussy, sim. Crianças, Edward assegurou-lhe, viriam – como seu casamento legal – no futuro.

"De fato, trabalhamos mais aqui do que em Londres, além de termos ar fresco",[13] escreveu ela sobre Kingston. Sua revisão d'*A história da Comuna* de Lissagaray, agora reconhecida como o relato de testemunha ocular definitivo desse período da história francesa, foi feita primorosamente. Tussy ainda tinha uma boa relação com Lissa e entendia intimamente a relação dele com seu livro. O trabalho de uma vida de Lissa, que permanece até hoje como seu texto da história da Comuna Francesa, cristalizou sua tentativa de chegar a um acordo com seu trauma do fracasso da Comuna e de seu próprio papel nela.

De muitas maneiras compreensíveis, Lissa nunca conseguiu superar aqueles 15 minutos de medo e horror sozinho na última barricada, quando sua munição acabou e ele foi deixado, finalmente, com apenas uma baioneta para se defender. Lissa era um soldado formidável da Comuna, mas teve a coragem e a honestidade para falar a verdade sobre todos os lados. Ele destacou claramente os erros de seu partido e expôs as fraquezas e falhas fatais da revolução, ao mesmo tempo que apoiava seus objetivos.

Consequentemente, Eleanor propôs: "A *história da Comuna* de Lissagaray é a única história autêntica e confiável já escrita do movimento mais memorável dos tempos modernos."[14] Seu prefácio para essa edição é uma clara declaração de seu internacionalismo na década de 1880. Ela segue a mesma interpretação de seu pai da Comuna como "a primeira tentativa do proletariado de governar a si mesmo" e seu potencial para "a substituição da produção capitalista pela verdadeira cooperativa, ou seja, a comunista"; mas ela parte e desenvolve ainda mais sua análise propondo o coletivismo internacional: "a participação nesta Revolução dos Trabalhadores de todos os países significou a internacionalização, não apenas a nacionalização da terra e da propriedade privada".[15]

Revisar o livro de Lissagaray era um território familiar, mas no final do ano Tussy revelou a Peter Lavrov sua nova aventura no mundo do *ghostwriting*, que ela chamou de *hackwork*.* "Estou escrevendo um esboço biográfico e crítico do artista Alma Tadema para alguém que vai publicá-lo em seu próprio nome, não o meu!"[16] Aparecer como a esposa acompanhante, ser escritora-fantasma, redigir discursos e artigos incluindo o nome de Edward quando ele nunca os tocou: Tussy parecia estar ganhando o hábito de fazer coisas em – ou com o – nome de um homem. Mas essa estratégia era paga, e ela precisava do dinheiro. Ela era realmente boa em ganhar dinheiro, como demonstra sua habilidade de fazer malabarismo com seu trabalho remunerado *freelancer*. Ela "imaginou-se estar com dificuldades financeiras";[17] na verdade, Aveling era sua dificuldade financeira. Na mesma velocidade em que ela ganhava dinheiro com jornalismo, tradução, pesquisa, ensino e *hackwork*, ele o gastava. Ela era econômica consigo mesma e generosa com os outros; ele, um esbanjador. Mas ela era

* Escrever, pintar ou qualquer trabalho profissional contratado geralmente seguindo uma fórmula, em vez de ser motivado por qualquer impulso criativo.

a principal fonte de renda e, para ela, isso constituía uma forma de independência econômica.

Em 1886 Eleanor completou 31 anos. Foi para ela um aniversário memorável. Durante a temporada de Natal, os amigos de Tussy receberam convites para uma apresentação de *A casa de Bonecas*, de Ibsen – ou *Nora*, como a peça era chamada à época – apresentada na sala de estar de Tussy e Edward na rua Great Russell, 55, em 15 de janeiro. Era uma sexta-feira, então o plano era festejar a noite toda em comemoração ao seu aniversário após a leitura encenada. Tussy pediu a Havelock Ellis que tentasse ir. Ela escreveu para ele: "Eu sinto que *devo* fazer algo para que as pessoas entendam nosso Ibsen um pouco melhor, e sei por experiência própria que ler uma peça para elas muitas vezes as afeta mais do que quando elas leem sozinhas." Cinquenta anos depois, Shaw lembrou que,

> na primeira performance de *A casa de bonecas* na Inglaterra, no primeiro andar de uma pensão em Bloomsbury, a filha mais nova de Karl Marx interpretou Nora Helmer e eu, Krogstadt, a pedido dela, com uma noção muito vaga do que se tratava aquilo tudo.[18]

A amiga íntima de Eleanor, May Morris, filha de William, assumiu o papel de Christine Linde, e Edward, inevitavelmente, interpretou Torvald Helmer. No ano anterior, Shaw havia proposto a May Morris um "noivado místico"* nada convencional, adicionando *frisson* àquele jogo de contrastes de amantes dificilmente conquistadas.

May Morris foi uma brilhante *designer* têxtil com um talento extraordinário para as artes do bordado e da tapeçaria. Também desejava e adorava Tussy em segredo, embora ninguém soubesse disso até muitos anos depois. May deu a Tussy todos os presentes possíveis, e os aposentos de Tussy foram decorados com móveis e tecidos modernos de William Morris.

May Morris estudou na National Art Training School (posteriormente a Royal College of Art, em South Kensington) e combinou o talento artístico com bom senso comercial e compromisso político. Em 1884, ela se juntou

---

* Um "noivado místico", de acordo com a tradição iconográfica cristã, se refere ao episódio em que Jesus Cristo simbolicamente se casa com Santa Catarina, representando a dupla dimensão do casamento (celestial e mundano). A imagem é atrelada à história entre Bernard Shaw e May Morris, que tiveram um relacionamento não oficializado, mas descrito por Shaw como se pelos olhares e vivências "um noivado místico teria sido registrado no céu".

à seção da Federação Social-Democrata em Hammersmith, seguindo seu pai e Tussy na formação separatista da Liga Socialista em 1885. No início de 1886, ela estava prestes a ser nomeada chefe de bordados da Morris & Co., além de produzir *design* de papel de parede, nos quais também se destacava. Com o tempo, ela se tornou gerente geral da empresa de *design* de interiores, móveis e tecidos de grande sucesso de seu pai, administrada sob princípios coletivos. Para a satisfação de William, May combinou, muito mais que ele, habilidade artística com a capacidade para os aspectos práticos do comércio. Como ele se gabava alegremente, May era um "homem de negócios" muito melhor do que ele.

Curiosamente, ninguém se lembrava de quem interpretou o Dr. Rank nessa ocasião. Qualquer que seja a identidade do admirador leal e anônimo de Nora (Eleanor), esse evento foi um marco para a paixão declarada de Eleanor por Ibsen, em geral, e por *A casa de Bonecas* em particular. A primeira referência que ela faz à peça é ao escrever para sua irmã, em junho de 1884. Eleanor fora recentemente apresentada à escritora sueca Ann Edgren – cujos contos e romances ela admirava –, que estava visitando a Inglaterra. Edgren estava prestes a visitar Paris, e Tussy pediu a Laura para conhecê-la e apresentá-la ao submundo socialista parisiense:

> É estranho como a Escandinávia é imensamente rica em autores!... Envio-lhe uma tradução em inglês da esplêndida peça norueguesa (isso é bastante irlandês!) *Nora*, de Ibsen. Não digo nada sobre ela, porque sei o *quanto* você irá gostar.[19]

Edward também era um grande admirador, afirmando em sua coluna no *Today* que Ibsen "vê nossa sociedade moderna desequilibrada sofrendo com o excesso de homens, uma vez que ele nasceu para ser o poeta das mulheres".[20] O objetivo de Ibsen, afirma Edward, é revolucionar o relacionamento dentro do casamento – uma ambição com a qual ele se identifica. Certamente.

De fato, os intensos conflitos e contradições do casamento contemporâneo aos quais Ibsen deu vida no palco espelhavam as lutas entre Eleanor e Edward. Escrevendo a Shaw e dizendo que ele teria que assumir o papel de Krogstad, Tussy enfatizou o quanto o novo naturalismo de Ibsen trouxe a magnitude dos temas pessoais privados para a esfera pública do palco moderno:

> Eu gostaria que alguns *grandes* atores tentassem Ibsen. Quanto mais estudo, maior o enxergo. É estranho que as pessoas se queixem que as peças dele 'não têm fim', mas apenas lhe deixam onde estava, que ele não dá *solução* para o problema que lhe apresentou! Como se na vida as coisas simplesmente 'acabassem' de forma confortável ou desconfortável. Nós atuamos entre nossos pequenos dramas e comédias, tragédias e farsas, e então começamos tudo de novo. Se *pudéssemos* encontrar soluções para os problemas de nossas vidas, as coisas seriam mais fáceis neste mundo cansativo.[21]

Tussy continuou a unir seu interesse pelo teatro moderno à performance política. Em março, o aniversário da Comuna de Paris foi celebrado em Moorgate, atraindo um público maior do que nunca. A Liga Socialista, a Federação Social-Democrata e anarquistas suspenderam as animosidades para torná-lo um evento coletivo. Eleanor falou ao lado de Tom Mann, da FSD, do companheiro da Liga, Frank Kitz, e de Peter Kropotkin, o anarquista russo libertado naquele ano da prisão na França e agora morando em Londres. Hyndman, Morris, John Burns, Kautsky e Charlotte Wilson também discursaram. Por decisão unânime, o discurso de Eleanor foi o melhor da noite e o mais bonito de sua carreira política até então. Seus adversários elogiaram a excelência desse discurso, incluindo Hyndman, que o descreveu como "um dos mais excelentes discursos que já ouvi":[22]

> A mulher parecia inspirada, com a eloquência dos antigos profetas de sua raça, ao falar da vida eterna ganha por aqueles que lutaram e caíram na grande causa da elevação da humanidade: uma vida eterna no aprimoramento material e intelectual de incontáveis gerações da humanidade.[23]

Mas foi sobre o papel da mulher que Eleanor falou. Matilda Hyndman, sua eterna e silenciosa aliada política, deve tê-la aplaudido internamente nessa ocasião, pois o tema do seu discurso foi o papel central das mulheres na Comuna de Paris e o socialismo. Essa foi a primeira vez que a liderança das mulheres na Comuna foi tema de um discurso de aniversário.

Eleanor traçou um retrato contundente das mulheres comunardas e dos sindicatos de mulheres e, a partir de seu exemplo, levantou a necessidade da emancipação das mulheres como necessário para alcançar os objetivos do movimento socialista. Não era apenas integral ou desejável, mas uma pré-condição para o progresso de uma mudança social significativa. Ela foi a única pessoa no palanque, naquela noite, a abordar as questões sobre a diferença sexual e a desigualdade de gênero, e foi, estrondosamente, a oradora mais ovacionada. O público, de muitas classes e estilos de vida diferentes, não se sentiu intimidado ou repreendido, nem considerou suas opiniões assertivas, confiantes e persuasivas sobre a força revolucionária do feminismo como estridentes, precipitadas ou agressivas. Tussy foi simplesmente perfeita.

Esse discurso foi inspirado no ensaio dela e de Edward, *A questão da mulher: de um ponto de vista socialista*, escrito conjuntamente em 1885 e publicado com ambos os nomes na *Westminster Review* [*Revista Westminster*], na edição do primeiro trimestre de 1886.[24] Eleanor havia argumentado de forma consistente ao longo de sua vida política, até então, que era essencial que mulheres e homens trabalhassem juntos, a fim de abordar efetivamente a questão da opressão das mulheres na sociedade. Essa tese de cooperação foi central para *A questão da mulher*, tanto em sua forma colaborativa de produção quanto em seu conteúdo filosófico. Esse foi o primeiro de vários projetos importantes em que eles trabalharam juntos até a década seguinte. A divisão de trabalho variava com o tempo, mas Aveling geralmente afirmava que Eleanor fazia a maior parte.[25]

Marx e Aveling[26] propõem que duas das maiores maldições que arruínam as relações entre homem e mulher "são o tratamento de homens e mulheres como seres diferentes e a falta de verdade".[27] Vale a pena fazer uma pausa para considerar as implicações disso. A publicação de *A Questão da mulher* abre uma perspectiva nova e significativa sobre a razão de Eleanor persistir em tentar fazer seu relacionamento com Edward funcionar. A visão dela, aparentemente compartilhada por Edward, de como mulheres e homens poderiam resolver suas diferenças está totalmente exposta de forma clara e inflexível neste ensaio:

> Primeiro, uma ideia geral que tem a ver com todas as mulheres. A vida da mulher não coincide com a do homem. Suas vidas não se cruzam; em muitos casos, nem sequer se tocam. Portanto, a vida da raça [*sic*] é tolhida.[28]

A primeira resposta à questão da mulher é que a opressão das mulheres tem um efeito desastroso sobre os homens, o que dificulta o desenvolvimento de toda a humanidade. Se ambos os sexos estão incompletos, ambos são prejudicados, "e quando, como regra, nenhum deles entra em contato real, completo, habitual, livre, mente a mente, com o outro, o ser não é nem completo, nem inteiro". Até então, bem kantiano,* mas Eleanor e Edward não estão procurando reconciliar o materialismo (realidade objetiva) e o idealismo. Eles começam com experiências cotidianas muito mais práticas: sexo, desejo, casamento, ganhar a vida, ter propriedade, criar filhos, o impacto do capitalismo de consumo.

Ambos acreditavam, como Marx e Engels, que os contratos sociais existentes entre mulheres e homens eram corruptos. Não os surpreenderia, portanto, encontrar dificuldades comuns sobre propriedade, economia e infidelidade sexual em seu próprio relacionamento. Em seu trabalho colaborativo, eles tentaram abordar e resolver alguns desses problemas tão familiares e espinhosos. Eles entendiam como as coisas eram no concreto e procuraram como elas poderiam ser repensadas em um futuro abstrato. É fundamental ter isso em mente ao refletir sobre os motivos que levaram Tussy a ficar com Edward.

O momento específico de *A questão da mulher: de um ponto de vista socialista* foi, em parte, instigado por *A mulher e o socialismo*, de August Bebel. Produzido na Alemanha em 1879, esse livro foi, notoriamente, proibido de ser publicado na Alemanha de Bismarck sob as leis antissocialistas. A tradução para o inglês foi publicada em 1885, proporcionando uma oportunidade para Eleanor e Edward trazerem as ideias do papel da questão da mulher no socialismo para o público de língua inglesa. Tendo em mente o objetivo de apresentar o feminismo socialista à Grã-Bretanha, é importante observar o título completo de seu ensaio: *A questão da mulher: de um ponto de vista socialista*. Importante porque as subsequentes reimpressões do ensaio em inglês durante o século XX persistiram em abandonar o subtítulo – que afirma claramente tanto a perspectiva quanto a intenção desse tratado inovador.

O ensaio de Marx e Aveling testou a análise de Bebel em *A mulher e o socialismo*, de que não poderia haver emancipação da humanidade sem a independência social e a igualdade dos sexos. Portanto, a abolição da desi-

* No original, *So far, so Kant*, provavelmente se referindo ao idealismo do filósofo e suas propostas nas obras *Antropologia do ponto de vista pragmático* (1798) e *Observações sobre o sentimento do belo e do sublime* (1764).

gualdade sexual era parte integrante do movimento da classe trabalhadora. A tese de Bebel, que Tussy estudou de perto, ressoou com o livro de Engels *A origem da família, da propriedade privada e do Estado*, publicado apenas dois anos antes. O livro do General foi outra influência fundamental para que Eleanor produzisse sua declaração sobre a relação entre feminismo e socialismo. Descrita por Lenin como "uma das obras fundamentais do socialismo moderno",[29] *A origem da família* não foi traduzida para o inglês até 1902. Eleanor havia debatido a obra com o General enquanto ele a escrevia, lendo as etapas do esboço.

Como já sabemos, após a morte de Marx, Engels vasculhou os papéis e encontrou as anotações que seu amigo fizera sobre a contribuição de Lewis Henry Morgan, o antropólogo estadunidense, para a discussão sobre as origens e o futuro da família. Imediatamente tomado pela inspiração, Engels canalizou sua desolação pela perda de Marx escrevendo *A origem da família, da propriedade privada e do Estado*. Ao fazer isso, ele desenvolveu e foi muito além das descobertas de Morgan e de Marx. Como deixa claro em seu título, Engels baseou-se na teoria da seleção natural de Darwin e nos estudos antropológicos das sociedades matriarcais. Para o presente e o futuro da família, ele se valeu de exemplos vivos ao seu redor: sua própria vida, as irmãs Burns, Lenchen, Espoleta e as filhas de Marx.

De forma crucial, Engels introduziu a justaposição de Herbert Spencer sobre as forças de produção e reprodução ao pensar sobre família, sexo e economia. Essa realização filosófica, política e econômica absolutamente fundamental teve um impacto transformador em Eleanor. Engels havia alcançado o que o trabalho de seu pai não conseguiu; ele deu o passo crucial de identificar a relação entre a teoria do materialismo histórico e o feminismo. Isso foi o equivalente à descoberta de Galileu de que a Terra girava em torno do Sol e não, como sempre se acreditou, o contrário. E, como teoria, foi recebido com o mesmo ceticismo.

O trabalho de Bebel e Engels permitiu a Eleanor reunir sua compreensão materialista e darwiniana de história e economia com sua leitura de pensadoras feministas, em particular Mary Wollstonecraft e Mary Shelley. Eleanor sempre apoiou as campanhas pelo sufrágio feminino e os argumentos baseados nos direitos, mas sabia que sua aplicação era politicamente limitada: viabilizar o acesso às urnas e à educação para as mulheres burguesas era uma intervenção parcial que não resolveria o amplo problema estrutural subjacente da desigualdade sexual. As mulheres eram uma classe econômica e social oprimida globalmente. As mulheres da classe trabalhadora e da classe média foram unidas pela inseparabilidade da produção e da reprodução necessária para reabastecer a força de trabalho. Por essa perspectiva, patriarcado e capitalismo não eram apenas irmãos de sangue, mas gêmeos. Ela deixou claro, como Clara Zetkin, que as mulheres eram divididas por classe econômica. A resistência das mulheres burguesas tendia a ser reativa – elas desafiavam seus homens –, enquanto as mulheres trabalhadoras tinham que ser radicais e desafiar toda a sociedade:

> Aí vem a verdadeira luta *contra* o homem. Aqui, a mulher educada – a médica, a escrevente, a advogada – é antagonista do homem. As mulheres dessa classe estão cansadas de sua subjugação moral e intelectual. Eles são Noras se rebelando contra suas casas de boneca. Querem viver suas próprias vidas, e, intelectual e economicamente, as demandas das mulheres de classe média são plenamente justificadas.[30]

A posição da trabalhadora era diferente. A mulher proletária foi arrastada para o vórtice da produção capitalista porque seu trabalho era barato de comprar. Mas sua posição não era apenas reacionária; era também revolucionária. Como operária, a mulher proletária tinha um tipo de independência diferente da mulher de classe média que ficava presa a casa, "mas ela realmente pagava o preço!":

> E é por isso que a trabalhadora não pode ser como a burguesa que deve lutar contra o homem da sua classe... As objeções do homem burguês aos direitos das mulheres são apenas uma questão de concorrência... Com as mulheres proletárias, ao contrário, é uma luta da mulher *com* o homem de sua própria classe contra a classe capitalista... Para ela... é uma necessidade construir novas barreiras contra a exploração da mulher proletária e de garantir seus direitos como esposa e mãe. Seu fim e objetivo não são o direito de competir livremente com os homens, mas obter o poder político do proletariado. Verdadeiramente, a mulher trabalhadora aprova a demanda do movimento de mulheres de classe média... Mas apenas como um meio para que ela possa estar totalmente armada para entrar na luta da classe trabalhadora com o homem de sua classe.[31]

Eleanor estava impaciente com a cautela dentro das organizações socialistas sobre como tratar a questão da igualdade entre os sexos. Os objetivos dela e de Edward em *A questão da mulher* eram mostrar que o feminismo era uma necessidade integral – não apenas um aspecto ou uma das questões do movimento socialista da classe trabalhadora – e que a desigualdade sexual era fundamentalmente uma questão de economia. O ensaio foi o primeiro tratado deste tipo escrito por uma mulher ativa no movimento da classe trabalhadora e o primeiro manifesto sobre a questão da mulher na Internacional Socialista feito por uma mulher. Publicado na véspera da fundação da Segunda Internacional em Paris, onde Eleanor e Clara Zetkin falaram sobre mulheres e trabalho, *A questão da mulher* é o texto fundador do feminismo socialista e oferece um plano de ação concreto, bem como uma abstração teórica. A necessidade de mulheres de todas as classes trabalharem juntas, e de homens e mulheres trabalharem juntos, eram dois dos principais preceitos de Eleanor. Para tanto, a redação colaborativa do ensaio foi exemplar. Eles deixaram claro que as opiniões eram independentes, vindas de dois indivíduos socialistas, e que não falavam em nome de nenhum partido ou setor.

No ensaio, Eleanor e Edward relacionaram a opressão das mulheres dentro das sociedades patriarcais com a do proletariado – argumentando, como Wollstonecraft, Engels e Bebel, que as causas da opressão das mulheres na sociedade capitalista eram econômicas e sociais, não inevitavelmente governadas por instinto ou natureza. *A questão da mulher* explora todos os aspectos-chave da desigualdade sexual debatidos no século XIX em todo o espectro ideológico: casamento por dote; prostituição não regulamentada; segregação dos sexos; falta de cuidados de saúde; falta de pesquisa médica adequada sobre o funcionamento dos corpos das mulheres; falta de educação sexual para ambos os sexos; diferentes sistemas de julgamento moral impostos ao comportamento de homens e mulheres; e a antinaturalidade e hipocrisia das expectativas sociais quanto à castidade das mulheres. Muitas formas de desigualdade sexual, eles sugerem, transcendem as divisões de classe econômica existentes, tornando as mulheres de classe média (burguesas) proletárias em suas próprias casas. Eleanor e Edward argumentam, portanto, que, embora sejam totalmente solidários ao impulso que fundamenta o objetivo limitado das campanhas pelo sufrágio feminino e a restrição legal à prostituição, o apelo à participação e representação civil e parlamentar é apenas uma abordagem estreita para um problema mais amplo. As mulheres deveriam estar formando uma frente feminista unida, desafiando, para além das divisões de classe, o dividir e governar que regula a produção e a reprodução.

A origem da família de Engels foi estudado e comentado desde o início do século XX. No entanto, *A questão da mulher* – escrito do ponto de vista explicitamente socialista – contém, ao contrário do trabalho de Engels, um programa claro para a emancipação de mulheres e homens. As poucas interpretações do ensaio até agora sugeriram que Eleanor e Edward argumentam que a derrubada do sistema capitalista de produção pelo proletariado levará ao fim da opressão das mulheres. Em outras palavras, a igualdade entre mulheres e homens seguirá a revolução que trará uma sociedade sem classes. No entanto, esse argumento não aparece em nenhum lugar do ensaio. Na verdade, os autores vão na direção diametralmente – ou dialeticamente – oposta. O histórico ensaio deixa absolutamente claro que a luta pela emancipação das mulheres e pela igualdade dos sexos é um pré-requisito para qualquer forma eficaz de revolução social progressista.

Engels sugere que o feminismo provavelmente fosse necessário *a priori* para a revolução socialista, mas ele não chegou a propor um programa prático. Seu apoio econômico e político a todas as mulheres ao seu redor era irrestrito, mas ele teria sido o primeiro a admitir que sua visão era limitada por sua posição privilegiada no mundo como homem.

Antecipando a exaustão e a hostilidade usuais com que os apelos à transformação feminista são tradicionalmente recebidos pela sociedade patriarcal, Eleanor e Edward começam dizendo que tratar em detalhes a posição das mulheres, no presente, "é repetir uma história mil vezes contada".[32] A história da opressão das mulheres, e o efeito correlato em oprimir as capacidades dos homens, não é mais respeitada quando contada por homens do que por mulheres. A nova tradução para o inglês do último trabalho de Bebel, eles ressaltam, foi recebida em certos setores com "uma recepção verborrágica".[33] "A mesma velha história mil vezes contada de que 'as mulheres são as criaturas de uma tirania organizada de homens, assim como os trabalhadores são as criaturas de uma tirania organizada dos homens.'"[34]

Isso se aplica a mulheres de todas as classes. A noção de que a vida das mulheres é definida por sua "vocação natural" é convenção e ideologia:

> Mais uma vez, não há uma *vocação natural* das mulheres, assim como não há uma lei natural da produção capitalista ou um limite *natural* para a quantidade de produtos de seu trabalho que o trabalhador deve receber para sua subsistência. O fato de que, no primeiro caso, a *vocação* da mulher deve ser apenas o cuidado das crianças, a manutenção das condições da casa e uma obediência incondicional a seu senhor; de que, no segundo, a produção de mais-valia seja um requisito necessário para a produção de capital; de que, no terceiro, a quantia que o trabalhador recebe para seus meios de subsistência é apenas o suficiente para mantê-lo acima da linha da fome: não são leis naturais no mesmo sentido das leis do movimento. São apenas convenções temporárias da sociedade, como a convenção de que o francês é a língua da diplomacia.[35]

Posicionando-se em relação às campanhas correntes, *A questão da mulher* afirma sua fidelidade crítica às formas revisionistas do sufrágio feminino dentro das sociedades capitalistas e coloniais existentes. Adverte que os setores do movimento das sufragistas que trabalham para a reforma restrita à classe falharão. Eleanor e Edward honram as "pessoas excelentes e trabalhadoras que agitam, por esse objetivo perfeitamente justo, o sufrágio feminino":

> pela revogação da Lei de Doenças Contagiosas, uma monstruosidade gerada pela covardia e brutalidade masculinas; pelo ensino superior para as mulheres; pela abertura, para as mulheres, das universidades, das profissões eruditas e de todas as vocações, de professora a mascate.

Em todo esse trabalho – bom, até certo ponto – eles identificam três características notáveis. Em primeiro lugar, os interessados no movimento de sufrágio das mulheres são "pessoas das classes mais abastadas, via de regra. Com a única, e apenas parcial, exceção do movimento das Doenças Contagiosas, quase nenhuma das mulheres com participação de destaque nesses diversos movimentos pertence à classe trabalhadora."[36] Segundo, as ideias sobre o avanço das mulheres por meio do sufrágio e dos direitos humanos são baseadas ou na propriedade, ou em questões sentimentais, ou nas profissionais: "Nenhuma delas chega ao âmago da questão: a base econômica não apenas de cada um desses três pontos, mas da própria sociedade."[37] Eleanor e Edward argumentam que a defesa das mulheres baseada exclusivamente no sufrágio demonstra ignorância acerca da economia e do estudo apropriado da evolução social. "Mesmo a economia política ortodoxa, que é, segundo pensamos, enganosa em suas declarações e imprecisa em suas conclusões, não parece ter sido compreendida em profundidade de forma."[38]

O terceiro problema que eles identificam com o sufrágio das mulheres é que seus objetivos limitados confinam o movimento dentro da sociedade existente, não conseguindo abranger a revolução social em larga escala necessária para alcançar uma sociedade civil democrática. Não há visão de um futuro, de uma sociedade diferente:

> Apoiaremos todas as mulheres, não apenas as que têm propriedade e podem votar; apoiaremos também a revogação da Lei de Doenças Contagiosas e o desimpedimento de qualquer vocação para ambos os sexos. A real posição das mulheres em relação aos homens não estaria sendo abordada em sua essência, pois nenhuma dessas coisas, exceto indiretamente a Lei de Doenças Contagiosas... Sem essa mudança social mais ampla, as mulheres nunca serão livres.[39]

Exigir o voto apenas para mulheres de classe média – educadas e com dinheiro – e não para a maioria de suas irmãs da classe trabalhadora e para homens trabalhadores desprivilegiados perpetuava a falta de democracia existente. Eleanor, como Clara Zetkin, podia ver claramente o apelo político da campanha das mulheres para o voto burguês na Inglaterra, EUA, França, Alemanha e Rússia. Ambas perceberam que a Segunda Internacional precisava levar em conta o fato de que a demanda pelos direitos das mulheres articulada por mulheres de classe média estava sendo ouvida primeiro, acima das demandas das mulheres trabalhadoras. A Segunda Internacional precisava levantar a voz de um movimento feminista transnacional. Assim como não poderia haver socialismo em um só país, não poderia haver feminismo em um só país.

Fundamentalmente, as mulheres "devem entender que sua emancipação virá delas mesmas".[40] As mulheres encontrarão aliados entre os melhores tipos de homens, assim como os trabalhadores encontrarão aliados entre filósofos, artistas e poetas, "No entanto, as mulheres não têm nada a esperar dos homens em geral, e os trabalhadores não têm nada a esperar da classe média como um todo."[41] Nesse sentido, *A questão da mulher* respeita e honra os valiosos direitos civis recentemente conquistados na Inglaterra, que "se deveram à ação das próprias mulheres".[42]

Em comparação, a situação das mulheres na Alemanha era muito pior: as mulheres eram como menores de idade em relação aos homens, recebiam punições físicas legalmente e eram proibidas de possuir rendimentos ou propriedades; os homens decidiam quando os bebês eram desmamados, e as mulheres eram proibidas de firmar contratos ou aderir a organizações políticas. O ensaio também faz comparações fascinantes com o *status* das mulheres na França e na Rússia:

> É desnecessário que apontemos quão melhor, nos últimos anos, tais assuntos foram geridos na Inglaterra... Mas é preciso lembrar que, mesmo com a inclusão de todos esses direitos civis, as mulheres inglesas, tanto as casadas como as solteiras, são moralmente dependentes do homem, e são maltratadas por ele.[43]

Eleanor e Edward argumentam que a emancipação da opressão sexual não pode ser concretizada apenas pela legislação e organização política. Do ponto de vista socialista, o feminismo tem que começar na família, na casa e na comunidade. Decisivamente, a sociedade moderna precisa falar abertamente sobre sexo:

> Nossas filhas e filhos são constantemente silenciados quando perguntam sobre a concepção e o nascimento dos bebês. Essa pergunta é tão natural quanto a sobre as batidas do coração ou os movimentos da respiração... À medida que nossas meninas e meninos crescem, todo o assunto das relações sexuais se torna um mistério e uma vergonha. Esta é a razão pela qual uma curiosidade indevida e doentia é gerada nessas crianças. A mente fica excessivamente concentrada nisso, permanece por muito tempo insatisfeita, ou incompletamente satisfeita – e passa a uma condição mórbida. Para nós, parece que os órgãos reprodutores devem ser discutidos entre pais e filhos tão francamente, tão livremente, quanto o aparelho digestivo. Opor-se a isso é apenas uma forma do preconceito vulgar contra o ensino da fisiologia.[44]

Eleanor e Aveling, em 1886, estão firmemente no terreno da construção psicológica e fisiológica da sexualidade humana. Eleanor trouxe Freud e a jovem disciplina da psicanálise à discussão, com uma análise materialista.

Desde o início, o ensaio deixa claro que é impossível compreender a desigualdade entre homens e mulheres sem ver a economia que a sustenta: "os que atacam o tratamento que se dá nos dias de hoje às mulheres sem buscar a causa disso na economia da nossa sociedade atual são como médicos que tratam de uma enfermidade específica sem investigar a saúde do corpo como um todo".[45] Mas em nenhum momento Eleanor e Edward argumentam que a opressão sexual pode ser resolvida apenas com uma resposta econômica: "A questão da mulher implica a organização da sociedade como um todo."[46] Para cada aspecto da questão que levantam, eles exploram respostas por uma gama de perspectivas – econômica, psicológica, emocional e científica. Por exemplo, eles afirmam "que as condições do divórcio devem ser iguais para os dois sexos",[47] e demonstram as desigualdades econômicas que determinam o impacto do divórcio sobre homens e mulheres: diferentes relações com a propriedade, os meios de subsistência, a responsabilidade pelo cuidado das crianças. Mas a reforma desses fatores sozinha, eles argumentavam, não erradicaria a opressão das mulheres; todo o conjunto de atitudes sociais quanto ao sexo, desejo e sexualidade também tem que ser levado em conta. As mulheres precisam das mesmas oportunidades concedidas aos homens para que tenham "a mente e o corpo sãos".[48] Isso está longe de ser uma abordagem economista redutivista para entender a proposição do feminismo socialista.

Embora completamente analítico, *A questão da mulher* não é um tratado didático ou propagandista. Tussy era filha de uma era coletiva e de Marx. A polifonia das vozes no ensaio o torna uma leitura rica e agradável. A Nora Helmer de Ibsen, Lyndall Gordon de Olive Schreiner, Rosalind de Shakespeare, Miranda e Helena, foram todas conjuradas para abordar o assunto. Mary Wollstonecraft, John Stuart Mill, Harriet Taylor e Helen Taylor, Isabella Beecher Hooker, Demóstenes, Francis Bacon, Kant, Coleridge, Tennyson e Shelley: todos contribuem para o argumento.

Quando Eleanor e Edward fazem o escrutínio do contrato de casamento enquanto instituição, eles evitam a análise econômica seca. Em vez disso, recorrem ao teatro moderno. "Como Ibsen faz Helmer dizer a Nora: 'Algo como um constrangimento, um mal-estar sombrio se introduz em toda casa erigida sobre dívidas e empréstimos.'"[49] Ao escrever com grande probidade e sensibilidade sobre sexo, castidade, reprodução e a hipocrisia que atormenta o modo como a sociedade lida com o "instinto sexual", eles dão voz à condenação da desigualdade sexual sistêmica feita por Olive Schreiner:

> A falsa vergonha e o falso segredo, contra os quais protestamos, são acompanhados pela separação nada saudável dos sexos, que tem início quando as crianças deixam o berço e só termina quando, mortos, os homens e as mulheres são depositados no solo comum. Em *The Story of an African Farm* [*A história de uma fazenda africana*],[17] a menina Lyndall grita: 'Já fomos iguais uma vez, quando, bebês recém-nascidos, nossas enfermeiras nos pegaram no colo. Seremos iguais novamente quando elas amarrarem nossas mandíbulas para o último sono.'[50]

Eleanor entendeu profundamente que a questão da mulher, e as relações entre homens e mulheres, começavam na família. Homens e mulheres não nasceram: foram feitos. A forma como as crianças eram criadas e tratadas era tão determinante para a desigualdade sexual e a opressão das mulheres como a geração de mais-valia a qualquer custo social o era para o capitalismo. E os dois estavam diretamente ligados: "Nossos casamentos, como nossa moral, são baseados no comercialismo."[51] O feminismo socialista, como o materialismo histórico, era para Tussy um assunto de família.

No início de 1886, quando organizou meticulosamente suas contas, antes de seu aniversário, ela encontrou um pequeno excedente do Fundo para Árvores de Natal. Doações de brinquedos continuaram a chegar aos escritórios da Liga Socialista nos meses seguintes ao festival. Pessoas pobres fizeram brinquedos e jogos e entregaram suas doações a pé em Farringdon; pessoas ricas tiveram entregas enviadas da loja de brinquedos de William Hamley, no número 200 da rua Regent. Para lidar com o excedente e os brinquedos, Tussy propôs que "poderíamos dar um passeio com os pequenos".[52] May Morris e mulheres integrantes da Liga Socialista se ofereceram para ajudar a organizar um banquete de verão para as crianças.

O piquenique aconteceu em junho, na mesma semana em que Eleanor escreveu a introdução de sua tradução completa de *Madame Bovary*. Vizetelly publicou o livro assim que Eleanor e Edward partiram para Nova York. Já adiantando: ela não estava na Inglaterra para ler as críticas.

SENHORA LIBERDADE

Eleanor e Edward zarparam de Liverpool com destino ao Novo Mundo, a bordo do City of Chicago, um navio da Inman, numa terça-feira, 31 de agosto de 1886. O Partido Trabalhista Socialista da América (PTS) havia convidado o casal para fazer um ciclo de palestras por 15 estados, que duraria quatro meses. Eleanor tivera essa ideia em 1880, e a sugerira ao Biblioteca – Wilhelm Liebknecht – e ao Partido Social-Democrata da Alemanha, do qual ele foi um dos fundadores.

Havia laços de parentesco estreitos com emigrantes europeus na América no desenvolvimento do movimento socialista internacional. Exilados dos levantes de 1848, da Comuna de Paris e da revolução irlandesa em curso se reuniam na América republicana. No geral, a organização socialista no país permaneceu estreitamente alemã nos quesitos membros, liderança, idioma e influência. Era preciso se internacionalizar, e esse foi um dos objetivos principais do ciclo de palestras. O inglês de Biblioteca não era fluente, então ele falava em alemão. Já a multilíngue Eleanor e o desenvolto Edward puderam reunir diferentes organizações e apresentar ideias socialistas para falantes de inglês na América pela primeira vez em sua própria língua.

A arrecadação de fundos era outra motivação para a viagem. A legislação antissocialista de Bismarck levou à perseguição e privação as organizações da socialdemocracia na Alemanha e teve um efeito dominó no resto da Europa. O movimento precisava de dinheiro e, como Tussy ressaltou para o Biblioteca, Charles Stewart Parnell havia dado "milhares e milhares"[1] pela causa irlandesa na América.

Em 1886, o PTS estadunidense fez um convite formal para Liebknecht e Aveling, incluindo nele um convite para sua esposa. Não importava o fato de que a viagem fora ideia dela em primeiro lugar. O que trouxe o ciclo de palestras em seu momento certo foi o chamado ano de "grande convulsão" do trabalho estadunidense. Em 1º de maio de 1886, houve uma greve nacional pela jornada de oito horas convocada pelos Cavaleiros do Trabalho, o maior sindicato estadunidense de trabalhadores não qualificados. O Partido Trabalhista Socialista, entretanto, foi prejudicado pelos mesmos severos problemas experimentados na Inglaterra como consequência dos rachas ideológicos entre socialistas e anarquistas. Como na Europa, os socialistas da América acreditavam em soluções pró-Estado para a revolução social baseadas na social-democracia, sufrágio universal e respeito pelo Estado de Direito; os anarquistas eram antiestatistas e desrespeitavam a autoridade do Estado de Direito.

Johann Most, líder declarado de uma facção anarquista que rompeu com o PTS, liderou sua ala no centro da campanha pela jornada de oito horas em Chicago. Uma bomba explodiu na cidade em 4 de maio de 1886, matando e ferindo vários policiais. O ataque foi atribuído aos anarquistas de Most e os empregadores usaram a violência como uma oportunidade para lançar uma estratégia vigorosa de retaliação, apoiada pelo Estado, contra os trabalhadores em greve.

Como consequência, a ação industrial foi firmemente reprimida; os trabalhadores estadunidenses desviaram seu interesse do anarquismo antiestatista para a luta política organizada para buscar meios eleitorais de representação. Eles se reagruparam no Partido Trabalhista Unido independente, que incluía socialistas e sindicalistas. Sua primeira iniciativa foi colocar Henry George como candidato socialista na eleição para prefeito de Nova York, no outono de 1886. Neste contexto, o Partido Trabalhista Socialista, predominantemente alemão em origem e língua, concordou que era uma boa ideia convidar Liebknecht e os Marx-Aveling para uma viagem de palestras de conscientização em todo o país; seria parte da campanha nacional para fortalecer o coletivismo do movimento trabalhista na América e reuniria uma frente democrática unida de organizações socialistas.

Os Aveling tinham uma cabine com leito duplo na ida e na volta, que custou £24. Liebknecht, mais endinheirado, viajou no Servia, um Cunarder.* "A Cunard é a companhia mais desejada de todas, apesar de não ser diferente das demais; é cara porque os 'dândis' viajam nela", escreveu Tussy ao Biblioteca. "Para ficarmos juntos no Cunard temos que pagar £18 cada", além de, observou ela, realizar um depósito de £5 para garantir a reserva.[2] Embora fosse um fato assumido pelo PTS de que Eleanor discursaria tanto quanto os homens, as despesas deles foram totalmente cobertas e as dela não – presumindo-se que seu marido pagaria pela esposa. Ela explicou essa economia de gênero para Laura: "Você sabe que devo 'me bancar, uma vez o Partido só paga por Edward".[3] Ambos valeram-se da atividade jornalística para subsidiar a viagem e abriram mão do aluguel de sua primeira casa, no número 55 da rua Great Russell, pois não podiam arcar com a despesa enquanto estivessem fora.

O navio SS City of Chicago, construído em Glasgow pela Charles Connell & Co. em 1883, pesava 5.202 toneladas, tinha 430 pés de comprimento, 45 de altura e ostentava uma moderna máquina a vapor composta de três cilindros, garantindo aos passageiros uma travessia de Liverpool para Nova York que durava dez dias. Tussy, em sua primeira viagem transatlântica, estava fascinada pela vida no mar.

Uma mulher a bordo, que estava viajando para reencontrar seu marido, morreu inesperadamente, e seu corpo foi entregue ao oceano. Eleanor viu sua cerimônia "no início da manhã, ao nascer do dia – o funeral mais simples e impressionante que já testemunhei".[4] Ela não se impressionou com os passageiros ricos, que "podiam rir dos pobres emigrantes deitados no convés em seus trajes miseráveis... sem o menor sinal de solidariedade".[5] Edward menosprezou a viajante estadunidense. "Ele é evidentemente o criador do comércio, ela é evidentemente sua criatura. É tudo negócio e sucesso, negócio e sucesso."[6] Avistar baleias e botos causou muita empol-

* Cunarder é um navio pertencente à companhia Cunard Line, fundada por Samuel Cunard (1787-1865). Foi a primeira linha regular de navios a vapor para o tráfego transatlântico de passageiros.

gação mas, fora isso, a viagem foi uma oportunidade para uma mudança bem-vinda após um ano extraordinariamente agitado e produtivo.

Eleanor estava no convés vestida com uma blusa e uma saia branca de verão quando o navio SS City of Chicago aportou em Nova York, sob um céu azul claro, em 9 de setembro. Seu robe tinha corpete e mangas, mas ela nunca usava espartilho. Ela deve ter aproveitado a brisa do Rio Hudson no convés mais do que as outras mulheres, que estavam enfiadas em seus espartilhos em um dia quente de final de verão.

"A entrada do porto pela baía é uma visão maravilhosa",[7] escreveu Tussy. Passando pela Ilha de Bedoe, como era conhecida na época, ela admirou o imponente canteiro de obras da Estátua da Liberdade, de Auguste Bartholdi, seus gigantescos suportes de aço cingidos com andaimes e lona e a pequena ilha rodeada por enormes rebocadores que transportavam suprimentos e trabalhadores até a construção. Os vislumbres em vermelho-ouro das lâminas de cobre brilhantes da Liberdade se misturaram ao sol. Tussy sabia desse presente de amizade da França republicana ao povo dos Estados Unidos para dar as boas-vindas aos imigrantes e esperava vê-lo inaugurado antes de partir de volta para casa. A conclusão iminente de A Liberdade Iluminando o Mundo – como ela era originalmente conhecida antes que os EUA lhe dessem um nome mais curto e sensato – combinada com a presidência democrata de Grover Cleveland parecia ser um bom presságio para a chegada de Tussy ao Novo Mundo.

Os visitantes foram recebidos por uma delegação de "cavalheiros com fitas vermelhas", e uma faminta matilha de jornalistas "pulou em nós como lobos na carne"[8] antes mesmo de eles pisarem em terra. O jornalista do *New Yorker Volkszeitung* [*Jornal do Povo de Nova York*]* acabou entrando no navio no meio da confusão e ficou impressionado com suas aparências incomuns:

> O homem usava um traje cinza de viagem e um largo chapéu preto de feltro... ele parecia um quacre. Rapidamente esfregou seus olhos escuros. A jovem, que se apoiava em seu braço, tinha cabelos negros e brilhantes, olhos castanho-escuros e um rosto oval não exatamente encantador. Sua pele estava fortemente bronzeada pelo sol durante a

* Foi o jornal diário do trabalho, em língua alemã, mais antigo nos Estados Unidos, criado em 1878 e publicado até outubro de 1932.

> viagem. A vestimenta de algodão que ela usava era amarrada na cintura por um cinto preto, sobre o qual caía uma espécie de blusa com vincos delicados e dali uma corrente de relógio de aço esticada até o cinto. O rosto inteligente da senhora estava coberto por um grande chapéu de palha branco com um laço branco.[9]

Questionada sobre a viagem, Eleanor – vestida, como sempre, em seu tom de branco favorito – fez uma firme crítica à "grosseria" e "brutalidade" das "assim chamadas melhores classes a bordo" e disse que, por ser filha de imigrantes, ficou indignada com a forma como os imigrantes pobres foram maltratados pelos turistas ricos durante a viagem. A delegação de boas-vindas do Comitê Executivo Nacional do Partido Trabalhista Socialista os levou a um hotel no bairro alemão. "Em certa medida, eu lamentei isso", disse Eleanor em uma nota a Laura, "pois Vaterland,* assim como os pobres, está sempre conosco".[10] Era um lembrete imediato de que seu trabalho era internacionalizar o socialismo estadunidense.

Eles deram suas primeiras palestras em Bridgeport, em Connecticut, em 14 de setembro. Bridgeport era um baluarte do PTS dominado pelos alemães, mas Edward foi direto e incentivou o público a trabalhar em massa com os Cavaleiros do Trabalho e os sindicatos. Eleanor, em seu primeiro discurso na América, enfocou o feminismo e pediu às mulheres que se unissem ao movimento socialista. Dois dias depois, ela fascinou o público de New Haven, que incluía alunos e professores da Universidade de Yale, com sua exposição sobre a modernidade socialista a um público majoritariamente rico e de classe média. Os estadunidenses, Tussy percebeu rapidamente, tinham uma concepção totalmente diferente das questões de classe e autodesenvolvimento. Aveling submeteu o público a uma exposição árida do materialismo histórico científico por cerca de uma hora; mas Eleanor despertou a plateia enfrentando o bicho-papão da burguesia: o medo de perder a propriedade privada.

As pessoas temiam, disse ela, que a abolição da propriedade privada significasse que ninguém teria permissão para dizer "meu casaco" ou "meu relógio", por exemplo. Ao contrário: milhares de pessoas que hoje não possuem absolutamente nada seriam capazes, sob o socialismo, de dizer "meu

* Termo alemão para designar a nação de nascimento.

casaco" e "meu relógio" pela primeira vez em suas vidas. Ao contrário, nenhum indivíduo ou grupo de indivíduos seria capaz de dizer "*minha* fábrica" ou "*minha* terra" – e, acima de tudo, nenhum homem poderia mais dizer, de outro, "minhas mãos".

Ela então se voltou para a questão da lei e da ordem e o problema do uso da resistência armada para alcançar a liberdade política. Nenhum socialista, disse ela, deveria desejar usar a força física. No entanto, assim como os estadunidenses lutaram para abolir a escravidão, eles poderiam ter que pegar em armas para abolir a escravidão assalariada.[11] Em todos os seus principais discursos nos EUA nos meses seguintes, Eleanor falou direta e claramente sobre os temas da propriedade e da produção:

> Uma das coisas que mais lhe dizem é que nós, socialistas, queremos abolir a propriedade privada; que não admitimos os 'sagrados direitos de propriedade'. Ao contrário, a classe capitalista hoje está confiscando sua propriedade privada, e é porque acreditamos no 'seu direito sagrado' ao que lhe pertence que queremos que você possua o que hoje lhe é tirado... toda riqueza, tudo que hoje chamamos de capital, é produzida pelo seu trabalho... com o trabalho não pago do povo, uma pequena classe enriquece e... queremos acabar com isso abolindo toda propriedade privada sobre terrenos, máquinas, fábricas, minas, ferrovias etc.; em suma, sobre todos os meios de produção e distribuição. Mas isso não significa abolir a propriedade privada; significa dar propriedade aos milhares e milhões que hoje não a possuem.[12]

A próxima parada foi Meridien, onde eles se encontraram com líderes dos Cavaleiros do Trabalho e saíram com a garantia de que os Cavaleiros se uniriam ao PTS em breve – o que, claro, nunca aconteceu. Eleanor estava preocupada com os elementos mais conservadores entre os líderes do grupo, mas mesmo assim considerava a organização como "a primeira expressão espontânea dos trabalhadores estadunidenses da consciência de si próprios como uma classe".[13]

Eleanor e Edward escreveram um notável relato colaborativo desse ciclo, *O movimento da classe trabalhadora na América* [*The Working Class Movement in America*], publicado pela primeira vez por Swan Sonnenschein em 1888 e reimpresso em uma edição ampliada em 1891. No capítulo oito, eles descrevem como, no Dia de Ação de Graças de 1869, um alfaiate da Filadélfia, Uriah Stephens, reuniu oito amigos e formou a ordem secreta dos Cavaleiros do Trabalho, conhecida apenas por suas cinco estrelas cabalísticas até junho de 1878, quando se sentiram fortes o suficiente para se declararem uma organização pública. Em 1886, seu número de membros nacionais era estimado em, no mínimo, meio milhão.

No domingo, 19 de setembro, 25 mil pessoas se reuniram no Brommer's Union Park, na rua 133. Liebknecht, que acabara de chegar, começou o discurso agradecendo veementemente aos camaradas alemães que o convidaram; na sequência, passou rapidamente para a urgência do movimento para ir além dos estadunidenses de língua alemã, a fim de incluir todas as organizações trabalhistas e trabalhadores estadunidenses de todas as línguas e origens. Eleanor e Edward seguiram o exemplo, colocando em ação a estratégia acordada com Engels em Londres antes de partirem.

O comício no Parque da União de Brommer ficou marcado como a maior reunião pública já realizada na história de Nova York até o momento e, embora tenha sido ordenado e bem disciplinado, o policiamento pesado e intrusivo inevitavelmente levou a alguns choques e abordagens truculentas. Eleanor, como sempre, estava no centro da briga e foi empurrada por dois policiais. Um jornal independente declarou-se mortificado e publicou um pedido de desculpas em nome da "terra da liberdade" por Eleanor Marx ter sido submetida a "tal interferência desenfreada por parte da polícia na liberdade de fala".[14]

No dia seguinte, segunda-feira, 20 de setembro, e novamente na quarta-feira, 22, houve mais dois comícios realizados na faculdade Cooper Union, na Praça Cooper, no East Village, enfocando o papel do sindicalismo como uma etapa no processo em direção ao socialismo. A essa altura, a presença de Eleanor já havia conquistado a imaginação da costa leste, especialmente desde seu charmoso discurso em New Haven, vestida novamente toda de branco, destacando graciosamente as deficiências da propriedade privada e da propriedade dos meios de produção em um sistema capitalista. O jornal *New York Herald* [*O arauto de Nova York*] foi ameaçado por esta vivaz Senhora Liberdade, que era aparentemente muito mais ameaçadora do que a estátua silenciosa em construção no porto:

AGITAÇÃO SOCIALISTA. COOPER UNION LOTADA. INCITADA POR UMA MULHER.

O *Herald* deplorou o "*Sozialistische Frauenbund*" [Associação das mulheres socialistas] lotando o auditório. Ele comentou sobre Eleanor com um tom matronal – "A FILHA DE CARL MARX CRESCEU" –, descrevendo-a, de maneira cômica, como "uma senhora de óculos e aparência alemã".[15]

Pouco antes de deixarem Nova York, Edward e Eleanor jantaram com o candidato democrata a prefeito, Henry George. Ele compartilhava das opiniões de Eleanor sobre a Irlanda e tinha uma base sólida de apoio entre os irlandeses republicanos da cidade. Também era popular entre os nova-iorquinos negros por suas opiniões radicais sobre o que era então descrito como "a questão negra" – um assunto sobre o qual Tussy ficou muito mais informada durante sua visita aos Estados Unidos da América. Eles concordaram em muitas questões, mas não na mais importante:

> Ele não considera, como os socialistas, o modo de produção e a distribuição de mercadorias – com sua propriedade privada nos meios (dos quais a terra é apenas uma) dessa produção e distribuição – como a base da sociedade moderna e, portanto, dos males dessa organização.[16]

Em vez disso, George acreditava que a questão da terra estava na base de tudo. Apenas nacionalize a terra e todo o resto virá. Eleanor se dava bem com ele, mas previu corretamente que ele não permaneceria no reduto socialista por muito tempo. Ele venceu a eleição para prefeito com um terço dos votos totais, derrotando o candidato republicano Theodore Roosevelt por mais de 8 mil votos e, em menos de um ano, declarou-se contra o socialismo. "No que diz respeito a um verdadeiro movimento da classe trabalhadora, ele é um homem destruído", concluiu Eleanor, embora gostasse dele pessoalmente como amigo e mantivesse contato com ele como um pensador progressista.

Em 2 de outubro, Eleanor e Edward partiram para um itinerário de três meses com muitas paradas obrigatórias que percorreu 35 cidades em 15 estados. Eleanor apelidou a viagem de "turnê de agitação".[17] Em Manchester, New Hampshire, ela ficou chocada ao ver carpinteiras que pareciam ainda mais famintas e degradadas do que suas irmãs em Lancashire.

Talvez a conquista mais importante do PTS estadunidense foi seu sucesso na fundação do Sindicato Central dos Trabalhadores (SCT) de Nova York em 1882, para organizar os trabalhadores estrangeiros – entre os quase

6 milhões de imigrantes sem um tostão que chegaram à América durante a década de 1880, vindos da Irlanda, Alemanha, França, Itália, Escandinávia, Hungria, Boêmia, Inglaterra, Rússia e Polônia. As organizações do SCT se espalharam para além de Nova York, surgindo em outras grandes cidades na costa leste, unidas por estadunidenses negros e brancos, incluindo *cowboys*.

Muitos *cowboys* estavam discutindo – "de maneira estranha o suficiente", como Tussy descobriu em Cincinnati – sobre o estabelecimento de uma associação de *cowboys* ou uma assembleia própria.[18] Os anfitriões teuto-americanos levaram o casal para um passeio turístico pela cidade, incluindo um museu de dez centavos.* A principal atração do espetáculo era um grupo de *cowboys*, "sentados em duplas e trios em vários tablados pequenos e elevados, vestidos em seus trajes pitorescos e parecendo terrivelmente entediados".[19] Um elegante guarda do museu, em roupas comuns, fez "discursos estereotipados sobre eles em uma voz metálica o suficiente para a encenação", mas parou de maneira misericordiosa em um dos tablados e disse aos visitantes que o Sr. John Sullivan, vulgo Broncho John, falaria por si mesmo:

> Em seguida, um *cowboy* especialmente bonito e de boa aparência, com os mais francos olhos azuis, levantou-se e falou algo. Para nossa grande surpresa, ele mergulhou imediatamente em uma grande denúncia dos capitalistas em geral e dos proprietários de fazendas em particular... Broncho John evidentemente sabia do que estava falando e sentiu o que dizia.[20]

De maneira convincente, ele descreveu o trabalho árduo e as más condições enfrentadas pelos *cowboys* como uma classe não sindicalizada de trabalhadores e o despotismo dos proprietários de fazendas, incluindo ordens de que os homens "não deveriam ler livros ou jornais".[21] Seus cavalos pertenciam aos proprietários da fazenda, que descontavam o custo de seus trajes – incluindo sela, esporas, chapéu, calças de cavalgada, oleados, botas, chicote e arma – de seu salário mensal. A temporada de trabalho nas planícies era de seis a oito meses, mas os *cowboys* não eram pagos nas horas

* Do inglês *dime museum*, eram centros muito populares no final do século XIX nos EUA, destinados à educação moral e ao entretenimento barato, com apresentações de *freakshows*, monstruosidades e curiosidades bizarras.

de folga e tinham que conseguir outros empregos para se manter e manter suas famílias.

Durante a temporada, eles permaneciam montados o dia todo e grande parte da noite, cuidando dos enormes rebanhos de gado do oeste, evitando a dispersão e a fuga. "Eu estava com um grupo quando fomos obrigados a cavalgar 200 milhas antes de descer com o gado... durante todo aquele tempo, nenhum de nós descansou um minuto nem para comer!"[22] O afogamento era comum quando o gado era transportado por córregos e rios. Tussy ficou surpresa ao saber que não era incomum levar de três semanas a um mês para fazer um rebanho de 4 mil cabeças atravessar um rio.

Além disso, havia inúmeras ameaças vindas de bandos de saqueadores, povos nativos e mesmo de incêndios nas pradarias. "No contrato", Broncho John observou, "o rebanho não deve apenas ser entregue inteiro e em segurança, mas deve ter ganhado peso desde que saíram do rancho. A regra é que o *cowboy* deve engordar o gado durante a trilha, *não importa quão magro ele mesmo tenha que ficar*".[23]

Foi o fim do deleite da infância de Tussy com Natty Bumppo e Chingachgook cantando ao redor do acampamento com feijão cozido e canecas de café sob a luz das estrelas. As grandes aventuras românticas de Fenimore Cooper, que Tussy adorava ler quando criança, provaram ser mera ficção.

Eleanor imediatamente marcou um encontro particular com Broncho John no dia seguinte. Ele disse a ela e a Edward que qualquer *cowboy*, incluindo ele mesmo, que tentasse organizar um sindicato por salários e condições de trabalho mais justos era imediatamente dispensado e marcado pelo proprietário do rancho, que enviava seu nome a todos os outros membros da Sociedade dos Fazendeiros na América: o nome é citado nos livros de cada fazenda e uma marca preta é colocada na frente. Isso é chamado de "lista de exclusão" do *cowboy*. "O melhor seria ele deixar o país imediatamente."[24]

Broncho John deu a Eleanor e Edward um panfleto elaborado por ele e seus companheiros *cowboys* na tentativa de se unirem. O conteúdo foi publicado em *O movimento da classe trabalhadora na América* em um capítulo intitulado "Os Cowboys", deplorando o "regime terrorista dos fazendeiros... que são todos defensores ferrenhos dos sagrados direitos da propriedade."[25]

Em Hartford, Connecticut, Eleanor e Edward foram os convidados de Isabella Beecher Hooker, a meia-irmã de Harriet Beecher Stowe e Henry Ward Beecher. Ela era uma abolicionista declarada, ativista do sufrágio e espiritualista comprometida.[26] Eleanor, que raramente visitava casas de pessoas ricas, admirava a "mansão deleitável" de Isabella e disse que, com ela e seus amigos, "passamos talvez as horas mais felizes e certamente as mais pacíficas de nossa estada na América."[27]

Eleanor foi apresentada ao trabalho de Isabella Beecher Hooker por August Bebel, que escreveu sobre ela em seu livro *A mulher e o socialismo*, de 1879, reimpresso em uma versão revisada e ampliada sob o título de *A mulher no passado, presente e futuro* [*Woman in the Past, the Present and the Future*] em 1883. Censurado e banido na Alemanha pelas leis antissocialistas de Bismarck, o livro circulou clandestinamente e foi atacado com violência pela imprensa, apesar da ausência de uma edição pública.

Bebel enviou a Engels uma cópia em janeiro de 1884 e Eleanor a leu imediatamente, correspondendo-se com o autor sobre a tradução para o inglês por Harriet Adams Walther. A editora Modern Press publicou a edição em inglês em 1885, em seu selo da Biblioteca Internacional de Ciências Sociais – e a imprensa britânica em geral deu ao livro uma recepção tão hostil quanto ocorrera na Alemanha.

Eleanor foi uma das poucas críticas a resenhar de maneira favorável o livro de Bebel, escrevendo para o suplemento do jornal *Commonweal* em agosto de 1885. Após anos de gestação, ela estava pronta para dar à luz seu próprio trabalho sobre o feminismo. Quando o fez, ela fez referência à abordagem de Beecher Hooker de falar honestamente com crianças sobre sexo e reprodução, entrelaçando as palavras da anti-heroína de Olive Schreiner, Lyndall Gordon, citada anteriormente:

> A falsa vergonha e o falso segredo, contra os quais protestamos, são acompanhados pela separação nada saudável dos sexos, que tem início quando as crianças deixam o berço e só termina quando, mortos, os homens e as mulheres são depositados no solo comum.[28]

Eleanor ficou muito impressionada ao encontrar Isabella e elas discutiram longamente a necessidade de um movimento de mulheres na América. Esse foi um tema central dos discursos de Eleanor durante a viagem; ela o levantou independentemente do público, tanto em reuniões de trabalhadores quanto da classe média. Eleanor resumiu suas opiniões sobre as sufragistas mulheres da América em *O movimento da classe trabalhadora na América*:

> Elas parecem ser semelhantes, mas ao mesmo tempo diferentes, de suas irmãs inglesas que travam a mesma batalha. São parecidas por não compreenderem que a questão da mulher é econômica e não meramente sentimental. A posição atual das mulheres repousa, como tudo mais em nossa complexa sociedade moderna, em uma base econômica. A questão da mulher é uma questão da organização da sociedade como um todo. As sufragistas estadunidenses são como as inglesas no fato de que, via de regra, têm dinheiro. E são como elas no sentido de que não fazem nenhuma sugestão de mudança que esteja fora dos limites da sociedade de hoje.[29]

No entanto, Eleanor descobriu que as sufragistas estadunidenses diferiam de suas irmãs inglesas em dois detalhes vitais. Ela as achou muito mais abertas e "muito mais francas", sem medo de "serem consideradas inapropriadas".[30] "Elas estão começando a entender que esta questão especial é apenas parte de outra muito mais ampla."[31] As ativistas sufragistas, sra. Devereux Blake e Isabella Beecher Hooker, ouviam avidamente, Eleanor descobriu, qualquer tentativa de definir métodos práticos para encontrar uma solução para o problema e estavam

> dispostas a se engajar na luta ainda mais ampla pela emancipação dos trabalhadores, bem como de seu próprio sexo. E, nessa visão mais ampla da disputa pela liberdade, é claro que não há estreitamento da visão quanto à questão da mulher especialmente, nem ninguém perde o feminino na mentalidade mais ampla.[32]

A experiência de Eleanor na América ampliou, elucidou e confirmou sua avaliação crítica das possibilidades políticas de um programa socialista e feminista integrado para a revolução. *A questão da mulher: de um ponto de vista socialista* e o estudo de Eleanor sobre as mulheres feministas da classe trabalhadora e as sufragistas abastadas em *O movimento da classe trabalhadora na América* são as primeiras declarações do feminismo socialista no pensamento ocidental, e as primeiras em ambos os lados do Atlântico.

A inseparabilidade do projeto socialista do feminismo continuou a ser um dos temas-chave de Eleanor em toda a América, exemplificado em um discurso que ela proferiu em Chicago:

> Dizem que 'os socialistas querem ter mulheres em comum'. Tal ideia só é possível em um estado de sociedade que considera a mulher uma mercadoria. Hoje a mulher é só isso, infelizmente. Ela tem que, muito frequentemente, vender sua condição de mulher por pão. Mas, para os socialistas, uma mulher é um ser humano e não pode ser 'compartilhada' mais do que uma sociedade socialista poderia reconhecer a escravidão. E esses homens virtuosos que falam de 'nosso desejo de ter as mulheres em comum', quem são eles? Os mesmos homens que corrompem as esposas, irmãs e filhas de vocês. Já pensaram, vocês trabalhadores, que a própria riqueza que criam é usada para corromper suas próprias irmãs e filhas, até mesmo seus filhos pequenos? Essa é, para mim, a mais terrível de todas as misérias de nossa sociedade moderna: que os homens pobres criem a própria riqueza que é usada pelo homem de 'família e ordem' para arruinar as mulheres de sua classe. Nós socialistas, então, queremos a propriedade comum em todos os meios de produção e distribuição; e como a mulher não é uma máquina, mas um ser humano, ela terá seus ganhos e seus deveres como homens, mas não pode ser mantida por ninguém como um pedaço de propriedade.[33]

Por todos os lugares que passou nos Estados Unidos, Eleanor conheceu e entrevistou mulheres e crianças da classe trabalhadora sobre suas vidas e condições de trabalho. Ela também conversou com donos de fábricas, capatazes e inspetores de trabalho. Descobriu que os capitalistas preferiam empregar mulheres e crianças. As mulheres recebiam salários mais baixos e eram percebidas como mais fáceis de intimidar e subjugar se tentassem se organizar ou fazer greve. Crianças, ainda mais.

Em Fall River, ela encontrou comunidades inteiras de jovens rapazes sustentados por suas irmãs e mães porque havia muito pouco trabalho para os homens nas fábricas. Em Nova Jersey, o trabalho feminino e infantil era drasticamente mais barato do que o dos homens; as jornadas eram mais longas e a agitação, mais violentamente reprimida. Essas mulheres, observou Eleanor, "apenas labutam, economizam e aguentam".[34]

Na Pensilvânia, as mulheres tinham permissão para realizar trabalhos manuais pesados, geralmente reservados aos homens, para economizar salários. Em Utica, no estado de Nova York, os donos de fábricas economizavam dinheiro fazendo com que garotas limpassem os teares, "correndo o risco de arrancarem suas mãos".[35] Outras mulheres tiveram as mãos contaminadas com as toxinas da tinta usada para fazer flores artificiais e não podiam mais trabalhar – foram despedidas sem apoio ou indenização. Mulheres e crianças com doenças e ferimentos provocados pelo trabalho tiveram que recorrer à prostituição não regulamentada dentro e ao redor das fábricas.

Em um tom positivo, em Vineland, Nova Jersey, as mulheres se organizaram e se juntaram aos Cavaleiros do Trabalho, que concordaram com sua participação. Trabalhando juntos, eles conseguiram garantir o mesmo salário para mulheres e homens – mas essa foi uma vitória rara.

As condições para trabalhadores têxteis e fabricantes de charutos eram particularmente chocantes. Crocheteiras habilidosas ganhavam 12,50 centavos por dia para fazer xales bonitos e altamente trabalhados. Costureiras famintas e sobrecarregadas tinham que pagar pelas máquinas nas quais faziam jeans por 1,50 a dúzia. Os fabricantes de colarinhos e punhos tinham que pagar pela linha. Os passadores de camisa, fabricantes de luvas e modistas ganhavam alguns centavos por dia e recebiam seus salários apenas uma vez a cada 15 dias. As trabalhadoras eram multadas por ler jornais, ir ao banheiro, beber água ou sentar-se em um banquinho enquanto trabalhavam.

Na América, como na Inglaterra, os suéteres – Eleanor observa sombriamente – recebem esse nome porque o suéter* "vive dos ganhos da mulher, literalmente de seu suor e sangue".[36] As fabricantes de capas em Nova York trabalhavam das seis da manhã à uma da madrugada, por 25 centavos ao dia, dividindo um pedaço de pão e uma pequena tigela de sopa entre quatro delas durante todo o turno. Assim como as mulheres fabricantes de capas, as fabricantes de charutos também dormiam ao lado da máquina:

> Essas mulheres também, com suas famílias, trabalham, comem e dormem nessas salas... rodeadas por sujeira, com crianças se misturando a ela, e com as mãos, o rosto e várias partes do corpo cheias de feridas.

* O termo em português para essa vestimenta não possui relação alguma com o verbo suar, como acontece no idioma original (*to sweat*), perdendo a referência que ele tinha com o seu modo original de produção.

> Elas estão o tempo todo manipulando esse tabaco que transformam em charutos.[37]

Doenças no útero, abortos espontâneos, natimortos e depressão nervosa são resultados inevitáveis.

A extensão e degradação do trabalho infantil deixaram Eleanor furiosa e desesperada. Como na Inglaterra, o trabalho infantil estava gradualmente eliminando o trabalho masculino adulto, quando este não era eliminado por máquinas. Os pais eram forçados a enviar os filhos para as fábricas desde cedo para ganhar a subsistência da família. Com muitas famílias dependendo de salários ganhos pelos filhos para sobreviver, os jovens eram regularmente retirados da escola assim que se tornavam fortes o suficiente para o trabalho manual, em média aos 12 ou 14 anos. Pais e empregadores mentiam sobre a idade das crianças para fugir das leis que regulamentam o trabalho infantil – que existiam, mas não eram aplicadas.

Muitos estados promulgaram leis de educação obrigatória em 1879 e havia uma disposição admirável de escolas estaduais com financiamento público disponíveis para crianças da classe trabalhadora de ambos os sexos, mas, como Eleanor descreveu:

> Quando as pessoas passam fome, as crianças precisam conseguir o pão antes de serem educadas. Em todas as cidades industriais do leste, em todos os distritos madeireiros, até mesmo em muitas cidades do oeste, ouvimos a mesma história: 'As crianças têm de trabalhar; eles não podem ir à escola'.[38]

Depois de um longo dia de trabalho, milhares de rapazes e moças de 16 anos ou mais se esforçavam para combinar seus empregos na fábrica com a tentativa de obter alguma educação em escolas noturnas. Jovens trabalhadores agrícolas cresceram sem nenhuma chance de aprender. Eleanor entra em detalhes minuciosos e exatos sobre o pagamento, as condições e a vida das crianças no sistema de trabalho – as condições para as crianças nas indústrias do fumo e do telégrafo eram particularmente horrendas, em sua opinião: simplesmente trabalho escravo. Essas crianças não foram educadas, não brincavam e muitas vezes mal tinham uma casa para onde ir. Menos capazes de se organizar do que os adultos, as crianças trabalhadoras eram o setor mais vulnerável.

Eleanor concluiu sua análise sobre o trabalho feminino e infantil "chamando a atenção para os três principais pontos sobre os quais, segundo os relatórios, a racionalização do trabalho é unânime: abolição do trabalho infantil, jornada de trabalho de oito horas, organização".[39]

Aveling foi ao teatro em todas as oportunidades. Tussy se juntava a ele quando podia escapar das reuniões e do trabalho durante as noites, o que não acontecia com frequência. Como as despesas dele estavam cobertas e as dela não, isso era, aparentemente, justo. No entanto, por mais que Edward guardasse todos os seus ingressos de teatro para cobrar as despesas, mais tarde descobriu-se que ele havia comparecido à maioria dos *shows* com ingressos de cortesia para a imprensa, alegando que era um crítico de teatro para o jornal *Saturday Review* e outros periódicos de artes.

Ele certamente aproveitou bem as oportunidades de morar na América às custas dos outros. Demandava melhores hotéis e trens Pullman sempre que possível, e se divertia muito zombando das leis de abstinência nos estados que possuíam a proibição. Em Rhode Island, ele pediu com malícia uma garrafa de champanhe: "em dez minutos uma garrafa de Heidsieck estava diante de mim e, logo depois, dentro de mim".[40] No Pullman para o Iowa da Lei Seca, Edward zombou e incomodou Tussy ao abrir uma garrafa de vinho branco que ele havia escondido e o bebeu, com grande deliberação, na frente de outros passageiros, enquanto ela olhava pela janela e fazia anotações sobre o preço da terra, "tão perversamente exorbitante que mesmo os barracos estão hipotecados até o teto".[41]

Com um humor devasso, Edward comprou para Tussy um bom tabaco Virginia para fumar – provavelmente produzido pelas crianças trabalhadoras que ela entrevistou. Em uma ocasião, quando ela o acompanhou ao teatro, ele a presenteou com um elaborado ramalhete de flores, bem longe de seu usual gosto discreto, mas bem-vindo como um sinal de sua atenção.

Biblioteca se juntou a eles e, no início de novembro, os três chegaram ao centro-oeste. Edward e Biblioteca visitaram os anarquistas condenados de Chicago na cadeia do Condado de Cook. Foram recebidos pelo Capitão William Perkins Black, de "físico e mente gigantes" e sua pequena esposa "indomável" (pequena, como observou Tussy, apenas em estatura, não em espírito).[42] Veterano condecorado da Guerra Civil e herói, Black, um bem-sucedido advogado corporativo com sua própria prática, agora representava o caso da Revolta de Haymarket. Durante sua estada de quatro dias na cidade, hospedada pelos Black, Tussy veio a entender em detalhes os eventos que abalaram Chicago ao longo desse ano importante.

No primeiro de maio de 1886, foi proclamada uma greve de trabalhadores em todo o país para fazer cumprir a jornada de trabalho de oito horas nos Estados Unidos, sob a liderança da Federação de Comércios Organizados e Sindicatos Trabalhistas liderados por Samuel Gompers. A decisão foi ratificada e apoiada pelos Cavaleiros do Trabalho, acordando que os sindicatos que não decidissem fazer greve fariam todo o possível para ajudar seus irmãos. Até aquele momento, os Cavaleiros, em princípio, desencorajavam o conflito aberto com os empregadores e suas regras proibiam a discussão política; mas agora eles reconsideraram.

No sábado, primeiro de maio, mais de 300 mil trabalhadores de 11 mil comércios e empresas se manifestaram nas ruas do país. Quarenta mil trabalhadores em Chicago, 11 mil em Detroit e 25 mil em Nova York marcharam em procissão iluminada por tochas pelo centro de Manhattan, liderados pelos padeiros da cidade. O *New York Times* considerou o movimento pela jornada de oito horas de trabalho "antinacionalista",[43] e alarmou a indústria e a mídia pró-capitalista alardeando que o primeiro de maio era, na verdade, a data para a insurreição da classe trabalhadora comunista e a "Comuna de Paris" da América.

O resultado bem sucedido dessa ação do Dia do Trabalhador foi garantir uma jornada de oito horas para aproximadamente 200 mil trabalhadores estadunidenses. Para evitar que um grande número de empregados aderisse à greve, alguns empregadores haviam feito a concessão antes da ação. A adesão sindical aumentou drasticamente, assim como a solidariedade e as redes sociais entre diferentes organizações operárias. A polícia, a imprensa pró-capitalista e a Agência Nacional de Detetives Pinkerton ficaram consternados com a efervescência nacional, particularmente no reduto socialista de Chicago onde, em 1º de maio, a cidade havia parado completamente.

Uma oportunidade de retaliação se apresentou no dia 3 de maio, nos portões da fábrica de ceifeiras McCormick Harvester, onde os trabalhadores fizeram greve contra um sistema injusto de trabalho por peça. Naquela noite, os grevistas esperaram nos portões em um piquete que havia sido atravessado por 300 fura-greves escoltados para a fábrica naquela manhã sob a proteção da polícia e da Pinkerton. Quando os pelegos surgiram flanqueados por homens armados da Pinkerton, a multidão os interrompeu e os empurrou. Os Pinkerton abriram fogo e, enquanto os grevistas se dispersaram, sete homens foram mortos. Cidadãos furiosos de Chicago – homens, mulheres e crianças – se reuniram na Praça Haymarket na noite seguinte para protestar contra a morte dos grevistas. Carter Harrison, o prefeito antissocialista de Chicago, participou da manifestação e, antes de ir para casa jantar, disse à polícia que eles deveriam se dispersar e se retirar, pois era um ato pacífico e calmo.

Eles o ignoraram. Cerca de 200 policiais armados cercaram a multidão e ordenaram que a reunião parasse. Sam Fielden, um imigrante britânico que foi o orador da noite, se opôs, dizendo que tratava-se de uma assembleia pacífica. Enquanto dizia isso do palanque, uma bomba explodiu e o policial Mathias Degan morreu instantaneamente. Em seguida, seis policiais foram feridos e morreram; e cinquenta ficaram gravemente feridos. A polícia abriu fogo, atirando diretamente na multidão e naqueles que fugiam. Muitos manifestantes sofreram ferimentos e um número desconhecido foi morto. Pânico, prisões em massa e detenção sem julgamento seguiram por toda a cidade naquela noite. Os suspeitos foram espancados e torturados e, por fim, oito homens foram acusados do assassinato de Degan. Destes oito, Sam Fielden e August Spies, o editor do jornal alemão anarquista *Arbeiter Zeitung* [Gazeta do trabalhador], eram os dois únicos homens presentes quando a bomba foi lançada.

O julgamento, ocorrido em junho, foi uma farsa. O juiz Joseph Gary nem sequer manteve a pretensão de que os oito réus estavam sendo julgados pelo assassinato de Degan. Eles foram acusados de produzir literatura anarquista em línguas que não podiam falar nem ler. Ao sentenciar sete dos homens à forca, em 3 de dezembro, o promotor explicou com claras palavras: "A anarquia está em julgamento".[44] O oitavo homem, que provou não ter estado presente na reunião de Haymarket na noite em questão, foi condenado à servidão penal por 15 anos.

Estes foram os homens que Aveling e Liebknecht visitaram na prisão no Condado de Cook, e cujo caso William Perkins Black apresentou tão convincentemente a Eleanor, que acompanhara o caso de Londres desde os eventos de maio. Na época de sua visita, em novembro, os réus tinham acabado de receber a notícia de que o primeiro pedido de apelação havia sido negado. Irredutível, Black pressionou por um novo julgamento.

A opinião de Eleanor era a de que o anarquismo tinha se mostrado um empecilho para o desenvolvimento de um programa de democracia social e econômico tanto na América quanto no movimento inglês. Ela era "totalmente oposta aos métodos e objetivos do anarquismo".[45] No entanto, os anarquistas de Chicago eram agora vítimas notoriamente conhecidas de uma terrível corrupção do sistema de justiça e Eleanor, apesar das divergências políticas, era intransigente em seu apoio:

> Era nosso dever, e fizemos disso nosso trabalho, falar em todas as reuniões que realizamos na América em favor de um novo julgamento para os anarquistas condenados de Chicago.[46]

Desde o início de sua turnê de agitação pela América, Eleanor encorajou seu público a "lançar três bombas entre as massas: agitação, educação, organização".[47] Ela definiu com precisão a diferença fundamental entre socialismo e anarquismo:

> É verdade que tanto anarquistas quanto socialistas atacam o atual sistema capitalista. Mas os anarquistas atacam do ponto de vista individualista, conservador, reacionário; os socialistas, do ponto de vista comunista e progressista... Os socialistas acreditam na organização; acreditam na ação política, na tomada do poder político pela classe trabalhadora como o único meio de alcançar a completa emancipação econômica, que é o objetivo final.[48]

Em um discurso em Nova York, em 19 de setembro, Eleanor apontou como era característico que os ataques mais violentos feitos a ela, Aveling e Liebknecht desde a chegada aos EUA tivessem vindo de escritores e oradores anarquistas. "A imprensa capitalista de Chicago queria que fôssemos enforcados depois de desembarcarmos; o artigo de Herr Most,[49] *Die Freiheit* [*A liberdade*], disse que era para atirar em nós antes de desembarcarmos."[50] Mas o ponto aqui, disse Eleanor, era a justiça, e não o antagonismo entre socialismo e anarquismo.

A partir do momento em que pôs os pés em solo estadunidense, Tussy exigiu justiça para os anarquistas de Chicago. Ela continuou a discursar em apoio a um novo julgamento para os condenados em todas as reuniões na

América. Expôs seu caso com precisão e domínio dos requisitos do Estado de Direito.[51]

Eleanor deplorava o anarquismo. Em sua opinião, isso "arruinou o movimento internacional... fez retroceder os movimentos espanhol, italiano e francês por muitos anos... se provou um obstáculo na América; e... na Inglaterra... é definitivamente um estorvo".[52] Mas ela era irrestrita tanto política quanto pessoalmente em seu apoio e ativismo em nome dos anarquistas de Chicago. Justiça devia ser feita.

No Dia de Ação de Graças, em 25 de novembro, William P. Black garantiu a suspensão da execução, garantindo que os homens não fossem enforcados em 3 de dezembro. Com Henry George, líder do novo Partido Trabalhista, na prefeitura de Nova York, as coisas estavam mais esperançosas quando a viagem de Eleanor e Edward foi concluída, em dezembro.

Terminando em Nova York, onde começaram, eles se juntaram a uma reunião em massa, em 21 de dezembro, para se opor ao estabelecimento de uma *workhouse* para a população de rua. Edward foi ao teatro e, entre suas reuniões, Tussy conheceu sufragistas e mergulhou nas livrarias. Em 23 de dezembro, eles apresentaram um relatório sobre a turnê de agitação para uma reunião geral de seus anfitriões, o Partido Trabalhista Socialista. O discurso de Eleanor enfatizou a necessidade de uma organização feminina como parte integrante do movimento social.

As trabalhadoras estadunidenses, ela acreditava, sofriam condições piores do que as da Inglaterra. O problema dos salários das mulheres e de crianças era o problema geral de todas as condições trabalhistas e industriais, e a organização das mulheres não era e não deveria ser um corpo político separado. As mulheres deveriam participar de reuniões, concorrer à liderança e levar suas filhas (em sua maioria, também trabalhadoras) com elas para reuniões, e incentivá-las a ter voz nos conselhos juvenis. Todos os homens trabalhadores, disse Tussy, tinham o dever de ajudar as mulheres com as crianças e o lar para garantir a plena capacidade de participar do movimento social e político.

Ao passo que o discurso final de Eleanor na América foi decisivamente um chamado socialista-feminista às armas, o de Aveling foi estrategicamente controverso. De maneira brava e corajosa, Edward declarou que: "O movimento, para ter sucesso, deve se tornar estadunidense e passar das mãos dos alemães para as do povo de língua inglesa".[53] Desafiando diretamente seus anfitriões e a liderança do partido, Aveling afirmou, com base em sua experiência dos últimos três meses: "Se fosse um trabalhador estabelecido aqui, eu me juntaria aos Cavaleiros do Trabalho e à União Trabalhista Central para espalhar minhas doutrinas socialistas nesses círculos." Ele enfatizou seu ponto de vista ao afirmar que, se o partido alemão não fizesse isso, poderia muito bem desistir e "sair de cena".[54]

As recomendações indesejadas de Aveling geraram uma enxurrada de perguntas hostis do público, deteriorando-se em um ataque pessoal de Edward à "estupidez e egoísmo" de Wilhelm Rosenberg, o secretário do PTS. Após esse fim ríspido da assembleia pública, Edward, acompanhado por Tussy, foi imediatamente a uma reunião com o executivo do partido para apresentar suas contas e despesas. O momento não poderia ter sido mais desastroso. Sem o conhecimento de Tussy, Rosenberg já havia avisado Aveling no início do mês que as despesas da viagem "haviam sido inchadas mais do que o PST havia antecipado", e que, consequentemente, não havia dinheiro para organizar a conferência de socialistas de língua inglesa em Nova York proposta por Aveling e Liebknecht à liderança alemã.

Na reunião executiva para revisar as finanças da viagem, o clima ficou tenso entre Aveling e Rosenberg. O executivo "considerou minhas despesas como excessivas de ponta a ponta", resmungou Aveling, "e nos denunciou como aristocratas que vivem com o dinheiro dos trabalhadores, não merecedores de pertencer ao partido etc."[55]

Edward havia agrupado todas as suas despesas, não separando os custos de seu trabalho jornalístico, ingressos de teatro e despesas de entretenimento para o Biblioteca e sua filha quando estavam todos juntos em Boston. O executivo havia concordado em pagar as despesas de locomoção de Tussy e incluí-la na tarifa do hotel de Edward; mas ele tinha displicentemente reunido todos os recibos e faturas juntos, e os enviado para o executivo do PTS com uma mensagem, em que pedia para "que decidissem qual eles achavam que o partido deveria ser o responsável".[56] Sua despesa era extravagante; sua contabilidade, desleixada – e ele esqueceu que estava lidando com alemães.

Rosenberg acusou Aveling de administrar indevidamente as finanças e Tussy se manteve sentada, mortificada e muda, durante todo o fiasco. O comitê executivo concordou em honrar a proposta de Aveling de $1.300 por 13 semanas de palestras, mas deplorou sua presunção às custas deles. A humilhação final para Tussy foi quando Herman Walther apontou, com raiva, uma despesa de $25 para um ramalhete de flores: "Você considera estas despesas legítimas?", esbravejou para Edward. Ela recebera um ramalhete de flores de Edward durante a viagem, mas nada como toda uma estufa de flores necessária para pagar essa conta; e só pôde concluir, em silêncio, que Edward havia comprado buquês para outras mulheres.

Eles deixaram Nova York na manhã de Natal. Envolta pelo frio do inverno no deck, Tussy olhou para a resplandecente estátua de cobre, de 151 pés de altura, o braço erguido segurando uma tocha. *A liberdade iluminando o mundo* fora inaugurada em 28 outubro pelo presidente Cleveland. Eleanor tinha lido na imprensa que, no pedestal da Senhora Liberdade, estava inscrito *The New Colossus*, um soneto de Emma Lazarus – uma poeta estadunidense de sobrenome apropriado – que dava boas-vindas a imigrantes aos Estados Unidos:

> Dai-me vossos pobres fatigados,
> As multidões que por só respirarem livres zelam,
> Resíduos miseráveis dos caminhos fervilhados.
> Mandai-os a mim, desabrigados, que a minha vela
> Os guiará, calmos, através dos portões dourados!*

As contradições da América – como as da própria Tussy – eram numerosas o suficiente para ocupar sua mente durante a viagem de volta para casa.

---

* Tradução publicada no verbete The New Colossus, da Wikipedia. Disponível em: https://pt.wikipedia.org/wiki/The_New_Colossus#cite_ref-4. Acesso em: 27 abr. 2021.

ESSENCIALMENTE INGLESA

Profissionalmente, o trigésimo segundo ano de Tussy começou bem. A tradução para o inglês d'*O capital* saiu no início de janeiro de 1887, e Ernest Belfort Bax escreveu uma resenha admirada *d'A história da comuna de Paris* de Lissagaray no *Commonweal*, dizendo que deveria estar nas mãos de todo socialista, e que "a tradução do livro... é excelente".[1] O sucesso profissional dela, no entanto, foi eclipsado pelo escândalo das despesas de Edward.

No dia de Ano Novo, enquanto Tussy e Edward ainda estavam em alto-mar, o *Daily Telegraph* [*Telégrafo Diário*] havia pego a história do *New York Herald*, entregando a Hyndman uma arma para desacreditar Aveling na Inglaterra. Quando o navio Costly Apostle[2] aportou em Liverpool, em 4 de janeiro, a emboscada da imprensa e de seus inimigos políticos já estava bem armada. "A ideia de Aveling de 'trabalho não remunerado', ramalhetes de flores e ingressos de teatro", "Um penetra nos hotéis" e "Notas de dinheiro jogadas na cara dele" foram manchetes na imprensa de esquerda e direita. O hábito de fumar de Tussy foi ridicularizado: "A conta extraordinária teve uma soma redonda de $50 em charutos para o médico e *cigarros para sua mulher emancipada*".[3] "No total", concluiu o *Evening Standard* [*Estandarte do fim da tarde*], "dar palestras sobre socialismo parece ser um negócio lucrativo".[4]

A manipulação financeira de Aveling deu ao PTS a oportunidade de vingança por sua real queixa contra ele: sua recomendação pública, por todos os lugares que passou na América, de que o PTS deveria se unir aos Cavaleiros do Trabalho e outras organizações socialistas americanas de base, de língua inglesa. Enquanto Hyndman buscava sua vantagem política, Tussy e Edward tiveram que acampar com General e Lenchen no número 122 da rua Regent's Park até encontrarem um lugar para morar. O General ficou aliviado por ter Tussy sob sua proteção. A reação do "pobre Edward" à crise foi, como de costume, ficar doente, dessa vez com amigdalite, obrigando-o a fugir de Londres para se recuperar. "Ele não tem superpoderes de resistência à doença", Engels comentou de maneira seca para Laura, "e isso o abalou muito. Ele tem ido e vindo de Hastings".[5]

Publicamente, Engels apoiou Aveling e rejeitou os pedidos oficiais para boicotá-lo. Embora, disse ele, só conhecesse Aveling há quatro anos, ele não tinha motivos para duvidar de seu caráter ou acreditar que havia tentado "fraudar" o partido:

> Como ele poderia fazer isso durante toda a viagem sem que sua esposa soubesse? E, nesse caso, as contas a incluem também. Então isso é totalmente absurdo, pelo menos aos meus olhos. Eu a conheço desde criança, e nos últimos 17 anos, ela tem estado constantemente comigo. E, mais do que isso, herdei de Marx a obrigação de apoiar suas filhas, como ele próprio teria feito e de cuidar, até onde esteja ao meu alcance, para que elas não sejam prejudicadas. E isso eu farei, apesar dos quinze Executivos. A filha de Marx fraudando a classe trabalhadora – realmente hilário![6]

A defesa do General girava em torno de Eleanor. Não havia dúvidas de que Aveling havia trapaceado em suas contas. Ele ignorou a acusação de fraude com a desculpa bastante esfarrapada de que sua "natureza artística" o impedia de ser capaz de prestar contas ou administrar. A estudada incompetência de Edward deixou o General preocupado quanto à segurança de Tussy, mas ele julgou que Edward era culpado apenas de estupidez, não de corrupção política:

> O jovem causou tudo a si mesmo por sua total ignorância da vida, das pessoas e dos negócios, e por sua fraqueza para o sonho poético.

> Mas eu dei uma boa sacudida nele, e Tussy fará o resto. Ele é muito talentoso e útil, e totalmente honesto, mas entusiasmado como um menino e sempre inclinado a algum absurdo. Bem, eu ainda me lembro de quando eu também era um bocó.[7]

Eleanor foi menos indulgente. O próprio General lhe ensinara que competência financeira e comercial eram requisitos essenciais para a probidade política. Não foi a primeira vez que ela percebeu que havia mais liberdade social dada aos homens por impropriedade sexual e financeira do que às mulheres na vida pública.

Desde o início de 1888, muito do tempo de Eleanor foi dedicado a discursar em público. Em 26 de janeiro e em 2 de fevereiro ela deu palestras sobre a América para reuniões lotadas no salão Farringdon. Em 11 de abril, discursou em um comício ao ar livre no parque Hyde para cerca de 15 mil pessoas, principalmente homens trabalhadores, reunidos para protestar contra a nova lei criminal para a Irlanda. Segundo todos os relatos, Tussy foi a oradora mais popular. Até o repórter do *Daily Telegraph* se viu seduzido pelo socialismo de sereia de Eleanor:

> Muita atenção foi dada ao discurso proferido pela sra. Marx Aveling, que usava por baixo da capa marrom um vestido de pelúcia verde com um chapéu largo debruado a combinar. A senhora tem uma maneira atraente e bastante bonita de apresentar ideias revolucionárias e socialistas como se fossem os pensamentos mais gentis do mundo.[8]

Como ilustrou, nessa época, outro ato público no Parque Victoria, em Hackney, Eleanor agora se tornava uma oradora pública popular. Ela deu palestras sobre "Socialismo na América" e "A posição relativa dos trabalhadores ingleses e americanos" nas seções da Liga Socialista por toda Londres. Ela e Edward instigaram o que Engels descreveu como "uma agitação de muito sucesso no East End de Londres", falando nos Clubes Radicais – clubes de trabalhadores – sobre o movimento estadunidense e propondo a formação de um novo partido da classe trabalhadora baseado nos princípios de Marx:

> ... ele e Tussy estão muito ocupados com o trabalho. Agora é uma questão imediata de organizar um Partido Trabalhista inglês com um programa de classes independente. Se for bem-sucedido, serão rele-

> gadas para o fim da fila tanto a Federação Social-Democrata quanto a Liga Socialista, e esse seria o fim mais satisfatório para as disputas atuais.[9]

Entre as disputas atuais estavam aquelas entre Eleanor, Edward, William Morris e os anarquistas da Liga Socialista. A campanha de Eleanor visava persuadir os membros de que o socialismo era a melhor estrutura política e da necessidade de um partido trabalhista independente que, ao contrário da abordagem anarquista da LS, permitisse a representação eleitoral dentro do sistema parlamentar existente e respeitasse o Estado de Direito.

A experiência de Tussy na América confirmou sua crença na necessidade absoluta de um partido parlamentar dos trabalhadores. Ela viajou para lugares e instituições na periferia de Londres para espalhar essa mensagem, incluindo o Clube Central Liberal e Radical Croydon, onde ela discursou sobre "Homens trabalhadores e política".

Esta mobilização foi contígua com a tempestade que se formava dentro da Liga Socialista, que finalmente irrompeu em sua Terceira Conferência Anual em 29 de maio. Enquanto defendia resolutamente os anarquistas condenados em Chicago, Eleanor estava profundamente mergulhada na batalha ideológica com os anarquistas dentro da Liga Socialista. Como ela havia previsto desde o início, a tendência anarquista era a maior força na LS e acabaria por prevalecer. Até agora, eles superaram suas diferenças, mas então veio o ponto crítico, entrelaçado com o descrédito de Aveling.

Em 29 de maio, Morris propôs uma emenda de compromisso com "a política de abstenção de ação parlamentar", aprovada por 17 votos a 11. Eleanor, representando a seção de Bloomsbury, votou contra esta resolução anarquista de não participar da democracia parlamentar representativa. Ela se desligou da LS na manhã seguinte, assim como Aveling. No mesmo dia, com uma sincronia desastrosa, um escândalo sexual estourou no colo de Aveling, por meio da indignada Gertrude Guillaume-Schack, uma anarquista e feminista alemã. Aveling, ela afirmava, era culpado de desonrosos atos sexuais, muito mais graves do que seu peculato financeiro na América, e vinha "difamando sua própria esposa", Eleanor.[10] A decisão política de Tussy de romper com as, agora explícitas, políticas anarquistas de Morris e deixar a LS em um voto inequívoco estava agora ofuscada por fofocas sobre a promiscuidade sexual e a deslealdade de Aveling.

Tussy e Edward mudaram-se para o New Stone Buildings, na alameda Chancery, número 65. Apesar do nome, não havia nada de novo no cortiço. Zinaida Vengerova visitou Tussy na pequena cobertura, descrevendo: "a fraca luz a gás da escada sem fim preservava inteiramente o espírito das favelas comerciais de Dickens". A cobertura era "cinza, nada atraente e paupérrima".[11] Não é de se admirar, então, que Tussy tenha ficado emocionada quando, no final da primavera, uma encomenda para escrever uma série de artigos sobre "A Stratford de Shakespeare"[12] a levou, junto a Edward, a descobrir por acaso um refúgio no coração de Warwickshire.[13]

Seguindo uma das caminhadas favoritas do bardo até Bidford, eles passaram pelo vilarejo de Dodwell ("pronunciado Dad'll pelos 'nativos'"),[14] próximo à antiga rua Roman, de Evesham a Warwick.[15] Tussy avistou duas cabanas de pedra em uma fazenda, uma com uma placa para alugar. O surpreso fazendeiro lhes disse que custava dois xelins por semana, "mas, a princípio, tentou explicar que eram apenas cabanas para trabalhadores – ele não conseguia entender a nossa vontade de vir".[16] Eles aceitaram a locação imediatamente, e trouxeram seus animais de estimação de Londres. Tussy ficou encantada por escapar da pompa da circunstância do jubileu de ouro da Rainha Vitória e da autocomplacência do imperialismo britânico em Londres, o que William Morris descreveu como "esta vulgar procissão de pompa real".[17]

Eleanor e Edward colheram batatas e passaram tardes felizes juntos, semeando todos os tipos de vegetais e flores: "Na próxima primavera, nosso jardim não será apenas ornamental, mas útil!".[18] Dodwell e sua aldeia vizinha tinham, juntos, uma população total de 100 pessoas e ostentava, como William Cobbett registrou com admiração, alguns dos solos mais ricos do Reino. Até então uma pessoa urbana até os cadarços, Tussy estava encantada, por fora e por dentro. Pela primeira vez desde que saiu de casa, ela tinha sua própria cozinha, bem como despensa, lavabo e um jardim de mil metros quadrados. Ela convidou Laura e Paul para visitá-la e ficar com ela:

> Eu não posso te dizer o quão charmosa é esta vida no campo depois da pressa, preocupação e desgaste de Londres. É, como Scott o chama, – 'o belo condado', essencialmente inglês, é claro, no caráter, já que se torna o futuro lar de Shakespeare. Pense nisso, Laura, o lar de Shakespeare![19]

Tussy adorava trabalhar alguns dias por semana "onde ele nasceu (com a permissão do bibliotecário)" e, continua ela, com entusiasmo: "visitamos sua casa e vimos a antiga capela da guilda... e a velha escola primária – inalterada – para onde ele ia 'de má vontade para estudar; e seu túmulo na Igreja da Trindade, e a cabana de Ann Hathaway, ainda como era quando Mestre Will ia cortejá-la, e a cabana de Mary Arden em Wilmecote – o lugar mais lindo de todos".[20]

Tussy revisou seus artigos sobre a América, inicialmente publicados no *Time* [*Tempo*], para a próxima publicação de Sonnenschein de *O movimento da classe operária na América*. Ela desfrutou traduzir contos do escritor norueguês Alexander Kielland e, por ter aprendido, por si só, norueguês com modesta proficiência, estava determinada a melhorar sua compreensão de Ibsen. "É... um verdadeiro dever espalhar um ensinamento tão grande como o dele, e o meu pequeno esforço é apenas um pobre começo".[21]

O atraso de Edward na entrega de seu trabalho, uma tradução de *Rússia, política e social*, de Lev Aleksandrovich Tikhomirov, fez com que Sonnenschein retivesse os *royalties* devidos da exitosa venda de *A questão da mulher*. Uma bela ironia. O último discurso de Tussy antes de deixar Londres para suas férias de verão foi para a seção Clerkenwell da Liga Socialista sobre *A questão da mulher*, no qual ela descreveu como a base econômica da opressão e exploração de gênero atinge todas as classes de mulheres. Ela sabia do que estava falando.

Aveling estava trabalhando em uma adaptação de *A letra escarlate** de Hawthorne e uma produção de sua própria peça de um ato, com o título pouco atraente de *Detritos* [*Dregs*]. Isso exigiu inúmeras viagens de volta a Londres para consultar – assim ele alegava – uma jovem atriz em ascensão chamada Rose Norreys, de quem ninguém nunca tinha ouvido falar. As oportunidades de Edward para flertar em Londres enquanto Tussy se escondia na segurança no campo foi repentinamente constrangida quando, não por coincidência, Olive alugou quartos diretamente vizinhos aos deles na alameda Chancery. Enquanto Edward andava às escondidas com sua jovem protegida em outro lugar, longe dos olhos observadores de Olive, Tussy, alegremente alheia a isso, se concentrava no drama elisabetano:

---

* *The Scarlet Letter*, obra de Nathaniel Hawtorne, publicada em 1850 nos EUA.

> Agora que estive nesta pequena e sonolenta Stratford e conheci os estratfordianos, sei de onde vêm todos os Dogberry, os Bottom e os Snug. Você os encontrará aqui hoje. Perto do nosso 'Kastle' há um banco – muitos pensam que é Titânia, pois está coberto de tomilho selvagem e prímulas e violetas... Eu nunca soube o quanto Shakespeare era estratfordiano. Todas as flores são de Stratford, e Charlecote, eu apostaria, é Arden de Rosalind.[22]

Enquanto *vivia o sonho de uma noite de verão,* Tussy recebeu uma carta de Havelock Ellis, com uma bem-vinda encomenda para que ela editasse uma nova coleção de peças não censuradas de Christopher Marlowe. Ele também perguntava se ela gostaria de trabalhar em um drama "pouco conhecido, mas de considerável interesse, *Um aviso para as mulheres honestas* [*A Warning for Fair Women*]".[23] Vizetelly havia recentemente nomeado Havelock Ellis editor geral de um novo projeto radical, chamado Série da Sereia, para publicar peças de dramaturgos elisabetanos.

Por mais feliz que estivesse, o relógio biológico por bebês do início dos 30 anos marcava a correspondência de Tussy nesse momento. Ela ansiava por ver Johnny novamente, perguntava detalhadamente sobre sua sobrinha Mémé, filha de Jenny, enviava livros e brinquedos que ela mal podia pagar para as crianças e preocupava-se com o futuro delas. "Eu gostaria de poder ter um comigo. Uma casa soa tão diferente com o riso de uma criança".[24]

Das prímulas e violetas do campo de Shakespeare, Tussy voltou à capital em outubro e marchou direto para a fumaça e o vapor do proselitismo político no East London. Não sem antes visitar Lenchen e o General para orgulhosamente presenteá-los com uma grande cesta de produtos, incluindo manteiga que ela mesma preparou, frutas que ela colheu e ovos de seus próprios patos e galinhas. Ela abateu, depenou e desossou alguns desses animais para Lenchen assar em uma das "devassas dominicais habituais" do General,[25] como Tussy os chamava. Não é pouca coisa, observou Lenchen com aprovação, para a garota da cidade que alguns anos antes entrara em pânico ao ser deixada responsável por algumas galinhas poedeiras.

Eleanor voltou para uma Londres em ebulição sobre a autonomia política* irlandesa. Os Clubes Radicais, a Liga Nacional Irlandesa e as organi-

---

* No original, Home Rule. No caso, foi um movimento para garantir a autonomia interna da Irlanda dentro do Império Britânico.

zações socialistas estavam orquestrando uma agitação massiva. "Grandes reuniões estão sendo realizadas em todos os lugares e, pela primeira vez, a classe trabalhadora inglesa está apoiando a Irlanda",[26] relatou Tussy à sua família em Paris. Ela discursou por toda Londres em apoio à autonomia política irlandesa, entre suas aulas e seu *hackwork* "infernal" habitual. Neste outono, ela também fez campanha em nome dos anarquistas de Chicago.

Em setembro, a Suprema Corte de Illinois rejeitou o recurso e confirmou as sentenças de morte dos acusados. William P. Black pediu a Eleanor e Edward que mobilizassem os clubes de trabalhadores em Londres para aprovar resoluções de protesto contra a decisão e apresentar petições ao presidente e à Suprema Corte dos EUA. Muitos Clubes Radicais subscreveram um telegrama de petição, organizado por Eleanor, pedindo misericórdia: "obtivemos – em um dia – 16.405 votos para a petição que enviamos por telegrama".[27] Outros simpatizantes na Inglaterra organizaram petições semelhantes, incluindo Henry Hyndman e Annie Besant.

Em uma entrevista ao *Pall Mall Gazette*, Eleanor chamou a atenção de seus leitores de classe média para a violação do Estado de Direito perpetrada contra os réus: "Não havia realmente evidências suficientes para enforcar sequer um cachorro".[28] Ela defendeu o caso em termos mais explícitos para os leitores socialistas do *Today*. O movimento da jornada de oito horas, ela lembrou aos leitores, foi a raiz dos eventos em Chicago: "a sentença é uma sentença de classe; a execução será uma execução de classe".[29]

Petições e pedidos de clemência não impediram os enforcamentos. O que Eleanor descreveu como o "assassinato legal" dos martirizados anarquistas de Chicago ocorreu em 11 de novembro. Em meio à consternação sobre este desfecho, Hyndman alegou publicamente que um dos telegramas da petição nunca havia sido enviado porque Edward teria adulterado as assinaturas.

A questão sobre a autonomia política irlandesa foi apenas uma parte do conflito econômico e da agitação política que caracterizou o ano do jubileu de Vitória. O descontentamento dos desempregados de Londres avançou ao longo dos meses de primavera e verão, pegando a maré crescente de lutas industriais em toda a Grã-Bretanha, inspiradas pelas greves dos mineiros em Lanarkshire e Northumberland no início do ano. A Liga Socialista apoiou todos os centros de greve, desenvolvendo o *slogan* "UNIÃO entre

TODOS os trabalhadores" e propondo a necessidade de educação para o socialismo e uma grande federação de trabalho nacional e internacional. Em 1887, grandes setores dos trabalhadores já haviam encontrado seu próprio caminho para o socialismo, especialmente na Escócia.

Justamente quando começavam a analisar as possibilidades de uma mudança social e econômica revolucionária, o crescente movimento de desempregados em Londres ficou sem liderança em um momento crítico quando John Burns e Henry Hyde Champion deixaram, de repente, a Federação Social-Democrata devido ao seu descontentamento com Hyndman. As pessoas se reuniram na Praça Trafalgar, realizando atos políticos, fazendo discursos, perguntas, discutindo como nomear novos líderes e a viabilidade de uma revolução sem liderança. A Praça Trafalgar tornou-se um centro de protestos democráticos diários e de liberdade de expressão, a uma distância que se escutava do Parlamento. Os desempregados famintos incomodavam os lojistas, hoteleiros e donos de restaurantes que pagavam aluguéis altos para estar no centro da metrópole. Viajantes e turistas abastados, que vinham a Londres para gastar dinheiro, encontravam sua diversão arruinada. Afinal, disse o *Illustrated London News* [*Notícias Ilustradas de Londres*], "Quem traria um grupo de mulheres e crianças a um hotel em Charing Cross com a chance de ter sua saída bloqueada durante toda a tarde?"[30]

Conforme seus números aumentavam, repetidas tentativas foram feitas para esvaziar a praça. Durante outubro, houve agressões e prisões contra os manifestantes usando a cavalaria, cassetetes e bastões. Em 8 de novembro, o governo proibiu todos os atos na Praça Trafalgar e os londrinos se mobilizaram durante a noite para proteger seu direito de reunião. A Federação Metropolitana de Clubes Radicais, a Liga Nacional Irlandesa e a Liga Socialista fizeram um chamado para uma manifestação pela liberdade de expressão e anticoerção, a ser realizada no domingo, 13 de novembro, sob o lema "À Praça!".

Tussy e Edward marcharam na frente do comício que começou no leste da cidade e convergiu com outras manifestações na Praça Trafalgar. Eles foram recebidos por militares armados, policiais a pé e montados. Os 300 guardas granadeiros e os 250 guardas salva-vidas da Brigada doméstica tinham 20 cartuchos de munição cada um, e a força total aguardando os manifestantes, incluindo a polícia, chegava a 4 mil.

Tussy se colocou na linha de frente dos manifestantes tentando forçar a entrada na praça cercada por barricadas. A luta começou. Muitos manifestantes desarmados e amedrontados entraram em pânico. Eleanor ficou consternada com a covardia deles: "só depois de eu ter gritado até ficar rouca, chamando os homens para se levantarem e combaterem, alguns irlandeses fecharam o cerco. Isso atraiu outras pessoas, como você verá pelos jornais; nós, na ponte Westminster, compúnhamos uma bela cena. Mas foi repugnante ver os homens fugirem".[31] Ela ficou horrorizada com a brutalidade policial, chutando homens e mulheres caídos, coagindo as pessoas sob os cascos dos cavalos e golpeando-as com seus cassetetes. Centenas de pessoas foram feridas, presas, acusadas e posteriormente condenadas. Mais de 200 foram hospitalizadas e pelo menos três morreram em consequência dos ferimentos.

Dois policiais agarraram Eleanor e tentaram levá-la presa, mas ela escapou e voltou a pé para a casa do General, na Regent's Park. Ela havia perdido Edward, que evaporou de seu lado quando o conflito começou. Tussy apareceu na porta do General com "seu casaco em farrapos, seu chapéu amassado e rasgado por um golpe", como ele disse a Lafargue, acrescentando ironicamente: "Edward salvou sua pele, pulando fora logo no início ao se ver diante daquele contingente".[32] George Bernard Shaw, que estava nesse grupo, confirmou alegremente a covardia viril deles. Ele descreveu como ficou paralisado de terror quando a luta estourou na Praça Trafalgar, tendo instintivamente se esquivado:

> você deveria ter visto aquele anfitrião de coração elevado correr. Correr dificilmente expressa nossa ação coletiva. Nós *desembestamos* e não puxamos as rédeas até que estivéssemos seguros em Hampstead Heath... Acho que foi a derrota mais abjetamente vergonhosa já sofrida por um bando de heróis que superavam seus inimigos de mil para um.[33]

Tussy não correu, mas preparou outra ofensiva. Depois de serem repelidos da praça Trafalgar, ela liderou sua turma de Clerkenwell pelas ruelas de Victoria Embankment e sobre a ponte Blackfriars para se juntar à batalha na ponte de Westminster com aqueles que haviam chegado do sul. "Eu mesma fui bastante atacada... Recebi um golpe violento de cassetete policial no braço e um golpe na cabeça me derrubou... Mas isso não é *nada* comparado ao que eu vi ser feito a outros".[34] O General não foi persuadido por sua versão dos acontecimentos, conforme escreveu a Nathalie Liebknecht: "Tussy... não foi a atacada, mas sim a atacante".[35]

Da noite para o dia, o Domingo Sangrento, como foi chamado, tornou-se um dos ataques mais notórios às liberdades civis na história britânica. No dia seguinte, o *Pall Mall Gazette* dedicou toda a edição ao episódio. Eleanor estava furiosa com William Stead por publicar sem sua permissão um bilhete que ela lhe escrevera na noite anterior. "A filha de Karl Marx escreve-nos o seguinte: 'Nunca vi nada como a brutalidade da polícia, e alemães e austríacos, que sabem o que a brutalidade policial pode ser, disseram o mesmo para mim. Não preciso lhe dizer que estava no meio da luta na rua do Parlamento.'"[36] Stead criou uma Liga da Lei e da Liberdade para ajudar as vítimas do Domingo Sangrento e os signatários disponibilizaram fundos para aqueles que haviam sido detidos. Eleanor estava entre os que pagaram fiança para eles.

Chocada e irritada com a agressão do Estado no Domingo Sangrento, Eleanor revelou que manteve seus instintos militantes sobre os usos da violência. Refletindo sobre o Domingo Sangrento, ela condenou a "falta de luta dos trabalhadores" com tanto desprezo quanto o tinha pela brutalidade policial. "Se tantos dos radicais não fossem tão covardes, poderíamos [ter ganho] a Praça. De fato, são todos mais ou menos '*covardes*".[37] Tussy pensou que a violência do Estado faria o trabalho político por eles, conquistando elementos ainda mais radicais para o socialismo: "No domingo passado, as tropas tinham a munição pronta e estavam com as baionetas fixas. No próximo domingo, acho muito possível que eles realmente atirem. Isso seria muito útil para todo o movimento aqui".[38]

Ela observou que "nossos anarquistas comedores de fogo aqui, como de costume, estão ficando assustados agora que realmente existe um pequeno perigo", e criticou Morris por proclamar que a revolução não seria feita até que o povo estivesse armado: "Ele não parece ser capaz de compreender que, quando todas as pessoas estiverem armadas, não haverá necessidade da Revolução (– com um R muito grande)."[39] O destemor de Tussy é bastante assustador.

Em maio, na Quarta Conferência Anual da Liga Socialista, a seção de Bloomsbury, liderada por Eleanor e Edward, havia sido suspensa por trabalhar em conjunto com a FSD para apresentar candidatos às eleições locais.

Morris permaneceu firme em sua posição antiparlamentar e antiestado sobre a participação eleitoral. De todo modo, o jogo acabou nessa conferência: a seção de Bloomsbury apresentou uma moção para mudar a Constituição da Liga Socialista de modo que seções individuais pudessem "ser autorizadas (se assim dispostas) a apresentar ou apoiar candidatos para todos os órgãos representativos do país"; foi derrotada por uma maioria liderada por Morris. A seção de Bloomsbury declarou-se autônoma após a conferência e anunciou à Liga sua intenção de formar uma nova organização com o propósito expresso de apresentar candidatos nas eleições. Sem surpresa, a seção foi imediatamente expulsa e dissolvida.[40] A maioria anarquista na LS, liderada por Morris, não toleraria esse socialismo parlamentar.

O que sustentava a capacidade de Eleanor de lutar? Sem contexto, ela pode parecer uma briguenta sedenta por sangue, sem restrições pacifistas. Longe disso. Como revela uma carta reflexiva para sua irmã escrita três dias após o Domingo Sangrento, a motivação de Eleanor para lutar vinha de sua recente experiência em primeira mão com as condições enfrentadas diariamente pelos londrinos desempregados. Eleanor agora estava imersa no trabalho no East London. O sofrimento que ela testemunhou entre os desempregados em luta foi pior do que qualquer golpe de cassetete de um policial:

> Andar pelas ruas é comovente. Conheço bem o East End e conheço pessoas que moram lá há anos, tanto trabalhadores quanto pessoas como Maggie Harkness, interessadas nas condições de vida no East End, e todos concordam que *nunca* conheceram nada que se parecesse com o sofrimento deste ano. Milhares que geralmente conseguem continuar de alguma maneira durante os primeiros meses de inverno estão morrendo de fome este ano... A gente fica quase desesperada ao ver tudo isso... Não é extraordinário que essas pessoas se deitem e morram de fome em vez de se unirem e *tomarem* o que precisam, e do que há em abundância?[41]

Foi encontrar pessoas famintas nas ruas de Londres que deixou Eleanor infeliz. Sua resposta não foi culpa, sentimentalismo ou filantropia tapa-buraco, mas sim a luta por justiça.

Em novembro, Aveling apresentou uma produção de sua peça *À beira-mar* [*By the Sea*] no Salão Ladbroke; uma adaptação de uma peça francesa baseada em uma antiga balada folclórica escocesa, *Auld Robin Gray*. Edward colocou Eleanor no papel de esposa errante e ele mesmo como marido injustiçado. A *Dramatic Review* [*Revista Dramática*] julgou a performance de Eleanor extremamente ruim:

> Embora o teatro fosse pequeno, ela era frequentemente inaudível, mesmo perto do palco, e nem por um momento parecia entender que deveria ser ouvida por alguém a mais de alguns metros de distância. Algumas de suas falas foram lindamente colocadas, mas elas não chegaram à altura da esposa arrependida, que sofre por ter ofendido seu marido mesmo em pensamento, ou da esposa leal que repele o amante ainda amado de sua infância.[42]

Então, Eleanor falhou porque era totalmente incapaz de desempenhar o papel de esposa convencional de forma convincente. Será que esse rato inaudível e encolhido poderia ser a mesma mulher que comandava com confiança audiências atentas de trabalhadores em suas dezenas de milhares em atos públicos ao ar livre e em reuniões internas em salas lotadas e ecoantes com acústica difícil?

E aqui estava Aveling, tão inseguro na vida real, pavoneando-se convincentemente sobre o palco no papel do marido injustiçado. A imprensa teatral agora falava dele como Alec Nelson, apelido que Edward adotou em seu trabalho no palco para separar seu nome dos escândalos financeiros e sexuais que o seguiam.

Tussy estava farta. Como mulher na vida pública, parecia não haver escapatória de ser constantemente analisada e avaliada por critérios diferentes dos homens. A opinião crítica de que ela não fora feita para o palco era notícia velha; ela há muito havia desistido das esperanças de uma carreira teatral. Era mais a sensação de cansaço de que tudo que uma mulher fazia na vida pública tinha de ser sancionado ou julgado e considerado insuficiente.

Tussy terminou o ano agitado com humor ácido. Ela estava deprimida com a aparente vitória mundial do capitalismo, a covardia dos homens e sua solidão provocada pelo abandono emocional de Edward. Ele passou a maior parte de dezembro em Torquay, ensaiando produções de repertório de duas de suas peças, *À beira-mar* e *A poção do amor* [*The Love Philtre*]. Tussy teria desfrutado de um descanso na cidade litorânea, mas Edward não podia lhe dizer que sua presença iria interferir em seu atual "pudim de ameixa" em forma de uma jovem atriz principal. *A poção do amor* era uma peça bem-acabada e com aplausos devidamente conquistados. Seu enredo engenhoso apresentava uma poção do amor que deixou uma jovem obcecada pelo dever cego para com seu provedor. Era assustadora a eficácia com a qual Edward sugava todos os seus temas de sucesso da medula de seu conturbado relacionamento com Eleanor.

Tussy se viu praticamente sozinha no Natal, orgulhosa demais para se entregar à boa vontade de Engels e Lenchen ou dos muitos outros amigos que a convidaram e a teriam acolhido. Como ela escreveu para Dollie Radford, que recentemente havia tido um segundo filho, "Natal sem filhos é um erro".[43] Dollie e Ernest Radford tentaram dizer a ela que o erro foi seu relacionamento com Edward, mas Eleanor tinha que aprender suas próprias lições e não conseguia ouvi-los. Assim que Edward viajou para Torquay, os amigos de Tussy apareceram para uma visita. Convites para as festas de fim de ano – apenas para ela – começaram a aparecer aos borbotões. Ela começou a se dar conta. Extremamente leal, Tussy ficou ofendida.

Em uma nota sensível para George Bernard Shaw, Eleanor lhe disse que agora sabia como as coisas estavam. "Estou tão acostumada a ser boicotada que não é mais uma novidade. Fico muito mais surpresa agora quando não sou boicotada. Você nunca vem nos ver agora, e eu às vezes me pergunto se você está nos boicotando também!"[44] Três boicotes em tão poucas frases, de uma política experiente que considerava o boicote uma das mais práticas estratégias disponíveis para encorajar o engajamento em questões difíceis, aparentemente intratáveis.

Ela se ocupou durante a temporada de férias enfeitando a cobertura sem graça na alameda Chancery. "Eu acredito que tenho talento para pintura de casas", ela brincou com a irmã. "Temos um esmalte esplêndido aqui agora... que considero inestimável. Esmalto cadeiras, mesas, pisos, tudo. Se o clima permitisse, eu deveria me esmaltar."[45] Ela também relatou a Laura que mandados em branco haviam sido feitos contra ela e Edward, "para que possamos ser 'atacados' sempre que a polícia quiser".[46] Ela estava muito mais preocupada em cobrir as rachaduras de sua vida amorosa com esmalte moderno do que os mandados abertos pela polícia.

Havelock Ellis afirma que Eleanor tentou suicídio no início de 1888. Ele registra que ela tomou uma grande dose de ópio e que ele – e, é claro, Olive – salvou-a administrando café forte, forçando-a a vomitar e fazendo-a andar para cima e para baixo no quarto. "Eu nunca soube que evento especial em sua vida doméstica a levou a essa tentativa. Seus amigos ficaram tristes; mas não ficaram surpresos".[47] Edward ainda estava em Torquay. Olive implorou a sua amiga que se separasse definitivamente dele, sem sucesso. Henry e Olive conspiraram para ajudar Tussy, colocando-a em um árduo trabalho literário e intelectual, o que sempre a afastou de ficar pensando no "sentido da tristeza da vida" que "vem sobre nós quase dolorosamente demais para suportar",[48] como ela expressou cruamente para Dollie uma semana depois de seu aniversário de 33 anos.

Vizetelly acabara de encarregar Ellis de editar o primeiro volume das peças de Ibsen em inglês e ele imediatamente contratou Eleanor para traduzir *Um inimigo do povo*, ou como ela escolheu traduzir idiomaticamente, "*En Folkfiende* – um inimigo da sociedade",[49] "pela magnífica soma de £5".[50] As duas outras obras da trilogia eram *Os espectros* e *Os pilares da sociedade*. Tussy as considerou "uma seleção muito imprudente" e, embora elogiasse Henry por sua excelente introdução, expressou francamente seu grande pesar por *Nora* não ter sido incluída na coleção. "Deveria ter sido, eu acho, em qualquer *primeiro* volume de Ibsen."[51] Como o próprio Henry admitiu mais tarde, o futuro sucesso de *A casa de bonecas* provou que ela estava certa.

O ano de 1888 foi de intensa produção literária. Tussy começou a editar *A Warning to Fair Women*, a encomenda de Marlowe que Ellis prometera no ano anterior. Vizetelly pagou sua passagem de 10 xelins para Oxford para que pudesse consultar o manuscrito original no Bodleian – "Imagino que certas passagens que parecem corruptelas podem ser simplesmente erros dos transcritores."[52] Essa bolsa de estudos seria algo corrente para alguém formado para isso, mas Eleanor mal tinha ido à escola, muito menos teve o benefício de uma educação universitária.

Com um forte domínio das convenções dramáticas, ela estruturou a peça em cinco atos, escreveu instruções de palco sobre a localidade das cenas e recomendou a impressão de um mapa antigo de 1593 com a peça: "Isso torna tudo muito mais interessante e divertido". Ela perguntou a Ellis se ele poderia lhe fornecer outra tradução. "Estou muito mais interessada no assunto *como um todo*. Eu conhecia bem as peças individualmente. Mas não acho que havia percebido até então seu valor como "documentos".[53]

Ellis e Vizetelly ficaram impressionados e encantados com seu trabalho. Mas logo depois que Eleanor enviou os manuscritos completos, Vizetelly foi processado por publicar os romances de Zola em inglês e seu julgamento, prisão e subsequente morte paralisaram a publicação do texto de Eleanor. *A Warning to Fair Women* teve sua publicação adiada até o século seguinte, quando, por fim, teve sua edição definitiva nos anos 1950.

Durante a primeira metade do ano, Eleanor passou uma grande parte de seu tempo com estivadores no East London, organizando comitês sindicais e campanhas pela jornada de oito horas:

> Ir ao cais é enlouquecedor. Os homens lutam, empurram e correm como bestas – não homens –, e tudo para ganhar no máximo 3 ou 4 centavos por hora! A luta se tornou tão séria que as 'autoridades' tiveram que substituir certas estacas de ferro por outras de madeira – os homens mais fracos foram empalados na multidão!... Não é possível deixar de pensar em tudo isso quando você já viu e esteve no meio de tudo isso.[54]

Ela esperava que voltar a Dodwell para as férias de verão a fizesse se sentir melhor, mas depois de sua experiência da dura luta pela sobrevivência básica nas docas, os bosques da imaginação pré-industrial de Shakespeare não a acalmavam mais. Chovia sem parar e ela agora via a privação dos pequenos agricultores e trabalhadores agrícolas. O feno estava estragado, as batatas apodreciam e as trilhas do campo estavam cheias de "homens, mulheres e crianças que se arrastavam por quilômetros para vir para a produção de feno e que, portanto, têm de se arrastar de volta, morrendo de fome".[55]

Ela não podia simplesmente dar as costas. Confidenciou a Laura que sofria alternadamente de insônia e pesadelos:

> Um cômodo me assombra em especial. Cômodo! – porão, subterrâneo escuro. Nele, uma mulher deitada em um saco sobre pequenas varas, seu seio meio comido pelo câncer... A mulher estava nua, exceto pelos restos de um lenço vermelho velho que deslizava sobre suas pernas, rodeada por quatro crianças e um bebê, todos berrando por pão enquanto seu marido tentava pegar alguns centavos no cais.[56]

Eleanor levou a mulher ao hospital, apenas persuadindo-a com grande dificuldade a deixar crianças sob os cuidados de vizinhos, "mas era tarde demais – e isso é apenas um de milhares e milhares".[57]

Ela apelou aos amigos para lhe darem alguma perspectiva, perguntando como eles lidavam com tal escala de dor e sofrimento humano, desculpando-se por sua incoerência:

> É um pesadelo para mim. Eu não consigo me livrar disso. Eu vejo durante o dia, apesar de nossos campos verdes e árvores e todas as flores, e sonho com isso à noite. Às vezes fico inclinada a me perguntar como alguém pode continuar vivendo com todo esse sofrimento ao redor.[58]

Mais tarde, Tussy, tentando articular em termos racionais o motivo pelo qual se sentia tão "dolorida de coração",[59] poderia ter sido diagnosticada como clinicamente deprimida.

Animado com a recepção positiva por sua adaptação de *The Scarlet Letter*, Edward pensou em tentar a sorte conquistando o palco americano. Ele disse a Eleanor que havia sido convidado para apresentar três de suas peças em Nova York, Chicago e "Deus sabe onde mais",[60] como disse o General. Edward prometeu a Tussy que se ele conseguisse dar certo no teatro, ela poderia ter o filho pelo qual ela tanto ansiava: "Se Edward fosse bem com suas peças, nós queremos tentar ter Johnny conosco para sempre".[61]

A viagem de Edward e Tussy à América coincidiu com os planos do próprio General de passar férias nos Estados Unidos com seu velho amigo Karl Schorlemmer, conhecido por Tussy desde a infância como Jollymeier. O General estava com reumatismo nas pernas e problemas oculares agudos, principalmente graças ao seu trabalho de transcrever os manuscritos de Marx, e queria uma pausa. Embora ele e Marx tivessem pensado e escrito extensamente sobre isso, Engels nunca tinha estado na América e queria ver com seus próprios olhos. Sobretudo, disse ele, à medida que as classes trabalhadoras americanas estavam evoluindo em direção à consciência de classe[62] e organização com maior "vigor" do que seus irmãos e irmãs britânicos:

> O último paraíso burguês na terra está se transformando rapidamente em um purgatório, e só pode ser impedido de se tornar como a Europa, um inferno, pelo ritmo progressivo em que ocorrerá o desenvolvimento do proletariado recém-amadurecido da América. Eu só queria que Marx tivesse vivido para ver isso![63]

Engels e Schorlemmer mantiveram seus planos de viagem em segredo para evitar "a delicada atenção da direção socialista alemã etc. de Nova York".[64] Engels disse que queria "ver e não pregar".[65]

O quarteto partiu de Queenstown em 9 de agosto, mais uma vez no transatlântico Inman SS City of Berlin. "Temos tantos padres e clérigos a bordo, e alguns bebês e o som ruidoso e infinito de Amurcen [*sic*]", Tussy disse a Laura. "Nossos dois velhos parecem estar se divertindo e comendo, bebendo e estão tão felizes quanto possível".[66] O General chamava Tussy a todo momento para ir passear com ele no convés e tomar um copo de cerveja. "Parecia ser um de seus princípios inabaláveis nunca contornar um obstáculo, mas sempre pular ou escalar por cima dele".[67] Ela poderia ter dito o mesmo de si mesma.

A viagem de um mês para a "Ianquelândia" estava programada para incluir Nova York, Boston, Niágara e Pittsburgh, e depois seguir para o Canadá. O General e Jollymeier voltariam então para a Europa, enquanto Edward e Tussy permaneceriam para visitar Chicago para a produção de uma das peças de "Alec Nelson". Desde o início, a viagem revigorara Engels, mas não parecia animar Jollymeier: "Ele é apenas Sad-meyer* agora", escreveu Tussy. "Está terrivelmente abatido e duvido que volte a ser o mesmo novamente".[68]

Os Marx-Aveling, ou melhor, Marx-Nelson, haviam feito reserva em uma pensão barata em Nova York, enquanto o General e o velho Jollymeier ficaram com amigos. Mas Edward não achou que casas baratas combinassem com sua imagem e insistiu que eles se mudassem para um hotel melhor perto da Broadway, mais adequado para um dramaturgo promissor. Ele disse a Eleanor que seus patrocinadores teatrais pagariam as despesas do hotel. Enquanto Edward desaparecia o dia todo para seus ensaios, Eleanor caminhava pela cidade:

> A cidade das iniquidades me parece mais hedionda do que nunca – e ainda assim pode ser tão bonita. Não acredito que exista nenhuma cidade grande no mundo tão primorosamente situada como Nova York – e o comércio a tornou um verdadeiro inferno.[69]

---

* Trocadilho com o nome de Jollymeier, pois em inglês *jolly* significa "alegre", "divertido", e *sad* significa "triste".

Essa típica visão de Nova York como o local mais grandioso para a capital da produção capitalista, como Engels colocou,[70] acompanha o entusiasmo e a admiração de Eleanor pelo povo americano em geral e seu uso da língua inglesa em particular.

"Alec Nelson", como era agora conhecido em Nova York, saia sempre às pressas "para seus ensaios", e deixou a trupe familiar esperando na cidade alguns dias extras por conta de seu trabalho teatral antes de começar a subir, com o barco à vapor, o rio Hudson até Albany, Lake George e, daí, até Boston e as cataratas do Niágara. Tussy e Engels ficaram surpresos por Edward ter conseguido se juntar a eles, dada sua agitada agenda de ensaios.

Do "mais maravilhoso dos lugares, Niagara", o quarteto seguiu de barco ao longo do rio para o Lago Ontário e pelos muito acidentados Grandes Lagos até Toronto, "um lugar estranho, onde todas as pessoas parecem inglesas".[71] Eleanor gostou da viagem ao longo do rio São Lourenço, "de um tamanho que nós, na Europa, não temos a menor ideia."[72] Ela descreveu como o lago era pontilhado por toda parte com ilhas, grandes e pequenas: "Na chamada parte das mil ilhas, ricos californianos, principalmente, mas milionários de todos os estados, possuem casas de verão, e à noite todas elas são iluminadas por centenas de luzes e lâmpadas chinesas, e o efeito é muito estranho e muito bonito".[73]

Ela ficou fascinada com o ar francês de Montreal e sua inesperada aspereza. "É a cidade mais lamacenta e mais turbulenta que já vi... E as ruas! Tantos buracos e tanta lama que alguém é impactado por eles mesmo depois das cidades americanas, que não são todas pavimentadas e seriam consideradas vergonhosas em uma aldeia europeia."[74] Mas ela gostou da localização da cidade com a cordilheira Adirondack adiante, e escalou até o topo das colinas ao redor de Montreal para admirar.

Algo estranho aconteceu. Edward veio nessa viagem turística e depois ficou com eles durante o resto das férias. Nenhuma outra referência foi feita aos seus ensaios, peças ou produções. Todo o esquema projetado, pelo qual Tussy e o General ficaram por meses tão impressionados por antecipação ao sucesso crescente de Edward, simplesmente evaporou. Antes de virem para a América, em uma de suas muitas missivas contando às pessoas como o marido de Tussy estava se saindo bem e gabando-se da iminente turnê de teatro americano de Edward, Engels observou: "Se seu sucesso dramatúrgico continuar nesse ritmo, talvez ele tenha que ir no próximo ano para a Austrália, às custas de algum empresário teatral."[75] Ou em um navio de condenados, quando se revelasse como um vigarista delirante? Há uma nota de sábia ironia brilhando na tinta do General aqui? Teria Engels planejado suas férias improvisadas para coincidir com a turnê teatral de Edward pela América, certificando-se de que Tussy não fosse mais uma vez deixada sozinha e exposta pelo oportunismo de Edward?

De fato, Edward acompanhou os outros durante as férias inteiras e nunca pôs os pés em Chicago. Ao contrário de seus planos declarados de permanecer na América para o andamento de suas peças, ele se juntou aos outros na viagem de volta para a Inglaterra, partindo em 19 de setembro no novo transatlântico City of New York. Eleanor ficou totalmente em silêncio sobre o assunto da muito elogiada conquista do palco americano por Edward.

Engels e Eleanor podem ter se perguntado por que uma comunidade teatral, sobre a qual Edward só recentemente havia sido tão desdenhoso, mudaria de ideia de repente e o convidaria de braços abertos. No retorno de sua primeira viagem aos Estados Unidos, Edward deu uma entrevista para a *Dramatic Review*, na qual expressou seu "profundo desgosto pela cena americana..." Ele diz que "o trabalho dramático nos Estados Unidos é todo importado e que, quando os ianques são deixados sozinhos com suas próprias peças, o resultado é doloroso demais para ser contemplado."[76] Evidentemente, a cena ianque preferiu ser abandonada à própria dor em vez de importar a obra de Alec Nelson.

Tussy estava revigorada e com o coração mais leve depois das férias de um mês na companhia do General. A viagem afastou seus pesadelos depressivos e assombrações e o General lhe restitui sua coragem. Mas uma sombra agarrou-se a ela na viagem de volta à Inglaterra. Edward havia prometido que quando suas peças deslanchassem nos Estados Unidos, eles poderiam ter Johnny com eles "para sempre", se Longuet, como era provável agora, concordasse. Como todas as promessas de Edward, essa não se concretizou. Ele prometeu se casar com ela finalmente, quando sua esposa legal morresse; prometeu que eles teriam filhos quando chegasse a hora certa; ele constantemente lhe assegurava que forneceria por completo sua metade da renda conjunta quando ganhasse no teatro ou se um de seus livros acadêmicos se tornasse um sucesso. Eleanor deveria ter aplicado à sua vida pessoal os mesmos princípios que aplicou à sua política: ações, não palavras; provas de primeira mão; prova material; falta de sentimentalismo.

Edward era, como o General diagnosticou, um sonhador encantador e irresponsável. Tussy fez as coisas funcionarem. O aluguel em Dodwell era de £5 por ano. Em 1888, ela vendeu £3 em batatas e completou as £2 restantes com seu "*hacking*". Tussy recomendou a Laura que vendesse sua produção francesa de hortifruti para garantir a renda familiar. Como sua mãe antes delas, as duas irmãs eram limitadas por homens pobres. Mas, seja vendendo sua safra de batata, seja como "escritora fantasma", Tussy sustentou Edward e a si mesma e conseguiu sobreviver. "Mas é muito difícil! Muitas vezes penso que prefiro ser um gatinho e lamentar miando do que uma mulher tentando ganhar a vida".[77]

No Natal de 1890, pouco antes de seu aniversário de 35 anos, Tussy disse a Laura:

> Estou fazendo traduções amadoras (muito ruins) para uma nova revista... Edward escreve todos os tipos de coisas – boas, ruins e indiferentes. Ambos temos reuniões e trabalhos desse tipo em todas as horas vagas. Realmente não há tempo para considerar se vale a pena viver a vida ou se é um incômodo absoluto.[78]

O trabalho, como Olive Schreiner e Havelock Ellis esperavam, puxou Tussy de volta do abismo da depressão. A poesia também ajudou. Percy Bysshe Shelley, em particular, estava na mente de Eleanor e a leitura atenta de seu trabalho neste momento crítico contribuiu para organizar sua cabeça. Eleanor ingressou na Sociedade Shelley quando esta foi fundada por Furnivall em 1885 e Edward se candidatou para ser membro logo depois. Henry Salt relembrou os problemas que o pedido de Aveling causou, "pois a maioria decidiu recusá-lo – suas relações matrimoniais eram semelhantes às de Shelley – e foi apenas por ação determinada do presidente, Sr. W. M. Rossetti, que ameaçou renunciar... que a dificuldade foi superada.[79] Salt se perguntou se o nome deveria ser mudado para 'Sociedade Respeitável'".

Como Salt e Rossetti argumentaram, Aveling parecia injustamente julgado neste assunto. O apoio deles parecia bem colocado quando, três anos depois, Eleanor e Edward apresentaram conjuntamente duas palestras na sociedade sobre o "Socialismo de Shelley". Comumente chamadas de "Duas palestras", eles as revisaram e as publicaram por conta própria em uma edição minúscula de um único volume de 25 exemplares em 1888. O trabalho de Eleanor e Edward sobre Shelley foi posteriormente descrito como uma "avaliação marxista" da poesia de Shelley. No entanto, o Marx que lhe dava nome não o chamaria assim. Edward e Eleanor descreveram o ensaio como uma investigação literária sobre "se Shelley era ou não socialista"[80] e a questão da intenção revolucionária de sua poesia.

Eleanor e Edward analisaram a personalidade de Shelley, suas influências, seu conceito de tirania e liberdade em abstrato, e tirania no concreto. Uma das partes mais envolventes do ensaio é a discussão sobre a compreensão de Shelley do real significado das palavras, onde examinam, por exemplo, seu uso de "anarquia", "liberdade", "costumes", "crime" e "propriedade".[81] Dentro da gama de poemas que eles exploram, há um foco particular no *Rainha Mab* e *Laon e Cythna*. O último é particularmente indicativo da intenção feminista de Eleanor e Edward neste ensaio. Eles argumentam que, embora muito tenha sido debatido sobre a influência de Godwin sobre Shelley, "Não se discutiu o suficiente sobre a influência das duas Marys sobre ele; Mary Wollstonecraft e Mary Shelley".[82]

Lembrando ao público que foi uma das "ilusões de Shelley que não são ilusões",[83] a de que homem e mulher devem ser iguais e unidos, eles exploram o quanto Shelley viu através dos olhos dessas duas mulheres e seu relativo reconhecimento da posição das mulheres na sociedade: "Em uma palavra, o mundo em geral tratou as influências relativas de Godwin por um lado e das duas mulheres por outro, quase como se poderia esperar dos homens para os historiadores". Em *O socialismo de Shelley*, Eleanor e Edward continuam seus experimentos no trabalho colaborativo que começou com *A questão da mulher* e continuou, pelo menos em espírito, se não em ação, em *O movimento da classe trabalhadora na América*. *O socialismo de Shelley* começa com uma descrição intrigante de seu plano de escrever conjuntamente e apresentar o artigo:

> Esse plano é baseado na cooperação de um homem e uma mulher, cujas simpatias são semelhantes, mas cujos pontos de vista e métodos de olhar os fatos são tão diferentes quanto as posições dos dois sexos

> hoje, mesmo nas condições mais favoráveis, sob a compulsão de nossa sociedade artificial e insalubre.[84]

Esses valiosos e aparentemente bem-intencionados experimentos compartilhados em trabalhar juntos através de "pontos de vista e métodos de olhar para os fatos" são um lampejo aguçado sobre uma das razões pelas quais Tussy persistiu em um relacionamento que tão poucos de fora poderiam entender. Por acordo mútuo,[85] Aveling leu os artigos quando os apresentaram na Sociedade Shelley, "e embora eu seja o leitor, deve ser entendido que estou lendo o trabalho de minha esposa, bem como, não mais do que, o meu próprio".[86] Quando se tratava desses momentos preciosos em que suas vidas pública e privada se mesclavam no tratamento de assuntos importantes, a ideia de que Eleanor e Edward deveriam ser iguais e unidos brilhava com esperança, parecendo e soando muito como uma vida de "ilusões que não são ilusões" de Shelley.

NOSSA QUERIDA FOGUISTA!*

O poderoso Partido Trabalhista Independente emergiu do terreno marcado pela batalha da esquerda britânica, no final dos anos 1880 e início dos anos 1890. A formação do primeiro partido parlamentar socialista democrático da Grã-Bretanha é uma história que, como muitas grandes narrativas fundadoras, começa com o nascimento e a maioridade de gêmeos não idênticos: neste caso, o novo sindicalismo e a Segunda Internacional. Inicialmente, outros irmãos, como os fabianos, ficaram para trás com perturbações nervosas e se juntaram ao partido mais tarde.

Eleanor foi parteira dos gêmeos do sindicalismo e do internacionalismo socialista. Ela era muito mais influente – e, portanto, mais perigosa – do que parecia superficialmente. Registros da época revelam-na sempre no olho do furacão, o epicentro da organização e estratégia. Ela entendeu o poder do secretariado. Inúmeras reuniões significativas com as principais figuras políticas do período ocorreram em seu sótão esfumaçado e iluminado a gás, ao final da escadaria cambaleante na alameda Chancery. Keir Hardie, Ben Tillett e Will Thorne visitavam sua casa regularmente antes mesmo que alguém já tivesse ouvido falar deles. Tussy organizava, reunia,

* O título do capítulo toma emprestado um dos apelidos dados a Eleanor pelos trabalhadores que ela assessorava.

fazia contatos. Ela escrevia peças filosóficas e políticas, fazia orçamentos, mantinha as contas, escrevia e redigia relatórios, e então saia calmamente da sala, passando para o próximo ponto da organização – fossem portões de fábrica, periferias do East London, bares, clubes burgueses ou sociedades literárias e artísticas.

Tussy é a faceta feminista do socialismo. As fotografias que sobreviveram representam isso visualmente. Em certas ocasiões, ela é capturada por inteiro, cabeça e ombros acima de uma multidão atenta ouvindo-a falar de cima de um palanque, carroça ou uma pilha de embalagens industriais – sempre o ponto focal da reunião em massa. Ela está lá, braços cruzados, encostada no batente da porta atrás de uma multidão de homens reunidos do lado de fora para a foto em grupo da conferência. Sua imagem aparece ombro a ombro com o povo, então revela-se parcialmente em uma confusão de delegados reunidos: um sorriso instantâneo na multidão, ou um balanço de sua velha capa marrom entre agitadores e manifestantes. As reproduções granuladas de originais perdidos retêm a combinação inconfundível de pincenê e cabelo preso despretensiosamente logo acima dos ombros quadrados.

Do início de 1889 ao final de 1893, Eleanor mergulhou na estratégia e na mobilização. Em seu país e no exterior, ela trabalhou principalmente em sindicatos e liderou de maneira transnacional o projeto e a construção de uma nova internacional, logo conhecida como a Segunda Internacional. Esta e o novo sindicalismo foram a infraestrutura essencial que permitiu aos socialistas britânicos coordenarem a formação de um partido operário de massas. O Partido Trabalhista Independente (PTI) recrutou seus representantes e membros de sindicatos ampliados e fortalecidos, apoiados e reforçados pela Segunda Internacional.

O ímpeto para o estabelecimento de um partido trabalhista britânico independente foi posto em movimento pela força e agressão aberta do contra-ataque dos empregadores capitalistas aos sindicatos. O nome de Eleanor Marx é onipresente na história de como o partido popular foi forjado. Sua voz estava no ouvido de todos; seu nome, nas bocas. Na década de 1890, ela recebeu dois novos apelidos dos socialistas britânicos: "Nossa Mãe" e – quando assumiu a liderança dos trabalhadores do gás – "Nossa Querida Foguista". Na última década do século XIX, Eleanor havia se tornado uma figura nacional – mãe da nação radical britânica para seus amigos e seguidores; radical fervorosa, agitadora, belicista de classe, imigrante judia duvidosa, bruxa, megera escandalosa e ranzinza para seus inimigos. Como ela observou: "aqueles que denunciam os socialistas como meros agitadores e truculentos usaram fogo e espada para subjugar o povo".[1] Amada ou odiada – e as pessoas raramente sentiam algo intermediário – em 1893, Tussy era uma das principais ativistas e oradoras britânicas, na Inglaterra e no exterior.

Will Thorne, líder dos trabalhadores do gás e nascido em Birmingham, que se tornou um dos grandes líderes trabalhistas da Grã-Bretanha, observou: "É estranho dizer que os historiadores mal notaram a revolução que criamos."[2]

O socialismo ganhou força em toda a Europa Ocidental durante a década de 1880. Em âmbito nacional, os sociais-democratas alemães eram o maior corpo socialista. A França era vista como a pioneira da tradição revolucionária, mas era menor em número do que a Alemanha. Itália, Holanda, Suíça e Bélgica foram os outros Estados-nação com bases suficientemente amplas para desempenhar um papel internacional. A industrialização estava agora tão desenvolvida nos países da Europa Ocidental que a maioria dos governos já estava considerando a necessidade de legislação trabalhista internacional. Neste contexto, "internacional" significava a Europa e suas colônias imperiais.

Julho de 1889 foi o centenário da tomada da Bastilha e o ano da famosa Exposição Universal de Paris para comemorar a revolução. Dois congressos rivais foram realizados na cidade, o que levou ao surgimento da Segunda Internacional. O papel de Eleanor era negociar um compromisso entre os dois e desfazer esse cisma. De um lado estavam os sindicalistas franceses, aliados da facção Marx-Engels-Liebknecht e apoiados por Paul Lafargue e Jules Guesde. Do outro, estavam os sindicalistas internacionais (aliados de Hyndman), a FSD e alguns sindicatos britânicos, apoiados por Paul Brousse e os possibilistas. Eleanor escreveu:

> O desempate entre os possibilistas franceses contra os marxistas ingleses... foi uma esquiva muito inteligente por parte do mais habilidoso esquivo, Hyndman. Que (praticamente) todas as províncias francesas eram marxistas não contava. Para o inglês, Paris ainda é a

> França, e Paris nas mãos dos possibilistas significava para eles uma França possibilista.[3]

Numerosos erros táticos de ambos os lados fizeram parecer que a fusão entre as duas facções era inviável. Eleanor percebeu o imperativo para um Congresso unificado e, para isso, reuniu os sindicatos: "E, afinal, se um único Congresso é desejável, devemos fazer o nosso melhor por isso".[4] Hyndman, por sua vez, publicou alguns ataques jocosos ao que ele chamou de "panelinha marxista".

Engels escreveu um panfleto expondo o caso marxista, autenticado pelo líder social-democrata alemão Bernstein. Três mil cópias foram impressas e distribuídas pela Inglaterra. Eleanor e Bernstein, então, visitaram Hyndman em sua casa pomposa para conversar diretamente com ele sobre a necessidade de um único congresso internacional:

> Hyndman ficou pálido quando me viu e, sabendo que meu temperamento era terrível, fez o possível para me irritar. Mas embora tenha um temperamento ruim, eu não sou tola. Vi seu jogo e não quis jogar com ele. Permaneci muito educada e afável, mesmo quando ele começou suas calúnias habituais contra nós e Paul. Eu só comentei... que se Lafargue foi acusado de todos os tipos de pecados contra o partido, ele, Hyndman, também foi tão acusado quanto, e tudo se resumiu a uma questão de personalidades em vez de fatos... mas o que isso tem a ver com o Congresso? Então veio a velha dor da nossa *família*. Você e eu devemos sentir orgulho. *Nós* deveríamos estar fazendo tudo! Hyndman informou Bernstein cerca de 20 vezes que eu era uma 'partidária amarga'. Eu sou e não tenho vergonha disso. No entanto, o resultado de tudo isso é (você poderia confiar em mim e em Bernstein, judeus que somos, para conduzir uma barganha) que Hyndman fará tudo o que puder para trazer algum tipo de 'conciliação', como imaginamos. Ele evidentemente se desestabilizou quando ouviu que toda a Europa Socialista está praticamente conosco.[5]

De campos opostos, Hyndman e Liebknecht pressionam os possibilistas a chegar a um acordo, sem sucesso. Engels reclamou sobre a "mania de unidade" de Liebknecht.[6] Ele pensou que dois congressos rivais poderiam ficar lado a lado confortavelmente, sem qualquer dano, "um [lado] dos socialistas e o outro dos principais *aspirantes* ao socialismo".[7] Deixe as pessoas ouvirem os dois lados e decidirem por si próprias. William Morris colocou a si mesmo e seus seguidores contra a fusão, embora por diferentes razões, acreditando que os possibilistas promoviam apenas oportunismo eleitoral e nenhum socialismo real. Tussy sentia pena dele: "Seu exército é um que teria envergonhado até mesmo Falstaff. Ele próprio se envergonha. Morris é pessoalmente querido, mas você não conseguiria meia dúzia de trabalhadores que o levassem a sério."[8]

Eleanor trabalhava duro na política da fábrica. "Hoje enviei 500 cópias do último convite, e algumas centenas de cartas e cartões postais, e estou morta de cansaço",[9] escreveu para Laura. E não termina por aí. Depois de enviar 600 peças de correspondências manuscritas desde a manhã, de limpar as cinzas da lareira e comprar comida do Shepherd's Market para o jantar de Edward, ela ainda tinha que "encontrar meia dúzia de sindicalistas [para falar] sobre o Congresso esta noite".[10]

Eleanor e Edward discursavam com frequência em Clubes Radicais, um esforço que parecia estar valendo a pena. "Só ontem à noite eu discursei para uma plateia imensa, que, há uns três ou quatro anos, teria rido dos meus discursos ou gritado comigo... se os socialistas oficiais estão em péssima forma, os trabalhadores *reais* estão se saindo bem."[11]

Uma vez que chegou a Paris, Eleanor mal teve tempo de sair do local da conferência, o Salão Fantaisies Parisiennes na rua Rochechouart. Ela estava em um comitê permanente do congresso com Morris e outros representantes ingleses e, simultaneamente a esta posição executiva, era a principal intérprete do francês e alemão para o inglês. Ela traduziu um longo discurso de um professor italiano sobre anarquismo e foi amplamente atacada por fazer uma edição injusta. Em contrapartida, sua tradução do discurso de Clara Zetkin sobre a questão do trabalho feminino foi muito aprovada, inclusive por sua autora. Zetkin foi delegada das trabalhadoras de Berlim e mais tarde uma das fundadoras do Dia Internacional da Mulher. Elas estabeleceram uma relação instantânea e tornaram-se amigas para sempre.

Eleanor traduziu o principal do congresso: a resolução em favor da legislação internacional da jornada de oito horas; a resolução em favor do desarmamento para desafiar a indústria capitalista de armas; e a resolução para o estabelecimento de uma manifestação trabalhista internacional para o Primeiro de Maio, na qual Eleanor desempenhou um papel vital. Eduard Bernstein testemunhou o trabalho dela:

> Alguns de nós ficamos impressionados com o esforço sobre-humano que ela colocou nesta tarefa [como intérprete]. Ela ficava incessantemente ocupada, da manhã à noite, geralmente interpretando em três línguas. Não fazia nenhuma pausa, não perdia nenhuma sessão. Apesar do calor opressivo no salão, ela manteve o curso de todo o Congresso fazendo esse trabalho ingrato e cansativo: no sentido mais verdadeiro da palavra, '*proletário*' do evento.[12]

Tussy passou seus breves intervalos agarrada a Johnny, de 13 anos, e Edgar Longuet, de 9. Edgar se lembraria dela como "minha amada Tira [*sic*] Tussy, que era tão boa com seus sobrinhos", levando-os à Exposição Universal no Campo de Marte para ver o *show* de luz e som [*son et lumière*] iluminando a torre de ferragens de 300 metros de altura de Gustave Eiffel, a peça central da exposição. Aos 70 anos, Edgar ainda se lembraria do sabor "de um notável charope [*sic*] de morango que ela me deu de presente"[13] enquanto olhavam para a torre Eiffel. O General achava aquilo uma monstruosidade, e, para ele, a exposição era uma futilidade capitalista e vulgar.

O trabalho prodigioso de Eleanor no congresso de Paris foi muito facilitado por sua nova tecnologia favorita: sua máquina de escrever, adquirida em parcelas quatro meses antes. Ela aprendeu a usar o "aparelho" sozinha, declarando ser "muito fácil",[14] e anunciou seus serviços de datilografia. As máquinas de escrever eram produzidas em massa nos EUA desde o final da década de 1870, mas demoraram mais para penetrar no mercado varejista britânico. Olive Schreiner enviou, da África do Sul, o primeiro capítulo de seu romance inacabado, *De homem para homem* [*From Man to Man*], e pediu a Tussy para datilografá-lo, insistindo em pagar pelo serviço. As doze cópias de um panfleto longo que Eleanor datilografou para o editor Swan Sonnenschein renderam dois xelins.

Chocada com o quão mal pago era o trabalho por hora, Tussy pesquisou sobre os salários e as condições de trabalho dos datilógrafos, publicando "Suando em escritórios de datilografia" na *People's Press* [*Imprensa Popular*].[15] Datilógrafos que precisavam viver de seu trabalho "devem trabalhar sob grande pressão e muito mais do que oito horas por dia".[16] Ela propôs que "a infeliz máquina humana"[17] deveria criar um sindicato daqueles que datilografavam em escritórios e em casa. É claro que sua própria habilidade rápida em datilografia logo foi submetida ao serviço político não remunerado.

Como seu pai e Engels, Eleanor prestava muita atenção aos avanços da tecnologia e seu impacto no tempo e no movimento dos empregos dos trabalhadores e nos lucros dos empregadores. Quase todos os setores da indústria estavam agora em processo de mecanização. Ela questionou a persistente e equivocada representação dos trabalhadores britânicos como ludistas resistentes à modernização tecnológica, um tema de propaganda favorito da direita política, empregadores e acionistas.

A verdade é que, na perspectiva do trabalhador, o avanço tecnológico criou a capacidade de tornar a jornada de oito horas uma realidade, acelerando a velocidade de produção, proporcionando maior segurança e condições de trabalho mais saudáveis, aumentando a eficiência. Em vez de cambalear para casa, exausto no meio da noite, um empregado que pudesse completar seu trabalho diário em oito horas poderia realizar o sonho de uma vida com um pouco de lazer e tempo com a família em vez de um trabalho alienado. Os empregadores, entretanto, viam a mecanização como uma oportunidade de sugar margens de lucro crescentes do processo de produção, em vez de revitalizar a sorte de seus trabalhadores, os produtores de riqueza.

Tia Tussy levou seus sobrinhos para Londres com ela após o congresso de Paris. O extrovertido Johnny e seu tímido irmão mais novo, Edgar, passaram vários meses lá, fazendo visitas ao zoológico, museus, passeando em Hampstead Heath e indo ao teatro, inclusive para ver uma das apresentações de Edward. O General e Lenchen adoravam as visitas dos meninos Longuet. Engels os entretinha e os deixava sentar em sua mesa e usar sua tinta, seus papéis e mata-borrão. Tussy mais uma vez se perguntou, em silêncio, sobre o contrastante distanciamento dele com Freddy Demuth, evidenciado pela ausência totalmente atípica de Engels e a maneira como evitava Freddy sempre que ele os visitava.

Pouco antes de retornarem à França, Johnny e Edgar estavam ao seu lado quando tia Tussy falou a uma multidão de 100 mil pessoas durante um comício no parque Hyde em apoio à greve nas docas. Os estivadores paralisaram em 14 de agosto. Em duas semanas, eles conseguiram paralisar o comércio de Londres. O grande Tâmisa do comércio estava em um silêncio atípico; o famoso fluxo comercial que ocupava suas águas desde os tempos romanos estava silenciado. Magnatas do transporte marítimo, bancários e investidores da cidade, além dos *tories* e liberais do parlamento, ficaram apavorados. Nunca a ação industrial trouxera ao poderoso comércio de Londres tamanha paralisação.

Os trabalhadores famintos e exaustos das docas de East End até o estuário industrial suportavam terríveis condições de trabalho. Eleanor já tinha escrito sobre como eles eram forçados a lutar fisicamente uns com os outros todas as manhãs para conseguir trabalho para o dia. Os trabalhadores das docas tinham que competir entre si por cada centavo que ganhassem. Era ainda mais significante, portanto, que os estivadores se reunissem e se organizassem em um grupo consolidado de 50 mil trabalhadores; eles planejaram e implementaram uma greve em massa, puxando todos os trabalhadores e serviços de comércio e apoio em Londres ligados, de alguma forma, ao transporte marítimo, incluindo até os serviços de bombeiro e trabalhadores do rio.

Subitamente, as ricas e poderosas companhias das docas ficaram ansiosas e inseguras. Da mesma forma que o estivador acordava todas as manhãs com ansiedade pensando se seria capaz de ganhar o salário do dia para a subsistência. A Câmara de Comércio de Londres reclamou que a greve teve, no comércio em geral, um impacto pior do que se "uma esquadra hostil tomasse a posse triunfante da foz do Tâmisa".[18]

Os portuários por fim ganharam alguns benefícios signficativos e o novo Sindicato dos Estivadores [*Dock, Wharf, Riverside and Labourers' Union*] da Grã-Bretanha, Irlanda e Holanda foi formado, com Ben Tillett no comando como secretário. Em 1921 tornou-se o Sindicato Geral dos Trabalhadores de Transportes, uma das principais instituições operárias britânicas.

Johnny e Edgar – acompanhados por Lenchen, seu neto e Freddy – viram sua tia Tussy sob uma nova luz naquele domingo do encontro de massas no parque Hyde. O deputado Robert Cunninghame Graham descreveu o evento no *Labour Elector* [*Eleitor Trabalhista*]:

> E assim sucedem os oradores. Depois de Mann e Burns, sucedem a Sra. Aveling, Tillett e MacDonald. É curioso ver a Sra. Aveling dirigin-

> do-se à enorme multidão, é curioso ver os olhos das mulheres fixos sobre ela enquanto falava das misérias das casas dos trabalhadores das docas; é prazeroso vê-la apontar seu dedo com luvas pretas para a opressão, e é prazeroso ouvir o aplauso caloroso com que seu elegante discurso foi saudado.[19]

No dia seguinte, Eleanor e Edward foram ao Congresso das Centrais Sindicais, em Dundee. O sucesso da Greve das Docas e da Greve dos Trabalhadores do Gás – ocorrida anteriormente – reverberaram em todos os cantos, reuniões e conversas do congresso anual. Como observou Will Thorne, o líder dos trabalhadores do gás, estas foram as primeiras greves, em mais de meio século, merecedoras de letras maiúsculas.

Esta foi a era do gás como forma principal de energia doméstica e comercial. A eletricidade ainda era cara e menos usada do que a luz a gás. O gás era insumo público. As empresas operavam como um monopólio massivo, e a atribuição dos lucros era regulada por legislação parlamentar. O trabalho era sazonal. Exigia habilidade e resistência consideráveis em um ambiente perigoso, mas os trabalhadores eram considerados não qualificados. Como não tinham educação formal não eram, portanto, considerados comerciantes. Trabalhavam como soldados por 52 semanas ao ano, em um estado de batalha e uma atmosfera permanentemente inflamável. Os carbonizadores nas casas de retortas trabalhavam em turnos de 12 horas, dia e noite, em condições infernais – era, literalmente, quente como o inferno e os trabalhadores lidavam com máquinas extremamente perigosas.

Por quase 20 anos, os trabalhadores do gás tentaram e não conseguiram se organizar por melhores salários e condições de trabalho. Os empregadores reprimiram rapidamente o primeiro Sindicato dos Trabalhadores do Gás, formado em 1872. Outras tentativas em 1884 e 1885 sofreram derrotas semelhantes. Agora os trabalhadores do gás finalmente conseguiram, abrindo o terreno para o novo sindicalismo. Eles não estavam sozinhos. Os chamados trabalhadores "inorganizáveis" não qualificados estavam se organizando em todo o país. As agitações começaram em 1886, com a greve das "meninas-fósforo"* da fábrica Bryant & May. Seguiram-se greves de

* Em inglês, match girls. Termo usado para designar as mulheres e adolescentes que trabalhavam na fábrica de fósforos (*match*) Bryant & May.

marinheiros e, depois, de condutores de bondes, entre outros coletivos de trabalhadores que se sindicalizaram.

O ano de 1889 foi fundamental para o novo sindicalismo. No início do ano, os trabalhadores do gás de Londres conquistaram a jornada de oito horas, liderados por Will Thorne, que havia se juntado à seção da FSD de Canning Town em 1884. Eleanor, Edward, Tom Mann, John Burns e Ben Tillett deram todo seu apoio e ajudaram Thorne a formar o Sindicato Nacional dos Trabalhadores do Gás e Trabalhadores Gerais. O novo sindicato foi lançado no final de março, com o objetivo de reduzir a jornada de trabalho de 12 para 8 horas e estabelecer remuneração dobrada para os domingos, reconhecendo que o trabalho dominical era hora extra. Em 7 de junho, o Sindicato Nacional dos Trabalhadores do Gás e Trabalhadores Gerais da Grã-Bretanha e Irlanda foi formalmente registrado, com o esperançoso lema "Amor, União e Fidelidade".

Will Thorne havia nascido em Birmingham. Ele não teve acesso à educação na infância. Seus pais eram analfabetos. Aos seis anos de idade, começou a trabalhar em uma fábrica de fiação de cordas, onde trabalhava 12 horas por dia, seis dias por semana. Ele tinha que levar seu próprio jantar para o trabalho e não havia tempo para estudar ou brincar. Sua introdução aos números e letras veio de grupos de educação da fábrica. Mais tarde, Thorne assistiu a todas as aulas noturnas que pôde no instituto de educação para adultos na Barking Road, no East London. Aqui ele aprendeu fisiologia com Aveling, a quem ele admirava, e fez cursos literários com Shaw, a quem ele não admirava.

"Foi uma época em que um socialista ativo e determinado, dando assistência aos trabalhadores não qualificados, valia por 20, discutindo táticas revolucionárias em seus clubes privados",[20] escreveu um historiador da época. Tussy era geralmente um daqueles poucos socialistas ativos e determinados. Will Thorne e Ben Tillett foram francos sobre o papel dela na Greve dos Trabalhadores do Gás e na Greve das Docas. Como Thorne, Tillett começou sua vida profissional ainda criança. Seu primeiro trabalho, aos oito anos, foi em uma olaria. Estes homens reconheciam o trabalho duro. Thorne observou que Eleanor trabalhava longas horas como correspondente para o comitê de greve, caminhando para casa tarde da noite ou nas primeiras horas da manhã, quando o transporte público não estava funcionando. Tillett lembrou-se de Eleanor:

> ...fazendo o árduo trabalho clerical, bem como os deveres mais responsáveis... Brilhante, devota e bela... ela viveu toda a sua vida na atmosfera da Revolução Social... durante nossa grande greve, ela trabalhou incessantemente, literalmente, dia e noite... uma personalidade vívida e vital, com grande força de caráter, coragem e habilidade.[21]

Ele lamentou as "condições muito infelizes" da vida de Eleanor com Aveling, mas observou que isso "não arruinou, no entanto, seu espírito, ou fez com que ela vacilasse em sua devoção à causa da classe trabalhadora".[22]

Tom Mann registrou em suas memórias o "valioso serviço" de Eleanor como voluntária. Para ele, ela era "a mulher mais capaz",

> possuindo um completo domínio de Economia, ela era tão capaz de sustentar suas posições, mesmo com os melhores, tanto em debates quando em palanques públicos. Além disso, estava sempre pronta, como neste caso [da Greve das Docas de Londres], para dar muita atenção ao trabalho detalhado e, assim fazendo, conseguia ajudar o movimento.[23]

Este trabalho foi feito por ela no Wade's Arms Pub, em Poplar, a sede do comitê de greve.

Tussy trabalhava nos bastidores para educar e encorajar líderes proletários, homens e mulheres. Uma vez nomeado secretário do Sindicato Nacional dos Trabalhadores do Gás e Trabalhadores Gerais, Thorne logo se viu lutando com a administração e a prestação de contas exigidas por sua função. Ele não teve acesso a uma educação para equipá-lo com essas habilidades. Confidenciou suas ansiedades a Tussy e pediu sua ajuda, que ela prontamente ofereceu. Thorne, um líder formidável, reconheceu o papel de Tussy em formá-lo: ela "me ajudou mais do que ninguém a melhorar minha caligrafia muito ruim, minha leitura e meus conhecimentos gerais".[24]

Eleanor ajudou Thorne a compor e elaborar as regras e a constituição do sindicato. Ela o ajudou a fazer a contabilidade e escrever o relatório semestral, de março a setembro de 1889, que circulou para 30 mil membros em todo o país. Em 1939, aos 80 anos, em uma entrevista na Câmara dos Comuns, Thorne descreveu Eleanor como a mulher mais inteligente que ele já conhecera, tendo uma influência imensurável em sua vida. Ele descreveu sua tutoria voluntária e sua ajuda em ensiná-lo a fazer o trabalho no início. Eleanor nunca mencionou isso.

No dia de Natal de 1889, ela escreveu uma longa carta para Laura, relembrando o ano, antes de ir com Edward para a rua Regent's Park e festejar o Natal com o General, Lenchen e seus convidados. Edward, relatou Tussy, estava feliz e ocupado escrevendo peças, sendo um crítico de teatro e produzindo pequenos trabalhos jornalísticos. Ele ainda dava algumas aulas, mas seu trabalho sindical e da Liga Socialista agora substituíram grande parte delas.

> De minha pobre parte, veja você, a vida parece estar se tornando uma longa greve. Primeiro houve a Greve das Docas. Logo em seguida fui convocada para Silvertown, e por 10 semanas mortais viajei diariamente para aquele lugar fora do mapa; falei todos os dias – muitas vezes duas vezes ao dia, ao ar livre, não importava o tempo. Comecei a esperar pela paz quando: Pasme! A Greve do Gás começou. Para isso, eu não tive muito o que fazer (nós discursamos no Hyde Park no domingo), mas... Posso muito bem ser chamada a qualquer momento para 'ajudar' com o trabalho do Comitê.[25]

Essa "ajuda", como Laura entendeu, foi um eufemismo para executar o trabalho.

Silvertown recebeu esse nome por causa das fábricas de compostos industriais e químicos que dominavam as docas de Londres. A companhia Silver's India Rubber, Gutta Percha e Telegraph Works Ltd estava em West Ham de uma forma ou de outra desde 1852, quando começou a vida como uma pequena fábrica de impermeabilização. Em 1889, ela tinha seis departamentos de fábrica para borracha, ebonite, guta percha, elétrica e química, e uma filial na França. Silvertown realizava operações de venda para todo o Reino Unido, colônias britânicas e parceiros comerciais globais. Durante a greve, a administração tentou – sem sucesso – enviar trabalhadores fura-greves da fábrica francesa.

Embora tão perto da cidade de Londres e Westminster, Silvertown era um círculo de inferno industrial, desconhecido para aqueles que nunca se aventuraram a Leste da Square Mile.* Devido a sua posição – sobre as planícies à margem da metrópole – a área era, por longa tradição, o lar das chamadas "indústrias ofensivas". Produzia todo produto químico industrial legal, o composto e o subproduto dos quais o capitalismo mercantil dependia, e derramava seus resíduos industriais experimentais e tóxicos diretamente no velho rio. Os trabalhadores, muitos deles mulheres, eram mal pagos, expostos a riscos industriais inimagináveis, e trabalhavam um mínimo de 80 horas por semana por um pagamento inteiramente desprotegido, regulado por um sistema injusto, similar ao escravocrata, de "notas".

Silvertown parou na terceira semana de setembro 1889. A demanda preliminar era que os trabalhadores deveriam ser autorizados a receberem pagamento de horas extras para os turnos semanais que excedessem 80 horas. Durante toda a greve, Tussy viajou diariamente da alameda Chancery a Silvertown. Entre 6 da manhã e meia-noite ela viajava de metrô, ônibus ou bondes. Quando o transporte público fechava, à meia-noite, ia andando para casa ou decidia ficar e trabalhar noite adentro.

Ela falava nas fábricas todos os dias da semana e aos sábados, por vezes, mais de uma vez ao dia. Aos domingos, falava em comícios; no Parque Hyde, em 29 de setembro, no parque Victoria, em Hackney, em 6 de outubro, Clerkenwell Green, em 27 de outubro e novamente no parque Victoria no domingo seguinte, quando 10 mil trabalhadores marcharam das docas para Hackney, liderados pelos trabalhadores da Silver, todos com a carteirinha do sindicato presa nos chapéus.

Os piquetes de greve de Silvertown eram batalhas campais. Embora fosse legal sob a lei britânica, os proprietários das fábricas e a polícia se recusaram a permitir os piquetes. Os fura-greves foram trazidos sob escolta policial. Uma vez lá dentro, eles dormiam na fábrica, abastecidos com alimentos trazidos por carros do governo. "Os fura-greves nas fábricas estão ficando incontroláveis", escreveu Tussy:

> Cento e trinta dois foram gravemente queimados (por falta de habilidade) em uma semana; eles tiveram uma briga ontem e um fura--greve... esfaqueou o outro. Dos 45 homens trazidos de Brighton, 42 estavam fartos e não apenas 'avisaram', mas prometeram colocar 'um

* Um dos apelidos da cidade de Londres.

> xelim por homem' em nossas caixas de coleta. Em muitos aspectos, essa batalha é a mais interessante que já tivemos. É nitidamente baseada em uma questão de princípios.[26]

Engels escreveu ao líder socialista Friedrich Sorge que "Tussy lidera os trabalhadores do gás (disfarçada) e esse sindicato certamente parece ser de longe o melhor".[27] No entanto, ela não disfarçava sua liderança das operárias do gás. Por quase três meses ela liderou as mulheres no *front*. Eleanor subia em cadeiras e mesas para discursar às trabalhadoras nos *pubs* de Silvertown, levantando energicamente sua saia acima dos tornozelos e revelando um pedaço da anágua vermelha de flanela.

Eleanor formou o primeiro braço feminino do Sindicato Nacional dos Trabalhadores do Gás e Trabalhadores Gerais em 10 de outubro de 1889. No domingo, 27 de outubro, o conselho executivo admitiu formalmente a Filial de Mulheres de Silvertown e sua secretária, sra. Eleanor Marx-Aveling, ao sindicato. Esse novo papel, disse ela à irmã, "toma um tempo infinito".[28] Tussy era agora líder pública de um importante sindicato. A formação do Sindicato de Mulheres de Silvertown foi crítica para a história do trabalho britânico.

Eleanor sabia que subordinar as mulheres ao sindicato liderado por homens não funcionaria; separar os direitos das trabalhadoras em uma outra organização, tampouco. A participação e a representação das mulheres tinham que ser incorporadas em todos os aspectos e níveis de organização, ação e processo. Um erro cometido a alguém é um erro cometido contra todos. Esta e todas as outras greves acabariam por fracassar, a menos que as trabalhadoras se sindicalizassem e coordenassem estrategicamente com os sindicatos dos homens. Ao dividir os trabalhadores por gênero, os empregadores mantinham baixos todos os salários. Se os trabalhadores aceitassem o trabalho das mulheres como sendo de menor valor do que os seus, eles permitiam que os empregadores reduzissem seus salários. Resultado líquido: menor remuneração para toda a força de trabalho.

A divisão do trabalho em homens, mulheres e crianças, explicou Eleanor, era simplesmente uma divisão para dominar. Esta não era uma economia inteligente ou a lei natural dos mercados; era a lei antinatural do capitalismo mercantil patriarcal. Adultos de ambos os sexos devem recusar a cooptação de menores para o trabalho infantil e insistir nos direitos das crianças da classe trabalhadora à educação e ao brincar. As mulheres devem assumir a liderança ao se recusarem a reduzir os salários de seus pais, irmãos, namorados e maridos. Os homens devem insistir que o salário das mulheres seja igual ao deles.

Eleanor explicou a estrutura do capitalismo industrial em um inglês claro. A desigualdade entre homens e mulheres no local de trabalho não apenas favoreceu ou apoiou o capitalismo, mas *o tornou possível*. Cada grande greve de 1889 ensinou ao movimento sindical uma lição importante. A lição crucial de Silvertown foi a necessidade dos trabalhadores, homens e mulheres, agirem em uníssono.

A greve foi derrotada em 14 de dezembro. Quando a primeira nevasca chegou, os trabalhadores famintos não mais conseguiram resistir. Os oficiais de justiça contratados pelos empregadores começaram a despejar famílias dos alojamentos das fábricas. Will Thorne, apoiado pela direção do sindicato, exortou os trabalhadores a voltar para a fábrica em vez deles, suas famílias e comunidades morrerem de fome. Eles precisavam viver para lutar mais um dia. O restante dos fundos de ajuda internacional foi distribuído entre os 450 trabalhadores que ainda estavam paralisados.

Mas, como Eleanor apontou, a derrota de Silvertown deveu-se não às ações dos empregadores, mas, principalmente ao fracasso dos trabalhadores qualificados em continuar a apoiar seus colegas não qualificados. Alguns trabalhadores altamente qualificados ganharam o direito ao voto no final da década de 1890. Os trabalhadores qualificados da Sociedade Amalgamada de Engenheiros encerraram a paralisação e voltaram ao trabalho.[29]

A greve das docas ensinou a necessidade de mão de obra qualificada e não qualificada se organizarem em conjunto. A Greve do Gás teve sucesso em grande parte porque aplicou esse princípio. Silvertown falhou porque não o fez. "O grande perigo aqui na Inglaterra é o espírito de consenso", escreveu Tussy. "Fico feliz que os trabalhadores do gás estejam salvos do 'clientelismo da burguesia.'"[30] Após dizer isso, ela partiu com Edward para a ceia de Natal distintamente burguesa do General, coroada pela glória fumegante do lendário pudim de ameixa de Lenchen.

No início de dezembro, Eleanor e Edward receberam uma oferta de novo emprego na edição do *Time*, o jornal mensal vendido em xelins, comprado recentemente por Bax. No dia em que a greve de Silvertown terminou, Eleanor começou a escrever e encomendar artigos para a próxima edição. Como ela brincou, não houve uma pausa após o fim de seu trabalho nas docas: agora "eu não tenho... muito pouco... mas, sim, muito *Time**."[31]

Uma das resoluções mais importantes do congresso de Paris de 1889 foi estabelecer o primeiro de maio como uma manifestação anual da solidariedade internacional do trabalho na demanda por uma jornada legal de oito horas. Eleanor passou os primeiros meses de seu trigésimo quinto ano trabalhando para implementar essa resolução na Grã-Bretanha. Por iniciativa dela, a Sociedade Socialista de Bloomsbury fez campanha para trazer a mais ampla base possível de trabalhadores de Londres para assistir ao Primeiro de Maio em um comício no parque Hyde.

A Liga Socialista e a FSD se distanciaram da campanha do Primeiro de Maio, embora suas filiais a apoiassem. Morris e a Liga Socialista eram a favor do Primeiro de Maio como uma demonstração da solidariedade socialista internacional geral, mas se opunham ao apelo específico para a jornada de oito horas. Para eles, era de menor importância.

Tussy reuniu apoio para o que chamou de "manifestação universal do Primeiro de Maio" em toda a Grã-Bretanha. Os sindicatos subsidiaram sua viagem para que ela pudesse discursar em manifestações pelas oito horas. Os sindicatos de Bristol, por exemplo, enviaram 30 xelins para cobrir sua passagem. Após a reunião, ela devolveu dez xelins ao tesoureiro junto de uma conta datilografada e seus recibos. Que contraste entre Tussy, que respondia por cada centavo gasto, e Edward, que nunca respondia por qualquer quantidade de dinheiro, seja grande ou pequena. Por causa da recusa da Liga Socialista em apoiar o pedido da jornada de oito horas, houve duas manifestações do Primeiro de Maio em Londres no ano de 1890. Em 1º de maio, cerca de 3 mil pessoas se reuniram em Clerkenwell Green sob a bandeira da Liga Socialista oficial, com discursos de William Morris e outros. Em 4 de maio, mais de 250 mil pessoas se reuniram no parque Hyde e ouviram discursos de Eleanor e outros. Perto dali, em Paris, a primeira manifestação oficial do Primeiro de Maio atraiu 100 mil simpatizantes para a Praça da Concórdia.

---

* O nome do jornal em inglês significa tempo. Trocadilho entre não ter tempo e se dedicar ao trabalho no jornal *Time*.

Maio de 1890 foi também o mês do primeiro congresso anual do Sindicato dos Trabalhadores do Gás. Eleanor foi eleita para o comitê executivo nacional. As mãos levantadas no salão em apoio à sua nomeação foram unânimes e – embaraçosamente – acompanhadas por membros que se levantaram e deram gritos de aprovação.

Como secretária das mulheres trabalhadoras do gás e membra do executivo nacional dos trabalhadores do gás, Eleanor foi líder de um dos maiores movimentos trabalhistas emergentes no Reino Unido.

Tussy era agora tão procurada que teve de pedir à imprensa que não divulgasse seu nome como oradora em anúncios, a menos que concordasse em aparecer. Em várias ocasiões em que seu nome foi anunciado sem sua autorização, protestos e agitações ocorreram em reuniões e comícios quando ela não aparecia.

Inspiradas por sua visão de que mulheres e homens precisavam se coordenar e trabalhar juntos, a fim de reestruturar o mercado de trabalho e interromper a divisão e o domínio da redução salarial, várias organizações pediram a Eleanor que viesse e lhes mostrasse como se organizar, criar estratégias e agir. Entre elas, estava o crescente número de vendedores no negócio de serviços de varejo em expansão. Mulheres e homens trabalhavam juntos neste setor, desde o advento das modernas lojas de departamentos.

Em março de 1890, a filial de Hammersmith do Sindicato dos Vendedores pediu a Tussy que discursasse em uma reunião no Hammersmith Palais – a casa de *shows* Palace of Varieties. Eles queriam que ela endossasse sua campanha pedindo um boicote local às lojas que recusassem a exigência do sindicato de implementar uma jornada de oito horas fixas mais horas extras. Tussy elogiou o bom senso do sindicato em envolver os consumidores locais no boicote ao varejo. Declarou-se disposta a assinar a petição e apoiar a ação, mas recomendou que o sindicato considerasse a remoção da palavra "boicote", já que se tratava de um crime passível de indiciamento segundo a lei britânica.

Ela sugeriu substituir o "boicote" ilegal por "negociação exclusiva", o que era legal no direito contratual. Assim, "vamos boicotar" passou a ser "entraremos em negociações exclusivas". Graças ao conhecimento autodidata da lei e a edição de duas palavras, Tussy salvou todos que assinaram a petição de um possível processo. Seguiram-se marchas dominicais e atos massivos apoiados por vendedores de lojas de toda a capital. "Nossa Querida Foguista" conduziu a maioria das reuniões.

Os empregadores varejistas ameaçaram com uma ação legal, mas seus advogados os advertiram que o enquadramento do protesto era tecnicamente legal. Eleanor protegera o que era, de fato, um boicote total. Os conflitos e as negociações seguiram.

Em 3 de abril, todos os lojistas de Hammersmith haviam capitulado e concordado com a jornada de trabalho de oito horas para reabrir seus negócios duramente atingidos. Eles contrataram advogados caros da Alameda Chancery. Tussy garantiu que o Sindicato dos Assistentes de Loja se organizasse dentro do Estado de Direito. Davi venceu Golias.

As descascadoras de cebola da fábrica Crosse & Blackwell de East Ham, em Londres, chamaram Nossa Querida Foguista para ajudá-las a organizar a ação industrial. Descascar cebolas era um trabalho perigoso e a força de trabalho era composta exclusivamente pelas chamadas trabalhadoras "não qualificadas". Mulheres habilidosas com facas e cortadores trabalhavam em turnos de 12 a 14 horas com os braços mergulhados até os cotovelos em produtos químicos nocivos, inalando gases que queimam os pulmões em salas de trabalho sem ventilação. Elas sofriam de infecções nos olhos e doenças dermatológicas, respiratórias e reprodutivas, que por sua vez causavam invalidez permanente e dispensa sem auxílio médico ou pensão. Os salários máximos para as descascadoras de cebola eram de dois xelins e três centavos por um dia de 15 horas – mas a maioria recebia apenas um xelim por um dia inteiro de trabalho. Eleanor organizou 400 mulheres em um sindicato. Elas estabeleceram os termos de uma jornada de trabalho de oito horas, salário-mínimo padrão e melhores condições de trabalho e entraram em greve.

Em uma semana, a Crosse & Blackwell já não conseguia atender aos pedidos dos varejistas. A gerência tentou subornar as mulheres com aumentos salariais seletivos e, no desespero, cerveja grátis para todas as trabalhadoras. Essas ofertas foram rejeitadas; as descascadoras venceram.

Das cebolas aos doces. As moças da fábrica (a maioria delas com menos de 20 anos) de doces Barratt em Tottenham convidaram Eleanor para vir falar com elas e aconselhá-las sobre sua greve, motivada pelo sistema draconiano de multas impostas a elas pela administração. Para tentar acalmá-las, a diretoria da Barratt ofereceu às jovens uma festa gratuita, descrita por Eleanor como "um banquete". Ela as provocou a distribuir grãos para a diretoria da Barrat, como resposta, e liderou uma manifestação de 800 mulheres e seus apoiadores nas ruas de Tottenham. A ação delas foi bem-sucedida, mas Eleanor convocou uma reunião de revisão com as jovens grevistas e discutiu como elas teriam sido mais eficazes se tivessem aderido ao sindicato antes de serem forçadas a agir.

Forças de trabalho exclusivamente masculinas, como os ferroviários, também pediram a Eleanor que trabalhasse com eles. Os empregados da ferrovia, escreveu Eleanor, trabalhavam duro e eram mal pagos, mas tinham o poder potencial de paralisar completamente a indústria de todo o país.

Algumas semanas depois, Tussy fez história como a mulher que discursou em West Drayton Green, um ponto de encontro público de longa data para democratas e radicais. Um dos tópicos levantados pelas mulheres na reunião foram os problemas que encontravam em casa se suas famílias ou homens se recusassem a entrar em sindicatos. Quando as mulheres organizavam greves ou se sindicalizavam – ou ambos –, alguns de seus namorados ou maridos abusavam delas verbal e fisicamente, ou ameaçavam expulsá-las e aos filhos de suas casas – mesmo que fosse o salário das mulheres que pagasse o aluguel. Tussy sugeriu a elas que insistissem que os amantes em potencial lhes mostrassem um cartão com a contribuição sindical em dia e, se não o fizessem, mostrassem a porta. Ela estava brincando apenas em parte. Keir Hardie expressou a mesma opinião quando observou que os homens que não conseguiam ser fiéis a seus colegas de trabalho e irmãos seriam maus amantes e maridos.

Em um discurso para o sindicato dos trabalhadores do gás, reunidos na praça do mercado de Northampton em uma manhã de sábado, Eleanor afirmou que os trabalhadores não tolerariam oposição à luta contínua por "uma jornada legal de trabalho de oito horas". Ela lembrou à multidão que os trabalhadores não qualificados eram mais vulneráveis às horas de trabalho não regulamentadas:

> Até o momento, os Conselhos Comerciais e os antigos Sindicatos têm sido não apenas indiferentes, mas hostis ao sindicato dos trabalhadores não qualificados. Mas... há esperanças de que... essa oposição suicida cessará e os qualificados e 'não qualificados' remarão juntos. Este último precisa urgentemente de organização. Eles trabalham horas

> terrivelmente longas por salários miseráveis. Nosso Sindicato começou e está sendo cordialmente ajudado pelos Socialistas.[32]

Grande parte da divergência dentro do movimento sindical acerca da legislação sobre a jornada de trabalho resultou do fato de que a jornada de trabalho fixa afetou mais as mulheres trabalhadoras do que os homens. Os artesãos, por exemplo, rejeitaram a convocação para a jornada de oito horas. No entanto, havia uma exceção: havia apoio majoritário da jornada de oito horas para os mineiros – a única indústria em que a mão de obra não qualificada era absolutamente dominada pelos homens. A divisão sexual do trabalho no ambiente industrial sob o capitalismo foi desnudada pelo movimento da jornada de oito horas.

Tom Mann, Will Thorne e Ben Tillett eram filhos de mães trabalhadoras. Todos os três insistiram na necessidade absoluta de legislação sobre jornada de trabalho. Eleanor enfatizou o ponto de que o princípio do pagamento de horas extras não poderia ser estabelecido sem primeiro avaliar o que constituía um dia de trabalho. A maioria das mulheres trabalhadoras foi classificada como não qualificada e eram mães trabalhadoras com a responsabilidade primária de cuidar dos filhos, de casa e – se tivessem – um marido trabalhador. Essas mulheres eram as mais vulneráveis às dificuldades de jornada de trabalho indefinida ou ilimitada. Elas trabalhavam e a elas recaía o fardo de reproduzir a força de trabalho para alimentar a máquina capitalista.

Para muitos homens, as mulheres eram, por definição, trabalhadoras não qualificadas. Ciente da divisão e do debate que isso causou no movimento sindical, Eleanor enfrentou esse sexismo de frente. Ela começou a se referir a si mesma em seus discursos, de maneira incisiva, como "uma trabalhadora mais ou menos não qualificada" que era, ainda assim, uma líder da direção sindical atuando quase desde sua fundação. Como tal, "é meu dever protestar contra a afirmação de que as 'não qualificadas' não exigem um direito legal à jornada de oito horas."[33]

Provocados por essa intervenção, seus companheiros sindicalistas e aliados políticos questionaram, em termos hilariantes e misóginos, se Eleanor poderia ou não se considerar uma "trabalhadora não qualificada". Todos concordavam que ela trabalhava por longas horas, mas refutaram seu argumento de que ela era "não qualificada" por vir da classe intelectual. Mas as irmãs socialistas de Tussy entenderam o que ela queria dizer: como mulher de qualquer classe, ela era, pela definição legal e social, classificada e considerada "não qualificada".[34]

Não havia dúvida de que Tussy trabalhava muito. A participação no parque Hyde, naquele Primeiro de Maio, testemunhou a eficácia de sua campanha ao lado de outros líderes sindicais, quase exclusivamente homens. O General descreveu a manifestação de 4 de maio como "nada menos que avassaladora, e até a imprensa burguesa teve que admitir isso... o palanque onde Tussy estava teve uma recepção brilhante."[35]

Eleanor fez um discurso naquele Primeiro de Maio de 1890 que incluiu seu determinado internacionalismo socialista, seu compromisso com o sindicalismo britânico e a necessidade de um partido trabalhista parlamentar para representar os trabalhadores:

> Não viemos fazer o trabalho dos partidos políticos, mas viemos aqui pela causa do trabalho, em sua própria defesa, para exigir seus direitos. Lembro-me de quando chegamos aos poucos no parque Hyde para exigir uma jornada de oito horas, mas as dezenas cresceram para centenas e as centenas para milhares, até termos esta manifestação magnífica... Aqueles de nós que passaram por todas as preocupações da Greve das Docas – e, especialmente, a Greve dos Trabalhadores do Gás – e viram os homens, mulheres e crianças ao nosso redor, estão fartos de greves; estamos determinados a garantir uma jornada de oito horas diárias por decreto legal; a menos que o façamos, ela será tirada de nós na primeira oportunidade. Só teremos a culpa se não alcançarmos a vitória que este grande dia poderia nos dar tão facilmente.
>
> Está aqui no parque, nesta tarde, um homem que o sr. Gladstone uma vez prendeu: Michael Davitt. Mas eles agora estão de acordo. Para vocês, o que é o motivo dessa mudança? Por que o Partido Liberal foi tão repentinamente convertido ao *Home Rule*? Simplesmente porque o povo irlandês enviou oitenta membros da Câmara dos Comuns para apoiar os conservadores; da mesma forma, devemos expulsar esses membros Liberais e Radicais se eles se recusarem a apoiar nosso programa.
>
> Falo nesta tarde não apenas como sindicalista, mas também como socialista. Nós, socialistas, acreditamos que a jornada de oito horas é o primeiro e mais imediato passo a ser dado, e nosso objetivo é um

> tempo em que não haverá mais uma classe sustentando duas outras; os desempregados – tanto no topo quanto na base da sociedade – serão eliminados. Este não é o fim, mas apenas o começo da luta; não basta vir aqui para se manifestar a favor de uma jornada de oito horas. Não devemos ser como alguns cristãos que pecam por seis dias e vão à igreja no sétimo, mas devemos falar pela causa diariamente e fazer com que os homens, e especialmente as mulheres que encontramos, entrem nas fileiras para nos ajudar.[36]

Nesse ponto final, Eleanor fez uma pausa e, em seguida, lançou a grande e estrondosa invocação de Shelley aos ingleses e mulheres da classe trabalhadora em *A máscara da anarquia*:

> Levantai como leões depois da sesta
> em inatacável monta,
> Sacudi as suas correntes ao chão,
> como o orvalho que vos cobrira durante o sono
> Sois muitos – eles não.[37]

INTERLÚDIO IBSENISTA

Depois de dois anos sem descanso, Tussy ficou empolgada com férias inesperadas no verão de 1890. Sua última pausa foram alguns dias de chuva na Cornualha com os "amigos ricos" de Edward. Eles eram acolhedores e gentis, mas ela se sentiu desconfortável. Sendo franca e crítica sobre assuntos socialmente inadequados – todos os quais, para ela, pareciam ser as únicas coisas sobre as quais valia a pena conversar –, fumando, sendo perfeitamente cômica e vestida de forma nada convencional, Tussy era uma convidada cansativa na alta sociedade – e ela sabia disso. Ibsen teria reconhecido seu dilema.

Por mais de uma década, o tempo livre mais agradável de Tussy foi ao lado de Olive, que voltara para sua casa na África do Sul em outubro do ano anterior. Elas não sabiam quando se encontrariam novamente. Sua amiga mais íntima e confidente estava agora do outro lado do mundo e Tussy passou a ver Havelock Ellis, que estava com o coração partido, com menos frequência depois que Olive foi embora.

Em julho de 1890, o General passou algumas semanas agradáveis na Noruega e escreveu a Tussy, incentivando ela e Edward a fazer o mesmo. Já era hora de ela fazer uma pausa e, afinal de contas, ele ficou "surpreso com o fato de ibsenistas tão zelosos conseguirem esperar tanto antes de pôr os pés na nova Terra Prometida".[1] Tussy fora contratada recentemente pelo editor Thomas Fisher Unwin para traduzir *A dama do mar*, de Ibsen, escrito em 1888. O livro deveria ser lançado em um volume separado no final do ano, com uma introdução do escritor Edmund Gosse. Eleanor e Edward também foram contratados para coproduzirem a peça em Londres, no Teatro Terry, no mês de maio seguinte. Em meio a todo esse ibsenismo, o General estava certo – era hora de Tussy fazer uma peregrinação à Noruega e o trabalho de tradução poderia pagar por isso.

Eles aceitaram a proposta e partiram em 6 de agosto. A viagem de três semanas de Tussy e Edward pela Noruega de Ibsen foi, em muitos aspectos, uma viagem em torno deles mesmos e de seu relacionamento problemático. Tussy reconheceu no trabalho de Ibsen as lutas que travava consigo mesma. A percepção de que a monstruosidade pode ser vencida pela beleza ou pelo amor, por uma boa administração da casa, por um sexo satisfatório ou por ter filhos mantém as mulheres em maus casamentos desde o início dos tempos. As formas de fugir estão disponíveis, mas os métodos e oportunidades de sobrevivência são incertos.

Este é um dos principais temas de Ibsen.

Ellida Wangel, protagonista de *A dama do mar*, fica na segurança de um casamento com o qual finalmente se reconcilia. Onde Emma Bovary de Flaubert exerce a opção pelo suicídio, Ibsen sugere, em *Casa de bonecas*, que Nora Helmer pode escapar sem se matar e até ter a chance de forjar uma nova existência. Em seu relacionamento pessoal e privado com Edward, havia muitos pontos de identificação e ressonância entre Eleanor e as personagens Nora Helmer e Ellida Wangel, de Ibsen.

A dama do mar encena o dilema de Ellida Wangel, que deve escolher entre um marido amoroso e dedicado, mas enfadonho e seguro, e um amante sedutor, mas perigoso, um marinheiro que ela conhecia do passado e que retorna para tentar reconquistá-la. A tentação do desejo sexual está no centro da peça. Ellida expressa sua angústia pela presença do estranho sem nome e o "poder horrível e insondável que ele tem sobre minha mente".[2]

O público experimenta a crescente apreensão do Dr. Wangel sobre o dilema que sua esposa enfrenta: "Eu começo a entender, pouco a pouco... Sua saudade e nostalgia do mar, sua atração por este homem estranho, eram a expressão de um desejo crescente de liberdade; nada mais".[3] Depois que seu marido reconhece e compreende que ela tem a liberdade de fazer sua própria escolha entre os dois, ela o escolhe.

George Bernard Shaw, Havelock Ellis e muitos de seus amigos próximos achavam que o controle de Edward sobre Tussy era predominantemente sexual. Mas isso era simplista. Eleanor amava Edward. Edward amava a si mesmo. Dos dois, ele era o mais satisfeito. Sua mesquinhez e egoísmo assustavam Tussy, mas também a fascinava e a impressionava. Ela viu que o jeito de ser dele o imunizou contra o vírus da depressão e do cansaço do mundo contraídos por Tussy graças a sua empatia persistente e sua identificação com os outros.

A imunidade maravilhosa de Edward destacou questões que permaneceram sem resposta pela educação da família dela. Que influências e fatores – além das grandes estruturas do capitalismo, do patriarcado, da desigualdade de classes e das forças abstratas do materialismo histórico – fazem os seres humanos priorizarem o eu sobre os outros e o individual sobre o bem comum de maneira irracional?

Dentre todas as peças de Ibsen, *Casa de bonecas* era a peça favorita de Tussy. Edith Lees Ellis descreveu a primeira apresentação da peça na Grã-Bretanha, no Teatro Novelty, em Londres, em 7 de junho de 1889:

> Alguns de nós se reuniram fora do teatro, sem fôlego. Olive Schreiner estava lá, Dollie Radford... e Eleanor Marx. Estávamos inquietos e quase selvagens em nossas discussões. O que foi aquilo? Era vida ou morte para as mulheres? Era alegria ou tristeza para os homens? O fato de uma mulher exigir sua própria emancipação e deixar seu marido e filhos para obtê-la tinha menos sabor de sacrifício do que de feitiçaria.[4]

Mesmo um conservador como Clement Scott, do jornal *Daily Telegraph*, hostil ao "universo imoral" de Ibsen, reconheceu que estava na presença de uma grande peça: "o interesse foi tão intenso na noite passada que era possível ouvir um alfinete caindo".[5]

Casa de bonecas teve um impacto mais profundo no teatro britânico do que qualquer outra produção teatral do final da era vitoriana. O ator Harley Granville-Barker a descreveu como "o evento mais dramático da década".[6] O estudo implacável de Ibsen sobre o casamento entre a infantilizada Nora e o tirânico Torvald eletrizou o público da classe média com um chocante reconhecimento. Os conservadores sociais disseram que a peça corromperia as mulheres, destruiria a quietude e o domínio dos homens e apressaria o fim da moralidade britânica decente baseada no lar, onde as mulheres de classe média conheciam seu lugar como subordinadas ao marido e aos filhos.

Os progressistas viram na peça a possibilidade de mudança social se as mulheres pudessem reunir a coragem para recusar seus papéis sociais domésticos atribuídos. "Ibsenismo" foi o rótulo atribuído aos novos movimentos sociais – socialistas, feministas, marxistas, fabianos – que interpretaram Ibsen como um pioneiro do novo teatro, radicalizando as formas e o repertório teatral clássico.

De modo geral, a imprensa britânica se opôs à nova visão de Ibsen acusando-a de obscenidade barata. O ibsenismo, declarou o jornal *Evening Standard*, era apreciado apenas por "amantes da lascívia e praticantes de impropriedade que estão ansiosos por satisfazer seus gostos ilícitos sob o pretexto da arte".[7]

Shaw compreendeu sucintamente o ponto essencial de Ibsen. "É na própria classe média que a revolta contra os ideais da classe média irrompe... Nenhum colega nem trabalhador jamais odiou a burguesia como Marx a odiava, ou desprezava seus ideais como Swift, Ibsen e Strindberg os desprezavam".[8] Ele viu que as pessoas afastadas do teatro convencional pelo "intolerável vazio das apresentações comuns" começaram a desfrutar do teatro novamente quando encontraram Ibsen, cujo trabalho acabava com "as mentiras convencionais do palco":[9]

> Os olhos da mulher estão abertos; e instantaneamente, seu vestido de boneca é jogado fora e seu marido sai, fitando-a impotente, obrigado ou a ficar sem ela dali por diante (uma alternativa que diminui a sua independência) ou então tratá-la como um ser humano como ele mesmo, reconhecendo plenamente que ele não é uma criatura de uma espécie superior, Homem, vivendo com uma criatura de outra espécie inferior, Mulher, mas que a Humanidade é homem e mulher.[10]

Para Eleanor, *Casa de bonecas* englobava o que ela amava naqueles momentos na arte em que as histórias humanas individuais se cruzavam com a contradição social e a luta ética, aquele lugar onde a liberdade leva o indivíduo a pensar sobre como as coisas podem ser feitas diferentes no futuro.

O clube Playgoers, originalmente formado em 1884, reuniu-se novamente para debater a "questão Ibsen". Edward fez uma excelente leitura de *Espectros* e Tussy deu uma palestra sobre "Imoralidade no palco". Ela e George Bernard Shaw sempre se sentavam juntos nas reuniões do clube e atrapalhavam a seriedade do processo. Como ele lembrou: "A sra. Aveling e eu, oradores socialistas por natureza, estávamos na posição de um par de *terriers* jogados em uma cova de ratos".[11]

Vários escritores escreveram sequências paródicas de *Casa de bonecas*, incluindo Eleanor. Em março de 1891, a revista *Time* publicou *Casa de bonecas restaurada* [*A Doll's House Repaired*], escrita conjuntamente por Eleanor e Israel Zangwill.

Zangwill, conhecido como o "Dickens judeu", nasceu em Londres em 1864, filho de pai letão e mãe polaca. Quando criança, ele frequentou a Escola Livre para Judeus em Spitalfields, onde se tornou professor assistente. Em seguida, foi admitido na Universidade de Londres. Mais tarde tornou-se conhecido como escritor, na Grã-Bretanha e na América, como o autor de *Filhos do gueto* [*Children of the Ghetto*], publicado em 1892. Ele cunhou o termo "o caldeirão", o título de sua peça de sucesso que invadiu a Broadway em 1908. Ele era um pacifista moderado e bravo defensor do movimento sufragista feminino. Sua associação com o sionismo começou em 1895, quando apresentou seu amigo Theodor Herzl a patrocinadores em potencial entre seus amigos intelectuais anglo-judeus. Quando conheceu Tussy, ele estava no início de sua carreira, trabalhando como cartunista, humorista e jornalista e, sendo quase uma década mais novo, tinha um certo temor respeitoso por ela. Ele a apresentou a vários de seus círculos intelectuais, incluindo os Judeus Viajantes de Kilburn, e muitos de seus amigos acreditavam que ele ansiava pelas atenções românticas de Tussy.

A divertida sátira de Israel e Tussy propôs modestas alterações à arquitetura de *Casa de boneca*, a fim de reparar sua "conclusão manifestamente impossível, não, imoral":[12]

> Quão ridícula e odiosa a concepção de uma mulher que abandona marido e filhos deliberadamente deve ser para um público inglês. De

> acordo com essas ideias limpas e saudáveis de moralidade, alteramos ligeiramente o terceiro ato... alterações que... não podem deixar de satisfazer o senso inglês de moralidade e decência.[13]

Na nova versão, Nora pede desculpas por atuar e pensar por si mesma, e admite seu erro em ter trabalhado para ganhar dinheiro. Arrependida, ela resolve corrigir seus caminhos obstinados e se submete a Torvald.[14]

Em seu retorno da Noruega, Tussy voltou às palestras, ao seu trabalho pago e ao ativismo político. Ela agora provava do sexismo patriarcal em alguns setores do movimento socialista que puniam as mulheres que falavam muito alto. Nossa Mãe estava se tornando uma figura pública muito poderosa. Ela precisava ser podada. A maior percepção de Eleanor de que ela estava sendo alvo, especificamente por ser mulher, foi quando foi excluída do Congresso dos Sindicatos (CS) de 1890.

Naquele ano, o Sindicato dos Trabalhadores do Gás e Trabalhadores Gerais tinha uma centena de filiais em todo o Reino Unido e 60 mil membros filiados. O sindicato enviou nove delegados ao congresso, saídos de Bristol, Dublin, Leeds, Manchester, Birkenhead e Uxbridge. Eleanor foi uma das três delegadas eleitas pela associação para representar Londres. Para sua surpresa, o comitê executivo nacional – da qual ela era membra – informou que ela não seria admitida como delegada. Ela ficou ainda mais chocada com o motivo da rejeição. Seu mandato, "conferido a mim pelos representantes de todo o sindicato – é rejeitado sob a alegação de que eu não sou uma mulher trabalhadora!"[15]

Clementina Black e Lady Emilia Dilke, a escritora, historiadora da arte, feminista e sindicalista, foram ambas admitidas no CS. "A senhorita Black, que nunca realizou um dia de trabalho manual, foi admitida. Eu sou boicotada!"[16] Clementina, sua amiga, confirmou a Tussy que ela não tinha sido convidada para ser delegada, especialmente porque "eu não tenho, no momento, qualquer posição que me dê o direito de sê-lo". Na verdade, ela relatou que ela e Lady Dilke foram meramente "permitidas pela bondade especial do presidente e do vice-presidente para sentar-se em um lugar vago em uma das cadeiras de delegado".[17] Esta era exatamente a evidência que Tussy precisava. "Agora, para começar, eu sou uma mulher trabalhadora – eu trabalho como datilógrafa; e em segundo lugar é certamente absurdo para qualquer um, exceto o próprio Congresso, declarar quem deve sentar e quem não deve."[18]

Will Thorne e outros delegados trouxeram o assunto ao Congresso em nome dela, sem sucesso. Tussy estava presa em uma cadeira de imprensa, como repórter de quatro jornais internacionais diferentes. Aparentemente, ser jornalista de quatro publicações diferentes em três idiomas também não a fez uma mulher trabalhadora.[19]

Graças a Eleanor, os trabalhadores do gás eram, até o momento, o único sindicato a ter duas filiais femininas. Com a liderança dela no comitê executivo nacional, todo o sindicato dos trabalhadores do gás – não apenas as filiais das mulheres – apoiou a demanda por igualdade salarial para as trabalhadoras que fazem o mesmo trabalho que os homens. A intervenção dos funcionários para anular as regras representativas do Congresso e ignorar o mandato sindical dos trabalhadores do gás foi uma tentativa de sabotar o desafio que a igualdade salarial para as mulheres trouxe para o CS, que era formado, predominantemente, por trabalhadores qualificados.

Eleanor foi atrás deles publicamente. Ela apontou que a mesma tentativa de bloqueio de delegadas democraticamente encarregadas acontecera com Edith Simcox e Annie Besant, no CS Internacional de 1888. Simcox e Besant foram, respectivamente, presidenta e secretária do Sindicato dos Fabricantes de Fósforos. Os "velhos sindicalistas" serviam para mantê-las fora, mas nesse caso foram superados pelos novos sindicalistas Will Thorne, John Burns e – significativamente – "estrangeiros" dos sindicatos europeus. Na ausência de sufrágio universal masculino e feminino, o CS era o parlamento trabalhista e o princípio era o de representação trabalhista:

> Deixando de lado o fato de que eu sou uma trabalhadora, os pontos importantes são:
>
> > 1) Que, de acordo com as ordens permanentes, qualquer membro legal de um sindicato devidamente eleito está elegível, este requisito eu preencho, tendo sido eleita não por uma pequena direção (como a maioria dos delegados), mas por uma conferência representando todo o Sindicato.
> >
> > 2) Um sindicato de homens e mulheres tem o direito de decidir por quem será representado, um princípio reconhecido na representação parlamentar.[20]

Tendo seu lugar eleito entre os delegados negado, Eleanor se juntou com raiva ao corpo de imprensa, onde Cunninghame Graham a observava, prestando atenção no quanto ela era pensativa, míope e eloquente na fala e escrita.

No ano seguinte, a direção do Partido Operário Francês convidou Eleanor e Cunninghame Graham para participarem de seu congresso em Lille, em outubro. Eleanor foi a única delegada reconhecida de um país estrangeiro e a única mulher oficialmente listada. Na chegada, ela foi arrastada para um evento imprevisto:

> ...pense no meu horror, General, quando me deparei com enormes cartazes com tiras brancas coladas nos muros de Lille convocando uma reunião, com o seguinte anúncio: '*Sous la présidence de Eleanor Marx-Aveling*'! [Sob a presidência de Eleanor Marx-Aveling!] Eu me senti poderosamente inclinada a ir embora – mas não pude e a reunião foi bem sob minha '*présidence*'.[21]

Sua "*présidence*", porém, teve curta duração. De Lille, ela pegou o trem noturno para Halle, na Alemanha, para participar do Congresso Social-Democrata Alemão. Ela lidou com três delegados franceses que, embora encantadores, esperavam que ela – por ser a única mulher – cuidasse deles. Escreveu ao General: "Deus me livre viajar em um 'vagão estrangeiro' com um [francês] – muito menos três – novamente. Prefiro viajar com meia dúzia de bebês e mais dois nos braços. Eles são igualmente indefesos, mas não seriam tão problemáticos."[22] Os homens quase choraram, ela disse ao General, quando a comida demorou.

Em novembro, Tussy foi chamada ao leito de morte de Lenchen. Helen Demuth, sua "segunda mãe", morreu aos 70 anos, de câncer incurável, em 4 de novembro de 1890. Freddy Demuth agora não tinha mãe e, até onde Tussy sabia, estava na dolorosa situação de ter um pai ainda vivo que, de maneira inexplicável, se recusava a reconhecer abertamente ele ou o neto.

Ninguém pressionou Lenchen pela confirmação da paternidade de Freddy em seus últimos dias. Ela comandou um silêncio estoico que eles não se atreveram a violar. Era óbvio que ela não revelaria nada que comprometesse o General enquanto ele ainda estivesse vivo. No entanto, aqui estava uma contradição no coração de sua família que conversava diretamente com o pensamento de Eleanor sobre "a questão da mulher". Engels era um libertário do amor livre que escrevera de maneira mais convincente do que qualquer um que ela conhecia – incluindo seu próprio pai – sobre a hipocrisia sexual burguesa. Sua recusa em reconhecer a paternidade de Freddy parecia intangível.

As contas da Sociedade Socialista de Bloomsbury e do Comitê Central para a Jornada de Oito Horas mostram que Lenchen doava dinheiro continuamente para essas campanhas e para as manifestações do Primeiro de Maio. Ela permaneceu socialista até o fim de sua vida.

Seguindo as instruções de Möhme, Lenchen foi enterrada com Karl e Jenny em seu túmulo em Highgate, no qual o pequeno Jean Longuet também descansava. Quaisquer que sejam os laços genuínos de amor, confiança e respeito mútuo entre este triunvirato extraordinário, sempre havia uma hierarquia no triângulo: Karl no topo, servido por Jenny e Lenchen – que também servia a Jenny. Como Tussy observou, se uma esposa pode amar com devoção um marido que a subordina e constrange, também um servo pode amar uma senhora ou mestre que faz o mesmo.

Helen Demuth era a governanta da história e, como Tussy sabia, a guardiã de seus segredos. Ela só não entendia por que a paternidade de Freddy tinha que ser um deles.

EU SOU JUDIA

Para o alarme de todos, a morte de Lenchen deixou o General, sempre sereno, em pânico. A organização da casa na rua Regent's Park ruiu. Em um ensaio, pintando um retrato de *Frederick Engels em casa*, Aveling descrevera Lenchen tornando-se para Engels o que ela tinha sido para Marx, "sua governanta e... sua conselheira e confidente, não apenas nos assuntos da vida cotidiana, mas até mesmo na política".[1]

O General instintivamente procurou uma substituta.

Muitos anos antes, ele havia conhecido Louise Kautsky e se interessado por ela quando de sua visita a Londres com seu então marido, Karl. Pouco depois, em uma conferência nos alpes, Karl conheceu uma jovem *Fräulein* por quem instantaneamente se atraiu. Com considerável dignidade e maturidade, Louise o deixou livre para se casar com ela. O casal já havia se divorciado. Para ajudar na confusão, a segunda sra. Kautsky também se chamava Luise; e a primeira sra. Kautsky decidiu manter seu nome de casada.

Louise começou a estudar para ser parteira em Viena. Ela manteve seu envolvimento no Partido Social-Democrata Alemão independentemente de seu ex-marido. Desconsiderando seus estudos, o General pegou sua caneta e implorou para que ela viesse e cuidasse de um velho "indefeso", em vez de desperdiçar suas energias aprendendo a trazer novas pessoas ao mundo. Louise prontamente aceitou e veio para assumir casa da rua Regent's Park.

A "temível" Espoleta, como Tussy a chamava, ficou muito ofendida com a chegada desta intrusa vienense. Com medo de ser "espoleteado", o General se escondeu atrás das saias de Tussy e disse a Espoleta que Louise tinha vindo para assumir a administração de sua casa a convite de Tussy, não dele. Tussy se divertiu muito com isso, assim como com a diplomacia vexatória do "chefe da mesa" na rua Regent's Park.[2] Ela simpatizou rapidamente com a situação de Louise no que ela chamou de "Espoleteado" – um drama doméstico de proporções épicas:

> Sinto muito por Louise. Bebel e todos os outros disseram a ela que é seu *dever* com o partido ficar [com Engels]. Não parece justo. Ela estava se dando tão bem em Viena, sacrificar toda a sua carreira não é uma questão trivial – ninguém pediria a um *homem* para fazer isso. Ela ainda é tão jovem – tem apenas 30 anos. Não parece certo calá-la e mantê-la longe de todas as chances de uma vida mais completa e feliz. E você sabe qual será a vida dela aqui.[3]

Mas a empatia instantânea de Tussy com Louise Kautsky fez dela um alvo fácil. A disponibilidade casual de Louise no momento de necessidade do General estava longe da conveniente coincidência que aparentava. August Bebel, Paul Singer e Victor Adler, todos fundadores e dirigentes do Partido Social-Democrata Alemão, tinham colocado Louise para encenar e atrair as atenções de Engels. O partido alemão estava preocupado com o futuro dos manuscritos e do patrimônio intelectual de Marx (conhecido como *Nachlass*).* Sem o conhecimento de Tussy e Engels, Louise tinha uma missão específica. Era de conhecimento público que Marx havia legado direitos exclusivos de sua propriedade intelectual para Eleanor e Laura, e de que os manuscritos fossem mantidos em segurança por Engels enquanto este vivesse. Bebel, Singer e Adler esperavam contrariar os desejos de Marx e influenciar Engels para fazê-lo desviar todos os manuscritos marxistas e correspondências para o PSD alemão. Para isso, convenceram Louise a se envolver com Engels e fazê-lo mudar seu testamento em favor do partido.

---

* Palavra alemã utilizada para descrever o conjunto da obra de um estudioso após sua morte.

Todos os três homens vieram a Londres para as comemorações do aniversário de 70 anos de Engels e ficaram satisfeitos em ver que Louise estava se acomodando, e havia ganhado a confiança dele e de Eleanor. Como Bebel observou para Adler, de maneira conspiratória: "A própria Louise deve saber o que tem que fazer".[4] Ela se infiltrou no seio da vida do General e conseguiu se insinuar na vida de Tussy e Edward também.

Tussy deveria ter prestado atenção à hostilidade de Espoleta com Louise. Espoleta insistiu que o único propósito de Louise era tirar Eleanor, Laura e ela das afeições de Engels e, assim, também de seu testamento. Tussy, no entanto, não percebia nenhuma conspiração e ficou feliz em vê-lo feliz e produtivo. "O General está maravilhosamente bem", ela escreveu para Laura:

> Louise o tem nas mãos de maneira esplêndida. Espoleta está com um ciúme desesperado (no momento)... – É uma boa notícia... que o General esteja trabalhando no livro III [d'*O capital*] e que uma boa parte dele seja enviada para Meissner imediatamente após o Natal – não seria seguro enviar durante o tráfego do feriado.[5]

Karl Kautsky tentou alertá-los repetidas vezes, mas seus avisos soaram muito como um lamento de um ex-marido, pois Tussy e o General tinham ficado do lado de Louise na questão do divórcio.

De qualquer forma, Tussy estava muito ocupada com o trabalho para refletir sobre os detalhes do que estava acontecendo em casa.

Entre 1890 e 1893 ela esteve em constante movimento. A vida de ativista era cheia de tarefas cotidianas mundanas, como qualquer outra. Os discursos de Eleanor, campanhas, reuniões de arbitragem, artigos, relatórios, encontros com pão e cerveja após as sessões do Congresso exigiam determinação e grande resistência. No verão de 1891, ela escreveu de Londres à sua irmã: "Eu vou a Bruxelas em nome dos trabalhadores do gás – e devo voltar do Congresso para cá. Não vejo possibilidade de festas de fim de ano *esse* ano! Parece que eu e as festas de fim de ano nos divorciamos".[6]

Em vez de ter uma folga, Tussy voltou a Londres para mais discursos, palestras, trabalho sindical e para o que ela chamou de "Gillesiado" – a inflamada confusão de Edward com o ardiloso jornalista Ferdinand Gilles. Gilles havia recentemente se juntado à FSD e se tornado um dos lacaios de Hyndman. Por instrução deste, ele depôs contra Aveling no congresso de Bruxelas, espalhando fofocas sobre ele entre os delegados. O fato de as histórias provavelmente serem verdadeiras deixou Aveling ainda mais indignado.

Em seu retorno a Londres, Edward, acompanhado pela fiel escudeira Louise, foi à casa de Gilles, em Islington, para persuadi-lo. A confusão que se seguiu terminou com Aveling socando a cabeça de Gilles e a polícia sendo chamada. Aveling foi multado em 40 xelins por agressão. August Bebel, que desprezava Gilles, comentou com Eleanor que 20 xelins por um soco em cada orelha era tentadoramente barato. A disputa continuou nas páginas dos jornais *Workman's Times* [*Tempo do Trabalhador*] e *Vorwärts*. Eleanor estava ansiosa para responder aos ataques impressos de Gilles, mas mantinha cautela por conta da lei de difamação britânica: "nunca se sabe onde pode ser levado em um caso de difamação, e cada palavra do que podemos dizer seria, em certo sentido, difamatória".[7] O aparente partidarismo de Louise durante essa disputa, e muitas outras, fortaleceu sua credibilidade como aliada.

Eleanor percebeu que Louise começou a fazer muito burburinho com as várias doenças do General e o que ela caracterizou como a saúde debilitada de um homem idoso. Tussy desdenhou. A solicitude de Louise pelo pobre Engels – que certamente não era pobre e nunca agiu como velho – inicialmente divertiu Tussy, que acreditava que o malandro experiente estava apenas brincando com a ingênua Louise: "o querido velho General está alegre como um pinto no lixo* (o que isso significa, ou por que um pinto estaria feliz no lixo, eu não sei) e parece ficar cada vez mais jovem".[8]

---

* No original, "as jolly as a sandboy". Em tempos anteriores aos vividos por Eleanor, havia um tipo de trabalho que consistia em transportar pequenos montes de areia, distribuí-los nos cantos do chão de salões, estabelecimentos que organizavam festas ou mesmo grandes casas, aguardar que eles fossem "sujos" com cuspes e bitucas de cigarro e, periodicamente, renovar a areia, descartando a areia suja. Esse trabalho era realizado muitas vezes por homens adultos, outras por crianças, mas o nome da profissão ficou canonizada como "meninos da areia" (sandboy) muito mais pela desvalorização social do que pela idade do trabalhador. Ao que tudo indica, apesar da tarefa infeliz, o pagamento desse serviço muitas vezes era feito em cerveja ou bebida alcoólica, e de alguma maneira a embriaguez amenizava o sentimento de precariedade na relação, ou assim a visão dominante perpetuou, originando a expressão "feliz como um menino da areia". "Feliz como um pinto no lixo" é uma expressão brasileira que guarda alguma semelhança com a original, no sentido de demonstrar que a felicidade é relativa, e apenas vivenciada por conta do sujeito não ter consciência ou esquecer do perigo e do lado negativo da situação.

A saúde de Edward, no entanto, começou a se deteriorar. Suas doenças agora eram manifestamente reais. "Edward está longe de estar bem", disse Eleanor, apreensiva, à irmã. "Ele está hospedado na casa de um amigo em Brighton. Estava – na verdade, ainda está – com uma amigdalite horrível".[9]

A política demandava toda a atenção de Eleanor. O contra-ataque ao novo sindicalismo por parte dos empregadores e dos interesses capitalistas dominantes foi fortalecido pela recessão econômica do início da década de 1890. Como princípio e meio de consolidação do ímpeto de um novo partido trabalhista independente, Eleanor e Edward – quando sua saúde o permitia – se concentraram na formação de alianças internacionais. O objetivo deles era forjar a solidariedade transnacional entre os movimentos de trabalhadores na Europa e suas colônias. Comércio, finanças, indústria e capital se organizaram internacionalmente; assim também o fez a oposição.

O trabalho de Eleanor tornava-se cada vez mais internacional. Em seu relatório aos delegados do Congresso de Bruxelas de 1891, ela atualizou os membros sobre o apoio financeiro enviado por tecelãos de Nottingham a seus colegas de trabalho em greve em Calais; por oleiros austríacos a ingleses e por sopradores de vidro ingleses a trabalhadores de cristais em Lyon.[10] Eleanor atuou como intermediária, estabelecendo os processos para entregar esses fundos de greve e garantindo sua distribuição adequada. Era esse dinheiro que fornecia subsistência – comida, calor, abrigo – para os trabalhadores e suas famílias para que pudessem sobreviver à ação industrial.

Em 1892, Eleanor trabalhou como secretária e tradutora no quarto congresso do Sindicato Internacional dos Vidreiros. No ano seguinte, ela apoiou a paralisação de 16 semanas dos vidreiros de Yorkshire e Lancashire, disparando rapidamente uma série de correspondências à sua irmã, à mídia francesa e aos vidreiros de Lyon:

> Esta luta significa uma luta de vida ou morte de toda a indústria do vidro. É provável que dure meses. Qual será o fim, só Deus sabe – e como Edward sempre diz, Deus é tão quieto.[11]

Os vidreiros da Alemanha, França e Dinamarca contribuíram com o fundo de greve com seus próprios salários e garantiram a subsistência dos trabalhadores de Yorkshire e Lancashire para que pudessem continuar sua ação. Eles conseguiram forçar uma capitulação de seus empregadores em abril de 1892.

No terceiro Congresso Internacional dos Mineiros em Londres, em julho de 1892, Eleanor trabalhou como secretária e tradutora durante o dia e escreveu análises políticas e econômicas completas para a imprensa inglesa e alemã durante a noite. Ela datilografou seus próprios relatórios em ambos os idiomas.

Engels registrou em detalhes o papel crucial de Eleanor na arbitragem de uma disputa política potencialmente desastrosa entre mineiros de carvão alemães e escoceses. Não foi uma tarefa fácil. Foi a intervenção dela, disse Engels a August Bebel, que apaziguou a situação. Tussy parecia infatigável. Seu próprio registro era muito mais superficial: "Saí (eu tinha que ver alguns mineiros alemães) na noite de quinta-feira às 21h15; cheguei a Cumnock por volta das 9h; trabalhei arduamente o dia todo, peguei o trem das 21h15 em Cumnock na noite de sexta-feira e estava de volta a Londres, bastante cansada, às 8h da manhã de sábado".[12]

Congresso atrás de congresso. Tussy traduzia, interpretava e mantinha relatórios textuais, que ela então passava a limpo, de sua própria taquigrafia, com "o aparelho" – sua amada máquina de escrever. Apesar de sempre em meio à agitação, uma fresta de solidão emergia durante os anos do início da década de 1890 – "embora eu esteja sempre ocupada, também estou muito solitária".[13] Ela ficou particularmente chateada quando, em 1891, seu cunhado viúvo Charles Longuet foi discretamente morar em Caen com uma nova esposa, decorosos oito anos após a morte de Jennychen. Tussy ficou decepcionada pois seus sobrinhos agora nunca mais viriam morar com ela, como imaginara, e foi cruel com a nova madrasta, Marie, censurando o novo casamento de Longuet como "indescritivelmente repugnante".[14]

No congresso anual dos trabalhadores do gás de junho de 1892, realizado em Plymouth, Eleanor descreveu como eles defendiam o princípio de lutar pela justiça econômica por meio do engajamento e da participação política direta. Isso pode soar pretensioso e idealista, mas, no contexto contemporâneo, era apenas a nova linguagem da ação prática dos trabalhadores para os trabalhadores. O congresso de Plymouth resolveu, de forma unânime, apresentar candidatos – para todas as eleições municipais e parlamentares – de todas as suas organizações distritais e filiais. Uma votação histórica: esta foi uma estratégia explícita para apresentar candidatos às eleições em oposição aos antigos partidos estabelecidos.

Keir Hardie, agora líder do Partido Trabalhista Escocês, fundado em 1888, e o sindicalista John Burns foram escolhidos como candidatos para as eleições gerais de 1892. Eleanor fez campanha pelos dois. Burns, fundador da Liga Trabalhista de Battersea, voltou ao distrito com uma esmagadora maioria de 1.500 votos, e Keir Hardie foi eleito para representar South West Ham. Burns se destacou por apresentar resultados impressionantes em seu trabalho no Conselho do Condado de Londres e foi, como Tussy, um firme defensor dos trabalhadores não qualificados. O sindicato dos trabalhadores do gás, com Eleanor como força motriz, dirigiu a campanha bem-sucedida de Hardie. Em um artigo para a revista *Neue Zeit* [*Tempos novos*], Eleanor e Edward escreveram que Burns e Hardie foram os primeiros membros do Parlamento na Grã-Bretanha a serem eleitos especificamente "com base em um programa definitivamente proletário que os manterá distintos e separados dos dois partidos burgueses".[15] Eles ficaram desapontados, entretanto, pelo fato de Robert Cunninghame Graham, o primeiro deputado socialista no parlamento do Reino Unido e fundador do Partido Trabalhista Escocês, perder sua cadeira em Glasgow para um sindicalista liberal. Eleanor entendeu perfeitamente as reclamações dos Liberais sobre os novos candidatos trabalhistas dividirem seus votos. "Consideramos essencial jogar os boxeadores* liberais para fora do ringue e, assim, dividirmos o Partido Liberal... Deixe-os sentir nossas garras."[16]

Edward foi convencido a ser candidato. "De todas as pessoas possíveis", Tussy exclamou, "foi Henry Hyde Champion quem escreveu e se ofereceu para conseguir a Edward todo o dinheiro necessário se ele quisesse 'concorrer' em qualquer lugar!!!".[17] Aveling não tinha nenhum desejo de concorrer a um cargo e disse, muito apropriadamente, que se por um momento ele cogitasse fazê-lo, ele só poderia aceitar dinheiro de campanha de um comitê de seus eleitores.

Após o Congresso dos Sindicatos de 1892 em Glasgow, Keir Hardie presidiu uma reunião de delegados que apoiaram a fundação de um partido trabalhista independente para liderar a Grã-Bretanha em direção à demo-

---

* O termo originalmente utilizado é *shadow-boxer*. Literalmente, trata-se do exercício de boxe que se faz individualmente, para treinar os músculos, lutando com um boneco, com um saco ou mesmo com um adversário imaginário. Metaforicamente, essa expressão é usada no sentido de alguém que gasta energia com inimigos imaginários em vez de diagnosticar objetivamente e atuar em relação às ameaças reais.

cracia industrial. Essa reunião historicamente decisiva mapeou a jornada para a formação do novo partido no início do ano seguinte.

Três dias antes do aniversário de 38 anos de Eleanor, em 1893, a conferência nacional para formar o Partido Trabalhista Independente se reuniu em Bradford. Pouco antes disso, Eleanor fez um discurso sobre *Socialismo, nacional e no exterior*. Ela criticava o velho estilo de visão dos sindicalistas ingleses sobre a política que ainda dominava a atual liderança do CS. Apesar do fato claro de que as vitórias recentes da mobilização na indústria dependeram do apoio financeiro fraternal de trabalhadores internacionais na Europa e na Austrália, a liderança do CS exibiu tendências fortemente nacionalistas e propôs políticas e retóricas antieuropeias. Uma tempestade se armou entre a velha guarda nacionalista e os partidários da nova internacional. E Eleanor, é claro, era a encarnação do internacionalismo.

Ela discursou, escreveu e fez campanha para persuadir todos os eleitores de que o novo partido trabalhista deveria abraçar os princípios internacionalistas. Mas a vanguarda do CS insistiu em perseguir uma tentativa temerária de assumir o controle da liderança do movimento internacional da classe trabalhadora. O ataque violento de Ben Tillett aos "Socialistas Continentais" expressou de forma sucinta o caráter do nacionalismo cultural paroquial que perseguia o pensamento do antigo sindicalismo da época. O "sindicalismo inglês", propôs Tillett, pomposamente, é "o melhor tipo de socialismo e trabalhismo". Ele ficou feliz em dizer, como relatou o jornal *Workman's Times*:

> Que se houvesse 50 partidos revolucionários socialistas como há na Alemanha, ele preferia ter o sindicalismo sólido, progressista, realista e combativo da Inglaterra a todos os tagarelas e gralhas estúpidos dos revolucionários continentais.[18]

Para Eleanor, esse chauvinismo era uma idiotice. Escrevendo para sua amiga Anna Kuliscioff, a revolucionária italiana, ela descreveu a postura anti-internacionalista oficial do CS como "não apenas uma imbecilidade, mas um mal".[19] Eleanor instruiu e informou membros e apoiadores do novo Partido Trabalhista Independente (PTI) sobre o quadro mais amplo da solidariedade socialista internacional. "Os ingleses", escreveu ela, "são profundamente ignorantes no que toca a todos os movimentos estrangeiros".[20]

Em uma série para o *Workman's Times* sobre o "Movimento internacional da classe trabalhadora", ela escreveu artigos sobre o Partido Operário Italiano, as eleições gerais alemãs e resumos de discursos políticos socialistas proferidos nos parlamentos europeus, incluindo um proferido pelo seu cunhado Paul Lafargue, recém-eleito na França.

Após a cúpula do CS de Bradford, em janeiro de 1893, Eleanor e Edward viajaram pelo país negro,* incluindo Dudley e Wolverhampton. Foi ali que Eleanor passou seu trigésimo oitavo aniversário. Ela enviou sua costumeira carta de Ano Novo para sua antiga amiga Dollie Radford, a quem confessou sua melancolia sobre a apatia e a indiferença dos trabalhadores esgotados, constrangidos e extremamente empobrecidos. A busca por consolo na religião a deprimiu ainda mais:

> O país negro é horrível *demais*... Eles falam de 'fé cristã'. Não sei como alguém com apenas a fé cristã pode suportar ver toda essa miséria e não enlouquecer. Se eu não tivesse fé no homem e nesta vida, não suportaria viver.[21]

O recém-formado PTI lutou por sua primeira cadeira parlamentar na pré-eleição de Halifax, em fevereiro de 1893. Edward ajudou o candidato John Lister em sua campanha. Ele foi derrotado devido aos trabalhadores protestantes votarem contra ele, alegando seu catolicismo.

Eleanor se desesperou com essa mistura de sectarismo religioso com política. Ela compartilhou com o General suas preocupações sobre a estreita aliança entre o PTI e as igrejas cristãs. O fato de o cristianismo protestante gozar de uma posição dominante no socialismo britânico moderno a alarmava, como acontecia com todos os trabalhadores e líderes britânicos que não eram cristãos.

Em 22 de janeiro de 1893, Eleanor deu duas palestras em Aberdeen. William Diack, secretário da Sociedade Socialista de Aberdeen, onde ela falou, registrou o dia com detalhes entusiasmados. Ele descreve como, no final de sua segunda palestra:

* No original, "the Black Country" designa a região industrial inglesa de West Midlands, em Birmingham, que concentrava minas de carvão, fábricas de vidro e muitas indústrias que contribuíam pesadamente para a poluição do ar e para a fumaça na Inglaterra.

> um crítico comunista... aventurou-se a censurar a sra. Aveling e procurou explicar-lhe o que Karl Marx realmente queria dizer com social-democracia. Eleanor Marx ouviu pacientemente a palestra sobre o socialismo e, em seguida, levantando-se de sua cadeira, disse em tom de solenidade cáustica: 'Céus, salvem Karl Marx de seus amigos!'[22]

Se Karl Marx pudesse observá-la do além-túmulo, poderia ter se perguntado se o céu em que ele não acreditava também poderia salvá-lo de sua filha radical.

A diferença mais fundamental entre Eleanor e seu pai estava em suas atitudes em relação ao judaísmo:

> Eu sou a única da minha família que se atraiu pelo povo judeu, e particularmente por aqueles que têm inclinação ao socialismo. Meus momentos mais felizes são quando estou no East End em meio a trabalhadores judeus.[23]

O filósofo e sociólogo russo Peter Lavrov, um velho amigo de seu pai, conectou Tussy aos "trabalhadores judeus". Judeu russo radicado em Paris, Lavrov era um comunardo e se professava marxista secular judeu, cujos seguidores na Inglaterra estabeleceram o Clube Internacional dos Trabalhadores (CIT) em 1885, no número 40 da Rua Berner, perto da Rua Comercial no East End de Londres.

Os agitadores da rua Berner formaram o CIT devido à frustração com a segregação religiosa e cultural em suas próprias comunidades. Enquanto seculares, radicais e heterodoxos, eles se opuseram à guetização e desafiaram a veneração da classe e o sucesso financeiro que colocava os judeus ricos contra os judeus pobres. O CIT oferecia aulas noturnas de educação de adultos em iídiche, para que judeus da classe trabalhadora aprendessem inglês e estudassem política, economia e literatura. Muitos de seus membros eram trabalhadores do setor têxtil e de vestuário, costureiras e alfaiates subcontratados pelos sofisticados cavalheiros e pelas senhoras da Rua Bond e da Travessa Savile – "o comércio de trapos": dos trapos do East End às riquezas do Ocidente.

No final de 1889, o CIT solicitou a Eleanor que desse aulas noturnas e discursasse em reuniões públicas. Ela começou a estudar e discursar em iídiche; hesitante na primeira vez, ela foi gradualmente ganhando fluência. Lia o máximo de jornais em iídiche que pudesse, incluindo *Fraye Velt* [*Mundo Livre*] e vários jornais de imigrantes poloneses, alemães e italianos.

Tussy discutia o aprendizado do iídiche com a crítica e tradutora russa Zinaida Afanasievna Vengerova, que estava em Londres para estudar inglês.[24] Elas compartilhavam o interesse por filologia, períodos de transição das línguas e dialetos regionais. Vengerova lembrou-se do foco de Eleanor em examinar a relação entre os dialetos iídiche e as línguas europeias. Ela falava sobre aprender línguas da mesma forma que mulheres ricas e ociosas falavam sobre adquirir chapéus. "Minha última aquisição linguística é o iídiche", disse ela. "Dou palestras em iídiche e distorço facilmente a gramática alemã para que meu público me entenda melhor."[25]

Vengerova ficou surpresa com o fato de que "a língua do gueto judeu" ainda existia na "Inglaterra iluminada",[26] mas Tussy lhe informou que muitos dos imigrantes empobrecidos da Europa Oriental, que fugiram dos *pogroms* tsaristas russos de 1881 para a Inglaterra, não tiveram oportunidade de aprender inglês. Alvos de antissemitismo e hostilidade geral, milhares convergiram em torno do distrito de Whitechapel, na rua Mile End e no bairro de Stepney Green, estabelecendo comunidades independentes para sobreviver. A situação desses novos refugiados era agravada pela rivalidade entre os oligarcas milionários do anglo-judaísmo que lutavam pelo patrocínio e influência sobre eles.

A grosso modo, estes se dividiram entre os proponentes de uma forma adaptativa de judaísmo anglicizado – liderada pela Sinagoga Unida, endossada pelo rabino-chefe e patrocinada pelo banqueiro Lord Rothschild – e, distinguindo-se dessa abordagem reformista, a Federação das Sinagogas,[27] patrocinada pelo negociante de ouro Samuel Montagu, que promoveu a adesão a uma abordagem mais estritamente talmúdica, familiar para aqueles que recentemente escaparam da discriminação brutal na Rússia e na Europa Oriental. Por mais intensa que fosse a cisma sobre como a fé deveria ser praticada, os líderes religiosos e patronos de ambas as abordagens estavam unidos em sua oposição à apostasia.

Eleanor também deu razões pessoais para aprender iídiche: "a língua judaica é como meu sangue... Em nossa família, dizem que pareço minha avó paterna, que era filha de um rabino culto".[28] Vengerova escreveu:

> De alguma forma, sentimos por essas palavras que Eleanor Marx dava mais importância à herança da vida espiritual de seus antepassados, os rabinos judeus, do que à pura arrogância de classe da família aristocrática à qual sua mãe pertencia.[29]

O chauvinismo de classe de Vengerova estendeu-se à tipologia racista. Ela achava Eleanor "nada bonita, embora atraente", apresentando "traços inteligentes, um tanto masculinos, com um nariz grande de tipo judeu".[30] Tussy retrucou com uma de suas piadas favoritas: infelizmente ela herdara só o nariz do pai, e não sua genialidade.[31] Mas os comentários de Vengerova ilustram que Tussy compartilhava a experiência comum de antissemitismo.

Muitos sindicatos de trabalhadores judeus foram formados no East End na década de 1880. A resistência do anglo-judaísmo capitalista estabelecido e de líderes religiosos reforçou a oposição ao pensamento livre secular em casa, dentro da família, na comunidade e na sinagoga. No trabalho, os judeus descobriram que alguns gentios se recusavam a trabalhar ao lado deles, fazendo-se necessário formar seus próprios sindicatos. Os sindicatos de trabalhadores judeus incluíam a Sociedade dos Fabricantes Hebraicos de Gabinetes; Sindicato dos Fabricantes de Bengalas; Sociedade Internacional dos Peleiros; Sindicato dos Alfaiates; Sindicato de Alfaiates e Passadores; Sociedade dos Laceadores de Calçados; Sindicato dos Fabricantes de Boinas; e Sociedade Internacional dos Finalizadores Assalariados de Calçados.[32] Em dezembro de 1889, todos eles foram aglutinados na Federação dos Sindicatos Trabalhistas de East London.

Conforme relatado pelo jornal *Commonweal* em janeiro de 1890,[33] esses sindicatos se congregaram em um ato de massas de trabalhadores judeus no Grande Salão da Assembleia para votar pela inauguração desta Federação dos Sindicatos Trabalhistas de East London. Os trabalhadores judeus pediram apoio aos sindicatos britânicos já existentes e ao movimento socialista – a Liga Socialista, os fabianos e a FSD. Estes dois últimos os evitaram igualmente, mas por razões diferentes; a Liga Socialista saudou a aliança, mas principalmente através de facções com tendências anarquistas compartilhadas.

No ano seguinte, em 1891, os anarquistas, em clima militante, haviam tomado conta do Clube da Rua Berner e expulsado seus fundadores marxistas judeus. Os agitadores originais da rua Berner, incluindo Eleanor, se reagruparam em torno de seu novo o jornal, *Fraye Velt*.

Em outubro de 1890, Eleanor aceitou um convite para falar no Grande Salão da Assembleia para esta nova federação de sindicatos judeus, com uma clara afirmação da ascendência de seu pai:

> Caro camarada,
>
> Ficarei muito feliz em falar na reunião de 1º de novembro, ainda mais feliz pois meu pai era judeu.[34]

Eleanor foi convidada para falar com sindicatos judeus em Leeds e Bradford, o que chamou sua atenção para o nacionalismo cultural e religioso latente dentro do Partido Trabalhista Independente. Ela viu a evidência de atitudes antissemitas dentro das fileiras do PTI e do CS. Eleanor se identificava como judia de forma consistente em reuniões públicas. Uma história sobre um incidente memorável no Salão do Instituto Leeds é infundada, mas indicativa. Eleanor foi convidada para falar, mas foi impedida na chegada. Ela começou a falar de onde estava, gritando: "Eu sou judia!".[35] Muitos anos depois, Eduard Bernstein descreveu Eleanor como "quase sionista", mas não há evidências que sustentem essa visão. Certamente, os princípios do sionismo socialista primitivo que promoviam os interesses da coletividade acima do indivíduo diziam sobre as crenças de Eleanor. Mas seu internacionalismo e filosofia econômica tornaram todas as formas de nacionalismo étnico totalmente inaceitáveis em sua visão de mundo. A questionável fusão do ardente judaísmo cultural de Tussy com o protossionismo feita por Bernstein revela suas próprias tendências, não as dela.[36]

Simultaneamente, a Segunda Internacional também revelou sua recusa em lidar com o antissemitismo. Apesar do grande número de membros judeus na Internacional, o congresso de Bruxelas em 1891 dispensou o antissemitismo sem qualquer cuidado, nas palavras de seu relatório oficial, por originar-se "do ódio do cristão capitalista contra o judeu capitalista, mais inteligente do que ele".[37] Essa era uma opinião da qual Eleanor pareceu compartilhar a princípio. Escrevendo sobre o Caso Dreyfus em novembro 1897, na *Justice*, ela atribuiu de maneira simplista a motivação para a controvérsia: "um cristão invejoso de um judeu que faz mais dinheiro do que ele".[38] Mas sua experiência evoluiu, bem como seu pensamento.

Durante o começo da década de 1890, Eleanor se atentou ao antissemitismo vivido por socialistas judeus dentro do movimento proletário internacional. Ven Vinchevsky, o poeta, jornalista e líder radical de East End – nascido Benzion Novochovits – fora exilado da Alemanha em 1879 sob a Lei Antissocialista. Em 1884 ele lançou o primeiro jornal socialista em iídiche publicado em Londres, *Die Tsukunft* [*O Futuro*].[39] Quando Eleanor o conheceu, ele estava publicando o *Arbeter Fraint* [*Amigo do Trabalhador*] na Rua Berner.

Eleanor e Vinchevsky viajaram juntos no trem a Zurique para o congresso da Internacional, em 1893. Vinchevsky disse a Eleanor que muitos socialistas não tinham consciência da existência de trabalhadores judeus, "isto é, um judeu ocupado com trabalho manual, e muito menos judeus trabalhadores organizados".[40] O congresso foi inaugurado com um brilhante cortejo que tomou conta das ruas de Zurique. Enquanto os delegados se enfileiravam na procissão, Tussy viu Vinchevksy hesitando na calçada, inseguro sobre onde ele poderia se encaixar. "Eleanor veio até mim, apressada. Ela me colocou ao seu lado, com Will Thorne de um lado e Edward do outro. 'Nós, judeus, precisamos ficar juntos', ela disse".[41]

Um entre quase uma dezena de delegados judeus no congresso, Vinchevsky logo encontrou dificuldade de se inscrever para falar. Impedido repetidas vezes nas alocações diárias dos falantes, ele apresentou seu dilema a Tussy. Ela lhe disse para anotar os nomes de seus sindicatos e a quantidade de membros "e, enquanto tradutora, darei um jeito de encaixar isso clandestinamente no Congresso". Quando a sessão do congresso se reuniu novamente, uma hora depois, ela anunciou em alemão, francês e inglês que trabalhadores judeus organizados em oito sindicatos haviam enviado seu representante, e ele deveria ser "autorizado a falar".[42] De acordo com o relato de Vinchensky, a informação foi recebida pelo congresso com "aplausos tumultuosos" e "o rosto de Eleanor ficou radiante de orgulho."[43]

A marginalização de sindicatos judeus foi confirmada dois anos depois, em 1895, quando o CS aprovou uma resolução convocando o governo britânico a controlar a imigração de "trabalhadores estrangeiros". Em resposta, dez sindicatos judeus convocaram milhares de trabalhadores para um ato de massa no Grande Salão da Assembleia a fim de protestar contra a xenofobia e o anti-internacionalismo que tomava conta do CS em âmbito nacional. Eleanor falou ao lado de outros líderes, incluindo Stepniak e Kropotkin:

> Judeus! Os ingleses antissemitas chegaram a tal ponto que a organização de trabalhadores ingleses convoca o governo a fechar as portas para os estrangeiros pobres, em sua maioria judeus. Vocês não podem ficar em silêncio.

As amizades pessoais de Tussy também a influenciaram. Olive Schreiner, Israel Zangwill e Amy Levy eram todos judeus e escritores. Tussy conhecia Israel desde a época dos Dogberries, e eles escreveram conjuntamente *Casa de bonecas restaurada*. Uma amiga em comum, Clementina Black, apresentou Eleanor a Amy em meados de 1880; em troca, Eleanor apresentou Amy a Olive.

Amy nasceu em Londres em 1861. Seu pai, Lewis, era um corretor da bolsa e acreditava na educação das mulheres. Amy brilhou intelectualmente e se tornou uma das primeiras mulheres – e uma das primeiras judias – a frequentar a Universidade de Cambridge, onde publicou seu primeiro volume de poesia, *Xantippe and Other Verse* [*Xantipê e outros versos*]. Os judeus foram admitidos pela primeira vez em Cambridge somente em 1872, meros sete anos antes de Amy ingressar. Ela deixou a universidade cedo para seguir sua carreira literária, mas não antes de se tornar a primeira mulher judia a passar no exame da Cambridge* para se tornar professora, em 1881. Ela escrevia regularmente para a *Chronicle Jewish* [*Crônica Judia*] e outras revistas, e foi parte das mulheres do grupo de intelectuais de Bloomsbury que se reunia nos arredores do Museu Britânico.

Em 1888, Macmillan publicou o novo romance de Amy, *Reuben Sachs*. Eleanor foi contratada pela autora para traduzir o livro para o alemão. A edição alemã foi publicada em 1889 e logo depois, Amy, então com 28 anos, cometeu suicídio. Tussy disse que Amy era sempre frágil, frequentemente deprimida e inclinada a uma melancolia incorrigível: "um sintoma infalível de exaustão nervosa".[44] O romance, de acordo com Tussy, usara as últimas reservas de energia de Amy, deixando-a um "espírito desencarnado".[45]

Levy não era socialista, mas era uma grande crítica da vida social e religiosa, das obsessões materialistas de *status* e classe e do que ela enxergava como uma depravação moral e um constrangimento patriarcal de sua própria experiência enquanto judia britânica e rica. Estes são os temas de

* Trata-se do exame aplicado pela Universidade de Cambridge para mulheres acima de 18 que queriam se tornar professoras.

Reuben Sachs, um romance que fascinou Eleanor tanto quanto *Madame Bovary*. Os *Reuben Sachses* satirizados por Amy Levy eram do tipo aspirantes a materialistas, sobre os quais Marx escreveu em seu controverso artigo: *Sobre a questão judaica*, de 1843.

Os escritos de Tussy mostram que ela simpatizava com as aflições de Emma Bovary, mas não se identificava com ela. Ao contrário, ela se identificou fortemente com o retrato feito por Amy Levy das complexidades de ser uma mulher britânica e judia em *Reuben Sachs*. Emma Bovary a fascinava porque era ela a pequena burguesia de Tussy, uma antítese decididamente não judia; por outro lado, Judith Quixano, a anti-heroína de *Reuben Sachs*, era uma figura muito mais familiar: uma mulher de cujas lutas Tussy compartilhava, mesmo com as diferenças de classe. Porque Gustave Flaubert é mais lembrado no cânone literário do que Amy Levy, assim também o é a tradução de Eleanor de *Madame Bovary*. Ainda assim, *Reuben Sachs* é um romance e, Judith Quixano, uma personagem, muito mais próximos à vida de Eleanor.

Marx disse: "Tussy *sou* eu". Flaubert disse: "Madame Bovary *sou* eu." Mas Eleanor nunca fez tais identificações. Ela afirmou, entretanto, assim como Judith Quixano: "eu *sou* judia"; uma declaração feita em resposta ao Caso Dreyfus.

Quando Emile Zola publicou sua conhecida acusação do erro judiciário vivido por Dreyfus, Eleanor escreveu a Nathalie Liebknecht expressando sua repugnância pelo silêncio da esquerda francesa em apoiar Dreyfus. Prova disso é o fato de que "a única nota clara e honesta foi feita não por alguém de nosso partido, mas por Zola!... O que importa se Dreyfus é '*sympatique*' [simpatizante] ou não? A única questão é: ele estava de acordo com os padrões aceitos *razoavelmente testados*?"[46] Ela suspeitava que os socialistas franceses eram motivados pelo antissemitismo. Este é um desenvolvimento significativo de sua posição anterior, de culpar os capitalistas cristãos pelo antissemitismo. Desconsiderando as diferenças políticas, ela escreveu novamente para o *Justice*, de acordo com "fazer o bem sem olhar a quem – mesmo que não consideremos essas pessoas 'solidárias'. E assim, todas as honras a Clemenceau, e acima de tudo a Zola".[47]

O que Marx pensaria de tudo isso? Eleanor observou que, ao final da vida, seu pai quase nunca falava sobre religião, "nem a favor nem contra".[48]

Marx nunca negou suas origens judaicas – ele simplesmente não as considerava de particular interesse. Era notoriamente crítico da tirania de todas as religiões, mas simpatizava com o impulso espiritual.[49] Como escreveu em sua *Crítica da filosofia do direito de Hegel*, de 1843: "A miséria religiosa constitui ao mesmo tempo a expressão da miséria real e o protesto contra a miséria real. A religião é o suspiro da criatura oprimida, o ânimo de um mundo sem coração, assim como o espírito de estados de coisas embrutecidos. Ela é o ópio do povo." A religião não era o opiáceo escolhido por Eleanor. Ela preferia continuar fumando um cigarro atrás do outro. Para ela, uma secularista resoluta e ateia, o espírito humano incorporava e englobava na forma terrena tudo o que ela considerava ser a essência da vida. As pessoas eram responsáveis umas pelas outras, e não árbitros ausentes e invisíveis – incluindo seu próprio pai morto.

"OH! PARA UM BALZAC PINTÁ-LO!"

No final de 1892, Louise Kautsky apresentou Engels e Eleanor a um jovem médico vienense que ela conheceu durante as férias de verão na Áustria, e que acabava de chegar a Londres. Dr. Ludwig Freyberger era um jovem de 27 anos que tinha se formado com distinção na Universidade de Viena, especializando-se em dissecção anatômica, fisiologia e patologia.

Tussy deu pouca atenção à conversa de Louise sobre as maravilhosas ministrações de seu novo médico. Enquanto Louise flertava com Freyberger, ela e Edward estavam organizando uma manifestação de massa pelos trabalhadores desempregados que se reuniram no dia de ano novo na praça Trafalgar e marcharam até a Catedral de São Paulo. Recomendando as habilidades de Freyberger, Louise encorajou Engels a consultá-lo. O único médico em que o General confiava era seu velho amigo Edward Gumpert, mas este ficou gravemente doente e morreu em abril de 1893, deixando o taciturno Engels remoendo a perda de dois de seus melhores amigos em um ano. O outrora Jollymeier, Karl Schorlemmer havia morrido de câncer de pulmão em Manchester em junho anterior, um triste acontecimento que Eleanor descreveu como "um grande golpe" para o General,[1] que passou muito tempo ao lado da cama de Jollymeier, embora este não mais o reconhecesse.

Enquanto a popularidade de Freyberger crescia na rua Regent's Park, Tussy e Edward mudaram-se para um alojamento mais silencioso na praça Gray's Inn número 7. Esta mudança coincidiu com três aniversários simultâneos: o décimo aniversário da morte do pai dela, o quarto aniversário do Sindicato dos Trabalhadores do Gás e as bodas de prata de Laura e Paul, que eles passaram, como prometido, em Londres. Engels, Tussy sabia, estava trabalhando intensamente para completar o livro III d'*O capital* em uma comemoração adequada para Marx.

Vários meses depois, Tussy percebeu corretamente que Freyberger havia se tornado o médico pessoal indispensável do General e onipresente na rua Regent's Park. Ela não ficou muito impressionada; algo sobre ele a fazia cuspir fogo. "*Não vejo* como alguém pode suportar Freyberger",[2] resmungou para sua irmã. Engels, ao contrário, transbordando de entusiasmo pelo conhecimento médico moderno de Freyberger e a "esplêndida carreira científica"[3] que sem dúvida estava diante do jovem, escreveu de boa vontade as referências que possibilitaram sua realocação para Londres.

Gumpert era um dos testamenteiros de Engels, portanto este teve que reescrever seu testamento. Em 29 de julho, Frederick Lessner e Ludwig Freyberger testemunharam este novo testamento. Engels nomeou o advogado Samuel Moore, o jornalista Eduard Bernstein e Louise Kautsky como seus testamenteiros. Ele deixou generosas heranças para Espoleta e para os fundos eleitorais do Partido Social-Democrata Alemão. Todos os livros em sua posse ou controle, incluindo aqueles originalmente pertencentes a Marx, eram legados ao SPD alemão, junto aos direitos autorais de Engels. Sua correspondência e manuscritos foram para Bebel e Bernstein. Todos os "manuscritos de natureza literária com a caligrafia de meu falecido amigo Karl Marx e todas as cartas de família escritas por ou dirigidas a ele serão dados por meus testamenteiros a Eleanor".[4] Sua casa, móveis e pertences, exceto onde especificado de outra forma, foram destinados a Louise Kautsky, com um quarto do patrimônio residual. Os três quartos restantes foram divididos igualmente entre Eleanor, Laura e os filhos dos Longuet.

Eleanor não foi nomeada como testamenteira ou informada por Engels das cláusulas que determinaram o destino do patrimônio referente à obra literária de seu pai. O General pode ter tentado proteger Tussy da ansiedade de ser exposta às pressões que ele sofria dos líderes do SPD alemão para legar todo o patrimônio de Marx ao partido. Em termos práticos, o testamento de Marx deixou todos os seus papéis para Tussy, mantidos sob custódia de Engels até sua morte. De acordo com as leis britânicas, Eleanor tinha a herança legítima dos manuscritos e cartas de seu pai.

Eleanor não viu o General até que eles se reuniram em Zurique, no Congresso Internacional de 1893. Ela representou os trabalhadores do gás no congresso, traduzindo, organizando e presidindo. Era uma das cinco mulheres entre os sessenta e cinco britânicos da delegação, que também incluía seu velho amigo May Morris, que estava lá em nome da Sociedade Socialista de Hammersmith. Era uma grande reunião de família ampliada para Engels, com Eleanor, Edward, os Liebknecht, Louise Kautsky, Freyberger, Bernstein, Adler e Karl Kautsky, que trouxe a segunda Luise.[5]

Anna Kulishov, amiga de Eleanor, que representou o Sindicato das Garotas Trabalhadoras de Milão, presidiu a sessão de encerramento. O congresso votou que sua próxima assembleia fosse realizada em Londres em 1896, e então Kulishov anunciou a aparição surpresa de Friedrich Engels, "o pioneiro intelectual da Social-Democracia Internacional".[6] Da primeira fileira, Tussy observou o General tomar o palanque; salão e galerias levantaram-se e saudaram-no com tumultuosos e contínuos aplausos. Em pé, embaixo do retrato gigante de Marx, pintado por Margaret Greulich, rodeado por folhas vermelhas, Engels agradeceu ao congresso pelas "inesperadas e magníficas boas-vindas",[7]

> que recebo com profunda emoção. Eu não as aceito por mim mesmo, mas como o colaborador do grande homem cujo retrato vocês têm aqui. Faz apenas 50 anos que Marx e eu entramos no movimento... Das pequenas seitas da época, o socialismo desde então se desenvolveu em um poderoso partido que faz os oficiais de todo o mundo estremecerem. Marx morreu, mas se ele ainda estivesse vivo, não haveria ninguém na Europa e na América que pudesse pensar sobre a obra de sua vida com tão justo orgulho.[8]

Quais seriam os pensamentos de Tussy enquanto o General seguia nesta grandiosa veia retórica? Ela era, em geral, cética quanto à apresentação de seu pai como ideólogo. O final do discurso do General foi recebido com aplausos, uma ovação e uma interpretação empolgante da Marselhesa. Pela excelência de sua tradução em inglês, francês e alemão, Eleanor foi presenteada com um relógio de ouro pela delegação britânica. Independentemente do que ela pensasse sobre a idolatria de Engels por seu pai, ninguém sabia que este seria seu último discurso público na Europa continental.

Johnny Longuet veio para visitar a tia em setembro – agora "um grande rapaz risonho de 17 anos!"[9] –, entretendo-a com suas reflexões elegantes sobre Clemenceau e lendo em voz alta para ela todos os jornais franceses que ele saia para comprar diariamente. Tussy amava as visitas de seu sobrinho mais velho e nunca se sentia solitária em sua companhia. A partida dele, combinada com uma derrota deprimente em uma reunião de sufragistas em novembro, piorou o humor de Tussy. Solicitada a falar nesta reunião no salão St James's, Eleanor eloquentemente apoiou uma emenda para emancipar todas as mulheres adultas, independentemente da classe ou educação. A moção foi retumbantemente derrotada. Tussy saiu sentindo-se exausta e frustrada ao encontrar, uma vez mais, a oposição das facções sociais de elite do movimento sufragista para a emancipação de suas irmãs sufragistas e ativistas da classe trabalhadora.

As longas sombras da melancolia da qual ela havia sido presa intermitente desde os 20 anos lançaram uma escuridão ainda mais profunda sobre os cada vez mais curtos dias de inverno em novembro. A ausência frequente de Edward exacerbava a depressão de Eleanor. A única fonte constante de renda de Edward era como instrutor, uma ocupação agora na moda, e da escrita de livros didáticos introdutórios de ciências, uma forma para a qual ele tinha um verdadeiro talento. As introduções de Edward à filosofia natural, mecânica e à ciência experimental, botânica e geologia foram solidamente bem-sucedidas e deram a ele muitas horas felizes de diversão com seus jovens estudantes pesquisadores na Sala de Leitura do Museu Britânico. Eleanor sentia as decepções de Edward como se fossem suas, e tentava compensá-lo indulgindo suas predisposições perdulárias e hedonistas, por mais solitária – e destruída – que estas a deixassem. Seu amigo, Max Beer, saiu do sério com a inabalável lealdade de Eleanor a Aveling:

> Ele era um bom orador, um elocucionista impressionante e um homem de realizações científicas consideráveis, mas abalado pela cegueira moral, falhando totalmente em perceber a diferença entre certo e errado. Como ela pôde continuar vivendo com este homem por mais de 14 anos é um enigma que nos intrigava a todos.[10]

Beer, como tantos de seus amigos, queria visitar e passar mais tempo com Tussy, que fez muitos convites, "mas meu invencível desgosto por dr. Aveling me fez recusar".[11]

No final do ano, Tussy desejou poder fugir para o Natal com Laura e fazer das festividades um verdadeiro feriado. Mas ela não tinha dinheiro e se sentia mal. "Eu sou terrivelmente entediante e estúpida, e eu não lhe escreveria, exceto para obter uma linha sua", ela confessa para a irmã. "Tenho estado muito abatida nos últimos dias. De fato, eu me sinto tão completamente doente sem estar doente – se você pode entender essa bobagem, acho que devo estar com uma pequena gripe".[12]

Tussy assina sua carta de véspera de Natal para sua irmã comentando que Edward está "fora, jantando com alguns amigos do teatro... como é quase 1 da manhã e meu fogo está apagando, devo dizer boa noite".[13] Ela há muito havia desisto de esperar que Edward voltasse para casa. É uma imagem sombria de solidão indesejada em um espírito vital, naturalmente gregário, mas o dinamismo e a faísca de Tussy eram precisamente o problema. Aveling sabia muito bem que se ela se juntasse ao seu jantar com os amigos do teatro, iria iluminar e preencher a sala – toda a atenção estaria nela e desviada dele.

No início de 1894, Tussy partiu para Lancashire para realizar uma intensa série de oito palestras em sete dias para as muitas seções da FSD. Para seu espanto, ela recebeu uma nota surpreendentemente escandalizada de Edward relatando o casamento repentino de Louise Kautsky e Ludwig Freyberger. O casamento ocorreu em segredo, com Engels como testemunha, e o novo dr. e a sra. Freyberger enviaram cartões notificando amigos de seu casamento depois que eles voltaram de seus 15 dias de lua de mel passadas em Eastbourne, o retiro favorito de Engels, às suas expensas. "Mas, de fato, parece estranho levar o General em lua de mel com eles", escreveu Tussy a Laura. "Você pode imaginar a delicadeza de suas piadas em tal ocasião".[14]

Tussy, como todo mundo, ficou surpresa com a maneira abrupta do casamento. "É muito bom dizer que todos os gostos estão na natureza. Mas este gosto parece-me muito anormal",[15] disse a Laura, expressando uma visão idêntica a tantas feitas por outros sobre sua própria escolha de

Aveling. Mas Tussy sabia de outra coisa: Louise tinha segredado a ela, no ano anterior, que estava tendo um caso prolongado com August Bebel.

Tussy recebeu uma missiva autojustificativa de Louise, construindo um elaborado conto com divagações sobre como ela e Ludwig tinham, por coincidência e de maneira completamente inesperada, decidido se casar "naquela segunda-feira, [que] você foi para o Norte". E assim seguia a carta, com Louise alegando que ninguém ficara mais surpreso do que ela e Ludwig com o casamento não planejado – e que nada tinha acontecido entre eles antes deste evento repentino. Ela também disse que contou a Ludwig sobre seu relacionamento clandestino com Bebel. "Essa, querida menina, é uma história simples".[16] Nada de simples em uma história tão complicada.

"Todo o caso tem sido 'envolto em mistério'", disse Tussy, admitindo que ela poderia, com o benefício da visão retrospectiva, agora ver a jogada de Freyberger como uma conclusão já antecipada.[17] Além do embaraço de Louise por saber da inconveniente verdade sobre Bebel, havia também a franqueza característica de Tussy ao contar diretamente para Louise que ela considerava Freyberger um oportunista fraudulento:

> Eu acho que prefiro meter meu nariz nisso porque sou péssima em fingir, & nunca poderia pretender admirar a profunda sagacidade & inteligência do novo noivo. Bem, no geral, estou feliz que Louise esteja casada. Ela era muito jovem para a vida um tanto sombria do General, & sem dúvida Karl [Kautsky] ficará encantado.[18]

"Pobre Louise", ela sentiu, tinha caído no clichê batido de pular da frigideira para o fogo.* "Mas então, conosco, mulheres, geralmente é uma questão da frigideira ou fogo & é difícil dizer qual é o pior. Na melhor das hipóteses, nosso estado é alarmante".[19]

A outrora venerada Espoleta havia sido destronada e Louise tomou seu lugar como a nova rainha que não poderia fazer nada de errado na visão do General. Isso era de se esperar de um Engels inveteradamente paquerador. De maneira pragmática, Tussy estava ansiosa para saber quais seriam os arranjos domésticos, "pois, francamente, será intolerável se Freyberger instalar-se permanentemente na rua Regent's Park. Era desagradável o su-

---

* No original *frying pan into the fire*, refere-se a sair de uma situação difícil para uma pior, o equivalente a "ir de mal a pior".

ficiente encontrá-lo constantemente por lá, imagine saber que ele sempre estará lá!"[20]

Tussy voltou para casa de sua turnê por Lancashire para a indesejável confirmação desta desagradável premonição. Agora genuinamente alarmada, ela se sentou e rascunhou rapidamente para Laura "as últimas notícias do *ménage* da rua Regent's Park":

> (Oh! Para um Balzac pintá-lo!)... Louise me informou que ela – & ele – iriam permanecer com o General!!!... Que Freyberger realizasse 'recepções' na casa do General certamente é pegar pesado... pessoalmente, confesso que os convites para o General de um homem como Freyberger são um pouco esquisitos &, na minha opinião, não augura nada de bom para o futuro... Eu questiono muito se a influência de Freyberger é boa para o partido. Qualquer um que tenha o menor conhecimento da natureza humana deve saber que este cavalheiro está jogando seu próprio jogo sozinho.[21]

Engels tentou amenizar o assunto, brincando sobre este novo casamento inteiramente matriarcal em que o marido se tornou pensionista de sua esposa. Ele afirmou inicialmente estar encantado que os recém-casados decidissem permanecer sob seu teto. Mas a gravidez precocemente evidente de Louise rapidamente causou ao General grande ansiedade, levando-o a começar a tomar as previdências para que todos eles se mudassem para uma casa maior do outro lado da rua.

Em agosto, Engels e os Trapaceiros – como Eleanor agora apropriadamente os chamava – foram para Eastbourne passar um feriado, durante o qual o General sofreu um leve derrame. A desconfiança de Eleanor com relação a Ludwig agora provou ser conclusiva. "Eu não confiaria em sua terna misericórdia", ela escreveu para Laura. "Ele é um aventureiro puro e simples, e eu sinceramente sinto por Louise".[22]

Tussy agora estava convencida de que a segurança de todos os jornais e manuscritos no General estava em perigo. A mudança iminente da 122 para a 41 da rua Regent's Park, com Engels semi-inválido, a fez suspeitar de que um plano deliberado estava em andamento para roubar o capital cultural de Marx. "Freyberger é perfeitamente capaz de se apossar de qualquer coisa que ele puder para vender!"[23] Os Bernstein visitaram Londres e, depois de observar a situação, confirmaram que compartilhavam das apreensões de

Eleanor. Sam Moore também parecia alarmado e duvidoso, o que deixou Tussy ainda mais ansiosa, uma vez que ela sabia que Moore era um dos testamenteiros do General.

Ela ainda não sabia que Engels havia revisado seu testamento no ano anterior, tornando Louise uma testamenteira, como testemunhado pelo dr. Trapaceiro. A probabilidade de Freyberger roubar e vender os manuscritos agora a obcecava. Sentindo-se vulnerável e exposta, ela apelou a Laura e Paul para virem a Londres e ajudá-la a interceder junto a Engels:

> Pois você deve se lembrar que Freyberger é simplesmente um antissemita (embora eu apostasse minha cabeça judia que ele é um judeu) & não tem qualquer relação com o movimento. Não é brincadeira, posso garantir para você, pois sei que você sabe muito bem que qualquer pessoa que more com o General pode manipulá-lo em qualquer extensão... os manuscritos de Mouro etc. são coisas sobre as quais não podemos ter muito cuidado.[24]

Sam Moore disse que tentaria discutir o assunto com Engels, provavelmente com a intenção adicional de silenciosamente instá-lo a informar Tussy sobre seu testamento revisado, a fim de acalmar seus medos e lembrar Engels de suas obrigações legais.

Foi preciso outro pretendente adepto para desmascarar Louise. A segurança econômica presente e futura dos Aveling dependia da herança de Eleanor. Edward encontrou uma oportunidade inesperada de causar confusão com Louise quando Tussy descuidadamente compartilhou com ele a confidência sobre seu caso com Bebel. Edward começou a trabalhar espalhando as notícias. Louise sabia que Aveling era a fonte desta fofoca constrangedora. Considerando Tussy como a responsável por esta traição de confidência feminina, ela escreveu uma carta furiosa acusando-a de uma quebra de fé em sua amizade.

"Todo esse *klatsch* (fofoca) me mostrou que eu tenho que intervir",[25] Louise choramingou. Tussy não se deixou enganar por essa efusão. Ela começou a suspeitar que a rede íntima de relacionamentos entre todos os jogadores poderia indicar que Louise, em aliança com Bebel e Freyberger, tinha segundas intenções para desviar a posse do *Nachlass* para o Partido Alemão e seus próprios fins.

O ponto de ruptura veio mais tarde, em 1894, quando Louise tentou desajeitadamente persuadir Eleanor a assinar um documento que a tornasse, a nova sra. Trapaceiro, proprietária responsável de todos os papéis e manuscritos por medo, afirmou Louise, de que Espoleta os pegasse. Ela havia ido longe demais. Espoleta não tinha poucas falhas ou problemas, mas Tussy sabia que ela não era uma ladra, nem havia nunca tentado suplantar as irmãs de Marx nos afetos do General.

A fúria de Tussy com a artimanha de Louise era implacável. Ela agora viu que tinha sido enganada. Ela implorou a sua irmã e a Paul que viessem a Londres interceder junto ao General. O jogo acabou. "Espoleta *fora* eliminada", escreveu ela a Laura em um tom de descrença chocada, "& é realmente muito doloroso ir ao General. Quando me vê sozinho – que é apenas por um momento –, ele parece feliz o suficiente, & então quando os outros dois aparecem, ele se torna como eles, e, com tudo menos palavras, me chamam de indesejada".[26] Sem manter qualquer pretensão de aliança com Tussy, os Trapaceiros começaram a atacá-la de todas as formas que podiam. Ela se tornou indesejada na rua Regent's Park 41, e Louise e Ludwig não desgrudavam dela, recusando-se a deixá-la sozinha com o General quando ela o visitava. Parecia precisa a sua percepção de que o agora vulnerável Engels estava sendo intimidado por sua outrora protegida rolinha.

O General teve um inverno infeliz, sugerindo, em sua correspondência com Laura, os erros que havia cometido. Ele queria comemorar seu aniversário de 74 anos, que se aproximava, em paz, mas a adega de carvão estava alagada, e a condensação ameaçava arruinar suas melhores safras; a reforma da cozinha ainda estava incompleta, e a maior parte de seus livros ainda embalados em caixas, retardando seu trabalho. Não havia nenhuma razão em pedir ajuda a Louise, já que ela acabara de dar à luz a uma filha. Pela primeira vez, Engels não expressou nenhum entusiasmo sobre a chegada de um novo bebê. Em vez disso, ele se trancou em seu novo escritório, tentando organizar sua biblioteca, embora "mais de uma vez eu me senti inclinado a jogar todos os meus livros, a casa e tudo o mais no fogo, tamanho era o aborrecimento".[27] O Dr. Trapaceiro parafusou sua placa de identificação de latão na porta da frente, e uma babá e mais duas criadas adicionais foram deslocadas para cuidar dos Freyberger, não de Engels. A ocupação estava completa.

Tussy precisava da solidariedade de Laura: "Sozinha, não posso fazer nada. Juntas podemos fazer algo".[28] "O pobre General", disse ela a Laura, "chegou à condição de ser uma mera criança nas mãos deste 'par monstruoso'". "Se você soubesse de toda a manipulação dos Trapaceiros [F's], você compreenderia":

> Se você não quer ver os F's como *únicos* testamenteiros *literários*, você deve agir, e prontamente. Você vai se lembrar que Bebel escreveu que os papéis estariam nas mãos certas. Eu acho que você & eu deveríamos saber em *quais* mãos. Se os de fora sabem, nós também devemos [sabê-lo], pois quando tudo estiver dito & feito, isso será da *nossa* conta e de mais ninguém. Os manuscritos – especialmente todos os papéis privados – são nossa preocupação; eles pertencem a nós – nem mesmo a Engels.[29]

Laura não respondeu a este apelo de sua irmã, nem aos subsequentes, cada vez mais frenéticos. Foi uma época terrível para Tussy. Distanciada do General, sem o apoio de Laura, furiosa consigo mesma por ter acreditado em Louise, ela não sabia a melhor forma de agir sozinha, ou a quem se voltar. Edward não tinha serventia. Tendo disparado o incêndio sobre o caso de Louise com Bebel, ele fugiu para as Ilhas Scilly por sete semanas, com a justificativa plausível de que ele precisava convalescer de outro surto de doença renal. Felizmente, sua necessidade de se recuperar não foi tão aguda a ponto de impedi-lo de pesquisar e escrever uma série de artigos de viagem para a *Clarion* [*Clarim*] sobre os prazeres das ilhas, acompanhado por seu novo *amour* de férias, uma garota loira de olhos azuis com quem ele conversou no barco. "Eu a tinha visto no dia anterior na agência de correios de Penzance, e inventei um telegrama para que eu pudesse colar um carimbo em suas mãos e tocá-la. Ela era tão tranquila e franca quanto bonita".[30]

Enquanto isso, Eleanor ocupava a linha de frente na escalada da guerra com os Trapaceiros e esperava ansiosamente que Edward retornasse de sua encenação de Alec Nelson, "pois estou bastante solitária – apesar de meus muitos amigos de quatro patas".[31] Se pudessem falar, seus amigos de quatro patas poderiam ter sugerido que ela estaria melhor na companhia deles. Freddy e seu filho, Harry Demuth, aliviaram a solidão de Tussy. Tussy e Freddy passavam cada vez mais tempo juntos, conversando e comendo juntos às lareiras um do outro, em Holborn e Hackney, e levando Harry, então com 12 anos, para longas caminhadas. Como Freddy era um delegado sindical, socialista e sindicalista ativo, eles tinham muito em comum politicamente. Ambos escolheram mal seus parceiros. Pai e filho viviam sozinhos em Hackney, como o faziam desde que a mãe de Harry fugiu durante a noite, dois anos antes, deixando Freddy para criar seu filho como um pai solteiro, o que ele fez com muito sucesso. A esposa de Freddy não só roubou seu coração quando fugiu, mas também a maior parte de suas posses e um fundo de benefício em dinheiro de £29 confiados aos seus cuidados por seus colegas trabalhadores. Por consideração a Tussy, e talvez sentindo o perigo potencial em Edward, Freddy sempre foi cortês com ele. Harry se lembrava que "Eleanor sempre foi muito agradável, mas não gostava de Aveling... Ele era muito educado e tal, mas ele não era agradável".[32]

Freddy teve uma "infância difícil",[33] deixando a casa de seus pais adotivos, os Lewis, assim que atingiu a maioridade legal. Ele não tinha mais comunicação com eles, mas nunca perdeu contato com sua mãe, Lenchen. Trabalhador, autossuficiente, interessado em tudo, Freddy era um autodidata resoluto. "Ele não tinha muita escolaridade", relatou Harry, "mas aprendeu tudo sozinho. Era impressionante o que ele sabia".[34] Harry se lembrou dos dois à noite sentados, um de cada lado da mesa, com uma lamparina a óleo, lendo um para ao outro: "Era Shakespeare – e eu o ajudei com a pronúncia. Ele não conseguia pronunciar todas as palavras tão bem quanto eu."[35]

Nesse período em 1894, quando as relações de Tussy com o General estavam tensas, pela primeira vez em suas vidas compartilhadas, ela deve ter sentido mais intensamente o frio assustador de estar fora do seu círculo solar mais vital. As crianças, ela sabia, invariavelmente pagam pelos erros dos pais. No entanto, Engels, entre todas as pessoas, não acreditava que os erros eram irreparáveis. Então, por que – novamente aquela pergunta para Tussy – Engels, em outros casos tantas vezes do lado dos anjos, se comportou como um demônio irritado com seu único filho, a quem ele se recusou a reconhecer?

Eleanor nunca hesitou em tentar fazer uma ponte sobre a lacuna parental de Freddy. Quando sua esposa roubou o fundo sindical em 1892 e abandonou seu filho, Eleanor havia persuadido Laura, Lafargue e Longuet a aceitar discretamente a responsabilidade financeira por Freddy. Sem pedir dinheiro ao General, eles juntaram tanto quanto podiam para ajudá-lo a reembolsar o dinheiro roubado. Mais do que nunca antes, Eleanor sentiu que era "péssimo" Freddy não poder contar com o apoio do pai, uma vez que a família dela havia sido financeiramente sustentada por ele durante toda a vida. Era um aspecto do comportamento do General que ela não conseguia compreender. Ela escreveu para Laura:

> Pode ser que eu seja muito sentimental, – mas não posso deixar de sentir que Freddy sofreu uma grande injustiça ao longo de toda sua vida. Não é surpreendente, quando encaramos as coisas de frente, quão raramente parecemos praticar todas as coisas que pregamos – para os outros?[36]

O distanciamento entre Tussy e o General foi resolvido quando sua saúde piorou no final do ano. Engels sentiu que estava agora mortalmente doente, e confidenciou isso a Eleanor e Louise, que juraram sigilo. Tussy seguiu sua recomendação. Louise partiu imediatamente e espalhou as más notícias para Victor Adler, que passou o aviso ao SPD alemão para reunir seus abutres. O futuro dos papéis e manuscritos de Marx estava agora, pelo que Eleanor sabia, definitivamente em risco. Nem Engels nem Tussy imaginavam que a morte dele era iminente, mas era claramente possível que ele pudesse ficar incapacitado, vulnerável a perder o controle de exercer poder sobre seus desejos, como acontecera com sua casa. Edward voltou de sua estada como Alec Nelson para a briga, adicionando um pós-escrito dramático a uma das suplicantes cartas de Tussy a Laura:

> Querida Laura, venha, *venha*, VENHA. Você não tem ideia da imediata importância disso. O General deseja isso. Ele não vai tolerar *nenhuma* interferência de ninguém além da de vocês duas, cujo direito de exigir os papéis de seu pai ele deve admitir. Você tem que fazer essa exigência e declarar categoricamente seu argumento, que você não confia nos Fs. Acredite em mim, esta é a única maneira de salvar os manuscritos.[37]

Mas todos estavam enganados. Confrontado com o fato derradeiro de sua mortalidade, Engels agiu rapidamente para tomar medidas adicionais para proteger os papéis e manuscritos de acordo com os desejos de Marx e sua própria consciência. Em novembro, ele redigiu uma série de documentos suplementares e explicativos, todos assinados, ao seu testamento. Ele adicionou uma cláusula suplementar que teve uma influência significativa sobre Tussy:

> Todos os papéis com a caligrafia de Karl Marx, exceto suas cartas para mim e todas as cartas endereçadas a ele, exceto aquelas escritas por mim para ele, devem ser devolvidas a Eleanor Marx-Aveling como representante legal dos herdeiros de Karl Marx.[38]

Isso era inequívoco. Engels guardou em segurança esses documentos suplementares em uma gaveta de sua escrivaninha, junto a uma carta para Tussy e Laura, que deveria ser dada a elas após sua morte, escrita de seu próprio punho.

O aspecto do testamento do General que teria o maior impacto em Tussy e na história literária marxista foi sua decisão de separar seus próprios manuscritos de tudo que tivesse sido escrito a mão por Marx. Tudo das mãos de Marx iria para Eleanor e ficaria com ela na Inglaterra. E se ela morresse, os papéis iriam para Laura, na França. Os manuscritos do próprio Engels iriam para os líderes do partido alemão, Bebel e Bernstein. Fundamentalmente, a correspondência entre Marx e Engels iria para o SPD alemão. Esta divisão do *Nachlass* tornaria impossível para Tussy compilar as cartas de seu pai para publicação. Esta era uma posição difícil para colocar Eleanor como testamenteira literária oficial de Marx.

Ela julgou Engels mal em relação ao fiasco dos Trapaceiros. Ele estava magoado por sua falta de confiança nele, mas há evidências suficientes para demonstrar que ele também reconheceu sua própria falta de julgamento em ceder a Louise e Ludwig de maneira tão descuidada. Engels também pode ter sentido que estava protegendo Tussy de mais exploração por parte de seu próprio aventureiro. Publicamente, o General permaneceu benigno sobre Aveling, mas ele não era tolo – Tussy poderia amá-lo como fosse, mas Engels sabia como era Edward. O General bem poderia achar que seria melhor Tussy olhar para as enganações acontecendo em sua própria casa, antes de investir todas as suas energias no que estava acontecendo na dele.

"O pobre Edward", que tinha ido para St. Mary para convalescer, voltou doente e exausto de seus excessos. "Quando o olhei, descobri que ele tinha um abscesso enorme – duas vezes o tamanho do meu punho! Eu mandei chamar o médico imediatamente."[39] Se ao menos Eleanor tivesse tirado seu pincenê cor de rosa ao inspecionar Edward, ela teria visto que seu enorme abscesso era uma torpeza moral que poderia ter sido tratada com muito mais eficiência por dois socos com seu punho, em vez de chamar o médico.

Era injusto sugerir, como ela fez, que o General tivesse sido convencido de que, "como Espoleta, estou apenas especulando sobre ele, e estou apenas com ciúme de Louise estar em sua casa etc."[40]

O grande desenlace dos Marx *versus* Trapaceiros veio no Natal, como acontece com muitas das melhores crises familiares. Edward desempenhou um papel útil em precipitar o drama. Tussy sugeriu a Laura que ela lhe escrevesse e sugerisse que estava preparada para ser voluntária para ajudá-la a copiar os manuscritos para o livro IV d'O *Capital*, que Tussy tinha descoberto recentemente que não progrediram tanto quanto ela tinha pensado. Além disso, ela gostaria de saber com clareza sobre o *status* do futuro dos papéis de Mouro e de seu tratamento no caso da morte de Engels. Tussy mostraria esta carta a Engels, fornecendo-a com uma abertura para envolvê-lo diretamente no assunto. Engels confiaria e aceitaria a ajuda de Laura, já que ele estava rejeitando ofertas de outras pessoas nas quais ele sabia que não poderia confiar para realizar o trabalho de forma eficaz, como Eduard Bernstein. Este era da opinião de que as irmãs Marx eram as pessoas adequadas para empreender a transcrição. Então, Tussy sugeriu a Laura, "Você poderia se oferecer para buscar os manuscritos para copiar, e Bonnier, que tantas vezes passa por aqui, poderia trazê-los de volta. Nós duas poderíamos trabalhar nisso &, então, pelo menos, estabelecemos alguma reivindicação."[41]

Laura concordou com o plano e escreveu ao General. Quatro dias antes do Natal, Tussy foi a Salford para dar três palestras para membros da seção da FSD sobre os assuntos questionáveis de "O movimento socialista internacional", "Socialismo, científico e outros" [*Socialism, Scientific and Otherwise*] e "Mulheres e o movimento socialista". Tarefa difícil para as festas de fim de ano – mas precisamente por conta das festas de fim de ano os trabalhadores puderam tirar folga para frequentar intensos programas de palestras.

No caminho para a estação, Tussy visitou rapidamente o General, e encontrou-o completamente sozinho, tendo que "se virar".[42] Isso foi o bastante para Tussy. "C'est la guerre" [É a guerra], anunciou a Laura. Bem, o General entendeu a guerra. Era hora de esclarecer. Os Trapaceiros estavam fazendo jus a seus nomes. "Em uma palavra, minha querida, é guerra, e nós temos pelo que lutar".[43]

A carta de Laura chegou depois que Tussy partira para Manchester. Edward, visitando a rua Regent's Park para almoçar, entregou-a em seu nome e assim testemunhou o drama que ela precipitou. Engels leu a carta de Laura em voz alta, na presença dos Trapaceiros. Ele concordou imediatamente que Eleanor e, se ela precisasse de ajuda, Laura, deveriam transcrever o manuscrito do quarto volume d'*O capital*. Então, calmamente e de maneira muito digna, confirmou que "*é claro* que o manuscrito de Marx e os papéis foram mantidos em segurança para suas filhas e não poderiam ter outro destino".[44] Não havia dúvida sobre isso: era claro e definitivo. Até agora, tudo parecia calmo. Aveling retirou-se para sua soneca pós-almoço – e fingiu estar dormindo.

Durante seu "cochilo", ele ouviu vozes altas vindo do quarto do General no andar de cima, seguido por Louise correndo escada abaixo derramando rios de lágrimas e soluços intensos. Engels a seguiu e sacudiu Edward, provavelmente dizendo a ele para parar de se fazer de desentendido. Engels, enfurecido, disse que havia uma conspiração – na verdade, havia conspirações sem fim desde que ele assumiu a nova casa. Laura foi convencida a escrever a carta, e Eleanor, de todas as pessoas, deveria ser mais sábia em vez de desconfiar dele. O boletim de guerra de Aveling para os Lafargue descreveu os modos sobretudo militares do General, marchando para cima e para baixo, gaguejando e revelando uma consciência ferina. Mas a verdade é que Engels estava realmente magoado. Era dolorosamente óbvio que a carta era uma armação, e a verdade amarga o atingiu com força: se Tussy não confiava mais nele, ele havia decepcionado as pessoas que mais amava e falhado em seu dever de cuidar das filhas de seu melhor amigo.

Tussy sabia que o General havia sido golpeado e seu coração estava com ele. Mas a carta incendiária havia alcançado seu objetivo; abriu uma linha direta de comunicação:

> Parece impossível que você realmente *acredite* que Laura e eu desconfiemos de você. Em quem mais confiaríamos na Terra além de

> você?... Não direi mais nada agora, exceto que se você não tivesse sido tão envenenado contra nós, nunca pensaria tão maldosamente sobre as filhas de Mouro a ponto de que elas não confiassem em *você*.[45]

Cartas fluíram entre Engels, Laura e Tussy. Tussy se apresentou decididamente na rua Regent's Park para o que acabou por ser um "Dia de Natal ruim" para os Freyberger. Tussy e o General concordaram que conversariam, sozinhos, antes do início das festividades. "Como um aperitivo para a refeição festiva", ela descreveu a Laura, "o General me levou para sua 'sala de *recepção*'* & seguimos para a nosso primeiro *round*". Ele expressou sua raiva pela falta de tato de Tussy ao armar a carta de Laura, mas não tinha nada para contradizer sobre a precisão de seu conteúdo.

> Depois de uma certa quantidade de discussão – durante a qual eu disse a ele que ele não tinha ficado zangado até que os outros o tivessem deixado assim... nós chegamos ao ponto: os manuscritos. Ele disse que estes eram nossos e, claro, viriam para nós. Eu disse que, se tivesse sua garantia, estava bastante satisfeita e sabia que você também.[46]

Tussy então disse ao General pela primeira vez que Louise estava importunando Laura e ela para que assinassem um documento legal que Louise havia redigido, tornando-a a responsável pelos papéis, e que a razão declarada para fazer isso era porque ela temia que Espoleta tivesse intenção de roubá-los. Engels ficou claramente abalado com isso e Louise – quando confrontada – foi incapaz de negar a verdade disso.

Poucos dias depois, o General foi almoçar na casa de Tussy. Foi a primeira vez que ele visitou a rua Gray's Inn desde que ela se mudou, e ele veio sozinho. Eles passaram pelo mesmo terreno novamente, em detalhes, e teve o que Tussy descreveu como seu "*round* final" na disputa. Ela disse tudo o que tinha a dizer sobre os Freyberger e a preocupação dela e de Laura a respeito dos papéis e manuscritos de Mouro. Engels foi conciliador, mas ainda assim não contou a Tussy sobre os arranjos legais. Sabiamente, ela confiou nele. "Ele novamente disse que *cuidaria* para que todos os papéis de Mouro chegassem até nós, mas nada disse sobre seu testamento.

---

* No original, "droring room". Em inglês, drawing room é a sala de recepção, sala de estar. Parece um jogo de palavras que não identificamos, mas "dror" em hebraico significa "pardal" ou "liberdade".

Claro que eu disse que estava bastante satisfeita & que, quanto ao resto, não devo dizer mais nada".[47]

O resultado dessas duas negociações foi que Engels garantiu de se certificar sobre o destino dos papéis e, com alguma bravata, declarou sua esperança de que duas "tão 'famosas *Frauenzimmer*' como Louise e eu – embora eu não seja tão 'nobre' quanto ela – concordássemos. Bem, nós – ou seja, a nobre & eu –, sem dúvida, teremos uma conversa tempestuosa, e então tudo ficará em paz – nas aparências!"[48] E foi exatamente isso o que aconteceu.

Tussy passou seu aniversário de 40 anos, em janeiro de 1895, contente com o final das "Festividades medonhas".[49] Engels também ficou muito aliviado. "Tussy e eu esclarecemos as coisas; pelo meu entender", assegurou a Laura, "resolvemos tudo relacionado com o assunto, o que nos reaproximou como os bons amigos de antes".[50] A resolução desta disputa era o maior presente de aniversário que ela precisava.

Em março, Eleanor e Edward foram para Hastings de férias – para melhorar a saúde de Edward. Ele trabalhou no *Clarion*, que agora editava, e Tussy cuidou dele e de sua correspondência para o sindicato dos trabalhadores do gás. Ela escreveu para Biblioteca, pedindo-lhe para concordar com o pedido de Will Thorne para falar com os trabalhadores do gás no West Ham, e relatando que algumas horas de ar fresco todos os dias estariam fazendo bem a Edward, "mesmo assim, ele ainda não está muito forte".[51] Quando ele, alguma vez, o esteve, perto de Tussy?

Quaisquer que fossem seus desejos de aniversário, os amigos de Tussy devem ter esperado que a usina de força agora com 40 anos de idade, que tinha com sucesso assumido o legado e a herança de seu pai, também poderia recompensar seu eu adulto rompendo seu cansado relacionamento com Aveling, sempre carente e manipulador. No aniversário da morte do pai, Tussy escreveu a Biblioteca de sua hospedaria, de onde olhava para a praia de seixos e o mar agitado de março em Hastings: "Hoje faz 12 anos desde que Mouro morreu – e eu acho que sinto mais falta dele, de minha mãe e de Jenny hoje do que quando os perdi."[52]

Enquanto ela e Edward estavam em Hastings, Engels foi diagnosticado com câncer de garganta. Freyberger não disse a ele a patologia exata; e se o General suspeitou, não deixou transparecer. Mas no final do mês ele compôs um longo codicilo ao seu testamento, atestado pelo cozinheiro da casa e sua enfermeira residente. Este codicilo fez mudanças substanciais ao testamento anterior. No geral, transferiu a herança da maior parte de sua riqueza e bens para Louise.

Mas a riqueza material do General não era do interesse ou preocupação de Tussy. Significativamente, Engels revogou todas as suas instruções anteriores sobre as cartas da família Marx. Exceto apenas as cartas entre ele mesmo e Marx; todas as cartas escritas por ou endereçadas a Karl Marx deveriam ser entregues por seus executores a Eleanor, "a representante legal das herdeiras de Karl Marx".[53] Esta revisão fez de Eleanor a única herdeira dos manuscritos do pai e de todas as cartas escritas por ou para Marx, exceto aquelas entre ele e o General. A herança em dinheiro para as filhas de Marx e a família eram suficientes para torná-las financeiramente seguras para o resto de suas vidas, mas isso provavelmente importou mais para Engels do que para Eleanor. Na grande luta pelo legado de Engels, a herança de Tussy estava garantida.

Se soubesse, Louise teria ficado encantada com a fortuna que estava para herdar. Mas esta dádiva de riqueza material herdada não representa nada em comparação com o peso da responsabilidade colocada sobre Tussy como guardiã de tão rico portfólio de capital cultural. Como Engels, sem dúvida, antecipou, temendo que as pressões sobre Eleanor como guardiã do *Nachlass* de Marx e da volumosa correspondência de seu pai seriam imensas.

Em maio, a dor e o inchaço no pescoço de Engels eram insuportáveis. Ele precisava de uma operação, seguida de recuperação à beira-mar. Perguntou a Tussy se ela e Edward se juntariam a ele lá por uma semana mais ou menos e disse a ela que também havia escrito para Laura e Paul, convidando-os para que viessem vê-lo. Pela primeira vez, os Lafargue concordaram prontamente em vir para Inglaterra. Conforme o decorrer dos acontecimentos, a viagem para Eastbourne não aconteceria até o final de junho.

Tussy e o General compartilharam gemada e ostras e discutiram a indicação de Edward como candidato parlamentar pelo Partido Trabalhista Independente. A indicação veio da seção central de Glasgow do PTI. Engels pediu a Tussy todos os papéis e informações e os leu assiduamente. Ele aconselhou Edward a recusar a indicação, pois, como ele supôs corretamente, era uma armadilha política. Eles brincaram sobre o novo vício do General em anestésicos e ele tentou, sem sucesso, intermediar um acordo de paz final entre Tussy e Louise.

Ele a provocou sobre o pedido de seu amigo russo, George Plekhanov, para traduzir sua monografia sobre *Anarquismo e socialismo* do alemão para o inglês. O General caiu na gargalhada com as notícias – "Sim, tenho pena de você", brincou ele. "Onde está a pobre garota para adquirir o conhecimento necessário para tal trabalho?"[54] Tussy conhecia o assunto quase que por hereditariedade, e desejava que não o tivesse. Era uma piada que só os dois poderiam compartilhar. Tussy gostava de russos e abominava anarquistas. Como Plekhanov, ela era sensível à crescente popularidade das tendências anarquistas e crítica de sua promoção do terrorismo e do desejo de "fazer do mundo inteiro um parque de diversões para a reação e espionagem internacional".[55]

Imediatamente após retornar à cidade vinda de Eastbourne, Eleanor fechou a casa de Gray's Inn e mudou-se com Edward para Orpington, em Kent. A locação em Green Street Green começou em 1 de julho e Tussy antecipou ansiosamente a novidade de um verão inglês no interior. Ela convidou a família e amigos para uma visita, incluindo Freddy e Harry; ela tinha certeza que iriam aproveitar a oportunidade para uma grande folga ao ar livre.

Tussy passou grande parte do ano até então otimista com uma reaproximação entre Engels e seu filho distante. As esperanças foram fundadas no fato sem precedentes de que Freddy havia sido convidado para as comemorações do aniversário de 74 anos de Engels no final do ano anterior. A aparição de Freddy e Harry na festa de aniversário do General atraiu muita atenção dos outros convidados, vindos de todas as partes do mundo. Tussy ficou ao lado de Freddy durante toda a festa. Ela encarava todos aqueles que posteriormente ousaram tentar discutir com ela sobre o significado da presença de Freddy Demuth nas festividades do General. O silêncio implacável de Eleanor – ainda mais perceptível vindo de um indivíduo geralmente falante – era assustador. Não havia vergonha no segredo do General para Tussy – mas não cabia a ela contar. Afastar-se das fofocas cansativas da estufa de Londres era outro dos muitos prazeres que Tussy sentia nessas primeiras semanas na Green Street Green.

Esperando que sua irmã, ou Freddy e Harry, a visitassem em breve, Tussy ficou surpresa ao ver-se saudando Sam Moore como seu primeiro visitante através do portão de piquete de sua casa de campo. Alguns dias antes ela havia recebido uma carta ansiosa dele, rabiscada às pressas no Lincoln's Inn em 21 de julho. Nela, ele dizia que o General tinha acertado para voltar a Londres com seus dois médicos: "seu estado é precário... Ele pode continuar por algumas semanas se a pneumonia não intervir, mas se o fizer, será uma questão de algumas horas... então, se você quiser vê-lo, é melhor ir à rua R. P. R. 41 na quinta-feira".[56]

Quando Sam apareceu inesperadamente na Green Street Green para vê-la, avisando com antecedência de algumas horas, Tussy se perguntou se ele tinha vindo para contar a ela pessoalmente que o General estava morto. Mas a notícia que Sam trouxe foi totalmente inesperada. Tussy ficou pasma. O tempo da chegada de Sam, as xícaras de chá, o uísque e uma conversa longa, longa e enrolada se resumiram em um clarão atordoante. Naquele momento de choque, o eixo do mundo de Tussy virou para um ângulo tão nauseante que ela não conseguiu recuperar o equilíbrio ou o rumo. Ela tentou entender a história que Sam estava contando a ela. Não poderia, simplesmente não poderia ser verdade.

Mouro era o pai de Freddy. Não Engels.

A resistência psicológica total e imediata de Tussy a esta revelação foi uma medida do golpe. Sua negação foi rápida e fácil: a causa da revelação era Louise Freyberger. Mentiras, mais mentiras. Tinha que ser. Tussy aproveitou sua inimizade para descartar a notícia como mais uma calúnia dos Trapaceiros contra a família Marx. Sam pegou a mão dela, e gentilmente, com relutância, entregou-lhe a declaração que ele tinha testemunhado, assinada por Engels em sua presença.

Sam explicou como Louise, incentivada por Bebel, seu marido e outros, incitaram Engels a revelar a verdade sobre a paternidade de Freddy. A persuasão sempre foi seu modo. Por que Engels deveria morrer com seu nome manchado pela acusação de que ele havia abandonado um filho para ser criado por pais adotivos, negando-lhe as oportunidades que sua grande riqueza poderia comprar? Certamente Freddy merecia ter conhecimento da verdade e tomar seu lugar de direito como um dos filhos de Marx – seu único filho. Louise garantiu a Engels que ela queria o melhor para Freddy e ele. Mas suas intenções eram irrelevantes. Um dos últimos pensamentos de Engels foi o reconhecimento de que Louise tinha passado a perna nele e revelaria o segredo. A história foi lançada e ele tinha que responder.

Aveling, de pé atrás da cadeira de Eleanor, olhou com interesse.

Eleanor foi imediatamente para Londres e direto para a cabeceira do General. A história era uma mentira grosseira e ela ouviria o próprio Engels dizer isso. Mas era tarde demais. Quando ela chegou, o General não conseguia mais falar. Sua garganta estava inchada, em uma dor agonizante, e ele respondeu à pergunta de Tussy escrevendo em uma lousa, com grande esforço, em afirmação. Ambos, fora do poder da fala, se olharam, mudos de tristeza e lágrimas. Tudo que Engels pôde fazer foi confirmar a verdade. Ele não podia contar mais nada a ela.

Este foi o último encontro de Tussy com o General – seu segundo e remanescente pai. Ela saiu em estado de choque e voltou para Kent. No dia seguinte, Engels ficou inconsciente. Duas noites depois, na noite de 5 de agosto, ele morreu. Para crédito de Louise, ela escreveu imediatamente para Tussy naquela noite, dizendo-lhe que ela havia deixado seu quarto brevemente, "nem por 5 minutos, e quando eu voltei, tudo estava acabado".[57] Mas tudo estava muito longe de acabar.

Tussy e Edward juntaram-se aos enlutados na Necrópole Waterloo na manhã de sábado, 10 de agosto. Seguindo as instruções do General, seu funeral foi privado e assistido apenas por amigos pessoais, "ou representantes políticos que também fossem seus amigos pessoais".[58] Eleanor escreveu muitos dos cerca de 80 convites. Entre os discursos curtos, Aveling e Lafargue prestaram homenagens. Eleanor e Laura não fizeram elegias. Nem Freddy Demuth, que ficou com Tussy, Johnny Longuet e os Lafargue quando o trem a vapor carregando o caixão simples de Engels era puxado para fora da plataforma de Waterloo número 1. Este único trilho, de propriedade da Ferrovia London and South Western, seguia com destino único ao cemitério de Brookwood e o Woking Crematorium, onde Engels foi cremado.

Ninguém sabe o que se passou entre Tussy, Freddy e Laura naquele dia ou nas semanas seguintes. Se Louise Freyberger não tivesse forçado a situação, Engels poderia muito bem ter levado o segredo da paternidade de Freddy para seu túmulo. Alguns disseram que ele queria limpar seu nome da imputação de que abandonou o filho que gerou com Helen Demuth no auge da juventude no Soho. Outros acreditaram que ele estava zangado com Marx por sobrecarregá-lo com a mentira. Ambas as afirmações são persuasivas, mas não compreendem a obra de Engels e seu amor por Marx e toda sua família. Se Jenny, Karl e Helen mantiveram o segredo, ele também poderia. Engels nunca se desviou de sua dedicação a Marx, na vida ou na morte, ou por sua crença de que a verdadeira grandeza pertencia exclusivamente a Marx.

Ele estava completamente errado, é claro. Sem Friedrich Engels, não teria havido Karl Marx e vice-versa. Esta foi a verdadeira dialética intelectual e econômica, como bem sabia Marx. Olhando dessa perspectiva, ambos foram pais das ideias do marxismo. Além da magnitude de compartilhar esta criação, qual foi a dificuldade com a troca de responsabilidade pela incômoda paternidade de um filho? Homens que eram grandes amigos faziam isso o tempo todo. O erro fatal cometido por ambos os patriarcas benignos foi imaginar que a omissão da verdadeira paternidade de Freddy protegeria suas filhas – Eleanor, Laura e Jenny.

Simultaneamente, Tussy perdeu Engels e sua idealização por seu pai. Foi o fato de não saber, não o ato em si, que a surpreendeu. Se a paternidade de Freddy não tivesse sido mantida em segredo, teria apenas feito parte de quem seu pai, Karl Marx, era. Em vez disso, Tussy foi confrontada por um dos clichês mais taciturnos no mal-entendido de moralidade: a verdade varrida para debaixo do tapete.

Na manhã de 27 de agosto, Tussy, Bernstein, Lessner e Aveling embarcaram no trem para Eastbourne com a urna contendo as cinzas de Engels. Eles contrataram um barco a remo e um piloto e, de acordo com os desejos do General, remaram algumas milhas mar adentro de Beachy Head e lançaram suas cinzas ao vento e às ondas.

Tussy pisou em terra firme, caminhando para uma vida onde o passado agora parecia outro país. Ela perdera dois pais e ganhara um meio-irmão.

A TOCA*

Em resposta ao pedido para escrever um obituário de Engels para o jornal francês *Devenir Social*, Eleanor rapidamente revisou as memórias que havia escrito para o aniversário de 70 anos dele e o enviou. Consultando Laura, ela fez acordos com o advogado de Engels, Arthur Wilson Crosse, para trabalhar em inúmeros assuntos da administração financeira que estavam pendentes após o inventário do testamento do General, que foi concedido em 28 de agosto.

Depois que Engels morreu, Eleanor e Laura emitiram uma chamada pública pelas correspondências de Marx. Elas adotaram a forma de carta pública usada pelos filhos de Darwin e Ernest Jones, a qual Tussy disse ser "o melhor para a Inglaterra". Ela enviou a carta a todos os jornais britânicos e à Associação de Imprensa. Foi publicada em quase todos os países do mundo, em muitas línguas:

> Podemos apelar, por meio de suas colunas, para todos aqueles que possam ter alguma correspondência de Karl Marx? Estamos ansiosas para obter o máximo de cartas possível de nosso pai, visando à publicação. Quaisquer cartas ou documentos que puderem ser enviados

* No original, *The Den*. O termo *den* serve tanto para designar tocas de animais quanto para um cômodo da casa no qual são realizadas atividades de lazer, ou escritório, nos EUA.

> estarão, naturalmente, sob o máximo de cuidado, e, se os remetentes desejarem, serão retornados assim que forem copiados. Obedeceremos a qualquer instrução que os possuidores e remetentes das cartas possam nos dar quanto à omissão de qualquer passagem que não desejem que seja publicada.[1]

Eleanor então se dirigiu a Burnley por alguns dias para honrar um compromisso de longa data, dando três palestras. Ela passou muito tempo se reunindo, discursando e dando palestras em Lancashire em 1895 e nos anos seguintes. Lancashire era o coração da organização sindical progressista, uma reação ao que os alemães chamavam de Manchesterismo – a ortodoxia de livre comércio da Grã-Bretanha vitoriana.[2] Manchester também era conhecida como Algodonópolis,* um reflexo do domínio da indústria têxtil de algodão em Lancashire. Em Yorkshire, a produção de lã dominava, mas o condado também tinha mais minas de carvão. Trabalhadores do sexo masculino predominavam na mineração de carvão, enquanto mulheres e crianças eram maioria na indústria têxtil. Consequentemente, Lancashire tinha um número proporcionalmente maior de mulheres e crianças na força de trabalho do que Yorkshire. As trabalhadoras têxteis de Lancashire eram radicais e organizadas e, como resultado, Tussy era muito procurada no condado.

A reputação de Tussy agora estava à frente dela. Ela escreveu para William Diack, provocando-o sobre a confissão de que ele estava nervoso por conhecê-la: "Você disse que tinha medo de mim. Eu não sabia que tinha uma reputação tão formidável... ([James] Leatham disse que esperava um '*iceberg* intelectual' e pareceu aliviado ao descobrir que eu não era um *iceberg*, nem intelectual.)".[3] Ela marcou Diack com a intensidade experimentada por tantos outros que a conheceram: "Posso ver outra vez em minha mente suas feições ligeiramente judaicas e seus belos olhos escuros brilhando com o entusiasmo da fé intensa."[4] Suas palestras, ele disse, eram "tão sólidas nos 'fundamentos' quanto as rochas de Rubislaw**".[5]

---

* No original, Cottonopolis, derivado de *cotton*, algodão.

** Pedreira histórica instalada em 1379 no oeste da cidade de Aberdeen, na Escócia, e que seguiu funcionando até 1971. Dela se extraiu granito para muitas obras europeias. O imenso buraco no chão foi preenchido com água após a extinção das atividades, e hoje é um famoso lago.

A série de palestras em Burnley logo depois foi seguida por uma turnê de uma semana de palestras pela Escócia, acompanhada por Aveling, onde discursaram nas filiais da FSD e do PTI em Edimburgo, Dundee, Glasgow, Blantyre e Greenock. "Edimburgo é seguramente, com a possível exceção de Praga, a cidade mais bonita que já vi (incluindo a *ville lumière**)."[6] No dia do retorno, Tussy enviou uma nota resumida e apressada para Louise: "O que v. decidiu sobre as estantes de livros etc. Estão com você? Ou você, como WA sugeriu, as enviou Ø para o interior? Se estão com você, eu as trarei Ø definitivamente; por último, avisem-me o que pagar e para quem**".[7]

Sua correspondência urgente para Louise sobre as estantes de livros era apenas uma das centenas de notas e cartas polêmicas que pairavam entre elas desde que o inventário foi concedido no testamento do General. Louise enviou cartas a Eleanor sobre os mais diversos assuntos, como a inadequação de seu comprovante da entrega dos manuscritos de Marx, acusando-a de não devolver os originais das cartas que ela havia sido incumbida de datilografar e, o que é crucial, perguntando o que ela deveria fazer sobre a terça parte que Eleanor tinha direito da coleção de vinhos do General. Deveria ser encaminhada a sua casa de campo, armazenada nos porões do comerciante de vinhos ou vendida imediatamente? Eleanor devia pagar pelo transporte e/ou armazenamento.

Seis dias depois, Ludwig escreveu a Tussy informando-a de que ela faria um grande favor a ele e a sua esposa retirando imediatamente "de nossa casa... aqueles artigos que pertencem a você, isto é, uma poltrona, três estantes de livros, uma caixa de livros, uma estante de jornais e sete fotos e desenhos emoldurados". Se ela não pudesse fazer isso imediatamente, Ludwig continuou, eles depositariam os itens listados em seu nome no depósito da Regent's Park às custas dela.[8] A poltrona em questão era aquela em que Mouro morrera e que Engels herdara. Agora pertencia a Tussy, que não tinha espaço para essas coisas em sua casinha em Orpington. Ao reclamar com Laura que o Dr. Trapaceiro agora provou ser o "canalha absolu-

---

* Cidade luz, em português, termo para se referir a Paris.

** Tradução nossa. No original, lia-se: "*What h u d abt the bk cases etc. Are they with u? Or h u, as WA suggested transferred Ø to country? In former case I'll get Ø moved at once; v. latter, let me know & wht 2 pay & who 2=Cr or who.*"

to" que sempre pensou que ele fosse, ela disse: "Vou guardá-los no depósito até encontrarmos uma casa".[9]

Ela estava morando lá havia apenas dois meses, mas o bairro Green Street Green não estava dando certo. É "muito agradável", disse Tussy a Karl Kautsky, mas Orpington estava "muito longe de tudo e de todos",[10] e a casa era úmida e não tinha isolamento. A rixa com os Trapaceiros trouxe Eleanor e Kautsky de volta à antiga intimidade, e ambos saudaram a renovação de uma amizade que haviam perdido. Tussy queria viver mais perto de Londres, em "algum subúrbio conveniente", mas também sonhava em construir uma comuna de velhos amigos. Como matutou em conversa com Kautsky: "Tenho um grande plano para você, os Bernstein e nós mesmos... morarmos próximos uns dos outros."[11]

Tussy e Edward "caminharam por quilômetros e quilômetros"[12] à procura de uma casa. "Todas as casas bonitas estão alugadas ou são muito caras, e as 'residências nobres' que visitamos frequentemente se localizam em alguma pocilga indescritível."[13] Falava como uma verdadeira aspirante a pequeno-burguês. Com frequência, quando uma pequena casa parecia adequada, ela acabava sendo inferior e má construída: "Ou então um trem atravessava o jardim"[14] – ou era praticamente inacessível de Londres. "Os aluguéis aqui", queixou-se a Laura, "são terríveis":

> Se, no entanto, pudermos encontrar algum lugar realmente agradável, Crosse recomenda fortemente que você *compre* em vez de pagar aluguel. Às vezes, sinto vontade de investir em um trailer (como o Dr. Gordon Stables) e viver como uma cigana, em qualquer lugar.[15]

É um alívio flagrar esse relance da disposição cigana nômade de Tussy se reafirmando depois de todas as reclamações esnobes sobre bairros desagradáveis e pocilgas indescritíveis. O Dr. Gordon Stables, em seu livro *Folhas do tronco de um cavalheiro cigano: vivendo em um trailer à beira da estrada* [*Leaves from the Log of a Gentleman Gipsy: in Wayside Camp and Caravan*], publicado em 1891, recomendava os trailers pois ofereciam "o mais saudável e fascinante de todos os modos de viagem". Stables escreveu sobre uma variedade de assuntos, de criação de cães à saúde e felicidade para as esposas – a referência de Tussy é um lampejo interessante de sua navegação por livros e revistas populares.

Arthur Wilson Crosse foi o advogado londrino que tratou do inventário do testamento do General; consequentemente, Eleanor o contratou como seu conselheiro jurídico. Foi preciso Crosse mostrar a ela que, com sua parte do dinheiro deixado por Engels, agora ela poderia comprar sua própria casa. Laura havia entendido isso imediatamente e já estava procurando casas para comprar nos arredores de Paris, adequadas ao perfil político de Lafargue e ao gosto do casal pela jardinagem e agricultura doméstica em pequena escala. Após as despesas fúnebres, a distribuição de herança e todos os outros desembolsos usuais, Eleanor e Laura herdaram aproximadamente £7.645 cada, e um terço disso foi depositado para os filhos de Jenny. Isso os deixou com fenomenais £5.000 cada um.[16] Todos entenderam que a maior parte dessa herança remuneraria o tempo de Tussy e Laura para arquivar o *Nachlass*, publicar os manuscritos do pai e, no caso de Tussy, gerenciar todos os aspectos de seu patrimônio literário. Engels esperava que Aveling e Lafargue também contribuíssem para esse empreendimento, com seus trabalhos intelectuais apoiados financeiramente por sua herança. Era mais dinheiro do que Tussy jamais havia tido. Administrada com cautela, era uma herança suficiente para formar a base de sua segurança financeira – e de Edward – pelo resto de suas vidas. Como o General pretendia, isso permitiria a Eleanor sair de seu trabalho de pesquisadora de aluguel no Museu Britânico e se dedicar em tempo integral ao trabalho de transcrever, solicitar, editar e publicar as cartas, papéis e manuscritos de seu pai.

Ninguém entendia a natureza d'*O capital* melhor que Eleanor. Ela fora desmamada enquanto o livro era escrito. O Grande Livro de seu pai foi o escrito fundamental de sua infância, ao lado da bíblia de Shakespeare da família. Seus pais, radicais de 1848 se livrando das algemas de sua educação social, não tinham nenhum interesse em acumular seu próprio capital. Felizmente, tinham Engels, que estava disposto a sujar as mãos fazendo isso por eles. Gastavam tudo o que recebiam e nunca economizaram ou investiram. Ter uma propriedade nunca ocorreu a eles. Mas Tussy era inglesa e filha de Engels tanto quanto de Marx. Ela não foi comprar roupas novas, sapatos ou bolsas, ou torrar em novas lojas de departamentos comprando o que havia de mais moderno em móveis e *design* de interiores, comendo em restaurantes caros e luxuosos e saindo de férias e em teatros de ópera europeus – tudo o que os Trapaceiros fizeram conspicuamente. Tussy procurou uma casa para comprar, desistiu de seu trabalho autônomo mal pago e depositou o resto até ter tempo para pensar e planejar sua administração adequadamente. Edward, no entanto, conseguiu o que queria e, considerando o dinheiro compartilhado, ele nem prestava contas a ela.

Além de se adaptarem à oportunidade de ter uma casa própria, o que já bastava para que compartilhassem o assunto com uma diversão irônica, Tussy e Laura tiveram que tomar decisões sobre a venda de ações e títulos pela primeira vez em suas vidas, a fim de transformar ações em dinheiro para as quatro crianças de Longuet. Tanto Sam Moore quanto Crosse aconselharam que a liquidação em dinheiro vivo seria mais segura do que transferir as participações, já que os Freyberger estavam levantando objeções e obstruindo as estimativas de valores de ativos em todos os bens de Engels. O Duque e a Duquesa Trapaceiros, como Tussy agora os chamava, estavam em farra.

Enquanto discutia ferozmente com Hermann Engels sobre se ele teria permissão para manter £300 do dinheiro de seu irmão na Alemanha, a Duquesa jogou fora todos os móveis que Engels havia comprado há menos de dois anos para a nova casa e gastou mais de £300 em móveis novos. Eles estão "estreando em grande estilo", disse Tussy à irmã, e "só falam com desprezo" do General e o que o fizeram pagar.[17]

Os argumentos legais e a mesquinhez sobre os bens de Engels, dos quais Louise recebeu a maior parte como principal beneficiária, eram intermináveis. Além disso, embora tenha sido Louise quem forçou a questão da verdadeira paternidade de Freddy Demuth, alegando sentir muita pena dele, ela não fez nenhuma provisão ou simples atos de generosidade – emocional ou material – para aliviar a exposição de Freddy. Assim que Engels morreu, sua amizade aparentemente solícita com Freddy e Harry evaporou, e eles nunca mais foram convidados para irem à casa. Amigos e camaradas próximos de Engels, como Bernstein, foram dispensados de forma semelhante.

Tussy dividiu a responsabilidade financeira por seus sobrinhos e sobrinha Longuet com Laura, mas a administração de *royalties* de editoras, escrituras e tudo o mais relacionado à obra de Marx caiu sobre ela. Como o General a havia ensinado (esses hábitos certamente não vieram de seu pai), Tussy executou todo esse trabalho com a papelada e a contabilidade com pronta eficiência. Ela também tomou a precaução de se enfiar no novo *bunker* dos Trapaceiros na Regent's Park e empacotar os papéis de Marx em dois grandes baús, levando-os imediatamente para o depósito seguro na alameda Chancery, de táxi. Lá eles foram armazenados em um cofre, trancados com chaves sob medida mantidas apenas por Eleanor. O plano era que Laura viesse o mais rápido possível para começar a ajudá-la a classificar e transcrever tudo.

Os compromissos de Eleanor para o resto de 1895 a levaram a outra viagem pelas cidades de Lancashire, Aberdeen, Bristol, Crewe e Lincoln. Ela manteve a produção jornalística enquanto estava na estrada. A convite de Gueorgui Plekhanov e Vera Zasulich, Tussy tornou-se a correspondente britânica do jornal russo de tendência liberal *Russkoye Bogatstvo* [*Riqueza Russa*]. Ela gostava muito de contribuir com relatórios sobre a Grã-Bretanha, abrangendo partidos políticos, vida social e novas tendências em literatura, artes e ciência. Suas reportagens animadas, concisas e informativas incluíam peças abrangentes sobre os *tories* e os liberais,* as leis fabris, o desemprego, a manifestação do Primeiro de Maio, os dados atuais sobre o alcoolismo, a pobreza de Londres, o julgamento de Oscar Wilde, e o romance político sufragista de Clementina Black, *The Agitator* [*O agitador*]. Ela também escreveu sobre o Conselho do Condado de Londres e os Conselhos Escolares de Londres e uma peça provocadora sobre as vidas e amores de sua antiga parceira de luta, Annie Besant.

No início de novembro, Laura tinha descoberto e comprado uma casa em um leilão. Situada na Grande-Rue, número 20, em Draveil (Sena-et-Oise), estava abandonada e precisando de uma profunda reforma, mas ostentava 30 cômodos, anexos, um laranjal e um jardim que se estendia até a *fôret* de Sénart. Tussy ainda perambulava pelas ruas, descobrindo que "todas as casas bonitas são muito caras, e todas as baratas são ruins e em bairros de má qualidade."[18] Bem quando estava se sentindo mais triste com sua caça infrutífera, ela encontrou o que seu coração desejava. Foi o endereço que chamou sua atenção e a fez caminhar até os arredores do sudeste de Londres. Ela brincou com Laura: "a casa que estamos prestes a comprar... (Edward jura que esta é a minha única razão para comprá-la) fica na Alameda dos JUDEUS,** em Sydenham."[19]

---

* Membros do partido conservador *tory* e do Partido Liberal.

** Jews Walk é uma rua em Londres. Em tradução literal, significa "Caminho dos Judeus".

Em 29 de novembro, Eleanor assinou a compra e pagou £525. Em 14 de dezembro, 15 dias depois, ela e Aveling se mudaram. Localizada nas fronteiras de Lewisham, então West Kent, a casa tinha um jardim e boas ligações de trem e ônibus para Londres. No entanto, apesar de sua localização resolutamente suburbana, havia algo de estranho e Romântico (com R maiúsculo, como diria Tussy) sobre o número 7 da Alameda dos Judeus. Construída na década de 1870 no alto estilo neogótico, a casa geminada de dois andares tinha uma grande porta da frente com um arco de pedra e painéis de vitrais confortavelmente de acordo com a arquitetura do Castelo de Otranto. Quatro gárgulas de pedra, com asas como morcegos vampiros, mantinham sentinela no parapeito da grande janela saliente no andar de baixo. Arbustos de rosas precisando urgentemente de poda e modelagem se espalhavam pelo caminho do jardim como imagens de um conto de fadas, e árvores não podadas lançavam sombras sobre a fachada.

A prática Tussy não notou nada desses aspectos sinistros, e Crosse considerou uma barganha. "É grande para nós (mas eu odeio quartos pequenos)", escreveu ela para Laura, "e Paul vai torcer o nariz para nosso pequeno jardim; no entanto, será grande o suficiente para nós."[20] E é por isso que o estranho exterior gótico não significou nada para Tussy. Os pequenos quartos que ela odiava eram exatamente iguais àqueles em que ela tinha sido criada e vivera a maior parte de sua vida, sempre empacotando coisas, se mudando, nunca capaz de criar raízes ou chamar, definitivamente, de "lar".

Descobrir que Freddy era seu meio-irmão significava que Mouro não era o pai que ela pensou que fosse; nem eram as relações entre sua mãe, Lenchen e Engels exatamente o que pareciam ser. A revelação forçada do General abalou os fundamentos de sua vida. Construir alguma segurança para si com tijolos e argamassa foi uma reação fleumática. Como enfatizando o ponto, Tussy imediatamente nomeou o número 7 da Alameda dos Judeus de "A Toca". Aqui ela faria seu ninho, trabalharia em seu próprio escritório e receberia velhos amigos.

Proporcionalmente, as 525 libras eram 10,5% da herança do General a Eleanor. Conversões históricas libra por libra postulam valores absolutos e são extremamente imprecisas, pois não conseguem explicar os valores relativos das coisas e como elas mudam ao longo do tempo; por exemplo, o aumento do custo da habitação do século XIX para o XX e o impacto das novas tecnologias nos orçamentos individual e familiar. Claro, Marx escreveu sobre tudo isso n'*O capital*, então Tussy o sabia bem. Melhor que o pai, na verdade, já que ela o vivenciou. Conservacionistas patrimoniais poderiam comentar a feiúra de sua casa, mas a estética arquitetônica não era de interesse de Tussy. Ela escolheu a Alameda dos Judeus, número 7, pelo número e tamanho dos quartos e por todas as incríveis tecnologias modernas com as quais estava equipada, tornando-a acessível para funcionar. Imaginando, pela primeira vez, um Ano Novo em família em sua própria casa, ela escreveu para os Lafargue convidando-os para um feriado e levou-os em uma turnê virtual, antecipando sua visita:

> Quanto à nossa casa (estou judaicamente orgulhosa da minha casa na Alameda dos Judeus), *voilà* [aqui está]. Andar de baixo: Sala grande (escritório de Edward e sala conjugada); sala de jantar (com passagem para o quintal), cozinha, copa, despensa, adegas de carvão e de vinho, armários, um grande hall de entrada. Um lance de escadas (fáceis), quarto, quarto de hóspedes (*seu*), quarto de empregados, banheiro (grande o suficiente para ser outro quarto de hóspedes em ocasiões especiais). Meu *escritório*!!!.* Em todos os lugares temos luz elétrica – que é muito mais barata, pois estamos perto do Palácio (de Cristal), do que o gás, embora o gás esteja colocado também, e eu tenha um fogão a gás e lareiras a gás na maioria dos quartos no andar de cima.[21]

Laura, que havia comprado um grande *cache misère*** que não ostentava nenhuma das comodidades modernas do subúrbio de Sydenham, elogiou a escolha de sua irmã: "deve ser uma toca de cristal, o que com gás e eletricidade faria nós, aldeões, ficarmos encantados."[22]

E, acima de tudo, Tussy tinha seu próprio escritório, triplamente sublinhado. Se ela e Edward fizessem um orçamento para viver em conjunto com cerca de £90 a £100 por ano, poderiam bancar viver lá até a velhice; a herança do General poderia apoiar Eleanor a se dedicar ao seu trabalho político, sua escrita e os manuscritos de Marx. O General estava subsidiando-a para o que ela fazia de melhor: mudar o mundo.

* No original, está triplamente sublinhado.

** Tecido utilizado para cobrir uma coisa feia ou velha. Como metáfora, refere-se a medidas provisórias tomadas para esconder uma situação problemática.

Eleanor terminou o ano com um grande embate público com o ativista da FSD, Ernest Bax, sobre sexo e a questão da mulher. Engels havia notoriamente descrito a "mulherfobia"[23] de Bax – ele tornou público seu caso de misoginia maníaca. Assim, quando emitiu um juízo público sobre a vida pessoal e o comportamento da sufragista Edith Lanchester, ele acendeu a faísca de Eleanor. Ela sabia que Edith e suas vidas estavam se aproximando pessoal e politicamente durante esse período. Em 16 de novembro, o *Justice* publicou uma carta pública de Eleanor a Ernest Bax, desafiando-o a um debate aberto sobre a questão da mulher:

> CARO CAMARADA, – Como o *JUSTICE*, 'o Órgão da Social-Democracia', parece adotar o camarada Bax como expoente de suas opiniões sobre a questão do *sexo* (*não* da mulher), e como o assunto é certamente digno de consideração e debate, desejo, por meio de suas colunas, desafiar meu amigo Bax a um debate público comigo sobre o assunto. O debate acontecerá em algum salão em Londres antes do final do ano, para que a renda dele... possa ser entregue a H. Quelch, honorável tesoureiro do Comitê de Zurique (do Congresso Internacional Socialista dos Trabalhadores e das Câmaras Sindicais Operárias, 1896). O debate deve seguir as linhas habituais, digamos 30 minutos de cada lado, e depois dois quartos de hora para cada orador, consecutivamente. Bax, como expositor da proposição geral, deverá abrir. A presidência deve ser mutuamente acordada. – Fraternalmente,
>
> Eleanor Marx Aveling.[24]

Bax respondeu, de seu clube de cavalheiros só para homens em Whitehall, que ele estava perfeitamente pronto para empreender um debate sobre a questão da mulher por escrito, mas recusou o debate público, visto que ele era "muito pouco *au fait* [familiarizado] com truques oratórios e palhaçadas para ser capaz de defender, com sucesso, as proposições mais simples e óbvias sob as condições propostas; mesmo se não houvesse multidão histérica com a qual minha voz, seria impossível de competir."[25] Eleanor respondeu, lembrando-lhe que "truques" e "palhaçadas" não são restritos ao palanque, e que há "truques literários e palhaçadas jornalísticas". Então ela apontou sua caracterização misógina de mulheres. "Com uma presidência justa e capaz não haveria multidão histérica; e você tem o direito de considerar que, conforme eu exponha as minhas opiniões, os partidários delas se manifestariam 'histericamente', assim como eu tenho o direito de considerar que seus partidários uivariam."[26] Ela então o criticou por seu mal-entendido intencional e liberal do que estava em jogo na revolução social necessária para libertar mulheres, e homens, do patriarcado capitalista:

> Como socialista, claro, não sou uma representante dos 'direitos da mulher'. É a Questão do Sexo e sua base econômica que propus discutir com você. A assim chamada questão dos 'direitos da mulher' (que parece ser a única da qual você entende) é uma ideia burguesa. Proponho tratar da Questão do Sexo do ponto de vista da classe trabalhadora e da luta de classes.[27]

Bax respondeu criticando a insistência de Eleanor, que os "erros de classe sofridos pela mulher trabalhadora (em comum com o trabalhador) seriam erros sexuais!" e mais uma vez recusou o desafio para o debate público. Ele esperava que os partidários "histéricos" de Eleanor desfrutassem da "vitória da feminilidade agressiva sobre um antagonista ausente."[28] Bax provou-se verdadeiramente digno da descrição de Engels e Eleanor como "mulherfóbico".

Ela e Laura fizeram, discretamente, provisões financeiras para Freddy e Harry, vindas de suas heranças. Crosse e Sam Moore sabiam que as irmãs haviam pago os empréstimos que Engels tinha feito a Freddy com suas partes dos bens. Elas não sabiam nada desses empréstimos até a morte do General. Embora Engels tivesse cancelado essas dívidas de Freddy, Louise insistiu que as dívidas precisavam ser pagas. Ela calculou, corretamente, o quão sensíveis as filhas de Marx e Freddy eram com relação a esse assunto e sabia que pagariam em vez de contestá-la.

Aveling e Lafargue sabiam dos arranjos financeiros que Tussy e Laura tinham feito com Freddy, mas, além de Crosse e Moore, ninguém mais sabia. O significativo valor do capital dos bens de Freddy quando ele morreu, em 1929, era muito maior do que ele poderia ter economizado de seu salário anual, sugerindo que as irmãs Marx fizeram a única coisa material que podiam para tentar compensá-lo um pouco pelo abandono de seus pais. Mas isso permaneceu um assunto entre as irmãs e seu novo meio-irmão adulto.

Além de seus ganhos materiais, Tussy compartilhou tudo o que tinha com Freddy e, desde o dia em que se mudou para a Toca, em 14 de dezembro, sua casa e coração estavam sempre abertos a ele. Que conversas aconteceram entre eles sobre seu agora compartilhado pai e a amizade ao longo da vida e ininterrupta entre suas mães, nem Tussy nem Freddy registraram.

Para a decepção de Tussy, os Lafargue não puderam vir para o Ano Novo porque estavam muito ocupados reformando sua *villa* em ruínas. O ano de 1895 terminou com dois eventos não relacionados que adicionaram à sua estranheza geral um sentido distinto, como se fosse um divisor de águas na vida de Eleanor. Em primeiro lugar, ela inesperadamente revelou aos Lafargue e a alguns de seus amigos íntimos que Edward possuía, há algum tempo, parte de uma propriedade de Austin Friars, em Londres. Eleanor disse a Laura e Paul que seria muito injusto para eles pensarem que ela estava pagando por tudo o que estava envolvido na arrumação da Toca. O valor da parte de Edward na propriedade Austin Friars, ela disse a Laura, "subiu tanto que ele foi capaz de obter uma hipoteca muito boa (sem, é claro, perder seus direitos na propriedade) e está comprando todos os móveis que infelizmente não se pode viver sem."[29] Foi uma revelação extraordinária para todos que Edward possuísse uma propriedade e, além disso, que nunca tivese se dedicado a ela para conseguir um alojamento decente, ou uma casa própria, para ele e Tussy. Perplexos com essa informação, os Lafargue concluíram que Edward até agora havia escondido de Eleanor seus ganhos com a propriedade, e que ela estaria muito envergonhada para admitir isso.

A partir desse momento, Laura manteve um olho muito mais atento em sua irmã mais nova, escrevendo com frequência, organizando visitas mútuas e – agora que ela podia se dar ao luxo – sendo generosa com dinheiro e presentes para Tussy.

O segundo incidente deprimente da temporada de Natal foi a morte chocante do amigo de Tussy, Sergei Stepniak, companheiro de longa data e confidente de seu pai e do General. Dois dias antes do Natal, Stepniak foi atingido por um trem que se aproximava ao atravessar a linha férrea em Acton. Ele estava lendo um livro enquanto caminhava, como era de seu hábito. Foi uma morte horrível, e Tussy terminou o ano indo a Woking para o funeral do amigo.

No Ano Novo, ela foi vítima do "Demônio Influenza", escrevendo taciturna para sua irmã dois dias antes de seu aniversário de 41 anos: "Eu agora entendo por que tantas pessoas cometeram suicídio quando nas garras desse Demônio."[30] Mas Eleanor lutou contra a melancolia quando Harry e Freddy vieram visitá-la para celebrar seu aniversário; ela recebeu um generoso cheque de Laura, o qual gastou com prazer "comprando todos os tipos de coisas que eu há muito desejava".[31] Ela comprou os cinco volumes completos das imensamente populares cartas de Margaret Paston, "e outras obras históricas que desejo há muito."[32] Ela considerou comprar alguns pombos como animais de estimação, como os que Paul habilmente mantinha, e se impressionou com o presente dele, "a encantadora Hachette (dos livros mais admiráveis)"[33] que chegou pelo correio.

Diligente que era, e encarregada de suas novas responsabilidades literárias, Tussy cuidadosamente planejou seu trabalho com os manuscritos, ensaios e cartas de Marx para o ano todo. Ela também decidiu que começaria a pesquisa a sério, compilando materiais para escrever a biografia de seu pai. Ela havia começado a brincar com essa ideia em *Karl Marx, Stray Notes* [*Karl Marx: notas dispersas*], sua primeira tentativa de um ensaio biográfico no ano anterior, escrito para o Calendário dos Trabalhadores Austríacos. Depois da morte de Engels, ela e Laura lançaram uma chamada pública para as cartas de Marx, e Tussy também escreveu para literalmente centenas de pessoas que ela imaginou terem cartas de seu pai, pedindo-lhes para enviá-las a ela ou a Laura e oferecendo-se para transcrevê-las e devolver as originais.

Temporariamente, Eleanor decidiu contratar uma empregada doméstica. Ela nunca foi muito boa cozinheira, afinal – e esperava que sua eletricidade e lareira a gás fizessem da Toca uma acomodação atrativa. Tussy refletiu sobre o que Lenchen teria feito de sua cozinha interior com seu guarda-comidas e o fogão a gás com forno de temperatura regulável. Assim, ela fez um Ano Novo significativo para si mesma. Aparentemente, Edward não compareceu. Ela sentou-se na poltrona de seu pai, próxima à lareira em seu escritório, e leu sobre os "maravilhosos" escândalos financeiros que varriam a França, incluindo a exposição de fabricantes capitalistas e de homens financistas por conta de suborno, fraude fiscal e uso de informações privilegiadas. Mouro tinha morrido naquela poltrona, e o General tinha passado seus últimos dias bons sentado nela antes de ficar de cama. Tussy obteve grande conforto da continuidade dessa poltrona por onde tantas leituras e tantos pensamentos tinham passado.

Seus "quatro patas" sentavam no seu colo enquanto ela lia todos os relatórios dos "nossos próprios probleminhas – o Transvaal, a obstrução de Jameson, a Venezuela, o Imperador Germânico".[34] Suas correspondências mostram que ela pensava em sua família holandesa outra vez em 1896, e que o ataque de Jameson e o foco da imprensa em Kruger e Rhodes devem tê-la deixado preocupada com sua tia, que casara com a família Juta, que vivia na Cidade do Cabo e estava dirigindo uma editora em expansão na África do Sul.

A Toca transformou-se na sede das operações literárias e intelectuais de Tussy no começo de 1896. De sua mesa, ela se correspondeu com Kautsky sobre o livro IV d'*O capital*, pedindo-lhe para retomar o trabalho assim que descobriu que Engels, inexplicavelmente, tinha feito Kautsky parar de trabalhar nele pouco antes de morrer. Ela discutiu com editores quanto a esse novo livro complementar à obra-prima de Marx e escreveu a Kautsky e outros sobre sua preparação.

Eleanor continuou editando todos os ensaios e trabalhos jornalísticos de seu pai escritos em inglês. Muita dificuldade foi adicionada à tarefa por conta da decisão de Engels de separar seus próprios manuscritos da caligrafia de Marx, o que causaria problemas com a atribuição para as gerações futuras. Ela completou a edição de uma série de ensaios publicados sob o nome de Marx para o *New York Daily Tribune*, para o qual ela encontrou os manuscritos originais nos cofres da alameda Chancery. Tussy compilou esses "18 artigos sobre a Alemanha"[35] em um volume intitulado *Revolução e contrarrevolução*, para o qual ela escreveu um fascinante prefácio chamado *Nota da Editora*, escrito na Toca em abril de 1896. A compilação, ela disse com entusiasmo a Laura, forneceria aos leitores "uma história maravilhosamente interessante de 1848".[36] Louise Freyberger e Bebel, representando o Partido Social-Democrata da Alemanha, recusaram-se a permitir que Eleanor acessasse a correspondência de Marx e Engels nesse momento. Portanto, ela tinha a impressão de que seu pai havia escrito esses artigos durante os anos de 1851 e 1852. Na verdade, Engels tinha escrito a maior parte deles em Manchester e os enviou para Marx, em Londres, para a edição final, aprovação e publicação, via correios, em Nova York. Sem correspondências entre eles, Eleanor não tinha nenhum meio de saber que os artigos, escritos no estilo e no tom de seu pai, eram, na verdade, o trabalho de Engels.

Imaginando que Mouro escrevera esses ensaios na mesa da cozinha da rua Dean antes de ela nascer, Tussy recorreu ao ensaio autobiográfico de sua mãe e às suas próprias memórias das histórias de família e amigos para reconstruir a vida da família Marx no Soho nos anos antes de seu nascimento. Há um profundo e ressonante conto freudiano emaranhado nessa narrativa da família Marx, pois Freddy Demuth nasceu de Helen Demuth na rua Dean em 23 de junho de 1851. O drama familiar tempestuoso que eclodiu em sua família durante 1851 e 1852 coincidiu *exatamente* com o período em que Marx deveria estar escrevendo seus ensaios regulares para o *Tribune*. Se Tussy tivesse tido o acesso que desejava às correspondências entre seu pai e Engels na época, o que ela teria feito com as cartas que seguem adiante, à nova luz da parternidade de Freddy?

Engels, preocupado por não ter notícias de Marx durante duas semanas após o parto de Lenchen, escreveu perguntando se ele estava bem – e como ele estava indo com seus prazos do *Tribune*. A resposta apavorada de Mouro teria esclarecido para Tussy uma das razões pelas quais seu pai, muito humano, não tinha sido capaz de entregar seu trabalho jornalístico a tempo. "Por cerca de 14 dias eu não fui capaz de escrever, pois fui caçado como um cão o tempo todo quando eu não estava na biblioteca."[37] Engels não somente deu a Jenny e Karl o enorme dom da amizade ao cobrir a verdadeira paternidade de Freddy para o mundo exterior; ele também assumiu a criação dos ensaios de Marx que compunham o volume que se tornou, sob as mãos de Tussy, *Revolução e contrarrevolução na Alemanha*, para que Marx pudesse resolver seus problemas pessoais.

Durante 1896, Tussy também trabalhou na edição dos artigos de Marx sobre Palmerston, a Guerra da Crimeia e suas peças sobre a história diplomática secreta do século XVIII. Os artigos de "Marx" para o *Tribune*, novamente na realidade escritos por Engels, foram programados para serem publicados como um único volume, no início de 1897, sob o título de *A questão oriental*. Aveling trabalhou duro e ajudou a preparar essa compilação para a imprensa, fornecendo amplo contexto histórico e resumindo passagens com muitos detalhes locais. Eleanor ficou feliz que o material fosse publicado, mas lamentou sobre a editora: "Eu tentei – pois Sonnenschein é um ladrão – conseguir outra editora: Eu tentei Methuen, Macmillan, Unwin (as únicas prováveis) e falhei. Farei um último esforço com Longman."[38]

Arquivista, editora, agente: Eleanor havia transformado a Toca em uma fábrica literária e um cartório, produzindo obras recém-publicadas de Marx e, consequentemente, de Engels com uma produtividade extraordinária. Seu *ethos* do socialismo industrial moderno, aproveitando cada nova tecnologia para sua causa humana, antecipou o *zeitgeist* de uma era futura para a qual ela abriu caminho. Marx e Engels escreveram à mão sob a luz de velas e lamparinas. Tussy tinha a eletricidade para iluminar seu caminho e a sua máquina de escrever – que ela considerava como a mais maravilhosa inovação técnica para o mundo das letras desde a imprensa. Ela sabia que tinha feito um bom trabalho em *A história da vida de Lord Palmerston* e *História diplomática secreta do século XVIII*. Sem a consciência de que não viveria para ver as obras publicadas, Tussy nunca imaginaria que ambas, produzidas das notas idiossincráticas de caligrafia enigmáticas feitas por seu pai, seriam classificadas como do mais alto nível pela literatura na posteridade.

E assim Tussy continuou a trabalhar, produzindo alguns dos textos mais fundamentais do marxismo. Mais manuscritos de Mouro estavam à espera. Ela tinha uma série de suas próprias palestras para escrever para suas turnês de primavera, bem como pilhas de correspondência para lidar em preparação para o Quarto Congresso da Segunda Internacional, que aconteceria em Londres, em julho.

Com mais dinheiro nos bolsos, Edward tentou ressuscitar sua carreira como dramaturgo – um retorno aos seus antigos interesses reacendidos em junho de 1895, quando ele organizou uma arrecadação de fundos no salão da FSD, em Strand. Atores e artistas ofereceram seus talentos de graça, incluindo uma jovem atriz, de nome artístico Lilian Richardson, que interpretou uma viúva de luto para o sedutor Aveling em sua peça de um ato intitulada *In the Train* [*No trem*]. Will Thorne, presidente do comitê de entretenimento, notou com desaprovação que Aveling "ficou muito próximo" de sua protagonista no palco e fora dele.

Eleanor saiu em uma rápida turnê de palestras para conscientizar a FSD em Edimburgo, Bristol e Aberdeen. Ela saiu em um sábado e estava de volta na terça-feira à noite – trens a vapor e o telégrafo trabalhavam maravilhas para acelerar a transmissão das ideias socialistas. Como sempre, Tussy estava gerenciando múltiplas exigências em seu tempo apertado. Houve as palestras e o trabalho com o *Nachlass*. "E então a correspondência acumulada e o trabalho doméstico levam mais um dia! E o Congresso! Isso também não chega ao fim de uma forma ou de outra."[39] Durante março e abril, Eleanor se viu à frente da negociação de "uma 'reconciliação' muito útil entre nós e a FSD como parte do trabalho preparatório para o Congresso":

> Por anos (para a angústia do General), estivemos em bons termos com os *membros* da FSD. Agora estamos *oficialmente* trabalhando juntos. Você sabe o que essa tal amizade 'oficial' significa – Edward & Hyndman não se amam uma ao outro mais do que Paul & Brousse –, mas é útil para o movimento, & especialmente para o próximo congresso.[40]

*Realpolitiker** até a alma – para parafrasear sua mãe. Escaramuças políticas paroquiais tiveram que ser tratadas com uma respeitosa tensão, considerando o objetivo político de longo prazo. As tendências anarquistas precisavam ser bloqueadas. Optar por sair da luta para democratizar radicalmente o Estado significava deixar indefesos e sem voz o movimento operário, os sindicatos e todas as formas de ação e negociação coletivas. Ao longo de sua vida, Engels advertiu Eleanor que a relativa passividade dos trabalhadores ingleses (claramente distintos dos irlandeses, galeses e escoceses) era o calcanhar de Aquiles que os anarquistas poderiam explorar para derrubar o socialismo britânico. Tragicamente, ela percebeu que essa previsão estava se provando correta.

Facções lutavam por sua posição sob diferentes nomes, manifestos e bandeiras, mas Eleanor entendeu profundamente que esse importante congresso de Londres seria efetivamente uma luta entre as forças do anarquismo e do socialismo. A principal pauta política em questão foi a relação entre parlamentares e antiparlamentares. Tussy acreditava no *fair play* [jogo limpo] político e na tolerância – e os praticava; mas quando se tratava de organização prática e de programas políticos e sociais efetivos, não havia como conciliar o anarquismo antidemocrático com o socialismo democrático e seu compromisso de trabalhar dentro de um sistema parlamentar representativo. Gueorgui Plekhanov, cuja importante obra *Anarquismo e*

* Termo originado do alemão, significando literalmente "política realista". No uso comum, é empregado como sinônimo da política viável, possível de ser feita no cotidiano, sob as pressões econômicas e sociais diversas.

socialismo Tussy traduziu, argumentava que o anarquismo era uma força de reação. O anarquismo se beneficiou de sua linguagem, estilo e estética compartilhados com uma emocionante espionagem e um individualismo brilhante como o de Sherlock Holmes, mas não tinha nada a ver com a prática mais mundana da vida democrática cotidiana e a menos glamourosa luta por justiça social e uma sociedade aberta.

Essas forças ideológicas primordiais se armaram para o combate no congresso de Londres em julho. Para reunir apoio ao socialismo democrático e impressionar os trabalhadores ingleses com a eficácia política do partido parlamentar alemão, Liebknecht foi à Grã-Bretanha durante maio e junho em uma viagem destinada ao trabalho de base. Eleanor e Aveling juntaram-se a ele em tantos palanques quanto possível, com Aveling frequentemente presidindo e Eleanor falando sobre sindicalismo britânico, a questão da mulher e economia. O venerável Liebknecht, como relatou o *Justice* carinhosamente, tinha "a aparência de um velho fazendeiro inglês".[41] Agora um velho cavalo de guerra político que em sua época havia entrado em combate armado, Biblioteca era uma figura bem posicionada para lembrar à geração moderna de socialistas que os velhos "tempos de lutas românticas estavam no passado".[42]

No final de maio, Eleanor e Edward juntaram-se ao Biblioteca no Hotel Mosley em Manchester para uma recepção feita pelo Partido Trabalhista Independente em sua homenagem. O orador que deu a Liebknecht os votos de agradecimento foi o advogado e reformador jurídico Dr. Richard Pankhurst, marido de Emmeline Pankhurst, fundadora da União Social e Política das Mulheres. Sylvia, uma das três filhas do casal, acompanhou-o à recepção. A garota de 13 anos estava fascinada pela "personalidade atraente" de Eleanor e, aparentemente, por seu semblante obscuro, "com sobrancelhas escuras e cores fortes e vivas".[43] Sylvia achou Eleanor Marx maravilhosa, mas, "ao lado dela", a figura de Edward Aveling era "repugnante". A celebrada líder das operárias de gás, como Sylvia Pankhurst dizia, era atenciosa e engajada, mas seu marido se mexia na cadeira, resmungando sobre "aquela maldita corrente de ar" e reclamando que estava com frio, a que Eleanor sorria para ele e erguia a gola de seu casaco.[44] A perspicaz Sylvia observou toda a cena e, desde então, se lembrou do impacto que Eleanor Marx causou nela quando jovem.

A turnê de palestras de Biblioteca terminou em Londres em meados de junho. Ele ficou um pouco com Tussy e Edward na Toca, e os três tiraram um tempo para fazer uma expedição ao passado. Como pesquisa para suas memórias de Marx, Liebknecht queria voltar à parte da cidade onde todos viveram como jovens imigrantes e, principalmente, ver os lugares onde a família havia vivido.

Na segunda-feira, 8 de junho, Tussy, Edward e Biblioteca partiram de Sydenham para a rua Tottenham Court. Eles começaram a busca na Praça Soho. "Fizemos isso metodicamente", escreveu Biblioteca, "como Schliemann, que realizou as escavações em Troia. Não foi um trabalho fácil. Ele queria desenterrar Troia como era na época de Príamo e Heitor; nosso desejo era 'escavar' a Londres dos emigrantes do final dos anos 1840 até o final dos anos 1850 e 1860."[45] Eles foram para seus antigos alojamentos na Rua Old Compton, sua antiga casa na Rua Church e, virando a esquina, às primeiras instalações do General em Londres, na Rua Macclesfield; e depois para a Rua Dean, número 28, o local de nascimento de Tussy, que eles encontraram com alguma dificuldade porque os números das casas haviam sido alterados.

Tocaram a campainha e perguntaram à jovem que atendeu se poderiam subir e dar uma olhada. As duas salas do segundo andar estavam trancadas, mas a escada era familiar, e a disposição exatamente como Biblioteca lembrava:

> Sim, aquela era a casa em que estive milhares de vezes, a casa onde Marx, acometido, torturado e desgastado pela miséria da emigração e pelo ódio furioso dos inimigos... escreveu seu *18 Brumário*, seu *Herr Vogt* e sua correspondência para o *New York Tribune*... onde ele fez o enorme trabalho preparatório para *O capital*.[46]

E onde ele seduziu Lenchen enquanto sua esposa estava fora, deixando-a grávida de Freddy Demuth, nascido na Rua Dean nove meses depois, em meio a tempestades e recriminações das quais o grande filósofo se escondia na Sala de Leitura do Museu Britânico, escrevendo para seu melhor amigo em Manchester, dizendo que ele estava com medo de ir para casa.

Essa última parte, é claro, não fazia parte das memórias de Biblioteca. Mas Tussy sabia a data de nascimento de Freddy e descobrira que a grande briga entre Mouro, sua mãe e Lenchen havia ocorrido, e foi resolvida para sempre, atrás daquelas portas agora trancadas. Logo após essa viagem pelas ruas das memórias com Biblioteca, Tussy decidiu começar a escrever a biografia de seu pai. "Afinal de contas", ela escreveu para Laura, "Marx, o político e o pensador [*Politiker* e *Denker*] pode se arriscar, enquanto Marx, o homem, tem menos chances de se sair bem."[47] Essas não foram as palavras da filha de olhos arregalados, idólatra e favorecida que olhava para cima admirando um pai sem defeitos.

O segredo de Marx, o homem, havia sido levado para o túmulo compartilhado da família. Engels também teria ficado em silêncio se os oportunistas Trapaceiros não tivessem interferido. Não era o caso de expor Freddy e Harry a um escândalo público, mas a verdade agora era dela.

Da rua Dean, o intrépido trio subiu em um ônibus até Kentish Town, onde visitaram três dos túmulos dos irmãos e irmãs de Tussy que haviam morrido na infância, incluindo Edgar, com quem sua vida coincidiu de forma tão breve. Eles ficaram surpresos com o quão desenvolvida Kentish Town tinha se tornado. Quando chegaram à rua Maitland Park, onde Jenny e Karl morreram, e vagaram pelas velhas assombrações em Hampstead Heath, eles começaram a se sentir deprimidos pela perseguição dos fantasmas. Então foram ao Castelo de Jack Straw e ficaram bêbados e felizes: "Quantas vezes nós estivemos lá em outras épocas! Na mesma sala em que nos sentávamos, eu sentei dúzias de vezes com Marx, Sra. Marx, as crianças, Lenchen e outros..."[48]

O que quer que realmente tenha acontecido entre Karl, Jenny e Lenchen sobre a infidelidade dele e o nascimento de Freddy não havia quebrado o vínculo entre Jenny e Lenchen, ou Jenny e seu marido. Todos eles se conheciam desde muito jovens. Após a pequena turbulência, eles puderam sair para o bar juntos, com as crianças a tiracolo. Exceto, é claro, Freddy, que pagou o preço pelo comportamento de seus pais, como sempre acontece com as crianças.

O famoso Quarto Congresso da Segunda Internacional foi inaugurado em 27 de julho no Salão da Rainha na Langham Place, precedido por um ato massivo no parque Hyde no dia anterior. Todas as organizações socialistas legítimas na Grã-Bretanha estavam representadas, incluindo a Federação Social-Democrata, o Partido Trabalhista Independente, a Sociedade Fabiana e os sindicatos. James Ramsay MacDonald foi delegado pelos Fabianos, e Charlotte Despard, Bernard Shaw e os Webb também estiveram presentes em todo o congresso. Rosa Luxemburgo, contemporânea de Karl, filho de Biblioteca, também foi delegada, com grande aprovação de Tussy, uma vez que as credenciais de Luxemburgo não foram aceitas pelo congresso de 1893 em Zurique. Eleanor, sua amiga Clara Zetkin, Charlotte Despard e Rosa Luxemburgo eram aliadas naturais entre as muitas mulheres socialistas participantes do congresso.

Eleanor representou os trabalhadores do gás de Londres e liderou a equipe de tradutores que incluía Zetkin, Liebknecht, Bernstein, Luxemburgo, o suíço Johann Sigg – e o mal-intérprete favorito de todos, o notório jornalista radical Adolphe Smith.

A confusão entre socialistas e anarquistas começou imediatamente. As seções britânica e alemã, após longa discussão e negociação, concordaram em excluir as facções anarquistas do congresso. Os delegados franceses, porém, estavam divididos sobre o assunto. As coisas ficaram ainda mais complicadas pelo fato de que, embora os britânicos tivessem concordado em endossar a resolução, Tom Mann e Keir Hardie quebraram o acordo e organizaram manifestações em favor dos "antiparlamentares", ou seja, como Tussy disse, claramente a favor dos anarquistas. A discussão sobre a resolução de exclusão foi tão barulhenta e mal-humorada que Eleanor reclamou que não conseguia sequer ouvi-los para traduzir corretamente. Debateu-se a tolerância e, nas palavras de Eleanor, o *fair play*. Hyndman manteve a cabeça fria, destacando que, como os anarquistas haviam afirmado repetidamente que não acreditavam em congressos ou na organização política representacional formal, por que estavam armando tanta confusão por serem excluídos?

Tussy, Edward e outros organizadores do congresso estavam alertas a um surto de violência anarquista. O robusto secretário do congresso, Will Thorne, liderou um grupo de porteiros parrudos para repelir qualquer insurgência. Uma vez que a resolução de exclusão foi aprovada, o Quarto Congresso da Segunda Internacional iniciou seus trabalhos. Foi um congresso agitado, produtivo e significativo. A próxima grande exibição de fogos de artifício foi no festival de encerramento, realizado, convenientemente por Tussy e Edward, no Palácio de Cristal. Aveling, o mestre de cerimônias, fez o banquete, e depois de muito se cantar a *Marselhesa*, *Auld Lang Syne* e o *Carmagnole*, o congresso foi dissolvido até seu próximo encontro, marcado para ser realizado em Berlim em 1899.

Tussy ficou grata pela oportunidade de voltar ao seu escritório após esses eventos e gostou particularmente de escrever sua coluna semanal para o *Justice*. As *Notas internacionais* de Eleanor estão entre seu jornalismo da melhor qualidade. Ela cobriu as greves de São Petersburgo ao longo de toda a sua duração, de 1896 e 1897, trazendo seus relatos à vida a partir de sua experiência profissional servindo no Comitê de Zurique, que organizou apoio financeiro internacional e solidariedade política para os grevistas de São Petersburgo. Em outra série de artigos, Eleanor fez uma reflexão crítica sobre o desenvolvimento do SPD alemão e também escreveu um relato preciso e criticamente ferino sobre o famoso congresso de Gotha do Partido Alemão em outubro. Ela escreveu com elegância e vigor sobre a controvérsia deflagrada pela teoria do revisionismo de Bax, que notoriamente buscou separar o marxismo de seus aspectos revolucionários. Quem melhor para escrever uma crítica ao revisionismo marxista do que Eleanor Marx?

Mais otimista, Eleanor escreveu colunas sobre a evolução do socialismo francês na esfera pública, relatando o impacto das comunas socialistas, da merenda escolar gratuita, das bolsas de estudo para crianças pobres e subsídios para teatro. No entanto, quando os socialistas franceses apoiaram a invasão grega de Creta, ela os criticou sem hesitação:

> A França, mesmo a França socialista, parece bastante – quero dizer, Creta* – louca. Como os socialistas franceses... consideram o movimento polonês como 'chauvinista', é um pouco difícil entender seu atual entusiasmo pelos gregos. E, pessoalmente, devo dizer que ficaria muito mais impressionada com suas diatribes contra aquele maldito Sultão se os franceses tivessem condenado, pelo menos levemente, a hedionda aliança franco-russa.[49]

Como observado anteriormente, Eleanor criticou vigorosamente a fraqueza dos socialistas na Câmara dos Deputados francesa, que se recusaram

* No original, aparece *"seems quite – I mean Crete"*, formando um trocadilho com a sonoridade de *quite* (muito, bastante).

a tomar partido no apoio a Dreyfus, alegando que o caso era apenas uma desavença entre grupos rivais dentro da sociedade burguesa. Quando Clemenceau e Zola defenderam abertamente Dreyfus, ela os saudou.[50]

De modo geral, Eleanor completou uma proporção impressionante de seu plano de ação, traçado no seu aniversário, para 1896. Após o quarto congresso da Segunda Internacional, ela começou a lecionar na escola dominical socialista de Battersea e juntou-se ao coro socialista local, dizendo a Kautsky o quanto gostava de cantar com seus "queridos Lewishamers".[51] Em setembro, ela começou a ensinar francês e alemão e a dar aulas de debate para membros da FSD, todas as noites de sexta-feira, um trabalho voluntário que ela continuaria, com apenas algumas semanas de interrupção, até janeiro de 1898.

Eleanor ficou impressionada ao ver como poucos delegados britânicos no Quarto Congresso da Segunda Internacional em Londres tinham algum conhecimento de línguas estrangeiras ou das regras de debate seguidas nas organizações políticas europeias, e isso a levou a começar a ensinar. Em poucos meses, as turmas noturnas avançadas de Eleanor estavam lendo e debatendo *O Manifesto Comunista* no alemão original e o manifesto do Partido Operário [*Parti Ouvrier*] em francês. Como deve ter sido divertido para os alunos ter a qualidade estimulante da experiência em primeira mão de Eleanor e o conhecimento dos autores – de sua família, principalmente – misturados ao aprendizado rigoroso e exigente! Ela mostrou como as regras do debate possibilitavam a liberdade de expressão e opinião individual e criavam um espaço seguro e estimulante para a crítica e a autocrítica.

Edward se ofereceu para se juntar à iniciativa, dando aulas de ciências e preparando os alunos para o exame público de Arte e Ciências. Seus cursos ocorriam no salão da FSD, na rua Strand. Tussy ensinava às sextas-feiras, Edward, às quartas. Como a Strand está tão convenientemente situada no coração da região dos teatros do West End, Aveling naturalmente ia a *shows* ou jantava com o pessoal do teatro após as aulas de quarta-feira, ou após aulas individuais nos outros dias da semana. Ou assim acreditava Tussy.

Perto do final do ano, ela publicou um anúncio para empregada e contratou Gertrude Gentry, que imediatamente – para a surpresa de Tussy – retirou dela a responsabilidade de mil tarefas diárias necessárias, liberando-a para passar longas horas em seu escritório, assim como sua mãe e

Lenchen haviam feito por seu pai e Engels. Até o momento, nenhum registro foi descoberto sobre o histórico de Gerty antes de ela ir trabalhar para Eleanor. Nos primeiros dias do relacionamento entre patroa e empregada, Tussy se referia a ela de maneira indelicada como "minha excelente, mas bastante estúpida Gerty"[52], mas ela refletiu sobre isso e revogou essa visão condescendente à medida que passou a conhecer Gerty melhor. Não era nenhum privilégio ser chamado de estúpido por Tussy, pois era uma palavra que ela usava de maneira livre e afetuosa com seus amigos – como Biblioteca – quando eles demonstravam mau julgamento ou se distraíam com coisas efêmeras, ou falavam antes de pensar.

Gertrude Gentry, que tinha alfabetização básica quando chegou à Toca, expressou muito interesse pelos livros, periódicos, jornais, roteiros de peças, partituras, folhetos e revistas que transbordavam pelos móveis da maioria dos quartos que ela deveria manter limpos e arrumados. Reagindo imediatamente a essa curiosidade, Tussy e Gerty começaram a trabalhar juntas para melhorar sua leitura, redação e contabilidade. Empregada e patroa logo criaram um vínculo bem-humorado sobre as péssimas habilidades culinárias de Tussy e algumas das debilidades e excentricidades masculinas de Edward. Eleanor acreditava que sua culinária era simplesmente medíocre até que Gerty a corrigiu e considerou seus esforços, em geral, não comestíveis. A esse respeito, o Dr. Aveling era digno de pena: Lenchen teve sucesso em ensinar Tussy a jogar xadrez de forma brilhante, mas foi muito menos eficaz em transmitir suas habilidades culinárias. Aveling estava quase sempre ausente, mas, quando esteve na Toca, parece que ele foi um patrão cordial e geralmente pouco exigente para os padrões da época. No entanto, apesar de Aveling parecer decente com ela, Gerty nunca foi afetuosa com ele.

Em contrapartida, ela dedicou atenção extra a Tussy – que, afinal, pagava seu salário – e fez muito para tornar a Toca um lugar acolhedor para os visitantes. Gerty também era uma grande seguidora da moda. Seu interesse por assuntos refinados relacionados a roupas, cabelos, cosméticos e acessórios foi provavelmente o que lhe valeu o apelido de estúpida de Tussy que, quando criança, zombava de sua mãe por desfilar como um pavão ao ganhar um inesperado presente: um chapéu extravagante. Tussy odiava cerimônias sobre questões de vestuário e cuidados pessoais – uma palavra e um conceito que ela achava um tanto absurdo. No entanto, Gerty claramente conseguiu exercer uma sutil influência sobre o cabelo até então rebelde de Tussy e seu senso – ou melhor, a falta dele – de confortavelmente se vestir de forma distraída. Houve uma melhora visível na higiene e na moda das roupas e cabelos de Tussy que coincidiu com a chegada de Gerty à Toca.

Tussy nunca se importou muito com o que vestia. Agora ela podia pagar uma empregada por causa da herança do General. Gerty, por sua vez, provavelmente também ressaltou que ela poderia se dar ao luxo de substituir parte de seu guarda-roupa exausto, puído, muito amassado e rasgado. Se Eleanor pudesse comprar roupas novas, por que não o faria? Essa era outra linha de pensamento exasperantemente "estúpida", na opinião de Tussy, para quem o capitalismo mercantil era simplesmente a roupa nova do imperador. Ela odiava comprar qualquer coisa, exceto livros, máquinas de escrever e dispositivos tecnológicos que economizavam tempo, mas Gerty a cutucou e importunou sobre seu guarda-roupa boêmio fora de moda e colocou sob o nariz de Tussy algumas revistas que anunciavam vestidos de lojas de departamentos.

Suas novas aquisições incluíam um vestido de veludo azul escuro que se tornou seu favorito para o inverno, um terninho marrom para o verão e outono ingleses e um vestido de seda branca de algodão para quando realmente saísse o sol; esse também deveria ser usado nos dias felizes em casa. O branco continuava sendo a cor favorita de Tussy, exatamente como fora quando ela era menina – a cor da página não escrita, da possibilidade e dos rolos de algodão alvejado que Engels lhe mostrara quando criança em Manchester.

Em novembro, Tussy se chateou quando foi revisitada pelo Demônio da Influenza. Ela reclamou com Kautsky que estava se sentindo muito "fora de combate"[53] ["*hors de combat*"],* mas animou-se imensamente quando, contrariando as ordens do médico, gargarejou sal e bicarbonato e se dirigiu a Burnley com Aveling, onde deram palestras seguidas de entretenimento. Tussy deu palestras sobre o tema do anarquismo e apresentou sua popular peça, *O Flautista de Hamelin;* Aveling deu uma palestra sobre evolução e recitou seu poema *Tramp of the Workers* [Marcha dos trabalhadores], cuja

* Termo francês usado na diplomacia e no direito internacional para se referir a militares que são incapazes de desempenhar suas funções durante a guerra.

métrica corresponde ao insosso título. Os dois então fizeram uma leitura de *À beira-mar*, a adaptação de Aveling, feita em 1887, da história de amor francesa *Jean-Marie*, de André Theuriet, sobre a qual o jornal *Dramatic Review* havia escrito de forma muito depreciativa após a performance original de Tussy. Ela voltou a Londres para o Natal muito mais animada, dizendo a Kautsky que "uma semana de trabalho árduo em Lancashire... havia feito maravilhas... Se eu tivesse seguido o conselho do médico, seria uma inválida agora!"[54]

O livro de memórias de Liebknecht sobre Marx foi publicado em dezembro de 1896. Por mais que o amasse, Tussy considerava o livro de Biblioteca "finamente confuso" e "decepcionante em muitos aspectos". Mas foi bem-intencionado e ela o considerou inofensivo, dizendo a Kautsky que ele estava errado e que tinha sido alarmista ao alegar que causaria a Marx um "dano infinito".[55] Ela pediu a opinião de Laura e reconheceu que dificilmente seria justo criticar a tentativa de Biblioteca de dar o pontapé inicial na biografia de Marx sem dedicar mais atenção a seguir a sua própria. Ela escreveu a Kautsky para lhe assegurar que agora estava iniciando o projeto de verdade. As ansiedades de Tussy serão reconhecidas por todos os biógrafos, assim como seu reconhecimento de que a história é um projeto coletivo:

> O *homem* é menos conhecido, mais incompreendido. E Marx como um *todo*... tinha tantos lados que muitos lados dele terão que ser considerados... Não só a ciência o atraía – mas também a arte e a literatura. A simpatia de Mouro por *todas* as formas de trabalho era tão perfeita que seriam necessários muitos homens para lidar com ele, de seus próprios pontos de vista. Só me desespero quando penso na tarefa de reunir todos esses fios soltos e tecê-los em um todo. Ainda assim, é uma tarefa a ser feita, mesmo sendo um trabalho para uma pausa mais audaciosa.[56]

A PAUSA MAIS AUDACIOSA

Em abril de 1897, o Sindicato Nacional dos Trabalhadores do Gás e Trabalhadores em Geral se reuniu no Parque Battersea, em Londres, para comemorar seu oitavo aniversário. O repórter do *Labour Leader* [*Líder Trabalhista*] exagerou com uma descrição densa incluindo "um vento cortante do Leste", "céu sombrio" e "uma orla de árvores escuras" para definir as aspirações dos trabalhadores do gás reunidos:

> ...sob o palanque, um impacto de rostos revirados, ansiosos, castigados. Em volta estão as vistosas bandeiras sindicais de seda e tinta. No palanque está a filha de Marx, juvenil e vigorosa como sempre.[1]

Juvenil e vigorosa como sempre, Tussy começou 1897 em tom combativo. Na semana anterior ao seu aniversário de 43 anos ela pressionou a Federação Social-Democrata (FSD) para fazer o seu melhor, afirmando provocantemente no *Justice* que a sociedade capitalista cavava sua própria cova tão rapidamente que ela temia que caíssemos nela antes que os sociais-democratas estivessem prontos.[2]

Na semana após seu aniversário, ela condenou o "fato horrível" de que "a grande massa de trabalhadores do norte está [estava] devorando seus filhos".[3] Esta imagem horripilante de Goya foi conjurada por seu choque ao ver pais trabalhadores das fábricas de Lancashire protestando contra uma proposta de aumento da idade do trabalho infantil. Todos, Eleanor argumentou, estavam falhando para com as crianças nesta questão crucial: "não apenas a grande massa dos trabalhadores, mas a maioria dos socialistas, trata essa questão da pior maneira possível."[4] A FSD precisava lançar uma campanha imediata pelas crianças trabalhadoras nas fábricas do norte.

Como havia recentemente retornado à FSD e estava rapidamente se tornando uma de suas líderes mais proeminentes, ela tinha bons motivos para avançar de maneira enérgica. Eleanor se desfiliou da FSD em dezembro de 1884 em oposição à "facção chauvinista" anti-internacionalista de Hyndman. Por quase uma década, foi praticamente impossível trabalharem juntos. Como as condições políticas mudaram durante a década de 1890, eles resolveram suas diferenças. Em 1895, ano em que morreu, Engels disse que embora o instinto socialista estivesse mais forte entre as massas na Inglaterra, todo mundo desmoronava assim que chegava a hora de traduzir isso em ações e demandas claras. Alguns foram para a FSD, alguns para o Partido Trabalhista Independente e outros permaneceram com suas organizações sindicais – tudo culminava em um monte de seitas descoordenadas e um PTI confuso. O General também dizia frequentemente a Eleanor que estava ansioso para que ela se acertasse com os membros da FSD. Eleanor respondeu que compartilhava sua preocupação de que a liderança da FSD era *para*, e não *com*, a classe trabalhadora, mas que a adesão popular à FSD caminhava para um internacionalismo mais explícito e um programa socialista. Uma política na qual ela desempenhou um papel significativo de encorajamento.

A aliança formada para o Quarto Congresso de 1896 da Segunda Internacional, no qual Eleanor desempenhou um papel importante na intermediação, fortaleceu a reaproximação entre Eleanor e Hyndman. A FSD evoluiu para uma organização mais socialista, "útil para o movimento".[5] Outro fator que os unia politicamente foi a piora no relacionamento com o partido alemão: o revisionismo marxista beligerante de Bernstein na Alemanha, apoiado por Ernest Bax, aproximou Eleanor, Hyndman e Biblioteca. Bernstein liderou o PSD alemão sob a perspectiva de que a análise de Marx da sociedade capitalista não era mais correta em fins do século XIX. Eleanor sugeriu que todos os partidos debatessem o caso; Bernstein, em termos incrivelmente paternalistas e sexistas, recusou.

Os Trapaceiros falaram furiosamente contra ela em apoio a Bernstein e ele começou a se comportar mal, agindo como um tirano amuado e sendo "terrivelmente irritante".[6] Ele explodia a cada leve indício ou sinal de crítica. Uma noite, em um jantar na Toca, quando Biblioteca e Tussy apoiavam a autoridade de Hyndman no assunto da Índia, Bernstein explodiu em um estado de raiva quase frenética.

Eleanor tinha intimidade o suficiente com o trabalho de seu pai para argumentar com Bernstein ponto por ponto, um conhecimento que o irritava. Ela ficou encantada em dizer a Kautsky que estava editando "uma apresentação simplesmente *magnífica*" de seu pai que ela encontrou enfiada em seus manuscritos, lida por ele para o Conselho da Associação Internacional dos Trabalhadores em 1865 – "(Oh! O trabalho que o homem fez!)".[7] Intitulado *Salário, preço e lucro*, foi considerado por Tussy "uma exposição admirável",[8] que ela editou com muito cuidado, pretendendo escrever um prefácio para sua publicação. Bernstein, os Trapaceiros e o restante da facção sabiam que Eleanor era uma obstrução insuperável ao desejo de reescrever o "marxismo" para sua própria conveniência.

O socialismo democrático na Grã-Bretanha enfrentava um dilema. Eleanor preocupava-se que Hyndman não tivesse força para enfrentá-lo sozinho. A propagação popular do revisionismo sob o pretexto de ortodoxia liderada pelo irritante, agressivo e petulante Bernstein exigiu que alguém com a aptidão de um Engels lidasse com isso. Alguém, por exemplo, como ela. Eleanor também não era tão boa em nutrir velhos rancores políticos como Marx e Engels. Insultos e calúnias de dentro da FSD continuaram contra Marx, Engels e ela mesma, mas ela os ignorou. A nova aliança foi útil. Os Hyndman se tornaram amigos da família, fazendo visitas regulares à Toca para almoço e jantar. Eleanor estava bem menos emotiva e mais indulgente com rixas pessoais do que Mouro e o General, o que a tornava muito mais perigosa nos reinos da *realpolitik*.

Portanto, em 1897, a FSD e seu órgão, *Justice*, e o recém-lançado jornal mensal *Social-Democrat* [*Social-Democrata*], foram a plataforma oficial de Eleanor. Ela continuou a liderar os trabalhadores do gás e a se envolver profundamente no trabalho sindical de base ampla. A primeira edição do *Social Democrat* saiu em janeiro de 1897, editado por Eleanor e Edward. Nas primeiras edições, ela publicou uma versão revisada do ensaio biográfico que fizera sobre seu pai, escrito logo após sua morte e publicado anos antes no *Progress*. Ela traduziu uma seção da memória de Liebknecht sobre Marx para oferecer uma perspectiva biográfica diferente sobre seu pai, e traduziu dramaturgos e escritores europeus, como Alexander Kielland, cujo trabalho ela continuou a seguir. Aveling resenhou o novo romance polêmico e brilhante de Olive, *Trooper Peter Halket of Mashonaland* [*O soldado Peter Halket de Mashonaland*]. Sua crítica, intitulada *Filibuster Cecil Rhodes and His Chartered Company* [*O flibusteiro Cecil Rhodes e sua companhia majestática*], foi uma das melhores peças literárias de jornalismo que Edward já escreveu.

A FSD e seus aliados assumiram a liderança na oposição política organizada à política imperialista britânica. Em fevereiro, Tussy se engajou nas campanhas da FSD contra o imperialismo na África do Sul e o que ela definiu como "desgoverno capitalista britânico na Índia".[9]

No mesmo mês, Eleanor deu as boas-vindas publicamente à ativista sul-africana Harriette Colenso nas páginas de *Justice*. Colenso veio para a Grã-Bretanha pela primeira vez para uma série de palestras contra a política externa britânica e para informar as pessoas sobre a verdade em relação às atrocidades da guerra que ocorriam na África do Sul em nome da nação. Bem conhecida no país por sua campanha antirracista contra a política colonial britânica, Harriette Colenso era filha do falecido bispo missionário de Natal, que, segundo rumores, se envolveu com as organizações militares zulus na África "nativa". Olive foi quem colocou Eleanor e Harriette em contato direto.

Eleanor insistiu aos membros do FSD que aproveitassem todas as oportunidades para ouvir o que esta resoluta e corajosa ativista tinha a dizer sobre os "horrores perpetuados na África do Sul pelas forças britânicas e pelo sr. Rhodes".[10] O mesmo sr. Rhodes do qual Olive Schreiner tinha motivos para discordar sobre o mesmo problema. Tussy comparou Colenso positivamente com Hyndman, que estava, ao mesmo tempo, fazendo uma campanha vigorosa contra a contínua ocupação britânica e a exploração econômica da Índia.

A terrível fome na Índia, Tussy concordou com Hyndman, foi causada não pelo chamado subdesenvolvimento, mas pelo capitalismo colonial que desequilibrou as economias mundiais. Para sua série de palestras de 1897, Eleanor escolheu com mais frequência os temas do imperialismo e do colonialismo na Índia e na África do Sul, muitas delas variações de sua palestra ironicamente intitulada "Nosso Glorioso Império".

Harriette visitou a Toca em julho de 1897 para conhecer Biblioteca, que estava na Inglaterra para a conferência anual da FSD em Northampton, que ocorreria no início de agosto. Tussy explicou: "Ele está especialmente interessado na questão da África do Sul, e bastante ansioso para aprender algo sobre os fatos reais do caso".[11] Harriette chegou cedo para que pudessem aproveitar devidamente o clima e conversar no jardim antes de comerem. Neste encontro, Biblioteca ofereceu a Colenso uma plataforma para suas opiniões no "grande jornal diário *Vorwärts*", do qual ele era o editor.[12] Que histórias Gertrude Gentry poderia contar sobre as pessoas para quem ela preparou jantares na Toca!

Visitantes entravam pela porta da Toca durante o verão de 1897 – "Venha para os judeus e para a Toca",[13] escreveu Tussy a Kautsky. Bernstein, apesar de toda a sua exasperação com ela, nunca perdeu o carinho por Tussy, e lembrou-se de como seu rosto brilhava de prazer quando ela recebia amigos em sua casa.[14] Freddy e Harry visitavam-na regularmente, e ficavam lá com mais frequência enquanto Aveling estava na Baía Sta. Margaret, na costa de Kent, convalescendo de uma recorrência de seus abscessos. Eleanor estava apreensiva com o Congresso Internacional de Mineiros no salão St. Martin.

Foi um ano extremamente agitado. O novo papel de Eleanor na FSD acrescentou mais discursos à sua agenda – suas falas eram mais solicitadas do que qualquer outro líder na organização. Henry Hyndman ficou tão entusiasmado com a popularidade dela dentro da FSD quanto ficara furioso quando ela estava fora da FSD. Matilda, esposa de Hyndman, que nunca parou de apoiar Eleanor em segredo, estava igualmente encantada. Em junho, Tussy havia proferido 41 palestras e falado ou assumido a presidência em dez reuniões nos últimos oito meses, descontando a semana de palestras na Holanda, em fevereiro. Sua voz estava falhando. Ela teve que lançar uma carta pública no *Justice*:

> FILIAIS, TOMEM NOTA
>
> ... a fim de economizar tempo e problemas, *e* selos postais, deixe-me dizer às muitas filiais da FSD que tão gentilmente me pedem para palestrar, que sou obrigada a recusar, por enquanto, pelo menos, to-

> dos os trabalhos ao ar livre. Minha garganta infelizmente não está suportando o esforço. Aqueles que me conhecem não vão pensar que estou fugindo de trabalho... Quando a propaganda em locais fechados começar novamente eu estarei, como sempre, a serviço dos meus companheiros e da causa.[15]

Além das demandas físicas de todo esse falar em público, Tussy achava cada vez mais difícil administrar ao mesmo tempo seu escritório, seus compromissos, cronogramas, edições, pesquisa e correspondência. Gerty organizou a Toca na frente doméstica, mas Tussy precisava de uma secretária e pesquisadora profissional. Para a satisfação mútua de ambas, ela empregou Edith Lanchester para o trabalho.

Edith Lanchester, nascida na aristocracia, abriu mão da sua história privilegiada e se tornou uma radical, autodefinida "nova mulher", foi membra executiva da FSD, onde conheceu e se apaixonou pelo proletário James Sullivan, um representante ativo da FSD de Battersea. O casal anunciou que viveria junto no que eles chamavam de "união de amor livre". O casamento deles começaria em 26 de outubro. A família rica e de classe alta de Edith ficou chocada. Para eles, o plano de Edith de viver abertamente com um homem da classe trabalhadora fora do matrimônio confirmava claramente suas suspeitas de que ela estava louca.

Em 25 de outubro, enquanto Edith empacotava seus pertences para ir morar com James, seu pai e três irmãos apareceram inesperadamente em seu alojamento com um médico psiquiatra, que prontamente a diagnosticou como louca. Eles a arrastaram para um hospital psiquiátrico seguro. Quando Edith tentou resistir, seu pai a algemou.

A FSD tentou intervenções legais para libertá-la. Todas falharam. James Sullivan e outros militantes da federação ficaram do lado de fora do muro do asilo sob a janela gradeada de Edith e cantaram "A bandeira do povo" para tranquilizá-la.[16] Ela foi submetida a repugnantes torturas físicas, mentais e sexuais. Edith estava perfeitamente sã quando foi encarcerada; dado o abuso que ela recebeu, é notável que ela não tenha ficado louca na prisão.

Edith Lanchester emergiu de sua provação ainda mais decidida a viver sua vida de acordo com seus próprios princípios e de quebrar com o silêncio sobre o tratamento terrível pelo qual passou. E ela quebrou o silêncio.

Ela se requalificou com digitação e taquigrafia após seu encarceramento, mas sua notoriedade era um obstáculo para encontrar trabalho.

Eleanor a contratou. Edith fez o trabalho de secretária de Eleanor na Toca, datilografou seus manuscritos e fez pesquisas na Sala de Leitura do Museu Britânico para Eleanor. Este era o trabalho que Tussy tinha feito para seu pai por anos, sem remuneração. Agora, por sua vez, ela conseguia pagar a Edith o salário adequado para uma secretária e pesquisadora qualificada, garantindo a independência financeira de seus parentes tirânicos. Traída por sua própria família, Edith precisava desesperadamente de irmãs feministas. Tussy ofereceu a Edith um emprego remunerado, cuidou dela, a incentivou e a protegeu. As duas seguiram amigas até a morte de Eleanor.

Em junho de 1897, Edith e James tiveram seu primeiro filho. Foi uma gravidez complicada, assim como o nascimento, associada às pressões sociais adicionais resultantes de terem abertamente um filho do amor livre. Eleanor convidou Edith, "que está [estava] muito doente após o parto", para ficar na Toca "para algumas semanas de cuidados".[17] Eleanor e Gerty cuidaram de Edith e protegeram James e o bebê da família de Edith e do opróbrio social. Gerty gostou do casal e foi uma defensora fervorosa daquele amor entre classes, tornando-se muito apegada à criança.

Edward parecia mais cordial e gentil durante 1897. Tussy sentiu que eles finalmente viviam uma companhia amigável, reforçada pelo lar permanente em Sydenham. Ele estava sempre longe, mas ela também; não havia nada de novo nisso. Os gastos de Edward os levavam constantemente a estourar o orçamento, mas ele garantia que o dinheiro estava sendo bem aproveitado em seu trabalho com a FSD e nos novos eventos de arrecadação de fundos que estava planejando. Como Eleanor deixou claro em *A questão da mulher*, a mulher precisava se libertar da dependência econômica do homem. Tussy havia conseguido isso; para ela, importava muito mais ser economicamente independente do que o fato disso fazer seu "marido" seu dependente financeiro.

O que Tussy não sabia, no entanto, era que Aveling agora estava consideravelmente endividado (ainda que sem juros) com George Bernard Shaw, os Radfords e muitos outros de seus amigos na Inglaterra e na França. Ela nem sabia que ele não pagara o que devia a William Morris antes de sua morte em 1896, embora a amiga de Tussy, May Morris, sim. Se Tussy soubesse, ela teria liquidado instantaneamente suas dívidas, se pudesse, com a herança de Engels e com sua própria renda. Bastante ciente de que esta seria sua reação previsível, Edward não tinha intenção de permitir que Eleanor desembolsasse seu capital reembolsando dívidas impagáveis que ele poderia continuar a evitar, sem juros. Shaw, que sabia muito bem agora que nunca receberia nada de volta, continuou a emprestar dinheiro a Edward, para fins de observação sociológica, segundo ele mesmo. Ele planejou escrever uma peça sobre degeneração moral e sobre como os homens abusam das mulheres nos relacionamentos, com um personagem principal baseado em Edward. A peça tornou-se *O dilema do médico* [*The Doctor's Dilemma*] (1906). Shaw não ficaria surpreso ao saber que seu protagonista degenerado protomoral Aveling também estava subornando Freddy Demuth, ameaçando revelar sua verdadeira paternidade. Como Freddy diria a Tussy que Edward o estava chantageando?

A percepção equivocada de Eleanor de que ela e Edward tinham finalmente alcançado uma base firme para o futuro compartilhado do casal não poderia estar mais longe da verdade. Infelizmente, Edward, o ator consumado, foi proficiente em levar uma vida dupla, certo de que Tussy não tinha ideia de quão completamente estava sendo enganada.

Em janeiro de 1897, Aveling – sob seu pseudônimo teatral Alec Nelson – organizou uma arrecadação de fundos para "Entretenimento Dramático" no Salão Social Wandsworth. Alec Nelson assumiu o papel principal em sua comédia, *The Landlady* [*A proprietária*], contracenando com a srta. Eva Frye, de 22 anos, filha de um professor de música e uma das alunas de Aveling. Eva cantou *Love's Old Sweet Song* [*A velha e doce canção de amor*] de maneira muito bonita, para o evidente deleite de seu coator. Eva Frye era o mesmo talento charmoso que, sob o nome de miss Richardson, contracenou com Alec Nelson em seu drama de um ato *In the Train* [*No trem*] no Salão da FSD no Strand em 15 de junho de 1895, gerando a observação de Will Thorne de que a srta. Frye e "Dr. Aveling se tornaram muito familiares".[18]

Edward já havia tido casos com alunas antes, como Tussy sabia, mas ela não se deu conta de que Eva Frye era incomumente persistente. Seus encontros continuaram de maneira esporádica a partir de 1895. Eva era uma estudante nas aulas de Aveling de quarta-feira à noite em Strand, proporcionando um álibi útil para suas reuniões após as aulas. Edward jantava animadamente com Eva em restaurantes do West End, e ela gentilmente o convidava para acompanhá-la às peças de Shakespeare, nas quais ela sonhadoramente se colocava como a heroína romântica e ouvia acriticamente as opiniões literárias dele nos intervalos.

Eva queria um relacionamento com Edward, mas ele não viu necessidade de abrir mão de todos os benefícios materiais, culturais, sociais e políticos de seu relacionamento com Tussy enquanto eles ainda o serviam tão bem. Ele também se sentiu lisonjeado pela dependência feminina de Eva, em marcante contraste com a autossuficiência de Eleanor. Eva mandava pequenas notas clandestinas para Edward: quando eles poderiam jantar novamente? Ela tinha alguns ingressos para uma produção de Shakespeare, ele viria? Ela ficava simplesmente *desesperada* sem ele – e agrados sedutores semelhantes. Em contrapartida, Eleanor, como Edward uma vez observou com veemência, era "forte como um cavalo".[19] E lá estava – a inveja de Edward de Eleanor, suas capacidades intelectuais, o brilho robusto, o calor de sua disposição ensolarada, sua resiliência e engenhosidade. Ele e Eleanor haviam subestimado enormemente o impacto da insegurança masculina quando discutiram *A questão da mulher* na década de 1880. Os homens foram criados para ser o centro das atenções e com a sensação de direito de ser o chefão. Edward precisava desempenhar o papel principal.

Junho de 1897 marcou o Jubileu de Diamante da Rainha Vitória. Eleanor estava nos estágios iniciais de conclusão do manuscrito para *A Questão Oriental* e teve que se empurrar através da multidão no centro de Londres para chegar à Sala de Leitura do Museu Britânico. Ela reclamou a Kautsky sobre o anacronismo da monarquia, atraindo "turistas idiotas – turistando em 'tours' que não existem, para nada mais cruel ou desprezível do que as 'decorações' de Londres que você não imagina nem em pesadelo".[20] Ela estava errada. Um cenário muito mais desprezível e cruel tinha se desenhado na semana anterior. Era uma vulgar decoração à duplicidade de Aveling, que Tussy não poderia ter antecipado nem em seu pior pesadelo.

Tussy estava "muito preocupada" com a saúde de Edward, como ela confidenciara ao Biblioteca em 2 de junho. Ela o levara a um dos melhores cirurgiões de Londres,[21] que diagnosticou: "o abscesso lateral (aberto agora por mais de 2 anos e meio) *pode* exigir uma operação (embora esperemos que não), o que seria sério".[22] Poucos dias após essa consulta, em 7 de junho, o Oitavo Congresso Internacional de Mineiros foi aberto no Salão St. Martin's Town, em frente à Galeria Nacional, recentemente inaugurada. Eleanor, como de costume, estava apresentando, presidindo e atuando como intérprete oficial. Edward deveria estar descansando em casa. No entanto, em 8 de junho, Alec Nelson casou-se com Eva Frye no Cartório Chelsea, algumas milhas a oeste da rua St. Martin. Aveling alterou sua idade, falsificou o nome de seu pai e pegou emprestado o endereço residencial de outra pessoa para o registro de casamento.[23]

Compreensivelmente, a nova Sra. Nelson esperava uma lua de mel. Na semana seguinte, em 19 de junho, Aveling partiu, ostensivamente sozinho, "por ordens médicas[24] para 'convalescer' de seus abscessos" na Baía St. Margaret, à beira-mar de Kent. Ele esteve lá com sua noiva por 15 dias. Enquanto Edward estava fora, em suas núpcias de convalescença, Eleanor escreveu a introdução de *A Questão Oriental*, que, no entanto, foi publicado como coautoria no nome de ambos.

Aveling estava de volta a Londres para a chegada de Biblioteca em julho e na Toca no sábado, dia 16, quando os Hyndman vieram visitar para almoçar e passar uma tarde de descanso que se estendeu pela noite, enquanto o grupo debatia o arreio do capitalismo inglês na Índia. Hyndman elogiou Johnny Longuet, de 21 anos, que estava visitando a tia Tussy, pela tradução de um artigo seu sobre a Índia, publicado no *Petit République* [*Pequena República*]. Johnny era motivo de preocupação para Tussy. Ela via nele um irremediável preguiçoso, incapaz de trabalho real ou esforço contínuo. Como a tradução de Johnny para o *Petit République* continha algumas análises econômicas bastante acuradas, parecia que tia Tussy talvez estivesse sendo um pouco injusta em tomar seu sobrinho como um vagabundo completo – ou indica seus parâmetros bastante rigorosos.

Eleanor, Aveling e Biblioteca participaram juntos do congresso anual da FSD em Northampton, em 1 de agosto, onde o revigorado e garboso Aveling foi eleito para o conselho executivo da FSD com a maioria dos votos. Ele patrocinou, de maneira persuasiva, uma resolução para a cooperação entre sindicalistas e membros da FSD e, após a conferência, visitou Gales do Sul em uma turnê de palestras para as seções da FSD.

Edward estava suficientemente recuperado para retomar as palestras, as leituras e a docência. Em 22 de agosto, ele fez um discurso em um comício na Praça Trafalgar. Em algum momento durante a semana seguinte, ele abandonou a Toca sem dar explicação, embolsando todo o dinheiro, ordens de pagamento e objetos de valor que ele pôde encontrar.

Tussy se voltou para Freddy em busca de ajuda. Ela não discutiu esses eventos com mais ninguém. Gertrude Gentry, a outra membra permanente da família, era a única pessoa que poderia saber o que estava acontecendo. Edward se recusou a oferecer qualquer explicação para sua partida. Eleanor não poderia saber seu endereço. Ela estava "autorizada" a escrever para ele via "M", um de seus amigos atores.

Chocada e confusa, Tussy pediu a Freddy para intervir em relação a Edward em seu nome. Freddy tentou encontrar Edward. Embora a essa altura ele pudesse desejar ardentemente que Eleanor simplesmente deixasse Edward partir, Freddy também estava com medo: o infiel companheiro de Eleanor sabia o segredo de família.

Aveling não respondeu. Em 30 de agosto, Freddy recebeu uma dolorosa carta de Tussy:

> Meu caro Freddy,
>
> Claro que não recebi nem uma linha esta manhã! Enviei sua carta imediatamente. Como posso te agradecer por toda a sua bondade e gentileza comigo? Mas, de fato, te agradeço do fundo do meu coração. Escrevi mais uma vez para Edward esta manhã. Sem dúvida isso é uma fraqueza, mas não se pode apagar 14 anos de sua vida como se nada tivesse existido. Acho que qualquer um com o mínimo senso de honra, para não mencionar qualquer sentimento de bondade e gratidão, responderia a essa carta. Ele responderá? Quase temo que não.[25]

Se ao menos Tussy pudesse ter chamado George Bernard Shaw, ou se Olive estivesse mais perto, na Inglaterra, em vez de estar na África do Sul. O orgulho e a confusão impediram Tussy de buscar a ajuda de Shaw e a distância impediu que ela se voltasse a Olive, que sem dúvida teria sido de enorme ajuda prática para ela neste momento crítico da vida.

Eleanor pediu a Freddy que encontrasse Edward e trouxesse-o para a Toca ou organizasse um encontro entre eles. No mínimo ela merecia saber por que ele havia abandonado tão repentinamente seu relacionamento, sem explicação. Ela pensou que se Edward estivesse em Londres, ele provavelmente estaria perto dos redutos de teatro no West End. Na noite seguinte, houve uma reunião executiva da FSD, que ela e Edward deveriam presidir. Eleanor não suportava a ideia de ir, "porque se ele não estivesse, eu não poderia explicar". E se ele estivesse lá, como ela poderia fingir em público que tudo estava bem entre eles? "Eu odeio causar-lhe todo esse problema", ela se desculpou a Freddy, "mas você poderia ir... e descobrir se ele está lá?"[26]

Há outro aspecto deste despacho para Freddy tão preocupante quanto a angústia emocional de Tussy. Junto a ele estava uma carta que ela tinha acabado de receber de Crosse. Ela queria que Freddy lesse e depois devolvesse para ela. "Agora estou escrevendo para Crosse para dizer que estarei lá, mas gostaria de vê-lo antes de Edward – no caso *muito improvável* de Edward aparecer".[27] Como Freddy leria ele mesmo, não havia nenhuma explicação adicional sobre o conteúdo da carta inesperada de Crosse. Mais preocupante, por que Edward tinha entrado em contato, independentemente, com o advogado de Eleanor? Na turbulência, Eleanor não conseguiu tomar conhecimento suficiente do envolvimento repentino e sem precedentes de Crosse em sua relação privada.

Explorado, mas valente, Freddy provou ser digno de seu homônimo em seu apoio inabalável a uma Marx, mas sem sucesso. Edward não foi encontrado. Depois de 48 horas e sem dormir, Tussy recebeu uma nota na postagem da manhã: "Voltei. Devo estar em casa cedo amanhã." Algumas horas depois, chegou um telegrama: "Para casa, definitivamente, às 13h30".[28] Essas comunicações eram confiáveis? Se ao menos Tussy tivesse se recusado a vê-lo então. Mas ela ainda estava em choque e não pensava claramente. Sua reação emocional de ficar em casa e estar presente naquele dia para o possível retorno de Edward foi uma das piores decisões que ela tomou na vida. Tussy ainda respondia a um vínculo não escrito de amor e responsabilidade para com Aveling e com a relação que ele há muito havia abandonado. Tussy escreveu para Freddy descrevendo o retorno de Edward:

> Eu estava trabalhando – pois mesmo com todo o desgosto, é preciso trabalhar – no meu quarto – e Edward pareceu surpreso e bastante 'ofendido' por eu não ter corrido para seus braços. Ele até agora não se desculpou e não ofereceu nenhuma explicação. Portanto, depois de esperar que ele começasse, eu disse que era *necessário* considerar a

> situação das contas – e que eu nunca esqueceria o tratamento ao qual havia sido submetida. Ele não disse nada.[29]

Aveling não precisava dizer nada. Ele já havia ganhado o jogo: Tussy o havia deixado voltar para casa. Era a mais antiga situação de abuso emocional entre homem e mulher da história. Agradecendo Freddy novamente por todo o seu apoio, Tussy terminou sua carta assim: "Quando encontrá-lo, vou lhe contar o que Crosse disse."[30]

Só pode ter sido a propriedade e sua posição legal em relação a Eleanor que trouxe Aveling de volta. O que quer que tenha acontecido entre o sr. e a sra. Nelson e Crosse naqueles tensos poucos dias, o fato é que Aveling descobriu rapidamente que perderia todo o seu proveito material e capital no relacionamento com Eleanor, a menos que chegassem a um acordo mútuo. Ele provavelmente também enganou a pobre Eva Frye sobre a segurança financeira e sobre a interessante sociedade que a sra. Alec Nelson poderia esperar desfrutar. Sempre vivendo grandiosamente, Edward tomava como dele o dinheiro, os amigos e as conexões de Eleanor, emprestando luz da estrela de Eleanor.

Poucas horas depois daquela tarde terrível, Tussy entendeu claramente que Edward não tinha voltado por ela, mas por seu dinheiro, e fizeram um acordo de que seriam "amigos" em público, conforme se movessem nos mesmos círculos. Eles discutiram a noite toda. De manhã, Tussy enviou uma nota apressada para Freddy:

> Eu estou tão sozinha, e estou cara a cara com a situação mais horrenda: ruína *absoluta* – tudo, até o último centavo, ou a mais profunda vergonha diante do mundo. É aterrorizante. É muito pior do que parece. E eu preciso de alguém que possa me aconselhar. Sei que a decisão final e a responsabilidade são minhas – mas um pequeno conselho e um ombro amigo serão de um valor imensurável![31]

Não sabemos que história Aveling contou a Eleanor quando voltou para casa; mas com certeza não era a verdade. Ela ainda não sabia que Aveling tinha se casado recentemente com uma amante com quem namorava há vários anos, de cuja existência ela ainda desconhecia. Aveling carregava dois trunfos: a vergonha de Eleanor ter, erroneamente, depositado sua confiança nele e tê-lo defendido das pessoas que haviam a alertado do contrário; e a resposta à verdadeira paternidade de Freddy Demuth. Ambos importavam muito mais para Tussy do que para o resto do mundo e, sabendo disso, Edward jogou com ela. O mundo já havia descartado Aveling como um traste; apenas a boa fé de Tussy restava entre ele e o vigarista barato que realmente era. Ninguém se surpreenderia.

Quanto a seu pai, a maior parte do mundo sabia que um "grande" homem em privado era um homem como qualquer outro. Um filho ilegítimo dificilmente seria inesperado. Mas Marx valorizava a boa opinião das crianças, uma visão que Tussy compartilhava. O passado da infância e o presente adulto eram inseparavelmente envolvidos nestes assuntos de coração, casa, sexo e família. Eleanor persistiu em sua lealdade a Marx, Engels e Aveling. Todos esses três homens, que ela amava de maneiras diferentes, mentiram para ela sobre assuntos pessoais que tiveram um impacto significativo em sua vida. Freddy desesperou-se com a recusa de Eleanor em julgar Edward, mas, por todas as suas vulnerabilidades emocionais, Eleanor era – irritantemente – consistente em sua aplicação da lógica. Já que ela não julgava seu pai, mãe e Lenchen sobre sua conduta sexual, como poderia julgar Edward de forma justa?

Um incidente relacionado a uma carta privada de Marx para seu pai, escrita em 10 de novembro de 1837, ilustra o dilema. No ano anterior, em 1897, Eleanor recebera uma carta de sua prima Lina (Caroline) Smith, filha da irmã de Mouro, Sophie. Lina, que morava em Maastricht, tinha encontrado esta carta de seu tio para seu avô quando estava separando os papéis de sua falecida mãe. Lina escreveu para Tussy uma longa carta informando-a sobre todas as novidades de sua família holandesa e anexou a carta do jovem Marx, na qual defendeu fortemente seu recente noivado com Jenny von Westphalen e declarou seu inviolável amor por ela. Este "extraordinário documento humano"[32] atingiu Tussy profundamente. Como ela escreveu em suas observações introdutórias à carta, falou do passado nas vozes desses "dois amigos e amantes de longa data", "que nunca vacilaram, nunca duvidaram" e "foram fiéis até morte. E a morte não os separou".[33] Eleanor disse a Kautsky que ela dificilmente teria coragem de copiar fisicamente a carta. Depois de muita vacilação, ela finalmente decidiu concordar com a sugestão de Eduard Bernstein de que a carta fosse publicada em uma edição especial da *Neue Zeit*, mas, como disse a Kautsky, ela mudou de ideia várias vezes, e escrever a introdução "foi pior do que arrancar um dente!"[34] Não é surpreendente, dado o perjúrio que ela cometeu na apresentação. Ela sabia que tinha "um verdadeiro dever para com Mouro de mostrá-lo ao mundo em 'seus hábitos, como ele realmente vivia'".[35] Como ela resolveria isso com a verdade que o General havia revelado sobre Freddy? Tussy estava dividida:

> Ao mesmo tempo, é muito doloroso para mim, porque eu sei – ninguém sabe tão bem quanto eu – como Mouro *odiava* ter sua vida privada arrastada para o público... Então, embora eu *sinta* que esta carta deve ser publicada, ao mesmo tempo me sinto um pouco traidora em entregá-la ao mundo.[36]

Um pouco traidora de seu pai, de Freddy e de si mesma. Eleanor agonizava sobre o que ela deveria fazer – ou não – sobre o segredo de família. Junto a este problema, familiar a todo biógrafo, era o fato de não ter tido acesso à correspondência entre Mouro e o General. Essa cláusula fatal no testamento de Engels, "exceto minhas cartas para ele e as cartas dele para mim", estava tornando seu projeto biográfico aparentemente impossível. No meio disso, ela havia descoberto que Edward estava vivendo uma vida dupla.

A mentira de Edward começou, aparentemente necessária, no início de seu relacionamento. A história que ele contou a Tussy foi que sua primeira esposa Bell – Isabel Campbell Frank – era emocionalmente instável, difícil, vingativa e que havia se recusado a se divorciar dele. Portanto, ele não poderia se casar com Tussy, a menos que Bell morresse. Na verdade, Edward abandonou Bell quando havia liquidado o dote que ela havia recebido de seu pai no casamento. Ela estava mais do que disposta a se divorciar; ele recusou. Enquanto eles permanecessem casados, ele herdaria os bens dela em caso de sua morte. Frederick, irmão de Edward, que respeitava Tussy, tentou alertá-la de que seu irmão não estava dizendo a verdade. Tussy, apaixonada, não deu ouvidos.

Bell morreu, sem testamento, em 1892. Três semanas depois, seu "marido legítimo", Edward Aveling, recebeu a administração de seus bens e recolheu prontamente os £126, 15 xelins e 4 pence que Bell havia deixado. Dentro de alguns meses, sem o conhecimento de ninguém, ele investiu em uma propriedade residencial em Austin Friars. Edward manteve a história de que Bell ainda estava viva por vários anos. Quando a informação de que ela estava morta surgiu, acidentalmente, Eleanor disse a Frederick: "Agora Edward vai se casar comigo". Ao que seu irmão respondeu: "Oh não, ele não vai. Eu conheço Edward".[37] Mais uma vez, Tussy não deu atenção.

Ela agora era confrontada pelo fato de que Edward, apesar de todas as suas belas palavras sobre o amor livre e as uniões abertas serem tão moral e emocionalmente vinculativas como um casamento sob a lei, era simplesmente um mentiroso. E ela fora enganada, uma tola que voluntariamente suspendeu sua descrença porque o amava. Era risível. Tussy conhecia essa dialética. A história se repetiu primeiro como tragédia, depois como farsa. Tanto para a política radical de Edward, para o amor livre e para a "questão da mulher" de inspiração feminista – Tussy era apenas a vaca leiteira de Edward e seu passaporte para o capital cultural.

Quinze dias após o retorno de Edward para a Toca, ele foi com Tussy visitar sua irmã e Lafargue em Draveil. Era a primeira vez que Tussy visitava aquela "magnífica" casa, envolta pela floresta nas margens do Sena. Nenhum dos Lafargue pareceu notar qualquer sinal de problema entre os Marx-Aveling. Laura estava felizmente absorta mostrando a Tussy a casa e os jardins e Paul gostou de exibir suas hortas, pomares e criação. Tussy pensou que Laura e Paul tinham encontrado um "lugar maravilhoso – realmente uma '*proprieté*'",[38] mas se sentia desconfortável com sua grandeza. Ela sugeriu que a enorme "*orangerie*" poderia ser mais útil transformada em uma sala de palestras e reuniões para a comunidade local, e os jardins e espaços abertos como um parque público. "Eu não acho que trocaria minha pequena Toca por este palácio", ela disse a Kautsky; apesar do "requinte", ela também se preocupava com o futuro do marxismo na França.[39]

Tussy nada disse a Laura sobre os recentes dramas em sua vida pessoal. Nem o confidenciou a mais ninguém. Apenas Freddy sabia o que tinha acontecido durante aquelas semanas tempestuosas no início de agosto e por que, superficialmente, Eleanor e Edward se reconciliaram. As dificuldades pessoais não pareciam tirar Tussy da marcha de seu trabalho político. Ela corrigiu as provas de *A história de vida de Lord Palmerston* e *A história do segredo diplomático do século XVIII*, duas peças de edição de grande sucesso.

Ao mesmo tempo, os trabalhadores de engenharia solicitaram sua ajuda com a greve.

A Federação de Empregadores de Engenharia (FEE) foi estabelecida em julho de 1897, com Siemens assumindo a presidência. Seu objetivo, o porta-voz de Siemens disse à imprensa, "era se livrar totalmente do sindicalismo". Resumindo, a FEE atrapalhou as negociações com o movimento da jornada de oito horas, a disputa se intensificou e um locaute começou contra os trabalhadores que se recusaram a se submeter.

Assim que ela e Edward voltaram da França em setembro, Eleanor passou a trabalhar longas horas na chefia do escritório da Sociedade Amalgamada de Engenheiros (SAE) em Blackfriars. Ela fora nomeada correspondente estrangeira, arrecadadora de fundos e secretária de campanha para George Barnes, secretário-geral da SAE. Ela lidava com toda a correspondência de Barnes, escrevia seus discursos e declarações, lidava com a mídia e com as relações com todas as organizações internacionais apoiando os engenheiros britânicos. A SAE escolheu bem. Com a arrecadação de fundos estrangeiros, Eleanor conseguiu levantar incríveis £29 mil para apoiar os trabalhadores e suas famílias por seis meses. Este fundo crucial tornou o locaute dos engenheiros viável. Tussy admitiu que era "um trabalho muito pesado... mas, por este movimento, vale a pena".[40] A luta dos engenheiros por uma jornada de oito horas provou ser a disputa industrial mais prolongada de 1897.

Qualquer que seja o acordo que eles estabeleceram, Edward continuou a se alocar na Toca com Tussy e, sem o conhecimento dela, manteve sua vida dupla com sua nova esposa até novembro, quando pegou uma gripe debilitante. Tussy interpretou esta doença como um sintoma de sua doença moral, pela qual ele não deveria ser julgado:

> Caro Freddy,
>
> Eu sei quão gentilmente você me considera, e como você verdadeiramente gosta de mim. Mas não acho que você entendeu muito bem – estou apenas *começando*. Vejo cada vez mais que o mal é apenas uma doença moral, e os moralmente saudáveis (como você) não são capazes de julgar a condição do doente moral; assim como uma pessoa fisicamente saudável dificilmente consegue perceber a condição do fisicamente doente.[41]

Eleanor tentou persuadir Edward a ficar e se recuperar de sua gripe enquanto ela fazia uma viagem de palestras em Lancashire. Ele, de forma tranquilizadora, insistiu em ir com ela para tomar seu lugar na campanha. A eleição do Conselho Escolar de Burnley se dava no final do mês e eles foram reunir apoio, com sucesso, para o candidato da FSD, Dan Irving. "Tínhamos um 'verdadeiro' clima de Lancashire", Tussy disse a Kautsky:

> Só os que o experimentaram podem dizer o que *isso* é. Mas certamente se Dante pudesse ter sonhado com a cidade industrial de Lancashire no mau tempo, ele teria adicionado círculos ao seu inferno, & à sua 'pior profundidade, um fundo ainda mais fundo'.[42]

Eles ficavam completamente encharcados todos os dias. Não era, como Eleanor observou, o clima "para curar um inválido".[43] Quando voltaram para Sydenham, a negligenciada gripe de Edward tinha se "desenvolvido em um congestionamento dos pulmões e um toque de pneumonia",[44] como Eleanor, canalizando sua mãe judia interior, relatou em detalhes aos Liebknecht na véspera de Natal. Eleanor passou um dezembro incomum, "ocupada cuidando de Edward e da correspondência de Barnes. Em ambos os casos, é um trabalho de amor".[45] Ou, em ambos os casos, os trabalhos de amores perdidos. O inverno rigoroso e a pressão sobre os fundos de subsistência da greve enfraqueceram o "ótimo locaute" dos engenheiros.[46] Parecia que Aveling não resistiria muito mais também. Tussy ansiosamente relatou a Laura:

> o médico me disse que Edward pode, a qualquer momento (sua temperatura chegou a 39,5°C às vezes), 'piorar' e que eu 'deveria' imediatamente comunicar seus parentes. Claro que não o fiz, porque (exceto talvez pela irmã, agora morando em Devonshire) não há um parente que ele gostaria de ver independente do momento.[47]

Não pela primeira vez, as duas irmãs desejaram estar um pouco mais perto uma da outra.

As festas de fim de ano foram bastante silenciosas. Com Edward – aparentemente – inválido, Tussy não poderia ir à França e Biblioteca estava cumprindo pena de quatro meses por uma sentença de prisão em Charlottenburg, sob o que Tussy zombeteiramente chamou de "Pequena Lei Antissocialista" de 1897. Na véspera de Natal, ela escreveu uma longa carta para Biblioteca, com o objetivo de animá-lo. Ela usou as melhores tintas para pintar a ação dos engenheiros, sem fazer nenhuma menção aos problemas com Edward. Ela se lembrou do Natal anterior no Terraço Grafton, compartilhado com Biblioteca

> ...e outros que a essa altura já acabaram sua obra. Ou melhor, sua parte da obra, pois ela é imortal, e vive mais vigorosamente hoje do que então. *Você* ainda está na ativa e sua coragem magnífica, o bom humor invencível e a esplêndida alegria são um exemplo e uma lição para todos nós. 'Paredes de pedra não criam prisão alguma / nem barras de ferro, uma gaiola', e não há prisão construída, nem ferro forjado que poderia segurar o *seu* espírito cativo. Eu nem mesmo acho que seja incongruente desejar a você um 'Feliz' Natal! Um feliz ano novo sei que espera por você, pois o trabalho pelos outros espera por você.
>
> Nosso amor a você, querido Biblioteca, meu querido, gentil amigo e amigo de Mouro e Möhme e Helen e Jenny.[48]

Por razões que ninguém poderia prever, um feliz ano novo não esperava Biblioteca, nem ninguém que conhecesse e amasse Tussy.

VESTIDO BRANCO NO INVERNO

Na primeira semana de janeiro de 1898, a atriz Ellen Terry escreveu a George Bernard Shaw, dizendo a ele, em confidência, que Edward Aveling tinha lhe pedido um empréstimo. "Suas façanhas como devedor cresceram de forma homérica", Shaw respondeu, informando a Terry que por alguns anos Aveling tinha "se comportado bem porque Engels, amigo de Marx, deixou £9.000 a Eleanor... Mas outro dia ele tentou o velho truque do cheque pós-datado com Sidney Webb – em vão. E então, eu suponho, ele tentou com você. Você realmente acha que não devo contar a ninguém? Se você soubesse como sua delicadeza foi totalmente desperdiçada!"[1]

Algumas semanas mais tarde, Tussy escreveu para Laura agradecendo-lhe por ter enviado saudações amorosas e dinheiro como um presente de aniversário antecipado. "Isso foi muito bem-vindo, pois, como nem preciso dizer a você, doença significa imensas despesas em todos os sentidos. Visitas médicas cinco vezes na semana, e às vezes duas vezes por dia – não é brincadeira".[2] Ela não fez menção de planejar qualquer celebração para seu aniversário de 43 anos.

Eleanor estava preocupada com a luta contínua dos engenheiros pela jornada de oito horas e o terrível sofrimento entre os trabalhadores. Assombrada, dizia a Kautsky que não compreendia como algumas daquelas famílias sobreviveram, e dividiu com Nathalie Liebknecht que, "a menos que muita ajuda esteja por vir (isto é claro, *entre nous*), estamos irremediavelmente derrotados".[3] Todos haviam dado o máximo que podiam; os fundos para apoiar a luta dos trabalhadores contra seus inamovíveis empregadores secaram. Eles estavam morrendo de fome.

Ela considerou a FSD "muito estúpida nesse assunto",[4] e antecipou corretamente que a Sociedade Amalgamada de Engenheiros seria forçada a retirar suas demandas antes do final do mês. Eleanor esperava que essa derrota pudesse, a longo prazo, ser mais útil do que uma vitória indiferente. Ela observou que o sentimento socialista crescia rapidamente entre os engenheiros como uma consequência da prolongada disputa. "Se ao menos", ela refletia a Kautsky,

> ...agora pudéssemos espalhar nossas redes socialistas adequadamente, obteríamos uma esplêndida captura – mas temo que perdemos esse peixe. *Você* quer estar em Londres – mas às vezes eu gostaria de poder estar, como você, em um país onde *há* um movimento ao vivo. Suponho que devemos mudar para cá um dia desses – & esse locaute está ajudando a dar o que os jogadores de futebol chamam de um belo 'pontapé inicial'.[5]

Tussy teria ficado melhor se seguisse com as metáforas de pesca, em vez das de futebol. Quando se tratava de esporte, o futebol era o primeiro amor de Edward. E, chegando o Ano Novo, e ele novamente retomava as suas partidas:

> Edward *está* melhor. Na verdade, ele está trabalhando novamente, embora eu desejasse que não. Mas não exagerei no perigo... ele ainda está terrivelmente fraco e terrivelmente emaciado. Ele é um esqueleto – só pele e osso. O menor frio, dizem os médicos, seria absolutamente fatal – e Edward é uma pessoa extremamente incontrolável. Eu escrevo tranquilamente porque ele está dormindo na cama (graças a Deus, ele dorme bem!) e exceto em uma carta *só para mim* você não deve deixá-lo saber que ainda existe tal causa para ansiedade.[6]

Tussy não tinha ideia de que, enquanto escrevia esta carta para sua irmã, Edward estava mais uma vez tentando pedir dinheiro emprestado a seus amigos e estava inclinando-se novamente a Freddy. Encorajando-o a descansar e a se afastar dos nevoeiros de inverno que se instalaram sobre o estuário do Tâmisa, Tussy convenceu o médico de Edward a enviá-lo para Hastings. "Estou ansiosa por ter que deixá-lo ir sozinho, embora saiba que as pessoas com quem está – nós já nos alojamos lá – vão cuidar dele, eu sei... Mas eu realmente não *pude* ir com ele: essas quatro semanas custaram muito para serem viabilizadas".[7] Aveling não precisava de persuasão. Tussy escreveu para Freddy:

> Sim – às vezes me sinto como você, Freddy, que a pobre Jenny tinha sua cota plena de tristeza e problemas, e Laura perdeu seus filhos. Mas Jenny teve a sorte de morrer, e ainda que tenha sido triste para os filhos dela, às vezes acho que foi uma sorte. Eu não gostaria que Jenny tivesse passado pelo que passei. Eu não acho que você e eu temos sido pessoas ruins – e ainda assim, querido Freddy, parece que recebemos todas as punições.[8]

Aveling voltou de Hastings no final de janeiro. A pneumonia dele havia desaparecido, mas a velha doença renal havia retornado, acompanhado por seus abscessos recorrentes. Ele estava impaciente e com um temperamento ruim. Eleanor atribuiu isso à doença, a qual, ele a persuadiu, seria provavelmente fatal. Eleanor não sabia que a nova esposa de Edward tinha se juntado a ele em Hastings, onde eles bolaram outro plano, com o qual ele voltou a Londres. Tussy recorreu mais uma vez a Freddy:

> Eu tenho que enfrentar um problema desse tamanho, e *quase* sem ajuda (pois Edward não ajuda, *nem agora*), e eu mal sei o que fazer. Recebo diariamente demandas de dinheiro, e não sei como atendê-las, e a operação e tudo mais, não sei. Me sinto uma bruta em incomodá-lo, mas, querido Freddy, você *conhece* a situação; e digo a você o que não diria a ninguém agora. Eu teria contado à minha querida Lenchen, mas como não a tenho, só tenho você. Então me perdoe por ser egoísta e *venha* se puder.[9]

No início de fevereiro Edward foi para Londres, aparentemente para consultas médicas. Ele se recusou a deixar Eleanor ir com ele. As velhas dúvidas voltaram. Ela disse a Freddy: "Edward foi para Londres hoje. Ele deve consultar médicos e tal. *Ele não me deixou ir com ele!* Isso é pura *crueldade*, *e* há coisas que ele não quer me dizer. Caro Freddy, você tem seu filho, eu não tenho nada; e não vejo nada pelo qual valha a pena viver".[10]

Alarmado com essa expressão niilista de desespero, Freddy finalmente fincou os pés e agiu com determinação; e Aveling que se danasse. Ela tinha que expulsá-lo e cortar qualquer comunicação com ele, viesse o que viesse. Dadas as vulnerabilidades econômicas e sociais de Freddy, esse foi um grande ato de solidariedade. Esperando trazê-la à razão, Freddy finalmente soletrou para Eleanor a verdade, que Edward o estava chantageando e queria mais. Eleanor, furiosa, evitou Freddy e, em vez disso, escreveu-lhe uma divagação filosófica sobre o perdão. Ela também prometeu que Edward não tinha "*a pretensão* de lhe pedir dinheiro novamente".[11] Ela tinha certeza que Freddy não entendia o quão doente Edward estava e que ele não o veria novamente após sua próxima operação.[12] "Em alguns", ela confidenciou a Freddy,

> falta um certo senso *moral*, assim como alguns são surdos, outros têm má visão, ou não são saudáveis. E eu começo a entender que ninguém tem mais direito de culpar uma doença do que a outra. Nós devemos tentar e curar e, se nenhuma cura for possível, fazer o nosso melhor. Eu tenho aprendido isso através de muito sofrimento – sofrendo de maneira que eu não contaria nem mesmo a você; mas aprendi, e então estou tentando suportar todos esses problemas o melhor que posso.[13]

Dois dias depois, Edward foi admitido no University College Hospital para cirurgia. Tussy escreveu a Freddy: "Há um ditado francês que diz que *entender* é *perdoar*. Muito sofrimento me ensinou a entender – então não preciso perdoar. Eu posso apenas amar."[14] O amor perdoador de Tussy havia se tornado insuportável. Ela ficou em uma pousada perto do hospital na rua Gower. Edward foi operado na quarta-feira, 9 de fevereiro. Vinte e quatro horas mais tarde ficou claro que, embora fraco, ele sobreviveria. Tussy escreveu a Kautsky para informá-lo da notícia: "Se você encontrar algum amigo, avise-o".[15]

A julgar pelo drama que Edward fez sobre o assunto, seria justo supor que sua cirurgia fosse fatal. Tussy disse a Biblioteca que os 30 minutos nos quais Edward esteve na sala de operações foram "como a '*toilette*' do prisioneiro condenado para mim" e que ela "trocaria de lugar com Edward com prazer e me consideraria feliz".[16]

Para Kautsky, ela exagerou o diagnóstico médico: "Há apenas uma possibilidade (remota) de cicatrização do abscesso. Se – como é provável – isso não acontecer, restará apenas não fazer nada e esperar, ou a terrível operação de remover um rim".[17] No dia seguinte, o cirurgião de Edward, Dr. Heath, disse a Eleanor que o procedimento de Edward tinha sido apenas investigativo.

Ecos de conversas entre as mulheres sugerem uma versão diferente dos eventos. Edward recebeu várias visitas enquanto estava no hospital. Alguns de seus alunos e amigos de teatro foram vê-lo; possivelmente a sra. Eva Nelson entrou de fininho entre eles. Eleanor convidou Matilda Hyndman para vir tomar uma xícara de chá e, enquanto caminhavam pelo corredor da enfermaria, confidenciou isso a ela. Matilda compartilhou a confidência de Eleanor sobre seu marido:

> A história que a Sra. Aveling contou foi muito deprimente... ela evidentemente tinha que abrir seu coração para alguém, e a história que ela contou sobre a miséria e a humilhação que teve que passar induziram minha esposa a implorar a ela para deixar o homem imediatamente – ele estava fora de perigo – e vir ficar conosco por um tempo. Ela disse que faria isso com prazer.[18]

Claramente, Eleanor já não mantinha o comportamento de Edward em segredo aos amigos dela. Ela o levou para a Toca uma semana depois, quinta-feira, 17 de fevereiro, de carruagem – o meio de transporte mais caro possível. Os médicos, preocupados em evitar novas infecções, pensaram que Aveling teria uma melhor chance de recuperação em casa. Melhor ainda: se eles pudessem pagar, Eleanor deveria levá-lo a Margate para convalescer.

Ela reservou quartos em um hotel recomendado pelos Hyndman e, no dia seguinte à alta dele no hospital, eles foram para Margate. Tudo isso envolvia despesas adicionais, mas Tussy estava colocando tudo que ela tinha nesse problema. Ela claramente acreditava que Edward, como tantas outras pessoas que ela amava, iria morrer. Como explicou para Freddy: "Isso está *caminhando para aquilo* de maneira tão evidente que estou desistindo de todo o pouco que me resta. Você vai entender – *eu* posso continuar de qualquer maneira, e eu devo agora cuidar *dele*. Caro Freddy, não me culpe. Mas eu acho que você não vai. Você é tão bom e tão verdadeiro".[19]

Eleanor sentiu que as pressões financeiras estavam agora insuportáveis. Ela confessou a Biblioteca que suas despesas correntes eram enormes: "contas de médicos, farmácias, 'cadeiras de banho' para sair, e assim por diante, adicionado à casa que deve ser mantida – tudo isso custava muito. Falo com franqueza porque sei que você vai entender".[20] Pela primeira vez, Eleanor estava contabilizando o custo financeiro de ter Edward em sua vida. Não havia sinal mais seguro de que ela tinha, finalmente, chegado ao fim da linha com ele.

Tussy estava pronta para deixar Margate – e Edward. "É um momento ruim para mim", escreveu para Freddy. "Temo que haja pouca esperança, e há muita dor e sofrimento. Por que continuamos é o mistério para mim. Eu estou pronta para ir, e ficaria feliz. Mas enquanto ele *quiser* ajuda eu sou obrigada a ficar".[21] Ela sentia que tinha o dever de cuidar dele enquanto ele estivesse doente – isso era tudo. O tom da correspondência de Eleanor muda durante essas semanas. Suas cartas expressam sua crescente convicção de que Edward provavelmente morreria e ela sobreviveria. "*Eu* posso continuar de qualquer maneira, e agora devo cuidar *dele*". Tussy nunca duvidou que ela fosse a parte mais forte. Se ela pudesse apenas cumprir seu dever, poderia ser livre. "Eu tenho medo de que haja muito pouca esperança de recuperação final", disse ela a Kautsky, cujo coração pode ter se sobressaltado um pouco com a notícia. "Hoje ele – apoiado em meu braço & com uma bengala – caminhou um pouco".[22] Ela enviou a Hyndman uma série de cartas de Margate detalhando o trabalho que ela programou para a FSD para o próximo ano. Aveling continuou se arrastando e determinado a quebrá-la. Edward não queria que Eleanor sobrevivesse; isso machucaria seu ego. Ele precisava do dinheiro dela para o seu novo casamento, e Eva Nelson, compreensivelmente, estava impaciente.

Eles retornaram para a Toca no domingo, 27 de março. A doença de Aveling forçou Tussy a cancelar seus recentes compromissos de palestra, mas agora ela estava ansiosa para voltar ao trabalho. Ela prometeu a Biblioteca um relato aprofundado do fim do locaute dos engenheiros e, assim que voltou, fez os arranjos finais com Sonnenschein para a publicação de *Salário, preço e lucro*, prometendo que faria o prefácio, que estava escrevendo no momento, e o enviaria dentro das próximas semanas. Ela examinou sua correspondência com Edith e aceitou uma série de convites, incluindo um pedido para participar de um jantar de gala em homenagem a Hyndman em maio. De forma significativa, Tussy estava de volta ao trabalho como de costume.

Tussy ficou maravilhada com o fato de Biblioteca ter sido libertado da prisão e ansiava vê-lo o mais rápido possível. Ela se lançou em uma enxurrada de correspondência e trabalho, e gostava de usar sua nova caneta estilográfica, presente da Federação dos Mineiros e do Sindicato dos Mineiros junto a uma pasta para as correspondências. Ela se recusou a aceitar salários por seu trabalho de tradução no Congresso Internacional de Mineiros em junho de 1897, então os mineiros se uniram para arrecadar dinheiro para o belo presente, marcando apropriadamente o reconhecimento do valor de suas habilidades de escrita e linguagem. Eleanor brilhava de prazer: "(Foi um trabalhão!)", ela se gabou para Freddy. "Tenho vergonha de aceitar tal presente, mas não posso deixar de fazê-lo. E isso me deixa feliz!"[23] Há uma sensação de otimismo renovado no retorno de Tussy a Londres no início de março; ela sentia prazer em voltar ao trabalho e para a companhia de Gerty, Edith, seus amigos e gatos, e fazia planos para o futuro.

Os dias ficaram um pouco mais quentes, mas, na última semana de março de 1898, a primavera ainda não se firmara. Em algum momento entre seu retorno à Toca no domingo, 27 de março, e na manhã de quinta-feira, 31 de março, Eleanor descobriu que Edward havia se casado com outra mulher. Não há registros sobre como ela o descobriu. Talvez Eva Nelson tivesse se cansado da espera e resolvido informar Eleanor sobre o que Edward não pôde contar. Talvez Edward tenha feito a revelação, esperando que isso a arrasasse. Ou ela descobriu por acaso.

No entanto, a notícia chegou a ela, que reagiu imediatamente mudando seu testamento e escrevendo uma longa carta de complementação para Crosse.

Na manhã de quinta-feira, 31 de março, Gertrude Gentry ouviu Eleanor e Edward discutindo. Aveling disse que estava indo para Londres, mas ele ainda estava sob ordens do médico para convalescer, e Eleanor objetou. Na tarde anterior, ele teve que ser levado em sua cadeira de banho a poucos metros da casa para o jardim, então ela pareceu ter certa razão. Seguiu-se uma discussão, depois silêncio.

Pouco antes das 10 horas, Tussy chamou Gerty para seu escritório e solicitou-lhe que executasse uma tarefa. Ela deu a Gerty um envelope para levar ao sr. Dale na farmácia nas proximidades, na rua Kirkdale. Gerty era um rosto familiar para George Dale – ela ia até o final da rua e voltava regularmente, administrando receitas para o dr. Aveling. Lacrado dentro do envelope que Gerty apresentou a Dale havia um bilhete: "Por favor, dê ao portador clorofórmio e pequena quantidade de ácido prússico* para cachorro".[24] A receita tinha a rubrica "E. A.", e o cartão de Edward Aveling foi preso ao canto da anotação. Gerty voltou para a Toca com um pacote e o livro de veneno** para assinatura. Ela não tinha conhecimento do conteúdo letal do pacote que transportava: duas onças de clorofórmio e um oitavo de onça de ácido prússico. A necessidade de uma assinatura para o livro de venenos não era incomum; o dr. Aveling frequentemente precisava de remédios fortes.

Aveling ainda estava na casa quando Gerty saiu mais uma vez para a farmácia para devolver o livro de veneno ao sr. Dale. Quando ela voltou para a Toca, o único som na casa vinha dos gatos de Tussy, miando em seu quarto. Sua senhora normalmente estava sempre estudando no escritório durante o dia. Gerty percebeu que algo estava terrivelmente errado.

Ela encontrou Tussy na cama, imóvel. Seu cabelo longo e escuro estava solto, seus olhos abertos, fixos. Seu rosto e corpo mudaram de cor, para um índigo com manchas escuras. Gerty viu que Eleanor estava usando seu vestido de verão de musselina branca favorito. Não condizia com o clima. Gerty o havia lavado, passado e engomado e, em seguida, guardando-o em lavanda e papel de seda para o inverno.

Como não havia telefone na casa, Gerty saiu correndo, gritando na rua e para sua vizinha, a sra. Kell, que ligou para o médico mais próximo, um amigo de seu marido, que morava na extremidade superior da Alameda dos Judeus. Seu nome era Dr. Henry Shackleton, e ele tinha um filho de 24 anos chamado Ernest, que queria explorar o Antártico. Quando o dr. Shackle-

---

* Nome popular para a solução feita com base no cianureto de hidrogênio, com o famoso odor de amêndoas amargas. Substância presente em alimentos como a mandioca e a semente da maçã, é extremamente letal em humanos, comprometendo a recepção do oxigênio do sangue. Foi descoberto pelo cientista sueco Carl Wilhelm Scheele em 1782, manipulando o "azul da Prússia", um pigmento utilizado para tecidos, e posteriormente utilizado como pesticida em navios e edifícios. Os contaminados em geral sentem asfixia, tontura, vômito e medo. Foi utilizado como arma química, e popularizado como "gás da morte" por ser o gás utilizado das câmaras de gás nazistas.

** No original, *poison book*, designava o livro de registros de compra controlada de substâncias, forma criada no século XIX para garantir a administração de substâncias letais apenas a profissionais habilitados.

ton chegou, Tussy já estava morta havia duas horas. Seu rosto, mãos e pés floresceram em azul arroxeado associado a envenenamento por ácido prússico. O cheiro de amêndoa amarga permanecia em torno de seu cadáver.

Eleanor Marx estava morta. E onde estava Edward Aveling?

Até o inquérito, ninguém saberia. Aveling, aparentemente, voltou de Londres para casa por volta das 5 horas da tarde, encontrando um veículo policial estacionado na porta da frente. Ao ser informado da notícia, alguns boatos disseram que ele estava perturbado, com lágrimas e tristeza histérica; outros diziam que ele estava totalmente distante e indiferente. Como Aveling era conhecido por ser um ator talentoso, a verdade seria irrelevante.

Gerty lavou e arrumou Tussy, envolvendo-a em seu vestido de musselina branca. Seu corpo foi removido para o necrotério e o inquérito aconteceu dois dias depois, na noite de sábado, 2 de abril, no Salão do Parque, em Sydenham. O investigador presidente foi Edward Wood, médico legista no West Kent e South East London

Aveling foi a primeira testemunha, apresentada ao tribunal como "um autor residindo na Toca":

> Investigador: A falecida era sua esposa?
>
> Aveling: Legalmente ou não, você quer dizer?
>
> Investigador: Você é um homem muito difícil de lidar. Você era casado com a falecida?
>
> Aveling: Não legalmente.
>
> Investigador: Ela morava com você como sua esposa, você quer dizer?
>
> Aveling: Sim.
>
> Investigador: Qual era a idade dela?
>
> Aveling: Eu acredito que cerca de 40, mas não tenho certeza.
>
> Investigador: A saúde dela costumava ser boa?
>
> Aveling: Muito.[25]

O inquérito investigou os movimentos de Aveling no dia da morte de Eleanor. Suas declarações contradizem as de todas as outras testemunhas. Gertrude Gentry deixou claro que Aveling estava na casa quando ela voltou de sua tarefa para a farmácia com o pacote e com o livro de veneno. Aveling disse que Gerty estava enganada; ele estava inflexível de que já tinha partido para Londres antes de Tussy enviar Gerty para a farmácia. A família de Aveling, convencida desde o princípio de que Edward havia assassinado Eleanor ao arquitetar seu suicídio, alegou que ele andava de um lado para o outro na Alameda dos Judeus até saber que o veneno tinha feito seu trabalho, voltou à Toca para revirar as cartas que Tussy havia deixado e, em seguida, foi rapidamente para Londres.

A carta crucial que Aveling tinha que encontrar e destruir era o novo codicilo assinado para Crosse, apenas escrito, tornando os filhos de Jenny e sua irmã Laura beneficiários de seus bens. Edward sabia que no testamento anterior de Tussy, de 16 de outubro de 1895, ele era o único executor e beneficiário. Sob esse testamento, os manuscritos e *royaltie*s de *Nachlass* deviam ser divididos igualmente entre os filhos de sua falecida irmã Jenny. Todo o resto iria para ele. "Eu dou e lego o resíduo de meus bens e propriedades para meu dito marido; no caso de ele morrer ainda em minha vida, então eu dou e lego o mesmo... para e igualmente entre os filhos da minha referida irmã."[26] No caso da morte de seu "marido", seu testamento nomeou como executor Eduard Bernstein. Neste testamento, ela legou a Bernstein todos os seus livros e £25 para o trabalho de realizar seus desejos.

Um ano depois, em 28 de novembro de 1896, Gertrude Gentry e John Smith, o jardineiro e faz-tudo geral, testemunharam um novo codicilo ao testamento de Eleanor de 1895, que aumentou substancialmente a parte de Aveling nos bens. Ele ficaria não só com a casa, todo o capital e seus bens, mas durante a vida receberia os *royalties* e quaisquer outras receitas devidas pelo *Nachlass*. Qualquer um interessado nos benefícios financeiros devidos a Edward na morte de Eleanor, até mudar seu testamento nos últimos dias de sua vida, precisava olhar atentamente para a data dessa alteração, uma vez que coincidia com o início de seu caso com Eva Frye. Naquela época, Aveling disse a Eleanor que o trabalho que estava fazendo na edição e tradução das obras de Marx lhe valia o direito de parte do patrimônio literário. Tussy alterou seu testamento de 1895 em conformidade: "todos os meus lucros de qualquer natureza podem estar nas obras de meu falecido pai Karl Marx, e todos os montantes a serem pagos como *royalties* ou de outra forma... ao meu dito marido Edward Aveling durante sua vida, e após sua morte, as referidas quantias serão pagas aos filhos de minha referida irmã".[27]

De novembro de 1896 até a última semana de março de 1898, portanto, Aveling herdaria tudo se vivesse mais que Eleanor. "A saúde dela costumava ser boa?" – perguntou o legista. "Muito", respondeu Edward. Forte como um cavalo.

É certo que, na manhã da morte de Eleanor, Aveling pegou o trem de Sydenham para London Bridge e chegou ao escritório da FSD na alameda Maiden por volta das 11h. Quando se sentou para sua reunião com Henry William Lee, secretário da FSD, Aveling chamou atenção especial ao horário exato: 11h15. Ele voltou à Toca por volta das cinco horas da tarde, para encontrar o policial estacionado do lado de fora.

> Investigador: Você tinha ideia de que ela se mataria?
>
> Aveling: Ela já ameaçara fazer isso várias vezes.
>
> Investigador: Você considerou que as ameaças eram intencionais?
>
> Aveling: Eu considerava que eram em vão, pois aconteciam com muita frequência.
>
> Investigador: Vocês tiveram alguma briga antes de sair de manhã?
>
> Aveling: Absolutamente nenhuma.

Gerty se questionava sobre as mentiras descaradas de Aveling. Em nome do júri, o primeiro jurado fez mais perguntas sobre o estado de Eleanor e o relacionamento com Edward. O resumo das declarações de Aveling sob questionamento cruzado foi que "eles tinham pequenas diferenças, mas nunca tiveram nenhuma briga séria. A falecida tinha uma disposição mórbida e várias vezes sugeriu que eles cometessem suicídio juntos. Quando eles tinham dificuldades, não era raro ela dizer: 'Vamos acabar com todas essas dificuldades juntos'."

> Investigador: Você quer dizer dificuldades financeiras?
>
> Aveling: Sim, financeiras, embora recentemente não como no passado.

Outra mentira, como toda a correspondência de Eleanor com Laura, Biblioteca e Freddy do último ano demonstrava. O casamento clandestino de Edward com Eva Frye em julho de 1897, um fato concreto que ele não revelou ao tribunal, poderia ser considerado como constituindo mais do que uma "ligeira diferença" entre eles. Até o momento, ninguém sabia sobre o casamento de "Alec Nelson" com Eva Frye; isso só emergiu mais tarde, depois que a herança de Eleanor foi paga a ele. Questionado sobre seu estado civil legal, Aveling disse que não era casado com a falecida porque ele tinha sido casado antes.

O tribunal do investigador emitiu um veredicto de "suicídio por ingerir ácido prússico, na época trabalhando sob desequilíbrio mental". A morte de Eleanor foi registrada em Sydenham, subdistrito de Lewisham, em 4 de abril de 1898: "Eleanor Marx, 40 anos, uma mulher solteira." Sua idade era de quarenta e três anos. Se ela era solteira, era discutível.

O tribunal devolveu a carta de Eleanor para Crosse e o codicilo anexo a Aveling sem maiores investigações. Das cartas que ela escreveu nas últimas horas de sua vida, apenas três sobreviveram. A carta para Crosse foi devolvida a Aveling. Outra para o próprio Aveling, reiterando, pateticamente, que sua última palavra para ele foi a mesma que ela tinha dito durante todos os longos e tristes anos – "amor". A terceira, para seu sobrinho, Johnny Longuet, o instruía: "Tente ser digno de seu avô".[28] Nenhuma das outras cartas escritas pouco antes de sua morte foi encontrada.

George Dale, o farmacêutico, foi quem se saiu pior no inquérito. Ele foi repreendido por vender veneno mortal para um homem que nem mesmo era médico. Dale explicou que sempre pensou que o "dr. Aveling" fosse um médico, pois ele se apresentava como um médico, embora não estivesse ativo. O investigador determinou que Dale respondesse por violação da Lei Farmacêutica de 1869. Observando a discrepância entre as iniciais na receita e no livro de venenos, o legista perguntou se Eleanor era ou não conhecida por assinar pelas iniciais "EMA". Aveling disse que sim. As outras testemunhas disseram que não sabiam. A resposta correta era que Eleanor assinava EMA em seu jornalismo impresso, como para o *Justice*, mas não usava essa assinatura em correspondências pessoais ou administrativas.

Laura desmaiou ao ouvir a notícia e foi sedada; Paul Lafargue e Johnny Longuet tiveram que ir a Londres para o funeral de Tussy sem ela. Biblioteca, Hyndman e Bernstein se sentiram responsáveis e desesperadamente culpados por não tentarem mais intensamente persuadir Tussy a se separar de Edward. Todos os três escreveram sobre isso para o resto de suas vidas. Olive teria dito a eles que ela havia tentado – e falhado.

Na terça-feira, 5 de abril de 1898, uma grande multidão de enlutados se reuniu na Estação da Necrópole em Waterloo, o mesmo lugar onde Eleanor ficara ao lado do caixão de Engels três anos antes. O caixão de Tussy e o carro funerário para o crematório de Woking estavam repletos de coroas de flores. Tributos florais vieram de toda a Grã-Bretanha, Alemanha, França, Holanda, América, Austrália, Rússia, Áustria, Itália, Índia, África do Sul e outros lugares. Havia muitas coroas de rosas vermelhas. Aqueles como Lafargue e os Hyndman, que sabiam a cor favorita de Tussy, trouxeram guirlandas de flores brancas. Havia flores e faixas especialmente costuradas do Sindicato de Trabalhadores do Gás e Trabalhadores em Geral, da FSD, da Sociedade Socialista Hammersmith, do Partido dos Trabalhadores Francês, do Partido Social-Democrata Alemão e de várias organizações socialistas estadunidenses. As equipes do *Justice*, *Hamburger Echo* [*Eco de Hamburgo*], *Vorwärts* e *Twentieth Century Press* [*Imprensa do Século XX*] também enviaram homenagens, entre muitos outros.

De acordo com vários enlutados presentes, Aveling tentou conversar falando sobre a partida de futebol assistida por ele na tarde de sábado antes de seu inquérito. Os presentes que sabiam de sua doença recente, aparentemente quase fatal, comentaram sobre sua milagrosa recuperação.

Freddy Demuth veio sozinho e evitou Aveling. Bernstein falou pelo Partido Alemão. Peter Curran, o líder sindical que mais tarde tornou-se o primeiro Membro do Parlamento Trabalhista do nordeste da Inglaterra, foi um dos vários que falaram pelos trabalhadores do gás, e Henry Hyndman pela FSD. Will Thorne, um dos oradores mais fortes do socialismo, não se aguentou durante seu discurso e o completou em um sussurro choroso. Ele falou de sua amizade com Tussy, e como ela o ensinava sem precisar de palavras, e a outros homens e mulheres da classe trabalhadora, que agora eram líderes.

O corpo de Eleanor foi levado para o Crematório de Woking, no cemitério da linha ferroviária da estação Waterloo, plataforma número 1. Parece estranho que nenhum registro tenha sido encontrado sobre os desejos de Eleanor para seus restos mortais. Especialmente porque muito de sua vida sugere que em sua morte ela poderia ter desejado que suas cinzas fossem enterradas na sepultura da família contendo seus pais, Helen Demuth e seu sobrinho no cemitério de Highgate.

Aveling nunca reivindicou as cinzas de Eleanor, mas agiu rapidamente para garantir o inventário do testamento, concedido em 16 de abril. O patrimônio líquido após as taxas de morte, desembolsos e despesas funerárias foi de 1.467 libras, 7 xelins e 8 pences, fora a Alameda dos Judeus, número 7, e seu conteúdo, que também foram para Aveling. Crosse disse a Bernstein que menos de um quarto do dinheiro legado por Engels foi deixado na época da morte de Eleanor. "Eu não sei quanto dele foi gasto para disfarçar suas infâmias com mulheres ou crianças, mas deve ter sido muito",[29] Bernstein escreveu para Adler no dia do funeral de Tussy.

O envolvimento de Crosse começou a parecer suspeito quando se revelou logo após a morte de Eleanor que ele era agora o principal beneficiário do testamento de Aveling logo após sua nova esposa, Eva Nelson. Bernstein apontou que Crosse sabia da carta e do codicilo assinado por Eleanor, que ela o endereçou durante os últimos dias de sua vida, retido pelo tribunal legista e que, em seguida, retornou a Aveling após o veredicto de suicídio. Por que Crosse não fez Edward entregar a carta dirigida a ele?

O novo testamento de Aveling legaria a maior parte de seus bens à sra. Alec Nelson, com quem se mudou para a Stafford Mansions, 2, na rua Albert Bridge em maio, depois que Gertrude Gentry fechou a Toca, com a ajuda de John Smith. Aveling e Eva passaram a gastar na farra, redecorando o apartamento, desfrutando de *shows* e restaurantes. Não havia nada que Aveling pudesse fazer sobre seu interesse no legado literário de Marx, que seria revertido para as crianças de Longuet em sua morte. No entanto, ele trabalhou rápido para eliminar qualquer trabalho editado, ainda não publicado, do qual ele poderia obter os *royalties*. Ele obteve um bom retorno de *Salário, preço e lucro*, para o qual ele compôs um breve prefácio. Na opinião de Bernstein, "após a morte de Eleanor, apenas uma coisa dela tinha valor para ele: sua propriedade, seu dinheiro".[30]

Ao ouvir que Aveling não havia coletado as cinzas de Eleanor do Crematório Woking, Frederick Lessner intercedeu e assumiu a responsabilidade. Ele colocou um cartão assinado e datado dentro da urna, identificando-a como "as cinzas de Eleanor Marx", e as levou para o escritório da FSD na alameda Maiden. O mesmo escritório para o qual Aveling tinha ido para sua reunião às 11h15, na manhã da morte, enquanto Tussy queimava devido ao ácido prússico.

O secretário-geral da FSD, Albert Inkpin, colocou a urna em um armário com fachada de vidro e ali ela permaneceu por 23 anos. Em 1912, essas instalações se tornaram o escritório do novo Partido Socialista Britânico e, em 1920, do Partido Comunista Britânico. Um ano mais tarde, o Partido Comunista mudou-se para a rua King, número 16, em Covent Garden, e Albert Inkpin, agora secretário-geral do Partido Comunista Britânico, levou a urna com ele e colocou-a de volta no gabinete de fachada de vidro, agora em seu escritório.

Pouco depois da mudança, em 7 de maio de 1921, houve uma operação policial na sede do Partido Comunista. Os arquivos foram saqueados, armários revirados e, conforme relatado pelo *Comunist* em 21 de maio, "O escritório editorial foi pilhado. A cena... era de devastação completa". Inkpin foi preso, assim como os outros líderes do Partido Comunista e a maior parte do comitê central pela Inglaterra e na Escócia em operações paralelas. Nenhum recebeu fiança.

> Uma nota trágica soou quando imploraram aos detetives que não perturbassem as cinzas de Eleanor Marx Aveling, repousando em uma urna pronta para ser transportada para Moscou. Elas foram deixadas em paz.[31]

A alegação de que as cinzas de Tussy aguardavam transporte para Moscou era um mero enfeite jornalístico – mas um que Tussy poderia muito bem ter gostado, pois ela gostava da Rússia e dos russos.

A Biblioteca Memorial Marx em Clerkenwell Green foi inaugurada em 1933, cinquenta anos após a morte de Karl Marx. As cinzas de Eleanor foram colocadas proeminentemente em uma estante na Sala Lenin. Durante a Segunda Guerra Mundial, elas foram armazenadas temporariamente no porão do número 16 da rua King, e depois voltaram a ser expostas no andar de cima, no mesmo velho armário de fachada de vidro, adornado com uma nova fita vermelha.

Em 1956, o túmulo que abrigava a família de Karl e Jenny Marx, seu neto e Helen Demuth no cemitério de Highgate foi exumado. Seus restos mortais foram enterrados novamente em uma nova tumba monumental e a urna contendo as cinzas de Eleanor finalmente foi enterrada com eles. O nome dela foi adicionado aos de sua família esculpidos na tumba, registrando, por engano, sua data de nascimento como 16 de janeiro de 1856 e, corretamente, sua morte como 31 de março de 1898.

A pobre Eva realmente não saiu ganhando. Ela descobriu que tinha um homem doente nas mãos. No final de abril, três semanas depois da morte de Eleanor, seus amigos, família, aliados políticos e a imprensa alegavam que Aveling era um assassino, ladrão e impostor, e que deveria ser levado a julgamento criminal. Se ele não tivesse morrido quatro meses depois de Eleanor, na quarta-feira, 2 de agosto, de sua antiga doença renal, Bernstein, Biblioteca, Hyndman e os Lafargue teriam movido um processo civil contra ele. Ele foi cremado em 5 de agosto, na presença de sua nova esposa e cinco outros amigos. Nem um único membro de sua família ou representante do movimento socialista ou literário compareceu. A Sra. Eva Nelson, "uma jovem vestida de luto profundo", foi vista desmaiando, incapaz de deixar o corpo partir. Isso foi um resultado tão triste para Eva, de 23 anos, que ela dificilmente poderia ser invejada pelas £852 restantes dos bens de Eleanor, que herdou após a homologação do testamento de Aveling. Ele tinha torrado mais de mil libras da herança de Tussy em menos de quatro meses.

Por anos depois, cartas de lamentação percorreram o mundo entre os amigos de Eleanor sobre sua morte súbita e trágica. O volume dessa correspondência e a ampla gama de pessoas que escreveram ilustra o quanto Eleanor era admirada e a amplitude de sua influência. Os obituários publicados em quase todos os países do mundo teriam vários volumes encadernados, em línguas tão inumeráveis que mesmo a poliglota Tussy não conheceria todas. Obituários provenientes das editoras na Inglaterra, Escócia, Irlanda, País de Gales, Américas, Canadá, Alemanha, França, Holanda, Polônia, Espanha, Itália, Rússia e Austrália – para citar apenas algumas. O sindicato dos trabalhadores do gás, o PTI, o FSD, o Comitê do Primeiro de Maio, o SPD alemão e socialistas franceses foram algumas das muitas organizações que emitiram resoluções formais lamentando sua partida.

Qualquer um pode sentir orgulho do além-túmulo ao ser homenageado dessas maneiras. No entanto, nenhum desses memoriais corresponde ao silêncio eloquente de duas cartas escritas por mulheres da classe trabalhadora, Leah Roth e Gertrude Gentry, publicadas aqui pela primeira vez.

Gerty é bem conhecida por nós como a governanta de Eleanor. Leah Roth foi uma das inúmeras mulheres da classe trabalhadora que, como Eleanor escreveu em *A questão da mulher*, foram transformadoras do mundo e fazedoras da história. Leah Roth escreveu para Eleanor e Edward das habitações em Stepney, no número 42, em 19 de janeiro de 1898, em uma escrita laboriosa e cuidadosa:

> Grande honerável [*sic*] Senhora e Senhor, estou implorando a vocês que não tomem isso como un [*sic*] insulto e me ajudem um pouco com nossos problemas, pois estamos morrendo de fome dia a dia, e especialmente um bebê de um ano e meio, para o qual não tenho nada para dar além dos meus cuidados, então estou alimentando-a com uma garrafa de água pura, então eu estou implorando a vocês, querida dama e querido cavalheiro, que tenham pena de mim e dos meus pobres oito filhos famintos e vocês me ajudem um pouco com qualquer coisa para que eu possa comprar um pouco de comida para as crianças e para mim mesma, querida senhora, não sei o que fazer com eles, saí apenas há 7 semanas da prisão e meu marido está desempregado esses 3 meses i [*sic*] nós não quebramos nosso jejum esses três dias e se a gentil senhora fosse boa o suficiente e me ajudasse um pouco com algumas roupas velhas eu lhe seria muito grata.
>
> De sua humilde serva, Leah Roth
>
> (Tenha pena de nós)[32]

Eleanor recebia regularmente pedidos individuais de ajuda. Ela ajudava com dinheiro e uma cesta básica e colocou mulheres como Leah Roth em contato com a seção local da FSD, com sindicatos ou organizações de mulheres. Um punhado dessas missivas sobreviveu, desordenadamente, no arquivo das correspondências diversas de Eleanor. Eles são a última trilha de um aspecto da vida de Eleanor que, de outra forma, está escondido da história.

A segunda carta é de Gertrude Gentry para Edith Lanchester, escrita – com elegância – em 1 de maio de 1898 da Toca, alguns dias antes de Edward fechar a casa e se mudar para Battersea com sua nova esposa.

> Cara srta. Lanchester,
>
> Muito obrigada por sua amável carta. Estou tão feliz por você ter gostado da caneta. Pensei que você gostaria de ter alguma coisinha em

memória de nossa querida sra. Aveling e que gostaria de ter a caneta que ela tanto usava. Oh, como sentimos sua falta, e quase parte nossos corações quando saímos para o jardim e vemos despontando todas as flores de que ela tanto gostava. Eu não sei o que devemos fazer quando o deixarmos para sempre. Acho que isso vai realmente partir nossos corações. Enquanto estamos aqui, sentimos que ela está prestes a voltar.

Tivemos o dr. Aveling muito doente e não sabíamos o que pensar dele naquela época, mas ele está melhor novamente agora. Como está seu querido menino? Eu gostaria de vê-lo. Os bebês da Minnie estão bastante crescidos agora, logo poderão partir. Dr. Aveling concentiu [*sic*] para que o último desejo da querida sra. Aveling fosse realizado com os gatos, assim que os filhotes estiverem prontos para ir. Eu acho que devo encerrar agora com amor para você e montes de beijos para o querido bebê, confiante de que vocês estão bem.

Atenciosamente,

G. M. Gentry[33]

E então foi Gertrude Gentry quem assegurou a Aveling que os últimos desejos de Tussy fossem realizados em relação a seus amados quadrúpedes. Gerty também se certificou de que Edith recebesse uma lembrança apropriada – a querida caneta de Tussy.

Gertrude carregou um fardo pesado. Ela foi a portadora involuntária do clorofórmio e ácido prússico que mataram Eleanor. Foi ela quem encontrou seu cadáver com um chocante ricto. Edith sabia muito bem que Gerty nunca gostara de Aveling. A observação de Gerty de que "não sabíamos o que pensar dele naquela época, mas ele está melhor de novo agora" parecia muito significativa. Gertrude Gentry era impotente para agir por conta própria, mas poderia esperar que os amigos e familiares de Eleanor agissem.

Houve indignação com o veredicto do inquérito, que não fez nada além de estabelecer o "fato" do suicídio. Kautsky escreveu para Adler de Berlim que ele era a favor de uma ação legal imediata contra Aveling e de "proceder implacavelmente contra o canalha".[34] Robert Banner, arrasado com a notícia, olhou atentamente para a ordem dos fatos e, na imprensa, perseguiu Aveling por uma resposta em relação ao motivo de a carta de Eleanor para Crosse não ter sido entregue. Como Aveling ofereceu uma explicação de por que ele interceptou esta carta para o advogado dela, Banner queria que ele explicasse publicamente por que sua versão dos eventos diferia em todos os pontos da versão de Gertrude Gentry.

Eduard Bernstein decidiu entrar com uma ação judicial contra Aveling e culpou-se até o fim da vida por não ter lidado com ele antes. O clamor para que Aveling fosse levado a julgamento criminal continuou pelo resto de sua curta vida. Como Bernstein observou amargamente, "se não houvesse interesses partidários a serem levados em consideração, as pessoas teriam feito Aveling em pedaços".[35] A morte de Aveling pôs fim ao apelo por justiça – e ao seu sangue.

Olive Schreiner escreveu para Dollie Radford da África do Sul, com presciência infalível:

> Tenho poucas dúvidas em minha mente de que ela descobriu uma nova infidelidade de Aveling e acabou com tudo. Eu tinha pensado em escrever um breve alerta a ela em um balanço mensal. Então senti que, como não podia falar a verdade sobre ele, eu também não poderia escrever sobre. Eu a teria machucado se mostrasse que ele era culpado... Estou tão feliz que Eleanor está morta. É um alívio que ela tenha escapado dele.[36]

Olive nunca duvidou de seu primeiro instinto de que Aveling era um vigarista, e que Eleanor morreria caso não o deixasse. Ela perguntou a Dollie se havia mais detalhes. "Senti", escreveu ela, "que se eu estivesse na Inglaterra, encontraria a criada – que foi a última pessoa com ela – e faria com que me dissesse tudo o que sabia".[37]

Se ao menos ela o tivesse feito.

POSFÁCIO

A morte pode ajudar as pessoas a descobrirem quem são.

"Quais forças levaram Eleanor Marx à morte?",[1] perguntou Eduard Bernstein em um artigo publicado apenas quatro meses após o ocorrido. Ele acreditava que Edward Aveling era culpável, moral ou criminalmente – ou ambos. Apenas a justiça poderia decidir se ele tinha responsabilidade criminal, pela qual deveria ser levado a julgamento. Bernstein preferiu focar na questão da responsabilidade moral de Aveling.

O artigo de Bernstein foi uma resposta à imprensa antissocialista, que usou a "oportunidade" do suicídio de Eleanor como um exemplo de "fracasso"[2] do socialismo enquanto modo de vida. Versões populares da história correram, tais como: Aveling decidira voltar para sua primeira esposa, Bell Frank, e seus filhos, e queria que Eleanor se juntasse a eles em um "casamento a três".[3] Amedrontada, Eleanor preferiu a morte a tal união aberta. O fato de Bell ter morrido há muitos anos e não ter tido filhos com Edward expôs o absurdo dessa versão da história.

É importante ter em mente que a essa altura, julho de 1898, pouquíssimas pessoas sabiam da existência de Eva Frye, com exceção de alguns amigos leais dela e de Edward que foram à festa de casamento deles no ano anterior – junho de 1897 –, e mesmo eles não sabiam exatamente a verdade sobre as circunstâncias do casamento que testemunharam.

A especulação de Bernstein sobre o que levou Eleanor à morte é repleta de suposições, pendendo fortemente ao que ele chama de "enigma psicológico"[4] do afeto de Eleanor por Edward e sua trágica crença de que, ficando ao lado dele, ela poderia curá-lo daquilo que chamou de "doença moral".[5] "Era, de um ponto de vista moral, a vida de *Frau Alving* de Ibsen"[6], resume Bernstein. Seus questionamentos, entretanto, são substantivamente pertinentes: "Teria o Dr. Aveling desejado ou tido algum interesse no suicídio de Eleanor Marx?"[7]

Para o jornal *Labour Leader*, a "ingratidão, injustiça e rigidez" que Aveling demonstrou no inquérito falava por si só. Ele repudiou Eleanor Marx publicamente, e seria julgado de acordo.

O artigo de Bernstein corresponde a muitos outros, escritos por amigos e camaradas – incluindo Havelock Ellis e o inconsolável Biblioteca – imediatamente e nos anos após a morte de Tussy. Como Bernstein, todas as pessoas íntimas e próximas a Tussy presenciaram seu deslumbre em sua nova casa: "Uma existência ideal pareceu abrir-se diante dela; seu rosto era tomado por prazer enquanto ela recebia seus amigos na Toca."[8] Aveling foi incapaz de simplesmente ir embora, de pegar apenas o que era seu e começar uma nova vida. Ele parecia forçado a tentar e a conseguir destruir a segurança e felicidade de Eleanor, bem como seu direito legal ao seu próprio imóvel. Essa foi a tragédia psicológica dele.

Entretanto, o aspecto mais surpreendente desse artigo é o foco em Freddy Demuth. Bernstein publicou nove cartas que Eleanor escreveu a Freddy de agosto de 1897 a março de 1898; correspondências diretas a respeito dos eventos tumultuosos de sua vida pessoal com Edward. Bernstein apresenta Freddy como "o filho de Helen Demuth... que era a segunda mãe das filhas de Marx":

> E Frederick Demuth teve uma fidelidade fraternal com Eleanor Marx. Ele é um simples trabalhador, com quem a vida não tem sido muito gentil, e tenho fortes indícios para acreditar que, nos documentos deixados por Eleanor Marx ao seu consultor jurídico, o nome dele aparece em uma posição de destaque.[9]

Documentos estes retidos e destruídos por Aveling.

Cherchez les femmes. Duas mulheres, Helen Demuth e Jenny Marx, amigas de toda uma vida. Viveram juntas, pariram e criaram crianças juntas, desde suas infâncias até a morte. Duas mães de Tussy, que tiveram um relacionamento com o mesmo homem. Um "casamento a três"?[10] Três almas entrelaçadas e inseparáveis de Friedrich Engels e vice-versa. Cada relação com o outro formando um quarteto de amizade. Cada um guardando segredos – um para o outro, mas também, por diferentes razões, para si mesmos.[11]

Frederick Demuth teve uma fidelidade fraternal com Eleanor Marx. Como Louise Kautsky bruscamente descreveu, Freddy se assemelhava fisicamente a Karl Marx em cada detalhe, o que era quase cômico. Mesmo sem a barba de filósofo, marca registrada do pai.

Edward Aveling morreu três dias após o artigo de Bernstein ser publicado. Dentro de algumas semanas, Bernstein se viu confrontado por novas revelações enquanto trabalhava para fazer a partilha de bens de Aveling com August Bebel. Freddy Demuth manteve contato com Laura Lafargue e Eduard Bernstein até o fim de suas vidas.[12]

Bernstein escreveu que os amigos de Eleanor tiveram uma tarefa dupla para solucionar o crime cometido contra ela: a manutenção da responsabilidade pessoal como um interesse de existência social comum, compartilhado, e a responsabilidade da amizade.

E a responsabilidade pessoal de Eleanor com o interesse comum?

Há tantas teorias sobre suicídio quanto há suicídios. Aveling afirmou no inquérito que Eleanor sugerira várias vezes que eles o cometessem juntos, e ele não deu atenção às suas ameaças de suicídio, pois ela as fazia frequentemente. No entanto, Eleanor estava morta, tendo aparentemente concordado com a ideia incomum de um pacto de suicídio unilateral.

Nenhuma teoria é capaz de desvendar uma morte de motivações tão complexas. Cada caso de suicídio está atrelada ao humano em particular: à história individual. O suicídio entra em cena em momentos de grandes crises. Pode ser caótico e angustiado; pode ser perfeitamente organizado e racional. Pode ser uma forma de homicídio.

Os argumentos éticos se estendem por até que ponto os indivíduos têm o direito moral de tirar suas próprias vidas. No final, todos os argumentos e as análises dos estudos de caso e dos recortes psicológicos se condensam em um claro conjunto de escolhas. Em última análise, há dois tipos de suicídio: um para o mundo exterior e outro para si mesmo.

Suicídio não é ter razão; é ter sentido.

É um ato de controle sobre o corpo. Autocontrole, se conduzido voluntariamente. Controlado por outro, se um ato de coerção ou homicídio dissimulado. O instinto de sobrevivência humana é tão forte que qualquer experiência que ultrapassa o controle do corpo se apossa e deixa uma memória intensa. Anorexia. Depressão. Aborto espontâneo. Violência física e emocional. Exploração corporal extrema. Essas são experiências comuns entre mulheres de todas as classes do século XIX.

Aaron Rosebury recordou que Tussy admitiu, algumas vezes, estar cansada da vida. Mas quem, com seu trabalho, também não o estaria por vezes? Para cada exemplo de seu desespero com a vida e a humanidade há um contraexemplo da energia e alegria de viver [*joie de vivre*] de Tussy. Sua melancolia frente à vitória global do capitalismo e a falta de humanidade entre as pessoas desaparecia a cada passeio de ônibus por Londres, a cada livro novo ou durante uma noite na companhia de seus amigos na Toca.

No final de 1845, Karl Marx escreveu um artigo sobre as memórias de Jacques Peuchet, intitulada *Peuchet: sobre o suicídio*.[13] Nele, Marx observou que a crítica francesa da sociedade teve, "pelo menos, o grande mérito de ter mostrado as contradições e a artificialidade da vida moderna, não somente nas relações de classes em particular, mas em todos os círculos e formas de relação moderna".[14] Uma década antes do nascimento de Eleanor, seu futuro pai selecionou e destacou a seguinte passagem escrita por Peuchet:

> Entre as razões do desespero que leva pessoas muito sensíveis a buscar a morte... Eu [Peuchet] encontrei como fator dominante os maus-tratos, as injustiças, as punições secretas pelas quais pais e superiores severos despejam sobre as pessoas dependentes deles. A Revolução não derrubou todas as tiranias; os males que estavam armados contra o poder despótico continuam a existir na família; aqui, eles são a causa das crises análogas às das revoluções.[15]

Marx, Engels e Eleanor depois deles, pensaram, escreveram e discursaram extensivamente sobre a tirania e as contradições da família e as formas de revolução social necessárias para enfrentá-las adequadamente. Eleanor, entretanto, tinha certeza da questão da responsabilidade pessoal. Em seu momento mais difícil, ela não culpou os pecados dos pais por seu próprio dilema, mas se deu conta da dimensão da situação por si própria. Em setembro de 1897, ela escreveu à Freddy com urgência, pedindo para que ele viesse e a ajudasse:

> Eu estou tão sozinha, e estou diante da situação mais horrenda: falência absoluta – tudo, até o último centavo, ou a mais profunda vergonha diante do mundo. É aterrorizante. É muito pior do que parece. E eu preciso de alguém que possa me aconselhar. Sei que a decisão final e a responsabilidade são minhas – mas um pequeno conselho e um ombro amigo serão de um valor imensurável.[16]

Eleanor Marx, a mulher, nos deixa com as contradições de sua vida a serem consideradas. Eleanor Marx, a política, pensadora, feminista e ativista, nos deixa com nossos próprios questionamentos acerca da responsabilidade pessoal ao interesse comum que é essencial para a existência em sociedade.

Muitas das liberdades e dos benefícios da democracia britânica moderna herdadas pelo século XX e por nosso novo milênio foram resultado direto do trabalho feito por Eleanor Marx e outras mulheres e homens como ela. A jornada de oito horas. A proibição do trabalho infantil. Acesso à educação igualitária. Liberdade de expressão. Sindicatos. Sufrágio universal. Representação parlamentar eleita democraticamente, independente de classe, religião, gênero ou etnia. Feminismo.

Viver com Eleanor por um período é ter a oportunidade de lembrar como chegamos até aqui, de onde vêm as liberdades democráticas que tanto apreciamos. E a qual custo as deixamos escapar.

Desmonte dos direitos trabalhistas, estigmatização social dos pobres, culpabilização dos doentes, demonização dos imigrantes, traição das crianças trabalhadoras, poluição do meio ambiente em nome da mais-valia, incentivo às famílias para mandar as mulheres para casa e fazerem filhos: tudo isso contribui para a recriação de uma subclasse econômica – e está acontecendo agora.

Há um apagamento da história em curso. As condições ideais mudaram; é quase como se tivéssemos nos convencido de que a desigualdade, o consumismo e o capitalismo globalizado de *commodities* são um sistema econômico naturalmente concebido para o qual não há alternativa viável.

A vida de Tussy é uma reflexão sobre os métodos e valores que nos trouxeram às formas de liberdade, educação, proteção trabalhista, direitos reprodutivos e acesso ao sistema de saúde que alicerçam a social-democracia e uma forte sociedade civil. Se não nos lembrarmos como chegamos aqui, não saberemos como consertar isso.

Essa narrativa da vida de Tussy é um lembrete, não um resgate. Como diria ela, todo trabalho é apenas uma pequena contribuição em direção às próximas. Eleanor foi a filha de uma era coletivista perdida. Mas há sinais nos novos impulsos coletivos em direção à social-democracia pelo mundo de que o radicalismo está sendo repensado e renovado dentro de um conjunto de condições sociais diferente.

Eleanor resistiu à dialética clássica inventada por sua família revolucionária: tese, antítese, síntese. Ela batizou a próxima geração, com seu humor característico, de "a sequência".[17]

Acima de tudo, Eleanor sabia que se não trouxesse a questão feminista para o centro e o coração de todo ato e movimento imaginativo por mudanças sociais e econômicas, a sequência perduraria indefinidamente. Eleanor teve uma visão ampla da história; não seria surpresa para ela saber que a sequência ainda está em processo de escrita, e ela não se esqueceria de encorajar: "Vá em frente!"

A vida de Tussy é um misto de memória e desejo. Como Gerty escreveu a Edith, da Toca em 1 de maio de 1898: "Enquanto estivermos aqui, sentimos que ela está prestes a voltar."[18]

ABREVIATURAS PARA NOMES E FONTES

EA – Edward Aveling
EM – Eleanor Marx
FE – Friedrich Engels
GBS – George Bernard Shaw
IISH – International Institute for Social History
IML – Institute of Marxism–Leninism
JL – Jenny Longuet
KM – Karl Marx
LL – Laura Lafargue
MEC – Marx–Engels Correspondence
MECW – Marx–Engels Collected Works
MML – Marx Memorial Library
PRO – Public Record Office

NOTAS DA AUTORA

PREFÁCIO (p. 21-28)

1 Eric Hobsbawm, *The Age of Capital 1848-1875*, Weidenfeld & Nicolson, 1996, p. 108. Há edição brasileira: *A Era do Capital 1848-1875*. Rio de Janeiro: Paz e Terra, 2012.

2 Eleanor Marx e Edward Aveling, *The Woman Question: From a Socialist Point of View*, inicialmente publicado em *Westminster Review*, n. 125, London, jan-apr. 1886; inicialmente impresso como edição separada, por Swan Sonnenschein, Londres, 1886. Reimpresso por Verlag für die Frau, Leipzig, 1986, p. 13. Todas as referências de página utilizadas por Rachel Holmes são da edição de Verlag für die Frau. Tradução em português utilizada: *A questão da mulher: de um ponto de vista socialista*. Tradução e notas de Helena Barbosa, Maíra Mee Silva e Maria Teresa Mhereb. São Paulo: Expressão Popular, 2021.

3 Eleanor Marx a Karl Kautsky, 28 dec. 1896, IISH.

4 Eleanor Marx em *Justice*, 31 out. 1896, p. 5.

5 *Ibid.*

6 *Justice*, 23 nov. 1895, p. 8.

7 EM a Karl Kautsky, 3 jun. 1897, IISH.

8 EM a Laura Lafargue, 24 dec. 1896, IISH.

9 Karl Marx, em Friedrich Engels, *The origin of Family, Private Property and State (1884)*, Penguin Classics, London, 2010, com nova introdução de Tristram Hunt,

p. 88. Há edição brasileira: *A Origem da Família, da Propriedade Privada e do Estado*. São Paulo: Expressão Popular, 2010.

10 Henry Havelock Ellis, "Eleanor Marx", em *Adelphi*, vol. 11, n. 1, 1935, p. 33-34.

CIDADÃ DO MUNDO (p. 29-48)

1 Wilhelm Liebknecht, *Karl Marx: Biographical Memoirs* traduzido para o inglês por E. Untermann, Journeyman Press, London, 1975, p. 134.

2 KM a Ferdinand Lassalle, 23 jan. 1855, *MECW*, vol. 39, Lawrence & Wishart, London, 1983, p. 511.

3 Liebknecht, *Karl Marx*, p. 134. "Pois assim como bater o leite produz manteiga, e assim como torcer o nariz produz sangue, também suscitar a raiva produz contenda". Provérbio 30:30, *King James Bible*.

4 Engels acabou escrevendo o artigo, como fez com a maioria dos outros livros sobre a Crimeia publicados sob o nome de Marx, entre 1851 e 1855. O artigo principal, de 22 jan. 1855, uma semana após o nascimento de Eleanor, foi intitulado "British Disaster in the Crimea" e mais tarde publicado como parte de *The Eastern Question*, editado por EM, S. Sonnenschein & Co., London, 1885.

5 KM a FE, 17 jan. 1855, *MECW*, vol. 39, p. 508.

6 Karl Marx e Friedrich Engels, *The Communist Manifesto* (1848), traduzido por Samuel Moore (1888), com introdução de Gareth Stedman Jones, Penguin, London, 2002, p. 240. Há edição brasileira: *O Manifesto Comunista*. São Paulo: Expressão Popular, 2008.

7 Heinz Frederick Peters, *Red Jenny: A Life with Karl Marx*, Allen & Unwin, London, 1986, p. 6.

8 KM a FE, 12 apr. 1855, *MECW*, vol. 39, p. 533.

9 Jenny Marx Jr. a KM, sep. 1855, IISH.

10 E ainda é, em muitas partes da Grã-Bretanha e dos EUA.

11 "Eleanor Marx, Karl Marx: A Few Stray Notes", em *Reminiscences of Marx and Engels*, Foreign Languages Publishing House, Moscow, 1957, p. 251.

12 Wilhelm Liebknecht, "Reminiscences of Marx", em *Reminiscences*, p. 116.

13 Paul Lafargue, "Reminiscences of Marx", em *Reminiscences*, p. 82-83.

14 Liebknecht, "Reminiscences of Marx", em *Reminiscences*, p. 123.

15 *Ibid.*, p. 117.

16 *Ibid.*

17 Peters, *Red Jenny*, p. 100.

18 Friedrich Engels, "On the History of the Communist League", em *Social Democrat*, 12-26 november 1885, e *Marx & Engels Selected Works*, vol. 3, Progress Publishers, Moscow, 1970, http://www.marxists.org/archive/marx/works/1847/communist-league/1885hist.htm

19 Edgar Longuet, em *Reminiscences*, p. 261.

20 Jenny Marx Jr. a KM, sep. 1855, IISH.

21 Jenny Marx a Louise Weydemeyer, 11 mar. 1861, em *Reminiscences*, p. 245.

22 *Ibid.*

23 Atualmente, número 36. Sou imensamente grata a Bee e William Rowlatt pela viagem de pesquisa e fotografias contemporâneas da casa de Tussy em Kentish Town.

24 Jenny Marx a Louise Weydemeyer, 11 mar. 1861, em *Reminiscences*, p. 245.

25 Peters, *Red Jenny*, p. 120.

26 Jenny Marx, em *Reminiscences*, p. 244.

27 *Ibid.*, p. 228.

28 KM a FE, 23 apr. 1857, *MECW*, vol. 40, p. 125.

29 EM, em *Reminiscences*, p. 250

30 *Ibid.*

31 EM a Karl Kautsky, 19 jun. 1897, IISH.

32 KM a FE, 24 jan. 1863, *MECW*, vol. 41, p. 444.

33 EM, em *Reminiscences*, p. 251.

34 *Ibid.*

35 Jenny Marx citada em Edna Healey, *Wives of Fame: Mary Livingstone, Jenny Marx, Emma Darwin*, Sidgwick & Jackson, London, 1986, p. 102.

36 EM, em *Reminiscences*, p. 250.

37 Jenny Marx, em *Reminiscences*, p. 245.

38 A julgar pelas suas relações sexuais quando adulta, seu inconsciente infantil deve ter interpretado essas proposições narrativas de maneira muito literal.

39 Carta de Jenny Marx a Ernestine Liebknecht, 18 jul. 1864, IISH.

40 Paul Lafargue, citado em Lee Baxendall e Stefan Morawski (eds.) *Marx and Engels on Literature and Art*, International General, New York, 1974, p. 152.

41 EM, em *Reminiscences*, p. 252.

42 EM a Karl Kautsky, 1 jan. 1898, IISH.

43 EM em *Reminiscences*, p. 253.

44 *Ibid.*

45 *Ibid.*

46 *Ibid.*

47 *Ibid.*

48 EM em *Reminiscences*, p. 251.

49 "How Sigfried Came To Wurms", verse 99, *Das Nibelungenlied*, traduzido do Alto--alemão médio para o inglês por Burton Raffel, Yale University Press, New Haven & London, 2006.

50 EM em *Reminiscences*, p. 251.

51 *Ibid.*, p. 252.

OS TUSSYS (p. 49-62)

1 Peters, *Red Jenny*, p. 10.

2 Para uma explicação bastante detalhada das políticas e do pensamento de Hirschel/Heinrich Marx, ver a pesquisa de Boris Nicolaevsky (com tradução de Otto Maenchen-Helfen) sobre suas ideias políticas em *Karl Marx:* Man & Fighter, Methuen, London, 1936.

3 Ver Francis Wheen, *Karl Marx*, Fourth Estate, London, 1999, p. 10. Há edição brasileira: *Karl Marx*. Rio de Janeiro: Record, 2001.

4 Peters, *Red Jenny*, p. 13.

5 Paul Lafargue, em *Reminiscences*, p. 81-82.

6 EM, em *Reminiscences*, p. 17.

7 Mazzini, apelidado de "a Alma da Itália", era o líder republicano do Risorgimento, o movimento radical pela unificação italiana e pela democracia popular. Exilado em Genebra e depois em Marselha, Mazzini fundou a Jovem Itália em 1831. Uma sociedade clandestina destinada à promoção da revolta popular como o meio de unificação da Itália, ela providenciou a faísca para um movimento revolucionário republicano que se alastrou pela Europa. Em 1834, Mazzini e um grupo de refugiados do Leste e Oeste europeus formaram uma organização internacional chamada Jovem Europa. Ao fim da década de 1830, Mazzini esteve em Londres, onde organizou várias associações irmãs sob a égide da Jovem Europa, destinadas à unificação ou democratização de outros países – Jovem Suíça, Jovem Polônia e Jovem Alemanha. Mais tarde, o movimento forneceu o esqueleto de um coletivo de estudantes turcos e cadetes do exército que se organizaram sob o título de Jovens Turcos. Defendendo um republicanismo de classe média, a construção de uma nação iluminada e um "cosmopolitismo" das nações, Mazzini previu a evolução do continente aos Estados Unidos da Europa como uma lógica correlativa à liberação e unificação italiana.

8 Heinrich Marx a KM, may or jun. 1836, *MECW*, vol. 1, p. 653

9 Henriette Marx a KM, começo de 1836, *MECW*, vol. 1, p. 649-652.

10 KM a Jenny Marx, 15 dec. 1863, IISH.

11 Peters, *Red Jenny*, p. 22.

12 Citado em Peters, *Red Jenny*, p. 24, traduzido do original para o inglês por Mollie Peters.

13 EM, em *Reminiscences*, p. 254

14 Eleanor Marx, "Remarks on a letter by the young Marx", em *Reminiscences*, p. 256.

15 Peters, *Red Jenny*, p. 28.

A LOJA DE BRINQUEDOS DE HANS RÖCKLE (P. 63-76)

1 Peters, *Red Jenny*, p. 60.

2 *Ibid.*, p. 40.

3 Peter Oborne, citado por Terry Eagleton, *Why Marx Was Right*, Yale University Press, New Haven and London, 2011, p. x. Há edição brasileira: *Marx estava certo*. Rio de Janeiro: Nova Fronteira, 2012.

4 Eleanor Marx, nota do editor em "Revolution and Counter-Revolution", apr. 1896, Sydenham, http://www.marxists.org/archive/marx/works/1852/germany/note.htm.

5 Eleanor combinou o Hans Röckle do pai com uma série de notas autobiográficas escritas por sua mãe. Essas memórias estão publicadas no ensaio introdutório de Tussy para a série de artigos que ela editou em 1896, sob o título "Revolução e Contrarrevolução". Eles contam a história de sua família na década que precedeu seu nascimento, quando seus pais e irmãos foram forçados a constantes mudanças por toda a Europa (no cadinho de suas revoluções republicanas burguesas). Tussy retoma a história das verdadeiras aventuras de Karl Marx e sua jovem família com a expulsão de seu primeiro trabalho como editor do *Nova Gazeta Renana*, traçando rapidamente o ritmo energético de seu ziguezague pela Europa enquanto o motor da história aquecia em direção às revoluções de 1848 a 1849.

6 Hobsbawm, *The Age of Capital*, p. 108

7 Wheen, *Karl Marx*, p. 184.

8 Eleanor Marx, nota do editor em "Revolution and Counter-Revolution".

9 Jenny Marx, "Short Sketch of an Eventful Life", em *Reminiscences*, p. 226.

10 Peters, *Red Jenny*, p. 96.

11 Jenny Marx, "Short Sketch of an Eventful Life", em *Reminiscences*, p. 226.

12 Wheen, *Karl Marx*, p. 179-180.

13 Eleanor Marx, nota do editor em "Revolution and Counter-Revolution".

14 *Ibid.*

15 Wheen, *Karl Marx*, p. 154.

16 Wilhelm Liebknecht, *Karl Marx: Biographical Memoirs*, Journeyman Press, London, 1975, p. 121.

17 Wilhelm Liebknecht, "Eleanor Marx", *Social Democrat*, v. 2, n. 9, 15 sept. 1898.

18 FE para KM, 13 feb. 1851, *MECW*, vol. 38, 1982, p. 289.

19 Karl Marx, *Capital*, vol. I, Penguin Classics, London, 1990, p. 896. [Marx trata desse tema no ponto 3 do capítulo XXIV do livro I d'*O capital*. Há diversas edições brasileiras, a mais recente delas: *O capital*. Crítica da Economia Política. São Paulo: Boitempo, 2013, p. 805].

DEVORANDO LIVROS (p. 77-92)

1 Jenny Marx a Louise Weydemeyer, 11 mar. 1861, *MECW*, vol. 41, p. 569.

2 Karl Marx, "Confessions", em *Reminiscences*, p. 267.

3 EM, em *Reminiscences*, p. 252. Tudo indica que quando declara querer ser marinheira, Tussy tira essa ideia de Marryat, não de Austen. Como amantes de Mansfield Park, lembram-se de que o amado irmão de Fanny Price, William, é um marinheiro. Se Tussy tivesse lido o romance, a grande condescendência da senhorita Crawford em relação a esse "posto inferior" sem dúvida a teria alertado de que se tratava de uma posição naval meritocrática, aguçando ainda mais seu desejo de vestir calças e alcançar o posto.

4 D. H. Lawrence, *Studies in Classic American Literature,* vol. 2, 1923, Ezra Greenspan, Lindeth Vasey and John Worthen (eds), Cambridge University Press, 2002, p. 58.

5 James Lowell, *Fable for Critics*: *Complete Poetical Works of James Russell Lowell,* Kessinger Publishing, Montana, 2005, p. 135.

6 Cooper por um período se apresentava "em anáguas de tinta", escrevendo romances para mulheres leitoras sob o pseudônimo de Jane Morgan. Mas quando Tussy descobriu sua obra, ele já estava de volta às cuecas, produzindo seus contos de caçador.

7 Lawrence, *Studies in Classic American Literature*, p. 63.

8 Jenny Marx a Ernestine Liebknecht, 10 de dezembro 1864, IISH.

9 *Ibid.*

10 EM, em *Reminiscences*, p. 252.

11 *Ibid.*

12 *Ibid.*

13 Estas cartas e envelopes estão no IISH.

14 EM a Karl Kautsky, 19 jun. 1897, IISH.

15 KM a Jenny Marx, quarta-feira, 15 dec. 1863, IISH.

16 KM a FE, 11 jan. 1868, *MECW*, vol. 42, 1987, p. 519.

17 Eleanor Marx a Lion Philips, carta sem data (A cronologia contextual de eventos coloca esta carta como tendo sido escrita em algum momento no final dec. 1863), IISH.

18 Karl Marx, Discurso Inaugural na Primeira Internacional, 21-27 out. 1864. Impresso em panfleto no Discurso Inaugural da Primeira Internacional e os Estatutos Provisórios da Associação, com as "Regras Gerais". Panfleto original, MML, e no *MECW*, vol. 20, 1985, p. 14-15.

19 EM a Frank Van Der Goes, 31 out. 1893, IISH.

20 Jenny Marx a Berta Markheim, 6 jul. 1863, London, *MECW*, vol. 41, 1985, p. 581, http://www.marxists.org/archive/marx/letters/jenny/63_07_06.htm.

21 *Ibid*.

22 Jenny Marx a Berta Markheim, 12 out. 1863, *MECW*, vol. 41, 1985, p. 583.

23 Tussy lembrou, nos anos seguintes, que aquele foi o último feriado no qual puderam legalmente nadar nus no mar. A natação era comum para ambos os sexos até a década de 1860, particularmente popularizada durante a Regência Britânica por fazer bem à saúde – e por melhorar o odor das pessoas. A prática se tornou moda graças ao Príncipe Regente, cujo passatempo preferido era nadar nu. Mas em 1863 instaurou-se uma lei segregando banhistas femininos e masculinos por uma distância de 60 pés, solicitando aos proprietários das máquinas de banho fornecer vestidos de flanela às mulheres e cuecas ou calças de natação para os homens. Isso aumentou o custo do aluguel das máquinas de banho e segregou efetivamente não somente os sexos, mas também as classes.

24 Jenny Marx a Berta Markheim, 12 out. 1863, *MECW*, vol. 41, 1985, p. 583.

25 FE, em *MECW*, vol. 47, 1995, p. 355.

26 EM a Karl Kautsky, 15 mar. 1898, cartas de Karl Kautsky, IISH.

27 *Ibid*.

28 Tristam Hunt define Burns como a "Perséfone do submundo de Engel, enriquecendo profundamente a compreensão da sociedade capitalista... Mary ajudou Engels fornecendo o material da realidade para sua teoria comunista." Tristram Hunt, *The Frock-Coated Communist: The Revolutionary Life of Friedrich Engels*, Penguin, London, 2009, p. 100-101. Há edição brasileira: *Comunista de casaca*: a vida revolucionária da Friedrich Engels. Rio de Janeiro: Record, 2010.

29 Ver Roy Whitfield, *Engels in Manchester: The Search for a Shadow*, Working Class Movement Library Salford, 1988, p. 21, and Hunt, *The Frock-Coated Communist*, p. 100-101.

30 Friedrich Engels, *Condition of the Working Class in England in 1844*, traduzido por Florence Kelley Wischnewetzky, http://www.gutenberg.org/Mles/17306/17306-h/17306-h.htm, The Project Gutenberg eBook, accesso em 13 dec. 2005,

e-book #17306. Há edição brasileira: *A situação da classe trabalhadora na Inglaterra*. São Paulo: Boitempo, 2008.

31 *Ibid.*

32 Ver para exemplo EM a Karl Kautsky, 15 mar. 1898, IISH.

33 KM a FE, 8 jan. 1863, *MECW*, vol. 41, 1985, p. 442.

34 *Ibid.*

35 *Ibid.*

36 *Ibid.*

37 FE a KM, 13 jan. 1863, *MECW*, vol. 41, 1985, p. 442.

38 FE a KM, 26 jan. 1863, *MECW*, vol. 4, 1975, p. 441-447.

39 FE a KM, 20 may 1863, *MECW*, vol. 41, 1985, p. 472.

CONSELHEIRA DE ABRAHAM LINCOLN (p. 93-110)

1 Jenny Marx a KM, dec. 1863-jan. 1864, IISH.

2 Adaptado por Augustine Daly de um melodrama de Salomon von Mosenthal, popular em Viena, a peça, ambientada na Alemanha dos setecentos, conta a história de uma menina judia (Leah) apaixonada por um fazendeiro cristão (Rudolph).

3 George William Curtis, em *Harper's Weekly*, 7 mar. 1863.

4 Jenny Marx a KM, dec. 1863-jan. 1864, IISH.

5 Modena Villas também era grafada como Medina nos mapas de rua da época.

6 Jenny Marx a KM, dec. 1863-jan. 1864, IISH.

7 *Ibid.*

8 EM a Lion Philips, 25 jun. 1864, IISH.

9 No relato de Firdousi sobre as origens do xadrez, dois irmãos príncipes guerreiros não podem aceitar a instrução de sua mãe de que eles têm partes iguais de tudo e governar o reino juntos. Perturbada com a guerra civil que eclode entre eles, a rainha-mãe incendeia seu palácio e ameaça se queimar até a morte de acordo com o costume. O vitorioso e comprometedor Gav inventa o jogo para evitar tal imolação e para consolá-la. Ele faz uma placa de ébano à semelhança de um campo de batalha, traçado em cem quadrados, com dois exércitos de teca e marfim, a cavalo e a pé, cada um se movendo de uma maneira até que o rei seja cercado por inimigos e toda a fuga seja impedida de acordo com as regras do jogo. Nesse ponto, é ordenado que ele morra – Sháhmát (o rei está morto) –, xeque-mate.

10 Eleanor Marx, "Karl Marx: A Few Stray Notes", em *Reminiscences*, p. 253.

11 EM a Lion Philips, 25 jun. 1864, IISH.

12 Uma canção popular de marinheiros da época conta a história do controverso navio de guerra Alabama e sua notória destruição no Canal Inglês em 19 jun. 1864: "When the Alabama's Keel was Laid / Roll, Alabama, Roll! / 'Twas laid in the yard of Jonathan Laird / Roll, roll Alabama, roll! / 'Twas laid in the yard of Jonathan Laird, / 'Twas laid in the town of Birkenhead. / Down the Mersey way she rolled then, / And Liverpool fitted her with guns and men. / From the western isle she sailed forth, / To destroy the commerce of the north. / To Cherbourg port she sailed one day, / For to take her count of prize money. / Many a sailor laddie saw his doom / When the Kearsage it hove in view / When a ball from the forward pivot that day, / Shot the Alabama's stern away. / Off the three-mile limit in '64, / The Alabama was seen no more." Em tradução livre: "Quando a quilha do Alabama foi colocada / Vai, Alabama, vai! / Foi colocada no quintal de Jonathan Laird / Vai, vai Alabama, vai! / Foi colocada no quintal de Jonathan Laird, / Foi colocada na cidade de Birkenhead. / Pelo caminho de Mersey ela seguiu então, / E Liverpool a atacou com armas e homens. / Da ilha ociden- tal ela partiu, / Para destruir o comércio do norte. / Para o porto de Cherbourg ela navegou um dia, / Para fazer a conta do prêmio em dinheiro. / Muitos rapazes marinheiros viram sua perdição / Quando o Kearsage estava à vista / Quando uma bola do pivô dianteiro naquele dia, / Chutou a popa do Alabama para longe. / Fora do limite de três milhas em 64, / O Alabama não foi mais visto."

13 EM a Lion Philips, 25 jun. 1864, IISH.

14 *New York Times*, 30 apr. 1864.

15 Jenny Marx a Ernestine Liebknecht, 10 dec. 1864, IISH.

16 *Ibid.*

17 Friedrich Engels, "A Wilhelm Wolff Biography", *Die Neue Welt*, 1, 8, 22, 29 jul.; 30 Sep.; 7, 14, 21, 28 oct.; 4, 25, nov. 1876.

18 Laura Marx a KM, aug. 1864, IISH.

19 Marx, Estatuto Provisório da Associação Internacional dos Trabalhadores, *MECW*, vol. 20, 1985, p. 14-15.

20 Editorial do *The Times*, 9 sep. 1868.

21 Ver Hobsbawm, *The Age of Capital*, p. 303-304.

22 Wilhelm Liebknecht, em *Reminiscences of Marx*, p. 111.

23 Hobsbawm, *The Age of Capital*, p. 94.

24 Marx e Engels, *The Communist Manifesto*, p. 241. Há edição brasileira: *Manifesto do Partido Comunista*. São Paulo: Expressão Popular, 2008.

25 EM a FE, 13 feb. 1865, IISH.

26 *Ibid.*

27 Leslie Derfler, *Paul Lafargue and the Founding of French Marxism, 1842-1882*, Harvard University Press, Cambridge MA, 1991, p. 34. O trabalho de Derfler fornece a mais

completa explanação sobre a vida e carreira de Lafargue até hoje, e corrige uma série de erros factuais anteriormente em circulação, incluindo aqueles gerados por ele mesmo.

28 Lafargue disse, em suas memórias, que se encontrou pela primeira vez com Marx em fevereiro de 1865. Sua memória falhou; de fato, isso foi em março.

29 Paul Lafargue, em *Reminiscences*, p. 71.

30 Derfler, *Paul Lafargue*, p. 33.

31 Paul Lafargue, em *Reminiscences*, p. 82.

32 Ela quis dizer *The Effinghams*.

33 EM a KM, 26 apr. 1867, IISH.

34 Derfler, *Paul Lafargue*, p. 39.

35 A "confissão" de Tussy, 20 mar. 1865, IISH.

IRMÃ FENIANA (p. 111-134)

1 EM a Alice Liebknecht, 14 out. 1866, IISH.

2 *Ibid*.

3 *Ibid*.

4 Lewis Carroll, *Alice's Adventures in Wonderland*, Lee & Shepard, Boston, 1869, p. 85. Tradução brasileira utilizada: Carrol, Lewis. *Aventuras de Alice no país das maravilhas e Através do espelho e o que Alice encontrou por lá*. Rio de Janeiro: Zahar, 2010.

5 EM a KM, 19 mar. 1866, IISH, em Faith Evans e Olga Meier, com introdução de Sheila Rowbotham, *The Daughters of Karl Marx*: Family Correspondence 1866-1898, Andre Deutsch, London, 1982, p. 5.

6 Eleanor relembrou este feriado de Margate em detalhes no último mês de sua vida, em uma carta para Natalie Liebknecht, 1 mar. 1898, IISH.

7 KM a FE, 6 mar. 1868, *MECW*, vol. 42, p. 542.

8 Laura Marx a sra. Jenny Marx, aug., 1866, IISH.

9 KM a FE, 11 nov. 1882, *MECW*, vol. 46, p. 374.

10 KM a Paul Lafargue, 13 aug. 1866, MML, correspondência de Lafargue.

11 *Ibid*.

12 Jenny Marx a Ernestine Liebknecht, 14 out. 1866, IISH.

13 Peters, *Red Jenny*, p. 146.

14 Laura Marx a Jenny Marx junior, em *Die Töchter von Karl Marx*, Unveröffentlichte Briefe, Colônia, 1981, p. 6.

15 *Ibid*.

16 EM a Alice Liebknecht, jan./fev. de 1867, IISH.

17 EM a KM, 26 apr. 1867, *MECW*, vol. 42, 1987, p. 359.

18 Royan está situada na costa do Atlântico francês, na foz do estuário de Gironda, na confluência dos rios Dordonha, Lot e Garenne. Até a chegada da ferrovia em 1875, era acessível do interior apenas por rio e estrada. Na época da visita de Tussy, o barco a vapor era a forma mais comum de chegar a Bordeaux. No final do século XIX, esse porto bonito e sonolento com sua ampla enseada de areia seria um elegante *playground* da *belle époque* de grandes vilas, visitadas por Picasso, Sarah Bernhardt e Emile Zola. Por enquanto, era uma joia para os ricos de Bordeaux que, como os Lafargue, podiam pagar pelo luxo das férias de verão. Tussy pode ter gostado do fato histórico de que o local estava sob jurisdição inglesa durante o reinado de Henrique II, por seu casamento com Leonor de Aquitânia.

19 Para uma detalhada e completa interpretação do plano de publicação e da história de *O Capital*, ver Ernest Mandel, *Introduction*, Capital, Volume I, Penguin, London, 1990, p. 11-86.

20 Laura Lafargue a FE, 6 mar. 1893, em *Frederick Engels, Paul and Laura Lafargue:* Correspondence vol. 3, 1891-1895, London, Lawrence and Wishart, 1959-1963, vol. 3, p. 247.

21 *Ibid*.

22 EM a FE, 13 feb. 1865, IISH.

23 KM a FE, 14 dec. 1868, *MECW*, vol. 43, 1988, p. 184.

24 KM a FE, 26 jun. 1868, *MECW*, vol. 43, 1988, p. 49-50.

25 EM a Lizzy Burns, 14 out. 1868, IISH.

26 *The irishman* foi lançado em Belfast em 1852 pelo jornalista Denis Holland, tendo inicialmente como nome *Ulsterman*. Holland e seu coeditor Richard Piggott transferiram seu jornal semanal para Dublin em 1858, renomeando-o como *The irishman*. Processos judiciais constantes e assédio tornaram necessário ter dois gerentes para manter a publicação. Os ex-membros da Juventude Irlandesa estavam entre seus contribuintes. Holland vendeu sua participação para Piggott em 1863; em 1865, tinha uma tiragem de 50 mil exemplares por semana. O apoio de Piggott à Irmandade Feniana levou-o a ações judiciais e, em 1867, à prisão por seu apoio ao levante.

27 Lizzy inquietou-se com Fred, como ela o chamava, pensando que Tussy tinha contraído a doença com eles em Manchester. Na verdade, ela pegou de uma amiga da escola, filha do senhor Edward Frankland, FRS, Professor de Química Orgânica no Royal Institution.

28 EM a Lizzy Burns, 14 out. 1868, IISH.

29 *Ibid*.

30 EM a LL, 29 dec. 1868, IISH.

31 *Ibid*.

32 *Ibid*.

33 Essa não foi a única empreitada teatral de Tussy com os irmãos Lormier. Em 1869 ela começou a escrever "Um drama em IV atos" em francês para ela, Eugene e Ludovic Lormier; desse drama sobrou apenas a listagem do elenco, IISH.

34 EM a Jenny Marx senior, 31 mar. 1869, IISH.

35 *Ibid*.

36 KM a EM, 26 apr. 1869, IISH.

37 EM e KM a Jennychen, 2 jun. 1869, IISH.

38 FE a KM, cartas, 22 jun., 6, 25 e 30 jul.; Engels enviou cartas regulares a Marx entre junho e final de julho, para mantê-lo atualizado de suas leituras; ver *MECW*, vol. 4, p. 234, 244, 255 e 258.

39 FE a KM, 27 jun. 1869, *MECW,* vol. 43, p. 298.

40 KM a Jenny Marx senior, 10 jun. 1869, IISH.

41 EM a Jennychen, 2 jun. 1869, IISH.

42 EM a Jennychen, 19-20 jul. 1869, IISH.

43 *Ibid*.

44 Eleanor Marx, "Frederick Engels", em *Reminiscences*, p. 185-186.

45 FE a KM, 1 jul. 1869, vol. 43, 1988, p. 55.

46 Ver por ex. Sra. Jenny Marx a Ernestine Liebknecht, 10 dec. 1864, IISH.

47 EM a Lizzy Burns, 14 out. 1868, IISH.

48 FE a Julie Bebel, 8 mar. 1892, em *MECW,* vol. 49, 2001, p. 377.

49 EM a Jenny Marx, 20 jul. 1869, IISH, e Evans e Meier, *Daughters of Karl Marx*, p. 52.

50 *Ibid*.

51 Jenny Marx a Dr. Ludwig Kugelmann, citado em Chushichi Tsuzuki, *The Life of Eleanor Marx*, 1855-1898, Clarendon Press, Oxford, 1967, p. 25.

52 *Ibid*.

53 *Ibid*.

54 FE a KM, 29 nov. 1869, vol. 43, 1988, p. 387.

55 Karl Marx, Documentos da Primeira Internacional, Lawrence & Wishart, London, 1963-8, vol. 4.

56 EM a KM, 7 nov. 1869, IISH.

57 *Ibid*.

58 KM a FE, 6 nov. 1869, *MECW*, vol. 43, 1988, p. 367.

59 *Ibid*.

60 Pós-escrito de Eleanor à carta de KM a FE, 10 feb. 1870.

61 KM a Paul e Laura Lafargue, 20 jul. 1870, IISH.

62 EM, em *Reminiscences*, p. 251.

63 KM a FE, 3 aug. 1870, *MECW*, vol. 44, p. 30.

64 Jenny Marx a Frederich Engels, 13 sep. 1870, IISH.

65 Jenny Marx a Ludwig Kugelmann, 19 nov. 1870, IISH.

66 Hobsbawm, *The Age of Capital*, p. 298, tradução nossa.

OS COMUNARDOS (p. 135-158)

1 Hobsbawm, *The Age of Capital*, p. 167.

2 Jenny Marx a Ludwig Kugelmann, 19 nov. 1870, IISH.

3 Karl Marx a Eleanor, Jenny e Laura, 13 jun. 1871, IISH.

4 Eleanor Marx a Wilhelm Liebknecht, 29 dec. 1871, IISH.

5 *Ibid*.

6 *Ibid*.

7 *Ibid*.

8 *Ibid*.

9 *Ibid*.

10 Prosper Lissagaray, *History of the Paris Commune*, New Park Publications, London, 1976, p. 419. Há edição brasileira: *História da Comuna de 1871*. São Paulo: Expressão Popular, 2021.

11 *The Times*, 19 may 1871, citado em Lissagaray, *History of the Paris Commune*, ver p. 397.

12 Friedrich Engels, em *Social Democrat*, 18 jan. 1884.

13 Karl Marx, em *The Sun*, 9 sep. 1871.

14 *Ibid*.

15 Wilhelm Liebknecht, Eleanor Marx, *Social Democrat*, vol. 2, n. 9, 15 sep. 1898.

16 *Documents of the First International*. The General Council of the First International, 1864-1866. The London Conference 1865. Minutes, Foreign Languages Publishing House, Moscow, para o centenário da Primeira Internacional em 1964, http://www. marxists.org/archive/marx/iwma/documents/minutes/index.htm

17 *Ibid*.

18 Anselmo Lorenzo, "Reminiscences of the First International", em *Reminiscences*, p. 291.

19 *Ibid*., p. 290.

20 EM a Wilhelm Liebknecht, 29 dec. 1871, IISH.

21 *Ibid.*

22 Jenny Marx a Wilhelm Liebknecht, 26 may 1872, IISH.

23 EM, carta à Sociedade Socialista de Aberdeen, 17 mar. 1893, na revista *Labour Monthly*, mar. 1940, p. 158.

24 *Ibid.*

25 *Ibid.*

26 FE a Frederick Adolph Sorge, 17 mar. 1872, *MECW*, vol. 44, 1989, p. 342.

27 Citado em Deborah McDonald, *Clara Collet: 1860–1948: An Educated Working Woman*, Frank Cass, London, 2004, p. 21.

28 Jenny Marx a Wilhelm Liebknecht, 26 may 1872, IISH.

29 *Ibid.*

30 *Ibid.*, e Jenny Marx a Johann Philip Becker, 7 nov. 1872, IISH.

31 Maggie a EM, 18 sep. 1872, citado em Tsuzuki, *The Life of Eleanor Marx*, p. 32.

32 EM a Jenny Marx, 7 jul. 1872, IISH.

33 KM a FE, 31 may 1873, *MECW*, vol. 44, 1989, p. 504.

34 Jenny Marx a EM, 3 apr. 1873, IISH.

35 Jenny Marx a EM, may 1873, IISH.

36 Jenny Marx a EM, 3 apr. 1873, IISH.

37 Jenny Marx a EM, apr. 1873

38 Mary Wollfstonecraft, *A Vindication of the Rights of Woman*, London, 1891, p. 26-29. Há edição brasileira: *Reivindicação dos Direitos da Mulher*. São Paulo: Boitempo, 2016.

39 EM a KM, 23 mar. 1874, IISH.

40 *Ibid.*

41 EM a KM, 23 mar. 1874, IISH.

42 KM a Ludwig Kugelmann, 4 aug. 1874, em *Letters to Dr. Kugelmann, Lenin Collected Works*, Foreign Languages Publishing House, Moscow, 1962, vol. 12, p. 104-112.

43 EM a JL, 5 sep. 1874, IISH.

44 *Ibid.*

45 *Ibid.*

46 *Ibid.*

47 *Ibid.*

48 *Ibid.*

49 EM a Wilhelm Liebknecht, 13 out. 1874, IISH.

50 *Ibid.*

51 *Rouge et Noir*, 24 out. 1874.

52 EM a Wilhelm Liebknecht, 13 out. 1874, IISH.

53 *Ibid.*

54 EM a Nathalie Liebknecht, 23 out. 1874, IISH.

55 *Ibid.*

56 *Ibid.*

57 *Ibid.*

58 Jenny Marx Jr. a Ludwig Kugelmann, 21 dec. 1871, IISH.

OS DOGBERRIES (p. 159-172)

1 Nikolai Morozov, "Visits to Karl Marx", em *Reminiscences*, p. 302.

2 Marian Comyn, "My Recollections of Karl Marx", *Nineteenth Century and After*, vol. 91, jan. 1922, p. 161-169, and *The Times of London*, 4 out. 1938 e 30 jan. 1941. Para os padrões contemporâneos, o número 41 da rua Maitland Park é uma grande e elegante casa urbana.

3 Compton Mackenzie, *My Life and Times*, Octave 7, 1931-38, London, Chatto, 1968. Virginia Bateman se tornou a mãe de Compton Mackenzie.

4 Citado em McDonald, *Clara Collet*, p. 22-23.

5 Comyn, "My Recollections of Karl Marx", e *The Times of London*, 4 out. 1938 e 30 jan. 1941.

6 Nikolai Morozov, "Visits to Karl Marx", em *Reminiscences*, p. 303.

7 EM a Nathalie Liebknecht, 1 jan. 1875, IISH.

8 *Ibid.*

9 Comyn, "My Recollections of Karl Marx", e *The Times of London*, 4 out. 1938 e 30 jan. 1941.

10 *Ibid.*

11 *Ibid.*

12 *Ibid.*

13 Yvonne Kapp, *Eleanor Marx*, vol. I: *Family Life*, Lawrence and Wishart, London, 1972, p. 155.

14 JL a EM, 23 mar. 1882, IISH.

15 EM para Karl Hirsch, 12 may 1876, IISH.

16 Comyn, "My Recollections of Karl Marx", e *The Times of London*, 4 out. 1938 e 30 jan. 1941.

17 Ver McDonald, *Clara Collet*, p. 22.

18 *Ibid.*, p. 6.

19 *Ibid.*

20 A fundação do Dogberry ainda é comumente atribuída, por engano, a Marx. Tal como acontece com tantas outras iniciativas atribuídas a Marx que na verdade eram de Eleanor, verificar as fontes de arquivo primárias em vez de creditar a crença popular corrige rapidamente esses erros históricos.

21 McDonald, *Clara Collet*, p. 22.

22 Em "Karl Marx: A Few Stray Notes", em *Reminiscences*, 1957, p. 252.

23 Ver Nina Auerbach, *Ellen Terry: Player in Her Time*, Norton, New York, 1987, p. 176.

24 Michael Booth, *Theatre in the Victorian Age*, Cambridge University Press, Cambridge, 1991.

25 Hallam Tennyson, *Alfred Lord Tennyson: A Memoir by His Son*, vol. 2, New York, Macmillan, 1897, p. 543.

26 Mackenzie, *My Life and Times*, Octave 7, 1931-38, London, Chatto, 1968.

27 EM a Karl Hirsch, 25 out. 1875, IISH.

28 Os títulos desses artigos contam a própria história da popularidade de Shakespeare na Alemanha: "Estudos de Shakespeare na Inglaterra", "Ricardo III, de Shakespeare, no Lyceum Theatre London", "O mundial teatro londrino" e "A temporada londrina". Mais memorável é sua notável peça sobre Ricardo III em 1877. Ela relaciona a performance à política contemporânea, usando a peça como uma oportunidade para destacar a desastrosa Conferência Internacional em Constantinopla, destruída pela retenção da autonomia da Turquia para a Herzegovina e a Bulgária. "A trombeta da guerra é silenciosa e o filisteu, tagarelando sobre política, calmamente coloca sua mente temerosa em repouso, dorme pacificamente e se embala em sonhos dourados de paz e prosperidade". Irving afirmou que essa foi a primeira performance não expurgada da peça desde a morte de Shakespeare. Seja qual for a verdade dessa afirmação, promover essa produção de Ricardo III "como foi escrita" foi um *marketing* inteligente. Como Jenny Marx relatou, "A grande massa de pessoas que cercou as portas do Liceu na última segunda-feira provou o quão bem-sucedido foi o experimento. Imediatamente após o primeiro monólogo de Gloucester, 'Agora é o inverno de nosso descontentamento / Tornado verão glorioso por este sol de York', o silêncio era ofegante, e até mesmo os deuses do paraíso ouviam em encantamento mágico."

29 Comyn, "My Recollections of Karl Marx" e *The Times of London*, 4 out. 1938 e 30 jan. 1941.

30 *Ibid.*

31 Ver Gail Marshall, "Eleanor Marx and Shakespeare", em John Stokes (ed.), *Eleanor Marx: Life, Work, Contacts*, Ashgate, Farnham, 2000, p. 72.

32 *Ibid.*, p. 73.

33 *Ibid.*

A ÚNICA CANDIDATA (p. 173-191)

1 EM à Jenny Marx Jr., 20 jul. 1869, em Evans e Meier, *Daughters of Karl Marx*, p. 51.

2 Citado em Peters, *Red Jenny*, p. 158.

3 EM a JL, 18 out. 1881, IISH.

4 EM a Wilhelm Liebknecht, 12 feb. 1881, IISH.

5 *Ibid.*

6 Henry Hyndman, *The Record of an Adventurous Life*, London, Macmillan, 1911, p. 226.

7 Wheen, *Karl Marx*, p. 371.

8 Marx e Engels, carta aberta ao Partido Social-Democrata Alemão, http:// www.marxists.org/ archive / marx / works / 1879 / letters / 79_09_15.htm.

9 Henry Hyndman, *England for All*, Gilbert & Rivington, London, jun. 1881, http://www.marxists.org/archive/hyndman/1881/england/index.html.

10 EM a JL, 7 apr. 1881, IISH.

11 Ver por exemplo John Stuart Glennie, *Europe and Asia: Discussions of the Eastern Question in Travels Through Independent Turkish & Austrian Illyria*, London, Chapman & Hall, 1879.

12 John Stuart Glennie a EM, 27 nov. 1881, IISH.

13 *Ibid.*

14 "Underground Russia", em *Progress*, aug. & sept. de 1883.

15 Olga Meier, comentário, em Evans e Meier, *Daughters of Karl Marx*, p. 109.

16 Jenny Marx Jr. a Charles Longuet, apr. 1872, em Evans e Meier, *Daughters of Karl Marx*, p. 110.

17 *Ibid.*

18 Jenny Marx Jr. a LL, mar. 1882, em Evans and Meier, *Daughters of Karl Marx*, p. 152.

19 EM a Karl Hirsch, 25 nov. 1876, em *Society for the Study of Labour History*, primavera de 1964.

20 *Ibid.*

21 *Ibid.*

22 FE a Ida Pauli, 14 feb. 1877, *MECW*, vol. 45, 1991, p. 197.

23 EM a Karl Hirsch, jun. 1878, IISH.

24 Eduard Bernstein, obituário de Eleanor Marx, em *Neue Zeitung*, n. 30, 1897-98, IISH.

25 Jenny Marx senior a Johann Philip Becker, aug. 1867, *MECW*, vol. 20, 1985, p. 439.

26 EM a Jenny Marx senior, 19 aug. 1876, IISH.

27 *Ibid.*

28 Tussy, em Liebknecht, *Karl Marx: Biographical Memoirs*, p. 158.

29 *Ibid.*, p. 157.

30 Peters, *Red Jenny*, p. 163.

31 Sra. Jenny Marx a EM, nov. 1877, IISH.

32 Jennychen a EM, 23 sep. 1877, IISH.

33 EM introdução a Lissagaray, *History of the Commune of 1871*, trad. Eleanor Marx, Reeves & Turner, London, 1886.

34 EM a Jenny Marx senior, 31 mar. 1869, IISH, e ver Evans e Meier, *Daughters of Karl Marx*, p. 45.

35 EM a Nathalie Liebknecht, 12 feb. 1881, IISH.

36 *Ibid.*

37 KM a FE, 3 aug. 1882, *MECW*, 1975, vol. 47, p. 652.

38 EM a Jennychen, 2 oct. 1882, IISH.

39 *Ibid.*

40 *Ibid.*

41 *Ibid.*

42 Margaret McMillan, "How I Became a Socialist", em *Labour Leader,* 11 jul. 1912.

43 Laura a Jennychen, carta sem data, oct. 1881, em Evans e Meier, *Daughters of Karl Marx*, p. 139.

44 EM a Jennychen, 25 mar. 1882, IISH, e Evans e Meier, *Daughters of Karl Marx*, p. 150.

45 EM a Jennychen, 7 apr. 1881, em Evans and Meier, *Daughters of Karl Marx*, p. 129.

SUA PRÓPRIA FALA (p. 191-216)

1 Bernstein, obituário de EM, em *Neue Zeitung*, n. 30, 1897–98, IISH.

2 Robert Browning, *The Pied Piper of Hamelin* (1842), em Selected Poems, Daniel Karlin (ed.), Penguin, London, 2004.

3 KM a JL, 11 apr. 1881, em *Marx–Engels Selected Correspondence*, International Publishers, New York, 1936, p. 389–390.

4 EM a JL, 18 jun. 1881, IISH.

5 Ver Auerbach, *Ellen Terry*, p. 173–83.

6 FE a KM, *Marx–Engels Selected Correspondence*, p. 590.

7 Ver Stokes (ed.), *Eleanor Marx*, p. 6.

8 EM a Jennychen, 18 jun. 1881, IISH.

9 *Ibid.*

10 *Ibid.*

11 EM a KM, 14 oct. 1866, IISH.

12 KM a JL, 18 aug. 1881, IISH.

13 *Ibid.*

14 Eleanor Marx e Edward Aveling, *The Woman Question*, p. 16.

15 EM a JL, 18 aug. 1881, IISH.

16 *Ibid.*

17 *Ibid.*

18 LL a JL, oct. 1881, IISH.

19 *Ibid.*

20 LL a JL, oct. 1881, IISH.

21 EM a JL, 31 oct. 1881, IISH.

22 EM em Liebknecht, *Karl Marx: Biographical Memoirs*, p. 158.

23 *Ibid.*

24 *Ibid.*

25 EM a JL, 4 dec. 1881, IISH.

26 *Ibid.*

27 Peters, *Red Jenny*, p. 164.

28 EM a JL, 4 dec. 1881, IISH.

29 Elegia de Engels a Jenny Marx, *MECW*, vol. 24, p. 420.

30 Edna Healey, *Wives of Fame*, Sidgwick & Jackson, London, 1986, p. 127.

31 Liebknecht, *Karl Marx: Biographical Memoirs*, p. 118.

32 KM a JL, dec. 1881, IISH.

33 EM a JL, 8 jan. 1882, IISH, e Evans e Meier, *Daughters of Karl Marx*, p. 144-46.

34 EM a JL, 8 jan. 1882, IISH.

35 *Ibid.*

36 *Ibid.*

37 *Ibid.*

38 EM a JL, 15 jan. 1882, IISH.

39 KM a FE, 12 jan. 1882, *MECW*, vol. 46, 1992, p. 176.

40 EM a JL, 8 jan. 1882, IISH.

41 *Ibid.*

42 EM a JL, 15 jan. 1882, IISH.

43 *Ibid.*

44 *Ibid.*

45 EM a JL, 8 jan. 1882, IISH.

46 KM a FE, 12 jan. 1882, *MECW*, vol. 46, 1992, p. 176.

47 JL a EM, jan. 1881, IISH.

48 EM a JL, 23 jan. 1882, IISH.

49 JL a KM, 24 feb. 1882, IISH.

50 EM a JL, 21 feb. 1882, IISH.

51 EM a JL, 25 mar. 1882, IISH.

52 *Ibid.*

53 *Ibid.*

54 Virginia Woolf, *Between the Acts*, Vintage, London, 1992, p. 95, e ver Auerbach, *Ellen Terry*, 1987.

55 EM a KM, 3 apr. 1882, IISH.

56 JL a EM, 10 apr. 1882, IISH.

57 JL a EM, 7 mar. 1882, IISH

58 JL a EM, 12-13 apr. 1882, IISH.

59 EM a KM, 23 mar. 1882, IISH.

60 EM a JL, 1 jul. 1882, IISH.

61 EM, "Missive from England", *Russkoye Bogatstvo (Riqueza Russa)*, n. 5, 1895.

62 EM a JL, 1 jul. 1882, IISH.

63 *Ibid.*

64 *Ibid.*

65 *Ibid.*

66 JL a EM, 3 may 1882, IISH.

67 KM a LL, jun. 1882, IISH.

68 EM a JL, 2 oct. 1882, IISH.

69 Mais tarde, Richard Garnett substituiu Bullen no cargo de Responsável pelos Livros Impressos.

70 EM a JL, 2 out. 1882, IISH.

71 EM a JL, 2 nov. 1882, IISH.

72 JL a EM, 8 nov. 1882, IISH.

73 *Ibid.*

74 KM a LL, 14 dec. 1882, IISH.

75 Eleanor Marx, "Illness and Death of Marx", em *Reminiscences*, p. 128.

76 *Ibid.*

77 Ver Wheen, *Karl Marx*, p. 381.

78 EM, "Illness and Death of Marx", em *Reminiscences*, p. 128.

79 FE a Friedrich Adolph Sorge, 15 mar. 1883, *MECW*, vol. 46, 1992, p. 460.

80 Homenagem de Engels no funeral de Karl Marx, "Karl Marx's Funeral", em *Social Democrat,* 22 mar. 1883. Há tradução disponível deste texto em: Marx, K.; Engels, F. *História, Natureza, Trabalho, Educação*. São Paulo: Expressão Popular, 2020, p. 33-35.

81 EM a Olive Schreiner, 16 jun. 1884, *National English Literary Museum*, Grahamstown, South Africa, e em Ellis, obituário de EM em *Adelphi*, vol. 6, sep. 1935.

A SALA DE LEITURA (p. 217-246)

1 Matilda Hyndman a EM, 17 mar. 1883, IISH.

2 Frederick James Furnivall a EM, mar. 1883, IISH.

3 FE a LL, 24 jun. 1883, IISH.

4 EM a LL, 26 mar. 1883, IISH.

5 Comyn, *My Recollections of Karl Marx*.

6 Sou grata a Josie Rourke por essa e muitas outras ideias que me ajudaram a compreender a posição e o papel das mulheres e sua relação com os homens na história do teatro e performance britânicos.

7 Michael Holroyd, *Bernard Shaw*, Vintage, Londres, 1998, p. 7.

8 Seguindo o modelo do filósofo inglês Jeremy Bentham, o design do panóptico permitiu que os vigias observassem todos os internos de uma instituição, ponto central de vigilância sem saberem se estavam ou não sendo observados.

9 Ruth Brandon, *The New Women and the Old Men: Love, Sex and the Woman Question*, Secker & Warburg, London, 2000, p. 18.

10 Ver a divertida tese de mestrado de Jennifer Juszkiewicz sobre a história da Sala de Leitura, *The Iron Library: Victorian England and the British Museum Library*, University of Notre Dame, Indiana, 2009.

11 Beatrice Webb (nascida Potter), 24 may 1883, *The Diary of Beatrice Webb, vol. 1, 1873-92: Glitter around the Darkness Within*, Virago, London, 1982.

12 *The Times of London*, 6 mar. 1883, p. 12.

13 Edward Aveling, em *Freethinker*, 30 jul. 1882.

14 Webb, 24 may 1883, *The Diary of Beatrice Webb*.

15 *Ibid*.

16 *Ibid*.

17 *Ibid*.

18 *Ibid*.

19 *Ibid*.

20 Toda a família Marx desconfiava de Bradlaugh e se afastaram dele a partir de uma disputa política durante a Comuna de Paris. Marx atacou Bradlaugh como "Um cortesão de Plon Plon [príncipe Napoleão, líder dos bonapartistas da 'esquerda']", ficando horrorizado com sua "extrema maldade" e por ser um demagogo barulhento. Ver Tsuzuki, *The Life of Eleanor Marx*, Oxford University Press, Oxford, 1967, p. 94-95.

21 Max Beer, *Fifty Years of International Socialism*, Allen & Unwin, London, 1935, p. 74.

22 Edward Aveling, *"Some Humors of the Reading Room"*, em *Progress*, may 1883, p. 311-314.

23 Hunt, *The Frock-Coated Communist*, p. 328.

24 Citado em Tsuzuki, *The Life of Eleanor Marx*, p. 78.

25 Brandon, *The New Women and the Old Men*, p. 20.

26 Citado em "Cartas não publicadas da família Aveling em Kapp", *Eleanor Marx*, vol. 1, p. 257.

27 Henry Salt, em *National Reformer*, 20 feb. 1881.

28 A Sociedade Secular Nacional ainda existe, ver: http://www.secularism.org.uk/history.html.

29 Edward Aveling, em *National Reformer*, 6 jul. 1879.

30 Citado em Tsuzuki, *The Life of Eleanor Marx*, p. 82.

31 *Ibid.*

32 Edward Aveling, *The Religious Views of Charles Darwin*, Freethought Publishing Company, Londres, 1884.

33 *Ibid.*, p. 83.

34 Edward Aveling, *The Gospel of Evolution*, Freethought Publishing Company, London, 1884, p. 48.

35 Tsuzuki, *The Life of Eleanor Marx*, p. 89-90.

36 *Ibid.*, p. 90.

37 *Ibid.*

38 *Ibid.*

39 *Ibid.*

40 Edward Aveling, *Modern Thought*, jan. 1882.

41 William Greenslade, "Revisiting Edward Aveling", em Stokes (ed.), *Eleanor Marx*, p. 42.

42 Edward Aveling, "Charles Darwin and Karl Marx", em *New Century Review*, apr. 1897.

43 Eleanor Marx, em Evans e Meier, *The Daughters of Karl Marx*, p. 52.

44 Eleanor Marx, "Karl Marx I", em *Progress*, may 1883, p. 288-294. Há edição em português: Silva, Felipe e Alonso, Guilherme (org.). *Eleanor Marx: Obra completa*. São Paulo: Aetia, 2021.

45 Eleanor Marx, "Karl Marx II", em *Progress*, jun. 1883, p. 362-366. Há edição em português: Silva, Felipe e Alonso, Guilherme (org.). *Eleanor Marx: Obra completa*. São Paulo: Aetia, 2021.

46 *Ibid.*

47 Hesketh Pearson, *Bernard Shaw, His Life and Personality*, Methuen, London, 1961, citado em Holroyd, *Bernard Shaw*, p. 7.

48 Diário de George B. Shaw, 28 feb. 1885, citado em Holroyd, *Bernard Shaw*, p. 90.

49 Ver Hunt, *The Frock-Coated Communist*, p. 204.

50 JL a LL, 17 may 1882, IISH.

51 EM a LL, 26 jul. 1892, IISH.

52 Jonathan Beecher, *Charles Fourier: The Visionary and His World*, University of California Press, Berkeley, 1986, p. 208.

53 Eleanor Marx e Edward Aveling, *The Woman Question (Verlag für die Frau)*, p. 23.

54 EM a LL, 21 jul. 1884, IISH.

55 EM a LL, 21 jul. 1884, IISH, e Evans e Meier, *The Daughters of Karl Marx*, p. 180.

56 Ver Tsuzuki, *Eleanor Marx*, p. 112: "Sempre posso 'trabalhar' alguns membros do Comitê", e 'trabalhei' Sheu, que apoiou a situação de Murray" – ela é uma boa estrategista.

57 Margaret McMillan, *The Life of Rachel McMillan*, Dent, London, 1927, p. 34, citado em Carolyn Steedman, "Fictions of Engagement: Eleanor Marx, Biographical Space", p. 23-39, em Stokes (ed.), *Eleanor Marx*, p. 28.

58 Edward Aveling, "A Notable Book", em *Progress*, sep. 1883, p. 156.

59 *Ibid.*, p. 163.

60 *Ibid.*, p. 162.

61 Henry Havelock Ellis, *My Life*, William Heinemann, London, 1940, p. 183.

62 Citado em Ruth First and Ann Scott, *Olive Schreiner*, The Women's Press, London, 1989, p. 131.

63 "A íntima Olive", escreveu Arthur Calder-Marshall, "a mulher que nunca precisou beber porque estava sempre no tipo de estado em que outras pessoas entram depois de uma garrafa de champanhe; uma mulher que demonstra violentamente seus sentimentos, ao contrário dele [Ellis], que era pouco expansivo; ela era capaz de reagir tão rapidamente ao ambiente que meia hora em um lugar que não gostasse a deixaria deprimida, com o que chamava de 'asma'". Citado em Johannes Meintjes, *Olive Schreiner: Portrait of a South African Woman*, Hugh Keartland Publishers, Joanesburgo, 1965, p. 68.

64 Ellis, "Eleanor Marx", em *Adelphi*, sep. 1935.

65 *Ibid.*

66 Citado em First e Scott, *Olive Schreiner*, p. 125.

67 Meintjes, *Olive Schreiner*, p. 64.

68 Citado em First e Scott, *Olive Schreiner*, p. 127.

69 Terry Eagleton, *Why Marx Was Right*, Yale University Press, New Haven and London, 2011, p. 239. Há edição brasileira: *Marx estava certo*. Cidade: Editora Nova Fronteira, 2019.

VISÕES PECULIARES SOBRE O AMOR E OUTROS ASSUNTOS (p. 247-260)

1 Friedrich Engels, "The Book of Revelation" (1883), em Karl Marx e Friedrich Engels, *On Religion*, Scholars Press, 1964, p. 206.

2 EM a LL, 18 jun. 1884, IISH.

3 *Ibid.*

4 Ellis, "Eleanor Marx", em *Adelphi*, sep. 1935.

5 EM a Dollie Radford (antes Maitland), 30 jun. 1884, Radford Archive, Biblioteca Britânica.

6 *Ibid.*

7 *Ibid.*

8 EM a Edith Nesbit (Bland), 25 jul. 1884, Edith Nesbit archive, McFarlin Library, University of Tulsa.

9 Webb, *The Diary of Beatrice Webb*, vol. 1, p. 87-88.

10 EM a John Lincoln Mahon, 1 aug. 1884, IISH.

11 FE a LL, 22 jul. 1884, *MECW*, vol. 47, 1995, p. 166.

12 Citado em Tristram Hunt, introdução a Friedrich Engels, *The Origin of the Family, Private Property and the State,* Londres, Penguin Classics, 2010, p. 3.

13 Beer, *Fifty Years of International Socialism*, p. 78

14 Eduard Bernstein, *My Years of Exile: Reminiscences of a Socialist*, Leonard Parsons, London, 1921, p. 162.

15 Citado em Brandon, *The New Women and the Old Men*, p. 23.

16 Annie Besant, em *National Reformer*, 23 dec. 1883.

17 EM a J. L. Mahon, 8 may 1884, IISH.

18 EM a LL, 13 feb. 1884, IISH. Faz referência a *Muito Barulho por Nada*, de Shakespeare, Ato IV, Cena I.

19 EM a LL, 22 sep. 1884, IISH.

20 Olive Schreiner a Havelock Ellis, 16 jul. 1884, em S. C. Cronwright-Schreiner (ed.), *The Letters of Olive Schreiner 1876-1920*, T. Fisher Unwin, London, 1924, p. 19.

21 *Ibid.*

22 Ellis, "Eleanor Marx", em *Adelphi*, sep. 1935.

23 Ellis, *My Life*, p. 186.

24 Olive Schreiner a Havelock Ellis, 16 jul. 1884, em Cronwright-Schreiner (ed.), *Letters*, p. 51-52.

25 *Ibid.*

26 Olive Schreiner a Erilda Cawood, 24 apr. 1878, em Richard Rive (ed.), *Olive Schreiner Letters 1871-99*, David Philip, Cape Town & Joanesburgo, 1987, p. 22.

27 Olive Schreiner a Havelock Ellis, 29 jul. 1884, em Cronwright-Schreiner (ed.), *Letters*, p. 53.

28 Henrik Ibsen, citado na introdução a *Ghosts*, traduzido e introduzido por William Archer, Kindle edition, marcador 27.

29 Ellis, "Eleanor Marx", in *Adelphi*, sep. 1935.

30 Citado em Brandon, *The New Women and the Old Men*, p. 34.

PROVAS CONTRA ILUSÕES (p. 261-266)

1 Beer, *Fifty Years of International Socialism*, p. 71.

2 *Ibid.*

3 Citado em Hunt, *The Frock-Coated Communist*, p. 329.

4 William Greenslade, "Revisiting Edward Aveling", em Stokes (ed.), *Eleanor Marx*, p. 41.

5 Holroyd, *Bernard Shaw*, p. 90.

6 EM a Karl Kautsky, 4 dec. 1883, IISH.

7 Hyndman, *Further Reminiscences*, p. 140-142.

8 *Ibid.*

9 May Morris & Bernard Shaw, *William Morris: Artist, Writer, Socialist,* vol. 2, Morris as Socialist, Russell & Russell, New York, 1966, p. 226.

10 Correspondência do Reverendo Frederick William Aveling; cartas da família Aveling consultadas por Yvonne Kapp. Ver Yvonne Kapp, *Eleanor Marx: vol. 2, The Crowded Years*, Lawrence & Wishart, London, 1976, p. 468n.

11 EM a Olive Schreiner, 15 jun. 1885, IISH.

12 *Ibid.*

13 *Ibid.*

14 Holroyd, *Bernard Shaw*, p. 90.

15 EM citada em: Aaron Rosebury, "Eleanor, Daughter of Karl Marx", *Monthly Review*, New York, January 1973, vol. 24, n. 8, p. 45-46.

16 Zadie Smith, *NW*, Penguin, London, 2012, p. 123 – inspirado e emprestado inteiramente do romance de Smith. Há edição em português: Traduzido pela Cia das Letras.

17 Beer, *Fifty Years of International Socialism*, p. 74.

18 *Ibid*.

EDUCAR, AGITAR, ORGANIZAR (p. 267-288)

1 EM a LL, 22 sep. 1884, IISH.

2 *Ibid*.

3 Edward Aveling em *Justice*, 27 sep. 1884.

4 GBS, citado em Kapp, *Eleanor Marx*, vol. 2, pág. 46.

5 GBS, 13 apr. 1885. Ver Sally Peters, Bernard Shaw: *The Ascent of the Superman*, Yale University Press, New Haven e London, 1998, p. 101.

6 George Bernard Shaw, citado em E. P. Thompson, *William Morris: Romantic to Revolutionary*, Lawrence & Wishart, London, 1955, p. 402.

7 *Ibid*. p. 384.

8 William Morris, citado em Thompson, *William Morris*, 1955, p. 411.

9 EM a Wilhelm Liebknecht, 1 jan. 1885, IISH.

10 EM a LL, 31 dec. 1884, IISH.

11 FE a LL, 1º jan. 1885, IISH.

12 FE a Bernstein, 29 dec. 1884, em *Labor Monthly*, oct. 1933.

13 EM a LL, 31 dec. 1884, IISH.

14 EM a Peter (Pyotry Lavrovich) Lavrov, 31 dec. 1884, IISH.

15 Socialist League Manifesto, 13 jan. 1885, IISH.

16 EM a LL, 12 apr. 1885, IISH.

17 EM a Peter Lavrov, 2 feb. 1885, IISH.

18 Edward Aveling e Eleanor Marx Aveling, "The Factory Hell", *Socialist Platform*, n. 3, London, 1885.

19 *Ibid*.

20 EM a LL, 12 apr. 1885, IISH.

21 *Ibid*.

22 *Ibid*.

23 Olive Schreiner para Henry Havelock Ellis, 8 apr. 1885, em Cronwright-Schreiner (ed.), *Letters*, 1924, p. 69.

24 EM a LL, 12 apr. 1885, IISH.

25 Citado em Tsuzuki, *The Life of Eleanor Marx*, p. 117.

26 *Ibid.*

27 EM a LL, 9 may 1884, IISH.

28 EM a Sergei Stepniak, 15 apr. 1885, IISH.

29 Thompson, *William Morris*, p. 387.

30 *Commonweal*, apr. 1885.

31 Socialist League, 2 mar. 1885, *Socialist League (UK) Archives*, http://www.iisg.nl/archives/en/files/s/ARCH01344full.php.

32 EM a Mahon, 25 jun. 1885, *Socialist League (UK) Archives*, IISH.

33 EM a desconhecido, 17 dec. 1885, *Socialist League (UK) Archives*, IISH.

34 Records of the Socialist League, 1884, 1885, 1886, IISH.

35 EM a secretário da Liga Socialista, 1 mar. 1886, *Socialist League (UK) Archives,* IISH, http://www.iisg.nl/archives/en/files/s/ARCH01344full.php.

36 FE a LL, 23 nov. 1884, IISH.

37 Thompson, *William Morris*, p. 393.

38 *East End Gazette*, 20 sep. 1885.

39 EM ao conselho da Liga Socialista, 5 out. 1885.

40 *Ibid.*

41 Henrik Ibsen, *Casa de bonecas*, Ato I, cena I.

42 *Ibid.*

43 EM citado em Kapp, *Eleanor Marx*, vol. 2, p. 73.

NORA HELMER, EMMA BOVARY E "A QUESTÃO DA MULHER" (p. 289-308)

1 A primeira vez que ela usou essa frase foi em uma carta à irmã mais velha, Jenny, em 7 nov. 1872, com 17 anos de idade. Depois disso, ela passou a usar de maneira consistente até o fim de sua vida.

2 "Você sabe que ele [George Moore] me pediu para traduzir *Madame Bovary*"; EM a LL, 27 apr. 1886, IISH.

3 Eleanor Marx, *Introduction to Madame Bovary*, Vizetelly, London, 1886, p. xxii.

4 *Ibid.*

5 EM a LL, 23 apr. 1886, IISH.

6 EM, *Introduction to Madame Bovary*, e EM a LL, 27 apr. 1886, IISH.

7 *Ibid.*

8 O novelista britânico Julian Barnes identifica de forma brilhante Eleanor Marx e Emma Bovary na divertida abertura de *Flaubert's Parrot* (Jonathan Cape, London, 1984). Zombando de Nabokov, Barnes elabora uma prova:

"E1 nasceu em 1855.

E2 nasceu parcialmente em 1855.

E1 teve uma infância tranquila, mas passou à idade adulta com tendência a crises nervosas.

E2 teve uma infância tranquila, mas passou à idade adulta com tendência a crises nervosas.

E1 levava uma vida de irregularidades sexuais aos olhos das pessoas de bem. E2 levava uma vida de irregularidades sexuais aos olhos das pessoas de bem. E1 se imaginou em dificuldades financeiras.

E2 sabia que estava em dificuldades financeiras.

E1 suicidou-se ao tomar ácido prússico.

E2 suicidou-se ao tomar arsênico.

E1 foi Eleanor Marx.

E2 era Emma Bovary."

A primeira tradução inglesa de *Madame Bovary* a ser publicada foi feita por Eleanor Marx.

9 *Saturday Review*, 25 sep. 1886.

10 *Athaeneum*, n. 3075, 2 oct. 1886.

11 William Sharp, em *Academy*, 25 sep. 1886.

12 *Ibid*.

13 EM a LL, 23 apr. 1886, IISH.

14 EM, Introdução a *History of the Paris Commune*, jun. 1886.

15 EM, Prefácio a *History of the Paris Commune*, jun. 1886. Há edição brasileira. *História da Comuna de Paris*. São Paulo: Expressão Popular, 2021.

16 EM a Peter Lavrov, 7 jun. 1886, IISH.

17 Barnes, *Flaubert's Parrot*, p. 176.

18 GBS, citado em Holroyd, *Bernard Shaw*, p. 179.

19 EM a LL, 18 jun. 1884, IISH.

20 Edward Aveling, *Today*, jun. 1884.

21 EM a GBS, 2 jun. 1885, IISH.

22 E mesmo décadas depois, quando não havia mais nenhuma vantagem política para ele. Hyndman, *Record of an Adventurous Life*, p. 346-347.

23 *Ibid*.

24 Eleanor Marx e Edward Aveling, "The Woman Question: from a socialist point of view", *Westminster Review,* n. 125, jan.-apr. 1886, p. 207-212 e p. 219-222. Há edição brasileira, em Silva, F. e Alonso, Guilherme. *Eleanor Marx: Obra completa*. São Paulo: Aetia, 2021.

25 Ver, a exemplo, a introdução do ensaio publicado conjuntamente intitulado *Shelley's Socialism:* "embora eu seja o leitor, deve-se compreender que também estou lendo o trabalho de minha esposa, não mais que o meu próprio." Edward Aveling e Eleanor Marx Aveling, *Shelley's Socialism and Popular Songs*, The Journeyman Press, London & West Nyack, 1975, p. 13.

26 Estou usando os sobrenomes dessa maneira apenas para essa seção pois parece apropriado ao contexto de um trabalho filosófico maior, escrito conjuntamente na tradição Marx-Engels.

27 EM e EA, *The Woman Question*, p. 28. Na tradução brasileira utilizada, p. 25.

28 *Ibid.*, p. 16. Na tradução brasileira utilizada, p. 25.

29 Vladimir Lenin, "The State", conferência dada na Universidade de Sverdlov, 11 jul. 1919, em *Vladimir I. Lenin: Collected Works*, vol. 29, Progress Publishers, Moscow, 1974, p. 473.

30 Eleanor Marx, "The Gotha Congress", em *Justice*, 7 nov. 1896, p. 8.

31 *Ibid.*

32 EM e EA, *The Woman Question*, p. 16. Na tradução brasileira utilizada, p. 25.

33 *Ibid.*, p. 11.

34 *Ibid.*, p. 14. Na tradução brasileira utilizada, p. 22.

35 *Ibid.*, p. 15-16. Na tradução brasileira utilizada, p. 24-5.

36 *Ibid.*, p. 14. Na tradução brasileira utilizada, p. 20.

37 *Ibid.*, p. 13-14. Na tradução brasileira utilizada, p. 20.

38 *Ibid.*, p. 14. Na tradução brasileira utilizada, p. 21.

39 *Ibid.* Na tradução brasileira utilizada, p. 21-22.

40 *Ibid.*, p. 15. Na tradução brasileira utilizada, p. 23.

41 *Ibid.* Na tradução brasileira utilizada, p. 23.

42 *Ibid.*, p. 17. Na tradução brasileira utilizada, p. 28.

43 *Ibid.* Na tradução brasileira utilizada, p. 28.

44 *Ibid.*, p. 21. Na tradução brasileira utilizada, p. 36.

45 *Ibid.*, p. 13. Na tradução brasileira utilizada, p. 19.

46 *Ibid.*, p. 21. Na tradução brasileira utilizada, p. 18.

47 *Ibid.*, p. 20. Na tradução brasileira utilizada, p. 35.

48 *Ibid.*, p. 27. Na tradução brasileira utilizada, p. 49.

49 *Ibid.*, p. 28. Na tradução brasileira utilizada, p. 50.

50 *Ibid.*, p. 22. Na tradução brasileira utilizada, p. 39.

51 *Ibid.*, p. 17. Na tradução brasileira utilizada, p. 27.

52 EM, carta à Liga Socialista, 10 may 1886, IISH.

SENHORA LIBERDADE (p. 309-330)

1 EM a Liebknecht, nov. 1880, citado em Tsuzuki, *The Life of Eleanor Marx*, p. 133.

2 EM a Wilhelm Liebknecht, 17 jul. 1886, IISH.

3 EM a LL, 14 sep. 1886, IISH.

4 *Ibid.*

5 Eleanor Marx citada no *New Yorker Volkszeitung*, 11 sep. 1886.

6 Edward Aveling, *An American Journey*, Lovell, Gestefeld & Co., New York, 1892, p. 14.

7 EM a LL, 14 sep. 1886, IISH.

8 *Ibid.*

9 *New Yorker Volkszeitung*, 11 sep. 1886.

10 EM a LL, 14 sep. 1886, IISH.

11 *New Haven Workman's Advocate*, 19 sep. 1886.

12 Eleanor Marx, discurso publicado em *Knights of Labor*, 4 dec. 1886.

13 *New Yorker Volkszeitung*, 15 sep. 1886, e Eleanor Marx-Aveling e Edward Aveling, *The Working Class Movement in America*, Swan Sonnenschein, London, 1888, p. 139-140.

14 *John Swinton's Paper*, 26 sep. 1886.

15 *New York Herald*, 21 e 23 sep. 1886.

16 EM e EA, *The Working Class Movement in America*, p. 172.

17 *Ibid.*

18 *Ibid.*, p. 154.

19 *Ibid.*

20 *Ibid.*, p. 155.

21 *Ibid.*, p. 156.

22 *Ibid.*

23 *Ibid.*

24 *Ibid.*, p. 157.

25 *Ibid.*, p. 158.

26 Bridget Bennet, "Eleanor Marx and Victoria Woodhull", em Stokes (ed.), *Eleanor Marx*, p. 161.

27 EM e EA, *The Working Class Movement in America*, p. 177.

28 EM e EA, *The Woman Question*, p. 22.

29 EM e EA, *The working class movement in America*, p. 177. Tradução brasileira nossa.

30 *Ibid.*, p. 177.

31 *Ibid.*, p. 178.

32 *Ibid.*

33 *Ibid.*

34 Eleanor Marx, discurso publicado em *Knights of Labor*, 4 dec. 1886.

35 EM e EA, *The Working Class Movement in America*, p. 116.

36 *Ibid.*

37 *Ibid.*, p. 117.

38 *Ibid.*, p. 121.

39 *Ibid.*, p. 125.

40 *Ibid.*, p. 132.

41 EA, *An American Journey*, p. 109.

42 EM e EA, *The Working Class Movement in America,* p. 138.

43 *Ibid.*, p. 181.

44 *New York Times*, 25 apr. 1886.

45 Justice Ingham, *The Accused – The Accusers: The Famous Speeches of the Eight Chicago Anarchists in Court*, Socialist Publishing Society, 1886, http://www.chicagohs.org/hadc/books/b01/B01.htm.

46 EM e EA, *The Working Class Movement in America*, p. 161.

47 *Ibid.*

48 Eleanor Marx, em *John Swinton's Paper*, 19 sep. 1886.

49 EM e EA, *The Working Class Movement in America*, p. 159-160.

50 EM e EA, *The Working Class Movement in America*, p. 160.

51 São eles: o julgamento original de 21 de junho ocorreu muito próximo dos acontecimentos de 4 de maio, tanto com relação ao tempo quanto ao lugar. Uma mudança de local era necessária para que a justiça fosse feita. As prisões foram feitas sem mandado judicial, quatro meses de detenção sem julgamento para alguns dos presos. Os escritórios e residências dos suspeitos foram invadidos sem os mandados de busca adequados. A descoberta *post-facto* de equipamentos de fabricação de bombas e dispositivos incendiários em Chicago não foi corroborada por evidências. Por fim, o júri era composto por homens comprovadamente preconceituosos com os acusados.

52 EM e EA, *The Working Class Movement in America*, p. 160.

53 *New Yorker Volkszeitung*, 24 dec. 1886.

54 *Ibid.*

55 Edward Aveling, manifesto às seções do PTS, 26 feb. 1887, MML.

56 *Ibid.*

ESSENCIALMENTE INGLESA (p. 331-354)

1 *Commonweal*, 4 dec. 1886.

2 *Justice*, 30 apr. 1887.

3 *New York Herald*, 30 dec. 1886.

4 *Evening Standard*, 13 jan. 1887.

5 FE a LL, 24 feb. 1887, *MECW*, vol. 48, 2001, p. 12.

6 FE a Florence Kelly Wischnewetzky, 9 feb. 1887, IML.

7 FE a Friedrich Adolph Sorge, 8 aug. 1887, IML.

8 *Daily Telegraph*, 12 apr. 1887.

9 FE a Friedrich Adolph Sorge, 4 may 1887, IML.

10 Para um resumo dessa carta, ver Tsuzuki, *The Life of Eleanor Marx*, p. 149.

11 Zinaida Vengerova, citada em Kapp, *Eleanor Marx*, vol. 2, p. 205.

12 Eleanor e Edward se referem a esse artigo, mas nunca especificam qual jornal o encomendou. Suas despesas iniciais foram pagas, mas a série de artigos nunca foi publicada, então não foi possível identificar a publicação.

13 EM a LL, 30 aug. 1887, IISH, e ver Evans e Meier, *The Daughters of Karl Marx*, p. 197.

14 EM a LL, 24 jun. 1888, IISH.

15 Hoje, o Parque Dodwell é um famoso acampamento de férias e um retiro de lazer familiar.

16 EM a LL, 30 aug. 1887, IISH.

17 Citado em E. P. Thompson, *William Morris*, p. 568.

18 *Ibid.*

19 *Ibid.*

20 *Ibid.*

21 EM a Havelock Ellis, dec. 1885, citado por Ellis em *Adelphi*, oct.1935.

22 EM a LL, 30 aug. 1887, IISH.

23 Havelock Ellis, em *Adelphi*, oct. 1935.

24 EM a LL, 25 sep. 1887, IISH.

25 *Ibid.*

26 *Ibid.*

27 16 nov. 1887, http://www.marx-memorial-library.org

28 *Pall Mall Gazette*, 8 nov. 1887.

29 *Today*, nov. 1887, em David Roediger e Franklin Rosemont (ed.), *Haymarket Scrapbook*, C. H. Kerr, Chicago, 1986, p. 152.

30 *Illustrated London News*, 29 out. 1887.

31 EM a LL, 16 nov. 1887, IISH.

32 FE a Paul Lafargue, 16 nov. 1887, IML.

33 Dan Laurence (ed.), *Bernard Shaw Collected Letters*, Max Reinhardt, Londres, 1965, p. 177.

34 EM a LL, 16 nov. 1887, IISH.

35 *Pall Mall Gazette*, 14 nov. 1887.

36 *Ibid*.

37 EM a LL, 31 dec. 1887, IISH.

38 EM a LL, 16 nov. 1887, IISH.

39 *Ibid*.

40 Relatório anual da seção de Bloomsbury da Liga Socialista, maio de 1888, e "Parliamentarianism in the Socialist League", carta não publicada ao editor de *Commonweal*, 16 may 1888.

41 EM a LL, 16 nov. 1887, IISH. Tradução nossa: "Amanhã vou com algumas pessoas a Lisson Grove (extremidade oeste). Um pai, o homem mais 'respeitável', com 'excelente caráter', disposto a fazer qualquer trabalho e que está muito feliz com a perspectiva de ganhar 2/6 por semana limpando as ruas para a sacristia; oito filhos, que por dias não provaram nada além de pão, e que não têm nem mesmo isso agora; a mãe deitada em um pouco de palha, nua, coberta com alguns trapos, suas roupas penhoradas dias atrás para comprar pão. As crianças são pequenos esqueletos. Eles estão todos em um minúsculo porão. É lamentável, mas ao seu redor, as pessoas estão no mesmo estado, e no leste é a mesma coisa."

42 *Dramatic Review*, 3 dec. 1887.

43 EM a Dollie Radford, 28 dec. 1887, *Radford Archive*, British Library.

44 EM a George Bernard Shaw, 16 dec. 1887, IISH.

45 EM a LL, 31 dec. 1887, IISH.

46 *Ibid*.

47 Havelock Ellis, em *Adelphi*, oct. 1935.

48 EM a Dollie Radford, 23 feb. 1888.

49 "Para o título dessa peça, *En Folkfiende*, literalmente 'um inimigo do povo' ou 'um inimigo das pessoas', não há equivalente idiomático em inglês. 'Um inimigo da sociedade' pareceu ser a melhor interpretação disponível." EM em Henrik Ibsen, *The Pillars of Society and Other Plays*, edição de Havelock Ellis, Camelot Series: Walter Scott, Londres, 1888, p. 199, tradução nossa.

50 EM a LL, 24 jun. 1888, IISH.

51 Havelock Ellis, em *Adelphi*, oct. 1935.

52 EM, citado em *Adelphi*, dez. 1888.

53 EM a Havelock Ellis, em *Adelphi* (2), dez. 1888.

54 EM a LL, 24 jun. 1888, IISH.

55 *Ibid.*

56 *Ibid.*

57 *Ibid.*

58 *Ibid.*

59 *Ibid.*

60 Friedrich Engels, Paul Lafargue, Laura Lafargue, *Correspondence*, vol. 2: 1886-1890, traduzido por Yvonne Kapp, Foreign Languages Publishing House, Moscow, 1960, p. 121.

61 EM a LL, 9 jul. 1888, IISH.

62 Ver Hunt, *The Frock-Coated Communist*, p. 316.

63 Engels, citado em Hunt, *The Frock-Coated Communist*, p. 317.

64 FE a LL, 6 jul. 1888, *MECW*, vol. 48, 2001, p. 194.

65 *Ibid.*

66 EM a LL, 9 aug. 1888, IISH.

67 Citado em Hunt, *The Frock-Coated Communist*, p. 318.

68 EM a LL, 30 out. 1888, IISH.

69 EM a LL, 21 aug. 1888, IISH.

70 FE citado em Hunt, *The Frock-Coated Communist*, p. 319.

71 EM a LL, 11 sep. 1888, IISH.

72 *Ibid.*

73 *Ibid.*

74 *Ibid.*

75 FE a LL, 6 jul. 1888, *MECW*, vol. 48, 2001, p. 194.

76 *Dramatic Review*, 15 jan. 1888.

77 EM a LL, 11 apr. 1889, IISH, e ver Evans e Meier, *The Daughters of Karl Marx*, p. 210.

78 EM a LL, 19 dec. 1890, IISH.

79 Stephen Winster, *Salt and His Circle*, Hutchinson, London, 1951, p. 84-5.

80 Edward Aveling e Eleanor Marx Aveling, *Shelley's Socialism*, p. 14.

81 *Ibid.*, p. 33-38.

82 *Ibid.*, p. 23-24.

83 *Ibid.*, p. 24.

84 *Ibid.*, p. 13.

85 *Ibid.*

86 *Ibid.*

NOSSA QUERIDA FOGUISTA! (p. 355-376)

1 EM, introdução a *History of the Paris Commune*, http://www.marxists.org/history/france/archive/lissagaray/introduction.htm

2 Will Thorne, *My Life's Battles*, George Newnes, Londres, 1925, p. 77.

3 EM a LL, 30 may 1892, IISH.

4 EM a LL, 11 apr. 1889, IISH, e ver Evans e Meier, *The Daughters of Karl Marx*, p. 209.

5 *Ibid.*

6 FE a LL, 28 jun. 1889, *MECW*, vol. 48, 2001, p. 343.

7 *Ibid.*

8 EM a LL, 11 apr. 1889, IISH, e ver Evans e Meier, *The Daughters of Karl Marx*, p. 210.

9 EM a LL, 1 jun. 1889, IISH, e ver Evans e Meier, *The Daughters of Karl Marx*, p. 217.

10 EM a LL, 1 jun. 1889, IISH.

11 EM a LL, 11 apr. 1889, IISH, e ver Evans e Meier, *The Daughters of Karl Marx*, p. 210.

12 Eduard Bernstein, em *Die Neue Zeit*, n. 30, 1897–8, p. 120-121.

13 Edgar Longuet, carta não publicada citada em Kapp, *Eleanor Marx*, vol. 2, p. 317.

14 EM a LL, 10 apr. 1889, IISH.

15 Eleanor Marx, "Sweating in Type-Writing Offices", *People's Press*, 5 jun. 1890.

16 *Ibid.*

17 *Ibid.*

18 S. B. Boulton, "Labour Disputes", *The Nineteenth Century*, vol. 27, jun. 1890, p. 988.

19 Cunninghame Graham, em *Labour Elector*, 7 sep. 1889.

20 Thompson, *William Morris*, p. 527.

21 Ben Tillett, *Memoirs and Reflections*, John Long, London, 1931, p. 119.

22 *Ibid.*, p. 135.

23 Tom Mann, *Memoirs*, Spokesman Books, Nottingham, 2008, p. 68-69 e p. 86.

24 Thorne, *My Life's Battles*, p. 117.

25 EM a LL, 25 dec. 1889, IISH.

26 *Ibid.*

27 FE a Friedrich Adolph Sorge, 19 apr. 1890, *MECW*, vol. 48, 2001, p. 485.

28 EM a LL, 12 dec. 1889, IISH.

29 Manifesto do comitê de greve, 10 dec. 1890.

30 EM a LL, 12 dec. 1889, IISH.

31 *Ibid.*

32 Eleanor Marx, "Northampton", em *People's Press*, 19 apr. 1890.

33 Eleanor Marx, *People's Press*, 13 dec. 1890.

34 O uso ágil da linguagem de Eleanor na esfera política era parte de sua imensa genialidade – algo que as sufragistas admiravam e invejavam. A retórica sufragista, ao definir os direitos das mulheres como postura, imediatamente soava como se fosse algo diferente dos direitos e das necessidades dos homens, que, por consequência, paravam de escutar ou ouviam a afirmação da singularidade como uma reclamação – uma outra razão para não escutá-las.

35 FE a August Bebel, 9 may 1890, *MECW*, vol. 48, 2001, p. 492.

36 Relato do discurso de Eleanor Marx no Dia do Trabalhador, no parque Hyde, 4 may 1890, MML.

37 *Ibid.* Tradução nossa.

INTERLÚDIO IBSENISTA (p. 377-386)

1 FE a Friedrich Adolph Sorge, 9 aug. 1890, *MECW*, vol. 49, 2001, p. 439.

2 Henrik Ibsen, *The Lady from the Sea*, tradução de Eleanor Marx Aveling, Digireads.com Publishing, 2008, p. 74.

3 *Ibid.*, p. 93.

4 Edith Lees Ellis, *Stories and Essays*, Free Spirit Press, New Jersey, 1924, citado em Sally Ledger, "Eleanor Marx and Henrik Ibsen", em Stokes (ed.), *Eleanor Marx*, p. 54.

5 Citado em "Eleanor Marx and Henrik Ibsen". Stokes (ed.), *Eleanor Marx*, p. 54-55.

6 Harley Granville-Barker, ed. Walter de la Mare, *The Eighteen Eighties*, Cambridge University Press, Cambridge, 1913, p. 159.

7 Citado por William Archer, "The Mausoleum of Ibsen", *Fortnightly Review*, jul. 1893.

8 George Bernard Shaw, "What about the middle class?", *Daily Citizen*, 19 oct. 1912.

9 George Bernard Shaw, citado em Holroyd, *Bernard Shaw*, p. 214.

10 George Bernard Shaw em *Saturday Review*, citado em Holroyd, *Bernard Shaw*, p. 214.

11 Citado em Errol Durbach, "A Century of Ibsen Criticism", em (ed.) James McFarlane, *The Cambridge Companion to Ibsen*, CUP, 1994, p. 233.

12 Eleanor Marx e Israel Zangwill, "A Doll's House Repaired", *Time*, mar. 1891.

13 *Ibid.*

14 *Ibid*. Eleanor e Israel reorganizaram a trama de Ibsen, devolvendo a Krosgrad seu trabalho no banco, despedindo sua nova esposa, Cristina, que é mandada para sua esfera doméstica. Em um aspecto viril, Helmer alerta Krogstad que ela precisará de um novo treinamento: "uma mulher que já provou do fruto proibido da independência é como um tigre adestrado que já experimentou sangue".

15 EM em carta aberta a *People's Press,* 31 aug. 1890.

16 *Ibid*.

17 Clementina Black, em *People's Press*, 13 sep. 1890.

18 EM a *People's Press*, 31 aug. 1890.

19 Der Sozialdemokrat, *Neue Zeit, Time* and *Volksblatt!*

20 EM a *People's Press*, 13 sep. 1890.

21 EM a FE, 14 sep. 1890, IISH.

22 *Ibid*.

EU SOU JUDIA (p. 387-404)

1 Edward Aveling, "Frederick Engels at Home", *Labour Prophet*, sep. 1895.

2 EM a LL, 19 dec. 1890, IISH.

3 *Ibid*.

4 August Bebel a Victor Adler, 20 de dezembro 1890, em: Friedrich Adler (ed.), *Victor Briefwechsel mit August Bebel und Kautsky*, Wiener Volksbuchhandlung, Vienna, 1954, p. 66 (carta traduzida para o inglês por Bettina Meyer).

5 EM a LL, 11 nov. 1893, IISH.

6 EM a LL, 12 aug. 1891, IISH.

7 EM a LL, 25 sep. 1891, IISH.

8 EM a LL, 19 dec. 1890, IISH.

9 EM a LL, 15 apr. 1892, IISH.

10 Eleanor Marx, "National Union of Gas Workers and General Labourers", *Report to the Delegates of the Brussels International Congress*, 1891, p. 16, IISH.

11 EM a LL, 7 jan. 1893, IISH.

12 EM a LL, 30 may 1892, IISH.

13 EM a LL, 11 nov. 1893, IISH.

14 EM a LL, 6 jul. 1891, IISH.

15 Eleanor Marx & Edward Aveling, "Die Wahlen in Grossbritanien", *Neue Zeit* (1891-1892), p. 596-603.

16 *Ibid*.

17 EM a LL, 26 jul. 1892, IISH.

18 *Workman's Times*, 21 mar. 1893.

19 EM a Anna Kuliscioff, 15 sep. 1892, IISH.

20 EM a LL, 30 may 1892, IISH.

21 EM a Dollie Radford, 25 jan. 1893, IISH.

22 William Diack, *History of the Trades Council and the Trade Union Movement in Aberdeen, Aberdeen Trades Council*, Aberdeen, 1939, p. 62.

23 Beer, *Fifty Years of International Socialism*, p. 72.

24 Para um excelente relato crítico da estatura de Vengerova como importante intelectual moderna, crítica literária e pioneira simbolista, ver Rosina Neginsky, *Zinaida Vengerova: In Search of Beauty – A Literary Ambassador Between East and West*, Peter Lang, Canterbury, 2004.

25 Zinaida Vengerova, *"On the Daughter of Karl Marx"*, memórias manuscritas sem data, MML.

26 *Ibid.*

27 Fundada em 1888 como a Federação das Sinagogas Menores, ela descartou o diminutivo logo depois, a fim de afirmar sua equivalência à Sinagoga Unida.

28 Vengerova, "On the Daughter of Karl Marx", MML.

29 *Ibid.*

30 *Ibid.*

31 EM a Karl Kautsky, 28 dec. 1896, IISH.

32 TUC Library Collections, London Metropolitan University.

33 Assim registrado pelo *Commonweal*, de 4 jan. 1890, quando noticiou a reunião em massa dos trabalhadores judeus no salão da Assembleia.

34 EM a (sem nome) "Comrade", 21 out. 1890, IISH.

35 Jack Jacobs, *On Socialists and the Jewish Question after Marx*, New York University Press, New York, 1992, p. 184.

36 *Ibid.*

37 Relato sobre o Congresso da Internacional, 1891, IISH.

38 EM, em *Justice*, nov.1897.

39 O jornal foi originalmente lançado como *Der Poilisher Yidel*, passando a se chamar *Die Tsukunft* pouco tempo depois. Vinchevsky imigrou para Nova York em 1894, onde o jornal foi publicado como *Tsukunft*.

40 Morris Vinchevsky (Benzion Novochovits), *Collected Works*, ed. Kalman Marmor, 10 vols, Farlag Frayhayt, New York, 1927-8.

41 *Ibid.*

42 *Ibid.*

43 *Ibid.*

44 Ver Beer, *Fifty Years of International Socialism*, p. 73.

45 *Ibid.*

46 EM a Nathalie Liebknecht, 14 jan. 1898, IISH.

47 EM, em *Justice*, 22 jan. 1898.

48 Beer, *Fifty Years of International Socialism*, p. 74.

49 See Wheen, *Karl Marx*, p. 55-56.

"OH! PARA UM BALZAC PINTÁ-LO!" (p. 405-426)

1 EM para LL, 26 jul. 1892, IISH.

2 EM para LL, 22 feb. 1894, IISH.

3 FE para Friedrich Adolph Sorge, 21 mar. 1894, *MECW*, vol. 50, 2004, p. 282.

4 Hunt, *The Frock-Coated Communist*, p. 352.

5 EM para LL, 7 sep. 1894, IISH. Tussy estava surpresa que, embora a primeira e a segunda "Louise" se dessem muito bem, "Karl parecia estar sentindo que estava feliz com qualquer uma delas, se a outra querida encantadora fosse embora".

6 Anais do Congresso Internacional de Trabalhadores Socialistas na cidade de Zurique Hall, 1894, IISH.

7 *Ibid.*

8 *Ibid.*

9 EM para Ernest Radford, 16 sep. 1893, Radford Archive, British Museum.

10 Beer, *Fifty Years of International Socialism*, p. 74.

11 *Ibid.*

12 EM a LL, 11 nov. 1893, IISH.

13 *Ibid.*

14 EM para LL, 22 feb. 1894, IISH.

15 *Ibid.*

16 Louise Kautsky para EM, 22 feb. 1894, IISH.

17 EM para LL, 22 feb. 1894, IISH.

18 *Ibid.*

19 EM para LL, 2 mar. 1894, IISH.

20 EM para LL, 22 feb. 1894, IISH.

21 EM para LL, 2 mar. 1894, IISH.

22 EM a LL, 22 mar. 1894, IISH.

23 *Ibid.*

24 *Ibid.*

25 Louise Kautsky para EM, 22 feb. 1894, IISH.

26 EM para LL, 5 nov. 1894, IISH.

27 FE para LL, 12 nov. 1894, IISH.

28 EM a LL, 5 nov. 1894, IISH.

29 *Ibid.*

30 Edward Aveling, em *Clarion*, 3 nov. 1894 e 10 nov. 1894.

31 EM para Karl Kautsky, 10 nov. 1894, IISH.

32 Entrevista entre a biógrafa de Eleanor, Yvonne Kapp, e Henry Demuth, citado da transcrição em Kapp, Eleanor Marx, vol. 2, p. 437.

33 *Ibid.*

34 *Ibid.*

35 *Ibid.*

36 EM para LL, 26 jul. 1892, IISH.

37 EA pós-escrito de EM a LL, 22 nov. 1894, IISH.

38 Friedrich Engels para August Bebel e Paul Singer, 14 nov. 1894, *MECW*, vol. 50, 2004, p. 362.

39 EM para LL, 22 nov. 1894, IISH.

40 *Ibid.*

41 EM para LL, 15 dec. 1894, IISH.

42 EM a LL, 25 dec. 1894, IISH.

43 *Ibid.*

44 EA a LL, 25 dec. 1894, IISH.

45 EM a LL, 25 dec. 1894, IISH.

46 *Ibid.*

47 EM para LL, 2 jan. 1895, IISH.

48 EM a LL, 25 dec. 1894, IISH.

49 *Ibid.*

50 FE a LL, 19 jan. 1895, *MECW*, vol. 50, 2004, p. 424.

51 EM para Wilhelm Liebknecht, 7 mar. 1895, IISH.

52 EM para Wilhelm Liebknecht, 14 mar. 1895, IISH.

53 Friedrich Engels, última vontade e testamento, 29 jul. 1893, codicilo 26 jul. 1895, IISH.

54 FE para EM, 5 jul. 1895, IISH.

55 Eleanor Marx, Introdução a George Plekhanov, *Anarchism & Socialism* (1895), trad. Eleanor Marx Aveling, Dodo Press, Milton Keynes.

56 Sam Moore para EM, 21 jul. 1895, IISH (fac-símile) e MML.

57 Louise Freyberger para EM, 5 jul. 1895, IISH.

58 EM para John Burns, 8 aug. 1895, IISH.

A TOCA (p. 427-452)

1 EM e LL, oct. 1895, MML.

2 Hobsbawm, *The Age of Capital*, p. 303.

3 EA, em carta a William Diack, citado em Diack, *History of the Trades Council and the Trade Union Movement in Aberdeen*, p. 63.

4 Diack, *History of the Trades Council and the Trade Union Movement in Aberdeen*, p. 62-63.

5 *Ibid.*

6 EM a LL, 19 out. 1895, IISH.

7 EM a Louise Freyberger, 15 sep. 1895, IISH.

8 Ludwig Freyberger a EM, 4 out. 1895, IISH.

9 EM a LL, 24 out. 1895, IISH.

10 EM a Karl Kautsky, 17 aug. 1895, IISH.

11 *Ibid.*

12 EM a LL, 24 out. 1895, IISH.

13 *Ibid.*

14 EM a LL, 17 nov. 1895, IISH.

15 EM a LL, 24 nov. 1895, IISH.

16 Uma libra em 1895 corresponde a um poder de compra de cerca de £55 a £60 hoje, então o valor absoluto da herança, atualmente, seria em torno de £275 mil a £300 mil; entretanto, em termos de poder de compra, essa conta não leva em consideração os valores históricos relativos dos preços e do custo de vida.

17 EM a LL, 24 out. 1895, IISH.

18 EM a LL, 19 out. 1895, IISH.

19 EM, 17 nov. 1895, IISH.

20 *Ibid.*

21 EM a LL, 10 dec. 1895, IISH.

22 LL a EM, 1 sep. 1896, IISH.

23 Eleanor Marx, "The Proletarian in the Home", *Justice*, 21 nov. 1896, p. 6, disponível em: http://www.marxists.org/archive/eleanor-marx/1896/11/proletarian-home.htm.

24 *Justice*, 16 nov. 1895, p. 5.

25 *Justice*, 23 nov. 1895, p. 8.

26 *Ibid*.

27 *Ibid*.

28 *Ibid*.

29 EM a LL, 10 dec. 1895, IISH.

30 EM a LL, 14 jan. 1896, IISH.

31 EM a LL, 17 jan. 1896, IISH.

32 *Ibid*.

33 *Ibid*.

34 *Ibid*.

35 EM a Karl Kautsky, 18 sep. 1895, IISH.

36 EM a LL, 19 out. 1895, IISH.

37 KM a FE, 23 nov. 1850, *MECW*.

38 EM a LL, 2 jan. 1897, IISH.

39 EM a Karl Kautsky, 19 apr. 1896, IISH.

40 EM a LL, 5 mar. 1896, IISH. Tussy não se importava com o envolvimento amigável de Edward com a FSD e a bajulação dos Fabianos, pois isso abriu o caminho para enfrentar as tendências anarquistas que ameaçavam sequestrar o congresso de Londres. Social-democrata até os ossos, Tussy desprezava o anarquismo sobre todos os outros irracionalismos desorganizados, antidemocráticos e irracionais. Ela não se opunha fundamentalmente à resistência armada por justa causa. Opunha-se ao uso da violência pelos anarquistas porque não era representativa, além de ser infundada em um amplo consenso. A ação individualista liberada por um consenso democrático amplamente debatido, embora de maneira desconfortável, não era apenas politicamente irresponsável; para Tussy, era também imoral e ditatorial.

41 *Justice*, 23 may 1896, MML.

42 *Ibid*.

43 Sylvia Pankhurst, *The Suffragette Movement* (1931), Virago, London, 1977, p. 128.

44 *Ibid*.

45 Wilhelm Liebknecht, em *Reminiscences*, p. 133.

46 *Ibid*.

47 EM a LL, 24 dec. 1896, IISH.

48 Wilhelm Liebknecht, em *Reminiscences*, p. 133.

49 EM, em *Justice*, 13 mar. 1897.

50 EM, em *Justice*, 22 jan. 1898.

51 EM a Karl Kautsky, 10 nov. 1896, IISH.

52 EM a LL, 23 dec. 1896, IISH.

53 EM a Karl Kautsky, 16 nov. 1896, IISH.

54 Em a Karl Kautsky, 28 nov. 1896, IISH.

55 EM a LL, 26 dec. 1896, e EM a Karl Kautsky, 28 dec. 1896, IISH.

56 EM a Karl Kautsky, 28 dec. 1896, IISH.

A PAUSA MAIS AUDACIOSA (p. 453-472)

1 *Labour Leader*, 10 apr. 1897.

2 EM, em *Justice*, 9 jan. 1897.

3 EM, em *Justice*, 23 jan. 1897.

4 *Ibid.*

5 EM a LL, 3 mar. 1896, IISH.

6 EM a Karl Kautsky, 15 mar. 1897, IISH.

7 EM a Karl Kautsky, 27 apr. 1897, IISH.

8 *Ibid.*

9 EM, in *Justice*, 6 feb. 1897 e 8 may 1897.

10 EM, in *Justice*, 6 feb. 1897.

11 Jeff Guy, *The View Across the River: Harriette Colenso and the Zulu struggle against Imperialism,* David Phillip, Cape Town, 2001, p. 416.

12 *Ibid.*

13 EM a Karl Kautsky, 8 feb. 1896, IISH. *Justice*, 30 jul. 1898, IISH.

14 *Justice*, 30 jul. 1898, IISH.

15 EM, in *Justice*, 26 jun. 1897.

16 Para um excelente relato sobre Edith Lanchester, ver Karen Hunt: *Equivocal Feminists: The Social Democratic Federation and the Woman Question*, 1884-1911, Cambridge University Press, Cambridge, 1996.

17 EM a Karl Kautsky, 19 jun. 1897, IISH.

18 Thorne, *My Life's Battle*, p. 148.

19 *Vorwärts*, 5 apr. 1898.

20 EM a Karl Kautsky, 19 jun. 1897.

21 EM a Wilhelm Liebknecht, 2 jun. 1897, IISH.

22 *Ibid.*

23 Aos 22, Eva Frye tinha coincidentemente a mesma idade que a primeira esposa de Aveling, Isabel Campbell Frank, tinha quando Edward e ela se casaram 25 anos antes, em 1872.

24 EM a Karl Kautsky, 19 jun. 1897, IISH.

25 EM a Freddy Demuth, 30 aug. 1897, em artigo de Keir Hardie, *Labour Leader*, 30 jul. 1898; e artigo de Bernstein, *Justice*, 30 jul. 1898 e IISH.

26 *Ibid.*

27 *Ibid.*

28 *Ibid.*

29 *Ibid.*

30 *Ibid.*

31 *Ibid.*

32 EM a Karl Kautsky, 21 sep. 1897, IISH.

33 Eleanor Marx, "Comentários sobre uma carta do jovem Marx", em *Reminiscences*, p. 256-7.

34 EM a Karl Kautsky, 21 sep. 1897, IISH.

35 EM a Karl Kautsky, 19 jul. 1897, IISH.

36 *Ibid.*

37 Citado da correspondência entre Yvonne Kapp e a família de Aveling, em Kapp, *Eleanor Marx*, vol. 1, p. 258.

38 EM a Karl Kautsky, 28 sep. 1897, IISH.

39 *Ibid.*

40 EM a Benno Karpeles, 1 jan. 1898, IISH.

41 EM a Freddy Demuth, 5 feb. 1898, em artigo de Keir Hardie, *Labour Leader*, 30 jul. 1898; e em artigo de Bernstein, *Justice*, 30 jul. 1898 e IISH.

42 EM a Karl Kautsky, 1 jan. 1898, IISH.

43 *Ibid.*

44 EM a Wilhelm Liebknecht, 24 dec. 1897, IISH.

45 *Ibid.*

46 EM a Nathalie Liebknecht, 1 jan. 1898, IISH.

47 EM a LL, 8 jan. 1898, IISH.

48 EM a Wilhelm Liebknecht, 24 dec. 1897, IISH.

VESTIDO BRANCO NO INVERNO (p. 473-492)

1 George Bernard Shaw a Ellen Terry, 5 jan. 1898, em Chistopher St John (ed.), *Ellen Terry e Bernard Shaw, a Correspondence*, Theatre Art Books, Nova York, 1949, p. 262-263. Shaw exagerou o legado de Engels para Eleanor, mas o ponto permaneceu.

2 EM a LL, 8 jan. 1898, IISH.

3 EM a Nathalie Liebknecht, 1 jan. 1898, IISH.

4 *Ibid.*

5 EM a Karl Kautsky, 1 jan. 1898, IISH.

6 EM a LL, 8 jan. 1898, IISH.

7 EM a Nathalie Liebknecht, 14 jan. 1898, IISH.

8 EM a Freddy Demuth, 3 feb. 1898, em *Labour Leader*, 30 jul. 1898.

9 *Ibid.*

10 *Ibid.*

11 EM a Freddy Demuth, 5 mar. 1898, em *Labour Leader*, 30 jul. 1898.

12 *Ibid.*

13 *Ibid.*

14 EM a Freddy Demuth, 7 mar. 1898, em *Labour Leader*, 30 jul. 1898.

15 EM a Karl Kautsky, 10 feb. 1898, IISH.

16 EM a Wilhelm Liebknecht, 9 feb. 1898, IISH.

17 EM a Karl Kautsky, 20 feb. 1898, IISH.

18 Hyndman, *Further Reminiscences*, p. 144.

19 EM a Freddy Demuth, 20 feb. 1898, em *Labour Leader*, 30 jul. 1898.

20 EM a Wilhelm Liebknecht, 1 mar. 1898, IISH.

21 EM a Freddy Demuth, 1 mar. 1898, em *Labour Leader*, 30 jul. 1898.

22 EM a Karl Kautsky, 15 mar. 1898, IISH.

23 EM a Freddy Demuth, 1 mar. 1898, em *Labour Leader*, 30 jul. 1898.

24 Relatório de inquérito publicado em *North Eastern Daily Gazette*, 4 apr. 1898, p. 2; *Forest Hill & Sydenham Examiner e Crystal Palace Intelligencer*, 8 apr. 1898, p. 2; e *The Manchester Weekly Times*, sexta-feira, 8 apr. 1898, p. 3. A morte de Eleanor, o inquérito e o funeral foram também relatados em *The Times of London*, 4 apr. 1898, p. 14; *Northampton Mercury*, 8 apr. 1898, p. 2; *The Lincoln, Rutland and Stanford Mercury*, 8 apr. 1898, p. 3; *Labour Leader*, 9 apr. 1898; *Justice*, 9 apr. 1898; *Daily Chronicle*, 4 apr. 1898, p. 3; *Reynolds Newspaper*, 10 apr. 1898, p. 2; *Daily News*, 4 apr. 1898, p. 9; e *Evening Telegraph* reproduzindo o relato de *Daily Chronicle*, 4 apr. 1898, p. 3.

25 *Ibid.*

26 EM, testamento, 16 out. 1895, PRO; *Reynolds Newspaper*, 28 apr. 1898.

27 EM, codicil, 28 nov. 1896, PRO; *Reynolds Newspaper*, 28 apr. 1898.

28 Citado em Eduard Bernstein, *Neue Zeit*, apr. 1898.

29 Eduard Bernstein a Victor Adler, 5 apr. 1898, Victor Adler Papers, IISH.

30 Bernstein, em *Justice*, 30 jul. 1898.

31 *The Communist*, 21 may 1921.

32 Leah Roth a Eleanor e Edward Marx-Aveling, 19 jan. 1898, IISH.

33 Gertrude Gentry a Edith Lanchester, 1 may 1898, IISH.

34 Karl Kautsky a Victor Adler, 9 apr. 1898, IISH.

35 Eduard Bernstein a Victor Adler, 5 apr. 1898, Victor Adler Papers, IISH.

36 Olive Schreiner a Dollie Radford, Radford Collection, British Library Manuscripts, jun. 1898.

37 *Ibid.*

POSFÁCIO (p. 493-498)

1 Eduard Bernstein, "What Drove Eleanor Marx to Suicide?", em *Justice*, 30 jul. 1898, p. 2-3 http://www.marxists.org/reference/archive/bernstein/ works/1898/07/death-eleanor.htm – a tradução do título, em alemão "Was Eleanor Marx in den Tod trieb" (de *Neue Zeit*, vol. 16, n. 42), é discutível; pode ser igualmente apresentada como "What Drove Eleanor Marx to Her Death?" [O Que Levou Eleanor Marx à Morte?].

2 *Ibid.*

3 *Ibid.*

4 *Ibid.*

5 *Ibid.*

6 *Ibid.*

7 *Ibid.*

8 *Ibid.*

9 *Ibid.*

10 *Ibid.*

11 Para a mais completa análise que refuta a paternidade de Frederick Demuth atribuída a Karl Marx, ver Terrell Carver, "Gresham's Law in the World of Scholarship", escrito para *Marx Myths and Legends,* University of Bristol, fev. 2005, http://www.marxmyths.org/terrell-carver/article.htm; Creative Commons Attribution-NonCommercial-NoDerivatives Licence 2.0.

12 Ver, a exemplo, Freddy Demuth a LL, 7 out. 1910, IISH, e Freddy Demuth a Eduard Bernstein, 29 aug. 1912, IISH.

13 Karl Marx, "Peuchet: On Suicide" (1846), *MECW,* vol. 4, p. 597, http://www.marxists.org/archive/marx/works/1845/09/suicide.htm.

14 *Ibid.*

15 *Ibid.* Ver também Hal Draper, "Marx and Engels on Women's Liberation", July 1970, http://www.marxists.org/archive/draper/1970/07/women.htm.

16 Eduard Bernstein, "What Drove Eleanor Marx to Suicide?", *Justice*, 30 jul. 1898, p. 2-3.

17 Eleanor Marx Aveling e Edward Aveling, *The Woman Question*, p. 21.

18 Gertrude Gentry a Edith Lanchester, 1 may 1898, IISH.

ÍNDICE ONOMÁSTICO

RACHEL HOLMES é autora de *Sylvia Pankhurst – Natural Born Rebel* (London, Bloomsbury, 2020); *The Hottentot Venus: The Life and Death of Sarah Baartman* (London, Bloomsbury, 2007, com nova edição pela Bloomsbury em 2020) e *The Secret Life of Dr James Barry* (originalmente publicada em Londres, por Viking, Penguin Books em 2002 e republicada em nova edição pela London Bloomsbury, 2020). É coeditora, com Lisa Appignanesi e Susie Orbach, de *Fifty Shades of Feminism* (London, Virago Press, 2013); também coeditora de *I Call Myself A Feminist* (London, Virago Press, 2015). Com Josie Rourke e Christ Haydon, é coeditora de *Sixty Six Books: Twenty First Century Writers Speak to the King James Bible* (London, Oberon Books, 2012). Nascida em Londres e criada na África do Sul, Rachel Holmes se dedica à história radical.